爱新觉罗·毓鋆（1906—2011），清太祖努尔哈赤次子礼亲王代善裔孙，号安仁居士。

毓鋆先生与溥仪同年出生，六岁开始为末代皇帝溥仪伴读，与溥仪一起师从陈宝琛、罗振玉、叶玉麟等大儒，十三岁读毕十三经并可以背诵四书五经，一生多次研读《四库全书》，通达古代经史子集之学。他素有华夏之志，虽出身皇族，却猛烈批评帝制。壮年曾经叱咤风云，晚年安居斗室讲学。他虽身为满人，而一生最为服膺汉儒文化。他曾由衷地表示："文化谁高，谁就同化谁。"

毓老先生1947年到台湾后，创办天德黉舍、奉元书院，以《易经》为体，据《春秋》为用，纵论四书五经及先秦两汉诸子，立下"以夏学奥质，寻拯世真文"的宏愿，复兴儒家经世致用之学。毓老先生一生传奇，终身信守"龙德而能隐"，读书一百年，成为跨世纪的最后一位通经大儒。

毓老先生讲学，注重因时举譬，倡导经世致用，使古代四书五经、诸子百家学问焕发了新时代的活力。毓老先生世寿一百零六岁，教学六十四年，有教无类，及门学生与授业弟子数万人，遍及海内外与各行业，被誉为两千五百多年孔子儒学的当代集大成者。

摄于 2005 年，毓老师刚好 100 岁，看不到一点儿老人斑。

身后乃毓老师手书条幅"以夏学奥质，寻拯世真文"，在"夏历甲子年幸逢双春双雨水闰十"，甲子年是 1984 年；"腊月念五日"即农历十二月二十五日，清帝逊位日。

中间的图是毓老师带到台湾的《孔子行教图》，吴道子真迹拓本，毓老师于 2011 年赠予清华大学国学院。

毓老师手稿：

奉元

《读经示要》三卷 148 页 12 行
奉元云云，见《繁露·王道》
篇。奉元之举（凌晓楼本《繁
露·王道》篇作"奉元之应"）。
奉，谓敬以承之而勿失也。人
皆自识真元，即能以天地万物
一体为量。本此以立政教，则
群俗趋善而太平之应不爽。

毓老师塑像
学生周义雄于毓老师七十整寿
（1976 年）塑此像。

1970年夏，毓老师摄于四维路居室前。
照片由李济捷先生提供。

2010 年仲夏，毓老师病后留影，黄德华先生摄。

毓老师教导汉学家魏斐德情状。

魏斐德教授曾两度来台从毓老师学习。

毓老师两张穿斗篷的照片。

大图摄于 1995 年，左下小图为学生周义雄摄于 1974 年新店郊区。毓老师曾说："除了老蒋，陈诚、何应钦都不敢穿斗篷！"因为只有"统帅"才有资格穿。

凡例

一、《孟子》七篇，汉刘向列在《诸子略》，宋朱熹收录为"四书"之一，跃入经部，《论》《孟》并称，成为科考必读之书，影响此下中国人深远。

二、本书以毓老师历次在书院讲授内容为主，加以整理而成。文中容有阙漏、讹误者，尚祈方家惠予指正，并俟来日补苴罅漏。

三、经文以方正宋三呈现，毓老师讲述以方正宋一呈现，各家注解以仿宋体呈现。

四、为助大众深入阅读，文中有关背景及说明，参考相关数据、著作者，略交代出处。如有疏漏之处，尚祈指正。

目 录

前 言

　　孟子（前372—前289），名轲，战国时期邹国人，受业于孔子孙子子思（前483—前402）的门人，故其书存有"说师"。《孟子》中，有许多古人思想，其中三分之一师说。读时，要分清"师说"与非"师说"处。

　　《孟子》一书，含"大同"与"小康"两义。"大同"，尧、舜之道，王制，尧传于舜，选贤举能，公天下之制，孔子"祖述尧舜"。"小康"，禹、汤、文、武、成王、周公之道，"小康"之最，六君子；乱制，世及制，家天下。

　　《孟子》文章好，清新，并不难读，是"四书"中最容易的一部。《离娄》《万章》《告子》及《尽心》四篇，除些糊涂话外，大致还不差，必要全读。但读《孟子》，必注意要点之所在：一、"道性善，言必称尧舜"，为宋儒所喜；二、说"杀一不辜而得天下，不为也"，此师说所在；三、谈"孔子作《春秋》"，至为宝贵。

孔子（前551—前479）无谈性善或性恶，孟子谈性善，宋儒喜谈心性，程子（1033—1107）喜引之。朱子（1130—1200）将《孟子》与《论语》，和取自《礼记》两篇的《大学》《中庸》，合为"四书"，并为之作集注，以孔、曾、思、孟一脉相传，为"道统"所在，为心性儒学。此后，《孟子》在众子书之上，由子部跃为经部，《十三经》中即有《孟子》。

孟子自称"乃所愿，则学孔子"，"孔孟"合称，但孟子与孔子，实差之远矣！孔子"变一为元"，孟子讲"一与之道"，但不识元。孟子、荀子（前313—前238）均为儒家，一主张性善一主张性恶，所讲亦截然不同。孟子思想不若荀子深刻，没有事功，荀子弟子有成就。

我自"元"追，寻根，找中国人立说的由来，才能深入。与人讲学时，必说出要点。既学了，就应好好学。做学问，应如同存钱，不可以因为五元而不存；做人，勿以恶小而为之，勿以善小而不为。

清末以来，知识分子要"救亡图存"，必须实际，自诸子求，诸子大兴。但此非易事，不知经几代人，才能完成此大业，你们要跑接力。子书谈事，可谓一针见血，是用事的快捷方式。子书要下功夫，但是大本必得守住，本立而后道生，"苟不至德，至道不凝焉"（《中庸》），"苟非其人，道不虚行"（《易·系辞下传》）。

《孙子》要会背，人生就是战场，每天一睁眼，就是冷战。背《孙子》，坐车、走路时，玩味之。微妙处是心传，非言语所能传，要用心悟。必用之书，必要会背，熟了才能用上。女学生用《孙子》陪嫁。一个"信"字，就是猪骨头也成佛骨。

任何一朝开国时，一帮流氓一起干，得天下后封王，皆利害与共，国有世臣，世袭罔替，利害与共，才能同生死。有其德，而居其位者，曰"明君"；有其德，无居其位者，曰"哲"，汉时称"素王"。孔子为素王，有王之德，无王之位，《春秋》为"王者之事"，新王王天下。

孔子之学，以今文家所得为多。《春秋》讲"大一统"，《孟子》称"居天下之广居"，《中庸》曰"舟车所至，人力所通"，凡天下有人住的地方，皆有守此土之责。"大一统"，"大"为赞词，"一统"，"元统"，性统，故能"大同"。

于国内，要"大居正"，"大亨以正，天之道也"（《易·临》），得其正位。位由别人立，自立是僭，大盗盗国，今文家以"天子僭天"。"王，往也"，天下所归往，故王者所居之位曰"正位"。《春秋》"大居正"，"大"，亦赞词，将居正位之德大之。居正位，必觉生，自觉觉人，生民都觉悟了，才知要拥护好人。每个人都能独行其道了，天下为公，则天下就达"见群龙无首，吉"（《易·乾》）。

人的好坏，皆咎由自取。以前重视家教，自小教导不可以随便糟蹋东西，要爱物、惜物。不可以因为家境好，就尽为小孩养毛病，一旦日后家庭有了变故，就难以胜过去。

就是当再大的官，富贵了，也不可忘掉出身的贫寒，素富贵行乎富贵。权势不可靠，最可靠的是自己。必要养成自己去奋斗的精神，重视德行，不做对不起良心的事。

读书人什么都做，但可不能乱求。不求，平易近人。不要因为暴发了，就到处乱求，人到无求品自高。

佛"戒、定、慧"，守戒才能生慧，守不住，其他不必谈。儒"定、静、安、虑、得"，自得，"无入而不自得"(《中庸》)。

中国东西也有至高境界，端视每个人的悟境。中国书贵乎真体得，体悟才有用。

"四书"，夏学之入门。《诗》《书》《礼》，"五经"之根本。要时常翻阅，思考、印证，成为自己的智慧。

读书要慢，就一个"缓"字，坐着平心静气地读，坐久了，心静自然凉，慢才能有所得。多接受前人有用的东西，就成为自己生命的力量！

读书、做事，要按部就班，循规蹈矩，不可以躐等，否则费劲。慢工，才能出巧匠。基础不好，再躐等，那就难以有成！

有守有为，有所不为，才能有所为，但环境必给你苦。我没有好过一天，每天都在苦中。一生中，什么都不会，就有好脑子，故记忆力好，看书一两遍，就记住了。

"人之有德慧术知者，恒存乎疢疾。独孤臣孽子，其操心也危，其虑患也深，故达。"(《孟子·尽心上》)操心虑危，才能度过那个"危""患"。不怕环境坏，就怕不知操心虑危。我来台，从四十五岁至今，无与一人谈过知心话。但人在我眼前一晃，就知他在想什么，还不叫"精"？

考虑事情，必要"设身"，才能使对方接受，感到你是个智者。应设身处理一事，才能使对方感动，才能达到核心。人家有事时，表示关心很重要。

"强恕而行"(《孟子·尽心上》)，仁也，"恕"，如心，推己及人。想在社会上站住，活得热闹，必要懂得关心别人，别人才会关心你，许多事皆是相对的。不懂得人之所需，又怎能关心别人？懂人的心理，才能应之。为人必要细心，才能成事。做事，恰到好处很重要。

光知"万事不求人"，人家不一定求你。太孤高自赏，最后就"冷冻"。真有智慧，做事就能处处成功，超人一等。为政，"民之所好好之，民之所恶恶之"（《大学》），但如不洞悉群情，又怎知"民之好恶"？

"大匠不为拙工改废绳墨，羿不为拙射变其彀率"（《孟子·尽心上》），任何事都有"规矩"，处事不以规矩，就不能成方圆。为人处世，切不可掉以轻心。盗亦有道，下流事也有规矩。就是聪明、巧，也不能离开规矩。好好学，不要看轻自己，至少都是种子，将来会有开花结果的一天。

梁惠王上

1. 孟子见梁惠王。王曰："叟不远千里而来，亦将有以利吾国乎？"

"利吾国"，是世局之利？抑自私之利？梁惠王并未点出。

孟子对曰："王何必曰利？亦有仁义而已矣。

孟子一开始即出问题，"王何必曰利"，主观太重。"率性之谓道"（《中庸》），道不远人，谈论不能主观。

"亦有仁义而已矣"，"仁义"就是利、义的和合，对别人有好处的，因"仁者爱人"（《孟子·离娄下》），"义者，宜也"，"行而宜之之谓义"（《原道》），仁为体，义为用。仁义并言，乃体用不二。

《论语》并无"仁""义"并言，孟子始标出"仁义"。

《易》曰"利者，义之和也"，许多好处合在一起为利，美其名曰"美利"，乃天下之公利，"能以美利利天下，不言所利，大矣哉"（《易·乾·文言》），以利天下为目的。

"王曰'何以利吾国'？大夫曰'何以利吾家'？士庶人曰'何以利吾身'？上下交征（取）利而国危矣。

孟子与梁惠王所言之利，为两个极端。

一般人必言所利，"何以利吾身"，将利挂在嘴上，如每个人都谈私利，则"上下交征利而国危矣"！

"万乘之国弑其君者，必千乘之家；千乘之国弑其君者，必百乘之家。万取千焉，千取百焉，不为不多矣。苟为后义而先利，不夺不餍（足）。

"后义先利"，以自身作为大前提，则争权夺利，而无不为矣！

"未有仁而遗其亲者也，未有义而后其君者也。王亦曰仁义而已矣，何必曰利（私利）？"

"未有仁而遗其亲者也"，仁，人也，亲亲为大。此据乱世之说。

"未有义而后其君者也"，君臣以义合。"君者，群也"，代表国家，"君，群之首"，元首。

董子《春秋繁露·仁义法》"以仁安人，以义正我"，"仁之法在爱人，不在爱我。义之法在正我，不在正人"。

孟子谈"仁义"，是私利，"曰仁义而已，何必曰利"。孔子谈"美利"，天下之大利，以大利利天下。

2. 孟子见梁惠王，王立于沼（池）上，顾鸿雁麋鹿，曰："贤者亦乐此乎？"

孟子对曰："贤者而后乐此，不贤者虽有此，不乐也。《诗》（《大雅·灵台》）云：'经（规划）始灵台，经之营之，庶民攻（筑作）之，不日（不久）成之。经始勿亟（急），庶民子来（皆乐为之）。王在灵囿，麀（yōu）鹿攸伏（不惊），麀鹿濯（zhuó）濯（肥泽），白鸟鹤鹤（洁白）。王在灵沼（池），於（wū）牣（rèn）鱼跃。'文王以民力为台为沼。而民欢乐之，谓其台曰'灵台'，谓其沼曰'灵沼'，乐其有麋鹿鱼鳖。古之人与民偕乐，故能乐也。《汤誓》曰：'时（是）日（引申为朝廷）害（曷，何不）丧（亡）？予及女（汝）偕亡（同归于尽）。'民欲与之偕亡，虽有台池鸟兽，岂能独乐哉？"

此谈德的重要。

"时日曷丧"，"日"，况；这个朝廷，何时去死？"予及汝偕亡"，我与你一起死，同归于尽，因为受够了！

"民欲与之偕亡，虽有台池鸟兽，岂能独乐哉"，民心既失，"独乐"不可能。应与民同乐。

3. 梁惠王曰："寡人之于国也，尽心焉耳矣。河内凶，则移其民于河东，移其粟于河内。河东凶亦然。察邻国之政，无如寡人之用心者。邻国之民不加少，寡人之民不加多，何也？"

梁惠王以"仁政"自居，问："我治国如此用心，何以邻国百姓不移民来？"

孟子对曰："王好战，请以战喻。填（击鼓声）然鼓之，兵刃既接，弃甲曳兵（败退）而走。或百步而后止，或五十步而后止。以五十步笑百步，则何如？"

孟子以"败退五十步者笑败退百步者"做比喻，说："两者有何区别？"

曰："不可，直（但）不百步耳，是亦走也。"

"都是败退，没有区别。"

曰："王如知此，则无望民之多于邻国也。

孟子得出结论："那就不必期望邻国百姓移民来。"

"不违农时，谷不可胜食也；数（cù，细）罟（网）不入洿池（深池），鱼鳖不可胜食也；斧斤以时入山林，材木不可胜用也。谷与鱼鳖不可胜食，材木不可胜用，是使民养生丧死无憾也。养生丧死无憾，王道之始也。

孟子讲王道，"王者，天下所归往"。

"不违农时"，"使民以时"，农作，时为要，不失农时，那"谷不可胜食也"。

"数罟不入洿池"，禁绝使用细网，只用粗网捞大鱼，留下小鱼，才可以生生不息，"鱼鳖不可胜食也"。

"斧斤以时入山林"，砍伐树木也要按时，在草木零落时，按时才可以使林木茂盛，"材木不可胜用也"。

"不可胜用","是使民养生丧死无憾也",乃惠天下之至德,"非至德,至道不凝焉",因"小人怀惠"。

生者可以谋生,死者得以治丧,则"养生丧死无憾"。"养生送死",中国人一切以父母为首。

"养生丧死无憾,王道之始也",百姓丰衣足食,为王道的入手处。将高深的道理浅讲,通俗易懂。

小康是"王道之始",王道才开始。小康,小安。孟子"道性善,言必称尧舜",讲"小康"。

自《礼记·礼运》可知"大同"是终极目的,《易》称"万国咸宁"。

"小康",以六君子作代表,"禹、汤、文、武、成王、周公,由此其选也",其治理之道:"谨于礼者也。以著其义,以考其信,著有过,刑仁讲让,示民有常"(《礼记·礼运》)。

"小人怀惠",民生为首,王道之始;"万国咸宁",王道之行;结果大同,王道之极。

"五亩之宅(居),树之以桑,五十者可以衣帛矣;鸡豚狗彘之畜,无失其时,七十者可以食肉矣;百亩之田,勿夺其时,数口之家可以无饥矣。

此段讲农村为政之本,富而后教。

"五亩之宅,树之以桑","五亩",半甲地;"树之以桑",种桑、养蚕、织布,"五十者可以衣帛矣",就可以有衣帛穿了。

"鸡豚狗彘之畜,无失其时",万物生生不息,天地终始之道,四时有其序,过时就不生,唯人不受时的限制生。鸡豚狗彘,失时就不生；不失其时，"七十者可以食肉矣"。

"五十非帛不暖，七十非肉不饱。不暖不饱，谓之冻馁。"（《尽心上》）人人饱暖，王道之始，天下所归往。

"百亩之田，勿夺其时"，不违其农作之时，体恤农民，"数口之家可以无饥矣"。

"谨庠序之教，申之以孝悌之义，颁白（头发半白之老者）者不负戴（肩挑重物）于道路（壮者代劳）矣。七十者衣帛食肉，黎民不饥不寒（温饱），然而不王者，未之有也。"

明君应为民置产，百姓能吃得饱、穿得暖，"衣食足，然后知荣辱"。

富而后教："谨庠序之教，申之以孝悌之义"，知荣辱则知礼义，教化大行，为王道之成。

"狗彘食（饲）人食而不知检（检点），涂（途）有饿莩（殍，饿死者）而不知发（开粮济民）；人死，则曰：'非我（不是我的过错）也，岁（年岁灾荒）也。'是何异（有何不同）于刺人而杀之，曰：'非我也，兵（兵器）也。'王无罪（归罪）岁，斯（则）天下之民至焉。"

梁惠王曰："寡人愿安（谦词）承教。"孟子对曰："杀人以（用）梃（木棍）与刃（刀刃），有以异乎（有什么区别）？"

曰："无以异也。""以刃与政（暴政），有以异乎？"曰："无以异也。"

孟子文章好，一层一层深入，渐入核心。

曰："庖（厨房）有肥肉，厩（马房）有肥马，民有饥色，野有饿莩，此率兽而食人（放兽吃人）也。兽相食，且人恶（讨厌）之。为民父母行政，不免于率兽而食人。恶（乌，何也）在其为民父母也？

"为民父母行政"，昔县官称"父母官"，要爱民如子；"不免于率兽而食人"，怎称得上"民父母"？

自基本认识中国传统观念，一切皆自根上来。

"仲尼曰：'始作俑（偶人）者，其无后乎！'为其象人而用之也。如之何其使斯民饥而死也？"

知识分子要言己之所当言，为己之所当为，当仁不让。

"始作俑者"，以俑代人殉葬；"其无后乎"，将断子绝孙。因为其缺德。

"为其象人而用之"，斥其有用人殉葬的观念，因其意念中即有杀人的心理。

原心定罪，首恶罪特重，儒家"仁"的思想，于此显示最高的境界。"杀一无辜而得天下，不为也"，何况随便杀人？

天有好生之德，天德好生，人德尊生。仁者爱人，尊生；仁者无不爱也，无不尊也。由此引申："杀一无辜而得天下，不为也。"

但有恶者必杀，有罪者人人得而诛之。姑息养奸，恶政也，恶德也。了解一问题，必自二端入手，舜"执其两端，用中于民"。

任何问题必有二端，即好坏、善恶、是非。舜"扣其两端"，扣，反问；"而竭焉"，竭尽心智；"用其中于民"，得其中道。

"攻乎异端，斯害也矣"，宋儒以"异端，非圣人之道，而别为一端……专治而欲精之，为害甚矣"，而攻击异端。

朱熹《论语集注》引程子曰："佛氏之言，比之杨墨，尤为近理，所以其害为尤甚。学者当如淫声美色以远之，不尔，则骎骎然入于其中矣。"又引范氏曰："异端，非圣人之道，而别为一端，如杨墨是也。其率天下至于无父无君，专治而欲精之，为害甚矣！"

端必有二，即是非、好坏、善恶。孔子"道并行而不悖，万物并育而不相害；小德川流，大德敦化，此天地之所以为大也"（《中庸》），"天下同归而殊涂，一致而百虑"（《易·系辞下传》），兼容并蓄，有容乃大。

4. 梁惠王曰："晋国，天下莫强焉，叟之所知也。及寡人之身，东败于齐，长子死焉；西丧地于秦七百里；南辱于楚。寡人耻之，愿比（bì，代）死者一洒（xǐ，雪耻）之，如之何则可？"

韩、赵、魏三家分晋。秦用商鞅变法，数破魏，魏割河西之地，迁都大梁，故又称"梁"。

孟子对曰："地方百里而可以王（王天下）。王如施仁政于民，省（减）刑罚，薄（轻）税敛，深耕易（治）耨（nòu，除草）。壮者以暇（闲暇）日修其孝悌忠信，入以事其父兄，出以事其长上，可使制梃（木棍）以挞（用力打）秦楚之坚甲利兵矣。

"修其孝悌忠信"，"孝悌也者，其为仁之本与"（《论语·学而》），

"忠信，所以进德也"（《易·乾·文言》），"入则孝，出则悌"（《弟子规》），"仁者无敌"。

中国思想为"仁"，"君子体仁，足以长人"（《易·乾·文言》），"仁者爱人"，"仁者，人也，亲亲为大"（《中庸》），"人人亲其亲，长其长，而天下平"（《孟子·离娄上》）。

"彼夺其民时，使不得耕耨以养其父母，父母冻饿，兄弟妻子离散。彼陷溺其民（虐待百姓）。

骂当时浑蛋之昏君。

"王往而征之，夫谁与王敌？故曰：'仁者无敌。'王请勿疑！"

"仁者无敌"，真行仁政就无敌。真是仁者，根本就没有敌人，焉用杀？

"王请勿疑"，请不要再疑惑，马上施行仁政。

有敌人，就非仁者，你侵害别人，别人就起来反对你，咎由自取。"仁者爱人"，没有爱心，是假的。仁，二人相偶，古曰"仁"，今曰"爱"。没有爱，就没有中国思想。

5. 孟子见梁襄王。出，语（yù）人曰："望之（自远看）**不似人君，就之**（接近）**而不见所畏**（敬畏）**焉。**

"望之不似人君，就之而不见所畏焉"，要有尊严，人必自尊而后人尊之，天爵自尊吾自贵。

"卒然（冒失，没头没脑）**问曰：'天下恶乎定？'**

"天下怎么定？"

吾对曰："'定于一。'

虽无人君之德，但仍有人君之事，故仍答之。

"定于一"，一就能定，"天下之动，贞乎一者"（《易·系辞下传》）。

"一统"不同于"统一"，一统为"王道"，统一为"霸道"。

《春秋》讲"大一统"，"大"为赞词，"一统"，王者无外，王道，天下平。"统一"，霸道，乃平天下。

"'孰能一之？'对曰：'不嗜杀人者能一之。'

"谁能一天下？""不嗜杀人者能一天下。"不嗜杀人，仁也。

一天下，仁天下，不是用残暴、杀戮的手段。

大一统，大仁统，"仁者无敌"，"天下之动，贞乎仁"。

"'孰能与之？'对曰：'天下莫不与也。

"谁能参与？""天下莫不参与。"因为"仁者无敌"，所以襁负其子与之。

此孟子讲"师说"处，讲"一"与"与"之深义。

"'王知夫苗乎？七八月之间旱，则苗槁矣。天油然（兴盛貌）**作云，沛然**（雨盛貌）**下雨，则苗浡然**（骤起貌）**兴之矣。其如是，孰能御之？**

孟子以苗的道理做比喻，说明仁无能抵挡的力量。

"'今夫天下之人牧（领导者），未有不嗜杀人者也，如有不嗜杀人者，则天下之民皆引领而望（盼望之切）之矣。诚如是（真如此）也，民归之，由（犹）水之就下，沛然谁能御之？'"

不嗜杀人，则民无不归往。

做文章，在表达意见。孟子文章不错，但思想不若荀子深刻。

6. 齐宣王问曰："齐桓、晋文之事可得闻（知）乎？"

"齐桓、晋文"，五霸之事。

孟子对曰："仲尼之徒无道桓、文之事者，是以后世无传焉。

吹牛不必纳税！孟子言王不言霸。
《春秋》"其事则齐桓、晋文"，借事明义。

"臣未之闻也。无以（已），则王乎！"

"若要我与你讲，那我就谈王天下之道好了！"孟子喜讲王道。

曰："德何如，则可以王矣？"

"德行当如何，而可以王天下？"

曰："保民而王，莫之能御也。"

"保民而王，则无敌于天下。"爱民、护民，则可以王天下。

曰："若寡人者，可以保民乎哉？"曰："可。"

人的习性，皆喜听好话、喜别人对他好，所以必想尽方法给人好处，"朋友先施之"（《中庸》），法施也是施，如切磋琢磨，彼此攻错。

"君子赠人以言"，法施也；"细人赠人以财"，财施也。（《荀子·大略》）昔"君子""小人"为相对之称，后称"细人"，乃"小人"之变。

曰："何由知吾可也？"

曰："臣闻之胡龁（hé）曰，王坐于堂上，有牵牛而过堂下者，王见之（牛），曰：'牛何之（往）？'对曰：'将以衅钟。'王曰：'舍之！吾不忍其觳觫（hú sù，恐惧战栗），若（然）无罪而就死地。'对曰：'然则废衅钟与？'曰：'何可废也？以羊易之！'不识有诸（有无此事）？"

"衅钟"，以前中国钟，以铁为多，铜做的少，质不密，有孔隙，故必用牛、羊之血把钟装满，使之慢慢渗透孔隙，愈满做出的钟敲出的声音愈好听。庙吃素，就钟不吃素。

曰："有之。"曰："是心足以王矣。百姓皆以王为爱也，臣固知王之不忍也。"

"以羊易之"，此不忍之心足以王。

孟子既欲出妻，又乱扯，心地不太好。

王曰："然！诚（真）有百姓者。齐国虽褊（狭）小，吾何爱一牛？即不忍其觳觫，若无罪而就死地，故以羊易之也。"

曰："王无异（怪）于百姓之以王为爱也。以小易大，彼恶（如何）知之？王若隐（怜）其无罪而就死地，则牛羊何择（有何分别）焉？"

百姓看是"以小易大"，是重牛不重羊。

王笑曰："是诚何心哉？我非爱其财。而易之以羊也，宜乎百姓之谓我爱也。"

曰："无伤也（没什么不好），是乃仁术也，见牛未见羊也。君子之于（对于）禽兽也，见其生，不忍见其死；闻其声，不忍食其肉。是以君子远庖厨也。"

"是乃仁术也，见牛未见羊"，完全违背"仁"的观念，这是孟子境界低的地方。

"见其生，不忍见其死；闻其声，不忍食其肉"，"仁术"岂是在乎见与未见、闻与未闻乎？何其无仁性也。一念之差！

不见、不闻，照吃其肉，应下地狱。故有"君子远庖厨"之论，造成后世多少伪君子。

"伪仁"应只是初步。自孔子讲"仁"，到孟子讲"仁术"，天下引起无尽的杀机，此一错误，造成今天"眼不见为净"，以看不见为仁术。

许多言论，造成后来多少的漏洞，留下多少弊政！

见与不见、闻与不闻，和所谓"杀一无辜而得天下，不为也"

相差有多远？言论前后有毛病。

王说（悦），曰："《诗》（《小雅·巧言》）云：'他人有心，予忖度之。'夫子之谓也。夫我乃行之，反而求之，不得吾心。夫子言之，于我心有戚戚（心动）焉。此心之所以合于王者，何也？"

齐宣王有了自信心，进一步问"不忍之心"何以合于王道？

"夫子"，在旧书中非专指老师。《孟子》中尊有身份、地位者为"夫子"。

曰："有复于王者曰：'吾力足以举百钧（三十斤为一钧）'，而不足以举一羽；'明足以察秋毫（毫毛）之末'，而不见舆薪（柴），则王许之乎？"曰："否。"

"明足以察秋毫之末，而不见舆薪"，此为设辞。

"今恩足以及禽兽，而功不至于百姓者，独何与？然则一羽之不举，为不用力焉；舆薪之不见，为不用明焉；百姓之不见保，为不用恩焉。故王之不王，不为也，非不能也。"

"恩及禽兽，功不至百姓"，是"不为也，非不能也"，可以做到但不做，并不是不能。

你们不也是如此？每天无所事事，让日子空过，什么事也没做成。

曰："不为者与不能者之形，何以异？"

曰："挟太山以超北海，语人曰'我不能'，是诚（真）不能也。为长者折枝，语人曰'我不能'，是不为也，非不能也。故王之不王，非挟太山以超北海之类也。王之不王，是折枝之类也。

"为长者折枝"之类，乃是举手之劳，"是不为也，非不能也"。

"老（孝）吾老，以及人之老；幼（慈）吾幼，以及人之幼。天下可运于掌（喻其易也）。

此乱制下的思想，有"施与"的精神。

"老吾老，幼吾幼"，是最基本的德行。"老吾老"，孝自亲始，亲亲；"幼吾幼"，慈爱子女。"行有余力"，将之推至别人，以及人之老、之幼，"孝慈则忠"（《论语·为政》）。

"天下可运于掌"，"运"，运于手掌心，引申为容易、方便、清楚。

运孝慈，其中含多少爱？此孟子谈政的境界，以孝慈治天下。

孔子安老怀少，"不独亲其亲，不独子其子"，国家有亲亲、子子的地方，大家都同等待遇，心理上无自卑感，没有受别人施与的可怜心。"老有所终"，不必看人的脸色，是大同思想。

"《诗》（《大雅·思齐》）云：'刑（型）于寡妻，至于兄弟，以御（治）于家邦。'言举斯心加诸（之于）彼而已。

以前，女人不通外事，少闻少见。而男人在外，见得多、吃得多，应摆出个型来，做典型、模范，使太太"见贤思齐"，故曰"型于寡妻"。

男人能型服了太太，可以治大夫之家、诸侯之国，"至于兄弟，以御于家邦"，此《大学》"齐家治国"。所以，我常说："一个男人能叫太太佩服了，才可以当政治家。"

一个男人若无定力，就完了！今天男人太秀了，男不男、女不女，就不像男人。

原始民族皆母系社会，只知有母不知有父，为"阴阳"时代。到《周易》说"天尊地卑，乾坤定矣"，"坤乾"变"乾坤"，母系社会走入父系社会。

"故推恩足以保四海，不推恩无以保妻子。古之人所以大过人者无他焉，善推其所为而已矣。

"推恩"："推"，手用力，使物往前移动；引申：推行，推动，推销，推陈出新。"恩"，因心，恩惠、加恩、恩爱、恩宠。

"推恩足以保四海"，"举斯心加诸彼"，推广善心，普福利，广美利。"四海困穷，天禄永终"（《论语·尧曰》）。

"今恩（推恩）足以及禽兽，而功不至于百姓者，独何与？

这是大男人主义，完全自私，不负责任。中外政治人物皆如此。

"推恩足以及禽兽，而功不至于百姓"，如今之动物保护，人死了还不如动物。

"权，然后知轻重；度，然后知长短。物皆然，心为甚。王请度之！抑王兴甲兵，危士臣，构怨于诸侯，然后快于心与？"

"权"，衡轻重，"知轻重"，知所以用理也，其境界高于经，"可与适道，……未可与权"（《论语·子罕》）。"度"，计长短，法度，尺度，"知长短"。

"物皆然，心为甚"，"心"，即权、即度。心度，心之为用，修心为要。

一个人无权之智，妄论轻重；无度之智，妄议长短，乃无自知之明也。人必要培养正知正见，有了真知灼见，然后才能论轻重、议长短。

"物皆然，心为甚"，人心最坏，"人心惟危，道心惟微"（《尚书·大禹谟》），此极发人深省。许多人把自己看得像"圣人"，最后成为"剩人"！

王曰："否。吾何快于是？将以求吾所大欲也。"

曰："王之所大欲可得闻与？"王笑而不言。

曰："为肥甘不足于口与？轻暖不足于体与？抑为采色不足视于目与？声音不足听于耳与？便嬖（便佞宠信之臣）不足使令于前与？王之诸臣皆足以供之，而王岂为是哉？"

曰："否。吾不为是也。"

曰："然则王之所大欲可知已。欲辟（辟）土地，朝秦楚（使秦楚来朝），莅（临也）中国而抚（安抚）四夷也。以若（如此）所为，求若所欲，犹缘木而求鱼也。"

王曰："若是其甚与（有如此困难）？"

曰："殆有（又）甚焉。缘木求鱼，虽不得鱼，无后灾。以若所为，求若所欲，尽心力而为之，后必有灾。"

"缘木求鱼，虽不得鱼，无后灾"，如光有欲，没有准备，后必有灾。

曰："可得闻与？"曰："邹人与楚人战，则王以为孰胜？"曰："楚人胜。"

曰："然则小固不可以敌大，寡固不可以敌众，弱固不可以敌强。海内之地方千里者九，齐集有其一。以一服八，何以异于邹敌楚哉？盖（盍，何不）亦（语助词）反其本矣。今王发政施仁，使天下仕者皆欲立于王之朝，耕者皆欲耕于王之野，商（行商）贾（坐贾）皆欲藏于王之市，行旅皆欲出于王之涂（途），天下之欲疾（恨）其君者，皆欲赴（往）愬（告）于王。其若是，孰能御之？"

王曰："吾惛（昏），不能进于是矣。愿夫子辅吾志，明以教我。我虽不敏，请尝试之。"

"辅"，车旁横木，所以助行。辅相，辅佐，相辅相成。

曰："无恒（久）产而有恒心者，惟士为能。若民，则无恒产，因无恒心。苟无恒心，放辟邪侈（放荡淫逸），无不为已（无所不为）。及陷于罪，然后从而刑之，是罔（网）民也。焉有仁人在位，罔民而可为也？

士，尚志，其境界并不难，非最高的。

"恒产"，不动产，财力足；"恒心"，"其心三月不违仁"（《论语·雍也》），有恒德。先树立经济力量，达到"饮食宴乐"，有恒产能有恒心。

"放辟邪侈，无不为已"，因为没有恒产、恒心，生活成问题，什么事都做得出来，放辟邪侈，无所不为。

"罔民"，陷民入于罪。

"是故明君（英明之主）**制民之产，必使仰**（对上）**足以事父母，俯**（对下）**足以畜妻子，乐岁**（丰年）**终身饱，凶年免于死亡**（因有基础）**。然后驱而之善**（使之学善，富而后教），**故民之从之也轻**（易于做到）。

"制民之产"，限制人民的产业。所谓"节制资本，平均地权"由此来，"均"的观念，"不患寡而患不均"，"均无贫，和无寡，安无倾"（《论语·季氏》）。

古时对经济问题已了解清楚，但当政者有私心，难以付诸实行。好的政策和学说固然重要，但实行最为重要。

"仰足以事父母，俯足以畜妻子。乐岁终身饱，凶年免于死亡"，有储蓄，可以有余补不足，免于饥饿、匮乏之虞，《管子》所谓"仓廪实知礼节，衣食足知荣辱"。此自"制民之产"来，也是标准。

"今也制民之产，仰不足以事父母，俯不足以畜妻子，乐岁终身苦，凶年不免于死亡。此惟救死而恐不赡（足）**，奚暇**（空闲）**治礼义哉？**

"惟救死而恐不赡，奚暇治礼义哉"，老百姓每天为生活劳累，谋生都来不及，哪有空闲治礼义？

孔子谓冉子曰："治民者，先富之而后加教。"（《春秋繁露·仁义法》）

"王欲行之，则盍（何不）反（返）其本矣？

"返本"，自根本做起：制民之产。

"五亩之宅，树之以桑，五十者可以衣帛矣；鸡豚狗彘之畜，无失其时，七十者可以食肉矣；百亩之田，勿夺其时，八口之家可以无饥矣；谨庠序之教，申之以孝悌之义，颁白者不负戴于道路矣。老者衣帛食肉，黎民不饥不寒，然而不王者，未之有也。"

此孟子"制民之产"的办法，也是实行王道的入手。

7. 庄暴（齐臣子）见孟子，曰："暴见于王（齐宣王），王语（告）暴以好乐，暴未有以对也。"曰："好乐何如？"

孟子曰："王之好乐甚，则齐国其庶几（相近）乎！"

他日，见于王曰："王尝语庄子以好乐，有诸（这回事）？"

王变乎色（有惭色），曰："寡人非能好先王之乐也，直（但）好世俗之乐耳。"

曰："王之好乐甚，则齐其庶几（差不多）乎！今之乐犹古之乐也。"

今乐、古乐，没有两样。

曰："可得闻与？"

曰："独乐乐，与人乐乐，孰乐？"曰："不若与人。"

曰：“与少乐乐，与众乐乐，孰乐？”曰：“不若与众。”

此孟子谈独。"独乐乐，不如与众乐"。

"臣请为王言乐：今王鼓乐于此，百姓闻王钟鼓之声，管龠（箫笛）之音，举（皆）疾首蹙頞（头痛而皱眉）而相告曰：'吾王之好鼓乐，夫何使我至于此极也？父子不相见，兄弟妻子离散。'

"今王田猎于此，百姓闻王车马之音，见羽旄之美，举疾首蹙頞而相告曰：'吾王之好田猎，夫何使我至于此极也？父子不相见，兄弟妻子离散。'此无他，不与民同乐也。

"乐，和也"，"成于乐"。政之道与音乐之道相通。

"今王鼓乐于此，百姓闻王钟鼓之声，管龠之音，举欣欣然（喜悦貌）有喜色而相告曰：'吾王庶几无疾病与？何以能鼓乐也？'今王田猎于此，百姓闻王车马之音，见羽旄之美，举欣欣然有喜色而相告曰'吾王庶几无疾病与？何以能田猎也？'此无他，与民同乐也。今王与百姓同乐，则王矣。"

与民同乐，君民同乐，可以王天下。

8. 齐宣王问曰："文王之囿（养禽兽之园）方（纵横）七十里，有诸？"孟子对曰："于传（典籍文献）有之。"

曰："若是其大乎？"曰："民犹以为小也。"

曰："寡人之囿方四十里，民犹以为大，何也？"曰："文王之囿方七十里，刍荛者（牧与樵）往焉，雉兔者（猎人）往焉，与民同之。民以为小，不亦宜乎？

民众可以自由出入，取其禽兽，刈其刍薪，民以为囿小，是其宜也。

"臣始至于境，问国之大禁（入境问禁），然后敢入。臣闻郊关之内有囿方四十里，杀其麋鹿者如杀人之罪。则是方四十里，为阱于国中。民以为大，不亦宜乎？"

"为阱于国中"，设陷阱于国中，人人易入于罪，民苦其囿大，不亦宜乎？

9. 齐宣王问曰："交邻国有道乎？"

孟子对曰："有。惟仁者为能以大事小，是故汤事葛（小国），文王事昆夷（夷狄之国）；惟智者为能以小事大，故大王事獯鬻（北戎大国），句践事吴。

"惟仁者为能以大事小"，仁者安仁，"安仁者，天下一人"（《礼记·表记》），有此襟怀，当然"能以大事小"。

"惟智者为能以小事大"，智者利仁，利而行之，不使不仁者加乎己身，当然"能以小事大"。

"以大事小者，乐天者也；以小事大者，畏天者也。乐天者保天下，畏天者保其（己）国。《诗》（《周颂·我将》）云：'畏天之威，于时保之。'"

"以大事小"，不以大欺小，故"乐天者保天下"。

"以小事大"，小心谨慎，故"畏天者保己国"。

《易·谦》云："天道亏盈而益谦，地道变盈而流谦，鬼神害盈而福谦，人道恶盈而好谦。谦尊而光，卑而不可逾，君子之终也。"满招损，谦受益，"损益盈虚，与时偕行"（《易·损》）。

王曰："大哉言矣！寡人有疾，寡人好勇。"

对曰："王请无好小勇。夫抚剑（按剑）疾视（怒视）曰，'彼恶敢（安敢）当我哉'！此匹夫之勇，敌一人者也。王请大之！

"小勇"，"匹夫之勇，敌一人者也"，逞能好勇，"暴虎冯河，死而无悔者，吾不与也。必也临事而惧，好谋而成者也"（《论语·述而》）。

"《诗》（《大雅·皇矣》）云：'王赫（怒状）斯（语词）怒，爰（于是）整（整顿）其旅（军队），以遏（阻止）徂（往）莒（旅），以笃（增）周祜（福），以对（扬）于天下。'此文王之勇也。文王一怒而安天下之民。

"一怒而安天下之民"，智者无喜怒，为天下怒，在安天下之民。

"文王"，文德之王，"修文德以来之"，仁者无敌，焉用杀？

"《书》曰：'天降下民，作之君，作之师。惟曰其助上帝，宠之四方。有罪无罪，惟我在，天下曷敢有越厥志？'一人衡（横）行于天下，武王耻之。此武王之勇也。而武王亦一怒而安天下之民。今王亦一怒而安天下之民，民惟恐王之不好勇也。"

"作之君，作之师。惟曰其助上帝"，配天，"天地君亲师"。

"好勇"，勇者不惧，见义勇为，"见义不为，无勇也"（《论语·为政》）。

10. 齐宣王见孟子于雪宫（齐之离宫）。王曰："贤者亦有此乐乎？"

笨人，皆显己是聪明的。

孟子对曰："有。人（人有）不得，则非（诽，非议）其上矣。不得而非其上者，非也；为民上，而不与民同乐者，亦非也。乐民之乐者，民亦乐其乐；忧民之忧者，民亦忧其忧。乐以天下，忧以天下，然而不王者，未之有也。

孟子强辩，也辩出道理来。

"乐以天下，忧以天下"，不为己私，上下同乐、同忧，上下一体，同心。天下归心，如何不王？

此与"好民之所好，恶民之所恶，此之谓民之父母"（《礼记·大学》），义同。

"昔者齐景公问于晏子（晏婴，字平仲）曰：'吾欲观于转附、朝儛（齐东北近海两座山），遵（循）海而南，放（至）于琅邪（位于齐东南）。吾何修（修为）而可以比于先王观（游观）也？'

"晏子对曰：'善哉问也！天子适诸侯曰巡狩，巡狩者巡所守也；诸侯朝于天子曰述职，述职者述所职也。无非事者。春省耕而补不足，秋省敛而助不给（jǐ，足也）。夏谚曰："吾王不

游，吾何以休？吾王不豫，吾何以助？一游一豫，为诸侯度（模范）。"今也不然：师行而粮食，饥者弗食，劳者弗息。睊睊（juàn，侧目而视）胥谗（互相毁谤），民乃作慝（隐匿饰非）。方（违背）命虐民，饮食若流（无穷竭）。流连荒亡，为诸侯忧。从流下而忘反（返）谓之流，从流上而忘反谓之连，从兽无厌（足）谓之荒，乐酒无厌谓之亡。先王无流连之乐，荒亡之行。惟君所行也。'

"惟君所行也"，晏子不欲景公有无益于民之行。

"景公说（悦），大戒于国（告诫全国），出舍（住宿）于郊。于是始兴（举）发（开）补不足。召大师（乐师）曰：'为我作君臣相说（悦）之乐！'盖《徵（zhǐ）招（韶）》《角（jué）招》是也。其诗曰：'畜君何尤（过）？'畜君者，好君也。"

"畜君何尤"，阻止国君之私欲，何过之有？

11. 齐宣王问曰："人皆谓我毁明堂。毁诸？已乎？"

"明堂"，周天子之堂，一曰在鲁境，一曰泰山下，本周天子东巡狩、朝诸侯处。

孟子对曰："夫明堂者，王者之堂也。王欲行王政，则勿毁之矣。"

王曰："王政可得闻与？"

对曰："昔者文王之治岐（岐山）也，耕者九一（九分之一，井田制），仕者世禄，关市讥（稽查）而不征（征税），泽梁（堰水捕鱼场所）无禁（任由人民养鱼、捕鱼），罪人不孥（nú，妻小）。老而无妻曰鳏（guān），老而无夫曰寡，老而无子曰独，幼而无父曰孤。此四者，天下之穷（没有职业）民而无告（无处诉说）者。文王发政施仁，必先斯四者。《诗》（《小雅·正月》）云：'哿（可）矣富人（富人犹可），哀此茕独（哀此鳏寡孤独）。'"

"茕独"，"哀此鳏寡孤独者"，施行仁政，必自这些"无告者"，社会的弱势族群入手。

王曰："善哉言乎！"曰："王如善之，则何为不行？"

王曰："寡人有疾，寡人好货。"

对曰："昔者公刘（周人祖先）好货（货财），《诗》（《大雅·公刘》）云：'乃（发语词）积乃仓，乃裹糇粮（干粮），于橐（袋）于囊。思（语词）戢（集）用光（光大）。弓矢斯张，干戈戚（斧）扬（钺），爰（于）方（四方）启行（起程）。'故居者有积仓，行者有裹粮也，然后可以爰方启行。王如好货，与百姓同之，于王何有（何难之有）？"

王曰："寡人有疾，寡人好色。"

对曰："昔者大王（太王，公刘之孙，文王之祖）好色，爱厥妃（专爱太姜一人）。《诗》（《大雅·绵》）云：'古公亶父（太王名号），来朝（翌晨）走马（跃马疾马），率西水浒（水边之地），至于岐下。爰及（乃与）姜女，聿（自）来胥（相，看）宇（房宅）。'当是时也，内无怨女（无夫之女），外无旷夫（无妇之夫）。王如好色，与百姓同之，于王何有？"

"内无怨女，外无旷夫"，就没有娼妓，没有社会问题，因为人人都有归宿，此王道也。

"推己及人"，王好货、好色，"与百姓同之"，何难之有？

12. 孟子谓齐宣王曰："王之臣，有托其妻子于其友，而之〔往〕楚游者。比〔及〕其反〔返〕也，则冻馁〔饿〕其妻子，则如之何？"王曰："弃之〔与之绝交〕。"

朋友可以"托妻寄子"，有信义，能善尽照顾之责。"可以托六尺之孤……君子人也"（《论语·泰伯》）。

曰："士师〔狱官〕不能治士〔狱〕，则如之何？"王曰："已之〔罢免他〕。"

曰："四境之内不治，则如之何？"王顾左右而言他。

一层一层追究责任。

谈及自己责任之所在，王则顾左右而言他事。

13. 孟子见齐宣王曰："所谓故国者，非谓有乔木之谓也，有世臣之谓也。王无亲臣矣，昔者所进〔进用〕，今日不知其亡〔不存在〕也。"

"乔木"，孔林之美，美在乔木，千年以上的树木真不少！

"世臣"，国之老臣，才德兼备，累世功勋，与国同休戚。

今天是民主时代，每人皆国之世臣，与国家利害与共，故曰"国家兴亡，匹夫有责"。

王曰："吾何以识其不才而舍之？"

曰："国君进（进用）贤，如不得已（欲特加拔擢），将使卑逾尊（越次躐等），疏逾戚，可不慎与？左右皆曰贤，未可也；诸大夫皆曰贤，未可也；国人皆曰贤，然后察之；见贤焉，然后用之。

进用贤才，必留心考察，郑重其事。

"左右皆曰不可，勿听；诸大夫皆曰不可，勿听；国人皆曰不可，然后察之；见不可焉，然后去之。左右皆曰可杀，勿听；诸大夫皆曰可杀，勿听；国人皆曰可杀，然后察之；见可杀焉，然后杀之。故曰，国人杀之也。如此，然后可以为民父母。"

"国人皆曰可杀，然后察之；见可杀焉，然后杀之"，"国人"，一国之人，兼听、审察。

"国人杀之"，人人皆曰可杀。慎于退人，知人则哲。

14. 齐宣王问曰："汤放桀，武王伐纣，有诸？"

"汤放桀，武王伐纣"，汤为桀的臣，武王为纣的臣，有君臣关系。

自此，可见中国的"革命观"，荀子称"上下易位，然后贞"（《荀子·臣道》）。

孟子对曰："于传有之。"

"于传有之"，古书上有记载。

曰："臣弑其君可乎？"

"臣弑其君"，"弑"，以下杀上。

齐宣王是小康思想，强调君位。

曰："贼仁者谓之贼（伤害），贼义者谓之残，残贼之人谓之一夫。闻诛一夫纣矣，未闻弑君也。"

"闻诛一夫纣矣，未闻弑君也"，此"师说"所在，真正的孔学，因孟子是子思门人弟子。

今文家以"君，群也"，"王，往也"，能领导群众的为"君"，群之首；天下所归往的曰"王"，君德；没达此标准的，皆"一夫"。

"贼仁者谓之贼，贼义者谓之残，残贼之人谓之一夫"，恶德系于一身，叫作"一夫"，一小子、独夫，无君德，害仁害义，众叛亲离，"贵而无位，高而无民，贤人在下位而无辅，是以动而有悔也"（《易·乾·文言》）。

独，《说文》云："犬相得而斗也。羊为群，犬为独也。"段玉裁释："好斗，独而不群。"

独，可好可坏，独到、独特、独树一帜，"儒有特立而独行"（《礼记·儒行》），"故君子必慎其独也"（《中庸》）。"慎独"，最重要的一步功夫，否则成独夫、独裁。

中国字，有本义、有引申义，不可以乱改。

15. 孟子见齐宣王曰："为巨室（大的宫室），则必使工师求大木。工师得大木，则王喜，以为能胜其任也。匠人斲（zhuó，同"斫"）而小之（加上功夫），则王怒（怕被碰了），以为不胜其任矣。夫人幼而学之（学道），壮而欲行之（行道）。王曰'姑（暂）

毓老师说孟子

30

舍女（汝）所学而从我'，则何如？

一般当政者，以为官大学问大，上自天文下至地理，皆无所不知，事事要指导，要人"舍所学而从我"。

"今有璞玉（包在石中，尚未雕琢之玉）于此，虽万镒（yì，一镒二十两，一说二十四两），必使玉人雕琢之。至于治国家，则曰'姑舍女所学而从我'，则何以异于教玉人雕琢玉哉？"

玉，石之细者，大玉石即"璞玉"，要一层层地凿，玉石愈里头愈宝。"雕琢"，"玉不琢，不成器"，必精雕细琢。

应是尊重知识，尊重专家，知识、科学是客观规律。

16. 齐人伐燕，胜之。宣王问曰："或谓寡人勿取，或谓寡人取之。以万乘之国，伐万乘之国，五旬（一旬十日）而举之，人力不至于此。不取，必有天殃（天降灾祸）。取之，何如？"

孟子对曰："取之而燕民悦，则取之，古之人有行之者，武王是也；取之而燕民不悦，则勿取，古之人有行之者，文王是也。以万乘之国，伐万乘之国，箪（竹器）食（饭）壶浆，以迎王师。岂有他哉？避水火（喻灾祸）也。如水益深，如火益热，亦运而已矣。"

"如水益深，如火益热"，喻灾难深重。

"运"，运转、运动、运行，日月运行，有其序。运笔，运筹。"礼运"，以礼运天下，由小康渐至大同。"秉大至之要道，行礼运之至德"。

17.齐人伐燕，取（占领）之。诸侯将谋救燕。宣王曰："诸侯多谋伐寡人者，何以待之？"

孟子对曰："臣闻七十里为政于天下者，汤是也。未闻以千里畏人者也。

"千里畏人"，指齐王。

《书》曰：'汤一征，自葛（小国）始。'天下信之（信汤是仁君）。东面而征，西夷怨；南面而征，北狄怨。曰：'奚（何）为后（置我于后）我？'民望之，若大旱之望云霓（形容期盼之殷）也。归（回）市者不止，耕者不变（社会正常运作）。诛其君而吊（慰问）其民，若时雨（及时雨）降，民大悦。《书》曰：'徯（等待）我后（国君），后来其苏（死而复醒）。'

"若时雨降"，任事必需若"时雨降"，才真得民心，百姓完全愿意接受。

"智必识时"，不识时，不能为智者；"行若时雨"，圣人不能生时，时至而不失之。不识时，所行过与不及，百姓皆感不必要。

"今燕虐其民，王往而征之。民以为将拯己于水火之中也，箪食壶浆，以迎王师。

"将拯己于水火之中也，箪食壶浆，以迎王师"，圣人贵除天下之患，救民于水火。这是民族精神之所在。

"若杀其父兄（掠夺战争，杀人盈城），系累（捆缚）其子弟，毁其宗庙，迁（搬）其重器（宝器），如之何其可也？天下固畏齐之强也，今又倍（并吞）地而不行仁政，是动（挑动）天下之兵也。王速出令，反（还）其旄倪（老幼），止其重器，谋于燕众，置君（立君）而后去之，则犹可及止也。"

及时遏止诸侯救燕、伐齐的危机。

18. 邹与鲁哄（争吵，内讧）。穆公（邹穆公）问曰："吾有司（司其事者）死者三十三人，而民莫之死（不肯赴难）也。诛之，则不可胜诛；不诛，则疾视（恨）其长上之死而不救，如之何则可也？"

孟子对曰："凶年饥岁，君之民，老弱转乎沟壑（饥饿辗转而死），壮者散（离）而之（往）四方者，几千人矣；而君之仓廪（储粟）实，府库（贮类）充，有司莫以告，是上慢（怠慢，不关心人民）而残（伤害）下也。

"上慢而残下"，上慢君命，下残民命。

"曾子曰：'戒之戒之！出乎尔者，反乎尔者也。'夫民今而后得反之也。君无尤（过）焉。

"出乎尔者，反乎尔者"，出尔反尔，你怎么对待别人，别人就怎么对待你，自食其报。

"君行仁政，斯民亲其上、死其长矣。"

君民关系，是相对的。

"爱人者，人恒爱之；敬人者，人恒敬之"（《孟子·离娄下》），相互对待，彼此尊重。

19. 滕文公问曰：“滕，小国也，间（夹于其中）于齐楚。事齐乎？事楚乎？”

滕处于齐、楚两大国之间，两大之间难为小，此两难之局，何去何从？

孟子对曰：“是谋，非吾所能及也。无已（实在没办法），则有一焉：凿斯池（挖护城河）也，筑斯城（筑高城墙）也，与民守之，效（致）死而民弗（不）去，则是可为也。”

此段观念极为重要。就历史观之：值国家危难之际，誓死不离国都，有共存亡的决心，则国恒不亡。

京城，太庙之所在，不能受惊，老是迁都，则民不能效死。必誓死不去，与国都共存亡。

20. 滕文公问曰：“齐人将筑薛（薛国为齐所灭，又在此筑城），吾甚恐。如之何则可？”

孟子对曰：“昔者大王居邠（bīn，古同“豳”。北狄），狄人侵之，去之（往）岐山之下居焉。非择而取之，不得已也。

戎狄时而侵扰，欲得土地、人民，太王曰：“有民立君，将以利之。今戎狄所为攻战，以吾地与民。民之在我，与其在彼，何异？民欲以我故战，杀人父子而君之，予不忍为。”（《史记·周本纪》）去豳，豳人扶老携幼，随太公迁居于岐山之下周原。

"苟（真）为善，后世子孙必有王者矣。

"苟为善，后世子孙必有王者"，"积善之家，必有余庆"，垂裕后昆，此为子孙计。

"君子创业垂统，为可继也。若夫成功，则天也。君如彼何哉？强（强）为善而已矣。"

"创业垂统"，君子造其业于前，而垂统绪于后，绪成。

"强为善"，自勉为善，"强恕而行，求仁莫近焉"（《孟子·尽心上》）。

21. 滕文公问曰："滕，小国也。竭力以事大国，则不得免焉。如之何则可？"

孟子对曰："昔者大王居邠，狄人侵之。事之以皮币，不得免焉；事之以犬马，不得免焉；事之以珠玉，不得免焉。

儿皇帝难为，对方予取予求，得寸进尺。

"乃属（嘱）其耆老（长老）而告之曰：'狄人之所欲者，吾土地也。吾闻（知）之也：君子不以其所以养人者害人。二三子何患乎无君？我将去之。'

"君子"，在位者。立君所以为民，政权的存在是为养人，"惟以一人养天下"。

"不以其所以养人者害人"，"不以天下奉一人"，况为政权争夺而残害人！

"去邠，逾梁山，邑于岐山之下居焉。邠人曰：'仁人也，不可失也。'从之者如归市。或曰：'世守也，非身之所能为也。效死勿去。'君请择于斯二者。"

"去邠"，我有"咏豳轩"字，康有为墨宝。

"效死勿去"，国土为世传之基业，不可任由己意弃之。

22. 鲁平公将出。嬖人（君左右极宠幸之小人）臧仓者请曰（请问鲁平公）："他日君出，则必命有司所之（所前往处）。今乘舆已驾矣，有司未知所之（往）。敢请。"

公曰："将见孟子。"曰："何哉？君所为轻身以先于匹夫者，以为贤乎？礼义由贤者出。而孟子之后丧逾前丧（丧父礼约，丧母礼丰）。君无见焉！"公曰："诺。"

乐正子入见，曰："君奚为不见孟轲也？"曰："或告寡人曰，'孟子之后丧逾前丧'，是以不往见也。"

曰："何哉？君所谓逾者，前以士，后以大夫；前以三鼎，而后以五鼎与？"曰："否。谓棺椁衣衾之美也。"

曰："非所谓逾也，贫富不同也。"

说孟子"后丧逾前丧"，乃因前后官职不同，故丧礼各异，是贫富的关系。

乐正子见孟子，曰："克告于君，君为来见也。嬖人有臧仓者沮（阻往）君，君是以不果来也。"

曰："行或使之，止或尼（阻）之。行止，非人所能也。吾之不遇鲁侯，天也。臧氏之子焉能使予不遇哉！"

公孙丑上

1. 公孙丑（孟子弟子）问曰：“夫子当路（居要位）于齐，管仲、晏子之功，可复许（进）乎？”

问管仲、晏子之故事。

孟子曰：“子（称人之词）诚（真）齐人也，知管仲、晏子而已矣。或问乎曾西曰：‘吾子与子路孰贤？’曾西（曾子孙子）蹴然（不安貌）曰：‘吾先子之所畏（敬）也。’曰：‘然则吾子与管仲孰贤？’曾西艴然（勃然，忿怒变色）不悦曰：‘尔何曾（乃）比予于管仲！管仲得君，如彼其专也；行乎国政，如彼其久也；功烈，如彼其卑也。尔何曾比予于是！’”曰：“管仲，曾西之所不为也，而子为（谓）我愿之乎？”

孟子言王不言霸，表示自己不屑管仲、晏子之霸业。

曰："管仲以其君霸，晏子以其君显。管仲、晏子犹不足为与？"曰："以齐王，由反手（反掌，喻易）也。"

"管仲以其君霸"，管仲使桓公成就霸业，"九合诸侯，一匡天下"，孔子称"管仲之力也，如其仁，如其仁"（《论语·宪问》），许为管仲之仁，乃其仁，乃其仁！

"晏子以其君显"，晏子遇上三个昏君，却使其君显。

这两个人都有实政经验，值得重视。《管子》《晏子春秋》都要看。

曰："若是，则弟子之惑滋（增）甚！且以文王之德，百年而后崩，犹未洽（遍）于天下；武王、周公继（绪成）之，然后大行。今言王若易然（语尾词），则文王不足法与？"

文王"三分天下有其一"；武王克商，乃有天下；周公相成王，继往开来，制礼作乐，以礼治世，可化及禽兽。

曰："文王何可当也？由汤至于武丁，贤圣之君六七作，天下归殷久矣！久则难变也。武丁朝诸侯，有天下，犹运之掌也。

"久则难变也"，百足之虫，死而不僵。

"纣之去武丁未久也，其故家（旧臣之家）遗俗，流风善政，犹有存者；又有微子、微仲、王子比干、箕子、胶鬲，皆贤人也，相与辅相之，故久而后失之也。尺地莫非其有也，一民莫非其臣也，然而文王犹（由）方百里起，是以难也。

历代之亡，乃时势所至，非人力所能挽。

时势造英雄，孙中山革命，乃懂乘势也；英雄造时势，可是不易，洪秀全即是，不识时。

"齐人有言曰：'虽有智慧，不如乘势；虽有镃基（种田器具），不如待时（待农时）。'今时则易然也。

"虽有智慧，不如乘势"，时势为要，势来才能乘势。识时，乘时，"时乘六龙以御天"（《易·乾·彖》）。

"虽有镃基，不如待时"，备好工具，以待时至。孟子是"待时"者，孔子是"圣时"者。

时势所至，英雄所见略同，乃成了，因为水到渠成，不需费劲。

二十四节气极重要，不待时，物不长，就是叶茂也不结果。因高易上马，做事居高临下易有效率。

"夏后、殷、周之盛，地未有过千里者也，而齐有其地矣；鸡鸣狗吠相闻，而达乎四境，而齐有其民矣。地不改辟（辟）矣，民不改聚矣，行仁政而王，莫之能御也。

孟子以齐有"行仁而王"的条件。

"且王者之不作，未有疏于此时者也；民之憔悴于虐政，未有甚于此时者也。饥者易为食，渴者易为饮。孔子曰：'德之流行，速于置邮（驿）而传命。'

"饥者易为食，渴者易为饮"，时势所至，又有凭借，则事半

公孙丑上
39

功倍。

　　以前，各地设有驿站，以传达政令，供食宿、马匹。换马不换人，直送到目的地。

　　"德之流行，速于置邮而传命"，其快速，犹如驿马之传递命令。

**　　"当今之时，万乘之国行仁政，民之悦之，犹解倒悬也。故事半古之人，功必倍之，惟此时为然。"**

　　"犹如解倒悬"，解救受苦难者。
　　"事半古之人，功必倍之"，可收事半功倍之效。
　　"惟此时为然"，今天行之易！

**　　2. 公孙丑问曰："夫子加（居）齐之卿相，得行道焉，虽由此霸王不异矣。如此，则动心否乎？"孟子曰："否。我四十不动心。"**

　　"行道"，立身行道，扬名于后世。
　　"四十不动心"，"四十不惑"，不惑于欲。

**　　曰："若是，则夫子过孟贲（古之勇士，卫人）远矣。"曰："是不难，告子先我不动心。"**
**　　曰："不动心有道（方法）乎？"曰："有。北宫黝（yǒu，齐国人）之养勇也，不肤挠（身体不缩作一团），不目逃（目光不逃避），思（语词）以一豪挫（辱）于人，若挞（tà，鞭打）之于市朝（引以为奇耻大辱）。不受（受辱）于褐宽博（布衣），亦不受于万乘之**

君（大诸侯）；视刺万乘之君，若刺褐夫（贱夫）。无严（畏敬）诸侯；恶声（叱骂声）至，必反（回报）之。

此北宫黝之养勇。

"孟施舍之所养勇也，曰：'视不胜，犹胜也。量敌而后进，虑胜而后会，是畏三军者也。舍岂能为必胜哉？能无惧而已矣！'

孟施舍之养勇，"量敌而后进，虑胜而后会"，先自量力，虑深通敏。"能无惧"，因为有万全的把握。

"孟施舍似曾子（曾参），北宫黝似子夏。夫二子之勇，未知其孰（谁）贤？然而孟施舍守约（简要）也。

"昔者曾子谓子襄（晋大夫，赵无恤）曰：'子好勇乎？吾尝闻大勇于夫子矣：自反（反省）而不缩（直），虽褐宽博，吾不惴（惧）焉；自反而缩，虽千万人，吾往矣！'

大勇："自反而直，虽千万人，吾往矣"！因配义与道。

养心，养性，无养不长。"继天奉元，养成万物"（何休注《春秋公羊传》）。

"孟施舍之守气，又不如曾子之守约也。"

"守约"，以礼约身，"以约失之者，鲜矣"（《论语·里仁》）。

曾子是忌惮之士，"吾日三省吾身"（《论语·学而》），战战兢兢，如临深渊，如履薄冰。

公孙丑上

41

曰："敢（请）问夫子之不动心，与告子之不动心，可得闻（知道理之所在）与？"

"告子曰：'不得于言，勿求于心；不得于心，勿求于气。'不得于心，勿求于气，可；不得于言，勿求于心，不可。

"不得于言，勿求于心，不可"，载之于言，修心之道。不懂而修心，办不到。

儒家乃"学而知之"者。《大学》"诚意正心"，虽未得修身之道，仍必本诚意去做。

"**夫志，气之帅**（主帅）**也；气，体之充**（充力）**也。夫志至焉，气次**（旅次）**焉。故曰：'持其志，无暴其气。'**"

"志至焉，气次焉"：一、朱子认为，志为至极，而气次之，二者有主、次之分；二、志，心之所主，志到哪儿，气也舍在哪儿，志、气是一起的。

"持其志，无暴其气"，守己之志，不把气完全暴露。

"**既曰'志至焉，气次焉'，又曰'持其志，无暴其气'者，何也？**"

曰："**志壹**（专一）**则动气，气壹则动志也。今夫蹶**（倾倒）**者、趋**（急走）**者，是气也，而反动其心。**"

"志壹则动气，气壹则动志"，志、气合而为一。

"**敢问夫子恶乎长**（哪一样是您的长处）**？**"
曰："**我知言，我善养吾浩然之气。**"

孟子是气功的祖师爷。

"知言"，特别识古圣先贤之言（思想）；"不知言，无以知人也"（《论语·尧曰》），言为心声，知人，了解人性。

"我善养吾浩然之气"，"浩然之气"，正气，与生俱来的，"天地有正气，杂然赋流形。下则为河岳，上则为日星。于人曰浩然，沛乎塞苍冥"（文天祥《正气歌》）。

精、气、神，人之三宝，"大哉乾乎！刚健中正，纯粹精也"（《易·乾》）。

你们要养浩然气，读有用书。

"敢问何谓浩然之气？"

曰："难言也（很难说）。**其为气也，至大至刚。**

浩然之气，"至大至刚"，最大最刚，无欲乃刚，有别于普通之气，不含欲，至大无外也。

"以直养而无害，则塞（充塞）**于天地之闲。其为气也，配义与道；无是**（无此气），**馁**（怯）**也。是集义所生者，非义袭而取之**（袭取于外）**也。**

怎么养？"直养而无害"，"而"，能也，但不易做到，人最难克服的就是欲，少欲都难。"人之生也直"（《论语·雍也》），直养，顺自然之情养，不人之为道，不以人为之力害之。

喝白开水，最直养。乡下老太婆就生活简单，顺自然而生活，身体健康。

人一旦有了欲，必在欲前低头，如好抽烟的，一旦没有就"伸手牌"。

好欲，必什么名牌，并不是好事，害浩然之气，而没有精神，以欲害浩然之气。应以直道养之，不以邪道害之，直养能无害，多单纯的生活！

"行有不慊（足）于心，则馁矣。我故曰，告子未尝知义，以其外之也。

"其为气也，配义与道"，没有义与道相配，气就"馁"了！

别人说什么，都不必动心；对你歌功颂德，更不必理会。必视己之气是否"馁"。

"必有事焉而勿正，心勿忘，勿助长也。

"率性之谓道"，就"顺"，"勿正""勿忘""勿助长"。

"无若宋人然：宋人有闵（悯，忧也）其苗之不长而揠（拔）之者，芒芒（疲倦）然归。谓其人（家人）曰：'今日病（疲惫）矣，予助苗长矣。'其子趋而往视之，苗则槁（枯萎）矣。

"天下之不助苗长者寡（少）矣。以为无益而舍之者，不耘苗者也；助之长者，揠苗者也。非徒（不但）无益，而又害之。"

"揠苗助长"，逆养，违背自然法则。"由仁义行，非行仁义也"（《孟子·离娄下》）。

修身之道，按自然环境、生长结构养，非按自己的意志养。"发而皆中节"，合乎自然之节奏。

"何谓知言？"

"知言"，就能知人。言，人的心声，"不知言，无以知人"。

曰："诐辞知其所蔽，淫辞知其所陷，邪辞知其所离（叛），遁辞知其所穷。

"诐辞"，"诐"，言、皮，《说文》云："辩论也。"段玉裁释："皮，剥取兽革也。披，折也。凡从皮之字，皆有分析之意，故诐为辩论也。"偏诐之辞，知其蔽于一曲，"不该不遍，一曲之士也"（《庄子·天下》）。

"淫辞"，浸淫之辞，知其有所陷溺。"邪辞"，放僻邪辞，知其叛经离道。"遁辞"，"遁"，逃避，离于道义之辞，知其穷于道义。

"辞也者，各指其所之"，"将叛者其辞惭，中心疑者其辞枝，吉人之辞寡，躁人之辞多，诬善之人其辞游，失其守者其辞屈"（《易·系辞下传》），理穷，辞穷。

"生于其心，害于其政；发于其政，害于其事。圣人复起，必从吾言矣。"

"生于其心，害于其政"，言为心声，《诗》言志，故可以兴、观、群、怨。

"发于其政，害于其事"，"见之于行事"，政治乃管理众人的事，故曰政事。

"圣人复起，必从吾言矣"，见端知著，如使圣人再起，亦必从吾所言。

临事，应有自警心；应事，培智，有真知灼见，不受利用，才能脱离苦海。

"宰我、子贡善（擅长）为说辞，冉牛、闵子、颜渊善言德行。

宰我、子贡，"善为说辞"，言语科，擅长外交辞令。

冉牛、闵子、颜渊，德行科，"善言德行"，"德者，得也"（《管子·心术上》），有得于道。德行，表现出好的行为。

"孔子兼之，曰：'我于辞命，则不能也。'然则夫子既圣矣乎！"

"孔子兼之"，兼有言语、德行。"我于辞命，则不能也"，孔子自谦之辞。

"夫子既圣矣乎"，孔子是至圣，到了圣的境界。圣人，知进退存亡而不失其正也。

明理，要培养气质。随时训练自己能做事，在日常生活中培养做事的能力。

"庸言之谨；有所不足，不敢不勉；有余不敢尽。言顾行，行顾言。君子胡不慥慥尔。"（《中庸》）"视履考祥，其旋元吉"（《易·履》），每年得考祥，自己鞭策自己。

从日常生活中，训练小孩的"知"与"行"，培养其责任感，将来才能有担当。

曰："恶！是何言也！昔者子贡问于孔子曰：'夫子圣矣乎？'孔子曰：'圣，则吾不能。我学不厌而教不倦也。'

"圣"，知进退存亡而不失其正；"吾不能"，我也办不到。

"学不厌而教不倦"，孔子自称"好学"，"有教无类"，普及教育。

"子贡曰：'学不厌，智也；教不倦﹝倦怠﹞，仁也。仁且智，夫子既圣矣！'夫圣，孔子不居，是何言也！"

"学不厌"：一、学总感不足；二、永不厌烦。

孔子自谓："若圣与仁，则吾岂敢？抑为之不厌，诲人不倦，则可谓云尔已矣。"（《论语·述而》）"学不厌""教不倦"是孔子最伟大的精神。

"学不厌，智也；教不倦，仁也"，既仁且智，仁者爱人，智者知人。

"知之为知，不知为不知，是知也。"（《论语·为政》）知，知日，智也。

知道了，就去做。做了就是仁，仁以行之，举手之劳，随时做。

"庸德之行，庸言之谨"，就是常德常言、日常行事。

"昔者窃﹝私下﹞闻之：子夏、子游、子张，皆有圣人之一体﹝德﹞；冉牛、闵子、颜渊，则具体而微。

"闻之"，闻自师言。《经义述闻》，王引之述闻自其父王念孙之说。

"子夏、子游、子张，皆有圣人之一体"，有孔子的一部分长处。

"冉牛、闵子、颜渊，则具体而微"，与孔子相近，但仍不如。

"敢问（敬辞）所安？"

请问："愿居于哪一等？"

曰："姑舍是。"

"暂置不谈。"恐言多必失。

曰："伯夷、伊尹何如？"

曰："不同道。非其君不事（有所不为，狷者），非其民不使；治则进，乱则退（反对以暴易暴），伯夷也（圣之清者）。

"治则进，乱则退"，有所不为。今天来看，还不饿死？对社会而言，贡献不大。

"何事非君？何使非民？治亦进，乱亦进（进取，狂者），伊尹也（圣之任者）。

"治亦进，乱亦进"，进取，不论治或乱，都必为国家服务，这种态度是好的。

"可以仕则仕，可以止则止，可以久则久，可以速则速，孔子也（圣之时者）。

"可以仕则仕，可以止则止，可以久则久，可以速则速"，"知进退存亡而不失其正者，其唯圣人乎"（《易·乾·文言》），孔子为"圣之时者"（《孟子·万章下》），"不可为典要，唯变所适"（《易·系辞下传》）。"用之则行"，行道；"舍之则藏"（《论语·颜渊》），藏道于民，"有教无类"。

"皆古圣人也，吾未能有行焉；乃所愿，则学孔子也。"

"皆古圣人也，吾未能有行焉"，孟子没当过官，没有行政经验。

"乃所愿，则学孔子也"，就因这句话，孟子成为亚圣。

"伯夷、伊尹于孔子，若是班（同等，同科）乎？"
曰："否！自有生民（人类）以来，未有孔子也。"

"自有生民以来，未有孔子也"，因孔子改一为元，"大哉乾元，万物资始"，以"元"生万物，"乃统天"，连天在内，都是"元"所始，人与天齐。孔子去除天帝观，提升人的尊严，称"天民"。

天民、天德、天爵、天吏、天禄。生来是"天民"，与天同辈，与天齐，"大哉乾元，万物资始，乃统天"，此中国的"天民观"。

天爵自尊吾自贵，"修其天爵，而人爵从之"（《孟子·告子上》），修天德，享天禄。要自尊自贵，则与生俱有，如失之，则无所不为矣！戒之，戒之！

曰："然则有同与？"
曰："有。得百里之地而君之，皆能以朝诸侯（联合诸侯），有天下（得天下）。行一不义、杀一不辜，而得天下，皆不为也。是则同。"

"行一不义、杀一不辜，而得天下，皆不为也"，是他们都不做的。不以杀戮得天下，战争不能解决问题，以暴易暴，报应循环，永无止境。

"是则同"，伯夷、伊尹与孔子皆以"仁"治天下。

我们要"通志除患，胜残去杀"，通天下之志，除天下之患，达没有残暴、没有杀戮的境界，天下一家，人类大同。

曰："敢问其所以异？"

曰："宰我、子贡、有若，智足以知圣人。污（夸大，到最低境界），不至阿（偏爱）其所好（趋势逢迎）。宰我曰：'以予观（察）于夫子，贤于尧舜远矣。'

宰我以"夫子贤于尧舜远矣"，让贤，传贤，公天下。尧舜之德，选贤举能；孔子"祖述尧舜"，但其德"见群龙无首"，是人人皆有士君子之行，人人皆可以为尧舜的境界，比尧舜又更进一步。

"舜何？人也。予何？人也。有为者，亦若是"（《孟子·滕文公上》），生来都是"天民"，只要自己能"有为"，亦可为尧舜，根本没有愚民政策，是何等气魄！虽未达此境界，但有此气魄，有此一思想，就极为可怕！只要你自尊自贵，皆可以为尧舜，多么勉励人！

"子贡曰：'见其礼而知其政，闻其乐而知其德。由百世之后，等（等量）百世之王，莫之能违（离此标准）也。自生民以来，未有夫子也。'

子贡说"自生民以来，未有夫子也"，"见其礼而知其政，闻其乐而知其德"，礼乐之道，与政治相通。"由百世之后，等百世之王，莫之能违"，百王之道相通，莫能违孔子之道，孔子"道贯古今"。

"自生民以来，未有夫子也"，孔子把人的人格升为"天民"，去掉了天神观，是自有人类以来未有的。

"有若曰：'岂惟民哉！麒麟之于走兽，凤凰之于飞鸟，太山（泰山）之于丘垤（蚁封），河海之于行潦（无源之水），类也（一类一类也）。圣人之于民，亦类也。出（高出）于其类，拔（特起）乎其萃（超乎其众），自生民以来，未有盛于孔子也。'"

"麒麟之于走兽，凤凰之于飞鸟"，"出于其类，拔乎其萃"，高出其类，特起其萃。

孔子"有教无类"，与弟子生活在一起。一般人物以类聚，各从其类，萃聚，"乃乱乃萃"（《易·萃》）。

孔子出类拔萃，乃天纵之圣，有若说"自生民以来，未有盛于孔子也"。

孔子思想"集大成"，集古圣先贤之大成，为前所未有的成就。

3. 孟子曰："以力假仁者霸，霸必有大国；以德行仁者王，王不待大。汤以七十里，文王以百里。

此谈王、霸之别。

"以力假仁者霸"，假仁称霸，借着仁作号召，"霸必有大国"，开疆拓土。

"以德行仁者王"，仁者无敌，"远人不服，则修文德以来之"（《论语·季氏》），是以文德，人心所归往，"王不待大"。

"霸、王之道，皆本于仁。仁，天心"（《春秋繁露·俞序》）。"仁，人也"(《中庸》)，仁心，天心、人心。

"以力服人者，非心服也，力不赡（足）也；以德服人者，中心悦而诚服也，如七十子之服孔子也。

"以力服人者，非心服也"，是"力不赡也"。等有朝之日，养精蓄锐，力能相敌，就起而相争。

"以德服人者，中心悦而诚服也"，心服，如七十子之服孔子也。

"《诗》（《大雅·文王有声》）云：'自西自东，自南自北，无思（语词）不服（一、无不服；二、无不心服）。'此之谓也。"

王，人人所归往，"自西自东，自南自北，无不服"。

4. 孟子曰："仁则荣，不仁则辱。

"仁则荣"，仁者能荣己身；"不仁则辱"，不仁则辱己身。

"今恶（讨厌）辱而居不仁，是犹恶湿而居下也。

"恶辱而居不仁"，讨厌不行仁者，自己却不行仁。一般人岂不如此？疾恶如仇，却所行不仁。

"如恶之，莫如贵德而尊士。贤者在位，能者在职。国家闲暇，及是时，明其政刑，虽大国，必畏之矣！

"贵德"，以德为贵；"尊士"，礼贤下士。

"贤者在位，能者在职"，以"贤能"用人才，在位者必是贤人，不能缺德；在职者必有能，能胜任、称职。

"明其政刑"，"明"字，见《论语》"子张问明"。

"虽大国，必畏之矣"，心生敬畏。

《诗》(《豳风·鸱鸮》)云：'迨（趁）天之未阴雨，彻（取）彼桑土，绸缪（缠缚，修补）牖户；今此下民，或敢侮予？'孔子曰：'为此诗者，其知道乎！能治其国家，谁敢侮之。'

"绸缪"，未雨绸缪，防患未然，有备无患。

"谁敢侮之"，"人必自侮，而后人侮之"，天助自助，要自求多福。

"知道"，不得了！故"能治其国家，谁敢侮之"。

"今国家闲暇，及是时，般（pán，大也）乐怠（懒惰）敖（骄傲），是自求祸也。祸福无不自己求之者。

"国家闲暇，及是时，般乐怠敖"，国家有闲暇之际，在此时大作乐，怠惰遨游，居安不能思危，"是自求祸也"。祸、福无不是自己求来的。

《诗》(《大雅·文王》)云：'永（长）言（念）配命（天命），自求多福。'

"永言配命"，永念配合天命，"天命之谓性"，在天曰命，在人曰性，"不知命，无以为君子也"(《论语·尧曰》)。

是人就有人性，做事不要违背人性，要"自求多福"。

公孙丑上

"《太甲》（《尚书》之篇名）曰：'天作孽，犹可违；自作孽，不可活。'此之谓也。"

《尚书·太甲中》："天作孽，犹可违；自作孽，不可逭（huàn，逃避也）。既往背师保之训，弗克于厥初，尚赖匡救之德，图惟厥终。"

"天作孽，犹可违"，天灾、地震，还可避开，今天重视防灾、制震。

"自作孽，不可活"，自己养欲、养成嗜好，一旦上瘾，被欲所控制，没有就痛苦不堪！

5. 孟子曰："尊贤使能，俊杰在位，则天下之士，皆悦而愿立于其朝矣。

"百人者曰杰，万人者曰英。"（《春秋繁露·爵国》）

此为政之要，"尊贤使能，俊杰在位"，"贤者在位，能者在职"。

"市廛（chán，市宅）而不征（征税），法（依法管理）而不廛（税其舍不税其物），则天下之商皆悦而愿藏于其市矣。关（关卡）讥（稽察）而不征，则天下之旅皆悦而愿出于其路矣。耕者助（助耕公田）而不税，则天下之农皆悦而愿耕于其野矣。廛无夫（雇役钱）里（地税）之布（泉，钱也），则天下之民，皆悦而愿为之氓（没有居民税，人愿搬迁来此）矣。

"氓"，从民，亡声，意会。本义指从他处移来之民，即外来移民。《诗·卫风·氓》:"氓之蚩蚩 (敦厚老实) ,抱布贸丝。"

"信 (真) 能行此五者,则邻国之民仰 (仰望) 之若父母矣。率其子弟,攻 (攻击) 其父母,自生民以来,未有能济 (成) 者也。如此,则无敌于天下。无敌于天下者,天吏也。然而不王者,未之有也。"

"天吏",为天所使,讨伐无道。

法天,替天行道,天道尚公,"生而不有,为而不恃"(《老子·第二章》),能公而无私,故"无敌于天下者,天吏也"。

6. 孟子曰:"人皆有不忍人之心。先王 (古圣先王) 有不忍人之心,斯有不忍人之政矣。以不忍人之心,行不忍人之政,治天下可运之掌上 (喻其易)。

这是孟子最有名的一段,作为参考。"不忍人",不论是在心理、行为或是行政上,都会表现出来。

"不忍人之心",不忍人受苦之心。"先王有不忍人之心",古圣先王有不忍人之心,"斯有不忍人之政矣",即施行王道、仁政。此乃"政治家"与"政客"之所以不同。

"以不忍人之心,行不忍人之政",将心比心,推己及人,即所谓"民之所好好之,民之所恶恶之,此之谓民之父母"(《大学》),则"治天下可运之掌上",既简单、容易又清楚!

"所以谓人皆有不忍人之心者,今人乍 (忽然) 见孺子将入于井,皆有怵惕 (受惊貌) 恻隐 (怜悯) 之心。非所以内 (纳) 交于孺子之父母也，非所以要誉（求好名声）于乡党朋友也，非恶其声而然也。

"人皆有不忍人之心"，良知、率性、仁心。

"今人忽见孺子将掉入于井"，皆有恐惧、受惊、怜悯之心，此非所以"纳交于孺子之父母、求好名声于乡党朋友"，也"非讨厌他的哭叫声"，而是人性本能自然的流露。

人皆有"怵惕恻隐之心"，同情受伤、受害者，这是人类所共有的天性，是人性的表露，祸福与共的心理。

"由是观（察）之：无恻隐之心，非人也；无羞恶之心，非人也；无辞让之心，非人也；无是非之心，非人也。

四心：恻隐之心、羞恶之心、辞让之心、是非之心。无此四心，"非人也"。性善论，不善皆人为。

"恻隐之心，仁之端也；羞恶之心，义之端也；辞让之心，礼之端也；是非之心，智之端也。人之有是四端也，犹其有四体也。

"端"，事件的起始。董子《春秋繁露》有《二端篇》："夫览求微细于无端之处，诚知小之将为大也，微之将为著也。"事有二端，舜"执其两端，用中于民"。

孟子谈"四端"："仁、义、礼、智"，皆源自人的天性，也就是与生俱有的。以"四端"喻人的"四体"，也就是四肢。

"有是四端而自谓不能者，自贼者也；谓其君不能者，贼其君者也。

"四端"，皆与生俱有的，不能有此，乃"自贼"，即自害，自暴自弃，形同残废者，是自残，心残。

性善，是良知的发现，自己对自己负责。

"凡有四端于我者，知皆扩而充之矣，若火之始然（燃），泉之始达（通）。苟能充（扩充）之，足以保四海；苟不充之，不足以事父母。"

"扩而充之"，扩充，发扬光大之，"若火之始燃，泉之始通"。

真能扩充"四端"，"足以保四海"，保有四海，多大的成就！可见一切皆操之在己，就视为与不为，不是能与不能的问题，"君子终日乾乾，夕惕若厉，无咎"（《易·乾》）。

"能"，与生俱有的，"坤以简能"，"至哉坤元，万物资生"，生来就有的。只要你不失能，没有不能。以前，不论是怎么不像样的人，都得行这些。

中国思想就在人生中，每读一段，就要有一段的生命体悟。

得善用中国智慧，入读中国书，出教天下事。

7. 孟子曰："矢人（造箭者）岂不仁于函人（造甲者）哉？矢人惟恐不伤人，函人惟恐伤人。巫（古时为人治病的）匠（制造棺木的）亦然（如此），故术不可不慎也。

此告诉人如何择业：学技术，以之作为职业谋生，不可不慎！

矢人、函人，一造箭，一造甲；一唯恐不伤人，一唯恐伤人，因为所学技术，立场不同。依此类推，治病者与造棺者，即医生与卖灵骨塔的人也一样。所以"术不可不慎也"，学技术不能不慎选，要慎术。

"孔子曰：'里仁为美。择不处仁，焉得智？'

《论语·里仁》："里仁为美。择不处仁，焉得智？"朱注："里有仁厚之俗为美。择里而不居于是焉，则失其是非之本心，而不得为智矣。"都讲择居，百密而一失。

自上述"函人与矢人"之喻，"里仁为美"，择居，居美仁里。环境对人影响大，"常在江边站，必有望海心"。

"择不处仁，焉得智？"择业，如"不处仁"，怎算得上有智？告诉人要慎术，从事有益于人的职业，救人总比杀生好。

"夫仁，天之尊爵也，人之安宅也。莫之御（阻挡）而不仁，是不智也。

"仁，天之尊爵也，人之安宅也"，仁者安仁，仁者无敌。

"莫之御而不仁"，没人阻挡你不行仁，不能行仁"是不智也"。

"不仁不智、无礼无义，人役也。人役而耻为役，由（犹）弓人而耻为弓，矢人而耻为矢也。如耻之，莫如为（行）仁。

"不仁不智"，去掉"仁且智"，"不仁不智而有材能，将以其材能以辅其邪狂之心，而赞其僻违之行，适足以大其非而甚其恶耳"（《春秋繁露·必仁且智》）。

"无礼无义"，发乎情，止乎礼义，决之以礼义，"人而无礼，胡不遄死？"（《诗·鄘风·相鼠》）

"役"，差遣、役使、奴役、仆役；"人役"，做事不能由自己操控，受人支配。"不仁不智、无礼无义，人役也"，悲哀之事！"人役而耻为役"，以受人支配为耻，则犹如"弓人而耻为弓，矢人而耻为矢也"。如以之为耻，则莫不如"行仁"。

"仁者如射，射者，正己而后发。发而不中，不怨胜己者，反求诸己而已矣。"

"仁者如射"，射者，先正己，而后发射。"发而不中，不怨胜己者"，要"反求诸己"。

"仁远乎哉？我欲仁，斯仁至矣"（《论语·里仁》），"反求诸己而已矣"，"强恕而行，求仁莫近焉"（《尽心上》）。

8. 孟子曰："子路，人告之以有过则喜。

"子路，人告之以有过则喜"，过而能改。

"子路有闻，未之能行，唯恐有闻"（《论语·公冶长》），是"知行合一"的祖师爷。

"禹闻善言则拜。

"禹拜昌言"（《尚书·皋陶谟》），"善言"，即直言。

"大舜有（又）大焉，善与人同。舍己从人，乐取于人以为善。自耕、稼、陶、渔以至为帝，无非取于人者。取诸人以为善，是与（许）人为善者也。故君子莫大乎与人为善。"

"善与人同"，"舍己从人，乐取于人以为善"，不是贱者，故不好自专。

"舜其大知也与！舜好问，而好察迩言"（《中庸》），无一不取于人，而成其为大智者，所以更为了不起！

舜"自耕、稼、陶、渔以至为帝，无非取于人者"，取人之长，以补己之短。

"取诸人以为善，是与人为善者也"，舜最后为帝，"与天下同归于仁"。

"故君子莫大乎与人为善"，"与其进也"（《论语·述而》），人既来之，则教之，使进于善。教育是"长善而救其失"（《礼记·学记》）。

9. 孟子曰："伯夷，非其君不事，非其友不友。不立于恶人之朝，不与恶人言。立于恶人之朝，与恶人言，如以朝衣朝冠，坐于涂炭。

"如以朝衣朝冠，坐于涂炭"，深感不安。水清无大鱼，所以饿死。

"推恶（wù，动词，讨厌）恶（ě，不良）之心，思与乡人立，其冠不正，望望然去之，若将浼（měi，污染）焉。是故诸侯虽有善其辞命（聘问）而至者，不受也。不受也者，是亦不屑就（不肯屈就）已。

"推恶恶之心"，疾恶如仇。
伯夷，"圣之清者"。

"柳下惠（展禽，鲁公族大夫），不羞污君，不卑小官。进不隐贤，必以其道；遗佚（遭遗弃）而不怨，阨穷（没出路）而不悯（忧）。

"治亦进，乱亦进"，是先觉者，以天下为己任。

"故曰：'尔为尔，我为我，虽袒裼（露肩）裸裎（露体）于我侧，尔焉能浼我哉？'故由由然（自得貌）与之偕（在一起）而不自失焉，援而止之而止。援而止之而止者，是亦不屑去已。"

与人和而不自失，"和而不流，强哉矫"（《中庸》），"圣之和者"。

孟子曰："伯夷隘（斤斤自守，狷），柳下惠不恭（放浪形骸，狂）。隘与不恭，君子（孔子）不由（不从）也。"

"孟子曰"，孟子的评语。

伯夷、柳下惠，各有所偏，各有其弊。

"隘与不恭，君子不由也"，孔子是"知进退存亡而不失其正"。

孔子是"圣之时者"，圣时，"不可为典要，唯变所适"，适时、宜时。

公孙丑下

10. 孟子曰："天时不如地利，地利不如人和。

"天时不如地利，地利不如人和"，做事三要素：天时、地利、人和。

人和为贵，"礼之用，和为贵"（《论语·学而》），"致中和，天地位焉，万物育焉"（《中庸》）。

"三里之城，七里之郭（城外城），环（包围）而攻之而不胜。夫环而攻之，必有得天时者矣；然而不胜者，是天时不如地利也。

"城（城墙）非不高也，池（护城河）非不深也，兵革（兵器）非不坚利也，米粟（储粮）非不多也；委（弃）而去之，是地利不如人和也。

"故曰：域（界限）民不以封疆之界（在民怀德），固国不以山溪之险（在仁惠也），威（威震）天下不以兵革之利（在有德）。

朱注引尹氏曰："言得天下者，凡以得民心而已。"

"得道者多助，失道者寡（少）助。寡助之至，亲戚畔（叛）之；多助之至，天下顺之。以天下之所顺，攻亲戚之所畔；故君子有不战，战必胜矣。"

"得道者多助，失道者寡助"，没人帮你，因你失道。

"以天下之所顺，攻亲戚之所叛"，掌握了"人和"，故"君子有不战，战必胜矣"！

"孔子曰：'我战则克，祭则受福。'盖得其道矣。"（《礼记·礼器》）孔子战必克，多厉害！

11. 孟子将朝王，王使人来曰："寡人如就见者也，有寒疾，不可以风（要避风寒）。朝，将视朝，不识（知）可使寡人得见乎？"

对曰："不幸而有疾，不能造（赴）朝。"

明日，出吊于东郭氏（齐大夫）。公孙丑曰："昔者辞以病，今日吊，或者不可乎？"

曰："昔者疾，今日愈（痊愈），如之何不吊？"

王使人问疾，医来。孟仲子（孟子从弟）对曰："昔者有王命，有采薪之忧（自谦），不能造朝。今病小（稍）愈（愈），趋（催促）造（拜）于朝，我不识（知）能至否乎？"

使数人要（邀）于路，曰："请必无归，而造于朝！"

不得已而之（往）景丑氏（齐大夫）宿（过一夜）焉。

景子曰："内则父子，外则君臣，人之大伦也。父子主恩，

公孙丑下

63

君臣主敬。丑见王之敬子也，未见所以敬王也。"

"父子主恩，君臣主敬"，父子是血缘，亲情；君臣是主从，恭己敬事。

曰："恶（叹词，表惊讶）！是何言也。齐人无以仁义与王言者，岂以仁义为不美也？其心曰'是何足与言仁义也'云尔（如此）。则不敬莫大乎是！我非尧舜之道，不敢以陈于王前，故齐人莫如我敬王也。"

孟子"言必称尧舜"，推销王道。

景子曰："否！非此之谓也。礼曰：'父召，无诺；君命召，不俟驾。'固将朝也，闻王命而遂不果，宜（殆）与夫（指示形容词）礼若不相似然。"

"父召无诺，先生召无诺，唯而起。"（《礼记·曲礼上》）父亲、先生召唤，不能回答"诺"，要回答"唯"，并迅速站起。

"唯""诺"，应辞。"唯"，敬辞；"诺"，一般用词。

"君命召，不俟驾行矣"（《论语·乡党》），公事先于私事。

曰："岂谓是与！曾子曰：'晋、楚之富，不可及也。彼以其富，我以吾仁；彼以其爵，我以吾义。吾何慊（不足）乎哉！'夫岂不义而曾子言之，是或一道也。

"天下有达尊三：爵一，齿一，德一。朝廷莫如爵（爵位，序爵），乡党莫如齿（尚齿，尊老），辅（助）世长（长养）民莫如德（敬德）。恶（如何）得有其一，以慢其二哉！

"朝廷莫如爵"，"爵者，尽也，各量其职尽其才也。"（《白虎通义·爵》）

《中庸》"九经"："修身也，尊贤也，亲亲也，敬大臣也，体群臣也，子庶民也，来百工也，柔远人也，怀诸侯也。"

"故将大有为之君，必有所不召之臣。欲有谋焉则就（就教）**之。其尊德乐道，不如是，不足与有为也。**

"大有为"，大有作为。

"不召"，不当以命令召见，哪有叫来即来？是移樽就教，三顾茅庐。

"尊德乐道"，《中庸》所谓"尊贤""敬大臣""体群臣"，方足以有为。

"故汤之于伊尹，学焉而后臣之，故不劳而王（王天下）**；桓公之于管仲，学焉而后臣之，故不劳而霸**（霸诸侯）**。今天下地丑**（相类）**德齐**（相等）**，莫能相尚**（胜）**。无他，好**（喜）**臣其所教**（受我指挥）**，而不好臣其所受教**（听他教导）**。汤之于伊尹，桓公之于管仲，则不敢召。管仲且犹不可召，而况不为管仲者乎?"**

孟子谈王道，不喜霸道，故自谓"不为管仲者"。

12. 陈臻（孟子弟子）问曰："前日于齐，王馈（赠送）兼金（最好的银子）一百而不受；于宋，馈七十镒（一镒，二十四两）而受；于薛，馈五十镒而受。前日之不受是，则今日之受非也；今日之受是，则前日之不受非也。夫子必居一于此矣。"

孟子曰："皆是也。当在宋也，予将有远行。行者必以赆（资斧，旅费），辞曰：'馈赆（送程仪）。'予何为不受？当在薛也，予有戒心（戒备）。辞曰：'闻戒。'故为兵馈之，予何为不受？若于齐，则未有处也。无处而馈之，是货之（收买）也。焉有君子而可以货取乎？"

孟子谈取与之道。

13. 孟子之平陆（齐国边邑）。谓其大夫曰："子之持戟之士，一日而三失伍，则去之否乎？"曰："不待三。"

值班失职，去之。

"然则子之失伍（值班，无故不到）也亦多矣！凶年饥岁，子之民，老羸（弱）转于沟壑，壮者散而之四方者，几千人矣。"曰："此非距心（平陆的大夫）之所得为也。"

"凶年饥岁，子之民，老弱转于沟壑"，乃政府失能。

曰："今有受人之牛羊而为之牧之者，则必为之求牧与刍（饲料）矣。求牧与刍而不得，则反诸其人（还回给主人）乎？抑亦立而视其死（坐视牛羊死亡）与？"曰："此则距心之罪也。"

此看守者之罪。

他日，见于王曰："王之为都者（治理一邑之大夫），臣知五人焉。知其罪者，惟孔距心。为王诵（传述）之。"王曰："此则寡人之罪也。"

用人失职，是王的罪。

14. 孟子谓蚔蛙（chí wā，齐大夫）曰："子之辞灵丘（齐邑）而请士师（刑官之属），似也，为其可以言也。今既数月矣，未可以言与？"

蚔蛙谏于王而不用，致为臣（致仕）而去。

齐人曰："所以为蚔蛙，则善矣；所以自为（自为计），则吾不知也。"

公都子（孟子弟子）以告。

曰："吾闻之也：有官守（任官应有之职责）者，不得其职则去；有言责（负责进谏）者，不得其言则去。我无官守，我无言责也，则吾进退，岂不绰绰然有余裕（宽裕自如）哉？"

"官守"，官位职务，居官守职；"言责"，献言谏诤。

"无官守""无言责"，进退自如。孟子居宾师之位，无实际任官。

15. 孟子为卿（客卿）于齐，出吊于滕，王使盖（齐地）大夫王驩（盖邑大夫）为辅行（副使）。王驩朝暮见，反齐滕之路，未尝与之言行事（使事）也。

客卿，没有一定职务与责任，如"不管部"、政务委员。

邑大夫，官虽小，但有实权，负实际行政责任。

公孙丑曰："齐卿之位，不为小矣；齐滕之路，不为近矣。反之而未尝与言行事，何也？"

曰："夫（彼）既或治之，予何言哉？"

孟子不得与王骥议事，复何言哉？

16.孟子自齐葬于鲁，反于齐，止于嬴。充虞（孟子弟子）请曰："前日不知虞之不肖，使虞敦匠（监督治棺）。事严（事急），虞不敢请。今愿窃（私自）有请也，木若以美然（棺木似乎太好）。"

曰："古者棺椁无度；中古棺七寸，椁（棺外套）称（相当）之。自天子达于庶人。非直（不但）为观美也，然后尽于人心（尽人子之心）。不得（不得好木），不可以为悦；无财，不可以为悦。

棺椁制度之由来。

"得之为有财，古之人皆用之，吾何为独不然？且比化者（死者），无使土亲肤（尸体不沾泥土），于人心独无恔（xiào，畅快）乎？吾闻之君子：不以天下俭其亲。"

"不以天下俭其亲"，俭省其亲，"养生者不足以当大事，惟送死可以当大事"（《孟子·离娄下》），重视父母丧葬，"死葬之以礼"，当竭尽全力。

17.沈同（齐大臣）以其私（私人身份）问曰："燕可伐与（欤）？"
孟子曰："可。子哙（燕国君）不得与人燕，子之（燕宰相）不得受燕于子哙（子哙禅位子之）。有仕于此，而子悦之，不告于王，而私与之（私相授受）吾子之禄爵；夫士也，亦无王命而私受之于子，则可乎？何以异于是？"

子哙禅位于子之，"无王命而私受之"，诸侯有天子在，不可以位私相授受。

齐人伐燕。或问曰："劝齐伐燕，有诸？"

曰："未也。沈同问'燕可伐与？'吾应之曰：'可。'彼然而伐之也。彼如曰：'孰可以伐之？'则将应之曰：'为天吏，则可以伐之。'

"礼乐征伐自天子出"，天吏，奉天命讨伐。

"今有杀人者，或问之曰：'人可杀与？'则将应之曰：'可。'彼如曰：'孰可以杀之？'则将应之曰：'为士师（审理诉讼），则可以杀之（执行职务）。'今以燕伐燕，何为劝之哉？"

有人杀人，士师乃得以杀之。
以齐伐燕，等同"以燕伐燕"，没有两样。

18. 燕人畔（叛）。王曰："吾甚惭于孟子。"

齐伐燕，五旬而举之。燕人立公子平，不肯归附于齐。
孟子曾告齐王置君而返。齐王不听，故曰"吾甚惭于孟子。"

陈贾（齐大夫）曰："王无患（忧）焉。王自以为与周公，孰仁且智？"

王曰："恶！是何言也？"

曰："周公使管叔监殷，管叔以殷畔。知而使之，是不仁也；不知而使之，是不智也。仁智，周公未之尽也，而况于王乎？

贾请见而解之。”

见孟子，问曰："周公何人也？"曰："古圣人也。"

曰："使管叔监殷，管叔以殷畔也，有诸？"曰："然。"

曰："周公知其将畔而使之与？"曰："不知也。"

"然则圣人且有过与？"曰："周公，弟也；管叔，兄也。周公之过，不亦宜乎？且古之君子，过则改之；今之君子，过则顺之。古之君子，其过也，如日月之食，民皆见之；及其更也，民皆仰之。今之君子，岂徒顺之，又从为之辞。"

"君子之过也，如日月之食焉：过也，人皆见之；更也，人皆仰之"（《论语·子张》），"过则勿惮改"（《论语·学而》），"人非圣贤，人孰能无过？过极能改，善莫大焉"（《左传·宣公二年》）。

"过则顺之"，顺遂其过；"又从为之辞"，又从而解说之，文过饰非，"小人之过也，必文"（《论语·子张》）。

19. 孟子致为臣（致仕）而归。王就见孟子，曰："前日愿见而不可得，得侍同朝，甚喜。今又弃寡人而归，不识（知）可以继此而得见（日后再相见）乎？"对曰："不敢请（自请）耳，固所愿也。"

他日，王谓时子（齐大夫）曰："我欲中国而授孟子室（宅），养弟子以万钟（厚禄），使诸大夫国人皆有所矜（敬）式（法）。子盍（何不）为我言之？"

时子因陈子而以告孟子，陈子以时子之言告孟子。孟子曰："然，夫时子恶（怎么）知其不可也？如使予欲富，辞十万而受万，是为欲富乎？

"季孙（孟子弟子）曰：'异哉，子叔（孟子弟子）疑！使己为政，不用，则亦已矣，又使其子弟为卿。人亦孰不欲富贵，而独于富贵之中，有私龙（垄）断焉。'

"古之为市也，以其所有，易其所无者，有司者治之耳。有贱丈夫焉，必求龙断而登（高收）之，以左右望而罔（网）市利（独占市利）。人皆以为贱，故从而征（收税）之。征商，自此贱丈夫始矣。"

商贾贱买贵卖，垄断，独占市利。商人课税，自此开始，孟子以为"贱丈夫"。

20.孟子去齐，宿于昼（齐西南邑）。有欲为王留行者，坐而言不应，隐几而卧。

客不悦曰："弟子齐宿而后敢言，夫子卧而不听，请勿复敢见矣。"

曰："坐！我明语子。昔者鲁缪公无人乎子思之侧，则不能安子思；泄柳、申详（亦贤人），无人乎缪公之侧，则不能安其身。子为长者（孟子自谓）虑，而不及子思，子绝长者乎？长者绝子乎？"

21.孟子去齐。尹士（齐人）语人曰："不识王之不可以为汤武，则是不明也；识其不可，然且至，则是干泽（求取恩泽）也。千里而见王，不遇（合）故去。三宿而后出昼，是何濡滞（迟留）也？士则兹（此）不悦。"

高子（齐人，孟子弟子）以告。曰："夫尹士恶知予哉？千里而见王，是予所欲也；不遇故去，岂予所欲哉？予不得已也。予三宿而出昼，于予心犹以为速。王庶几改之。王如改诸，则必反予。

"夫出昼而王不予追（不追予）也，予然后浩然（如水之流，不可返）有归志。予虽然，岂舍王哉？王由（犹）足用为善。王如用予，则岂徒齐民安，天下之民举（皆）安。王庶几改之，予日望之！予岂若是小丈夫（小人）然哉？谏于其君而不受，则怒，悻悻然（愤愤不平貌）见（现）于其面。去则穷日之力（尽一日之力以行）而后宿哉？"

尹士闻之曰："士诚（真）小人也。"

22. 孟子去齐。充虞（孟子弟子）路问（在路上问）曰："夫子若有不豫色（面色不愉快）然？前日虞闻诸（之于）夫子曰：'君子不怨天，不尤人。'"

"不怨天，不尤人，下学而上达。知我者，其天乎！"（《论语·宪问》）

曰："彼一时，此一时也。五百年必有王者兴，其间必有名世者。由周而来，七百有余岁矣。以其数，则过矣；以其时考之，则可矣。

"五百年必有王者兴，其间必有名世者"，世运五百年一变。

"夫天，未欲平治天下也；如欲平治天下，当今之世，舍我其谁也？吾何为不豫（乐）哉？"

"平治天下"，平天下而天下平。

"舍我其谁"，非己莫属。孟子自许之高。

23. 孟子去齐，居休（地名）。
公孙丑问曰："仕而不受禄，古之道乎？"

孟子在齐做客卿，不受齐王俸禄。

曰："非也。于崇（地名），吾得见王。退而有去志，不欲变（改变去志），故不受也。继而有师命（齐伐燕），不可以请（请辞）。久于齐，非我志也。"

禄以食功，无其事，不食其禄。

滕文公上

1. 滕文公为世子（诸侯之子），将之（往）楚，过（经过）宋而见孟子。孟子道性善，言必称尧舜。

"道性善，言必称尧舜"，此为孟子的哲学基础，由此得以入圣庙，成为"亚圣"。立说，只要几个字就成了。

世子（滕文公）自楚反（返），复（又）见孟子。孟子曰："世子疑吾言乎？夫道，一而已矣。

"道，一而已"，孔子"吾道一以贯之"（《论语·里仁》）。

"成覵（jiàn，古之勇士）谓齐景公曰：'彼，丈夫也；我，丈夫也。吾何畏彼哉？'颜渊曰：'舜何？人也。予何？人也。有为者，亦若是。'

古书，因为标点不同，意思乃有别。

一、"舜何人也？予何人也？有为者亦若是。"舜是何许人也？我是何许人也？像要吵架的样子，"有为者亦若是"。

二、"舜何？人也。予何？人也。有为者，亦若是。"舜是人，我亦是人，只要我有为，皆可成为舜。"何以异于人哉？尧舜与人同耳"（《孟子·离娄下》）。

人皆有"元"，"大哉乾元，万物资始；至哉坤元，万物资生。"心即佛，佛即觉，人人皆有佛性，人人皆可成佛。迷，皆自迷，缺自觉。

"公明仪曰：'文王我师也，周公岂欺我哉？'今滕，绝（截）长补短，将五十里也，犹可以为善国。《书》（《尚书·说命》）曰：'若药不瞑眩（头晕目眩），厥疾不瘳（chōu，病愈）。'"

"截长补短，将五十里也，犹可以为善国"，此治国成功之法。治国，不在乎地的大小，小国亦可以是善国。

"若药不瞑眩，厥疾不瘳"，若药服后不晕眩，那病就不能根治。喻治久病，不能不下重药。

"治乱世用重典"，不是用重刑，乃超乎常道常规，有惊人之举。如人之养勇，必具有不惧之胆，大无畏之精神。搞政治，智仁勇、胆量识，缺一不可。

一部《大学》，"修齐治平"，即为政之道。治（chì）平，入手处，平天下；治（zhì）平，结果，天下平。平天下而天下平。

2. 滕定公（滕文公之父）薨（诸侯死），世子谓然友（世子之傅）曰："昔者孟子尝与我言于宋，于心终不忘。今也不幸，至于

滕文公上

75

大故，吾欲使子问于孟子，然后行事。"

然友之（往）邹，问于孟子。孟子曰："不亦善乎！亲丧，固所自尽（尽己之所能）也。曾子曰：'生事之以礼；死葬之以礼，祭之以礼：可谓孝矣。'诸侯之礼，吾未之学也；虽然，吾尝闻之矣：三年之丧，齐（zī）疏（粗）之服，饘（zhān，馆，稠也）粥之食，自天子达于庶人，三代共之。"

"三年之丧"，昔父母之丧，"齐疏之服，饘粥之食"，披麻戴孝，喝粥。

"自天子达于庶人"，"三年之丧，达乎天子；父母之丧，无贵贱，一也"（《中庸》）。

然友反命，定为三年之丧。父兄百官皆不欲，曰："吾宗国鲁先君莫之行，吾先君亦莫之行也；至于子之身而反之，不可。且志曰：'丧祭从先祖。'"曰："吾有所受之也。"

谓然友曰："吾他日未尝学问，好驰马试剑。今也父兄百官不我足也，恐其不能尽于大事，子为我问孟子。"

然友复之邹，问孟子。孟子曰："然。不可以他求者也。孔子曰：'君薨，听于冢宰。歠（chuò，喝）粥，面深墨（甚黑）。即位而哭，百官有司，莫敢不哀，先之也（先于百官有司，作为模范）。上有好者，下必有甚焉者矣。君子之德，风也；小人之德，草也。草尚之风，必偃。'是在世子。"

"君子之德，风也；小人之德，草也。草尚之风，必偃"（《论语·颜渊》），上好下甚。

世子，诸侯的嫡长子，未来侯位继承人。

然友反命。世子曰："然！是诚在我。"

五月居庐（居丧之倚庐），**未有命戒**（发布命令或告诫）。**百官族人可谓曰知**（知礼）。**及至葬，四方来观之，颜色之戚**（哀戚），**哭泣之哀，吊者大悦。**

"吊者大悦"，来吊丧的人观之，称世子是孝子，无不悦服。

3. 滕文公问为国（治国之道）。

孟子曰："民事不可缓也。

治国，民事为第一要务，今天内政，民以食为天，即古之"食货"，《尚书·洪范》"八政"：一曰食，勤农业。二曰货，宝用物。亦即吃饭、穿衣。

"《诗》（《豳风·七月》）**云：'昼**（白天）**尔于茅**（割取茅草），**宵**（晚上）**尔索綯**（绞绳索）；**亟**（急）**其乘**（升）**屋**（到屋顶以茅覆屋），**其始播**（播种）**百谷。'**

"民之为道也，有恒产者有恒心，无恒产者无恒心。苟无恒心，放辟邪侈，无不为已。及陷乎罪，然后从而刑之，是罔民也。焉有仁人在位，罔民而可为也？是故贤君必恭俭礼下（礼贤下士），**取于民有制**（制度）。

"罔民"，网民，入民于罪。

"阳虎（季氏家臣）**曰：'为富不仁矣！为仁不富矣！'**

"为富不仁"，为了富，没有仁慈，剥削别人，发财致富。

看今天，有多少空屋？而又有多少人无家可归？

"为仁不富"，乐善好施，不聚敛钱财。做慈善事业，不以发财为目的。

"夏后氏五十而贡，殷人七十而助，周人百亩而彻，其实皆什一也。彻者，彻（聚）也；助者，藉（助耕公田）也。

古时田赋制度。

"龙子（古贤人）曰：'治地莫善于助，莫不善于贡。贡者，校数岁之中以为常（常数），乐岁粒米狼戾（狼藉，喻不甚贵重），多取之而不为虐，则寡取之；凶年，粪其田（治田施肥）而不足，则必取盈（满额）焉。为民父母，使民盼盼（xì，勤苦不休）然（如此），将终岁（整年）勤动，不得以养其父母，又称贷（举债）而益（凑足规定数量）之。使老稚（幼）转乎沟壑，恶（如何）在其为民父母也？'夫世禄，滕固行之矣。《诗》（《小雅·大田》）云：'雨我公田，遂及我私。'惟助为有公田。由此观之，虽周亦助也。

"雨我公田，遂及我私"，望天雨我公田，因遂及我私田，先公后私。

"设为庠序学校以教之：庠（xiáng）者，养（致仕）也；校者，教（教民）也；序者，射（习射讲武）也。夏曰校，殷曰序，周曰庠，学则三代共之，皆所以明人伦也。人伦明于上，小民亲于下。有王者起，必来取法，是为王者师也。

富而后教，加之以教化，使"明人伦"，懂做人之道，"人人亲其亲，长其长，而天下平"。

《诗》（《大雅·文王》）云：'周虽旧邦，其命惟新。'文王之谓也。子力行之，亦以新子之国。"

"周虽旧邦，其命惟新"，国虽老了，但日新己德，不失其新。

"新子之国"，在新民，"苟日新，日日新，又日新"（《大学》），作新民。

使毕战（滕文公之臣）**问井地**（井田制）。**孟子曰："子**（您）**之君**（国君）**将行仁政，选择而使子，子必勉之！夫仁政，必自经界始。**

"仁政，必自经界始"，将田的界线划分清楚，界线划分明。

经界法则，乃立民之本。建制立法，国家的政经、教育，一切典章制度均在内，是非分明，是就是，非就非。

"经界不正，井地不钧，谷禄不平。是故暴君污吏必慢（毁法乱纪）**其经界。经界既正，分田制禄，可坐而定也。**

"不患寡而患不均"，"均无贫"，心理有同一满足。

"暴君污吏必慢其经界"，暴君污吏毁法乱纪，必先破坏一切法律制度，独断独行，为所欲为，就为了达至私利的目的。

国家一旦法纪荡然，百姓就不明智，虽有贤者，也莫可奈何了！

"夫滕，壤地褊小，将为（有）君子（做官的）焉，将为野人（在野耕者）焉。无君子莫治野（国都以外四郊之地）人，无野人莫养君子。请野，九（井田）一而助（行助法）；国中（域中）什一使自赋。卿以下，必有圭田（作为世禄），圭田五十亩。余夫（年满十六，尚未独立）二十五亩。

百姓皆有恒产，则安土重迁。

"死（葬死）、徙（易居）无出乡。乡田同井，出入相友，守望相助，疾病相扶持，则百姓亲睦。

乡里制度，守望相助，和睦相亲。

"方里而井，井九百亩，其中为公田；八家皆私百亩，同养公田。公事毕，然后敢治私事，所以别野人也。

"井田制"是理想，但自古就无实行过。

"此其大略（要）也。若夫润泽（慈惠润泽）之，则在君与子矣。"

此其大致情形。至于如何付诸实施，就由你们裁成了。

4.古有为（治，研究）神农之言者许行（楚人），自楚之（往）滕，踵门（登门）而告文公曰："远方之人闻君行仁政，愿受一廛（民宅）而为氓（移民）。"

农家依托神农，主张"与民并耕而食，饔飧而治"。

文公与之处（给予住宅），其徒数十人，皆衣褐（粗毛布），捆屦（麻鞋）、织席以为食（营生）。

陈良（仲良氏之儒）之徒陈相（陈良弟子）与其弟辛，负耒耜而自宋之滕，曰："闻君行圣人之政，是亦圣人也，愿为圣人氓。"

陈相见许行而大悦，尽弃其学而学焉。陈相见孟子，道许行之言曰："滕君，则诚（真）贤君也；虽然，未闻道也。贤者与民并耕而食，饔（朝饭）飧（夜饭）而治。今也，滕有仓廪府库，则是厉（害）民而以自养也，恶（安）得贤？"

孟子曰："许子必种粟而后食乎？"曰："然。"

"许子必织布而后衣乎？"曰："否。许子衣褐（粗布衣）。"

"许子冠乎？"曰："冠。"曰："奚冠？"曰："冠素。"曰："自织之与？"曰："否。以粟易之。"曰："许子奚为不自织？"曰："害于耕。"曰："许子以釜（铁制器）甑（陶制器）爨（烹饪），以铁耕乎？"曰："然。""自为之与？"曰："否。以粟易之。"

"以粟易械器者，不为厉（自制）陶冶；陶冶亦以其械器易粟者，岂为厉农夫哉？且许子何不为陶冶，舍（什么，浙江绍兴方言）皆取诸其宫中（家中）而用之？何为纷纷然与百工交易？何许子之不惮烦（不怕厌烦）？"

曰："百工之事，固不可耕且为也。"

逼出此一结论。

"然则治天下独可耕且为与（欤）？有大人之事，有小人之事。且一人之身，而百工之所为备。如必自为而后用之，是率天下而路（同"露"，羸露，喻生活不得安）也。

"有大人之事，有小人之事。且一人之身，而百工之所为备"，社会分工，不是一人所能独揽。"百工之所为备"，如今百货公司，什么货都备了。

"故曰：或劳心，或劳力，劳心者治人，劳力者治于人；治于人者食人，治人者食于人：天下之通义也。

"劳心者治人，劳力者治于人"，社会分工，"同功而异位"（《易·系辞下传》），同一重要，缺一不可。

"当尧之时，天下犹未平，洪水横流，泛滥于天下。草木畅茂，禽兽繁殖，五谷不登（熟），禽兽偪（逼）人。兽蹄鸟迹之道，交于中国。尧独忧之，举（用）舜而敷治（治理）焉。

尧老，有四凶，天下犹未平，要找人才治理。举用舜，代为治理。

"舜使益掌火，益烈山泽而焚之，禽兽逃匿。禹疏九河（分黄河下流为九道），瀹（yuè，疏导）济漯（tà），而注诸海；决（导）汝汉，排淮泗，而注之江。然后中国可得而食也。当是时也，禹八年于外，三过其门而不入，虽欲耕，得乎？后稷教民稼穑（农艺），树艺（种植）五谷，五谷熟而民人育（养）。

舜用各方面人才治理天下。

"禹八年于外，三过其门而不入"，为民从公的精神。

"人之有道也，饱食、暖衣、逸居而无教，则近于禽兽。

圣人有（又）忧之，使契（商之始祖）为司徒，教以人伦（常）：父子有亲（血缘之亲），君臣有义（宜也），夫妇有别（别人外，分工），长幼有序（伦序），朋友有信。

"饱食、暖衣、逸居而无教，则近于禽兽"，"人之异于禽兽者，几兮"，"既富，而后教之"（《论语·子路》），"仓廪实而知礼节，衣食足而知荣辱"。

"父子有亲，君臣有义，夫妇有别，长幼有序，朋友有信"，五伦之教。

"朋友以信"，互相切磋琢磨，使之自食其力，能够自立。

"放勋（尧之号）曰：'劳之来之，匡（正）之直之，辅之翼（助）之，使自得之，又从而振德之。'

"使自得之"，皆自得也，经由"劳来""匡直""辅翼"，使之自立；"又从而振德之"，圣人贵除天下之患，即"振德之"，使人由内圣而外王，己立立人，己达达人。

人生不外乎此段，知此，则知怎么为人处世。

"圣人之忧民如此，而暇耕乎？

尧以治理天下为忧，其忧民如此，哪有空暇耕田？

"尧以不得舜为己忧，舜以不得禹、皋陶为己忧。夫以百亩之不易（治）为己忧者，农夫（小人怀土）也。分人以财谓之惠，教人以善谓之忠，为天下得人者谓之仁（为后生谋幸福）。是故，以天下与人（不做天子）易，为天下得人难（得人才难）。

元首在为天下得人才，用人才治理好天下，不是事必躬亲。

"孔子曰：'大哉尧之为君！惟天为大，惟尧则之，荡荡乎（形容其伟大）**民无能名**（当动词，形容）**焉！**

"惟天为大，惟尧则之"，尧则天有成，故曰"大哉尧之为君！"

"'君哉舜也！巍巍乎（崇高貌）**有天下而不与焉！'**

舜"有天下而不与焉"，舜的伟大，不在他身为天子，而是有德，其才智之用，是用在有建设性，以救民为念。

"尧舜之治天下，岂（岂是）**无所用其心哉？亦不用于耕耳。**

尧、舜岂是无所用其心！尧以不得舜为己忧，舜以不得禹、皋陶为己忧"。"至禹而德衰"，必忧在此，忧找不到好的接班人，不得人才，后继无人。

一般人所忧是什么？"以百亩之不治为己忧者，农夫也"，"小人怀土"，百姓以百亩地不治为忧。

"分人以财谓之惠"，小人怀惠，好对付；"教人以善谓之忠"，"以善长人"，尽己之谓忠；"为天下得人者谓之仁"，为天下找好的接班人，仁爱天下，仁者无不爱也。

"为天下得人难"，得人才难！难在识人，因有识人之智，不易！

"世有伯乐，然后有千里马。千里马常有，而伯乐不常有"（韩愈《马说》），是以名马只辱于奴隶人之手，欲其与常马等而不可得，安求其能日行千里哉？

"吾闻用夏变夷者，未闻变于夷者也。

《说文》云："夏，中国之人也。"《尚书·舜典》曰："蛮夷猾夏，寇贼奸宄。"夏、诸夏、华夏。

"用夏变夷"，此中国人的骄傲，"君子不使无礼义制治有礼义"，不与（许）夷狄之执中国（《春秋公羊传·隐公七年》）。

今天知识分子"用夷变夏"，能不感到惭愧？

"陈良，楚产也。悦周公、仲尼之道，北学于中国。北方之学者，未能或之先也。彼所谓豪杰之士也。子之兄弟，事之数十年，师死而遂倍（背）之。

陈良是楚人，北游中国学儒学，学者不能有先之者。

陈相、陈辛两人师事陈良数十年。良死，背弃所学，而学于许行。

"昔者孔子没，三年之外，门人治任（整治行旅）将归，入揖于子贡，相向而哭，皆失声，然后归。子贡反（返），筑室于场，独居三年，然后归。

孔子去世，弟子守三年丧。独子贡庐墓六年。

"他日，子夏、子张、子游，以有若似圣人，欲以所事孔子事之，强（勉强）曾子。曾子曰：'不可！江汉以濯（洗涤）之，秋阳以暴（曝）之，皞皞（显）乎不可尚（上）已。'

曾子坚决反对孔门弟子背师，师事有若。

"今也南蛮鴃（jué）舌之人，非（非议）先王之道，子倍（违背）子之师而学之，亦异于曾子矣。

以曾子说明陈良之举，有背于师门。

"吾闻出于幽谷（深谷）迁于乔木者，末闻下乔木而入于幽谷者。《鲁颂》（《颂·閟宫》）曰：'戎狄是膺（讨伐），荆舒是惩（惩戒）。'周公方且膺之（击戎狄之不善者），子是之学（指陈相学许行之学），亦为不善变矣。"

"从许子之道，则市贾（价）不贰（物价齐一），国中无伪。虽使五尺之童适（往）市，莫之或欺。布帛长短同，则贾相若；麻缕丝絮轻重同，则贾相若；五谷多寡同，则贾相若；屦大小同，则贾相若。"

陈良道许行之学的优点。

曰："夫物之不齐，物之情也：或相倍（一倍）蓰（五倍），或相什（十倍）伯（百倍），或相千（千倍）万（万倍）。子比（次）而同之，是乱天下也。巨屦、小屦同贾（价），人岂为之哉？从许子之道，相率而为伪者也，恶（何）能治国家？"

"夫物之不齐，物之情也"，如何使不齐能齐？有《齐民要术》一书。

孟子以为许子之道，是率人作伪，如何能治国？

5. 墨者夷之（治墨学），因徐辟（孟子弟子）而求见孟子。

"墨者"，宗墨子学说，以墨翟为始祖。

孟子曰："吾固愿见，今吾尚病，病愈，我且往见。"夷子不来。

他日，又求见孟子。孟子曰："吾今则可以见矣。不直（直言相质），则道不见（现儒家之道）；我且直之。吾闻夷子墨者。墨之治丧也，以薄为其道也。夷子思以易天下（以薄葬改天下之风尚），岂以为非是而不贵也？然而夷子葬其亲厚，则是以所贱事亲也。"

墨家主张薄葬。夷子想以薄葬改变天下厚葬风气。但夷子厚葬其亲，孟子直言质问。

徐子以告夷子。夷子曰："儒者之道，古之人'若保赤子'，此言何谓也？之则以为爱无差等，施由亲始。"

徐子以告孟子。孟子曰："夫夷子信以为人之亲其兄之子，为若亲其邻之赤子乎？彼有取尔也。赤子匍匐（四肢着地爬行）将入井，非赤子之罪也。且天之生物也，使之一本，而夷子二本故也。

"天之生物，使之一本"，皆同出一本。
"夷子二本"，以他人之亲薄葬，己亲厚葬，是二本。

"盖上世尝有不葬其亲者，其亲死，则举而委之于壑（山沟）。他日过之，狐狸食之，蝇蚋（ruì）姑嘬（zuō，吮吸）之；

其颡（sǎng，前额）有泚（cǐ，出汗），睨（nì，斜看）而不视。夫泚也，非为人泚，中心达于面目。盖归，反虆（léi，盛土草具）梩（同"耜"，掘土器械）而掩之。掩之，诚是也。则孝子仁人之掩其亲，亦必有道矣。"

谈及土葬、厚葬之由来，乃爱亲之心，发之于内心而不容已。

徐子以告夷子，夷子怃然（怅然），为间（片刻之间）曰："命之矣。"

夷子说："我受教了！"

6.陈代（孟子弟子）曰："不见诸侯，宜若小（小节）然；今一见之，大则以王，小则以霸。且志曰：'枉（屈）尺而直（伸）寻（八尺）'，宜若可为也。"

"枉尺而直寻，宜若可为也"，所屈者小，所伸者大，这话特别美！

大丈夫能屈能伸，必要有远见，有"枉尺"的功夫，直时可以"寻丈"，故能成其大业。

"枉尺而直寻"，有大抱负，要养能屈能伸的功夫。此经义所在，必要深懂，可以启发人无穷。

孟子曰："昔齐景公田，招虞人以旌，不至，将杀之。'志士不忘在沟壑（之中），勇士不忘丧其元（头）'，孔子奚（何）取焉？取非其招不往也。如不待其招而往，何哉？

"志士不忘在沟壑，勇士不忘丧其元"，无求生而忘本，有舍身以取义。"志士仁人，无求生以害仁，有杀身以成仁"（《论语·卫灵公》）。

"取非其招不往"，取其非礼招己则不往。

"且夫枉尺而直寻者，以利言也。如以利，则枉寻直尺而利，亦可为与？

有终身之忧。人就是有勇，多少也必得有所准备。真有志，不在利害。

"昔者赵简子（晋大夫）使王良（善驾者）与嬖（bì，宠幸）奚（人名）乘，终日（一整天）而不获一禽。嬖奚反命（复命）曰：'天下之贱工也。'

"或以告王良，良曰：'请复之。'强（勉强）而后可。一朝（一上午）而获十禽，嬖奚反命曰：'天下之良工也。'简子曰：'我使掌（主）与女（汝）乘。'谓王良，良不可，曰：'吾为之范（法）我驰驱（法度之御，应礼之射），终日不获一；为之诡遇（不按御车之法，使与禽遇也），一朝而获十。《诗》（《小雅·车攻》）云："不失其驰（得其御法），舍矢（发箭）如破（发箭中而伤之）。"我不贯（惯）与小人乘，请辞！'

举例证明，使人易于明白。

"御者且羞与射者比（阿私）。比而得禽兽，虽若丘陵，弗为也。如枉道而从彼，何也？且子过矣！枉己者，未有能直人者也。"

以直矫枉。己不能直，如何能直人？

7. 景春（人名）**曰："公孙衍**（纵横家）**、张仪**（纵横家），**岂不诚**（真）**大丈夫哉！一怒**（游说）**而诸侯惧，安居**（不动）**而天下熄**（烽火皆息）。"

看什么是"大丈夫"？能息止战争的烽火，使百姓能够安居，天下得以太平。

不论学什么，要将所学用得上，真能致用，对时代有贡献，而不是终日东批评、西批评的，愈弄愈乱。

孟子曰："是焉（安）**得为大丈夫乎？子未学礼乎？丈夫**（男子）**之冠**（行冠礼）**也，父命**（命字）**之；女子之嫁也，母命之，往送之门**（不下堂），**戒**（嘱咐）**之曰：'往之**（往后）**女家，必敬**（尊重）**必戒**（有所避讳），**无违夫子**（丈夫）**！'以顺为正者，妾妇之道也。**

女子有两个家：未嫁在家，出嫁在夫家。"男有分，女有归"（《礼记·礼运》），男的一半，加上女的一半，"夫妇一体"。

"必敬必戒"，"敬"，相敬如宾；"戒"，戒慎，知所避讳。昔有《女戒》。

"以顺为正"，夫妇之间，以顺为正，并非谁怕谁，而是相敬如宾。

"居（守）**天下之广居**（广居之地），**立天下之正位**（大居正），行天下之大道。

"居天下之广居"，守住天下广居之地，并不是称霸，《中庸》所谓"舟车所至，人力所通……凡有血气者，莫不尊亲，故曰配天"，与天相配；因天人同元，同元共生，故而尊生。此为"大一统"的观念。一统，元统，统于元之下。每个人都"独行其道"，天下就"见群龙无首，吉"。

"立天下之正位"，王者所立之位曰"正位"，《春秋》曰"大居正"，是由人立，非自己立。今天，为人民所立之位是民选领袖。

"行天下之大道"，"大道之行也，天下为公"（《礼记·礼运》）。

"得志，与（率）民由（从）之；不得志，独行其（己）道。

"得志"，率百姓行"天下为公"之道；"不得志"，"藏道于民"，教育大众。

"富贵不能淫（过分），贫贱不能移（移志），威武不能屈（志不屈）。此之谓大丈夫。"

不论在富贵、贫贱、威武的环境，都不改变自己所立的志。
这就是"大丈夫"，多大的抱负！

8. 周霄（魏人）问曰："古之君子仕乎？"

孟子曰："仕。《传》曰：'孔子三月（喻久）无君（不得出仕），则皇皇如（心中不安）也。出疆（国境）必载质（贽）。'公明仪曰：'古之人，三月无君则吊。'"

《礼记·檀弓》:"皇皇焉,如有求而弗得也。"

"三月无君则吊,不以急乎?"

曰:"士之失位也,犹诸侯之失国家也。《礼》曰:'诸侯耕助(藉田),以供粢(zī)盛(上供稷稻);夫人蚕缫(sāo),以为衣服(祭祀礼服)。牺牲(祭祀牲畜)不成,粢盛不洁,衣服不备,不敢以祭。惟士无田,则亦不祭。'牲杀、器皿、衣服不备,不敢以祭,则不敢以宴,亦不足吊乎?"

"出疆必载质,何也?"曰:"士之仕也,犹农夫之耕也,农夫岂为出疆舍其耒耜哉?"

曰:"晋国,亦仕国也。未尝闻仕如此其急;仕如此其急也,君子之难仕(不轻易出仕),何也?"

曰:"丈夫生而愿为之有室,女子生而愿为之有家。父母之心,人皆有之。不待父母之命、媒妁(shuò)之言,钻穴隙相窥,逾墙相从,则父母国人皆贱之。

"古之人,未尝不欲仕也,又恶(讨厌)不由其道;不由其道而往者,与钻穴隙之类也。"

不由其道而仕,亦为人所贱也。

9. 彭更(孟子弟子)问曰:"后车数十乘,从者数百人,以传食(辗转受人供养)于诸侯,不以泰(侈)乎?"

孟子阵容浩浩荡荡,传食于诸侯,得无为甚奢乎?

孟子曰:"非其道,则一箪食不可受于人;如其道,则舜受尧之天下，不以为泰。子以为泰乎？"

曰："否。士无事而食，不可也。"

曰："子不通功易事，以羡（有余）补不足，则农有余粟，女有余布（分工互助之法）；子如通之，则梓匠（木工）轮舆（车工），皆得食于子。

"通功易事"，通人之功，交易其事。

孟子以人当分工合作，互通有无，乃可各以奉其用。

"于此有人焉，入则孝，出则悌，守先王之道，以待后之学者，而不得食于子。子何尊梓匠轮舆，而轻为仁义者哉？"

上德之士，修仁尚义，可以移风易俗，其功可珍，而不得食子之禄，何以尊彼而贱此也？

曰："梓匠轮舆，其志将以求食也。君子之为道也，其志亦将以求食与？"

曰："子何以其志为哉？其有功于子，可食而食之矣。且子食志乎？食功乎？"曰："食志。"

"食志"，志在求食，而予之食。

"食功"，因其有功于我，而予之食也。

曰："有人于此，毁瓦画墁（涂污），其志将以求食也，则子食之乎？"曰："否。"

曰："然则子非食志也，食功也。"

10. 万章问曰："宋，小国也。今将行王政，齐楚恶而伐之，则如之何？"

孟子曰："汤居亳，与葛为邻，葛伯放（放纵）而不祀。汤使人问之曰：'何为不祀？'曰：'无以供牺牲也。'汤使遗（wèi，同"馈"，赠送）之牛羊。葛伯食之，又不以祀。汤又使人问之曰：'何为不祀？'曰：'无以供粢盛也。'汤使亳众往为之耕，老弱馈（赠送）食。葛伯率其民，要（邀截）其有酒食、黍稻者夺之，不授者杀之。有童子以黍肉饷，杀而夺之。《书》曰：'葛伯仇饷。'此之谓也。

"葛伯仇饷"，葛伯以馈饷者为仇。汤师出有名。

"为其杀是童子而征之，四海之内皆曰：'非富天下（贪天下富）也，为匹夫匹妇复仇也。'汤始征，自葛载（始），十一征而无敌于天下。东面而征，西夷怨；南面而征，北狄怨，曰：'奚为后我？'民之望之，若大旱之望雨也。归市者弗止，芸者不变，诛其君，吊其民，如时雨（及时雨）降。民大悦。《书》曰：'徯（xī，等待）我后，后来其无罚。'

"奚为后我？"为何将我置后？喻盼望之切！

"徯我后，后来其无罚"，"后"，主事者。诸侯亦称后，《尚书·舜典》"班瑞于群后"。

"'有攸（所）不惟（念）臣，东征，绥（安）厥士女（男女），匪（筐）厥玄黄（黑色黄色币帛），绍（事）我周王见休（美），惟（念）臣附于大邑（尊词）周。'其君子（有位者），实玄黄于匪以迎其君子；其小人，箪食壶浆以迎其小人。救民于水火之中，取其残（残民）而已矣！

"《太誓》（《尚书》篇名，记武王伐纣）曰：'我武惟扬（奋发扬武），侵于之疆，则取于残，杀伐用张（以张残伐），于汤有光（继汤行革命）。'不行王政云尔（如此）。

《易·革》曰："汤武革命，顺乎天而应乎人。革之时大矣哉！"

"苟行王政，四海之内，皆举首而望之，欲以为君。齐楚虽大，何畏焉！"

"王政"，天下归往之政，仁政。"君"，群之首。

11. 孟子谓戴不胜（宋大夫）曰："子欲子之王（宋王）之善与？我明告子：有楚大夫于此，欲其子之齐语也，则使齐人傅（教）诸（之乎）？使楚人傅诸？"曰："使齐人傅之。"

曰："一齐人傅之，众楚人咻（喧扰）之，虽日挞（责打）而求其齐也，不可得矣；引而置之庄岳（街里名）之间数年，虽日挞而求其楚，亦不可得矣。

"一齐人傅之，众楚人咻之，虽日挞而求其齐也，不可得矣"，学语文亦然，环境很重要，每天要能用上，熟才能生巧。

"性相近，习相远"，慎之！孟母三迁，在为子择居，寻找一好的学习、生长环境。

"子谓薛居州（宋国人），善士也。使之居于王所（在宋王左右）。

在于王所者，长幼卑尊，皆薛居州（皆善士）也，王谁与为不善？在王所者，长幼卑尊，皆非薛居州也，王谁与为善？一薛居州，独（将）如宋王何？"

"一薛居州，独如宋王何"，寡不敌众，也无可奈何。

蒋伯潜："盖环境移人，其力最大，故近朱者赤，近墨者黑；所谓蓬生麻西，不扶自直；白沙在泥，不染自黑也。"

12. 公孙丑问曰："不见诸侯何义？"

孟子曰："古者不为臣不见。段干木（魏人）逾垣而辟（避）之，泄柳闭门而不内（纳），是皆已甚（太过）。迫（迫切），斯可以见矣。

"阳货（阳虎）欲见孔子而恶无礼。大夫有赐于士，不得受于其家，则往拜其门。阳货瞰（伺）孔子之亡（不在家）也，而馈孔子蒸豚；孔子亦瞰其亡也，而往拜之。当是时，阳货先，岂得不见？

"曾子曰：'胁肩（耸着双肩）谄笑（奉承的笑），病于夏畦（夏天治畦灌田）。'

"子路曰：'未同（志不同）而言（与之言，则失言），观其色赧赧然（惭愧貌，不直失节），非由（子路名）之所知也。'由是观之，则君子之所养，可知已矣。"

"君子之所养"，养气，养正气，正能克邪。

"养"，本义：饲养。养孩子，素养，养廉。

养耻，寡廉鲜耻，"人不可以无耻。无耻之耻，无耻矣"（《孟子·尽心上》)。

13. 戴盈之（宋大夫）曰："什一，去关市之征，今兹未能；请轻之，以待来年，然后已（停止），何如？"

"什一，去关市之征"，行什一之赋，去关市之税，今年不及行，待来年再行。

孟子曰："今有人日攘（偷）其邻之鸡者，或告之曰：'是非君子之道。'曰：'请损（减少）之，月攘一鸡，以待来年，然后已（止）。'如知其非义，斯速已矣，何待来年？"

如知非义之事，应当机立断，革除毛病，不必有所待也。

14. 公都子曰："外人皆称夫子好辩，敢问何也？"
孟子曰："予岂好辩哉！予不得已也。天下之生（苍生）久矣，一治一乱。

"天下之生久矣"，生，苍生，含刍狗在内。"天地不仁，以苍生为刍狗；圣人不仁，以百姓为刍狗"（《老子·第五章》)。

宋常星："刍狗之草，本是祭祀所用，燎帛之具也。祭祀则用，祭已则弃。天地之化育，及于万物，未尝不及于刍狗者。刍狗，虽是至贱，亦是万物中之一物。天地观刍狗，未尝不与万物同；观万物，未尝不与刍狗一样。一体同观，一般化育，天地以无心之心，不自有其仁，正是仁之至处，故曰'天地不仁，以万物为刍狗'。"

宋常星在顺治、康熙两朝为官，曾参与祭天，其《道德经讲义》此解可贵。

"刍狗"，乡下小路有嫩的小草，细而柔软，是万物中最不值钱的。百姓到秋冬，以之烧火易着。

"刍狗，虽是至贱，亦是万物中之一物"，天子替天行道，祭天用刍狗，告诉上帝，物尽其用，"一体同观，一般化育"。

"天下之生久矣"，天下万物生生不息，久矣!

"一治一乱"，天下总是"一治一乱"。"治起于衰乱之中"，大家盼望长治久安，历代总画"清明上河图"，即反映此一心理。

总是一治一辞，循环不已。百盼过"长治久安"的日子，平天下而天下平，能过上美好的生活。

奉元，求长治久安之术："通志除患，胜残去杀;智周道济，天下一家;强德未济，复奉元统"。

"当尧之时，水逆行，泛滥于中国，蛇龙居之。民无所定，下者为巢，上者为营窟。《书》曰:'泽（jiàng）水警余。'泽水者，洪水也。

"使禹治之，禹掘地而注之海，驱蛇龙而放之菹（水草地）。水由地中行，江、淮、河、汉是也。险阻既远，鸟兽之害人者消，然后人得平土而居之。

此一治一乱。

有天命、天时，以"灾异"警示，"天明畏自我民明威"（《尚书·皋陶谟》）。

人每天要修德，去掉老毛病，自省，自讼，"吾日三省吾身"，养好德，有德就能躲过劫。《了凡四训》:"立命""改过""积善""谦德"。

"尧、舜既没，圣人之道衰。暴君代作。坏宫室（宫谓之室，室谓之宫，民居）以为污池（蓄水池），民无所安息；弃田以为园囿，使民不得衣食。邪说暴行又作（兴），园囿、污池、沛泽多而禽兽至。及纣之身，天下又大乱。周公相武王，诛纣伐奄（东方之国），三年讨其君，驱飞廉（纣臣）于海隅而戮之，灭国者五十；驱虎、豹、犀、象而远之，天下大悦。

此又一治一乱，直至清，历代皆如此。

"《书》（《周书·君牙》）曰：'丕（大）显（明）哉，文王谟（谋）！丕承哉，武王烈（功）！佑启（开导）我后人，咸（皆）以正（正道）无缺。'

"世衰道（天下为公）微，邪说暴行有（又）作（兴），臣弑其君者有之，子弑其父者有之。孔子惧（乱伦），作《春秋》。

此孟子谈孔子作《春秋》，注意思想，此为"师说"之所在。
孔子志在《春秋》，《春秋》应是讲孔子之志，所以绝非史书。
"世衰道微"，天下为公之大道衰微；"邪说暴行又作"，残暴杀戮行为层出不穷。据乱世一定如此，这是定律。
"臣弑其君者有之，子弑其父者有之"，当政者争权夺位，弑君弑父，逆伦之事时而有之。
"孔子惧"，惧此乱伦事，因为人性若毁，人伦丧失，大本必失根，如洪水猛兽，将一发不可收拾。

《春秋》，天子（行为即配天）之事也。是故孔子曰：'知（了解）我者，其惟《春秋》乎！罪我（说我不对）者，其惟《春秋》乎！'

此谈《春秋》是什么？说"《春秋》，天子之事"，天子，父天母弟，继天之志，述天之事，"生而不有，为而不恃"。天志尚公，"大道之行也，天下为公"，即《春秋》所要表达的天子之事。

《春秋》之术，"贬天子，退诸侯，讨大夫"，要建立制度，王制，天下归往之制：天下为公，选贤举能，"首出庶物，万国咸宁"。进而达"见群龙无首"，天下人人皆有士君子之行，人人皆是龙，进"大同"，华夏。

"知我者，其惟《春秋》乎！罪我者，其惟《春秋》乎！"了解我、批评我的，都因为《春秋》这部书。

《春秋》"以鲁当新王"，立一王之法，《春秋》是孔子的理想国，并不是一部史书。孔子是"素王"，有王之德，无王之位，将理想寄托于《春秋》，以俟后世诸有文德之王兴，可以实践此一理想，所以是"天子之事"。

此段思想，配合《离娄篇》"其事则齐桓晋文""其义则丘窃取之"看，就可知道孔子何以要作《春秋》。

"圣王不作（兴），诸侯放恣（放纵），处士横议（恣意议论），杨朱（战国初魏人，主张"贵己""重生"）、墨翟（前468—前376）之言盈（满）天下。天下之言，不归杨，则归墨。

"天下之言，不归杨，则归墨"，可见孟子的时代，杨、墨是显学。

"杨氏为我，是无君也；墨氏兼爱，是无父也。无父无君，是禽兽也。

文人相轻，自古如此。

孟子学说不如人，骂人"无父无君，是禽兽也"。

"杨氏为我，是无君也"，其实，杨氏为我，是大同世思想，人人为我，"拔一毛而为天下，不为也"。

"墨氏兼爱，是无父也"，墨氏兼爱，是爱无差等，大爱的精神。

"公明仪曰：'庖有肥肉，厩有肥马，民有饥色，野有饿莩，此率兽而食人也。'杨墨之道不息，孔子之道不著，是邪说诬民，充塞仁义也。仁义充塞，则率兽食人，人将相食。

"吾为此惧，闲先圣之道，距杨墨，放淫辞。邪说者不得作；作于其心，害于其事；作于其事，害于其政。圣人复起，不易吾言矣。

"昔者禹抑（遏止）洪水而天下平；周公兼（德化）夷狄，驱猛兽而百姓宁（安宁）；孔子成《春秋》，而乱臣贼子惧。

大禹平治洪水、周公德化夷狄、孔子作《春秋》，三圣相承。

"乱臣贼子"，乱制之下，家天下之臣，贼民害人。

"孔子成《春秋》，而乱臣贼子惧"，何以如此？因为惧《春秋》一出，其"天下为公"的思想使百姓明白家天下之私。

《史记·太史公自序》："昔孔子何为而作《春秋》哉？太史公曰：余闻董生曰：周道衰废，孔子为鲁司寇，诸侯害之，大夫壅之"，可见孔子当时的处境有多难！"孔子知言之不用，道之不行也，是非二百四十二年之中，以为天下仪表"，作《春秋》，以为天下的仪表，《春秋》为礼义之大宗。"贬天子，退诸侯，讨大夫"三个手段，是为了"达王事而已矣"，达天下所归往之事，天下太平是人人所期盼的。

《春秋》首书"元年，春，王正月"，人道之始，立一王之法，新王之制，即王制，百姓归往之制。

孔子"有教无类"，民间私塾教育，家家有书香。家天下的乱制，兄终弟及，有教有类，国子监教育，王侯将相之学。

"《诗》（《鲁颂·閟宫》）**云：'戎狄是膺**（讨伐）**，荆舒是惩**（惩罚）**，则莫我敢承**（无人敢挡我）**。'**

"戎狄"，"夷、夏"相对，是以文化分：夏，礼义，即"中"，也就是"性"，性为体，中为用。"中国"，礼义之国，

"荆舒"，"荆"，楚国；"舒"，舒国。楚有文化，但没有礼义道德，故"夷狄之"，"不与同中国"（《大学》）。

"则莫我敢承"，无人敢挡我。要使没有礼义地方，同化夷狄而教之，"入中国则中国之"（韩愈《原道》），则"夷狄进至于爵，远近大小若一"（《春秋公羊传·昭公十二年》），一天下。

"无父无君，是周公所膺（讨伐）**也。我亦欲正人心，息**（止）**邪说，距诐**（bì）**行**（偏颇不正行为）**，放淫**（过分）**辞，以承三圣者；岂好辩哉？予不得已也。能言距**（同"拒"）**杨墨者，圣人之徒也。"**

滕文公下

"无父无君，是周公所膺"，周公讨三监，平武庚。

"我亦欲正人心，息邪说，距诐行，放淫辞，以承三圣者"，孟子自许之高，以"承三圣"为志。

"能言拒杨墨者，圣人之徒也"，自此看出孟子之器小哉！

其实，"杨子为我"，人人为我，大家都能自立，又何必人家接济？"墨子兼爱"，爱无差等，没有分别心，是大爱。

孟子思想焉能与孔子相比拟？孔子思想"道并行而不悖"，"大德敦化"，海纳百川，开启百家争鸣的思想黄金时代。孟子"拒杨墨"，排除异己。

孟子谈王道，但不明大道，故有时成为大盗的护符。朱子承其说，以"邪说害正，人人得而攻之"，攻击异端，使诸子之学得不到正视。

我们不攻击异端，称"夏学"，一律吸收，兼容并蓄，开奉元宗，再启百家争鸣，要复中国文化的本来面目。

15. 匡章（齐人，孟子弟子）曰："陈仲子（齐人），岂不诚廉士哉！居于陵（地名），三日不食，耳无闻，目无见也。井上有李（李子），螬（cáo，小虫）食实者过半矣，匍匐（pú fú，以手、足着地向前爬行）往将食之（形容饿极），三咽（吞食），然后耳有闻，目有见。"

孟子曰："于齐国之士，吾必以仲子为巨擘（大拇指，喻杰出）焉。虽然，仲子恶（何）能廉？充（推而极之）仲子之操（操守），则蚓而后可者也。夫蚓，上食槁壤（干泥），下饮黄泉。仲子所居之室，伯夷之所筑与？抑亦盗跖（zhí，古时大盗）之所筑与？

所食之粟，伯夷之所树与？抑亦盗跖之所树与？是未可知也。"

曰："是何伤哉！彼身织屦（自编麻鞋），妻辟（绩麻）纑（自纺练麻），以易之也。"

曰："仲子，齐之世家也。兄戴，盖禄万钟。以兄之禄为不义之禄而不食也，以兄之室为不义之室而不居也，辟（避）兄离母，处于于（yú）陵。他日归，则有馈其兄生鹅者，己频顣（同"蹙"，皱眉）曰：'恶（何）用是鶃鶃（yì，鹅鸣声）者为哉？'他日，其母杀是鹅也，与之食之。其兄自外至，曰：'是鶃鶃之肉也。'出而哇（wā，呕吐）之。以母则不食，以妻则食之；以兄之室则弗居，以于陵则居之。是尚为能充其类也乎？若仲子者，蚓而后充其操者也。"

朱注引范氏曰："天之所生，地之所养，惟人为大。人之所以为大者，以其有人伦也。仲子避兄离母，无亲戚、君臣、上下，是无人伦也。岂有无人伦，而可以为廉哉？"

滕文公下

105

离娄上

1. 孟子曰："离娄（古之明目者，黄帝时人）之明，公输子（鲁班，能造机器）之巧，不以（用）规矩，不能成方员（圆）。

"规"，画圆；"矩"，画方。虽有离娄之明、公输子之巧，是天下至明、至巧，亦犹须规矩，"不以规矩，不能成方圆"。

孔子"吾道一以贯之"，"六经"是通人之规矩。汉时，通"六经"之人称"通人"。

"师旷（乐太师）之聪，不以（本）六律，不能正五音。

六律，定音的竹管，后以铜为之。古人用十个长度不同的律管，吹出十二个长度不同的标准音，以确定乐音的长短，称十二律。律分阴阳，奇数六为阳律名曰"六律"；偶数六为阴律名曰"六吕"。合称律吕。六律为黄钟、太簇、姑洗、蕤宾、夷则、无射；六吕指大吕、夹钟、仲吕、林钟、南吕、应钟。

五音，又称五声。最古的音阶，仅用五音，即宫、商、角、徵、羽。通常以"宫"作为音阶的第一级音，也是最重要的一个音级，有时借代"五音"。二变：变徵，角音与徵音之间的乐音；变宫，羽音与宫音之间的乐音。

"六律"，定音器；"五音"，音阶。虽以师旷之精通乐音，不以六律也不能正五音。

这就是以本为要，本立而道生，否则纵使有明、巧、聪，亦不能成事。

"尧舜之道，不以仁政，不能平治天下。

尧舜之道，就是"仁政"。尧舜不以仁政，亦不能用平治天下。

"今有仁心仁闻（声闻），**而民不被**（披，蒙受）**其泽**（恩泽），**不可法于后世**（成为后世的法则）**者，不行先王之道也。**

"仁"，元，"元者，善之长也（《易·乾·文言》）"，"君子体仁，足以长人"，仁者爱人，"仁心"，爱人之心。"仁闻"，声闻过情，就成"闻人"，貌似而神违，是"色庄"；"色庄"，"伪仁者"。

没有仁心，只有仁闻，何以如此？因"民不被其泽"，口惠而实不至，百姓不能蒙受恩泽。"不行先王之道也"，光说不练，所行根本非先王之道。

"先王"，自家系统。"先王之道"，《孝经·开宗明义》："先王有至德要道，以顺天下，民用和睦。"

"故曰：'徒（仅）**善不足以为政，徒法不能以自行。'**

离娄上

光有道德、法令，不能落实，也不能行政。

"《诗》(《大雅·嘉乐》) 云:'不愆 (过失) 不忘 (遗忘)，率 (顺) 由旧章 (典章制度)。'遵先王之法而过者，未之有也。

顺先王的典章制度，一切有了法度，则行事少有过错、失误。

"过"，人间没有真是非;是非，皆人之主观，公说公有理，婆说婆有理。

定是非，应有一准则，四海皆以之为准。

"圣人既竭 (用尽) 目力焉，继之以规矩准绳，以为方员平直，不可胜用也。

"规"，测圆;"矩"，测方;"准"，测平;"绳"，测直。有了规、矩、准、绳，则方、圆、平、直可得审知，故其用无穷。

"既竭耳力焉，继之以六律正五音，不可胜用也;既竭心思焉，继之以不忍人之政，而仁覆 (遍及) 天下矣。

音，须律而定，"以六律正五音"。

仁心，必行"不忍人之政"，可以"仁覆天下"。

"仁覆天下"，天无私覆，地无私载，行仁政，"仁者无不爱也"，则仁可以遍及天下。

"故曰:'为高必因丘陵，为下必因川泽。'为政不因先王之道，可谓智乎?

"因"，乘势，因势利导，则用力少而成功多，可以收事半功倍之效，故"为高必因丘陵，为下必因川泽"。

"为政不因先王之道，可谓智乎"，焉得智？因而不失其新，"殷因于夏礼，所损益，可知也；周因于殷礼，所损益，可知也"（《论语·为政》），存三统，损益，因之道，智也；"其或继周者，虽百世可知也"，"乐其贯于百王而不灭，名与日月并行而不息"（何休注《春秋公羊传》）。

"是以，惟仁者宜在高位。不仁而在高位，是播其恶于众也。

"是以"，因为这样，所以。

"惟仁者宜在高位"，若是不仁，倒行逆施，不仁而在高位，"是播其恶于众也"。

"上无道揆（法度）也，下无法守（守道）也。朝（朝廷）不信道（先王之道），工（百工）不信度（规矩制度）。君子（有地位者）犯义，小人犯刑，国之所（或）存者，幸也。

"上无道揆"，在位者没有以道为法度；"下无法守"，那下面就没法以道为守。

"朝不信道"，朝廷不信守先王之道；"工不信度"，百工不信守规矩绳墨。

"君子犯义"，有地位的不信道而犯义之所禁；"小人犯刑"，一般人不信法度而触刑。如此一来，国家只是幸存而已。

"故曰：'城郭不完（完备），兵甲不多，非国之灾也；田野

不辟（开辟），货财不聚，非国之害也。上无礼，下无学，贼民兴，丧无日矣。'"

城郭不完备，兵器不多，非国家灾难；田野不开辟，货财不聚拢，非国家祸害。

"上无礼，下无学"，上不依理行事，下不学无术，道义不明，不闻礼教，而入罪服刑，"贼民兴"，则国危，"丧无日矣"！

"《诗》（《大雅·板》）曰：'天之方蹶（jué，跌倒），无然泄泄（yì，多言）。'泄泄，犹沓沓（言多而失）也。事君无义，进退无礼，言则非先王之道者，犹沓沓也。

无义无礼，背弃先王之道，而不相匡正。

"故曰：'责难于君谓之恭，陈善闭邪谓之敬，吾君不能谓之贼。'"

"恭"，责君"恭己正南面而已矣"（《论语·卫灵公》）。"敬"，为臣"君有大过则谏"，"闲邪存其诚"（《周易·乾·文言》）。"贼"，说国君不能，是害其君自暴自弃。

2. 孟子曰："规矩，方员之至（至高境）也；圣人，人伦（伦常）之至（至上）也。欲为君，尽君道；欲为臣，尽臣道：二者皆法尧舜（君臣之至也）而已矣。

"规矩，方员之至也"，画方、画圆都离不开规矩。

"圣人，人伦之至也"，圣人是人伦的至上标准。"人伦"，"君子之道，造端乎夫妇"（《中庸》），"有夫妇，然后有父子；有父子，然后有君臣，然后有上下"（《易·系辞下传》），没有夫妇，就没有五伦。

"欲为君，尽君道；欲为臣，尽臣道"，尧、舜，是君臣之至；"二者皆法尧舜而已矣"，君道、臣道，都效法尧舜而已矣。

"不以（用）舜之所以事尧事君，不敬其君者也；不以尧之所以治民（之道）治民，贼（残害）其民者也。

历代皆"致君尧舜"，以尧、舜作为帝王典范，《尚书》有《尧典》《舜典》，二典即"帝典"。

"孔子曰：'道二：仁与不仁而已矣（一体两面）。'暴其民甚，则身弑国亡（周幽王）；不甚，则身危国削（削弱）。名之曰'幽''厉'（死后谥号），虽孝子慈孙，百世不能改也。

"道二"，一体的两面，"仁与不仁"。

"幽""厉"，恶谥，"虽孝子慈孙，百世不能改也"，留下千古骂名。

"《诗》（《大雅·荡》）云'殷鉴不远，在夏后之世'，此之谓也。"

"殷鉴不远"，夏以商为鉴，知所警戒！

由此可见：立德为要。一个"私"字，害尽天下苍生，就是有孝子慈孙，也不能去掉你的"恶名昭彰"。

3. 孟子曰："三代（夏、商、周）之得天下也以仁，其失天下也以不仁。国之所以废兴存亡者亦然：天子不仁，不保四海；诸侯不仁，不保社稷；卿大夫不仁，不保宗庙；士庶人不仁，不保四体。

"在周之兴，养老乞言；及其已衰，谤者使监。成败之迹，昭哉可观"（韩愈《子产不毁乡校颂》），国之兴亡，成败之迹，昭然可见。这些都是定理，实验的结果。

看《二十六史》，历史留下多少成败兴亡、政权更迭的血腥史。

"今恶（厌）死亡而乐（喜）不仁，是犹恶醉而强酒。"

"恶死亡而乐不仁"，犹"恶醉而强酒"，强酒必醉。

《易》最后一爻，"饮酒濡首，亦不知节也"（《易·未济》），因喝酒不知节制而出尽洋相，留下"酒品不佳"的形象。

可见"知节"是多么重要！就因"不知节"，所以有《二十六史》，一部部兴亡史。

4. 孟子曰："爱人不亲，反（反省）其（自己）仁；治人不治，反其智；礼人不答，反其敬。

"爱人不亲"，我爱人而人不亲我，反省：是否自己仁行得不够？

"治人不治"，治人达不到目的，反省：是否我的智慧有问题？

"礼人不答"，向人行礼，人家不答礼，反思：是否自己不够诚敬？

"行有不得者，皆反求诸己，其身正而（能）天下归之（天下所归往）。

"行有不得"，一切皆反求诸己，严以责己，必先正己，而后能正人，"身正而天下归之"。只要自己身正，就不怕影子斜。

"《诗》（《大雅·文王》）云：'永言（念）配命，自求多福。'"

"永言配命"，念念不忘，与天命相配。"自求多福"，行道就是福，要自求多福。

5. 孟子曰："人有恒言（人常说），皆曰'天下国家'。天下之本在国，国之本在家，家之本在身。"

此即一部《大学》，齐家治国平天下，以修身为本，本立而道生。

6. 孟子曰："为政不难，不得罪于巨室（世臣大家）。

"巨室"，世家大族。

孔子，天下第一大世家。《史记》列孔子于"世家"，太史公曰："孔子布衣，传十余世，学者宗之。"

"巨室之所慕（思），一国慕之；一国之所慕，天下慕之；故沛然（广大普遍貌）德教溢（充满）乎四海。"

"沛然德教溢乎四海"，沛然莫之能御，"德教加于百姓"，满溢于四海。孔子行德教。

7. 孟子曰："天下有道，小德役大德，小贤役大贤；天下无道，小役大，弱役强。斯二者天（理与势）也。顺天者存，逆天者亡。

有道之世，小德、小贤乐为大德、大贤役；无道之世，"小役大，弱役强"。

"天下有道，则礼乐征伐自天子出；天下无道，则礼乐征伐自诸侯出"（《论语·季氏》），"五霸者，搂诸侯以伐诸侯者也"（《孟子·告子下》）。

"齐景公曰：'既不能令，又不受命，是绝物（含人、事、物）也。'涕出而女（nì，嫁也）于吴。

"既不能令，又不受命，是绝物也"，乃自绝于人也。

"涕出而女于吴"，时吴强，齐涕泣与吴联姻。

"今也小国师大国而耻受命焉，是犹弟子而耻受命于先师也。

"小国师大国"，效大国之般乐怠傲，而不修德政。

"如耻之，莫若师文王。师文王，大国五年，小国七年，必为政于天下矣。

周文王以百里起家。

"《诗》（《大雅·文王》）云：'商之孙子，其丽（数）不亿。上帝既命，侯（惟）于周服。侯服于周，天命靡（无）常。殷士肤敏（形容其仪容之美），祼（灌）将（助）于京。'

商、周政权更迭，殷成周的"三统"，象征"天命无常"，"常服黼冔（fǔ xǔ，殷冠），王之荩（进）臣"（《大雅·文王》），殷后助祭于周京，而服商之服，于是呼王之"荩臣"，言其忠爱之笃，进进无已也。

"孔子曰：'仁不可为众也。'夫国君好仁，天下无敌。

"仁不可为众也"，仁不在于人多。

仁，二人，有对方存在，相互亲爱，表现出即是"仁"，《说文》云："仁，亲也。"己欲立而立人。

"好仁"，"仁者无敌"，谁与之为敌？

"今也欲无敌于天下，而不以仁，是犹执（拿）热而不以濯（水洗）也。《诗》（《大雅·桑柔》）云：'谁能执热，逝（语助词）不以濯？'"

"欲无敌于天下，而不以仁"，光好仁，而不以仁行仁，如何能无敌于天下？

"人能弘道，非道弘人"（《论语·卫灵公》），事在力行之。

"犹执热而不以濯"，如同要拿热的东西，不先用冷水浇凉一下，能行？

8. 孟子曰："**不仁者，可与言（讲善言、善道）哉？安其危（危境）而利其灾，乐其所以亡（亡之道）者。**

"安其危"，在刀尖上跳舞而犹不知；"利其灾"，遭遇灾祸尚以为有利；"乐其所以亡"，遭逢险境，还以为是在乐土。

"不仁而（能）可与言，则何亡国败家之有？

不仁，如还能与他言善道，那又怎会亡国败家？

"有孺子（童子）歌曰：'沧浪之水清兮，可以濯我缨（帽上丝带）；沧浪之水浊兮，可以濯我足（脚）。'孔子曰：'小子听之！清斯濯缨，浊斯濯足矣，自取之（咎由自取）也。'

"清斯濯缨，浊斯濯足"，清水就用来洗帽，浊水就用来洗脚。

"自取之也"，"自"字慎之！自令清浊。人的好坏，都在自己，或自求多福，或自取其辱，皆咎由自取也。

"夫人必自侮，然后人侮之；家必自毁，而后人毁之；国必自伐（打内战，内乱），而后人伐之。

"自侮""自毁""自伐"，而后人侮之"毁之""伐之"，都是自找的。

内斗、内乱，不用敌人来，就自亡了！

"《太甲》曰：'天作孽，犹可违（避）；自作孽，不可活。'此之谓也。"

"自作孽，不可活"，自己造孽，使自己"不可活"。人要知耻，就近乎勇。

权势皆不可靠，最可靠的是自己。只要自己有点能，就能生存，必自己去奋斗，不要有依靠的心理。国家富有，有时还吃赤字。

我有今天，真要感谢我母亲，从小养成习惯，吃饱就看书；累了，写字、画画是休息。

以前人讲究到了极点，一讲究，极为麻烦。天气一变，就要换几次衣服。一花钱，就得出门，哪有时间干正经事？

富贵是过眼烟云，应重德不重财。找对象，就看对方能干什么，不要看他父亲是谁、家境如何。穷人，是从富人来的；富人，是由穷人奋斗变的。少年富，从小就不懂得做什么。"少年贫，不算贫；老年贫，贫死人"。

一个人自小就要有家教，千万不要因家境好尽量养毛病，一旦有了家变，就深受其害。

"自作孽，不可活"，学会抽烟、喝酒，到哪儿皆犯瘾。喝咖啡，愈喝愈讲究，到哪儿都离不开，一天没喝就没精神。

我什么都尝过，但说收就收，绝不自己找罪受。

9. 孟子曰："桀纣之失天下也，失其民也；失其民者，失其心也。

失民心，则天下叛，"箪食壶浆，以迎王师"。

"得天下有道：得其民，斯得天下矣；得其民有道：得其心（民心），斯得民矣。

"得天下有道"，得民心者得天下，民心就是天心。

"得其心有道：所欲与之聚之，所恶勿施尔也。

得人心有道：己所欲，施于人；己所不欲，勿施于人。

"民之归仁也，犹水之就下、兽之走圹（旷野）也。

水，往下流；兽，活动于旷野。

"故为渊驱（赶）鱼者，獭也；为丛驱爵（雀）者，鹯（zhān）也。

水獭，以鱼类为食，似为渊驱鱼。

鹯，常击燕雀食之，如为草丛驱雀。

"为汤武驱民者，桀与纣也。今天下之君有好仁者，则诸侯皆为之驱矣。虽欲无王（王天下），不可得已。

"驱民"，驱赶民众。王者，民之所归，如何不王天下？

"今之欲王者，犹七年之病求三年之艾（干艾草）也；苟为不畜（收藏），终身不得。苟（诚）不志于仁，终身忧辱，以陷于死亡。《诗》（《大雅·桑柔》）云'其何能淑（善）？载（则）胥（相）及溺'，此之谓也。"

"七年之病，求三年之艾"，治久病，必求陈艾；"苟为不畜，终身不得"，平时就要有备，否则终身不可得！

"其何能淑？载胥及溺"，今之所为，何能善？就相溺而死。

这就告诉我们：凡事，平时就要有备，有备可以无患。不可以乱花钱，平时要有储蓄，才不会临危机时、遇燃眉之急时就要跳楼。

10.孟子曰："自暴（害）者，不可与有言（善言）也；自弃者，不可与有为也。言非（诽谤）礼义，谓之自暴也；吾身不能居（守）

仁由（从）义，谓之自弃也。

"自暴者"，一个自害的人，"不可与有言"，不可与他言善道。

"言非礼义"，说话不合礼，动辄出言诽谤、诬蔑，"谓之自暴也"。

"自弃者"，看不起自己，"不可与有为"。"吾身不能居仁由义，谓之自弃也"，说自己不能守仁从义。

"仁，人之安宅也；义，人之正路也。旷（空）安宅而弗居，舍正路而不由，哀哉！"

"仁，人之安宅也"，只要有爱心，到哪儿都被人爱，"由仁义行"，正道也。

"义，人之正路也"，只要行为合宜，就是走上正路。

"旷安宅而不居，舍正路而不从"，旷仁舍义，真是哀哉！

此章证明孟子之学，明道与仁义。明道与读书是两回事。明道不是不知，而是不能行。

11. 孟子曰："道在尔（迩，近）而求诸（之于）远，事（人事）在易（平易中）而求之难。

"道在近"，不必求诸远，舍近求远，"率性之谓道"，自性即佛。"佛，觉也"，佛在家中坐，何必远烧香？

"事在易"，事在平易中，不必"求之难"，看得很困难！

天下事，就"易简"，"易则易知，简则易从"（《易·系辞上传》），天下易简之理得，而"成"位乎其中矣！

"人人亲其（自己）亲，长其长，而天下平。"

人人亲己亲，长己长，孝顺父母，友爱兄弟，"家齐而后国治，国治而后天下平"（《大学》）。

我们奉元，就是要求得天下平。平天下而天下平，用什么步骤能达成？"人人亲其亲，长其长，而天下平"，"君子笃恭而天下平"（《中庸》）。

何以天下大乱？因为每个人都侵害了别人，都看别人不顺眼，没有人检讨自己的错误，交相指责而争吵不休。

《礼记·礼运》说："人不独亲其亲，不独子其子，使老有所终，壮有所用，幼有所长，矜寡孤独废疾者，皆有所养。男有分，女有归。货恶其弃于地也，不必藏于己；力恶其不出于身也，不必为己。是故谋闭而不兴，盗窃乱贼而不作，故外户而不闭，是谓大同。"

要如何能达华夏大同？《春秋》分三世，据乱世、升平世、太平世，行之以渐，著治太平，达天下平。

21世纪，奉元有雄心，要奉元行事，再起百家争鸣，乘势而起，达到华夏、大同。大家要一起努力，不要看轻自己，要相信自己。

12. 孟子曰："居下位而不获于上，民不可得而治也。获于上有道：不信于友，弗（不）获于上矣。信于友有道：事亲弗悦，弗信于友矣。悦亲有道：反身不诚，不悦于亲矣。诚身有道，不明乎善，不诚其身矣。

焦循:"事上得君,乃可临民;信友悦亲,本在于身。"

"上下",即主从,办事有主有从。"朋友信之"(《论语·公冶长》),"主忠信"(《论语·学而》),"忠信所以进德也","居上位而不骄,在下位而不忧"(《易·乾·文言》)。

"诚身有道,不明乎善,不诚其身矣","元者,善之长也","继之者,善也"(《易·系辞下传》),明善,长善救己失。自诚,自明。

"是故诚者,天之道也;思诚者,人之道也。至诚而不动者,未之有也;不诚,未有能动者也。"

《中庸》曰:"诚者,天之道也;诚之者,人之道也。诚者,不勉而中不思而得,从容中道,圣人也;诚之者,择善而固执之者也。"

"至诚而不动者,未之有也","天何言哉?四时行焉,百物生焉,天何言哉?"(《论语·阳货》)在行不在言,默默中就有力量。

13. 孟子曰:"伯夷辟(避)纣,居北海之滨,闻文王作,兴曰:'盍(何不)归乎来!吾闻西伯善养老者。'太公辟纣,居东海之滨,闻文王作,兴曰:'盍归乎来!吾闻西伯善养老者。'二老者,天下之大老也,而归之,是天下之父归之也。天下之父归之,其子焉往?诸侯有行文王之政者,七年之内,必为政于天下矣。"

焦循:"养老尊贤,国之上务,文王勤之,二老远至。父来子从,天之顺道。七年为政,以勉诸侯,欲使庶几于行善也。"

离娄上

14. 孟子曰："求（冉求）也为季氏宰（家臣），无能改于其德，而赋（取）粟倍他日。孔子曰：'求，非我徒也，小子鸣鼓而攻之（鸣鼓攻过）可也。'由此观之，君不行仁政而富之，皆弃于孔子者也。

焦循："聚敛富君，弃于孔子。冉求行之，固闻鸣鼓。"

弟子所行不义，孔子要"鸣鼓攻过"，使他自愧！
我常说同学，就是为了提醒。

"况于为之强战？争地以战，杀人盈野；争城以战，杀人盈城。此所谓'率土地而食人肉，罪不容于死'！

焦循："以战杀民，土食人肉，罪不容死，以为大戮，重人命之至也。"

"故善战者，服上刑（重刑）；连（交连，合纵）诸侯者，次之；辟（开辟）草莱、任土地者，次之。"

"善战者，服上刑"，"杀人之众，以哀悲泣之，战胜以丧礼处之"，兵凶战危，"兵者，不祥之器，非君子之器，不得已而用之"，"胜而不美，而美之者，是乐杀人"。（《老子·第三十一章》）
"《春秋》无义战"，战，哪有义可言？
恶战，反战，"天德好生"。人为何要杀、要战，互相残害？

15. 孟子曰："存（在）乎人者，莫良于眸子（眼中的瞳神）。眸子不能掩其恶。胸中正，则眸子瞭（liǎo，明亮）焉；胸中不正，则眸子眊（mào，目不明）焉。听其言也，观其眸子，人焉廋（匿）哉？"

焦循："目为神候，精之所在，存而察之，善恶不隐，知人之道，斯为审矣。"

此孟子谈观人术："听其言也，观其眸子，人焉廋哉？"眼睛会说话，骗不了人！

孔子观人之道："视其所以，观其所由，察其所安。人焉廋哉？人焉廋哉？"（《论语·为政》）

16.孟子曰："恭者不侮人，俭者不夺人。侮夺人之君，惟恐不顺（人不顺己）焉，恶得为恭俭？

"恭者"，恭己者，"正南面而已矣"（《论语·卫灵公》），不侮人。政者，正也，人必自正而后能正人。

"俭"，不同于吝，是自己有而不用。俭以养廉，廉，当然"不夺人之所有"。

"恭、俭，岂可以声音笑貌为哉？"

"恭、俭"，是表现于自身行为上的，哪是可以"声音笑貌"伪为的？

焦循："人君恭俭，率下移风；人臣恭俭，明其廉忠：侮夺之恶，何由干之，而错其心？"

17.淳于髡（齐人）曰："男女授受不亲，礼（经礼）与？"

孟子曰："礼也。"

曰："嫂溺，则援之以手乎？"曰："嫂溺，不援，是豺狼也。男女授受不亲，礼也；嫂溺援之以手者，权也。"

"嫂溺不援，是豺狼也"，"嫂溺援之以手者，权也"，反经而善。"权者，反于经，然后有善者也。"（《春秋公羊传·桓公十一年》）

曰："今天下溺矣，夫子之不援，何也？"曰："天下溺，援之以道；嫂溺，援之以手。子欲手援天下乎？"

"经"与"权"之分野，权高于经，行权必反于经。

焦循："权时之义，嫂溺援手。君子大行，拯世以道，道之指也。"

18. 公孙丑曰："君子之不教子（不亲教子），何也？"

何以父不亲教子？

孟子曰："势不行也。教者必以正；以正不行，继之以怒；继之以怒，则反夷（伤）矣。

"势不行也"，就事实情势而言，根本不可行。

"教者必以正"，《易·蒙》："蒙以养正，圣功也。"启蒙师重要在此。

"以正不行，继之以怒；继之以怒，则反夷"，父子之间不责善，责善则离，伤恩莫大于是。

"'夫子教我以正，夫子未出于正也。'则是父子相夷也。

父子相夷，则恶矣。

小子说："夫子教我以正，夫子未出于正也"，父教子而怒，子心生不满。

"身教重于言教"，言教，父子相伤，则伤父子之情。

"古者易子而教之。父子之间不责善。责善则离，离则不祥莫大焉。"

"易子而教"，不亲自教，请老师教，有启蒙师，父给戒尺。"所以全父子之恩，而亦不失其为教。"（朱注）

"父子之间不责善"，责善，求全责备，乃朋友之道，互相切磋督责，以期美善。

"责善则离"，父子责善，会伤父子之情而相离，"离则不祥莫大焉"，乃最不祥之事。

焦循："父子至亲，相责离恩。易子而教，相成以仁，教之义也。"

19. 孟子曰："事孰为大？事亲为大；守孰为大？守身为大。不失其（己）身而能事其亲者，吾闻之矣；失其身而能事其亲者，吾未之闻也。孰不为事？事亲，事之本也；孰不为守？守身，守之本也。

"事亲为大"，"孝，德之本也，教之所由生也"（《孝经·开宗明义》）。

"守身为大"，"身体发肤，受之父母，不敢毁伤，孝之始也。立身行道，扬名于后世，以显父母，孝之终也"（《孝经·开宗明义》）。

"事亲，事之本也；守身，守之本也"，重本之道，"先王有至德要道，以顺天下，民用和睦，上下无怨"，"始于事亲"，"终于立身"（《孝经·开宗明义》）。

"曾子养曾晳（曾点，孔门弟子），必有酒肉，将彻（将所剩酒食取去），必请所与（给谁）；问有余，必曰'有'（虽无亦曰有，不拂亲意）。

养父母，"养"去声。有别于"养宠物"。

"孝"，《说文》云："善事父母者。"从老，从子，子承老也。父在，称"孝"；父没，称"考"。

曾子是孝子，传《孝经》。

"曾晳死，曾元（曾子儿子）养曾子，必有酒肉，将彻，不请所与；问有余，曰'亡（无）矣'，将以复进（父需则再烹饪以进）也。此所谓养口体者也。

曾元养曾子，是"养口体"，口体之养，下孝养体。

"今之孝者，是谓能养。至于犬马，皆能有养；不敬，何以别乎？"（《论语·为政》）养父母，与养犬马，两者有别，在一"敬"字。

"若曾子，则可谓养志也。事亲若曾子者，可也。"

曾子养曾晳，是"养志"，上孝养志。

20. 孟子曰："人（君所用之人）不足与（以）适（谪，责也）也，政（施政）不足间（谏）也。惟大人（大德之人）为能格（正）君心之非（尤）。

此谈谏君。

"大人者，不失其赤子之心"（《离娄下》），故能正君心之非。

"君仁，莫不仁；君义，莫不义；君正，莫不正。一正君，而国定矣。"

君，群之首，一国之表率，"君仁，莫不仁；君义，莫不义"，君由仁义行，则天下无不仁、不义。

"君正，莫不正"，"子率以正，孰敢不正"，"君子之德风，小人之德草；草上之风，必偃"（《论语·颜渊》）。

"一正君，而国定矣"，君正，国定，下不邪侈。

诚意正心，修身齐家，治国平天下，一部《大学》。

宰相需用读书人。读圣贤书，所学何事？养浩然气，读有用书。

21. 孟子曰："有不虞之誉，有求全之毁。"

蒋伯潜："在己得之，不足喜；在人得之，不足贵也。在己得之，反可喜；在人得之，亦未可以是轻之。若是出于恶意，则是吹毛求疵。"

"不虞之誉"，意料不到的名誉。"虞"，度，意料所及。

"求全之毁"，求全责备，吹毛求疵，让人受不了！"事君数，斯辱矣，朋友数，斯疏矣"（《论语·里仁》）。

焦循："君子正行，不由斯二者也。"

22. 孟子曰："人之易（轻易）其言也，无责耳矣。"

言出于身，驷不及追。"易其言"，随口而出，不知轻重。

尽说风凉话，喜唱高调，大言不惭，光说不练，不负责任。"有德者必有言，有言者不必有德。"（《论语·宪问》）

23. 孟子曰："人之患（害）在好为人师。

朱注引王勉曰："好为人师，则自足而不复有进矣，此人之大患也。"

"温故而知新，可以为师矣"（《论语·为政》），"师者，人之模范"（《法言·学行》），经师易求，人师难得。

24. 乐正子（孟子弟子）从于子敖（王骥）之（往）齐。乐正子见孟子。孟子曰："子亦来见我乎？"曰："先生何为出此言也？"

曰："子来几日矣？"曰："昔昔（前日）。"曰："昔昔，则我出此言也，不亦宜乎？"

前日来到，今天才见，我出此言，不对吗？

曰："舍馆（客舍）未定。"曰："子闻之也，舍馆定，然后求见长者乎？"

见长者，须馆舍定才见？

曰："克（乐正子名）有罪。"

乐正子谢过服罪。

朱注引陈氏曰："乐正子固不能无罪矣，然其勇于受责如此，非好善而笃信之，其能若是乎？世有强辩饰非，闻谏愈甚者，又乐正子之罪人也。"

25. 孟子谓乐正子曰："子之从于子敖来，徒餔（bū，食）啜（chuò，饮）也。我不意（出乎意料）子学古之道，而以餔啜也。"

"学而优则仕"（《论语·子张》），仕以行道。
学而不行道，徒饮食而已，谓之"餔啜"。

蒋伯潜："乐正子与王骧同行，决不是真的为了饮食，孟子不过借此责问他罢了。"

26. 孟子曰："不孝有三，无后为大（重要）。舜不告而娶，为无后也；君子以为犹告也。"

"不孝有三"：阿意曲从，陷亲不义，一不孝也；家贫亲老，不为禄仕，二不孝也；不娶无子，绝先祖嗣，三不孝也。

"无后为大"，"父母生之，续莫大焉"（《孝经·圣治》），延续生命，继志述事，有责任感。

以前，中国人重男轻女是责任感，为了传宗接代。自己这支不可到自己就绝了，尽量求延续生命。

没儿子，可以向兄弟或姊妹过继儿子，有一半自家的血统。但不能买儿子，没有血缘关系，死后不可以入祖茔。必同一宗庙，或有血统关系的过继子，才可以入宗祠。

离娄上

"舜不告而娶"，唯恐绝后，权也，所以"不告"犹"禀告"。

27. 孟子曰："仁（生）之实（最真实的），事亲（亲其亲）是也。义（宜也）之实，从兄（长其长）是也。智之实，知斯二者弗去（不去掉）是也。礼之实，节文（天理之节文）斯二者是也。乐（yuè）之实（发之于人性），乐（lè）斯二者，乐（lè）则生矣。生则恶（何）可已（止）也？恶可已（如可止），则不知（自知）足之蹈之、手之舞之（天生之仁也）。"

此章谈天伦之乐。

"仁之实"，最真实的仁；"事亲是也"，善事父母，孝也。

"义之实"，最真实的义；"从兄是也"，行悌道。

"智之实"，最真实的智；"知斯二者弗去是也"，事亲、从兄，不能去掉、离开，"孝悌也者，其为人之本与"。

"礼之实"，最真实的智；"节文斯二者是也"，礼，天理之节文，亦即人理之节文，事亲、从兄能有礼节，表现出尊重、敬爱。

"乐之实"，最真实的乐；"乐斯二者，乐则生矣"，心中喜悦，手舞足蹈，"诚于中，形于外"（《大学》）。孝悌，天伦之乐，真乐也！

"生则恶可已"，生何可止也？"恶可已，则不知足之蹈之、手之舞之"，如可止，怎会不知不觉地手舞足蹈？

"仁、义、礼、智"，皆与生俱来。仁，二人，生也；义，宜也，恰到好处，理于宜；礼，天理之节文，事物有当然之则；智，知日，穷理，故"智者不惑"。"乐则生"，形容一家之乐是建立在仁、义、礼、智之上的。

"喜怒哀乐之未发，谓之中；发而皆中节，谓之和。""致中和，天地位焉，万物育焉"，生生不息。（《中庸》）

"配天"，"与天地合其德"（《易·乾·文言》），"天之历数在尔躬"（《论语·尧曰》），宇宙是个大天地，人是个小天地，天人合一。

28. 孟子曰："天下大悦而将归己。视天下悦而归己，犹草芥也，惟舜为然。

舜不以天下归己为乐。

"不得乎亲，不可以为人；不顺乎亲，不可以为子。舜尽事亲之道，而瞽瞍底（同"致"）豫（乐也）；瞽瞍底豫（由不乐而使之乐）而天下化；瞽瞍底豫而天下之为父子者定：此之谓大孝。"

"不得乎亲，不可以为人；不顺乎亲，不可以为子"，"顺乎亲有道，反诸身不诚，不顺乎亲矣"（《中庸》）。

舜事亲，尽其孝道，使瞽瞍由不乐而使之乐；顽父致乐，使天下化之，"天下之为父子者定"，"大孝"，大孝尊亲。

"天下恶乎定？""定于一"，一天下，远近大小若一。

亲情，是血缘关系，是天生的。所以，我父亲交代：不孝之人不可交。因为"不是人"，没有人性，"孝悌也者，其为仁之本与"。

孝，是还慈的恩，慈乌反哺，人可以不如鸟乎？

离娄下

29. 孟子曰："舜生于诸冯（地名），迁于负夏（地名），卒于鸣条（地名），东夷之人也。文王生于岐周（岐山下周旧都），卒于毕（地名）郢（地名），西夷之人也。

舜、周文王，都是夷狄。

"地之相去也，千有余里；世之相后也，千有余岁。得志，行乎中国，若合符节。先圣后圣，其揆（法度）一也。"

舜至文王，千二百余岁，地相距千里之遥。但二人"得志，行乎中国"，"入中国则中国之"，夷狄进至于爵。其王也，"若合符节"。

"若合符节"，"符"，以前用以调兵遣将的凭证，有竹使符、铜虎符。门关用符节，"若合符节"，完全吻合，没有出入。

"先圣后圣，其揆一也"，"率性之谓道"，道一，不二。

焦循:"圣人殊世，而合其道；地虽不比，由通一轨，故可以为百王法也。"

30. 子产（郑子产，公孙侨）听（治）郑国之政，以其乘舆（车乘）济（渡）人于溱（溱水）洧（洧水）。

子产执政时，见冬涉者，于心不忍，以其车乘助渡者。

孟子曰："惠而不知为政。

子产，"惠人也"（《论语·宪问》），惠，私恩小利，"小人怀惠"，以惠施政。

"惠而不知为政"，有惠民之心，而不知为政。

"岁十一月徒（徒步）杠（gāng，小桥）成，十二月舆（车行）梁（大桥）成，民未病涉（患于徒涉）也。

如能广修桥梁，十一月小桥成，人可以徒步而过；十二月大桥成，车辆通行，民可解除渡涉之苦。

"君子平其政，行辟（辟）人可也。焉得人人而济之？

焦循:"重民之道，平政为首。"

为国家平治政事，其道辟除人，使卑避尊亦可为也。济涉小事，本不足为执政轻重。

蒋伯潜:"为政者，在能平其政，而不在以小惠待人。"

离娄下

"故为政者，每人而悦之，日亦不足矣。"

朱注："政则有公平正大之体，纲纪法度之施焉。每人皆欲致私恩以悦其意，则人多日少，亦不足于用矣。"

31. 孟子告齐宣王曰："君之视臣如手足，则臣视君如腹心；君之视臣如犬马，则臣视君如国人（路人）；君之视臣如土芥（泥土和杂草），则臣视君如寇雠（敌寇和仇人）。"

"如腹心"，亲爱之至；"如国人"，休戚不与共；"如寇仇"，仇恨之至。

君臣，相对的观念，"君使臣以礼，臣事君以忠"（《论语·八佾》）。礼，理也；忠，尽己之谓。

王曰："礼，为旧君有服（丧服），何如斯可为服矣？"
曰："谏行，言听，膏泽下于民；有故（事故）而去，则君使人导之出疆，又先于其所往；去三年不反（返），然后收其田里（田禄里居）：此之谓三有礼焉。如此，则为之服矣。

谏行言从、德泽加民；有事故，不得不行，君使人导之出境，又先为其安置；三年不返，才收其田禄里居：三有礼如此，则为之服矣。

"今也为臣，谏则不行，言则不听，膏泽不下于民；有故而去，则君搏执（逮捕）之，又极之于其所往（穷其所往）；去之日，遂收其田里：此之谓寇雠。寇雠，何服之有？"

有服、无服，当以旧君待其臣而定。君臣，相对关系。

蒋伯潜："此章论君臣相互的待遇，至为平等。后世腐儒乃倡为'臣罪当诛，天王圣明'之谬说，于是专制君主之淫威，遂比虎狼还厉害了。明太祖读《孟子》此章，竟不许孔庙中祭祀孟子，可笑亦复可恨！"

焦循："君臣关系，以义为表，以恩为里；表里相应，犹若影响。"

32. 孟子曰："无罪而杀士，则大夫可以去；无罪而戮民，则士可以徙。"

焦循："恶伤其类，视其下等，惧次及也。语曰：'鸢鹊蒙害，仁鸟曾逝。'"

"君子见几而作，不俟终日"（《易·系辞下传》），"履霜坚冰至"，"其所由来渐矣"（《易·坤·文言》）。

33. 孟子曰："君仁莫不仁，君义莫不义。"

此章重出。

34. 孟子曰："非礼之礼，非义之义，大人弗为。"

蒋伯潜："察理不精，则其所谓礼者非礼，所谓义者非义矣；此大人所弗为也。"

焦循："礼义，人之所以折中，履其正者，乃可为中，是以大人不行疑礼。"

35. 孟子曰："中也养（涵育熏陶）不中，才也养不才，故人乐有贤父兄也。

"中也养不中，才也养不才"，此言家教之重要。

"人乐有贤父兄"，乐有父兄之贤以养己也。以前父死，敬兄如父。

"如中也弃不中，才也弃不才，则贤、不肖之相去，其间不能以寸（相去甚少）。"

如父兄以子弟不贤而弃之，不养其所当养，如此，则贤、不肖间之相距实是甚少！

焦循："父兄已贤，子弟既顽，教而不改，乃归自然。"

36. 孟子曰："人有不为也，而后可以有为。"

"有不为"，有守；"而后可以有为"，有为。人必有守，才足以有为。

"狂者进取，狷者有所不为"（《论语·子路》），得"反求诸己"，内省才能有为，有守有为。

人皆自迷，"先迷失道，后顺得常"（《易·坤》）。

37. 孟子曰："言人之不善，当如后患何！"

专讲别人的坏话，而不知自己有后患。"不忮不求，何用不臧？"（《诗·邶风·雄雉》）

说人坏话，必传回去，"以其人之道，还治其人之身"，能不患?

38. 孟子曰："仲尼不为已甚（太甚）者。"

"人而不仁，疾之已甚，乱也"（《论语·泰伯》），做人处世，不可以逼人太甚，必给人留有余地。

"过与不及"均非中道。"恕"，如心，将心比心，"缘人情，赦小过"（《春秋繁露·俞序》），"以人治人，改而止"（《中庸》）。

39. 孟子曰："大人者，言不必信，行不必果，惟义所在。"

"信"，人言，言可复也。"果"，"求也果"，"君子以果行育德"（《易·蒙·大象》）。果，果决、果断。

"言不必信，行不必果"，以"义"作为行事的标准。

"义，宜也"，宜于时，环境一改变，时过境迁，就不合乎义，有时还出毛病。"不可为典要，唯变所适"，随时、适时，"随时之义大矣哉！"（《易·随》）

40. 孟子曰："大人者，不失其赤子之心也。"

"大人者，与天地合其德"，"天无私覆，地无私载"，"生而不有，为而不恃"，天德好生、尚公、无私。

"赤子"，初生婴儿，诚实无妄，不知有私。"不失其赤子之心"，存赤子之心，返老还童，成德了，为大人，有公心无私心，没有分别心。

"大人"，应养器量，成器，有容乃大，"君子不器"（《论语·为政》）。

41. 孟子曰："养生者不足以当大（重要）事，惟送死可以当大事。"

对父母，养生送终。

"惟送死可以当大事"，哀死送终，以前重丧事，"慎终"是尽为人子最后的机会。不能尽心，则抱恨终身！

42. 孟子曰："君子深造之以道，欲其自得之也。

此章论教学之法，"人不学，不知道"。

"造"，作也、为也，造就，"大人造"（《易·乾》），天造地设。熊十力喜用"造"字。

"深造之以道"，"率性之谓道"，能尽己之性，"行深般若波罗蜜多时"，行深造道，才能到彼岸，"照见五蕴皆空，度一切苦厄"（《心经》）。

"自"，自求，内求。"自得"，自己去求，得自己所要得者。不外求，别人抢不得，也帮不了。

"自得之，则居（守）之安；居之安，则资（取）之深；资之深，则取之左右逢其原（优游偃仰），故君子欲其自得之也。"

"大哉乾元，万物资始"。"资"，次贝，本义为钱财，引申为天资、资格、资历、资助、资政。"资之深"，深发自性之用，则"取之不尽，用之不竭"。"无所不用其极"（《大学》），"无入而不自得"（《中庸》）。

"资之深，则取之左右逢其原"，心有所存主，"从心所欲不逾矩"（《论语·为政》）。有自得之乐，其乐也无穷！

孔子"发愤忘食，乐以忘忧，不知老之将至云尔"（《论语·述而》）。颜回"在陋巷。人不堪其忧，回也不改其乐"（《论语·雍也》），乐天之道，行健不息。

过家，就按自己的经济环境来处理衣食住行，没有过与不及就没有后患。

43. 孟子曰："博学而详说（shuì）之，将以反说约（易简）也。"

此章论研究学问的方法。

《中庸》曰："博学之，审问之，慎思之，明辨之，笃行之。"

"博我以文，约我以礼"（《论语·子罕》），由博返约，易简，"易简而天下之理得"（《易·系辞上传》），"吾道一以贯之"。

44. 孟子曰："以善服人者，未有能服人者也。

"以善服人"，假貌为善，而忽略真，"未有能服人者也"。

"以善养人，然后能服天下。

"以善养人"，用善作营养培养人，变成人生的力量，使之里外皆成人。

教育必自根上来，即以善养人，"元者，善之长也"，"继之者，善也"，"长善而救其失"（《礼记·学记》），使之成为善人，"然后能服天下"。

以善心对待一切人，则有可能被吃掉。

"天下不心服而王者，未之有也。"

"心服"，"中心悦而诚服也"（《中庸》），"惟心亨"（《易·坎》），让善的力量发挥出来。

善养以储国基，治国当以道德精神为本。"天下不心服而王者，未之有也"。

45. 孟子曰："言无实，不祥。

朱注：一、"天下之言无有实不祥者，惟蔽贤为不祥之实。"二、"言而无实者不祥，故蔽贤为不祥之实。"二说不同，未知孰是，疑或有阙文焉。

"不祥之实，蔽贤者当之。"

"不祥之实，蔽贤者当之"，《晏子春秋·谏下》："国有三不祥，是不与焉。夫有贤而不知，一不祥；知而不用，二不祥；用而不任，三不祥也。"

焦循："进贤受上赏，蔽贤蒙显戮，故谓之不详也。"

46. 徐子（徐辟，介绍夷之见孟子）曰："仲尼亟（屡次）称（赞美）于水，曰：'水哉！水哉！'何取于水也？"

《论语·子罕》："子在川上，曰：'逝者如斯夫！不舍昼夜。'"

孟子曰："原（源）泉混混（滚滚，不断涌出），不舍（止）昼夜，盈（满）科（坎，坑）而后进，放（达，至）乎四海，有本（水源）

者如是，是之取尔！

"原泉混混，不止昼夜"，"天行健，君子以自强不息"。

"盈科而后进"，循序渐进。此为水之德，水遇有坑洞，必将之填满，再往前行进，故能平天下之不平。

"放乎四海"，欲罢不能，有本有源。放于四海而皆准，四海以此为准，天下事有个准则。

"有本者如是"，本立而道生，源源不竭；"是之取尔"，以水为师，要善养，善用智慧。

"苟（真）为无本，七八月之间雨集，沟浍（田间、路旁小水沟）**皆盈；其涸（干）也，可立而待**（因无本，无源之水）**也。**

如七八月间下大雨，潦水猝集，大小水沟皆满，然其干涸可立待者，以其无本故也。

自来水，无源之水，亦自有本之水来，水源处。上游一旦缺水，民间亦无水供给。水，民生必需，日用所在，要珍惜水资源，每家要惜水！

"故声闻过情（实情）**，君子耻之。"**

"声闻过情"，声名超过实情，"闻人"，如无源之水，不能"原泉混混"。

"君子耻之"，故"君子疾没世而名不称焉"（《论语·卫灵公》），名实不相符，君子所疾。

人要求有源之智，元智，《易》为智海，可以"取之不尽，

离娄下

141

用之不竭"。

焦循："有本不竭，无本则涸；虚声过实，君子耻诸。"

47.孟子曰："人之所以异于禽于兽者，几希！

"人之所以异于禽于兽者，几希"，一是微，少也；二是近，无多大区别；三是近乎少，不同之处很少。

"庶民（一般大众）去之，君子（成德之谓）存（守）之。

"小人去之"，一般人不能分别，一不小心，就成禽兽了！

"君子存之"，君子存微，故能识微、察微，《春秋》贵微，"莫见乎隐，莫显乎微"（《中庸》）。

人性，兽性，人知有伦，禽兽不知伦，故乱伦。骂人则说"禽兽不如"。

"舜明于庶（众）物，察于人伦（礼），由（从）仁义行，非行仁义也。"

"明于庶物"，"物"，包含人、事、物，明事物之渊博；"察于人伦"，"人伦"，常、礼，"不学礼，无以立"（《论语·季氏》），立于礼，立于伦。

"圣人，人伦之至"，师生关系"犹父犹子"，不能乱伦。

"由仁义行"，仁义生于己，本仁义而行，不管外面环境如何，得"守死善道"（《论语·泰伯》），"造次必于是，颠沛必于是"（《论语·里仁》），"素富贵行乎富贵，素贫贱行乎贫贱，素夷狄行乎夷狄，素患难行乎患难"（《中庸》）。

"非行仁义"，行仁义，伪君子。"小人闲居为不善，无所不至，见君子而后厌然，掩其不善，而著其善。人之视己，如见其肺肝然，则何益矣！"（《大学》）

由美利行，由咸宁行，必要学会忍，有志更要忍，"燕雀安知鸿鹄志？"做事，先往坏处想，有防未然之智，始能否极泰来。

48. 孟子曰："禹恶（厌恶）旨（味好）酒而好善言（昌言）。汤执中，立贤无方（法）。

禹拜善言。汤允执其中，进贤无定规。

"文王视民如伤（受害），望道而（如）未之见。武王不泄（狎）迩，不忘远。

文王"视民如伤"，护民之至，望道如未见。武王对近者不狎，对远者不忘。

"周公思兼三王，以施四事；其有不合者，仰而思之，夜以继日；幸而得之，坐以待旦（待天亮，欲急施也）。"

"兼"，并也；兼差，兼课。"施"，施行，施政。

"仰而思之"，思三王之道；"夜以继日"，不眠不休；"幸而得之"，若有所得，欲见之于行事；"坐以待旦"，通宵达旦，一夜没有躺着。

49. 孟子曰："王（古圣先王）者之迹熄（消）而《诗》亡，《诗》

亡然后《春秋》作。

"王"，天下所归往。"王者之迹"：周时，有采风之车，代表民意。《诗经》的《国风》，即自各地采风来的，其中有民怨，乃天下学，如今之社会学，可以"兴、观、群、怨"，知民间疾苦、人民心声，作为施政参考。

"王者之迹息，而《诗》亡"，不再采诗了，民意不能上达。《诗》亡然后《春秋》作"，"世衰道微，邪说暴行有作，臣弑其君者有之，子弑其父者有之。孔子惧，作《春秋》。"（《孟子·滕文公下》）《春秋》接着采诗的精神，欲拨乱。

"晋之《乘》，楚之《梼杌》，鲁之《春秋》，一也。"

《乘》《梼杌》《春秋》，各国史记之名。鲁之《春秋》，为不修之《春秋》。

"其事则齐桓晋文，其文则史。孔子曰：'其义则丘窃(私自)**取之矣。'"**

孔子作《春秋》，"其事则齐桓晋文"，记齐桓、晋文事。《春秋》依十二公纪年，"其文则史"。

"其义，则丘窃取之"，义则为孔子所取，借事以明义，作《春秋》所重在义，以义表志。

孔子修《春秋》，义为孔子所立，志在《春秋》，当一王之法，"我欲载之空言，不如见之于行事之深切著明也"（《史记·太史公自序》），故所作《春秋》，已非鲁之《春秋》。

《春秋》"辨是非，故长于治人"，"拨乱世反之正，莫近于《春秋》"（《史记·太史公自序》）。《春秋》在拨乱反正，孔子曰："知我者其惟《春秋》乎！罪我者其惟《春秋》乎！"（《孟子·滕文公下》）知孔子、罪孔子，都在《春秋》。自此看《春秋》是什么？

《春秋》之义，是孔子所立，"《春秋》之辞多所况，是文约而法明也"（《春秋繁露·楚庄王》）。读《春秋》，必要明其义，《春秋》有所取义，得其义则事可遗也。

此孟子谈孔子作《春秋》，《论语》并无谈孔子作《春秋》，可见《论语》不全，幸有《孟子》，可以相印证。

孟子的时代，"诸侯恶其害已也，而皆去之籍"（《孟子·万章下》）。孟子是子思门人的弟子，有所传承，故知"师说"。

50. 孟子曰："君子之泽（遗泽）五世而斩（绝），小人之泽五世而斩。

焦循："五世一体，上下通流，君子小人，斩各有时。"

一世，三十年。父子相继为一世，师生相传亦为一世。

"予未得为孔子徒也，予私淑（善）诸人也。"

焦循："孟子恨不得及乎仲尼也。"

及门弟子，亲自受教。

孟子去孔子年代已远，"未得为孔子徒"，不能亲身受教于孔子，受业于子思门人。"予私淑诸人"，间接私下受其好处。

"私淑"，未亲自受教。我私淑熊十力。

51. 孟子曰："可以取，可以无取，取伤廉；可以与，可以无与，与伤惠；可以死，可以无死，死伤勇。"

"廉"，一介不取；"惠"，惠及于人；"勇"，勇者不惧人势。
"死"，"有重于泰山，有轻于鸿毛"，"可以死，可以无死"。

52. 逢蒙（羿之弟子）学射于羿（善射者，有穷国国君），尽羿之道（尽学全了），思天下惟羿为愈（胜）己，于是杀羿。孟子曰："是亦羿有罪焉。"

蒋伯潜："羿之罪，正以不能取端人而授以射法也。"

逢蒙杀羿，所传授非其人，罪在不知人。

公明仪曰："宜（殆，大概）若无罪焉。"

公明仪曰："羿，大概无罪吧！"

曰："薄（轻）乎云尔（如此），恶（何）得无罪？

孟子说："这么轻易传授，怎能算无罪？"
传授也必知人，"不识其人，视其友"，"人之异于禽兽者，几分"，要注意。

"郑人使子濯孺子侵卫，卫使（派）庾公之斯追之（语助词）。子濯孺子曰：'今日我疾作，不可以执弓，吾死矣夫！'

子濯孺子说："今天我旧疾复发，不可以拿弓，我死定了！"

"问其仆曰：'追我者谁也？'其仆曰：'庾公之斯也。'曰：'吾生矣。'

"仆"，随从，为他赶车的仆从。

子濯孺子得知追他的是庾公之斯，说："我得生了！"

"其仆曰：'庾公之斯，卫之善射者也，夫子曰"吾生"，何谓也？'

"曰：'庾公之斯学射于尹公之他，尹公之他学射于我。夫尹公之他，端（正）人也，其取友必端矣。'

"端人"，端正之人。"尹公之他，端人也，其取友必端矣"，端人，取友必端。物以类聚，人总在一起，臭味相投也。

"不识其人，识其友"，看其交友情形、交友对象，八九不离十。

"庾公之斯至，曰：'夫子何为不执弓？'曰：'今日我疾作（发作），不可以执弓。'

"曰：'小人学射于尹公之他，尹公之他学射于夫子。我不忍以夫子之道反害夫子。

庾公之斯学射于尹公之他，尹公之他学射于子濯孺子，三人有师生同门关系。

庾公之斯说："我不忍以夫子之道反害夫子。"

焦循："求交取友，必得其人，得善以全，善凶获患，是故子濯济难，夷羿以残，可以鉴也。"

离娄下

147

"'虽然，今日之事，君（国家）事也，我不敢废（废公事）。'"

庾公之斯又说："但今为国事，我不敢废公事。"

"抽矢扣（敲）轮（车轮），去其金（箭头），发乘矢（四箭）而后反（返）。"

叩轮去镞，使不害人，射四发而离去，尽其忠。

公私分明，情之用，"发而皆中节"。尽为人徒之道，又尽卫国之责。

这章告诉我们为人处世之道。为人师，岂是容易！

经师易得，人师难求。为人师的，有无尽师道？教育是良知事业，要有像样的传人。不是讲而是行，行教重于言教。

53. 孟子曰："西子（西施）蒙（被）不洁，则人皆掩鼻而过之。

就是美如西施，身上蒙污秽之物，人见了无不掩鼻而过。

"虽有恶人，齐戒沐浴，则可以祀上帝。"

虽是恶人，只要改过自新，可以祭祀上帝。佛教亦说："放下屠刀，立地成佛。"

"天民"，人皆天之子民，人人皆可以祭天。专制时代，只有帝王可以祭天，到泰山举行封禅大典。

朱注引尹氏曰："此章戒人之丧善，而勉人以自新也。"

儒家"以人治人，改而止"，"过则勿惮改"（《论语·学而》），多勉励人！

54. 孟子曰："天下之言性也，则故（法则其故有）而已矣。故者，以利（美利）为本。

此章极重要，必善用脑子。

"则故"：则，法也；则天，即法天。故，固有的。"天命之谓性"，"性"是与生俱来的，即天性，亦即元。"则故而已矣"，修性守故，反求诸己就足矣，"各正性命，保合太和，乃利贞"（《易·乾·彖》）。

"故者，以利为本"，"利者，义之和也"，利与义合，是"美利"。人的"美利"是与生俱来的，但是"百性日用而不知"（《易·系辞上传》），所以一般人只爱其所爱，而君子则无不爱也。

"君子体仁，足以长人"，圣人知行合一，体用合一。圣人"贵除天下之患"，即"利天下"，"能以美利利天下，不言所利，大矣哉"，故"以利为本"。

"所恶于智者，为其凿（小智穿凿）也。

"凿"，主观，穿凿附会。笨，造字以竹为本，就是讽刺自命清高者。凿于己见、私见，"意""必""固""我"，想不通道理，亦无权变之法，尽主观，"人之为道而远人"（《中庸》）。

"如智者，若禹之行（治）水也，则无恶（厌恶）于智矣。禹之行水也，行其所无事（顺水自然之性）也。如智者，亦行其所无事（处事客观），则智亦大矣。

禹治水，顺水自然之性，"行其所无事"，顺着自然法则，因势利导，顺势而为。

"如智者，亦行其所无事，则智亦大矣"，大智，不"人之为道"，由人性行，由美利行。处事客观，哪有是非？天天没事找事，拨弄是非，庸人自扰也。

情智，小智穿凿，牵强附会，尽主观。一般人皆用情智，两眼尽瞪着转，好察察，自以为是智者。

性智，与生俱来的，含性德，"率性之谓道"，能尽己之性，处事客观，"行其所无事"，懂得顺势而为，"由仁义行"。

应分清性智与情智。

"天之高也，星辰之远也，苟求其故（真求其所以），**千岁之日至，可坐而致**（至）**也。"**

"天之高也，星辰之远也"，"今夫天斯昭昭之多，及其无穷也，日月星辰系焉"（《中庸》）。

"求其故"，求其所以，做事要知其所以然。"权者，知所以用理也"，明理才能处事，行权以应变。

"千岁之日至，可坐而致也"，善于历法者，可推算而至。

中国历，冬至是推算的标准，"冬至大过年"。

程子："事物之理，莫非自然，顺而循之，则为大智；若用小智，而凿以自我，则害于性，而反为不智。"

55. 公行子（王骧的字）**有子之丧，右师往吊。入门，有进而与右师言者，有就右师之位而与右师言者。孟子不与右师**

言，右师不悦曰："诸君子皆与驩言，孟子独不与驩言，是简驩也。"

孟子闻之，曰："礼，朝廷不历位而相与言，不逾阶而相揖也。我欲行礼，子敖以我为简，不亦异乎？"

这章不重要。

56.孟子曰："君子所以异于人者，以其存心也。君子以仁存心，以礼存心。

"君子存心"，以仁、礼为本，以仁待人，以礼律己。

"以仁存心"，所以"爱人"；"以礼存心"，所以"敬人"。仁者爱人，仁者无不爱，故曰"仁者无敌"。

"仁者爱人，有礼者敬人。爱人者，人恒爱之；敬人者，人恒敬之。

"爱人者，人恒爱之；敬人者，人恒敬之"，相对地，你怎么待人，人亦以此待你，一比一。

"有人于此，其待我以横逆（强横不讲理），则君子必自反（反躬自省）也：我必不仁也，必无礼也，此物（事）奚宜至哉？

"其自反而仁矣，自反而有礼矣，其横逆由（犹）是也，君子必自反也：我必不忠。

"自反而忠矣，其横逆由是也。君子曰：'此亦妄人也已矣。如此，则与禽兽奚择（何别）哉？于禽兽又何难（何必责难）焉？'

离娄下
151

自我反省，于仁、于礼、于忠皆内省不疚，而此人仍如此强横，则为"妄人"也可知，与禽兽又有何分别？

"是故君子有终身之忧，无一朝之患也。

"有终身之忧，无一朝之患"，平日要思患而豫防之，无突如其来的无妄之灾。

"乃若所忧则有之：舜，人也；我，亦人也。舜为法于天下，可传于后世，我由（犹）未免为乡人（邻里之常人）也，是则可忧也。忧之如何？如舜而已矣。若夫君子所患则亡（无）矣。非仁无为也，非礼无行也，如有一朝之患，则君子不患矣。"

"忧之如何？如舜而已矣"，惟不若舜可忧，"舜何？人也。予何？人也。有为者，亦若舜"，人皆可为舜。

57. 禹、稷当平世（太平世），三过其门而不入，孔子贤之（以为贤者）。

禹治水，"三过其门而不入"，从公的精神。

颜子当乱世，居于陋巷，一箪食，一瓢饮，人不堪其忧，颜子不改其乐，孔子贤之。

颜子在陋巷，"不改其乐"，乐天之道，行健不息。孔子称："贤哉回也。"（《论语·雍也》）

孟子曰："禹、稷、颜回同道。禹思天下有溺者，由己溺之也；稷思天下有饥者，由己饥之也，是以如是其急也。禹、稷、颜子易地则皆然。

人溺己溺，人饥己饥，与民同忧患，故能除天下之患。

"今有同室之人斗（斗争）者，救之，虽被发（散发）缨冠（未系好帽带）而救之，可也。乡邻有斗者，被发缨冠而往救之，则惑也，虽闭户可也。"

同室相斗，乡邻争吵，闭门高枕可也。

焦循："时行则行，时止则止，失其节则惑矣！"

58. 公都子曰："匡章，通国皆称不孝焉；夫子与之游，又从而礼貌之，敢问何也？"

孟子曰："世俗所谓不孝者五：惰其四支，不顾父母之养，一不孝也；博弈，好饮酒，不顾父母之养，二不孝也；好货财，私妻子，不顾父母之养，三不孝也；从（纵）耳目之欲，以为父母戮（羞），四不孝也；好勇斗很（狠），以危父母，五不孝也。章子有一于是乎？夫章子，子父责善而不相遇（合）也。

"责善，朋友之道也；父子责善，贼（害）恩（恩情）之大者。

"责善，朋友之道也"，朋友间切磋琢磨，当责善，互有进益。

"父子责善，贼恩之大者"，父子之间不责善，易子而教。

"夫章子，岂不欲有夫妻、子母之属哉？为得罪于父，不得近。出妻屏（摒）子，终身不养焉。其设心，以为不若是（出妻摒子），是则罪之大者。是则章子已矣。"

焦循："匡章得罪，出妻屏子，上不得养，下以责己，众曰不孝，其实则否，是以孟子礼貌之也。"

59. 曾子居武城（鲁县城），有越寇。或曰："寇至，盍去诸？"曰："无寓（寄）人于我室，毁伤其薪木。"

寇退，则曰："修我墙屋，我将反（返）。"寇退，曾子反。

左右曰："待先生，如此其忠且敬也！寇至，则先去以为民望；寇退则反，殆于不可？"

沈犹行（曾子弟子）曰："是非汝所知也。昔沈犹有负刍（人名）之祸，从先生者七十人，未有与焉。"

子思居于卫，有齐寇。或曰："寇至，盍（何不）去诸？"子思曰："如伋（子思名）去，君谁与守？"

孟子曰："曾子、子思同道。曾子，师也，父兄也；子思，臣也，微也。曾子、子思易地则皆然。"

这章不重要。

60. 储子（齐国人）曰："王使人瞷（窥视）夫子（孟子），果（能）有以异于人乎？"

孟子时代，已有相人之法。

孟子曰："何以异于人哉？尧舜与人同耳。"

焦循："人以道殊，贤愚体别，头圆方足，善恶如一。"

"尧舜与人同耳"，"舜何？人也；予何？人也。有为者，亦若是"。

"文没在兹"，是每个中国人的责任，真行了，则普天之下人人皆可以为尧舜，大同。必要了解中国文化、中国思想的真义。

61. 齐人有一妻一妾而处室者，其良人（妇人称丈夫）出，则必餍（吃饱）酒肉而后反（返家）。其妻问所与饮食者，则尽富贵也。

其妻告其妾曰："良人出，则必餍酒肉而后反；问其与饮食者，尽富贵也，而未尝有显者来。吾将瞯良人之所之（往）也。"

蚤（早）起，施（同"迤"，斜行）从良之所之，遍国中无与立谈者。卒之东郭（东方城门外）墦（fán，坟墓）间，之祭者，乞其余；不足，又顾而之他，此其为餍足之道也。

其妻归，告其妾曰："良人者，所仰望而终身也。今若此。"与其妾讪（讥骂）其良人，而相泣于中庭。

而良人未之知也，施施（俨然自得貌，像煞有介事）从外来，骄其妻妾。

由君子观之，则人之所以求富贵利达者，其妻妾不羞也而不相泣者，几希矣！

有多少求富贵利达者，不是在外摇尾乞怜，回到家中则骄其妻妾？而其妻妾"不羞也而不相泣者，几希矣！"

做官有没有一个不是"骄妻妾"的？官到手了，打落水狗。

费尽心机，累死！应实至名归。世上无比的人争名夺利再费心机。多少人为名浪费心力，骄妻妾耳。在外摇尾乞怜，在妻妾面前显摆，其妻妾多半是没读过书的。

德不足，又何必妄求？求不得之苦！有就有，没有就没有，随所遇而安其所为，非苟且偷安，乃"君子无所不用其极"，"无入而不自得"。

万章上

1.万章（孟子弟子）问曰："舜往于田，号泣（且诉且泣）于
旻（mín）天（秋天，万物枯落），何为其号泣也？"孟子曰："怨
慕（如怨如慕）也。"

焦循："谓耕于历山之时。"

万章曰："父母爱之，喜而不忘；父母恶之，劳而不怨。然
则舜怨乎？"

曰："长息问于公明高曰：'舜往于田，则吾既得闻命矣。
号泣于旻天、于父母，则吾不知也。'公明高曰：'是非尔所知
也。'夫公明高以孝子之心，为不若是恝（jiá，忽忘），我竭力
耕田，共为子职而已矣；父母之不我爱（爱我），于我何哉！

"帝使其子九男二女，百官牛羊仓廪备，以事舜于畎亩（田
亩）之中。天下之士多就之者。帝将胥（皆）天下而迁之焉。为

不顺于父母，如穷人无所归。

尧要寻找接班人，"舜侧微，尧闻之聪明，将使嗣位，历试诸难"（《尚书·舜典》）。

"我其试哉！女（nǚ，嫁女）于时（是），观厥刑（型）于二女。厘降二女于妫汭，嫔于虞"（《尚书·尧典》），"二女同居，其志不同"（《易·睽》），二女贵骄，同居而志不同。

尧试舜内治如何。一个人要叫太太佩服了，就可以搞政治。

舜经过重重考验，"让于德，弗嗣。正月上日，受终于文祖"（《尚书·舜典》），继尧即帝位。

"天下之士悦之，人之所欲也，而不足以解忧。好色，人之所欲，妻帝之二女，而不足以解忧。富，人之所欲，富有天下，而不足以解忧。贵，人之所欲，贵为天子，而不足以解忧。人悦之、好色、富、贵，无足以解忧者，惟顺于父母，可以解忧。

焦循："夫孝百行之本，无物以先之。虽富有天下，而不能取悦于其父母，莫有可也。"

"人少，则慕父母；知好色，则慕少艾（少女）；有妻子，则慕妻子。

"食色，性也"，恋爱是神圣的，结婚是天职。

"仕则慕君，不得于君则热中（心中焦急）。大孝终身慕父母。五十而慕者，予于大舜见之矣。"

"大孝终身慕父母。五十而慕者，予于大舜见之矣"，大孝尊亲，五十犹如孺子之思念父母。

2. 万章问曰："《诗》(《齐国·南山》) 云：'娶妻如之何？必告父母。'信 (诚) 斯言也，宜莫如舜。舜之不告而娶，何也？"

孟子曰："告则不得娶。男女居室，人之大伦也。如告，则废人之大伦，以怼 (duì，仇怨) 父母，是以不告也。"

"男女居室，人之大伦"，"君子之道，造端乎夫妇"(《中庸》)，夫妇，人道之始。

焦循："达权之义也。不告而取，守正道也。"

万章曰："舜之不告而娶，则吾既得闻命矣。帝之妻舜而不告，何也？"曰："帝亦知告焉则不得妻也。"

万章曰："父母使舜完廪 (修治仓库)，捐 (去掉) 阶，瞽瞍焚廪。使浚井 (掘井泥)，出，从而揜 (下石堵井) 之。

"象曰：'谟 (谋) 盖都君 (舜)，咸 (都) 我绩 (功绩)。牛羊父母，仓廪父母，干戈朕 (我)，琴朕，弤 (dǐ，弓) 朕，二嫂使治朕栖 (歇宿)。'

"象往入舜宫 (室)，舜在床琴。象曰：'郁陶 (忧思)，思君尔！'忸怩 (不安貌)。舜曰：'惟兹 (此) 臣庶，汝其于 (为，助) 予治。'不识舜不知象之将杀己与？"

曰："奚而不知也？象忧亦忧，象喜亦喜。"

"象忧亦忧，象喜亦喜"，形容兄弟之情，情不能自已。

万章上

159

曰："然则舜伪喜者与？"

曰："否。昔者有馈生鱼于郑子产，子产使校人（管池子小吏）畜之池。校人烹之，反命曰：'始舍之，圉圉（yǔ，困而未舒貌）焉，少则洋洋（舒缓摇尾）焉，攸然（自得其乐）而逝（往）。'子产曰：'得其所哉！得其所哉！'校人出，曰：'孰谓子产智？予既烹而食之，曰'得其所哉！得其所哉！'"

"故君子可欺以其方（情理之所常有），难罔（欺）以非其道。彼以爱兄之道来，故诚（真）信而喜之，奚伪焉！"

"君子可欺以其方，难罔以非其道"，"君子可逝也，不可陷也；可欺也，不可罔也"（《论语·雍也》），可罔才可陷。

3. 万章问曰："象日以杀舜为事，立为天子，则放之，何也？"

孟子曰："封之也，或曰放焉。"

"兄弟怡怡"（《论语·子路》），兄友弟恭，一奶同胞。

万章曰："舜流（放逐）共工（官名）于幽州（地名），放驩兜（人名）于崇山（地名），杀（投弃）三苗（苗人）于三危（地名），殛（jí，诛责，非诛死）鲧于羽山（地名），四罪而天下咸服，诛不仁也。

《尚书·舜典》曰："流共工于幽洲，放驩兜于崇山，窜三苗于三危，殛鲧于羽山，四罪而天下咸服。"

尧有四凶，舜即位后，解决四凶问题，天下皆服。

杀恶人即是做善事，"遏恶扬善"，一路哭，不如一家哭。

"象至不仁，封之有庳（地名），有庳之人奚（何）罪焉？仁人固如是乎：在他人则诛之，在弟则封之？"

曰："仁人之于弟也，不藏怒焉，不宿怨焉，亲爱之而已矣。亲之，欲其贵也；爱之，欲其富也。封之有庳，富贵之也。身为天子，弟为匹夫，可谓亲爱之乎！"

焦循："尽诚于内者，则外发于事，仁人之心也。象为无道极矣，友于之性，忘其悖逆，况其仁贤乎！"

"兄弟怡怡"，亲爱之而已。

"敢问或曰放者，何谓也？"

曰："象不得有为于其国，天子使吏治其国，而纳其贡税焉，故谓之放。岂得暴彼民哉？虽然，欲常常而见之，故源源而来。'不及贡，以政接于有庳'，此之谓也。"

象在有庳，仅食租税而已。没有实权，就不易惹是生非。

4. 咸丘蒙（孟子弟子）问曰："语云：'盛德之士，君不得而臣，父不得而子。'舜南面而立，尧帅诸侯北面而朝之，瞽瞍亦北面而朝之。舜见瞽瞍，其容有蹙（cù，局促不安）。孔子曰：'于斯时也，天下殆（危）哉，岌岌（危殆状）乎！'不识此语诚然乎哉？"

孟子曰："否。此非君子之言，齐东野人之语（乡里之言）也。尧老而舜摄（摄政）也。《尧典》曰：'二十有八载，放勋（尧）乃徂落（逝世），百姓如丧考妣，三年，四海遏（止）密（寂静）

八音（乐音）。'孔子曰：'天无二日，民无二王。'舜既为天子矣，又帅天下诸侯以为尧三年丧（服三年之丧），是二天子矣。"

咸丘蒙（孟子弟子）曰："舜之不臣尧，则吾既得闻命矣。《诗》（《小雅·北山》）云：'普天之下，莫非王土；率（循）土之滨（涯），莫非王臣。'而舜既为天子矣，敢问瞽瞍之非臣，如何？"

曰："是《诗》也，非是之谓也。劳于王事，而不得养父母也。曰：'此莫非王事，我独贤劳也。'

孟子言此诗非舜臣父之谓也。是怨己独以贤才而劳苦，不得养父母。

"故说《诗》者，不以文害辞，不以辞害志。以意逆（迎）志，是为得之。

文，所引以兴事；辞，所歌咏之辞。志，人心之所主；意，心音。

说诗，当本作诗者之心意，而不在文辞作功夫。

此为读书的方法，读书贵乎得言外之意、弦外之音。

如以辞而已矣，《云汉》（《大雅·云汉》）之诗曰：'周余黎民（百姓），靡有孑（独，单一）遗（留存）。'信斯言也，是周无遗民也。

"周余黎民，靡有孑遗"，是志在忧患，但从字面看，岂不是"周无遗民"？

"孝子之至（极），莫大乎尊亲；尊亲之至，莫大乎以天下养。为天子父，尊之至也；以天下养，养之至也。

瞽瞍为天子父，尊之至；舜以天下之富奉养其亲，养之至。

"《诗》（《大雅·下武》）曰：'永言孝思，孝思维则（作天下之法则）。'此之谓也。

孝思，作为天下法则。

"《书》曰：'祇（敬）载（事）见瞽瞍，夔夔（敬谨恐惧貌）齐（斋）栗（懔），瞽瞍亦允（信）若（顺）。'是为父不得而子也。"

焦循："孝莫大于严父而尊之矣，行莫过于蒸蒸执子之政也。此圣人之轨道，无有加焉。"

5. 万章曰："尧以天下与舜，有诸？"孟子曰："否。天子不能以天下与人。"

"天子不能以天下与人"，舜有天下，不是尧给的。

"然则舜有天下也，孰与之？"曰："天与之。"

"天与人归"，天下人所归往。

"天与之者，谆（zhūn）谆然（诚恳貌）命之乎！"
曰："否。天不言，以行与事示之而已矣。"

"天不言，以行与事示之而已"，"天何言哉？四时行焉，万物生焉，天何言哉？"

曰："以行与事示之者，如之何？"

万章上
163

曰："天子能荐（推举）人于天，不能使天与之天下；诸侯能荐人于天子，不能使天子与之诸侯；大夫能荐人于诸侯，不能使诸侯与之大夫。昔者尧荐舜于天而天受之，暴（显露）之于民而民受之，故曰：天不言，以行与事示之而已矣。"

曰："敢问荐之于天而天受之，暴之于民而民受之，如何？"

曰："使之主祭而百神享之，是天受之；使之主事而事治，百姓安之，是民受之也。天与之，人与之，故曰：天子不能以天下与人。舜相尧，二十有八载，非人之所能为也，天也。

"尧崩，三年之丧毕，舜避尧之子（丹朱）于南河之南。天下诸侯朝觐者，不之（往）尧之子而之舜；讼狱者，不之尧之子而之舜；讴歌（歌咏以颂功德）者，不讴歌尧之子而讴歌舜，故曰天也。夫然后之中国，践（即）天子位焉。

"而居尧之宫（室），逼尧之子，是篡也，非天与也。《泰誓》（《尚书》篇章）曰：'天视自我民视，天听自我民听。'此之谓也。"

赵岐："如使舜不避尧之子，而居尧之宫，逼逐尧之子，是则为篡夺者也，非谓为天与之也。"

"天视自我民视，天听自我民听"，民意即天意，天意示警。

焦循："德合于天，则天爵归之；行归于仁，则天下与之。天命不常，此之谓也。"

6. 万章问曰："人有言：'至于禹而德衰，不传于贤而传于子。'有诸？"

何以有此问？"人有言"，可见经夏、商、周，"至于禹而德衰"说一直存在，有反对家天下的思想。

"至禹而德衰"，禹打破尧舜公天下制，开家天下之局，夏、商、周均家天下，传子不传贤。

"家天下"与"公天下"相对，尧舜为公天下，为天下得人才，传贤不传子。所以孔子说"三世必复"，要复尧舜公天下之制。

将此说与《礼运·大同篇》相印证，可见中国"道统"与"政统"本合而为一。

道统之所以衰微，在禹本身缺德。禹治水有功，其德衰在家天下，因德衰而道衰，大道既衰微，"道统"与"政统"乃分为二。

成就大事业，以造就接班人为第一要义，传人很重要，后继有人，可以继志述事。

中国几千年的家天下，使中国人思想受限制，至今遗毒犹未去。要走入相当境界，还要一段时间。

孟子曰："否，不然也。天与贤，则与贤；天与子，则与子。

"天与贤，则与贤；天与子，则与子"，孟子此说给予家天下借口。

子思说"仲尼祖述尧舜"（《中庸》），"唯天为大，唯尧则之"（《论语·泰伯》），尧则天之公，"大道之行也，天下为公"。此为师说所在。

孟子是子思门人的弟子，但孟子巧辩，不讲师说。

"昔者舜荐禹于天，十有七年，舜崩。三年之丧毕，禹避

万章上

165

舜之子于阳城，天下之民从之，若尧崩之后，不从尧之子而从舜也。禹荐益于天，七年，禹崩。三年之丧毕，益避禹之子于箕山之阴，朝觐讼狱者，不之益而之启，曰：'吾君之子也。'讴歌者，不讴歌益而讴歌启，曰：'吾君之子也。'丹朱之不肖，舜之子亦不肖。舜之相尧，禹之相舜也，历年多，施泽于民久。启贤，能敬承继禹之道。益之相禹也，历年少，施泽于民未久。

"舜、禹、益相去久远，其子之贤不肖，皆天也，非人之所能为也。莫之为而为者，天也；莫之致而至者，命也。

"莫之为而为者，天也；莫之致而至者，命也"，说是"天命"，假天以应事，乃真御用之"奴儒"！应将孟子自圣庙撤出。

"匹夫而有天下者，德必若舜禹，而又有天子荐之者，故仲尼不有天下。继世以有天下，天之所废，必若桀、纣者也。故益、伊尹、周公不有天下。

"伊尹相汤以王于天下。汤崩，太丁未立，外丙二年，仲壬四年。太甲颠覆汤之典刑，伊尹放之于桐。三年，太甲悔过，自怨自艾，于桐处仁迁义。三年，以听伊尹之训己也，复归于亳。

"太甲"，《尚书》篇名，载："太甲既立，不明，伊尹放诸桐。三年复归于亳，思庸，伊尹作《太甲》三篇。"

"周公之不有天下，犹益之于夏，伊尹之于殷也。孔子曰：'唐虞禅，夏后、殷、周继，其义一也。'"

孟子只谈王道，不明大道。

7. 万章问曰："人有言'伊尹以割（切）烹要（要挟，求）汤'，有诸？"

万章知掌故，极难对付。伊尹，厨师祖师爷。

"割烹"，割肉烹羹。烹，小鱼烹之后，仍完整无缺，不会碎掉。

老子"治大国若烹小鲜"，是何等地谨慎小心！

"伊尹以割烹要汤"，"要"，要挟而得的求。想要挟人，也需有技术，以术要人。

孟子曰："否，不然。伊尹耕于有莘（国名）之野（乡下），而乐尧舜之道（天下为公之道）焉。非其义也，非其道也，禄（当动词）之以天下，弗（不）顾也。系马千驷，弗视也。非其义也，非其道也，一介（小钱，古时以介做交易物）不以与人，一介不以取诸（语词）人。

"乐尧舜之道焉"，乐尧舜天下为公之道，因有所志，故有所乐，人生有了目标，立于志。

"汤使人以币（礼）聘之，嚣（xiāo）嚣然（自得无欲貌）曰：'我何以汤之聘币为哉！我岂若处畎亩之中（乡野之中），由是以乐尧舜之道哉！'

"以乐尧舜之道"，不接汤的聘币。

"汤三（虚数，多次）使往聘之；既而幡然（改变）改曰：'与我处畎亩之中，由是以乐尧舜之道，吾岂若使是（此）君为尧舜之君哉！吾岂若使是民为尧舜之民哉！吾岂若于吾身亲见之

万章上

167

（本身实践出）**哉！**

伊尹前为乡愿态度，后来想明白了，改变心意："吾岂若使是君为尧舜之君哉！"

历代都要"致君尧舜"，不敢说"人皆可为尧舜"。

"'天之生此民也，使先知觉后知，使先觉觉后觉也。

天民，天德，天爵，天禄。"富贵在天"，富，天禄；贵，天爵。

"万物皆备于我"，天天所吃、所用即"天禄"，都是天给予的，可以使用，不能独占。

有先知先觉、有后知后觉，"使先知觉后知，先觉觉后觉"。自觉觉人，觉人，顺人，"先王有至德要道，以顺天下"（《孝经·开宗明义》）。如顺水行舟，先觉顺后觉，使之归正。成人能，觉之用也。

"'予，天民之先觉者也。予将以斯道觉斯民也；非予觉之，而谁也？'

"予，天民之先觉者"，是"天民"，自尊自贵。"将以斯道觉斯民"，将以仁为己任，自觉觉人，人人皆率性，本立而道生。

"非予觉之，而谁也？"大有舍我其谁之气势！有将大道付诸实践的雄心壮志。

书真读明白，不易！高操与否，不在乎知，而在于能行所知。不能尽为人作嫁衣裳，而忘了自己死后之衣。

真智者，糊涂一时，可不能糊涂一辈子。人刚开始，难免学究，但不要一辈子学究。读书人必要出来做些事，不能尽让流氓决定今天。

中国占世界人口前列，全中国所负之责重大，知识分子应以"先知觉后知，先觉觉后觉"。不能像"竹林七贤"，虽有知识，但什么都不做，如同行尸走肉。

人为何而活？人的价值何在？"文没在兹"，"文之道未坠于地，在人"，必要有守死善道，"仁以为己任"（《论语·里仁》），死而后已的精神。

江山代有才人出，有好人当政，一棒接一棒，国家民族才有希望，"强德未济，豫解无穷"。

"思天下之民，匹夫匹妇，有不被（披，覆盖）**尧舜之泽**（恩泽）**者，若己推而内**（纳，致）**之沟中。其自任以天下之重如此，故就**（找）**汤而说**（游说）**之以伐夏救民**（要复尧舜之道）。

伊尹"自任以天下之重如此"。

"就汤而说之以伐夏救民"，因那时面对的问题：夏桀威胁人民太甚！要复尧舜之道，使百姓能披尧舜之泽。

"吾未闻枉己（昏）**而**（能）**正人者也，况辱己**（浑，不自尊自重）**以正天下者乎！**

"枉"，昏；"辱"，浑。昏、浑，既不能正人，焉能正天下？"以其昏昏，使人昭昭"（《孟子·尽心下》），能使人明白？

"圣人之行不同也，或远（隐）**或近**（仕），**或去或不去**（留）；

归洁其身（律己）而已矣。

"归洁其身而已矣"，律己。人要自律，不要辱及自己。

"吾闻其以尧舜之道要汤，未闻以割烹也。《伊训》（《尚书》篇章）曰：'天诛造（始）攻自牧宫，朕（伊尹自称）载（始）自亳。'"

"宫""朕"，最早每个人都可用，后来才成为帝王专用词。

"牧宫"，夏桀之宫。"天诛造攻自牧宫"，讨伐夏桀自牧宫开始。

"朕载自亳"，伊尹事汤从亳开始。

伊尹，"圣之任者"，以天下为己任，有人品、人格，是宰相的典范。

焦循："贤达之理世务也，推正以济时物，守己以直行，不枉道而取容，期于益治而已矣。"

8. 万章问曰："或谓孔子于卫主（舍于其家）痈疽（雍渠），于齐主侍人（太监）瘠环，有诸乎？"

孟子曰："否，不然也。好事者为之也。于卫主颜雠由（卫大夫）。弥子（卫君宠臣）之妻，与子路之妻，兄弟也。弥子谓子路曰：'孔子主我，卫卿可得也。'子路以告。孔子曰：'有命。'孔子进以礼，退以义，得之不得，曰有命。

"进以礼，退以义"，礼，理也；义，宜也。慎思、明辨、笃功，绝不人云亦云。要串在一起，才使得上。脑子致密，才能办事。

"得之不得，曰有命"，不强求。

"而主痈疽，与侍人瘠环，是无义无命也。孔子不悦于鲁卫，遭宋桓司马，将要而杀之，微服而过宋。是时，孔子当阨（受困），主司城贞子，为陈侯周臣。

"吾闻观近臣，以其所为主；观远臣，以其所主。若孔子主痈疽与侍人瘠环，何以为孔子？"

9.万章问曰："或曰：'百里奚自鬻（卖）于秦养牲者，五羊之皮，食（饲）牛，以要（求）秦穆公。'信乎？"

孟子曰："否，不然。好事者为之也。百里奚，虞人也。晋人以垂棘（地名）之璧与屈（地名）产之乘（良马），假（借）道于虞以伐虢。宫之奇谏，百里奚不谏，知虞公之不可谏而去，之（往）秦，年已七十矣。

"曾不知以食牛干秦穆公之为污也，可谓智乎？不可谏而不谏，可谓不智乎？知虞公之将亡而先去之，不可谓不智也。时举于秦，知穆公之可与有行（有所作为）也而相之，可谓不智乎？相秦而显其君于天下，可传于后世，不贤而能之乎？自鬻以成其君，乡党自好（自爱）者不为，而谓贤者为之乎？"

百里奚，人称"五羖大夫"，"显其君于天"，传于后世。

万章上

171

万章下

10. 孟子曰："伯夷，目不视恶色，耳不听恶声。非其君不事，非其民不使。治则进，乱则退。横（不循法度）政之所出，横民之所止，不忍居也。思与乡人处，如以朝衣朝冠，坐于涂炭也。当纣之时，居北海之滨，以待天下之清也。故闻伯夷之风者，顽夫（顽劣者）廉（廉洁），懦夫（无能者）有立（自立）志。

伯夷，反对"以暴易暴"。"圣之清者"，水清无大鱼，不能用世，但可以振奋人心。"闻伯夷之风者，顽夫廉"，愚顽者思清廉，"懦夫有立志"，懦弱者亦思自立。

"伊尹曰：'何事（奉）非君？何使（任）非民？'治亦进，乱亦进。曰：'天之生斯民（此人）也，使先知觉后知，使先觉觉后觉。予，天民之先觉者也，予将以此道觉（觉悟）此民也。'思天下之民，匹夫匹妇，有不与被尧舜之泽者，若己推而内

（纳）之沟中，其自任以天下之重也。

伊尹，"自任以天下之重"，"圣之任者"，"治亦进，乱亦进"，治乱都要干，不坐等别人做。

"予，天民之先觉者"，看重自己，自尊自贵。"士不可以不弘毅，任重而道远。仁以为己任，不亦重乎？死而后已，不亦远乎？"（《论语·泰伯》）

"柳下惠不羞污君，不辞小官。进不隐贤，必以其道。遗佚（不被任用）而不怨，阨穷（陷于困窘）而不悯（自怜）。与乡人处，由由然（自得貌）不忍去也。'尔为尔，我为我，虽袒裼（露肩）裸裎（露体）于我侧，尔焉能浼（侮辱，污染）我哉？'故闻柳下惠之风者，鄙夫（鄙陋者）宽（宽博），薄夫（薄情者）敦（敦厚）。

柳下惠，"不羞污君，不辞小官"，"圣之和者"。和，发而皆中节，"和而不流，强哉矫"（《中庸》），真定的功夫。"闻柳下惠之风者，鄙夫宽"，鄙俗者为之宽阔，"薄夫敦"，刻薄者渐趋厚道。

"孔子之去齐，接（承）淅（淘米水）而行（形容动身之快）；去鲁，曰：'迟迟吾行也。'去父母国之道（不忍即别）也。可以速而速，可以久而久，可以处而处，可以仕而仕，孔子也。"

孔子去齐，"接淅而行"，速速离去，极言其动身之快！
去鲁，"迟迟吾行"，不忍即别父母之国。
"可以速而速，可以久而久，可以处而处，可以仕而仕"，时也，出处进退不失其时，"圣之时者"。时，当时，过时，不及时。

万章下
173

《易》曰："时之义大矣哉！"

孟子曰："伯夷，圣之清者也；伊尹，圣之任者也；柳下惠，圣之和者也；孔子，圣之时者也。

孔子，"进退存亡不失其正"，"圣之时者"，孔子之学即一"时"字。

中国道统是仁。仁，生也；元，生之机，元生两仪，"大哉乾元，至哉坤元"。

"孔子之谓集大成。集大成也者，金（铸钟）声而玉（特磬）振（收）之也。金声（发声）也者，始条理也；玉振之（收韵）也者，终条理也。始条理者，智（智者利仁）之事（好的开始）也；终条理者，圣（有始有卒）之事（始终如一）也。

"集大成"，"金声而玉振也"，奏乐，以钟开始发声，用磬收韵。

"金声"，"始条理者"，智之事，好的开始，利仁者；"玉振"，"终条理者"，圣之事，做事能"有始有卒"，成"圣功"。

文德之王，"修文德以来之"，文，经纬天地。

"智，譬（譬喻）则巧也；圣，譬则力也。由（犹）射于百步之外也，其至（到），尔力也；其中（射中正鹄），非尔力（在巧）也。"

"智"，巧也；"圣"，力也。犹如射箭，"其至，尔力也"，达到目标在力量；"其中，非尔力也"，射中在巧，智也，巧以成事。

"巧"，《说文》云"技也"，技艺高明。巧妙，精巧，能工巧匠，巧夺天工，巧计，巧言，巧诈。

知时，用时，"时之义大矣哉！""六位时成，时乘六龙以御天"（《易·乾·彖》）。"君子而时中"，知中不知时，为老顽固。

自此章，可知要如何用智慧。读书要能"辨"，"明辨之"才能"笃行之"。"履霜坚冰至，由辨之不早辨也"（《易·坤·文言》），达分辨的境界了，才能致用。

一部《大学》，有系统、有层次，是办事的步骤，好好学。

11. 北宫锜问曰："周室班（颁，列定）**爵禄**（标准）**也，如之何？"**

孟子曰："其详，不可得闻（知）**也。诸侯恶**（嫉）**其害己也**（古今皆一也），**而皆去**（去除，销毁）**其籍**（典籍）。

"诸侯恶其害己也，而皆去其籍"，可见删书、改书早已有之，思想控制的手段。

中国书如不删改，那真不知有多少好东西，焉会造成几千年的愚民？

"然而轲也，尝闻其略（大略）**也：天子一位，公一位，侯一位，伯一位，子、男同一位，凡五等也。**

五等爵：天子、公、侯、伯、子男。天子，亦一爵。

"天子一位"，可以贬，《春秋》"贬天子"。

乱制，以天子为世袭，世袭罔替。分子、男为二，成公、侯、伯、子、男五等爵。

"君一位，卿一位，大夫一位，上士一位，中士一位，下

士一位，凡六等。

"世卿非礼也"，不能世及，推之"君一位"，亦不应世袭。此为真正的"王制"。

乱制下的思想，与孔子"王制"思想是两回事。但《礼记·王制》已被改得乱七八糟，汉儒将当时思想掺入，已名存而实亡。

自所留下的断简残篇，亦可证知中国最早思想之所在。

"天子之制，地方千里，公、侯皆方百里，伯七十里，子、男五十里，凡四等。不能五十里，不达于天子，附于诸侯，曰附庸。天子之卿，受地视（等同）侯，大夫受地视伯，元士受地视子、男。

"元士"，天子之子，士的老大而已。

"大国地方百里，君十（十倍于）卿禄，卿禄四（四倍于）大夫，大夫倍（一倍于）上士，上士倍中士，中士倍下士，下士与庶人在官者（当差的）同禄（俸禄），禄足以代其耕（耕田收入）也。

"次（次一等）国地方七十里，君十卿禄，卿禄三大夫，大夫倍上士，上士倍中士，中士倍下士，下士与庶人在官者同禄，禄足以代其耕也。

"小国地方五十里，君十卿禄，卿禄二大夫，大夫倍上士，上士倍中士，中士倍下士，下士与庶人在官者同禄，禄足以代其耕也。

"耕者之所获，一夫百亩。百亩之粪（耕种施肥），上农夫食（养）九人，上次食八人，中食七人，中次食六人，下食五人。

庶人在官者，其禄以是为差（相差）。"

12. 万章问曰："敢问友。"

万章问交友之道。

孟子曰："不挟（有所恃）长，不挟贵，不挟兄弟而友。友也者，友其德也，不可以有挟（自恃骄人）也。

"友也者，友其德也"，以德相友。"有所挟"，乃"势利之交"，无不凶终隙末！

"孟献子，百乘（百辆兵车）之家也，有友五人焉：乐正裘、牧仲，其三人则予忘之矣。献子之与此五人者友也，无献子之家（大夫之家）者也。此五人者，亦有献子之家，则不与之友矣。
"非惟百乘之家为然也。虽小国之君亦有之。费惠公（费邑之君）曰：'吾于子思，则师（尊为师）之矣；吾于颜般，则友（结为友）之矣；王顺、长息则事（侍奉）我者也。'
"非惟小国之君为然也，虽大国之君亦有之。晋平公之于亥唐（晋贤人）也，入云则入，坐云则坐，食云则食。虽疏食菜羹，未尝不饱，盖不敢不饱也。然终于此（仅如此）而已矣。弗与共天位（共享爵位）也，弗与治天职（给予官职）也，弗与食天禄（享有俸禄）也。士之尊贤者也，非王公之尊贤也。

天位、天职、天禄，天民、天吏、天德、天爵。

"舜尚（上）见帝，帝馆（宿）甥（婿）于贰室（副宫），亦飨（招待）舜，迭为宾主（互为宾主），是天子而友（交友）匹夫也。

"用下敬上，谓之贵贵；用上敬下，谓之尊贤。贵贵、尊贤，其义一也。"

"贵贵"，前为动词，后为名词，下敬上，臣恭于君。

贵为天子，天爵自尊吾自贵，自尊自贵，在上位者，不可为匹夫行。完全在自己的修为，富贵在天。

"尊贤"，上敬下，礼于臣，礼贤下士。

见贤思齐，贤者在位。知人则明，知人则哲，知人者智，要明理，要有智慧。

13. 万章问曰："敢问交际，何心（有何用意）也？"孟子曰："恭也。"

"交际"，现用"交流"，来自日本语。

曰："却（不受）之，却之为不恭，何哉？"

"却之为不恭"，却之不恭。

曰："尊者赐之，曰'其所取之者，义（宜）乎？不义乎？'而后受之，以是为不恭，故弗却（不可推辞）也。"

曰："请无以辞（言辞）却之，以心却之，曰：'其取诸民之不义也。'而以他辞（委婉之辞）无受，不可乎？"

曰："其交也以道，其接也以礼，斯孔子受之矣。"

"交也以道"，道交之友，以道相交，以友辅仁。

"其接也以礼"，相接以礼，"礼尚往来。往而不来，非礼也；来而不往，亦非礼也。"(《礼记·曲礼》)

万章曰："今有御（阻）人于国门之外者，其交也以道，其馈也以礼，斯可受御与？"

问："以兵御人而夺人之货，如是而以礼来交接于己，那是否可受？"

曰："不可。《康诰》(《尚书·康诰》) 曰：'杀越（颠躓）人于（为了）货（取货），闵（强悍）不畏死，凡民罔（无）不譈（duì，同"憝"，怨恨）。'是不待教（教诫）而诛（杀）者也。

孟子答以不可受。是杀人取货，为人所恨。
"不待教而诛者"，杀恶人即是作善。

"殷受夏，周受殷，所不辞也。于今为烈，如之何其受之？"

"殷受夏，周受殷，所不辞也。于今为烈"十四字，朱子以为衍文，说："殷受至为烈十四字，语意不伦，李氏以为此必有断简或阙文者，近之，而愚意其直为衍字耳。"腐儒不敢说真话，值得帝王利用。

"殷受夏"，天下之坏，皆自夏始，至禹而德衰。
大盗盗国，杀人越货。"三年一升迁"，还以为光彩。
古人思想在乱制下受尽了委曲，仍要保留一些真理使后人知，有朝一日可以"见之于行事"，复"天下为公"之制。

万章下
179

曰："今之诸侯，取之于民也，犹御（杀人劫财）也。苟（如）善其礼际（以礼接待）矣，斯君子受之，敢问何说也？"

问："对大盗盗国者以礼相接，君子受之，此又何说？"

曰："子以为有王者作（起），将比（连）今之诸侯而诛之乎？其教之不改，而后诛之乎？夫谓'非其有而取之者，盗也'，充类（扩充模拟）至义之尽也。

看孟子对"大盗盗国"的说辞，真是强辩！

"孔子之仕于鲁也，鲁人猎较（互相竞争），孔子亦猎较。猎较犹可，而况受其赐（馈赠）乎？"
曰："然则孔子之仕也，非事道（行道为事）与？"
曰："事道也。"
"事道奚（何以）猎较也？"
曰："孔子先簿（先立簿书）正祭器（正宗庙祭器），不以四方之食供（列入）簿正。"
曰："奚不去（离开）也？"
曰："为之兆（小试其道）也。兆足以行矣而不行（道终不行），而后去（离去）。是以未尝有所终三年淹（淹留）也。
"孔子有见行可（见其道可行）之仕，有际可（交际上有礼）之仕，有公养（国君养贤）之仕。于季桓子，见行可之仕也；于卫灵公，际可之仕也；于卫孝公，公养之仕也。"

14. 孟子曰："仕非为贫也，而有时乎为贫。娶妻非为养也，而有时乎为养。为贫者，辞尊居卑，辞富居贫。辞尊居卑，辞富居贫，恶乎宜乎？抱关击柝（城门吏）。

"孔子尝为委吏（管粮仓小吏）矣，曰'会计当而已矣'。尝为乘田（主苑囿刍牧小吏）矣，曰'牛羊茁壮长而已矣'。

孔子说："吾少也贱，故多能鄙事。"（《论语·子罕》）

"位卑而言高，罪也；立乎人之本朝，而道不行，耻也。"

"位卑而言高"，位卑，高谈阔论朝政，罪也。

"立乎人之本朝，而道不行"，在朝为官，不能行道，尸位素餐，耻也。

焦循："国有道，则能者取卿相；国无道，则圣人居乘田。量时安卑，不受言责，独善其身之道也。"

15. 万章曰："士之不托（寄托）诸侯，何也？"孟子曰："不敢也。诸侯失国，而后托于诸侯（若寓公，寄食所居之国），礼也；士之托于诸侯，非礼也。"

万章曰："君馈之粟，则受之乎？"曰："受之。"

"受之何义也？"曰："君之于氓（移民）也，固周（周济）之。"

曰："周之则受，赐之则不受，何也？"曰："不敢也。"

曰："敢问其不敢何也？"

曰："抱关击柝者，皆有常职以食于上。无常职而赐于上者，以为不恭也。"

曰："君馈之则受之，不识（知）可常继乎？"

曰："缪公之于子思也，亟（屡）问，亟馈鼎肉。子思不悦。于卒（最后）也，摽（biāo，挥）使者出诸大门之外，北面稽首（叩头），再拜而不受。曰：'今而后，知君之犬马畜（以畜养犬马对待）伋（子思的名）。'盖自是台（主使令之吏）无馈也。悦贤不能举（用），又不能养（养贤）也，可谓悦贤乎？"

曰："敢问国君欲养君子，如何斯可谓养矣？"

曰："以君命将（送）之，再拜稽首而受。其后廪人（管谷仓小吏）继粟，庖人继肉，不以君命将之。子思以为鼎肉，使己仆仆（不休貌）尔亟拜（屡次下拜）也，非养君子之道也。

"尧之于舜也，使其子九男事之，二女女（嫁）焉，百官牛羊仓廪备，以养舜于畎亩之中，后举（用）而加诸（之于）上位。故曰：王公之尊贤者也。"

贱者好自专，贤者不自专。

16. 万章曰："敢问不见诸侯，何义也？"

孟子曰："在国（朝廷），曰市井之臣。在野，曰草莽之臣。皆谓庶人。庶人不传质（贽）为臣，不敢见于诸侯，礼也。"

万章曰："庶人，召之役，则往役。君欲见之，召之，则不往见之，何也？"

曰："往役，义也；往见，不义也。且君之欲见之也，何为也哉？"

曰："为其多闻也，为其贤也。"

曰："为其多闻也，则天子不召师，而况诸侯乎？为其贤也，则吾未闻欲见贤而召之也。缪公亟见于子思，曰：'古千

乘之国以友士，何如？'子思不悦，曰：'古之人有言曰事之
云乎，岂曰友之云乎？'子思之不悦也，岂不曰：'以位，则
子君也，我臣也。何敢与君友也？以德，则子事我者也。奚可
以与我友？'千乘之君，求与之友而不可得也，而况可召与？

"齐景公田（狩猎），招虞人以旌，不至，将杀之。'志士不
忘在沟壑，勇士不忘丧其元（头）'，孔子奚取焉？取非其招不
往也。"

养正勇，知己之所当为。

"志士不忘在沟壑，勇士不忘丧其元"，想做有志之士，不要
忘掉得常在沟壑之中，于困苦环境中去奋斗。遇事，自己好好衡
量后，再去做。

曰："敢问招虞人，何以？"

曰："以皮冠。庶人以旃（zhān，曲柄的旗子），士以旗（qí，
系铃装饰的旗子），大夫以旌（jīng，装饰五彩羽毛的旗子）。以大夫
之招招虞人，虞人死不敢往。以士之招招庶人，庶人岂敢往
哉？况乎以不贤人之招招贤人乎？欲见贤人而不以其道，犹欲
其入而闭之门也。

"夫义，路也；礼，门也。惟君子能由是路，出入是门也。
《诗》（《小雅·大东》）云：'周道如底（砥，磨刀石），其直如矢；君
子所履（行），小人所视。'"

礼门义路，居仁由义。

万章曰："孔子'君命召，不俟驾而行'，然则孔子非与？"

曰："孔子当仕有官职，而以其官召之也。"

为公家做事，职务所在，急于从公。

17. 孟子谓万章曰："一乡之善士（修德有成），斯（就）友（交友）一乡之善士；一国之善士，斯友一国之善士；天下之善士，斯友天下之善士。以友天下之善士为未足，又尚（上）论古之人。

此章讲交友、取善之道。

自己修养如何，就交上什么样的人。再往上，则"上论古之人"。

"颂（诵）其诗，读其书，不知其人，可乎？是以论其世也。是尚（上）友也。"

上与古人为友，"诵其诗，读其书，知其人"，还要"论其世"，深入讨论其时代背景，才能了解其思想真义。

18. 齐宣王问卿。孟子曰："王，何卿之问也？"

王曰："卿不同乎？"曰："不同。有贵戚之卿，有异姓之卿。"

王曰："请问贵戚之卿。"曰："君有大过则谏，反覆之而不听，则易位。"

"君有大过则谏"，大过有害于仁，守位曰仁，在其位必谋其政。

"反覆之而不听，则易位"，《荀子·臣道》曰："夺然后义，杀然后仁。上下易位，然后贞。"可见有师承。荀子所言，更为深刻。

王勃然变乎色（神色突大变）。

曰："王勿异（见怪）也。王问臣，臣不敢不以正对。"

王色定（神色平静），然后请问异姓之卿。曰："君有过则谏，反覆（反复劝谏）之而不听，则去。"

告子上

1. 告子曰："性，犹杞（qǐ）柳也；义，犹桮（bēi）棬（quān）也。以人性为仁义，犹以杞柳为桮棬。"

"杞柳"，落叶灌木，自地长出即一根，没有叶光有根，北方用以织东西。"桮棬"，用杞柳织成的杯盂。

告子言人性自然生成，但本无仁义，必加人力而成。如荀子言"人之性恶，其善者伪也"（《荀子·性恶》），伪，人为，后天的作为。

孟子曰："子能顺杞柳之性而以为桮棬乎？将戕（qiāng，残）贼（害）杞柳而后以为桮棬也。如将戕贼杞柳而以为桮棬，则亦将戕贼人以为仁义与？率天下之人而祸（害）仁义者，必子之言夫！"

告子"顺杞柳之性而以为桮棬"，养性长义，应顺其自然。

孟子主张性善，以仁义乃出于固有，而非出于人为。

"率天下之人而祸仁义者，必子之言夫！"孟子爱骂人。

2. 告子曰："性，犹湍水（急流）也。决诸东方则东流，决诸西方则西流。人性之无分于善不善也，犹水之无分于东西也。"

告子以湍水为喻，"决诸东方则东流，决诸西方则西流"，主张"人性无分于善与不善也"。

孟子曰："水信（的确）无分于东西，无分于上下乎？人性之善也，犹水之就下也！人无有不善，水无有不下。

孟子言性本善，以水为例，"人性之善也，犹水之就下也！人无有不善，水无有不下"，故顺之而无不善。

"今夫水，搏（bó，拍打）而跃（跳起）之，可使过颡（sǎng，额头）；激（冲激）而行之，可使在山，是岂水之性哉？其势则然也。人之可使为不善，其性亦犹是也。"

《孙子·兵势》："激水之疾，至于漂石者，势也。"孟子以为不善，是人为造成的，不是性。

3. 告子曰："生之谓性。"

"生之谓性"，与生俱来的就是性，此告子对性的定义。

孟子曰："生之谓性也，犹白之谓白与？"曰："然。"

"白羽之白也，犹白雪之白；白雪之白，犹白玉之白与？"曰："然。"

"然则犬之性，犹牛之性；牛之性，犹人之性与？"

孟子以为物虽有性，然性各殊异。

"犬之性，犹牛之性；牛之性，犹人之性与？"人之异于犬牛者，正以其性善也。

4. 告子曰："食色，性也。仁，内也，非外也；义，外也，非内也。"

告子以为："食色，性也。""饮食、男女，人之大欲存焉"（《礼记》）。

告子以为仁是内，而义是外来的，"仁，内也，非外也；义，外也，非内也。"

孟子曰："何以谓仁内义外也？"

曰："彼长（名词），而我长（动词）之，非有长于我也；犹彼白，而我白之，从其白于外也，故谓之外也。"

告子以"彼长，而我长之"，"犹彼白，而我白之"，故义是外也。

曰："异于（衍文）白马之白也，无以异于白人之白也；不识长马之长也，无以异于长人之长与？且谓长者义乎？长之者义乎？"

孟子以"我以为长而尊敬之"，是发自内心的，故义是发自内而非外。

曰："吾弟则爱之，秦人之弟则不爱也，是以我为悦者也，故谓之内。长楚人之长，亦长吾之长，是以长为悦者也，故谓之外也。"

告子以弟之爱或不爱，完全以我为主，故谓之内；而敬长与否，完全以彼是否年长为主，故谓之外。

曰："耆（嗜）秦人之炙（烧肉），无以异于耆吾炙。夫物则亦有然者也，然则耆炙亦有外与？"

孟子以"嗜炙"为喻，是自食欲，不是在外，明仁义皆由内。

5. 孟季子问公都子曰："何以谓义内也？"曰："行吾敬，故谓之内也。"

"乡人长于伯兄（长兄）一岁，则谁敬？"曰："敬兄。"

"酌（斟酒）则谁先？"曰："先酌乡人。"

"所敬在此，所长在彼，果在外，非由内也。"

"敬此长彼"，所以义在外。

公都子不能答，以告孟子。

孟子曰："敬叔父乎？敬弟乎？彼将曰：'敬叔父'。曰：'弟为尸（古时祭祀以儿童为受祭代理人），则谁敬？'彼将曰：'敬弟。'

孟子以"弟为尸"为例，应敬弟先于敬叔父，因为在尸位的

告子上

189

关系。

"子曰：'恶在其敬叔父也？'彼将曰：'在位故也'。子亦曰：'在位故也'。庸（平常）敬在兄，斯须（暂时）之敬在乡人。"

对兄与乡人亦然，平时所敬为兄，对乡人则在那场合敬重。

季子闻之曰："敬叔父则敬，敬弟则敬，果在外，非由内也。"

孟季子以为义在外，不是在内。

公都子曰："冬日则饮汤（热水），夏日则饮水（凉水），然则饮食亦在外也。"

公都子以"冬饮汤，夏饮水"为例，以为饮食也是在外。

6. 公都子曰："告子曰：'性无善，无不善也。'或曰：'性可以为善，可以为不善。是故文武兴，则民好善；幽厉兴，则民好暴。'或曰：'有性善，有性不善。是故以尧为君而有象，以瞽瞍为父而有舜；以纣为兄之子，且以为君，而有微子启、王子比干。'今曰'性善'，然则彼皆非与？"

公都子对"性善说"提出质疑。

孟子曰："乃若（因其说而转之之词）其情，则可以为善矣，乃所谓善也。若夫（至于）为不善，非才（才质）之罪也。

孟子认为性善，人的不善非才质之罪。

"恻隐之心，人皆有之；羞恶之心，人皆有之；恭敬之心，人皆有之；是非之心，人皆有之。恻隐之心，仁也；羞恶之心，义也；恭敬之心，礼也；是非之心，智也。

见《公孙丑》章谈"四端"。

"仁、义、礼、智，非由外铄（以火销金，从外而热进内）我也，我固有之（与生俱有的）也，弗思耳矣（不深思罢了）。故曰'求则得之，舍则失之'。或相倍蓰（五倍）而无算者（无数倍），不能尽其才者也。

"仁、义、礼、智，非由外铄我也"，非由外而热所致；"我固有之也"，是我本身所具有的。"弗思耳矣"，只是自己不深思罢了。

"求则得之，舍则失之"，皆自求自得，舍弃就失掉。

"或相倍蓰而无算者"，人之所以相差甚大，不可计数者，"不能尽其才者"，乃不能尽己之才。

"尽其才"，尽己之才，尽人之才，尽物之才。尽己之性，尽人之性，尽物之性，"穷理尽性以至于命"（《易·说卦传》），由性智而复性。

"《诗》（《大雅·蒸民》）曰：'天生蒸（烝，众）民（众民），有物有则。民之秉（秉赋）夷（常性），好是懿（美）德。'孔子曰：'为（作）此诗者，其知道乎！'故有物必有则，民之秉夷也，故好是懿德。"

"天生蒸民"，故曰"天民"。

告子上

191

"有物有则","物",含人、事、物;"则",天则、法则。天下事皆有一定的规章,顺物找出规则,无不能处理的事。

"知道","率性之谓道",道为理事之准则,"朝闻道,夕死可矣","闻道"重要,"知道"就能率性。

有事就有则,与生俱有的,顺着物性,找出规则,就能处理。

天则,天道;人则,人道。"德者,得也"(《管子·心术上》:"德者得也,得也者,其谓所得以然也"),行有所得,故曰"德行"。

"经",常道;"权",知所以用理,行权必反经。"无可,无不可",无所不可。

"唯上智与下愚,不移"(《论语·阳货》),中间即大众、常人,往往朝令夕改,见异就思迁,见利而忘义,站这山望那山高,总自以为是,在行嫌行。

天下本无事,庸人自扰之,故天下一治一乱,一是一非。庸人不知自己是庸人,总自以为是上智,尽出主意,日久习非以为是。

7. 孟子曰:"富岁(丰年)**,子弟多赖**(游手好闲)**;凶岁**(年凶)**,子弟多暴**(暴戾之气)**。**

"富岁,子弟多赖;凶岁,子弟多暴",环境使然。虽是性善,但仍必有所凭借。

"非天之降才(才质)**尔殊**(如此不同)**也,其所以陷溺其心者然也。**

"非天之降才尔殊",不是天生才质如此不同;"其所以陷溺其心者然也"，人之所以发展有别，乃环境使然也。环境使人不同，环境重要。

"今夫麰（móu）麦（大麦），播种而耰（yōu，覆土）之，其地同，树（种）之时又同，浡然（蓬勃地）而生，至于日至之时（成熟期），皆熟矣。虽有不同，则地有肥（沃）硗（薄），雨露之养，人事之不齐也。

"人事之不齐"，后天环境多所不同，人的发展乃有所别。

"故凡同类者，举（皆）相似也，何独至于人而疑之？圣人与我同类者。故龙子曰：'不知足而为屦（麻鞋），我知其不为蒉（草器）也。'屦之相似，天下之足同也。

"凡同类者，皆相似也"，同类，都是人，人类。"圣人与我同类"，"尧舜与人同"，同是人类，但"出乎其类，拔乎其萃"。

"屦之相似，天下之足同也"，足同，屦相似。

"口之于味，有同耆（嗜好）也。易牙先得我口之所耆者也。如使口之于味也，其性与人殊，若犬马之与我不同类也，则天下何耆皆从易牙之于味也？至于味，天下期（期望）于易牙，是天下之口相似也。惟耳亦然。至于声，天下期于师旷，是天下之耳相似也。惟目亦然。至于子都，天下莫不知其姣（美）也。不知子都之姣者，无目者也。

"故曰：口之于味也，有同耆焉；耳之于声也，有同听焉；目之于色也，有同美焉。至于心，独无所同然乎？心之所同然者，何也？谓理也，义也。圣人先得我心之所同然耳。故理义之悦我心，犹刍豢（牛羊肉）之悦我口。"

全章论证，无不围绕一个"同"字，性相近也。

"心之所同然者，何也？谓理也，义也。""义，宜也"，"和顺于道德而理于义"（《易·说卦传》），义理之学的由来，此为办事的方法。

"口之于味，有同嗜也"，"人莫不饮食，鲜能知味也"（《中庸》），"圣人先得我心之所同然耳"。

心之同，"理也，义也"，以义理养心，心安理得，故"理义之悦我心，犹刍豢之悦我口"。

心同，性同，元同，人类可以走上大同。

8.孟子曰："牛山（在今山东临淄郊外）之木尝美矣，以其郊（邻近）于大国（齐国）也，斧斤（斧头）伐之，可以为美（茂盛）乎？是其日夜之所息（生长），雨露之所润（润泽），非无萌（芽）蘗（侧生的枝芽）之生焉；牛羊又从而牧（放牧）之，是以若彼濯濯（光秃）也。人见其濯濯也，以为未尝有材焉，此岂山之性也哉？

孟子善于取譬。

"虽存乎人者，岂无仁义之心哉？其所以放（放失）其良心者，亦犹斧斤之于木也。旦旦而伐之，可以为美乎？其日夜之所息，平旦（初晓）之气，其好恶与人相近也者，几希！则其旦昼之所为，有（又）牿亡（亡失）之矣。

以山比人，人"放其良心"，放失己之良心，犹斧斤之伐木也。但良心仍时有滋息，如"平旦之气"。

白日所作所为，又使之"梏亡"，因梏桎而消亡。

"梏之反覆，则其夜气（清明之气）不足以存；夜气不足以存，则其违（离）禽兽不远矣。人见其禽兽也，而以为未尝有才焉者，是岂人之情（实）也哉？

反复搅乱良心，至夜气不足以存，则与禽兽相去亦不远矣！

人见其如禽兽，便以为他未尝有可以为善的才气，这岂是人的实情？

"故苟（真）得其养（养之道），无物不长；苟失其养，无物不消。孔子曰：'操（守）则存，舍则亡；出入无时，莫知其乡（向）。'惟心之谓与？"

此讲消长之理。心必得其养，"苟得其养，无物不长"，得其养，则无物不长。

"苟失其养，无物不消"，"养"得了解物性，"有物有则"，要适可，才能得其养。过与不及都不行，不能残害其性而养。

养心，养性。教育是爱心、耐心，因时、因材施教，因事设教，"以众生养我身，用我身慰苍生"。

"操则存，舍则亡；出入无时，莫知其向"，"惟心之谓与"，心之源，人心惟危，心猿意马，要控制这个"心"。

全操之在己。要用逆境训练自己，磨炼自己。愈是困难、复杂的环境，愈能锻炼出人的意志，"百炼之钢成绕指柔"。

告子上

9. 孟子曰："无或（惑）乎王之不智也。虽有天下易生之物也，一日暴（曝晒）之，十日寒（冻）之，未有能生者也。吾见亦罕矣。吾退而寒之者至矣，吾如有萌（萌生）焉何哉？

做事，"一暴十寒"，乃缺乏恒力。恒，渐力。

"今夫弈（棋）之为数（艺），小数也；不专心致志，则不得也。弈秋，通国（全国）之善弈者也。使弈秋诲（指导）二人弈，其一人专心致志，惟弈秋之为听。一人虽听之，一心以为有鸿鹄（大雁）将至，思援弓缴（jiǎo，以绳系矢）而射之，虽与之俱学，弗若之矣。为是其智弗若与？曰非然也。"

"专心致志"，一心一意，全神贯注。

两人一同学习，一人专心致志，一人心有旁骛，"为是其智不若与？曰非然也"，不是智慧的问题，而是专心与否。

孔子开始学时，"信而好古"，"好古，敏以求之"（《论语·述而》），多么认真！有此基础，才能再往前进步。

10. 孟子曰："鱼，我所欲也；熊掌（味美），亦我所欲也。二者不可得兼（兼有），舍鱼而取熊掌者也。

"鱼与熊掌，不可得兼"，天下事，哪有什么都是你得的！

"生，亦我所欲也；义，亦我所欲也；二者不可得兼，舍生而取义者也。生亦我所欲，所欲有甚于生者，故不为苟得（不当得而得）也；死亦我所恶（厌恶），所恶有甚于死者，故患有所不辟（避）也。

"舍生取义","义者,宜也",见义勇为,为己之所当为。人生就是取舍,必要有智慧。

"如使人之所欲,莫甚于生,则凡可以得生者,何不用也?使人之所恶,莫甚于死者,则凡可以辟患者,何不为也?由是则生而有不用也,由是则可以辟患而有不为也。是故所欲有甚于生者,所恶有甚于死者,非独贤者有是心也,人皆有之,贤者能勿丧耳。

"人皆有之,贤者能勿丧耳",人人皆有此心,贤者能勿丧失此心耳。

"一箪食,一豆羹,得之则生,弗得则死。嘑(呼叫)尔而与之,行道之人弗受;蹴(脚踢)尔而与之,乞人不屑也。万钟(厚禄),则不辨礼义而受之。万钟于我何加焉?为宫室之美、妻妾之奉,所识(相识)穷乏者得我(得我之助)与?

"乡(向)为身死而不受,今为宫室之美为之;乡为身死而不受,今为妻妾之奉为之;乡为身死而不受,今为所识穷乏者得我而为之:是亦不可以已(止)乎?此之谓失其本心。"

"本心",与生俱来的天性、良心,皆非外求的。

11. 孟子曰:"仁,人心也;义,人路也。

"仁,人心也;义,人路也","义,路也;礼,门也。惟君子能由是路,出入是门也",礼门义路,出入由是。

"成性存存,道义之门"(《易·系辞上传》),成性了,不要丢下

告子上

197

"存存"功夫，存之又存，不能丢失了。如"存钱"，愈存愈多。

"舍其路而弗由（不从），放（放失）其心而不知求，哀哉！

舍弃正路不走，丢掉本心不知求，哀哉！

"人要坏，四十开外"，什么都有了，就开始使坏了。人能修身，就不是邪道。

"人有鸡犬放（走失），则知求之；有放心，而不知求（寻求）。学问之道无他，求其放心而已矣。"

"学问之道无他，求其放心而已矣"，要把心放在腔子里，就是学问。

不要心猿意马，要诚意正心，修身养性。

12. 孟子曰："今有无名之指（无名指），屈（弯曲）而不信（伸直），非疾痛害（妨）事也。如有能信之者，则不远秦楚之路，为指之不若人也。

轻者为疾，"寡人有疾"；重者为病，"病入膏肓"。

人为了指头的毛病，不远千里求治，就为了指头不能伸直。

"指不若人，则知恶之；心（智）不若人，则不知恶，此之谓不知类也。"

焦循："舍大恶小，不知其要；忧指忘心，不向于道，是以君子恶之也。"

"类",《说文》云："种类相似，唯犬为甚。从犬，頪声。"本义：种类。引申：物以类聚，各从其类，知类通达。

"知类"，才能"类情"，"类万物之情"，此功夫之所在。知不难，行难，不知轻重缓急，当务之为急。

指有毛病，就知厌恶；心比不上别人，却不知厌恶，这叫"不知类也"。

"心"，知也，"乾知大始"，"乾以易知"。"心不若人，则不知恶"，比不上人，还不知耻。耻不若人，"知耻之耻，无耻矣"！

13. 孟子曰："拱（两手合抱）把（一手握拢）之桐、梓（二树名），人苟欲生之，皆知所以养之者。至于身，而不知所以养之者，岂（难道）爱身不若桐梓哉？弗思甚也。"

焦循："莫知养身而养树木，失事违务，不得所急，所以戒未达者也。"

此讲养身之道。

"拱把之桐、梓，人苟欲生之，皆知所以养之者"，人都知如何培植、照顾好桐、梓，使它长大成材。"至于身，而不知所以养之者"，对自身却不知怎么去养，岂不是爱自己的身体还比不上桐树、梓树？

"弗思甚也"，太不懂得想了！如知道爱身，就应懂得养身之道，懂得怎么训练、保养自己的身体。

我从小养成早起习惯。不论在任何环境，必要训练自己，持之以恒，久了就有成效。如年轻时，没有好好养身，到老了就兑现。

"思"，心作良田百世耕，"思之思之，鬼神通之"。做任何事必要深思熟虑，不是想怎样就怎样做。

14. 孟子曰："人之于身也，兼所爱（全部都爱）；兼所爱，则兼所养（保养）也。无尺寸之肤不爱焉，则无尺寸之肤不养也。所以考其善不善者，岂有他哉？于己取之（近取诸身）而已矣。

人对于自己身体，全部都爱；既知全部都爱，那就要全体保养。对尺寸之肤无不爱，那对尺寸之肤都要好好保养。

那所谓"善与不善"，岂有所不同？"于己取之而已矣"，此"近取诸身"也。

"体有贵贱，有小大。无（同"毋"）以小害大，无以贱害贵。养其小者为小人，养其大者为大人。

"无以小害大，无以贱害贵"，有小大、贵贱，分出轻重。

"养其小者为小人，养其大者为大人"，有小人、大人，就看你自己怎么养了！

"今有场师（管理场圃之师），舍其梧（梧桐）槚（jiǎ，梓树），养其樲（èr，酸枣）棘（小棘树），则为贱场师焉。养其一指，而失其肩背，而不知也，则为狼疾（错乱）人也。

"饮食之人，则人贱之矣，为其养小以失大也。饮食之人，无有失也，则口腹岂适（但）为尺寸之肤哉？"

焦循："养其行，治其正，俱用智力，善恶相厉。是以，君子居处思义，饮食思礼也。"

"饮食之人"，重口腹之欲的人。"口腹岂适为尺寸之肤哉"，吃岂止是为填饱肚子而已？

15. 公都子问曰："钧（均，同）是人也，或为大人，或为小人（普通人），何也？"

都是人，何以有的成大人，有的却成小人？

孟子曰："从（随）其大体为大人，从其小体（耳目感官）为小人。"

从其心志做事的是大人，依其耳目感官做事的是小人。

曰："钧是人也，或从其大体，或从其小体，何也？"

同样是人，何以有人能从自己心志做事？而有人却只依耳目感官做事？

曰："耳目之官（感官），不思而蔽（遮蔽）于物；物交物，则引（引诱）之而已矣。

耳目感官，喜听就听，喜看就看，不思就被声色事物所遮蔽。物与物相交接，耳目感官受到外诱之私，心就被引到远处了。

"心之官（管）则思；思则得之，不思则不得也。此天之所与（给予）我者。先立乎其大者，则其小者弗能夺也。此为大人而已矣。"

"心之官则思"，心是思考的主宰；"思则得之，不思则不得也"，学而不思，一无所得。求则得之，皆自得也。

"先立乎其大者"，先存己之心，立己心。志，心之所主，养己之心，士尚志。"则其小者弗能夺也"，则耳目之小就不被夺走了！这就是"大人"了。

焦循："天与人性，先立其大。心官思之，邪不乖越，故谓之大人也。"

16. 孟子曰："有天爵者，有人爵者。仁义忠信，乐善不倦，此天爵也；公卿大夫，此人爵（人为的爵位）**也。**

"仁义忠信"，乐于行善而不倦，是"天爵"。
"公卿大夫"，有地位，是"人爵"，人为的爵位。

"古之人，修其（己）**天爵**（先修德），**而人爵从**（随）**之。**

古人修"天爵"，而"人爵"自然跟随而来。
天爵，就是德；修天爵，即修天德。"天德好生"，人有好生的天性，所以乐善好施。

"今之人，修其天爵以要人爵（给人看）**；既得人爵，而弃其天爵，则惑之甚**（糊涂之至）**者也。**

焦循："今求人爵，以诱时也。得人弃天，道之忌也。惑以招亡，小人事也。"

今人"修其天爵以要人爵"，"天爵"是手段，作为追求"人爵"的工具，所以不是真的"天爵"，当然就不在乎德不德了！

更甚的是，"既得人爵，而弃其天爵"，得到功名利禄后，就丢掉自己的德行，糊涂到了极点！

"终亦必亡（失）而已矣。"

最后也必失去人爵，此其结果，天经地义。

"修其天爵，而人爵从之"，以修德为先，人必如此做，才有成就。

读历史，自此认识做人之道，看《二十六史》所留下的，必是有德之人。在德不在位，德高过于官位，天下乃有德者居之。

官大，不一定有成就。想有成就，失德绝对办不到。试看近代史，又留下多少人？修德为本，本立而道生。

17. 孟子曰："欲贵者，人之同心（同贵）也。人人有贵于己者，弗思耳！人之所贵者，非良贵也。赵孟之所贵，赵孟能贱之。

"欲贵者"，人都自以为尊贵，同贵，"人之同心也"，人同此心，心同此理。

"人人有贵于己者"，天爵自尊吾自贵，只是"不思耳"！

"赵孟之所贵，赵孟能贱之"，赵孟能贵你也能贱你，人所给予的贵不是"良贵"。知此，复何求？不如"从吾所好"，可能还有点成就。

"《诗》（《大雅·既醉》）云：'既醉以酒，既饱以德。'言饱乎仁义也，所以不愿人之膏粱之味也。令闻广誉施（加）于身，所以不愿人之文绣（华服）也。"

焦循："所贵在身，人不知求。膏粱文绣，己之所优，赵孟所贵，何能比之？是以君子贫而乐也。"

"膏"，肉之肥者；"粱"，米之精者：美味佳肴。膏粱子弟，养尊处优。

"饱乎仁义"，既有了仁义，"所以不愿人之膏粱之味"，不贪求膏粱享受。

"令闻广誉施于身"，美好的声誉加于身，真良贵也，所以不求锦衣玉食、高堂广厦。

人自身所具有可贵之处，不以人爵而尊贵，是谓"良贵"，即良知良能。

知识分子如为追逐一时的名利，寡廉鲜耻，出卖良知，岂不是作践自己！

18. 孟子曰："仁之胜不仁也，犹水胜火。今之为（行）仁者，犹以一杯水，救一车薪之火也；不熄，则谓之水不胜火，此又与（助）于不仁之甚者也，亦终必亡（无仁）而已矣。"

"仁之胜不仁也"，仁德者必胜过不仁者，犹如水必胜过火。

今之行仁者，自己有所不足，就如"以一杯水，救一车薪之火"，无济于事也。

"不熄，则谓之水不胜火"，火不能灭，说是水不能胜火，此更助长不仁之风，致一般人也行不仁之事了！

焦循："为仁不至，不反诸己，谓水胜火，熄而后已。不仁之甚，终必亡矣。为道不卒，无益于贤也。"

19. 孟子曰：“五谷者，种之美者也；苟（如）为不熟，不如荑稗（草之似谷者，亦可食）。夫仁，亦在乎熟之而已矣。”

“五谷”，稻、黍、稷、麦、菽，“种之美者也”，是所有种子中最美的。“苟为不熟”，五谷若不熟，“不如荑稗”。荑稗，草之似谷者，长于低湿地，但不如五谷美味，可备凶年用。山东煎饼，面就用稗子。

行仁，必修至“熟”的境界，才能够“普福利，广美利”。如是假慈悲，那还不如不做。不论是做人或是做学问，都要彻底。

济世之仁，烂熟于胸，技精艺良，才可以救人济世。

20. 孟子曰：“羿之教人射，必志于彀（拉满弓）；学者亦必志于彀。大匠诲人，必以规矩；学者亦必以规矩。”

“大匠诲人，必以规矩”，没有规矩，不能成方圆，也难以成才。

做人也有规矩，做人为第一要义，平时就要有素养，不修养不能成才。

志，心之所主，尚志，内求，志不可夺。素养，平日有所用心。

规，圆；矩，方。不论做人或是做事，谁也不能离开规矩，是入手处。“虽有巧手，弗循规矩，不能正方员。”(《春秋繁露·楚庄王》)

此章讲做人的基本要求，道在近不必求诸远。

学术，需要时间的累积，是火候、功夫所在，必要持之以恒。“一法通，百法通。”

告子上

205

告子下

21. 任人（任国人）有问屋庐子（孟子弟子）曰："礼与食孰重？"曰："礼重。"

"色与礼孰重？"曰："礼重。"

曰："以礼食，则饥而死；不以礼食，则得食，必以礼乎？亲迎，则不得妻；不亲迎，则得妻，必亲迎乎！"

屋庐子不能对，明日之邹以告孟子。

孟子曰："于答是（这些问题）也何有？不揣（测度）其本，而齐其末，方寸之木，可使高于岑楼（培塿，山丘）。金重于羽者，岂谓一钩（带钩）金，与一舆（车）羽之谓哉？取食之重者，与礼之轻者而比之，奚翅（啻）食重？取色之重者，与礼之轻者而比之，奚翅（何止）色重？

"不揣其本，而齐其末"，不立好根本就重细枝末节，是舍本逐末。

"方寸之木，可使高于岑楼"，方寸小木可使高于山丘，但根基不稳。"物有本末，事有终始，知所先后，则近道矣。"（《大学》）

"往应之曰：'绉（扭）兄之臂而夺之食，则得食；不绉，则不得食，则将绉之乎？逾东家墙（墉）而搂（抱）其处子，则得妻；不搂，则不得妻，则将搂之乎？'"

焦循："临事量宜，权其轻重，以礼为先，食色为后，若有偏殊，从其大者。"

持家之术，调和鼎鼐。幸福就是真学问。

平心静气才能成就自己。遇事要客观，冷眼旁观，以时事作消遣，也可以得到启发，开启自己的智慧。

书读得多，有了经验，再加以体悟，哪天临到自己上阵了，就可以知应世之道，知应该怎么走。

22. 曹交（曹国君之弟）问曰："人皆可以为尧舜，有诸？"孟子曰："然。"

"人皆可以为尧舜"，有这一回事？可见古时确有此说。

如舜之有为，"有为者，亦若是"，人人皆可以为尧舜。

"交闻文王十尺，汤九尺，今交九尺四寸以长，食粟而已（无其他才能），如何则可？"

曰："奚有于是？亦为之而已矣。有人于此，力不能胜一匹雏（小鸡），则为无力人矣。今曰举百钧（三千斤），则为有力人矣。然则举乌获之任，是亦为乌获（力士）而已矣。夫人岂以不胜为患哉？弗为耳。

"非不能，是不为也"，在于你自己"为"与"不为"。

"徐（慢）行后长者谓之弟，疾行先（在前）长者谓之不弟。夫徐行者，岂人所不能哉？所不为也。

弟，善事其长，在行，不是能不能。

"尧舜之道，孝弟而已矣。子服尧之服，诵尧之言，行尧之行，是尧而已矣；子服桀之服，诵桀之言，行桀之行，是桀而已矣。"

"尧舜之道，孝弟而已矣"，"孝弟也者，其为仁之本矣"，孝友，人人皆可行，"人人亲其亲，长其长，而天下平"。

"子服尧之服，诵尧之言，行尧之行，是尧而已矣"，你有尧的模样、言行，你就是尧；"子服桀之服，诵桀之言，行桀之行，是桀而已矣"，你有桀的模样、言行，你就是桀。是尧或是桀，完全操之在你自身。

曰："交得见于邹君，可以假（借用）馆，愿留而受业于门。"曰："夫道，若大路然，岂难知哉？人病（毛病）不求耳。

焦循："天下大道，人并由之。病于不为，不患不能。"

"道，若大路然"，"率性之谓道"，很平常，"岂难知哉？"人的毛病在不求耳。

"子归而求之，有余师。"

"行有余力，则以学文"（《论语·学而》），就在生活中力行，不必出远门求仙拜佛。

23. 公孙丑问曰："高子（齐人）曰：'《小弁（pán）》（《诗·小雅·小弁》亲之过大者），小人之诗也。'"

孟子曰："何以言之？"曰："怨。"

曰："固（固执不通）哉，高叟之为（治）《诗》也！有人于此，越人关（弯）弓而射之，则己谈笑而道（说）之，无他，疏（关系不近）之也。其兄关弓而射之，则己垂涕泣而道之，无他，戚（哀痛在心）之也。《小弁》之怨，亲亲也；亲亲，仁也。固矣夫，高叟之为《诗》也！"

焦循："生之膝下，一体而分，喘息呼吸，气通于亲。当亲而殊，怨慕号天，是以《小弁》之怨，未足为愆也。"

"怨"，哀怨之情，亲亲也。

曰："《凯风》（《诗·邶风·凯风》表孝思），何以不怨？"

曰："《凯风》，亲之过小者也；《小弁》，亲之过大者也。亲之过大而不怨，是愈（益）疏也。亲之过小而怨，是不可矶（激，容忍）也。愈疏，不孝也；不可矶，亦不孝也。孔子曰：'舜其至孝矣，五十而慕（怨慕）。'"

"舜其至孝矣，五十而慕"，大孝尊亲。

告子下

24. 宋轻（kēng）将之（往）楚，孟子遇于石丘（地名）。曰："先生将何之？"

曰："吾闻秦楚构兵（交战），我将见楚王说而罢之。楚王不悦，我将见秦王说而罢之。二王，我将有所遇焉。"

曰："轲也请无问其详，愿闻其指（旨）。说之将何如？"曰："我将言其不利也。"

以利劝说，"合于利而动，不合于利而止"（《孙子·九地》）。

曰："先生之志则大矣，先生之号（号召）则不可。先生以利说秦楚之王，秦楚之王悦于利，以罢三军之师，是三军之士乐罢而悦于利也。

"为人臣者，怀利以事其君；为人子者，怀利以事其父；为人弟者，怀利以事其兄。是君臣、父子、兄弟终去仁义，怀利以相接，然而不亡者，未之有也。

"先生以仁义说秦楚之王，秦楚之王悦于仁义，以罢三军之师，是三军之士乐罢而悦于仁义也。为人臣者怀仁义以事其君，为人子者怀仁义以事其父；为人弟者怀仁义以事其兄。是君臣、父子、兄弟去利怀仁义以相接也。然而不王者，未之有也。何必曰利！"

焦循："上之所欲，下以为俗。俗化于善，久而致平；俗化于恶，失而致倾。是以君子创业，慎其所以为名也。"

25. 孟子居邹，季任（任君之弟）为任处守（留守），以币交，受之而不报。处于平陆（齐邑），储子（齐相）为相，以币交，受之而不报。他日由邹之（往）任，见季子；由平陆之齐，不见储子。屋庐子喜曰："连（屋庐子之名）得闲（机会）矣。"

问曰："夫子之任见季子，之齐不见储子，为其为相（储子是宰相）与？"曰："非也。《书》曰：'享（献）多仪（礼），仪不及物曰不享，惟不役（使用）志于享。'为其不成享（缺乏诚意）也。"

焦循："君子交接，动不违礼，享见之仪，亢答不差，是以孟子或见或否，各以其宜也。"

屋庐子悦。或问之。屋庐子曰："季子不得之邹，储子得之平陆。"

26. 淳于髡（齐人，善辩）曰："先（xiàn）名实者，为（wèi）人（造福于人）也；后名实者，自为（独善其身）也。夫子在三卿之中，名实未加于上下而去之，仁者固如此乎？"

孟子曰："居下位，不以贤事不肖者，伯夷也；五就汤，五就桀者，伊尹也；不恶污君，不辞小官者，柳下惠也。三子者不同道，其趋（旨趣）一也。一者何也？曰：仁也。君子亦仁而已矣，何必同？"

"君子亦仁而已矣，何必同"，以仁存心，则一也。

曰："鲁缪公之时，公仪子（鲁相）为政，子柳（泄柳）、子思为臣，鲁之削（弱）也滋甚。若是乎贤者之无益于国也？"

曰："虞不用百里奚而亡，秦穆公用之而霸。不用贤则亡，削何可得与！"

告子下
211

曰："昔者王豹（卫人）处于淇（水名），而河西善讴（歌唱）；绵驹（齐人）处于高唐（齐西城邑），而齐右（齐西）善歌；华周（齐大夫）、杞梁（齐大夫）之妻善哭其夫（夫战死），而变国俗。有诸内必形诸外。为其事而无其功者，髡未尝睹之也。是故无贤者也，有则髡必识之。"

"有诸内必形诸外"，皆"诚于中，形于外"（《大学》），骗不了人！

曰："孔子为鲁司寇，不用（不受重用），从而祭，燔肉（祭肉）不至，不税（脱）冕而行（去之速）。不知者以为为肉也，其知者以为为无礼也。乃孔子则欲以微（小）罪行，不欲为苟去（无故离开）。君子之所为，众人固不识也。"

焦循："见几而作，不俟终日。孔子将行，冕不及税，庸人不识，课以功实。淳于虽辨，终亦屈服，正者胜也。"

27.孟子曰："五霸者，三王之罪人也；今之诸侯，五霸之罪人也；今之大夫，今之诸侯之罪人也。

深味之，况一代不如一代！

"天子适（往）诸侯曰巡狩，诸侯朝于天子曰述职。春省耕而补不足，秋省敛（收成）而助不给（不能自给自足）。

"巡狩"，巡视所守，有守土之责，察各地治绩如何。

"入其疆，土地辟（开辟），田野治（整理妥善），养老尊贤，俊杰在位，则有庆（善绩），庆以地（加封土地）。入其疆，土地荒芜（不治），遗老失贤，掊克（搜刮）在位，则有让（责罚）。

治国以教养为重。

"一不朝，则贬其爵；再不朝，则削其地；三不朝，则六师移之。是故天子讨而不伐，诸侯伐而不讨。

"讨"，言寸，意为言论、法度，声讨，讨有罪；"伐"，人戈，意为砍杀、伐叛，口诛笔伐，伐谋，伐交。

"天子讨而不伐"，下令讨不服天下者；"诸侯伐而不讨"，奉天子命令，出师伐不服天下者。

"五霸者，搂（曳聚）诸侯以伐诸侯者也：故曰：五霸者，三王之罪人也。五霸，桓公为盛。葵丘之会诸侯，束牲、载书而不歃血（沥血以誓）。初命曰：'诛不孝，无易（更）树子（储子），无以妾为妻。'再命曰：'尊贤育才，以彰有德。'三命曰：'敬老慈幼，无忘（不能怠慢）宾旅（旅客）。'四命曰：'士无世官（世代相袭），官事无摄（兼任），取士必得，无专（专断）杀大夫。'五命曰：'无曲防（筑堤防断水源），无遏籴（货通有无），无有封（专封）而不告（告天子）。'曰：'凡我同盟之人，既盟之后，言归于好。'

"士无世官，官事无摄"，各有其位，在位谋政。

齐桓，五霸之首，"九合诸侯，不以兵车"，孔子以为是管仲之仁，称"乃其仁，乃其仁"。

告子下

213

霸者假仁，如再往前进步，则可成王者，"齐一变至于鲁"；王者再往前进步，"鲁一变至于道"（《论语·雍也》），大道之行也，天下为公。

"今之诸侯，皆犯此五禁，故曰：今之诸侯，五霸之罪人也。

今之诸侯，皆犯此五禁，僭越擅专，故曰"五霸之罪人"。

"长君之恶其罪小，逢（迎合）君之恶其罪大。今之大夫，皆逢君之恶，故曰：今之大夫，今之诸侯之罪人也。"

"逢君之恶"，先意承欢，逢迎拍马，导君为非，故曰"罪大"。人就喜听好话，能受谏，也要有肚量。

28. 鲁欲使慎子（慎到，赵人，法家人物）**为将军。**
孟子曰："不教民而用之，谓之殃民。殃民者，不容于尧舜之世。一战胜齐，遂有南阳（齐地），**然且不可。"**

焦循："招携怀远，贵以德礼，及其用兵，庙胜为上，战胜为下，明贱战也。"

"不教民而用之，谓之殃民"，穷兵黩武，发动群众战争，"以不教民战，是谓弃之"（《论语·子路》）。

"殃民者，不容于尧舜之世"，尧舜行"仁政"，仁者爱人，当然不杀。

慎子勃然不悦曰："此则滑釐（慎到之名）**所不识也。"**
曰："吾明告子（慎子）：**天子之地方千里**（王畿），**不千里不**

足以待诸侯。诸侯之地方百里，不百里不足以守宗庙之典籍。周公之封于鲁，为方百里也，地非不足，而俭（止）于百里。太公之封于齐也，亦为方百里也，地非不足也，而俭于百里。今鲁方百里者五，子以为有王者作，则鲁在所损（减少）乎？在所益乎？徒取诸彼以与此，然且仁者不为，况于杀人以求之乎？君子之事君也，务引（导）其君以当道（合于事理），志于仁而已。"

"苟志于仁矣，无恶也"（《论语·里仁》），真有志于仁，又怎会做缺德事？

29．孟子曰："今之事君者曰：'我能为君辟（开辟）土地，充府库（充实国库）。'今之所谓良臣，古之所谓民贼也。君不乡（向）道，不志于仁，而求富之，是富桀也。'我能为君约与国（结交盟国），战必克（胜）。'

焦循："善为国者，以藏于民。贼民以往，其余何观？"

不以仁道事君，鸣鼓攻过。

"今之所谓良臣，古之所谓民贼也。君不乡道，不志于仁，而求为之强战，是辅桀（助桀为虐）也。由今之道，无变今之俗，虽与之天下，不能一朝居（守）也。"

焦循："变俗移风，非乐不化。以乱济民，不知其善也。"

"由今之道，无变今之俗"，不改变当前的不良风气，"虽与之天下，不能一朝居也"，无德不能成事，天下有德者居之。

30. 白圭（名丹，商圣）曰："吾欲二十而取一，何如？"

孟子曰："子之道，貉（mò，北方夷狄之一）道也。万室之国，一人陶（烧窑），则可乎？"曰："不可，器不足用也。"

曰："夫貉，五谷不生，惟黍生之。无城郭、宫室、宗庙、祭祀之礼，无诸侯币帛（往来馈赠）、饔飧（设宴款待），无百官有司，故二十取一而足也。

"今居中国，去人伦，无君子，如之何其可也？陶以寡，且不可以为国，况无君子（官吏）乎？欲轻之于尧舜之道者，大貉小貉也。欲重之于尧舜之道者，大桀小桀（喻暴虐程度，与桀不相上下）也。"

焦循："今之居中国，当行礼义，而欲效夷貉无人伦之叙，无君子之道，岂可哉？"

31. 白圭曰："丹之治水也愈（胜过）于禹。"

孟子曰："子过矣！禹之治水，水之道（疏导）也。是故禹以四海为壑（深沟），今吾子以邻国为壑。水逆行，谓之洚（jiàng）水。洚水者，洪（大）水也，仁人之所恶也。吾子过矣！"

"以邻为壑"，嫁祸于邻。

"水逆行"，水受阻而逆流，则下游将漫流成灾，造成大水灾。

"仁人之所恶也"，哪有仁人以邻为壑？

焦循："君子除害，普为人也。白圭壑邻，亦以狭矣。是故贤者志其大者、远者也。"

32. 孟子曰："君子不**亮**（明，诚信），**恶乎执**（守）？"

"亮"，谅，小诚信，"匹夫匹妇之为谅也"（《论语·宪问》），"君子贞而不谅"（《论语·卫灵公》）。

"执"，执事，主持。"所恶执一者，为其贼道也"，"执中无权，犹执一也。所恶执一者，为其贼道也，举一而废百也"（《孟子·尽心上》）。

今人不重信，应注意。"朋友信之"（《论语·公冶长》），"与朋友交，言而有信"（《论语·学而》），"忠信，所以进德也"，"无信不立"（《论语·颜渊》），有德才成就事业。

33. 鲁欲使乐正子（孟子弟子）**为政**。孟子曰："吾闻之，喜而不寐。"

公孙丑曰："乐正子强乎？"曰："否。""有知（智）虑乎？"曰："否。""多闻识乎？"曰："否。""然则奚为喜而不寐？"曰："其为人也好善。"

"好善足乎？"曰："好善优于天下，而况鲁国乎！夫苟好善，则四海之内，皆将轻千里而来，告之以善。夫苟不好善，则人将曰：'訑訑（yí，放纵自是），予既已知之矣。'訑訑之声音颜色，距（拒）人于千里之外。士止于千里之外，则谗谄面谀之人至矣。与谗谄面谀之人居，国欲治，可得乎？"

"舜好问，好察迩言"，"禹拜昌言"。乐善好施，悠然自得，一切绰绰有余。

告子下

焦循："好善从人，圣人一概。禹闻谠言，答之而拜。訑訑吐之，善人亦逝，善去恶来，道若合符。"

34. 陈子曰："古之君子，何如则仕？"

孟子曰："所就三，所去三。迎之致敬以有礼，言将行其言也，则就之；礼貌未衰，言弗行也，则去之。

"其次，虽未行其言也，迎之致敬以有礼，则就之；礼貌衰，则去之。

"其下，朝不食，夕不食，饥饿不能出门户。君闻之曰：'吾大者不能行其道，又不能从其言也，使饥饿于我土地，吾耻之。'周（周济）之，亦可受也；免死而已矣。"

焦循："仕虽正道，亦有量宜。听言为上，礼貌次之，困而免死，斯为下矣。备此三科，亦无疑也。"

35. 孟子曰："舜发（兴起）于畎亩（田野）之中，傅说（发明"版筑法"，被武丁起用）举于版筑之闲，胶鬲（纣之大臣，原贩卖鱼盐）举于鱼盐之中，管夷吾（管仲）举于士（狱），孙叔敖举于海（淮海），百里奚举于市（市集做买卖）。

"故天将降大（重）任于是人也，必先苦其心志，劳其筋骨，饿其体肤，空乏（匮乏）其身，行拂（逆）乱其所为，所以动心（心辣动）忍性（性坚忍），曾（增）益其所不能。

焦循："圣贤困穷，天坚其志；次贤感激，乃奋其虑；凡人佚乐，以丧知能。贤愚之叙也。"

曾文正家，一切皆有法度，是有法度的世家，所以后代子孙都不错。

"人恒（常）过，然后能改；困于心，衡（横，不顺）于虑，而后作（兴，奋发）；征（验证）于色，发于声，而后喻（明白）。

"征于色"，于表情上征验。由人的表情，可以明白事之所以，一切皆有一定之法度，善察之！

"入（国内）则无法家（法度世臣）拂（弼）士（辅佐贤士），出（国外）则无敌国外患者，国恒亡。然后知生于忧患而死于安乐也。"

此章告诉人：一切生存，皆自忧患中得来。

"人之有德慧术知者，恒存乎疢疾。独孤臣孽子，其操心也危，其虑患也深，故达。"（《孟子·尽心上》）

36. 孟子曰："教亦多术（方法）矣。予不屑之教诲也者，是亦教诲之而已矣。"

焦循："学而见贱，耻之大者；激而厉之，能者以改。教诲之方，或折或引，同归殊涂，成之而已。"

"教亦多术"，方法不一，因材施教。"不屑之教"，也是教诲之一，因其材而笃之。

"孺悲欲见孔子，孔子辞以疾。将命者出户，取瑟而歌，使之闻之。"（《论语·阳货》）

尽心上

1. 孟子曰：“尽其心者，知其性也。知其性，则知天（天命）矣。

焦循：“尽心竭性，所以承天，殀寿祸福，秉性不违，立命之道，惟是为珍。”

此章谈安身立命之道。

“尽其心”，“尽”，一点也不保留，完全发挥出来；“心”，本心，赤子之心，与生俱来的、没有污染的心。不加以保留，尽己心，不丢失赤子之心。能尽己之性，就能尽人之性、尽物之性。

“知其性，则知天”，在天曰命，在人曰性，命、性、心，一也。

“存其心，养（直养）其性，所以事（事奉）天（天所赋予的）也。

“存其心”，存己心，存己性；“配天”，替天行道；“大道之行也，天下为公”。

"养其性"，"人之生也直"，"直养而无害"，将天所赋予的，不因己之私欲，而使之丧失。

"事天"，事，奉承而不违；天，天子，天民。

事元，奉元，继天奉元，齐天者大，承天者至，"大哉至哉"乃统天。顺承天，则天，"与天地合其德"，"与天地参矣"。

"殀（短命）**寿**（长寿）**不贰，修身以俟之，所以立命也。"**

"殀寿不贰"，不论长寿或是短命，就尽己之所能，一心一意去做，而无有所疑贰。

"修身以俟之"，存心养性，"居易以俟命"，等待成就天命；"所以立命也"（《中庸》），"五十而知天命"（《论语·为政》），立于天命之中，"与天地参矣"。

"养心莫善于寡欲"，想有成就必自"寡欲"入手，"本来无一物"，"终日乾乾"，始终如一。

这是"无上正等正觉"，正知正见的大智慧。能有大担当，必有大的修为，内圣外王。用"聪明睿智，神武不杀"，聪，明四目，达四聪，尧为文祖；"神武不杀"，全敌，既没有残暴，也没有杀戮。

想成事，必得大本立，本立而道生。

2. 孟子曰："莫非命也，顺受其正。是故知命者，不立乎岩（险峻）**墙之下。**

焦循："人必趋命，贵受其正。岩墙之疑，君子远之。"

尽心上
221

在天曰命，"各正性命"。"顺受其正"，"顺"，直养而无害；"正"，止于一，元。"各正性命，保合太和，乃利贞"，顺承天命，养正。

"知命"，"五十而知天命"，知命者不立于危墙之下。

"尽其道而死者，正命也。桎梏（脚镣手铐）**死者，非正命也。"**

"尽其道而死者，正命也"，"率性之谓道"，要立身行道，正己之性命，"居易以俟命"，为得正命也。《尚书·洪范》"考终命"，寿终正寝。

"桎梏死者"，陷于罪而受刑，"非正命也"。

3. 孟子曰："求则得之，舍则失之，是求有益于得也；求在我者也。求之有道，得之有命，是求无益于得也；求在外者也。"

焦循："为仁由己，富贵在天，故孔子曰'如不可求，从吾所好'。"

"富贵在天"，"听天命，尽人事"。

"求"，求生、求学、求婚、曲求、求救，不伎不求。

"求则得之"，皆自求、自得，"求其在我"。"得"，《说文》云："行有所得也。"求而有获。

4. 孟子曰："万物皆备于我矣。反身而（能）诚，乐莫大焉。

是"天民"，上天必孝敬你，一切万物皆为你而准备，"万物皆备于我"，享有"天禄"。故人必为万物主，是"天主"，有"天爵"，自尊自贵，不必贪财、贪色。

享"天禄"，人皆有使用权，没有所有权，没有特权，也不能独占。

为政，"四海困穷，天禄永终"（《论语·尧曰》），政权也就结束了。

"大哉乾元，万物资始，乃统天"，"天地之大德曰生"，生而不有，无私，尚公。

"反身而诚"，"诚者，天之道；诚之者，人之道"（《中庸》），天心即我心，"为仁由己"，"在明明德"，所以"乐莫大焉"。

"强恕而行，求仁莫近焉。"

焦循："每必以诚，恕己而行，乐在其中，仁之至也。"

"强恕而行"，"恕"，如心，将心比心，己所欲施之于人。一般人难以做到，必"勉强而行之"。

"人一己十，人百己千"，这是第一步，"虽愚必明，虽柔必强"（《中庸》）；更进一步，尽己之性，尽物之性，成己成物。尽人之性，己立立人，己达达人。

"求仁莫近焉"，求仁，仁者爱人，而无不爱也。爱人如己，"求仁得仁，又何怨"（《论语·述而》）？

5. 孟子曰："行之而不著（知之明）**焉，习矣而不察**（识之精）**焉，终身由之，而不知其道者，众也。"**

焦循："人有仁端，达之为道。凡夫用之，不知其为宝也。"

"百姓日用而不知"，行之不著，习矣不察，一切漫不经心，不知其所以，故少有行君子之道者。

"终身由之而，而不知其道者，众也"，一般人每天过活，知其然，而不知其所以然。"道"，率性，"朝闻道，夕死可矣"（《论语·里仁》）。

6. 孟子曰："人（主词）不可以无耻（无羞耻心）；无耻之耻（天天不忘耻），无耻矣。"

焦循："耻身无分，独无所耻，斯必远辱，不为忧矣。"

"人不可以无耻"，人不可以没有羞耻心。"行己有耻"（《论语·子路》），有"羞恶之心"。

以"为耻"为"可耻"，天天不忘"耻"，就"无耻矣"！

7. 孟子曰："耻之于人大（太重要）矣！为（行）机变之巧（喜耍诈）者，无所用耻焉。

"耻之于人大矣"，"耻"对于个人而言太重要了，因为"人不可以无耻"。

蒋伯潜："盖无耻者，非机变之小人，即甘为人下之懦夫，故曰'耻之于人，大矣'。以机心变诈之巧术，欺人害人者，其无形之阴陷，反较有形者为阴险也。"

"为机变之巧者"，尽耍诈，不知上进，没有羞耻心，自甘下流，"无所用耻焉"，无所用其羞耻之心，想成事难！"君子进德修业"，每天战战兢兢临事。

"**不耻**（不能反躬自省）**不若人**（不如人），**何若人有？**"

"不耻不若人"，自己不如人，而不以为可耻，则"何若人有"？当然事事不如人了！

8. 孟子曰："古之贤王，好善而忘势（权势）。

焦循："尊贤，以贵下贱。"

"好善"，乐道，乐天之道，自强不息，日进不已；"忘势"，忘人为的权势，"势利之交，无不凶终隙末"。

"古之贤士，何独不然，乐其（己）**道而忘人之势。**

焦循："乐道忘势，不以富贵动心之分也。"

乐道守志，忘人之势。

"故王公不致敬尽礼，则不得亟（屡）**见之。见且由不得亟，而况得而臣**（动词，作臣下）**之乎？"**

焦循："各崇所尚，则义不亏矣。"

"不事王侯，高尚其事"（《易·蛊》），"富而可求也，虽执鞭之士，吾亦为之。如不可求，从吾所好"（《论语·述而》）。

9. 孟子谓宋句践（战国时人）**曰："子好游乎？吾语子游。人知之亦嚣嚣**（自得无欲貌），**人不知亦嚣嚣。"**

焦循："内定常满，嚣嚣无忧，可出可处，故云以游。"

尽心上

不在人知、不知，悠然自得。

曰："何如斯可以嚣嚣矣？"曰："尊德乐义，则可以嚣嚣矣。

"尊德乐义"，不把人世的得失放在心上，则可以自得其乐。

"故士穷不失义（贫贱不能移）**，达不离道**（富贵不能淫）**。**

蒋伯潜："士虽穷困，不可失义；即使显达，也不可离开素来所怀抱的道德。贫贱不能移，故穷则不失义；富贵不能淫，故达不离道。"

"穷不失义，达不离道"，不论贫贱，或是富贵，都不能移己之志，素贫贱行乎贫贱，素富贵行乎富贵。

"穷不失义，故士得己焉；达不离道，故民不失望焉。

蒋伯潜："得己者，不失自己的身分也。穷而失义，则失自己的身分；达而离道，则人人都对他失望了。"

"古之人，得志，泽（恩泽）**加于民；不得志，修身见于世。穷则独善其身，达则兼善天下。"**

"得志，泽加于民"，得志了，在位谋政，使百姓受惠，因"小人怀惠"。

"不得志，修身见于世"，不得志，不为世俗撼动己志。"不易乎世，不成乎名，遁世无闷，不见是而无闷，乐则行之，忧则违之，确乎其不可拔，潜龙也。"（《易·乾·文言》）

"穷则独善其身"，不为世用，则"藏道于民"，"有教无类"；"达则兼善天下"，行天下为公之大道。

10. 孟子曰："待文王而后兴（起）者，凡民（后觉者，一般庸凡之辈）也。若夫豪杰之士（先觉者，有志之士），虽无文王犹兴。"

焦循："小人待化，乃不辟邪；君子特立，不为俗移，故称豪杰自兴也。"

蒋伯潜："有志之士，则能自奋，不为环境所囿，不为时势所抑，故虽无鼓舞教导之者，尚能奋发有为，日进于善也。"

"待文王而后兴者"，后觉者；"凡民"，一般人，"学而知之者"。"人不学，不知道"，"率性之谓道"，尽己之性。

伏羲又向谁学了？伏羲仰观俯察，师法大自然，"近取诸身，远取诸物"，作八卦，"以通神明之德，以类万物之情"。

孔子"好学"，"夫子焉不学？而亦何常师之有"（《论语·子张》），学无常师，有"集大成"的成就。

惊天动地的英雄，不待人教，是先觉者。看己太轻，作践自己；视己过重，忽略别人：皆不成才，没出息！

11. 孟子曰："附（加）之以韩魏之家（世家，富贵之家），如其自视欿（kǎn）然（不自满），则过人远矣。"

焦循："人情富盛，莫不骄矜，若能欿然，谓不如人，非但免过，卓绝乎凡也。"

"素富贵行乎富贵"，"富贵不能淫"，不以富贵为怀，不因富贵而改变己之志于道。

12. 孟子曰："以佚道使民，虽劳不怨。以生道杀民，虽死不怨杀者。"

焦循："劳人欲以佚之，杀人欲以生之，则民无怨讟（dú，恨）也。"

"佚道使民"，教民耕种，虽是辛劳，但有收获，将来有安逸日子可以过，所以"虽劳不怨"。

"以生道杀民"，杀恶人即是做善事，因其侵害别人之所有，罪有应得，则"虽死不怨杀者"。

13. 孟子曰："霸者之民，骦（huān）虞如（欢娱貌）也；王者之民，皞皞（hào，同"浩"）如（广大自得貌）也。杀之而不怨，利之而不庸（功），民日迁善而不知为之者。

焦循："王政皞皞，与天地同道。霸者德小，民人速覩：是以贤者志其大者也。"

"微管仲，吾其被发左衽矣"，"桓公九合诸侯，不以兵车，管仲之力也。如其仁！如其仁！"（《论语·宪问》）仁者爱人，不杀。假仁者霸，霸者之治有意为之，故民易知之，百姓欢娱如也。

王者，天下所归往，"不识不知，顺帝之则"（《诗经·大雅·皇矣》），顺其自然，王者利民，民亦不知其功劳，"帝力于我何有哉？""王者之民，皞皞如也"，广大自得。

"夫君子所过者化，所存者神，上下与天地同流，岂曰小

补之哉！”

"君子"，成德之谓；"所过者化"，化民成俗；"所存者神"，"神而化之，使民宜之"，有遗爱在人。

"上下与天地同流"，日月光华，"唯天为大，唯尧则之"，"天地位焉，万物育焉"，四时行，万物育，"天何言哉？四时行焉，百物生焉，天何言哉"？

"岂曰小补之哉"，岂能说只是小补！

14. 孟子曰："仁言，不如仁声之入人深也。

"仁言"，文宣，光说不练，口惠实不至。
"仁声"，"善歌者，使人继其声"，入人之深！

"善政，不如善教之得民也。善政民畏之，善教民爱之；善政得民财，善教得民心。"

焦循："明法审令，民趋君命；崇宽务化，民爱君德：故曰移风易俗，莫善于乐。"

"善政"，善于为政，"导之以政，齐之以刑，民免而无耻"，民畏之；"善教"，"导之以德，齐之以礼，有耻且格"，"以文德来之"，"以德服人者，中心悦而诚服也"，民爱之。

"善政得民财"，以整理财政为第一要务，但人亡政息；"善教得民心"，得民心者得天下。

15. 孟子曰："人之所不学而能者，其良能也；所不虑而知

者，其良知也。

焦循："本性良能，仁义是也。达之天下，恕乎己也。"

"人之所不学而能者，其良能也；所不虑而知者，其良知也。"孟子用"良知""良能"有主观成分，"知""能"无所谓良不良。《易》称"知""能"，"乾以易知，坤以简能"。

"所不学而能者"，简，"坤以简能"，下生就会吃奶，不必教，"其良能也"，"未有先学养子而后嫁者也"（《大学》）。

"所不虑而知者"，易，"乾以易知"，一生下小嘴就想动、想吃，赤子，"其良知也"。

"孩提之童，无不知爱其亲（所生）也；及其长也，无不知敬其兄也。

"孩提之童，无不知爱其亲也；及其长也，无不知敬其兄也"，爱亲、敬兄，良知、良能，皆与生俱有的本心、本能，此"近取诸身"。

"亲亲，仁也；敬长，义也。无他，达之天下也。"

"亲亲"，亲己亲；"仁也"，仁之本。"敬长"，长其长；"义也"，义之本。

"达之天下"，天下所有生物皆如此，小猪也懂。不孝不友，没有人性，"致知在格物"，存良知，得睿智。

"乾以易知，坤以简能；易则易知，简则易从。易知则有亲，易从则有功。有亲则可久，有功则可大"，可久可大，"易简而天

下之理得"，天下"易简"之理得，"而成位乎其中矣！"（《易·系辞上传》）

16. 孟子曰："舜之居深山（耕于历山）之中，与木石居（居树木山石中），与鹿豕游，其所以异于深山之野人者，几希！

"尧舜与人同"，没有两样，都是"人"。

"及其闻一善言，见一善行，若决（决口）江河，沛然（浩浩荡荡）莫之能御也。"

焦循："圣人潜隐，譬若神龙，亦能飞天，亦能小同，舜之谓也。"

"闻一善言，见一善行"，"元者，善之长也"，"继之者，善也"，人只要存心向善，则如江海之有源，其力量"若决江河，沛然莫之能御也"。

17. 孟子曰："无（不）为其（己）所不为，无欲其所不欲，如此而已矣。"

"不为己所不为"，有所不为，才能有为；"不欲己所不欲"，有所不欲，有守，才足以有为。

"无欲其所不欲"，不求违背本心的欲，"己所不欲，勿施于人"，为人处世，"如此而已矣"。道在近，不必求诸远。人有守，才足以有为。

18. 孟子曰："人之有德慧术知（智）者，恒存乎疢疾（疾病，患难）。

尽心上

231

"德慧术智"，"德"为要，居首。无"德"，光有"慧""术""智"，就会有所偏。缺"德"，不能养"慧"，哪有"术""智"？不学无术，无慧无智。

"疢疾"，包括心理病痛、患难。"恒存乎疢疾"，常怀"戒慎恐惧"，几经磨炼，培养"德慧术智"，"不经一番寒彻骨，哪得梅花扑鼻香？"

"独（唯有）孤臣孽子，其操心（自持其心）也危（正），其虑患也深，故达（练达）。"

焦循："孤孽自危，故能显达；膏粱难正，多用沉溺：是故在上不骄。"

"孤臣"：一、国将亡，无外援；二、放逐于远方者。"孽子"，姨太太所生儿子，在旧家庭中极不受重视。

"其操心也危"之"危"：一、正，"邦有道，危言危行"（《论语·宪问》）；二、危，"人心惟危"。

"其虑患也深"之"虑"：虑深通敏，在患难中练达智慧。

操心危，虑患深，"吉凶与民同患"，与民同忧患。"故达"，能通达事理，练达时务，己达达人。

人必于患难中才能练达。"世事洞明皆学问，人情练达即文章"，事非经过不知难！

19. 孟子曰："有事君人者，事是君则为容悦者也。有安社稷臣者，以安社稷为悦者也。有天民者，达可行于天下而后行之者也。有大人者，正己而物正者也。"

焦循："容悦凡臣，社稷股肱。天民行道，大人正身。凡此四科，优劣之差。"

"天民"，"予，天民之先觉者"，以天下为己任，"达可行于天下而后行之者也"。

"大人者"，"与天地合其德"；"正己而物正"，尽己之性而后能尽人之性、尽物之性，"君子笃恭而天下平"。

20. 孟子曰："君子有三乐，而王天下不与存焉。父母俱存，兄弟无故，一乐也。仰不愧于天，俯不怍于人，二乐也。得天下英才而教育之，三乐也。君子有三乐，而王天下不与存焉。"

焦循："保亲之养，兄弟无他，诚不愧天，育养英才，贤人能之，乐过万乘。"

"王天下不与存焉"，此非每人皆能致。"舜有天下，选于众，举皋陶，不仁者远矣"，当天子不在三乐中。

"父母既存"，父母健在时千万要顺，以顺为孝。"祭之丰，不如养之薄也"，"子欲养而亲不在"，想想自己每天对父母如何？应有自愧心。"兄弟无故"，兄弟，一奶同胞，必要彼此忍耐些。兄弟怡怡，彼此尊敬，表现自己的修为，没有纷争，怎可视如寇仇？懂得孝，必爱父母所爱者，即爱兄弟。恕道是对别人言，非对兄弟言，兄弟得和乐。

"仰不愧于天，俯不怍于人"，俯仰之间，不愧不怍。向自己的良知算账，做事要对得起良知。

"得天下英才而教育之"，造就天下英才，使成大器。

尽心上

孔子是"有教无类"，普及教育，因为只要是"人"就有希望。

21. 孟子曰："广土众民，君子欲之，所乐不存焉。

"广土众民"，有土地，有人民，"君子欲之"，乃所"欲"，不是所乐，"所乐不存焉"。

"中天下而立，定四海之民，君子乐之，所性不存焉。

"中天下而立，定四海之民"，是"乐之"，形之于外，不是性之所存，"所性不存焉"。

"君子所性，虽大行不加焉，虽穷居不损焉，分定故也。

"所性，虽大行不加焉，虽穷居不损焉"，性乃与生俱有，"分定故也"，性分无所增减，"诚于中，形于外"。

"君子所性，仁、义、礼、智根于心；其生色也，睟（粹）然见（现）于面，盎（盈）于背，施（流露）于四体（动作周旋），四体不言而喻。"

"仁、义、礼、智根于心"，是心，也是性；"其生色也，睟然见于面，盎于背，施于四体，四体不言而喻"，有诸内而后形诸外，流露于动作周旋之际，形于容颜、仪态、动作之间，"诚则形，形则著，著则明，明则动，动则变，变则化；惟天下至诚为能化"（《中庸》）。

22. 孟子曰："伯夷辟（避）纣，居北海之滨，闻文王作，兴曰：'盍归乎来！吾闻西伯善养老者。'太公（姜尚）辟纣，居东海之滨，闻文王作，兴曰：'盍归乎来！吾闻西伯善养老者。'天下有善养老，则仁人以为己归矣。

"西伯善养老"，"盍归乎来"，仁人以为自己之所归。

"五亩之宅，树墙下以桑，匹妇蚕（动词，养蚕）之，则老者足以衣（yì，动词，穿）帛矣。五母鸡、二母彘，无失其时，老者足以无失肉矣。百亩之田，匹夫耕之，八口之家可以无饥矣。

焦循："王政普大，教其常业，各养其老，使不冻馁。"

孟子的社会理想。

"所谓西伯善养老者，制其田（百亩之田）里（五亩之宅），教之树畜，导其妻子，使养其老。五十非帛不暖，七十非肉不饱。不暖不饱，谓之冻馁。文王之民，无冻馁之老者，此之谓也。"

"五十非帛不暖，七十非肉不饱"，养老，使之温饱。
孟子"老吾老，以及人之老；幼吾幼，以及人之幼"，有层次，有差别，是升平世的初步；孔子"不独亲其亲，不犹子其子"，入太平世，进大同。两者境界不同。

23. 孟子曰："易（治）其田畴（地增加），薄其税敛（轻税收），民可使富也。

此儒家古时之经济政策，民生问题最为重要。
"易其田畴"，重整土地，增加耕地，"正经界"，"制民之产"；

"薄其税敛"，轻徭薄赋。先"富之"，富民政策。

"食之以时（时食，不浪费），**用之以礼**（食用舒），**财不可胜用**（财有余）**也。**

"食之以时"，"时食"，不浪费；"用之以礼"，用之舒；"财不可胜用"，财有余。

《大学》理财的大道："生之者众，食之者寡，为之者疾，用之者舒，则财恒足矣"。

"民非（离开）**水火不生活，昏暮**（早晚）**叩人之门户求水火，无弗与者，至足矣。圣人治天下，使有菽**（豆类总称）**粟**（米类总称）**如水火；菽粟如水火，而民焉有**（岂有）**不仁者乎?"**

焦循："教民之道，富而节用，蓄积有余，焉有不仁? 故曰'仓廪实知礼节'也。"

此大同世的经济制度。

"民非水火不生活"，水火，人日常生活所必需，"昏暮叩人之门户求水火，无弗与者，至足矣"，必使足民之所需；"使有菽粟如水火"，大家都有饭吃，衣食无虞。

"菽粟如水火，而民焉有不仁者乎"? 温饱第一，否则百姓为衣食所迫，饥寒起盗心，铤而走险。

"衣食足知荣辱，仓廪实知礼节"，民生为先，富而后教。

24. 孟子曰："孔子登东山（鲁国境内山）**而小鲁，登泰山**（泰山，五岳之首，位于齐鲁之间）**而小天下。**

"登东山而小鲁"，"东山"，鲁境内山，登高望远，"小鲁"，鲁就在山脚下。

"登泰山而小天下"，东岳泰山，高于东山，"横看成岭侧成峰，远近高低各不同"，愈登愈高，所见愈广所知愈多，眼界也为之提升，"小天下"，远近大小若一。

"故观于海者难为水，游于圣人之门者难为言。

"观于海者难为水"，"海"，海浪波涛汹涌，滔滔不绝，取之不尽，用之不竭；"水"，盈科而后进，细水长流。

圣人"知进退存亡而不失其正"。"游于圣人之门"，"巽以行权"，我行权了你还不知，故"仰之弥高，钻之弥坚；瞻之在前，忽焉在后"。"难为言"，"欲罢不能，既竭吾才，如有所立卓尔，虽欲从之，末由也已"。（《论语·颜渊》）"可与适道，未可与权"，虽明理，但不能用理，追赶不上。

"观水有术，必观其澜（波澜）。日月有明，容光必照焉。

"观水有术，必观其澜"，要懂怎么观水，"见波澜之湍急，则知水有来源，所以滔滔不绝"（蒋伯潜）。

"学术"，学了，必有术，才有用。"无所不用其极"，"无入而不自得"，是儒家。孔子"战无不克"，这就是孔学。

"日月有明，容光必照"，无所不照，明照四方，去暗没有分别心，"安仁者，天下一人"。

"流水之为物也，不盈（填满）科（坑洞）不行。

尽心上

水之德，"盈科而后进"，平天下之不平。

"君子之志于道也，不成章不达。"

君子"志于道"，循序渐进，"不成章不达"，"下学上达"，"无所不用其极"，"无入而不自得"。

25. 孟子曰："鸡鸣而起，孳孳（孜孜）为善（勤勉行善）者，舜之徒也；鸡鸣而起，孳孳为利（钻营利益）者，跖（古大盗）之徒（同类）也。

"鸡鸣而起，孳孳为善者"，拼命努力为善，"舜之徒也"。"鸡鸣而起，孳孳为利者"，拼命追逐利益，"跖之徒也"。此舜与跖所以成就不同。

"欲知舜与跖之分，无他，利与善之间也。"

焦循："好善从舜，好利从跖，明明求之，常若不足，君子小人，各一趣也。"

"利与善之间"，相去不过一间，全在一念之差，端视其日常所为。

要有所不为，才能有所为，有守有为。"志如死灰，形如委衣，安精养神，寂莫无为"（《春秋繁露·立元神》），一个人必心有所主，不是天天没事找事，尽自显自露。

26. 孟子曰："杨子取为我，拔一毛而利天下，不为也。

这是大同世。

"杨子取为我"，人人为我，各尽己责。

"拔一毛而利天下，不为也"，不要人家救济，那是侮辱我。

"墨子兼爱，摩顶（摩秃头顶）**放踵**（掉光胫毛）**利天下，为之。**

"墨子兼爱"，兼爱天下，爱无差等。"摩顶放踵利天下，为之"，天天为利天下，尽己之所能为之。

"子莫（鲁贤人）**执中，执中为近**（近于道）**之。执中无权，犹执一也。所恶执一者，为其贼**（害）**道也，举一而废百也。"**

"执中"，近于道；"执中无权"，不知权变，"犹执一也"。

"执一"，固执不变通；"贼道"，"率性之谓道"，害性，不合人性；"举一废百"，得一失多。

"君子之中庸也，君子而时中"（《中庸》），时时在中道，与时偕行，不执中固守。

27. 孟子曰："饥者甘食（易为食），渴者甘饮，是未得饮食之正也，饥渴害之也。

"饥者甘食"，人在饥饿时吃什么都感到是美味。"渴者甘饮"，人在口渴时喝白开水都感到可口。

我有生以来感到最美味的，是在逃难时一老太婆给我吃虫咬的叶菜。

"是未得饮食之正也"，不是平时的饮食正味，"饥渴害之也"。

尽心上

"岂惟口腹有饥渴之害，人心亦皆有害。人能无以饥渴之害为心害，则不及人不为忧矣。"

焦循："饥不妄食，忍情抑欲，贱不失道，不为苟求：能无心害，夫将何忧？"

"人心亦皆有害"，推之人心，亦有所害，"心不在焉，视而不见，听而不闻，食而不知其味"（《大学》）。所以要诚意正心。

"不及人不为忧"，不必以不及人为忧。

28. 孟子曰："柳下惠不以三公易（变）其介（操守）。"

焦循："柳下惠不恭，用志大也。无可无否，以贱为贵也。"

柳下惠，"圣之和者"，"发而中节谓之和"。

"三公"，太师、太傅、太保。"介"，"其介如石"（《易·豫》），当断则断，界线分明，有操守，不因别人而改变。

29. 孟子曰："有为者（有所作为者），辟（譬）若掘井；掘井九轫（八尺）而不及（达）泉，犹为弃井也。"

焦循："为仁由己，必在究之。九轫而辍，无益成功，《论》之一篑，义与此同。"

"有为"譬如"掘井"，掘至"九轫"仍"不及泉"，就此放弃，则形同"弃井"，功亏一篑，前功尽弃。

读书没读到全，犹如弃井；学外语，亦如是。多学会一门外语，就如同为自己多开辟一新天地，可以多知天下事。不懂外语，那只有望书兴叹了！

30. 孟子曰："尧、舜，性之（安仁）也；汤、武，身之（复性）也；五霸，假之（假仁）也。久假而不归，恶（怎）知其非有也。"

焦循："性之，性好仁，自然也；身之，体之行仁，视之若身也。"

"尧、舜，性之也"，《中庸》："成己仁也，成物知也。性之德也，合外内之道也，故时措之宜也。"《春秋繁露·深察名号》："如其生之自然之资，谓之性。"率性、安仁，"安仁者，天下一人（《礼记·表记》）"，以德治国，有德者王，"仁政"的标准。

"汤武，身之也"，高诱云："身君子之言，体行君子之言也。"（高诱注《淮南子·缪称训》）"汤、武，身之也"，复性，克己复礼行仁，"小康"的代表。

"五霸，假之也"，假仁者霸，是诸侯之长。

"久假而不归"，假能持久，亦不容易！"久假而不归"，焉知已非真有？久假成真，真真假假，假假真真。

焦循："仁在性体，其次假借，用而不已，实何以易，在其勉之也。"

31. 公孙丑曰："伊尹曰：'予不狎（习见）于不顺。'放太甲于桐（地名），民大悦。太甲贤，又反（迎回）之，民大悦。

"予不狎于不顺"，看不惯不合理的行为。

"贤者之为人臣也，其君不贤，则固可放与？"

问："贤者是为人臣，国君不贤，可以将他流放？"

尽心上

241

孟子曰："有伊尹之志则可，无伊尹之志则篡也。"

焦循："忧国忘家，意在出身，志在宁君，放恶摄政，伊、周有焉。凡人志异，则生篡心也。"

答："有伊尹之志就可放，无伊尹之志就是篡。"

志，心之所主，"原心定罪"，行权必反经。

32. 公孙丑曰："《诗》（《国风·伐檀》）**曰：'不素餐兮！'君子之不耕而食，何也？"**

孟子曰："君子居是国也，其君用之，则安富尊荣；其子弟从之，则孝弟忠信。'不素餐兮'，孰大于是？"

焦循："君子正己，以立于世。世美其道，君臣是贵，所遇者化，何'素餐'之谓？"

"不素餐兮！""不尸位素餐"，在其位，必谋其政。

做学生的，必读好书，尽学生的责任；做老师的，必把学生教明白，不误人子弟；当公务员的，必勤力从公，尽自己的职责。

人人素其位而行，在位谋政，国家社会焉能不上轨道？

33. 王子垫（齐王之子）**问曰："士何事？"**

"士"，《说文》云"事也"，"士者事也，任事之称也"（《白虎通·爵》）。最低阶公务员，为国家做事。

孟子曰："尚志。"

"士尚志"，"志"，心之所主。士要崇尚己志。

曰："何谓尚志？"

曰："仁义而已矣。杀一无罪，非仁也；非其有而取之，非义也。居恶在（守何在）？仁是也；路恶在（行何在）？义是也。

焦循："人当尚志，志于善也。善之所由，仁与义也。"

"仁义而已矣。杀一无罪，非仁也"，仁者不杀无罪。但有罪者必杀之，为天下除害，"圣人贵除天下之患"。

"非其有而取之，非义也"，"义，宜也"，不取不义之财，不是你的，不该有的，都包含在内。

"居恶在？仁是也"，守仁；"路恶在？义是也"，行义。

"居仁由义，大人之事备矣。"

"居仁由义"，立身依仁，"依于仁"（《论语·述而》）；行事由义，"无适也，无莫也，义与之比"（《论语·里仁》）。

"大人者，与天地合其德"，由"士"到"大人"了，故曰"大人之事备矣"！

士，尚志、依仁、由义。学大人之志，自此入手。

34. 孟子曰："仲子（陈仲子），不义与之齐国而弗（不）受，人皆信之，是舍箪食豆羹之义也。人莫大焉（于）亡（无）亲戚、君臣、上下。以其小（小廉）者信其大（大节）者，奚可哉？"

焦循："事有轻重，行有大小，以大包小可也，以小信大，未之闻也。"

"以其小者信其大者"，岂可以其小廉而信其大节！

35. 桃应（孟子弟子）问曰："舜为天子，皋陶为士（狱官），瞽瞍杀人，则如之何？"

舜为天子，皋陶为狱官长，"舜有天下，选于众，举皋陶，不仁者远矣"，"贤者在位，能者在职"。

"瞽瞍"，舜的父亲。"瞽瞍杀人，则如之何"，舜与皋陶应如何？

孟子曰："执（依法执行）之而已矣！"

皋陶是执法者，"执之而已矣"，依法执行任务。

"然则舜不禁（禁止）与？"

舜不禁止皋陶执法吗？

曰："夫舜恶（怎）得而禁之！夫有所受之（受命执法）也。"

舜怎能禁止皋陶？皋陶是他所任命的法官。

"然则舜如之何？"

那舜该怎么处理"瞽瞍杀人"这件事？

曰："舜视弃天下犹弃敝蹝（破鞋）也。窃（私自）负（驮在背）而逃，遵（循）海滨而处（居住），终身䜣（xīn，欣）然，乐而忘

天下。"

焦循："奉法承天，政不可枉。大孝荣父，遗弃天下。"

天下不比父亲重要，"舜视弃天下犹弃敝蹝也"。

背着父亲远逃，居住于滨海之处，终身欣然，乐而忘天下。

此章讲古人的法治观，国法重于私情，不可以徇私枉法。

舜与皋陶两人都守法。舜"大孝尊亲"，弃天下如敝蹝，不可立法而破坏法。皋陶是执法者，必依法执法，不可以徇私枉法。

36. 孟子自（从）范（齐邑）之（往）齐（齐都），望见齐王之子。喟然（长叹）叹曰："居（环境）移气（气质），养（涵养）移体（体态），大哉居（含饮食、居住环境）乎！夫（启语词）非尽（都是）人之子与（欤）？"

焦循："人性皆同，居使之异。君子居仁，小人处利。譬如王子，殊于众品也。"

孟子望见齐王之子，叹道："不同样都是'人之子'，何以看起来会那么不同？"

"居移气，养移体"，"气"，气质；"体"，体态、体质。环境能改变一个人的气质，有涵养功夫，有好的修养，能改变一个人的体质、体态。

"大哉居乎"，人的饮食、居住环境太重要了！

一个人如保养得好，可以保持自己的体态。必自小培养，至少也要在年轻时好好培养自己，改变自己的气质、体态。

尽心上

孔子的气质："望之俨然，即之也温"，"温、良、恭、俭、让"。

气质绝不是一天修养成的，最重要的是生活环境，环境的力量，环境对人的影响太大了！

孟子曰："**王子**（泛指王子、王孙、公子）**宫室、车马、衣服多与人同，而王子若彼者**（气质），**其居使之然也。况居**（守）**天下之广居者乎**？

焦循："舆服器用，人用不殊，尊贵居之，志气以舒。是以居仁由义，盎然内优，胸中正者，眸子不瞀（mào，乱）也。"

"王子宫室、车马、衣服多与人同"，"而王子若彼者，其居使之然也"，王子气质出众，是有好环境培养所致。好的环境，不在环境大小，而在心胸大小。

"况居天下之广居"，从王子到国君都如此，何况是有"守天下"之责的天子？

"**鲁君之**（往）**宋，呼**（怒而发声）**于垤**（dié）**泽**（宋城门名）**之门，守者曰：'此非吾君也，何其声之似我君也？'此无他，居相似也。**"

鲁君到宋，叫开城门。守门的人心想："这不是我国君，何以他的声音，与我国君如此相像？"因为都有气势！

"此无他，居相似也"，没别的原因，就因为两人的环境相似。"居相似"，环境相似，气质亦相似。

"居移气，养移体"，人的一举一动重要，"动容貌，斯远暴慢矣；正颜色，斯近信矣；出辞气，斯远鄙倍矣"（《论语·泰伯》）。

要好好修养自己，培养气质。大学生要有"大学生"的气质，不要让人看起来是"小弟"。

自此章可知怎么修自己很重要，必要培养气势，"君子不重则不威"（《论语·学而》）。

"学而时习之"，学要能习，知行合一，改变气质，理论与实际并用，适时、能用，用于环境中，在生活中实践。

37. 孟子曰："食（供养）而弗爱，豕交之（与养猪无别）也；爱而不敬，兽畜之（如同养犬马）也。恭敬者，币之未将（致送）者也。恭敬而无实，君子不可虚（虚伪外表）拘（留下）。"

焦循："取人之道，必以恭敬。恭敬贵实，虚则不应，实者谓爱敬也。"

38. 孟子曰："形色，天性也。惟圣人然后可以践形（性）。"

焦循："体德正容，大人所履，有表无里，谓之柚梓，是以圣人乃堪践形也。"

"形色"，形形色色，"形"，形体，"生之具也"（《史记·太史公自序》），身体形状；"色"，气色、脸色，面貌颜色，喜形于色。

"惟圣人然后可以践形"，因为圣人能尽性，"君子黄中通理，正位居体，美在其中而畅于四支，发于事业，美之至也"（《易·坤·文言》），将其天赋本性完全表露出来。

39. 齐宣王欲短丧（缩短三年守丧期）。公孙丑曰："为期（一年

尽心上

247

之丧，犹愈于已（止）乎？”

孟子曰：“是犹或紾（扭）其兄之臂，子谓之姑徐徐（且慢慢）云尔，亦教之孝弟而已矣。”

王子有其母死者，其傅为之请数月之丧。公孙丑曰：“若此者，何如也？”

曰：“是欲终之（服满三年丧）而不可得也，虽加一日愈于已（止），谓夫莫之禁而弗为者也。”

40. 孟子曰：“君子之所以教者五：有如时雨（及时雨）化之者，有成德（就其固有德性教导之）者，有达财（因其材而使之通达）者，有答问（就所提问题而答问）者，有私淑艾（未及门，自己修习有成）者。此五者，君子之所以教也。”

焦循：“教人之术，莫善五者。养育英才，君子所珍，圣所不倦，其惟诲人乎！”

孔子“有教无类”，对弟子“因材施教”，弟子受教方式亦不同。

41. 公孙丑曰：“道则高矣，美矣，宜若（殆若）登天然，似不可及也。何不使彼为可几及（庶几），而日孳孳（勤奋学习）也？”

孟子曰：“大匠不为拙工改废绳墨（取直法度），羿不为拙射变其彀率（张弓之度）。君子引而不发，跃如也；中道而立，能者从之。”

焦循：“曲高和寡，道大难追。然而履正者不枉，执德者不回，故曰人能弘道。"

"引而不发"，引导、启发、诱导；"不愤不启，不悱不发"，"举一隅不以三隅反，则不复也"（《论语·述而》）；"跃如也"，"跃"，迅也、上也、进也，是自己用劲，"或跃在渊"，鲤鱼跃龙门。

"中道而立"，无过与不及，立于中；"能者从之"，只要是能者，自能跟上。"人能弘道，非道弘人。"（《论语·卫灵公》）

"非不能，是不为也"，能与不能，就在每个人了。

42. 孟子曰："天下有道，以道殉（从）身；天下无道，以身殉道。未闻以道殉乎人者也。"

> 焦循："穷达卷舒，屈伸异变，变流从顾，守者所慎，故曰金石独止，不殉人也。"

"天下有道"，天下有道时，"以道殉身"，我即道的表率。把道化于我身上，我就是道的化身。道就是我，我就是道。

"天下无道"，天下无道时，无人弘道，即道亡，得"人能弘道"，"以身殉道"，为道牺牲，我为道的象征，"杀身以成仁"。

"未闻以道殉乎人者也"，为某人而牺牲了道，此"以道殉人"，枉道，偏离正道以迁就他人，助人为恶者。

道的标准，《易·观》之义："观天之神道，而四时不忒，圣人以神道设教，而天下服矣。"

43. 公都子曰："滕更（滕君之弟）之在门（在门下受业）也，若在所礼（在所应礼待之列）；而不答，何也？"

孟子曰："挟贵（自恃尊贵）而问，挟贤而问，挟长而问，挟有勋劳而问，挟故（故交）而问，皆所不答也。滕更有二（有其二）焉。"

44. 孟子曰："于不可已（止）而（能）已者，无所不已；于所厚（亲人、恩人）者薄（苛待），无所不薄也。

"于不可已而已者"，对不可止的事都可以止，说不做就不做，那就没有什么不可止了，"无所不已"。

"于所厚者薄"，对应该厚待的亲人、恩人尚且刻薄对待，那为人就"无所不薄"了！

"其进锐者，其退速。"

"其进锐者"，急于速成，后继无力；"其退速"，很快就退下了！

45. 孟子曰："君子之于（对于）物（物、事）也，爱之而弗仁（天地不仁）；于民也，仁之（一视同仁）而弗亲（爱有差等）。亲亲而（能）仁民，仁民而爱物。"

焦循："君子布德，各有所施，事得其宜，故谓之义也。"

"君子之于物也"，仁者爱人，不杀；但为了饮食，必打猎，就"爱而不仁"了！

"于民也，仁之而弗亲"，对人民仁爱之，但不同于对亲人之亲，因为爱仍有差等。

"亲亲"，亲其亲，"老吾老，幼吾幼"，孝慈；"而仁民"，仁其民，"老吾老以及人之老，幼吾幼以及人之幼"，推己及人。

"仁民而爱物"，能"仁民"而后能"爱物"，民先物后，"物有本未，事有终始，知所先后，则近道矣"。

46. 孟子曰："知﹝智﹞者无不知也，当务之为急﹝该做的，专心致志﹞；仁者无不爱也，急亲贤之为务。

"智者无不知也"，但"当务之为急"，急所"当务"，事有先后、轻重、缓急。

人的智慧有限，不要尽是扯闲。"当务之为急"，该用心做就得去做。每天应有当务，急所当务，心有余力了，再做别的。

"仁者无不爱也"，但有层次，"急亲贤之为务"，以"亲贤"为第一要义。

"尧舜之知而不遍物，急先务也；尧舜之仁不遍爱人，急亲贤也。

焦循："振裘持领，正罗维纲。君子百行，先务其崇。是以尧舜亲贤，大化以隆道为要也。"

尧、舜虽是大智者，但也不可能应所有的人、事、物；"急先务也"，急所先务，当务之为急。

做事千万不要舍本逐末，"知所先后，则近道矣"。明天要做的事，今天就应准备好，才不会临渴掘井，老出差错。出门该带的东西要早准备好，一个"先"字，先备着。这是生活，也是智慧，能用得上。

以尧、舜这样的仁君，也不能普遍爱所有的人；"急亲贤也"，急于"亲贤"，是要"养贤以及万民"（《易·颐》），"举皋陶，不仁者远矣"，服务大众，解决问题。所以，"尧以不得舜为己忧，舜以不得禹、皋陶为己忧"。

"不能三年之丧（父母之丧），而缌（sī，三个月丧服）、小功（五个月丧服）之察（研究）。放饭（大口吃）流歠（chuò，大口喝），而问（讲究）无齿决（用牙咬断干肉）：是之谓不知务。"

"不能三年之丧"，不能服父母之丧；"而缌、小功之察"，细究是否做好缌、小功。不能察己过，而细究别人之过。

"放饭流歠"，在长辈面前狼吞虎咽、大吃大喝是大不敬，"而问无齿决"，却偏偏讲究用牙齿咬断干肉的小礼节，这叫作不知当务之急。

每天吃饭喝汤，却不省察自己吃饭的模样，不知生活规范，连怎么穿衣、戴帽、拿筷子、端碗盘都不会。许多人每天过活不就如此？有几个人用心生活了？一切都有定规，有当务之急。

47. 孟子曰："不仁哉，梁惠王也！仁者，以其所爱及其所不爱；不仁者，以其所不爱及其所爱。"

公孙丑问曰："何谓也？"

"梁惠王以土地之故，糜烂（烂如粥糜）其民而战之，大败；将复（复战）之，恐不能胜，故驱（驱使）其所爱子弟以殉（送命）之。是之谓以其所不爱及其所爱也。"

48. 孟子曰："《春秋》无义战；彼善于此，则有之矣。征者，上伐下也，敌国不相征也。"

焦循："《春秋》拨乱，时多争战，事实违礼，以文反正，征伐诛讨，不自王命，故曰无义战。"

"《春秋》无义战"，"比之诈战，则谓之义；比之不战，则谓之不义"（《春秋繁露·竹林》）。"善战者，服上刑。"（《孟子·离娄上》）

"彼善于此，则有之矣"，"战不如不战，然而有所谓善战"（《春秋繁露·林竹》），《春秋》恶诈战，善偏战。"诈战"，则出其不意，伤害尤多；"偏战"，结日而战，有忿不加暴之义。

"征者，上伐下也"，"征者，正也"，以至正伐不正，是为天下除害。

"敌国不相征"，敌对国家，不可以相互争伐。

49. 孟子曰："尽信《书》，则不如无《书》。

"尽信《书》，不如无《书》"，要懂得思考，此善读书者。

"吾于《武成》，取二三策而已矣。仁人无敌于天下；以至仁伐至不仁，而何其血之流杵也？"

焦循："文之有美过其实，圣人不改，录其意也。非独《书》云，《诗》亦有言。"

《武成》，《尚书》之篇名，"武王伐殷。往伐归兽，识其政事，作《武成》。"

读《武成》，"取二三策而已矣"，言不可尽信，因为"尽信书，不如无书"。

"策"，竹简，在没纸的时代使用竹简。孔子读《易》"韦篇三绝"，用功之勤，致使编联竹简的皮绳多次脱断。

"仁人无敌于天下"，仁者无敌。《尚书·武成》"会于牧野。罔有敌于我师，前徒倒戈，攻于后以北，血流漂杵"，说是"以至仁伐至不仁"，然杀人之多致"血流漂杵"，是何其不仁也。

50.孟子曰："有人曰：'我善为陈（阵），我善为战。'大罪也。

"我善为阵，我善为战"，善战者服上刑，"大罪也"。

"国君好仁，天下无敌焉。南面而征北狄怨，东面而征西夷怨。曰：'奚（何）为后我（将我置后）？'

焦循："民思明君，若旱望雨，以仁伐暴，谁不欣喜？"

"国君好仁"，仁者爱人，无不爱，"仁者无敌"，根本没有敌人，焉用杀？

"南面而征北狄怨，东面而征西夷怨。曰："奚为后我？"因为救民于水火。

"武王之伐殷也，革车三百两（辆），虎贲（猛士）三千人。

《尚书·牧誓》："武王戎车三百两，虎贲三百人，与受战于牧野，作《牧誓》。"

"王曰：'无畏，宁（安抚）尔也，非敌（敌对）百姓也。'若崩（山崩）厥角（额首）、稽首（伏地叩拜不已）。

"征之为言正也，各欲正己也，焉用战？"

"征之为言正也"，"征犹正也，欲言其正也"（《白虎通·诛伐》）。"征者，正也"，必先自正，而后能正人，"子帅以正，孰敢不正"（《论语·颜渊》）。

"各欲正己也，焉用战"，欲正己，哪用得上战争？

51. 孟子曰："梓匠轮舆，能与人规矩，不能使人巧。"

焦循："规矩之法，喻若典礼，人不志仁，虽诵典宪，不能以善。善人修道，公输守绳，政成器美，惟度是应，得其理也。"

"梓匠轮舆"，梓人、匠人、轮人、舆人之授徒。

"能与人规矩，不能使人巧"，"中道而立，能者从之"，巧妙全在心悟，默而识之的功夫，"师父领进门，修行在个人"。

52. 孟子曰："舜之饭〔吃〕糗〔qiǔ，干粮〕茹〔吃〕草也，若将终身〔终身如是〕焉。及其为天子也，被〔披〕袗〔珍袋〕衣，鼓琴〔以协音律〕，二女果〔媒，服侍〕，若固有之〔不改常态〕。"

焦循："陋穷不悯，贵而思降，凡人所难。虞舜独降圣德，所以殊者也。"

"若固有之"，安之若素，不慕乎外，不以富贵易其心，"素富贵行乎富贵"。

53. 孟子曰："吾今而后知杀人亲之重也。杀人之父，人亦杀其〔己〕父；杀人之兄，人亦杀其兄，然则非自杀之也，一间耳〔极相近罢了〕！"

焦循："恕以行仁，远祸之端。暴以残民，招咎之患。是以君子好生恶杀，反诸身也"。

"知杀人亲之重也"，古人"父母之仇，不共戴天"。

"杀人之父，人亦杀己父；杀人之兄，人亦杀己兄"，杀人之亲，人亦杀之。

"非自杀之也，一间耳"，等同于自杀。冤冤相报，何时了？

54. 孟子曰："古之为关（关卡）也，将以御暴（抵御残暴）。今之为关也，将以为暴。"

"古之为关"，以前设立关卡，目的在"将以御暴"，边关"稽而不征"。

"今之为关也，将以为暴"，今天设关征敛捐税，阻难行旅，暴虐人民。

55. 孟子曰："身不行道，不行于妻子；使人不以道，不能行于妻子。"

焦循："率人之道，躬行为首。《论语》曰：其身不正，虽令不从。"

"身不行道，不行于妻子"，夫妻、子女之近，你的行为，对方无不知。

"使人不以道，不能行于妻子"，"其身不正，虽令不从"（《论语·子路》）。

"修身齐家"，"刑于寡妻，至于兄弟，以御于家邦"，一部《大学》以修身为本，本立而道生。

56. 孟子曰："周（足）于利者，凶年不能杀（饿杀）；周于德者，邪世不能乱（乱其志）。"

焦循："务利蹈奸，务德蹈仁，舍生取义，其道不均者也。"

"周于利者"，积财足，"凶年不能杀"，虽遇凶年，亦不致饿死。

"周于德者"，积德足，"邪世不能乱"，虽处邪世，不能乱其志。

"积善之家，必有余庆"，积之厚则用有余；"积不善之家，必有余殃"，积不善，必有遗留的灾祸。

应注意自己平时的修养，要修德，自求多福。

57. 孟子曰："好名之人，能让千乘之国；苟（诚）非其人，箪食豆羹（得失喜怒之情）见（现）于色。"

焦循："廉贪相殊，名亦卓异，故闻伯夷之风，懦夫有立志也。"

"好名之人，能让千乘之国"，"好名"，矫情干誉。这样的人能辞让中等的诸侯国。

"苟非其人"，本非真能轻富贵之人，"箪食豆羹见于色"，有时为了一箪食、一豆羹，得失喜怒之情就从脸色流露出来！

此章告诉人：观人，必于其微。"苟非其人，道不虚行"（《易·系辞下传》），"苟不至德，至道不凝焉"（《中庸》）。

58. 孟子曰："不信仁贤，则国空虚（无人）。"

"不信仁贤，则国空虚"，"亡国之廷，无人焉"（《韩非子·有度》），"君不能使臣，虽有城郭，名曰虚邑"（《春秋繁露·立元神》），空无一人，"阒其无人"（《易·丰》）。

"无礼义，则上下乱。无政事，则财用不足。"

焦循："亲贤正礼，明其五教，为政之源，圣人以三者为急也。"

"无礼义"，"上无礼，下无学"，"则上下乱"，"贼民兴，丧无日矣"（《孟子·离娄上》）。

"无政事"，不知生财之道，取用无度、无节，出多入少，"则财用不足"，财用当然不足！

59. 孟子曰："不仁而得国者，有之矣；不仁而得天下，未之有也。"

焦循："王者当天，然后处之。桀、纣、幽、厉，虽得犹失，不以善终，不能世祀，不为得也。"

"不仁而得国者，有之矣"，历代家天下，父死子继，兄终弟及，不必有仁、有德。

"不仁而得天下，未之有也"，缺德，所以国祚短。

60. 孟子曰："民为贵，社稷次之，君为轻。

"社"，土神；"稷"，谷神。社稷坛，农业时代最重要的象征，以"社稷"代表国家。"君"，统治者。

"民贵"思想是孟子思想最重要之处，不同于历代帝王家天下思想，为师说所在。《春秋》重人，诸讥皆本此"（《春秋繁露·俞序》），重人即重民。

但孟子有时就做诸侯的护符，有些地方根本无伦次。所以"亚圣"比不上"至圣"。

"是故得乎丘民（民众）而为天子，得乎天子为诸侯，得乎诸侯为大夫。

焦循："得民为君，得君为臣，民为贵也。"

"得乎丘民而为天子"，得百姓，"涣有丘"（《易·涣》），得民心者得天下。

"得乎天子为诸侯"，分封为诸侯，天子的斥候。

"得乎诸侯为大夫"，大夫，辅诸侯。"大夫之为言大扶。扶，进人者也。"（《白虎通·爵》）

"诸侯危（害）社稷，则变置（另立诸侯）。

"诸侯危社稷"，诸侯危害国家，"则变置"，就另立诸侯。

《春秋》"退诸侯"（《史记·太史公自序》），荀子"上下易位，然后贞"（《荀子·臣道》）。

"牺牲（祭祀用的牲畜）既成，粢盛（祭品）既絜，祭祀以时（荐时食），然而旱干（旱灾）水溢（水灾），则变置社稷（另选社稷神）。"

焦循："先黜诸侯，后毁社稷，君为轻也。重民敬祀，治之所先，故列其次而言之。"

"牺牲既成，粢盛既絜，祭祀以时"，按时祭祀社稷神。

"然而旱干水溢"，社稷神根本不能保护人民，"则变置社稷"，另选社稷神。

这是中国思想之所在，"民贵"，民至上。

61. 孟子曰："圣人，百世之师（作之师，万世师表）也；伯夷、柳下惠是也。

"圣人"，战胜自己，"百世之师"，"作之师"，万世师表；"伯夷、柳下惠是也"。

"故闻伯夷之风者，顽夫廉，懦夫有立志；闻柳下惠之风者，薄夫敦，鄙夫宽。奋乎百世之上，百世之下，闻者莫不兴起也。非圣人而能若是乎？而况于亲炙之者乎？"

焦循："伯夷、柳下惠，变贪厉薄，千载闻之，犹有感激，谓之圣人，美其德也。"

"奋乎百世之上，百世之下，闻者莫不兴起也"，百代以下听闻其风范，无不感动奋发而起。"非圣人而能若是乎"，不是圣人能够如此？"而况于亲炙之者乎"，何况是亲自受到圣人教化的人？

亲炙弟子，亲身受教育、受熏陶者。

62. 孟子曰："仁也者，人也；合而言之，道也。"

焦循："仁恩须人，人能弘道也。"

"仁者，人也"，是人性的表现。"仁"，二人相偶，与人处得好，即仁。

"合而言之，道也"，仁与人合言，就是道。"道也者，不可须臾离也；可离，非道也"（《中庸》），"率性之谓道"，按人性做事，不"人之为道"，是人性的表现。

人人皆有人性，都想过上美好的生活，不要做违背良知的事，而侵害了"仁"。人要深省，常生惭愧心，才能进步。

仁者爱人，仁者无不爱也。"仁者无敌"，多美的思想！应再造华夏思想，"以夏学奥质，寻拯世真文"，为人类谋幸福。

63. 孟子曰："孔子之去鲁，曰：'迟迟吾行也。'去父母国之道也。去齐，接淅而行，去他国之道也。"

此章重出。

64. 孟子曰："君子之厄（困厄）于陈、蔡之间，无上下之交也。"

焦循："君子固穷，穷不变道。上下无交，无贤援也。"

65. 貉稽（北方人种名）曰："稽大不理（赖，利也）于口。"

"不理于口"，不利于众口，为众口所讪笑。

孟子曰："无伤（何妨）也。士憎（增）兹（滋）多口。

焦循："正己信心，不患众口。众口喧哗，大圣所有，况于凡品之所能御？故答貉稽曰无伤也。"

"无伤也"，何妨；"士增滋多口"，求理于口，徒兹多口。

《诗》（《邶风·柏舟》）云：'忧心悄悄，愠于群小。'孔子也。

"忧心悄悄，愠于群小"，忧虑不安，为众小人所怨。

（《大雅·绵》）'肆（发语词）不殄（tiǎn，绝）厥愠（怒在心），亦不殒（yǔn，坠）厥问（聘）。'文王也。"

朱注引尹氏曰："言人顾自处如何，尽其在我者而已。"

"肆不殄厥愠，亦不殒厥问"，既不能消除对方的怒，那就尽其在我！

做人做事，只要尽其在我，但求无愧于心，又何必在乎别人议论、说三道四！

66. 孟子曰："贤者以其（己）昭昭（聪明智慧），使人昭昭。今以其昏昏（不明义理），使人昭昭。"

焦循："以明招暗，暗者以开；以暗责明，暗者愈迷。贤者可遵，讥今之非也。"

"贤者以其昭昭"，贤者使己明，再以己之明使人也能明。

"今以其昏昏，使人昭昭"，自己不明义理，却要使人明白义理，哪有这个道理？

《易·晋》"明出地上，君子以自昭明德。""自昭"，自明。

今天，许多人不读"四书"，却教"四书"，能教明白？

67. 孟子谓高子曰："山径之蹊间（人行处），介然（坚定不移貌）用（由）之而成路。为间（小路）不用，则茅塞之（杂草丛生）矣。今茅塞子之心矣。"

焦循："圣人之道，学而时习。仁义在身，常常被服。舍而弗修，犹茅是塞。明为善之不可倦也。"

"山径之蹊间，介然用之而成路"，山径蹊间，人们经常走，走久了就成路。

"为间不用，则茅塞之矣"，小路无人行走，久了就杂草丛生。

"今茅塞子之心矣"，为学亦然，一曝十寒，也就茅塞其心了！只要用心，能持之以恒，就没有走不通的路。

68. 高子曰："禹之声，尚（过）文王之声。"

孟子曰："何以言之？"

曰："以追（钟纽）蠡（lǐ，虫咬过，钟纽欲断貌）。"

"蠡"，虫蛀木，引申为器物经久磨损，欲断未断的样子，又引申为蠡见，蠡酌管窥。

高子以禹和文王所用的钟做比较，说禹钟的纽如虫咬过，将要断的样子，可见用得多，而文王的钟没有这种情形，应是不常用。

曰："是奚足（足证）哉？城门之轨，两马之力与？"

孟子说："这怎么能够证明？如城门下车辙迹深，是经过的车子多，不是两马之力造成的。"

69. 齐饥。陈臻曰："国人皆以夫子将复为发棠（赈济），殆（恐怕）不可复？"

孟子前请齐王发棠邑之仓，赈济百姓。这回齐国又饥荒，齐国人以为孟子将再次去请齐王开仓赈济，但陈臻猜想说，此次应不可复行。

孟子曰："是为冯妇（一勇士）也。晋人有冯妇者，善搏（空手击杀）虎，卒为善士。则之野，有众逐虎。虎负嵎（yú，在山曲处蹲着），莫之敢撄（触犯）。望见冯妇，趋而迎之。冯妇攘（撸起袖子）臂下车。众皆悦之，其为士者笑之。"

孟子举冯妇复搏虎为例。

晋人有冯妇者，以打老虎著名。后来不再打老虎，成为善士。有次他到野外，许多人在追老虎。老虎蹲在山曲处，耽耽而视，没人敢触犯它。众人见冯妇来，喜而迎接。冯妇撸起袖子，伸出胳膊下车。大家都很兴奋，而在的旁有识之士就笑了。

孟子表明量力而行，不复请齐王发棠，否则将为有识者所笑。

朱注："疑此时齐王已不能用孟子，而孟子亦将去矣，故其言如此。"

焦循："可为则从，不可则凶，言善见用，得其时也。非时逆指，犹若冯妇，搏虎无已，必有害也。"

70.孟子曰："口之于味也，目之于色也，耳之于声也，鼻之于臭（味觉）也，四肢之于安佚（逸）也，性也。有命焉，君子不谓性也。

"口之于味，目之于色，耳之于声，鼻之于臭，四肢之于安佚"，是性，是本能。但有命在，不说是天性，所以不汲汲强求。

"仁之于父子也，义之于君臣也，礼之于宾主也，智之于贤者也，圣人之于天道也，命也。有性焉，君子不谓命也。"

焦循："尊德乐道，不任佚性；治性勤礼，不专委命。君子所能，小人所病，究言其事，以劝戒也。"

"仁之于父子，义之于君臣，礼之于宾主，智之于贤者，圣人之于天道"，有命，不能自主。但在性分之中，不诿之于命，必孜孜不倦以赴。

"在天曰命"，说是"天命"，"虽曰天命，岂非人事哉"？"在人曰性"，"人性"所在，尽其在我，尽己之性。

71. 浩生不害（齐国人）**问曰："乐正子何人也？"**
孟子曰："善人也，信人也。"

善人，"不践迹，亦不入于室"（《论语·先进》），能够自我发挥，"信人也"。

"何谓善？何谓信？"
曰："可欲之谓善，有诸（语词）**己之谓信。充实之为美，充实而有光辉之谓大，大而化之之谓圣，圣而不可知之之谓神。**

"可欲"，把欲可住，当其可。公文批"可"，照这个办。

"可欲之谓善"，当其可之欲就是善。人人皆有欲，但要欲得恰到好处，中节，不可过亦不可绝，能把欲"适可而止"。

"有诸己之谓信"，不自欺，自信，自我肯定，相信自己。有自信，别人才能相信你。

"充实之谓美"，充实就是美，实而不虚，如"虚而为盈"（《论语·述而》）就不能持久。孔子忧弟子"德之不修，学之不讲，闻义不能徙，不善不能改"（《论语·述而》）。

"充实而有光辉之谓大"，"充实"，内圣，利己；"光辉"，如日之辉暖人，己立立人，己达达人，"智者利仁"。能为民除害，"遏恶扬善"就是大。

"大而化之之谓圣"，容乃大，所过者化，化民成俗。

"圣而不可知之之谓神"，神，道之用，"妙万物而为言（然）者也"（《易·说卦》），真妙！妙不可言，妙的极境，最高的境界。

"蒙以养正，圣功也"（《易·蒙》），自养正入手。养正，可欲，自信，充实，神，到修身的至境。

"乐正子，二之中，四之下也。"

此孟子对乐正子的评价。

72. 孟子曰："逃墨（墨学）必归（归服）于杨（杨朱），逃杨必归于儒。归，斯受之而已矣。

"逃墨必归于杨，逃杨必归于儒"，可见孟子时代，杨、墨是当时的显学，与儒学鼎足而立。

"逃""归"，即不入于此即入于彼。"归，斯受之而已矣"，既从杨、墨来归，就接受他罢了。既归而又究其既往未免过甚，待之恕。

"今之与杨、墨辩者，如追放豚（逃跑的猪），既入其苙（lì，猪栏），又从而招（juàn，同"罥"，捆其四肢）之。"

孟子拒杨、墨，斥为"无君无父"。以"追放豚"为例，对迷而未返者，应以辩说，破其迷执而羁之，可谓拒之严。

焦循："驱邪反正，正斯可矣。来者不绥，追其前罪，君子甚之，以为过也。"

73. 孟子曰："有布缕之征（征税），粟米之征，力役之征。君子（当政者）用其一，缓（缓用）其二。用其二而民有殍（piǎo，饿殍），用其三而父子离（离散，不能安居）。"

焦循："原心量力，政之善者；繇役并兴，以致离殍；养民轻敛，君子道也。"

"布缕之征"，以布帛为征收形态的赋敛。"粟米之征"，以稻米等粮食为征收形态的赋敛。"力役之征"，为国家服劳役。

朱注引尹氏曰："言民为邦本，取之无度，则其国危矣。"

为政，应取之有度。

74. 孟子曰："诸侯之宝（所宝贵的）三：土地，人民，政事。宝珠玉者，殃必及身。"

三宝：地政、户政、行政。
"宝珠玉者，殃必及身"，以珠玉为宝，必殃及自身。

朱注引尹氏曰："言宝得其宝者安，宝失其宝者危。"
焦循："宝此三者，以为国珍。宝于珍玩，以殃其身。"

75. 盆成（姓）括（名）仕于齐。孟子曰："死矣，盆成括！"盆成括见（被）杀。

"死矣，盆成括"！倒装句，蒋伯潜解："盆成括将死矣！"因其人有才无德。

门人问曰："夫子何以知其将见杀？"

曰："其为人也，小有才，未闻君子之大道也，则足以杀其躯而已矣。"

焦循："小知自私，藏怨之府；大雅先人，福之所聚。劳谦终吉，君子道也。"

"小有才，未闻君子之大道"，自负有才，不知大道，胡作非为，招来杀身之祸。

有多少人不是如此？必要有修养，不要狂大无知，肆意妄为。

76. 孟子之（往）滕，馆于上宫（上等馆舍）。有业屦（未完工的麻鞋）于牖（窗）上，馆人求之弗得。

"有业屦于牖上"，有人把未完工的麻鞋放置窗上，丢失了；馆人求之不得。

或问之曰："若是乎，从者（随从）之廋（sōu，藏匿）也？"

有人怀疑是被孟子的随从藏匿。

曰："子以是为窃屦来与（欤）？"曰："殆非也。

孟子说："难道他们是为偷麻鞋来的？"又说："当然不是。"

"夫子之设科（分科教弟子）也，往者不追，来者不拒。苟以是心至，斯受之而已矣。"

以"夫子设科"做比喻。孔子"有教无类"，但设科而教。

孔门四科：德行、言语、政事、文学。以"往者不追，来者不拒"为原则。

"往者不追"，不追治前事；"来者不拒"，"与其进也，不与其退也，唯何甚！人洁己以进，与其洁也，不保其往也"（《论语·述而》），不保其将来，一切皆自求、自得。

"苟以是心至，斯受之而已矣"，诚以向道之心来，那就受之而已矣。

焦循："教诲之道，受之如海，百川移流，不得有拒。虽独窃屡，非己所绝，顺答小人，小人自咎，所谓造次必于是也。"

77.孟子曰："人皆有所不忍，达之于其所忍，仁也；人皆有所不为，达之于其所为，义也。

"达"，推此及彼。

"有所不忍，达之于其所忍""有所不为，达之于其所为"，仁义之心，人皆有之。

"人能充无欲害人之心，而仁不可胜用也；人能充无穿窬（yú，挖墙洞，做小偷）之心，而义不可胜用也。

"充"，扩充，推大开展。穿窬之心，表里不一，心术不端。

"充无欲害人之心""无穿窬之心"，"则仁义不可胜用也"。

"人能充无受尔、汝（对人轻贱之称）之实，无所往而不为义也。

"充无受尔、汝之实"，扩大不愿受别人轻贱之实，则"无所往而不为义也"。

"士未可以言而言，是以言餂（tiǎn，以舌头舐物）之也；可以言而不言，是以不言餂之也。是皆穿窬之类也。"

焦循："善恕行义，充大其美，无受尔汝，何施不可？取人不知，失其臧否，比之穿逾，善亦远矣！"

"餂之"，用舌头舐物，试看味道如何。

"未可以言而言"，尚未可以说话时而说话；"可以言而不言"，到可以说话时而不说话。这两种心态，都是在试探别人。

"是皆穿窬之类也"，都是穿逾偷窃之类。"人能充无穿窬之心，而义不可胜用也"。

读书，真能发人深省，看看自己的行为如何？以此自省、自察，有则改之，无则加勉。

78. 孟子曰："言近（浅近）而指（意旨）远（远大）者，善言也；守约（守身俭约）而施博（博施）者，善道也。

"言近而指远者"，言浅近但宗旨远大，就是"善言"。

"守约而博施者"，守身简约，舍得给别人，己所欲施于人，就是"善道"。

"守约"，绝对刻苦，少浪费；"博施"，广博施于人。博施济众，"尧舜其犹病诸"（《论语·雍也》）！

尽心下

271

"君子之言也，不下带（腰带）而道存焉。

"带"，腰带，心位于腰带以上，古人视不下带，即目前常见、至近之处。

君子之言，出于"不下带"的心，而道就存于此。道，出乎心，存乎心，"成性存存，道义之门"。

要"学而时习之"，以时习之，能用上。

"君子之守，修其身而（能）天下平。

人人皆有士君子之行，"君子笃恭而天下平"，"人人亲其亲，长其长，而天下平"，"人人奉元而天下平"，有容乃大，华夏，大同。

"人病（患）舍其田，而芸（耘）人之田。

"病"，毛病、习气，患也，"性相近，习相远也"。

人就好说，尽批评别人，而不反省自己好不好，习气不好。满街的王婆，净拨弄是非。

"所求于人者重，而所以自任者轻。"

焦循："言道之善，以心为原，当求诸己，而责于人，君子尤之，况以妄芸，言失务也。"

责己也轻，求人也重，是非不明。
要明理，才能改变气质。要扩大心胸，有容乃大。

79. 孟子曰："尧、舜，性者（率性）也；汤、武，反之（反身）也。

"尧、舜，性者也"，率性，按人性行事，不作伪，公天下思想。

"汤、武，反之也"，没按人性做事，知反省，但假惺惺。家天下思想，就为一家之私利。

"动容周旋中礼者，盛德之至也。

"动容周旋中礼者"，"动容貌，斯远暴慢矣"，都有个样子；"周旋"，中规中矩，能交际，不论行动或是表情皆"据于德"，应对合宜，"盛德之至也"。

"哭死而哀，非为生者也。

哀死者是出乎至情，非作伪给活人看。

"经（常）德不回（曲，转折），非以干（求）禄也。

"经德不回"，"经"，常也；"经德"，常德，直道而行，"人之生也直"；"不回"，不扭转，不是"得其人爵，而弃其天爵"，不为求高官厚禄、荣宠，"非以干禄也"。

"言语必信，非以正行也。

"言语必信"，说话信实，出内心之诚；"非以正行也"，不是为了表示自己品端行正。

"君子行法（依法度）以俟命（待天命）而已矣。"

焦循："君子之行，动合礼中，不惑祸福，修身俟终，尧舜之盛，汤武之隆，不是过也。"

"君子行法以俟命而已矣"，行事依法度，不贪图，守本分，不求强，"穷理尽性以至于命"；"居易以俟命"，俟命以待之而已矣。

立身之道，"言忠信，行笃敬"，尽其在我，则"虽蛮貊之邦，行矣"（《论语·卫灵公》）。

80. 孟子曰："说大人则藐（miǎo，看轻）**之，勿视其魏魏然**（权大势大貌）**。**

"说大人则藐之"，此"大人"指有权有势的人，可能是王八蛋；"勿视其魏魏然"，不必看他一副权大势大的样子。

"堂高数仞（八尺一仞）**，榱**（cuī，屋椽）**题**（头）**数尺，我得志弗为**（志不在此）**也；食前方丈**（排列甚多）**，侍妾数百人**（姬妾之多）**，我得志弗为也；般乐**（任性纵乐）**饮酒，驱骋**（驱策驰骋）**田猎，后车千乘**（随从众多）**，我得志弗为也。**

"堂高数仞，榱题数尺"，住宅富丽堂皇；"食前方丈，侍妾数百人"，饮食讲究，场面气派；"般乐饮酒，驱骋田猎，后车千乘"，狂欢纵乐，随从众多。这些，我一旦得志了也不为。

"在彼者，皆我所不为也；在我者，皆古之制（古圣先贤法度）**也，吾何畏彼哉！"**

焦循："富贵而骄，自遗咎也。茅茨采椽，圣尧表也。以贱说贵，惧有荡心，心谓彼陋，以宁我神，故以所不为为之宝玩也。"

"在彼者，皆我所不为也"，他们的所作所为，都是我所"不为"的；"在我者，皆古之制"，我所守的皆"古之制"，古圣先贤的法度。

"吾何畏彼哉"，我一旦得志，亦有所不为，又何所惧于他们！

81. 孟子曰："养心莫善于寡（少）欲。其为人也寡欲，虽有不存焉者，寡矣；其为人也多欲，虽有存焉者，寡矣。"

焦循："清净寡欲，德之高者；畜聚积实，秽行之下。廉者招福，浊者速祸，虽有不然，盖非常道，是以正路不可不由也。"

"养心莫善于寡欲"，养心，寡欲，"其嗜欲深者，其天机浅"（《庄子·大宗师》）。

"其为人也寡欲，虽有不存焉者，寡矣"，养心之道，存心，存良知、良能，就不会被蒙蔽。

"其为人也多欲，虽有存焉者，寡矣"，多欲，为欲所困、所苦，当然存心、存德就少，因为蒙蔽了良知、良能。

多训练自己，将来用世时才明白。

82. 曾皙嗜羊枣，而曾子不忍食羊枣。

"羊枣"，果子，长椭圆形，初生色黄，熟则黑。
曾皙喜食羊枣，曾皙死后，曾参不忍吃羊枣，怕睹物思情。

公孙丑问曰："脍（肉细切）炙（烹炒）与羊枣孰美？"孟子曰："脍炙哉！"

"脍炙"，"脍"，细切肉；"炙"，烤熟肉。形容美味。

公孙丑曰："然则曾子何为食脍炙而不食羊枣？"

曰："脍炙，所同（人人皆同）也；羊枣，所独（个人偏好）也。

焦循："曾参至孝，思亲异心，羊枣之感，终身不尝，孟子嘉焉。"

"脍炙，所同也"，脍炙是人人皆喜食的美味；"羊枣，所独也"，羊枣是曾皙独喜之味。

"讳名不讳姓，姓所同也，名所独也。"

昔"为亲者讳"，避名讳，讳名不讳姓。
"姓所同，名所独"，遇父母名，读别音。

83. 万章问曰："孔子在陈曰：'盍（何不）归乎来！吾党（乡党）之士狂简（志大而略于事）进取，不忘其初。'孔子在陈，何思鲁之狂士？"

"狂简"，"狂者进取，狷者有所不为"（《论语·子路》）。"进取"，犹为上行。

"不忘其初"，"初"，本然之善，与生俱来的，"人之初，性本善"，足以有为。有无尽的希望，可成圣成贤。

孟子曰："孔子不得（找不到）中道（中行）而与之，必也狂獧（同"狷"）乎！狂者进取，獧者有所不为也。孔子岂不欲中道哉？不可必得，故思其次也。"

焦循："士行有科，人有等级，中道为上，狂獧不合。似是而非，色厉内荏，乡原之恶，圣人所甚。反经身行，民化于己，子率而正，孰敢不正也？"

孔子老年欲寻接班人，有所慨叹，"不得中行而与之"（《论语·子路》），中道之士难求。

"颜渊死，子曰'噫，天丧予'"（《春秋公羊学，哀公十四年》），没有传人，道之不行也。

"孔子岂不欲中道哉？不可必得，故思其次也"，只有退而求其次，"必也狂狷乎"！

"狂者进取，狷者有所不为"，志大，可以进取；有所不为，可以有为。至少必具此二标准。

"敢问何如斯可谓狂矣？"曰："如琴张、曾晳、牧皮者，孔子之所谓狂矣。"

"何以谓之狂也？"曰："其志嘐嘐（xiāo，言大而夸）然，曰'古之人，古之人'。夷考（考察）其行，而不掩焉者也。

志气高大，言大而夸，动辄言"古之人，古之人"，而追慕之。但查考其行为，又言行不相合。

"狂者又不可得，欲得不屑（污浊）不絜之士而与之，是狷也，是又其次也。"

狂者又不可得，只好求耻于德行贱污、行为不洁、有守不为的狷者。

"孔子曰：'过我门而不入我室，我不憾（遗憾）焉者，其惟乡原乎！乡原，德之贼也。'"

"乡原，德之贼"，贼道，貌似而神违，伪君子。这种人，"过我门而不入我室"，我也不感到遗憾。

曰："何如斯可谓之乡原矣？"

曰："'何以是嘐嘐也？言不顾行，行不顾言，则曰古之人，古之人！行何为踽踽（jǔ，独行不进）凉凉（疏而不亲）？生斯世也，为斯世也，善斯可矣。'阉然（掩藏）媚于世也者，是乡原也。"

"嘐嘐"，志大言大，言不顾行，行不顾言。"则曰古之人，古之人"，动不动就说古人如何如何！

"行何为踽踽凉凉"，行为何以如此落落寡合？

"生斯世也，为斯世也，善斯可矣"，生在这世上，就为这世上，只要是善就认可。

"阉然媚于世"，遮遮掩掩地一味讨好人，一乡人皆称好，"是乡原也"。

万子曰："一乡皆称原（愿）人焉，无所往而不为原人。孔子以为德之贼，何哉？"

全乡的人都说他是敦厚的人，他到哪儿也不能说不是敦厚的人。孔子却说是德之贼。"乡愿，德之贼也"（《论语·阳货》），是害德者。

能明理、知理，而且行理，就是有德。乡愿，知理但不能行理，就是有学，但缺德不能行所学。

曰："非（批评）之无举（实例证明）也，刺（指责）之无刺（似是而非）也。同乎流俗，合（迎合）乎污世。居（守）之似忠信，

行之似廉洁。众皆悦之，自以为是，而不可与入尧舜之道，故曰'德之贼也'。

"非之无举也"，批评他举不出事实；"刺之无刺"，指责他也无懈可击。

"同乎流俗，合乎污世"，就是与世浮沉，同流合污。

"居之似忠信，行之似廉洁"，看似忠信，行为廉洁；实则似是而非，貌似而神违，乃"德之贼也"！

必明辨是非，明辨善恶，"论笃是与？君子者乎？色庄者乎？"（《论语·先进》）遇事、遇人要"明辨之"。"选举"要小心，否则，票就被骗了！

"孔子曰：'恶（厌恶）似而非者：恶莠（yǒu），恐其乱苗（易于混乱，难以辨认）也；恶佞（善辩诡媚），恐其乱义也；恶利口（能言善辩），恐其乱信也；恶郑声，恐其乱乐也；恶紫，恐其乱朱也；恶乡原，恐其乱德也。'

孔子"恶似而非者"，讨厌似是而非的人。

"恶莠，恐其乱苗"，莠草乱了根苗。

"恶佞，恐其乱义"，"佞"，巧言善辩；言而不行，乱了义。

"恶利口，恐其乱信也"，"利口"，言伪而辩，乱了信，"恶利口之覆邦家者"（《论语·阳货》）。

"恶郑声，恐其乱乐也；恶紫，恐其乱朱也"，"恶紫之夺朱也，恶郑声之乱雅乐也"（《论语·阳货》），因"近似"，最是难辨。

"恶乡原，恐其乱德也"，不得罪人，但遇事没有是非标准可言，似是而非，乱了德。

是非善恶要明辨之，"必也正名乎"。去掉"似是而非"的观念，要有"明辨是非"的智慧，不可以人云亦云。

"君子反经而已矣。经正，则庶民兴；庶民兴，斯无邪（邪曲）慝（隐恶）矣！"

"君子反经而已矣"，"反"，返，回到经，回到常道、直道。

"经正，则庶民兴"，人人都行常道，庶民就兴；"庶民兴，斯无邪慝矣"，人人直道而行，就没有乡愿邪曲的恶行了！

84.孟子曰："由尧、舜至于汤，五百有余岁，若禹、皋陶则见而知之，若汤则闻而知之。

以五百年作为约数，五百年一变，必有"王者兴"，此与"时之损益之道"相合。

孔子曰："载之空言，不如见之于行事之深切著明也。"（《史记·太史公自序》）"见而知之"，见之于行事。"闻而知之"，载之空言。

"由汤至于文王五百有余岁，若伊尹、莱朱（汤贤臣）则见而知之，若文王则闻而知之。

"由文王至于孔子，五百有余岁，若太公望、散宜生（文王贤臣）则见而知之，若孔子则闻而知之。

"由孔子而来，至于今百有余岁，去圣人之世若此其未远也，近圣人之居若此其甚也。然而无有乎尔（决绝之中，尚有余望也），则亦（非实无有也）无有乎尔！"

焦循:"仲尼至'获麟'而止笔,孟子以'无有乎尔'终其篇章,斯亦一契之趣也。"

"由孔子而来,至于今百有余岁",孟子时代距孔子"百有余岁","去圣人之世若此其未远也"。孟子是邹人,"近圣人之居若此其甚也",距离如此近。

"然而无有乎尔,则亦无有乎尔",既无"见而知之"者,亦无"闻而知之"者。焦循:"惟孔子但闻知而不能措之天下,使当时贤者得见而知,七十子学于孔子,亦皆闻而知之,非见而知之者也。"可见孔子的亲传弟子,对于孔学并没有好好传,也没有负起传道责任者。

孔子至今约两千多年,熊十力以"回复孔子真面目"自许。我们接着熊十力,继续跑下一棒,奉元行事,再现华夏之学,臻群龙无首,人类大同。

"所见""所闻""所传闻",孔子分《春秋》为三世,"据乱世""升平世""太平世",著见太平。

曾文正公至今亦百有余年!传人重要,要继志述事,但是可遇不可求,"苟非其人,道不虚行"!

朱子《四书章句集注》确有功力,但为理学,并非圣人之言,专改书以合其本义。

清儒思想多少有点儿解放了,进步很多。戴震(1724—1777)称朱子理学"以理杀人",可惜亦一书呆,《孟子字义疏证》只成考据学之父。焦循(焦理堂,1763—1820)《孟子正义》不错,可以参考。

《孟子篇叙》者，言《孟子》七篇所以相叙之意也。

孟子以为圣王之盛，惟有尧舜。尧舜之道，仁义为上，故以"梁惠王问利国，对以仁义"，为首篇也。

仁义根于心，然后可以大行其政，故次之以"公孙丑问管晏之政，答以曾西之所羞"也。

政莫美于反古之道，滕文公乐于反古，故次以"文公为世子，始有从善思想之心"也。

奉礼之谓明，明莫甚于离娄，故次之以"离娄之明"也。

明者当明其行，行莫大于孝，故次之以"万章问舜往于田号泣"也。

孝道之本，在于情性，故次之以告子论情性也。

情性在内而主于心，故次之以"尽心"也。

尽己之心，与天道通，道之极者也。是以终于《尽心》也。

道善人文经典文库
让你能知味的中华经典解读丛书

图书·音视频·讲座
敬请关注

毓老师作品系列

毓老师说论语（修订版）	爱新觉罗·毓鋆讲述
毓老师说中庸	爱新觉罗·毓鋆讲述
毓老师说庄子	爱新觉罗·毓鋆讲述
毓老师说大学	爱新觉罗·毓鋆讲述
毓老师说老子	爱新觉罗·毓鋆讲述
毓老师说易经（全三卷）	爱新觉罗·毓鋆讲述
毓老师说（礼元录）	爱新觉罗·毓鋆讲述
毓老师说吴起太公兵法	爱新觉罗·毓鋆讲述
毓老师说公羊	爱新觉罗·毓鋆讲述
毓老师说春秋繁露（上下册）	爱新觉罗·毓鋆讲述
毓老师说管子	爱新觉罗·毓鋆讲述
毓老师说孙子兵法（修订版）	爱新觉罗·毓鋆讲述
毓老师说易传（修订版）	爱新觉罗·毓鋆讲述
毓老师说人物志（修订版）	爱新觉罗·毓鋆讲述
毓老师说孟子	爱新觉罗·毓鋆讲述
毓老师说诗书礼	爱新觉罗·毓鋆讲述

刘君祖作品系列

易经与现代生活	刘君祖
易经说什么	刘君祖
易经密码全译全解（全9辑）	刘君祖
易断全书（上下）	刘君祖
刘君祖经典讲堂（全十卷）	刘君祖
人物志详解	刘君祖

春秋繁露详解	刘君祖
孙子兵法新解	刘君祖
鬼谷子新解	刘君祖

吴怡作品系列

中国哲学史话	张起钧 吴 怡
禅与老庄	吴 怡
逍遥的庄子	吴 怡
易经应该这样用	吴 怡
易经新说——我在美国讲易经	吴 怡
老子新说——我在美国讲老子	吴 怡
庄子新说——我在美国讲庄子	吴 怡
中国哲学关键词 50 讲（汉英对照）	吴 怡
哲学与人生	吴 怡
禅与人生	吴 怡
整体生命心理学	吴 怡
碧岩录详解	吴 怡
系辞传详解	吴 怡
坛经详解	吴 怡
写给大家的中国哲学史	吴 怡
周易本义全译全解	吴 怡

高怀民作品系列

易经哲学精讲	高怀民
伟大的孕育：易经哲学精讲续篇	高怀民
智慧之巅：先秦哲学与希腊哲学	高怀民
易学史（三卷）	高怀民

辛意云作品系列

论语辛说	辛意云
老子辛说	辛意云
国学十六讲	辛意云
美学二十讲	辛意云

其他

易经与中医学	黄绍祖
论语故事	（日）下村湖人
汉字细说	林藜
新细说黄帝内经	徐芹庭
易经与管理	陈明德
周易话解	刘思白
汉字从头说起	吴宏一
道德经画说	张 爽
史记的读法	阮芝生
论语新读法	崔正山
数位易经（上下）	陈文德
从心读资治通鉴	张 元
公羊春秋的伦理思维与特质	林义正
《周易》《春秋》的诠释原理与应用	林义正
易经经传全义全解（上下册）	徐芹庭
周易程传全译全解	黄忠天
牟宗三演讲集（10 册）	牟宗三
易经之钥	陈炳文
唐诗之巅	朱 琦

人与经典文库（陆续出版）

左传（已出）	张高评	论 语	林义正
史记（已出）	王令樾	墨 子	辛意云
大学（已出）	爱新觉罗·毓鋆	近思录	高柏园
中庸（已出）	爱新觉罗·毓鋆	管 子	王俊彦
老子（已出）	吴 怡	传习录	杨祖汉
庄子（已出）	吴 怡	尔 雅	卢国屏
易经系辞传（已出）	吴 怡	孟 子	袁保新
韩非子（已出）	高柏园	荀 子	周德良
说文解字（已出）	吴宏一	孝 经	庄 兵
诗经	王令樾	淮南子	陈德和
六祖坛经	吴 怡	唐 诗	吕正惠
碧岩录	吴 怡	古文观止	王基伦

四库全书	陈仕华	说　苑	殷善培
颜氏家训	周彦文	闲情偶寄	黄培青
聊斋志异	黄丽卿	围炉夜话	霍晋明
汉　书	宋淑萍	元人散曲	林淑贞
红楼梦	叶思芬	戏曲故事	郑柏彦
鬼谷子	刘君祖	楚　辞	吴旻旻
孙子兵法	刘君祖	水浒传	林保淳
人物志	刘君祖	盐铁论	林聪舜
春秋繁露	刘君祖	抱朴子	郑志明
孔子家语	崔锁江	列　子	萧振邦
明儒学案	周志文	吕氏春秋	赵中伟
黄帝内经	林文钦	尚　书	蒋秋华
指月录	黄连忠	礼　记	林素玟
宋词三百首	侯雅文	了凡四训	李懿纯
西游记	李志宏	高僧传	李幸玲
世说新语	尤雅姿	山海经	鹿忆鹿
老残游记	李瑞腾	东坡志林	曹淑娟
文心雕龙	陈秀美	……	

毓老师说四书

毓老师说

中庸

爱新觉罗·毓鋆/讲述

陈䌹/整理

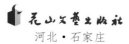

花山文艺出版社

河北·石家庄

图书在版编目（CIP）数据

毓老师说四书·毓老师说中庸 / 爱新觉罗·毓鋆讲述；陈䌹整理.
—石家庄：花山文艺出版社，2022.3
ISBN 978-7-5511-6027-8

Ⅰ.①毓… Ⅱ.①爱… ②陈… Ⅲ.①儒家 ②《中庸》—研究
Ⅳ.①B222.15

中国版本图书馆CIP数据核字(2021)第250488号

书　　名：**毓老师说四书**（全四卷）
讲　　述：爱新觉罗·毓鋆
整　　理：陈　䌹
策　　划：张采鑫　崔正山
责任编辑：张采鑫　李　鸥
特约编辑：柯琳娟
责任校对：李　鸥
装帧设计：闫冠美
美术编辑：胡彤亮
出版发行：花山文艺出版社（邮政编码：050061）
　　　　　　　　（河北省石家庄市友谊北大街330号）

销售热线：0311-88643221
传　　真：0311-88643234
印　　刷：北京天宇万达印刷有限公司
经　　销：新华书店
开　　本：880×1230　　1/32
印　　张：38.5
字　　数：820千字
版　　次：2022年3月第1版
　　　　　2022年3月第1次印刷
书　　号：ISBN 978-7-5511-6027-8
定　　价：398.00元（全四卷）

爱新觉罗·毓鋆（1906—2011），清太祖努尔哈赤次子礼亲王代善裔孙，号安仁居士。

毓鋆先生与溥仪同年出生，六岁开始为末代皇帝溥仪伴读，与溥仪一起师从陈宝琛、罗振玉、叶玉麟等大儒，十三岁读毕十三经并可以背诵四书五经，一生多次研读《四库全书》，通达古代经史子集之学。他素有华夏之志，虽出身皇族，却猛烈批评帝制。壮年曾经叱咤风云，晚年安居斗室讲学。他虽身为满人，而一生最为服膺汉儒文化。他曾由衷地表示："文化谁高，谁就同化谁。"

毓老先生1947年到台湾后，创办天德黉舍、奉元书院，以《易经》为体，据《春秋》为用，纵论四书五经及先秦两汉诸子，立下"以夏学奥质，寻拯世真文"的宏愿，复兴儒家经世致用之学。毓老先生一生传奇，终身信守"龙德而能隐"，读书一百年，成为跨世纪的最后一位通经大儒。

毓老先生讲学，注重因时举譬，倡导经世致用，使古代四书五经、诸子百家学问焕发了新时代的活力。毓老先生世寿一百零六岁，教学六十四年，有教无类，及门学生与授业弟子数万人，遍及海内外与各行业，被誉为两千五百多年孔子儒学的当代集大成者。

摄于 2005 年，毓老师刚好 100 岁，看不到一点儿老人斑。

身后乃毓老师手书条幅"以夏学奥质，寻拯世真文"，在"夏历甲子年幸逢双春双雨水闰十"，甲子年是 1984 年；"腊月念五日"即农历十二月二十五日，清帝逊位日。

中间的图是毓老师带到台湾的《孔子行教图》，吴道子真迹拓本，毓老师于 2011 年赠予清华大学国学院。

毓老师手稿：

奉元

《读经示要》三卷 148 页 12 行

奉元云云，见《繁露・王道》篇。奉元之举（凌晓楼本《繁露・王道》篇作"奉元之应"）。奉，谓敬以承之而勿失也。人皆自识真元，即能以天地万物一体为量。本此以立政教，则群俗趋善而太平之应不爽。

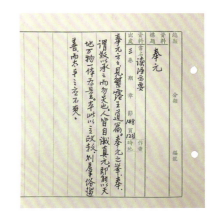

毓老师塑像
学生周义雄于毓老师七十整寿（1976 年）塑此像。

1970 年夏，毓老师摄于四维路居室前。

照片由李济捷先生提供。

2010 年仲夏，毓老师病后留影，黄德华先生摄。

毓老师教导汉学家魏斐德情状。

魏斐德教授曾两度来台从毓老师学习。

毓老师两张穿斗篷的照片。

大图摄于1995年，左下小图为学生周义雄摄于1974年新店郊区。毓老师曾说：
"除了老蒋，陈诚、何应钦都不敢穿斗篷！"因为只有"统帅"才有资格穿。

凡例

一、《中庸》之经文，系采朱熹《章句》之分章，分为三十三章，第一章为经，其余各章为传。本书标点，参考、综合各家。

二、本书以 1999 年毓老师讲述《中庸》为主，并会通其他课程所阐述之相关内容，综合整理而成。文中有关各家注释，视需要摘录，俾供参阅，不一一陈列。

三、为助大众深入阅读，文中有关背景及说明者，以仿宋体呈现；参考网络及相关著作者，略交代出处。如有疏漏之处，尚祈指正。

目　录

前 言

　　《大学》《中庸》（合称《学庸》）与《论语》，均为孔学入门之书，也是中国学问入门之书。《学庸》可谓儒学众经之胆，比佛家的《心经》《金刚经》好。我母亲说《大学》即佛经的《心经》，《中庸》即佛经的《金刚经》。我母亲每日拜《法华经》，父亲则看《金刚经》。

　　《史记·孔子世家》以《中庸》为子思所作。子思，名伋，是孔子的嫡孙，曾子的弟子。《中庸》本是《礼记》中之一篇，《礼记》成于汉儒。朱熹（1130—1200，南宋理学家）引程颐（1033—1107，北宋理学家）说《中庸》为"孔门传授心法"（朱子在《中庸章句》开头引程颐的话，强调《中庸》是"孔门传授心法"），其作《四书章句集注》，将《中庸》与《大学》《论语》《孟子》并列，称为"四书"。

　　《中庸》名称的由来，说法不一。郑玄（127—200，东汉经学家）说："名曰《中庸》者，以其记中和之为用也。"（《礼记目录》）以用中为常道。朱熹引程子"不偏之谓中，不易之谓庸。中者，天下之正道；庸者，天下之定理"，说"中者，不偏不倚、无过不及之名；庸，平常也"（《中庸章句》）。

《中庸章句》中称"子程子"，即"我们的夫子程子"，是程子学派。其后朱子集理学之大成，成程朱学派。马一浮（1883—1967，理学大师。抗战时，在四川乐山创办复性书院，著有《复性书院讲录》等）直接程朱学派，照着前人讲。熊十力（1885—1968）则接着前人讲，没有师承，不讲学派。各家注解，有各家的主张。今天不应再有门户之见，皆人之为道，不可为至道。我讲"公羊学"，是按道理讲，不讲学派。

中国最了不起的智慧，就是法天，"唯天为大，唯尧则之"（《论语·泰伯》），要学尧则天，亦即学大，故要读《大学》。"大学"者，学大也，即学天。则天，如四时之序、日月之运，最后与天地参矣，故曰"大人者，与天地合其德"（《易经·乾卦·文言》）。舜执两用中，"执其两端，用其中于民"。用中，"喜怒哀乐之未发，谓之中"，故要读《中庸》，才懂得用中之道。

学尧舜，就是"学大""用中"，故人人皆得读《学庸》，才可以为尧舜。《学庸》即学大、用中，尧舜之道即学大、用中，故人人读《学庸》，人人皆可以为尧舜。

中道，最难以把握，以"中庸"作为标准。"喜怒哀乐之未发，谓之中"，未发尚藏之于内，即性，"率性之谓道"。过与不及都不行，必恰到好处，即中。还得"时中"，"君子而时中"，不可以执中而固守，"执中无权，犹执一也。所恶执一者，为其贼道也，举一而废百也"（《孟子·尽心上》）。

劝你们：做事不要违时，君子而时中。违背人性的事不可以做，做人千万不要色庄，要去伪存真。人人皆有士君子之行，人人皆可以为尧舜，即中道之国，"入中国，则中国之"，中国有多大？"中国"即天下，"天下一家，中国一人（员）"，天下是一个大家庭，中国是其中的一成员。

《大学》的终极目的是什么？天下平。平天下而天下平。怎样才能天下平？《孟子》怎么说天下平？"人人亲其亲、长其长而天下平"（《孟子·离娄上》）。"圣人之大宝曰位"（《易经·系辞下传》），人人皆有位，"君子素其位而行"，没有位就乱了。"守位曰仁"（《易经·系辞下传》）。哪一个守位、素其位而行了？"为人子，止于孝；为人父，止于慈"（《大学》），没有对父母好，对别人好，不过是势利之交，焉能天下平？都一个"伪"字，无一发自至诚。正心诚意，意诚而后心正。一部《大学》自"人心"讲到"天下平"。好好悟一部书就有用。

《中庸》怎么说天下平？"君子笃恭而天下平。"何以君子笃恭能天下平？君子，并不是特权，人人皆有士君子之行。"笃恭"，敬己之位，敬事能信，在其位必谋其政，绝不马虎。

《学庸》自率性入手，皆人与生俱来的，是不假外求的，因为性生万法，性为智海。想真达到"大一统"、性同，必要发掘人性，则"人人亲其亲、长其长"，不用喊天下平，天下亦平了！每人都居（守）正，所以"大一统"。

中华文化是启发人的良知，讨厌战争，应好好发掘中国思想。想救世，必发掘人的良知、人性，"天下者无患，然后性可善"（《春秋繁露·盟会要》），天下太平了，则其乐融融，然后性可善。所以要"通志除患，胜残去杀"，用"聪明睿智，神武不杀"（《易经·系辞上传》称"古之聪明睿知，神武而不杀者夫"）。

好好"学大""用中"，细读《大学》《中庸》，此二书乃儒家思想精华之所在。《大学》讲《春秋》之道，《大学》与《春秋》相表里。《中庸》讲《易经》之道，《中庸》与《大易》相表里。

以《学庸》建设自信心，也知道该做什么，人必有主宰才能站得住。《学庸》谈内圣、外王之道，对建设和平社会很有帮助。

对谁都不必迷信，连孔子在内，都不必亦步亦趋。要练习用脑想：如果经书都有用，那何以孔子周游列国十四年，仍潦倒一辈子？回到鲁国后，晚年作《春秋》，两年后卒。《春秋》"贬天子，退诸侯，讨大夫"，"《春秋》之义行，则天下乱臣贼子惧焉"（《史记·孔子世家》）；到孟子时"诸侯恶其害己也，而皆去其籍"（《孟子·万章下》），也没能发挥作用。只不过死后有人利用，享食两千多年，子孙代代被封为"衍圣公"。

读书是在用智慧，要自根上了解，如内里添把火就有力量，磨了五十年，就是不亮也光。人有才，就可以随机应变，脑子得灵活。

第一章

《中庸》第一章为经，与《大学》经的部分合观，可以有更深的体会。

天命之谓性，率性之谓道，修道之谓教。

"天命之谓性，率性之谓道，修道之谓教"，开首三句，乃是《中庸》全书之主旨，讲体用之道，将天人思想包括无遗。有处世经验了，再融会贯通，方知为处世之不二法门。

"在明明德，在亲民，在止于至善"，《大学》的"在"，与《中庸》的"之谓"，均为肯定词，知道就要行，能知能行。

"天命之谓性"，"之谓"，就是，是肯定的，天命就是性。"在天曰命，在人曰性"，何以说知天、知命，而不说"知性"？"继之者，善也；成之者，性也"（《易经·系辞上传》），性，是体；善，是用。"诚者，天之道"，善，是天之道的用。"不明乎善，不诚其身矣"（《孟子·离娄上》），不明天之道，就不懂人之道。

中国人最会用性之善。善，是性的用，"继之者，善也；成之者，性也"，"天命之谓性"，知自己性之所在才能成德，故"不知命，无以为君子"（《论语·尧曰》）。

"率性之谓道"，"率"，顺也，即前面有一东西存在，顺着；顺性就是道，尽此之谓，性外无别道。性，是大本；良知良能，是性之用。天命就是性，"顺性命之理"（《易经·说卦传》曰"和顺于道德而理于义，穷理尽性以至于命"）。

行性之道，即本良知良能去做。人人皆有性，人人皆可率性，"性相近"，本性相同；"习相远"，习性，情也，因环境而异。能知就能行，知行合一谓之学。

"率性之谓道"，人人皆有道，人人皆可以为尧舜。"修道之谓教"，修"率性"就是教，教育在引发人性，唤醒良知。"夫孝，德之本也，教之所由生也"（《孝经·开宗明义》），善性之本。

头脑必要清楚，对任何事才能分析清楚。以孔子之智，犹"五十而知天命"（《论语·为政》），到五十岁了才知天命，那他是经过什么步骤以后才知天命？经过"不惑"，"四十而不惑"（《论语·为政》），即不惑不欲。净惑于欲，还能知天命？嗜欲深者，天机浅。"惑"与"欲"如打不破，根本无法达天命。"知天命"，"天命之谓性"，懂得天命了，就懂顺着人性做事。

顺治（1638—1661）作有修道偈：

天下丛林饭似山，钵盂到处任君餐。黄金白玉非为贵，唯有袈裟披肩难。

朕本大地山河主，忧国忧民事转烦。百年三万六千日，不及僧家半日闲。

来时糊涂去时迷，空在人间走一回。未曾生成谁是我？生我之时我是谁？

长大成人方是我，合眼朦胧又是谁？不如不来又不去，来时欢喜去时悲。

悲欢离合多劳虑，何日清闲谁得知？若能了达僧家事，从此回头不算迟。

世间难比出家人，无忧无虑得安宜。口中吃得清和味，身上常穿百衲衣。

五湖四海为上客，皆因夙世种菩提。虽然不是真罗汉，也搭如来三顶衣。

金乌玉兔东复西，为人切莫用心机。百年世事三更梦，万里乾坤一局棋。

禹开九州汤放桀，秦吞六国汉登基。古来多少英雄汉，南北山头卧土泥。

黄袍换却紫袈裟，只为当年一念差。我本西方一衲子，为何生在帝王家？

十八年来不自由，南征北讨几时休？我今撒手西方去，管他万代与千秋。

他在那么小的年纪，就能看破荣华富贵，可能有慧根，境界特别高！我和他是两种人，我认为人生是有责任的。

人要是没有人性，能对人类有贡献？读书人要明理，一个明理的人能不爱国？读书要改变器质，器质是慢慢修的。私情是一件事，正义更是一件事。懂得义了，见义必为，勇也。

要启发智慧，好好努力，"时乘六龙以御天"（《易经·乾卦》）。必学实学，现在"救死唯恐不暇"（《孟子·梁惠王上》云"此惟救死而恐不赡，奚暇治礼义哉"），还扯闲？

人的斗争——与欲斗争，太难了！四十岁到五十岁是与欲斗争，"男人要坏，四十开外"。什么人可以真正知天命？应"无所住而生其心"（《金刚经》），人心都如镜了，则"不将不迎"（《庄子·应帝王》）。必练习做到此一程度。

英国占领香港有什么法？收回却说要法。必得有智慧与浑蛋划清界限。政客并不代表民，使他动而有悔，成为孤家寡人，即釜底抽薪。

证严能号召四百万人，是以德。领导社会的是德，能言行一致。证严的智慧，完全是她清修的功夫得来的，生活过得清苦。必得求真。

圣严的文笔好，但是口才不行，我对她说："你不讲，大家都还懂。你一讲，大家都糊涂了！"人贵乎有自知之明。

必要有群德，不能不为子孙谋，不能完全任人宰割。因为"贤人在下位而无辅，是以动而有悔也"（《易经·乾卦·文言》），没有希望，正是因为没有智慧。不知结果即是祸。百姓不懂，无聊话会影响百姓。现在大学生什么都有，就是没有脑，台湾教育弄至此。

我训练小孙子何以难？真爷爷奶奶、外公外婆又一套……有那个环境？台湾文化何以低？来台最好的人为大兵，最坏的……军眷天天搓麻将，这种环境怎能造就出人才？真想望子成龙，必有那个环境，至少也得是蛇窝，是长的，而非扁的。之所以失败起不来，因为没有那个智慧。

凡事皆操之在己。有了智慧，为了生存不能不投一点"机"，现在可不能等闲视之。一民族的力量，不是数字所能表现的。今后中国绝对是"寸土不失"，任何一块土都不丢，此时也。

人必要有识时之智，要真正能不惑于欲。必要尽己之本能，绝不能借助外力，我总说"自求多福"在此。

"率性之谓道"，是先觉者，顺着人性做事；"修道之谓教"，是后觉者，跟着学。人性就是道，"道不远人，人之为道而远人"。"不失其赤子之心"，就是大人、圣人。人的赤子之心特别短，"伪"太可怕了！如好面子，也是欲。人就是人，"还没死，怎能不想？"想是一回事，可以不做。"想"与"做"，两回事。想，意淫；做了，洗不清。出家不容易，人要学真，直人就是真，"人之生也直"。

我离家时已经有儿子，有人的经验。释迦生子，半路出家易修成，是过来人。不结婚，违背上帝的意思，是人就得想人的事。

人到了社会，在环境下，有时为了职业，得做缺德事。修行，是为别人做好事。没有想，不容易；没有做，就可以了。

天下最难的就是克己，"克己复礼"是功夫。我画千张观音，千佛刊经，修庙，替父母求冥福、冥寿。一个人必要能够管理自己，最难以克制的就是自己的欲。惑于欲，好名、好利、好色都是贪，只是方式不一而已。"克己复礼"就是行仁，根基深，可经由"克己"的功夫回到圣贤路子。我四十岁，"满洲国"垮台了，我才懂得"克己复礼"，自此"长白又一村"。

程朱理学、宋明理学，并不是"孔学"，每人都自以为是"真孔"。历代讲学者代表一个时代，皆非真孔。只要有思想，都可以发挥。

我用"夏学"一词，因为"夏，中国之人也"(《说文解字》，下简称《说文》)，只要是中国人的学问全都收。大陆有"中国传统文化丛书"。

中国要"现代化"，不是"西化"，现代化并不等同于西化，要因而不失其新。

做学问要客观，必须有根据，绝不可以臆说，所以要"依经解经"，以还中国学术的本来面目。

"万物并育而不相害，道并行而不相悖"，就看谁能发挥。看别人好，心里不舒服，即是嫉妒。

何以学《易》可以无大过？"五十以学《易》，可以无大过"(《论语·述而》)，"五十而知天命"(《论语·为政》)，"不恒其德，或承之羞"，"不占而已矣"(《论语·子路》)。"礼者，天理之节文也"(朱熹《论语集注·颜渊》)。要把思想变成行为，才是实学，才有作用。

一个张良使刘邦得了江山。张良之志，在消灭暴秦；成功了，从赤松子游。有智，功成身退，"知进退存亡而不失其正者，其唯圣人乎！"(《易经·乾卦·文言》)我在清亡的边缘长大，知足还能往前奋斗。

不懂得感恩就是畜生，以德养智，什么都可以缺，绝不可以缺德，台湾人就是欺软怕硬。

练习思想，思想没有固定，故称"圣之时者"。儒家赞美水，说"逝者如斯夫，不舍昼夜"(《论语·子罕》)、"知者乐水"(《论语·雍也》)，即喻随"时"变。

如将尧、舜当历史讲，那与今天无关；当思想，就不同。尧、舜是圣王，但何以他们的儿子都不好？此乃立说之伏笔。尧为圣君，犹有四凶。鲧是四凶之一，儿子禹能"干父之蛊"（《易经·蛊卦》）；尧那么了不起，其子丹朱却不贤；舜是大智者，儿子商均不肖。若是"有其父，必有其子"，用得上？自此玩味中国的思想是什么，以之为况，就能深入。

经书是思想，即"况"。《春秋》为况，借事明义，不是历史，是思想，距真事远得很。《尚书》首尧、舜，《春秋》隐为桓立，皆明"让"义。书有古今，但思想无新旧。后学乃是"学而知之者"（《论语·季氏》），所以必用古人的智慧启发自己的智慧。要做活学问，而不是死背书。

孔子之学是一个"时"字，孟子称孔子为"圣之时者"。中国的道统则是"仁"，"君子体仁，足以长人"（《易经·乾卦·文言》）。

人必有格，即人格。何以要挑选？因为人都想要够格的。连物都有格，何况是人？要用许多事来培养一个人的智慧。

儒家等各家均言政，但是方法不同。儒，人需，人之需也，即如日光、水、空气，是供人生活之所需。"儒，柔也，术士之称"（《说文》），"儒，柔也"（《广韵》），专以柔克刚，如水是最软的，水中之石，日久可被水磨成圆的。智者不惑，必知行合一。求知易，但行知难！做与成功与否，又是两回事。

人品茶得雅，化妆也应淡抹，必注意如何把自己的环境造得雅，昔人风雅，处处有文化。领悟了，方知道境界。真有心"求学"，必好好求。

都是饺子，但是滋味绝对不同。不知，就要求知，怎么可以装知？要知自己之不知，"不知为不知，是知也"（《论语·为政》），有学问必给外行人看才行。有机会要求知，自己知否自己知，不要作伪，"人之视己，如见其肺肝然"，作伪又有何益？

道也者，不可须臾（片刻之间）离也，可离非道也。

"率性之谓道"，顺着性就是道，人人皆有道。道不可须臾离，乃是人日用之所需。为什么道远离人了？因为"人之为道"而远离人了，所以不可以为道。

"性相近，习相远"，习性乃是环境造成的。"修道之谓教"，教怎么修人之性。能尽己之性，就能尽人之性，先觉觉后觉（《孟子·万章上》云"天之生此民也，使先知觉后知，使先觉觉后觉也"）。

自己不明白，就要"就有道而正焉"（《论语·学而》），能亲仁；不能亲仁，又如何明道、得道？一般人是后觉者，就要修道，跟先圣学即是教。开智慧之源，均受前人的启发。

人性的作用是什么？性能生万法。成佛、成科学家，均是性的作用。学的是智慧的大本营，即性。谁能守住智慧的大本营，就能成为哲学家、发明家、科学家。要下"人一己百，人十己千"的功夫，则"虽愚必明"，明道。

在校修学分要修些什么？台大外面的环境糟，老师尽教些花样，于今天没有用。你们学完，不会用脑，没有用，只是点缀品而已。

是故，君子戒慎乎其所不睹，恐惧乎其所不闻，莫见（现）乎隐，莫显乎微，故君子慎其独也。

"性相近，习相远，"本性，相同；习性，因环境而异。性，大本，体；习性，情也。"习"，羽白，鸟在幼时羽毛尚白，就要开始习飞，等羽毛长丰、翅膀长硬了，就能振翅高飞，乃至鹏程万里。

既是"性相近"，那何以要"戒慎乎己所不睹，恐惧乎己所不闻"？要慎独。因为"习相远"（《论语·阳货》），所以要慎习。

因为个人习性与环境的不同，而使人与人之间有了距离。习性，是环境造成的；习惯，则是环境养成的。人因为"习"的不同，乃愈走愈远，是故"君子戒慎乎其所不睹、恐惧乎其所不闻"，是己独所"不睹、不闻"，如父母往往不知道自己子女的恶，外人却没有不知的，所以人要"戒慎恐惧"。

"戒"，《说文》云："警也。"警戒，戒备。"慎"，古字𢜫，心真，用己真心。

"恐"，《说文》云："惧也。"诚惶诚恐，惶恐不安。"惧"，"勇者不惧"，"民不畏死，奈何以死惧之"。恐，有惊惶意；惧，畏怕之实。恐在惧前也。《易经·震卦》"君子以恐惧修省"，以戒慎恐惧修己，"战战兢兢，如临深渊，如履薄冰"（《论语·泰伯》）。

"莫见乎隐，莫显乎微"，由"隐"之"显"，显盛至极。由"微"之"著"，微，小，至小无内，"贵微重始"（《春秋繁露·二端》），"诚则形，形则著"。

"勿以恶小而为之，勿以善小而不为"（《三国志·先主传》裴松之注），大善是由积小善而致，大恶是由积小恶而成，微小处最应谨慎。若是以为微小之恶无伤大体，久而久之则入于恶而不自知。若要人不知，除非己莫为，故曰"莫显乎微"，"积善之家，必有余庆；积不善之家，必有余殃"（《易经·坤卦·文言》）。

"故君子慎其独也"，慎己独。什么是"独"？此"独"，绝非独居。"慎独"，是中国思想最重要的一步功夫，"喜怒哀乐之未发"，什么都未形，是"独之立"（《春秋繁露·二端》"吉凶未形，圣人所独立也"）。"在身曰心，在己曰独"，"唯我独尊"，是独一无二的。慎独，因为"唯我独尊"。

"独"与"性"的区别在哪里？一个东西，两个作用。"人之生也直"，不说慎性，而说慎独。慎独，是慎其未形，不睹不闻、隐与微。不说慎性，因为独已经有作用了，有独就可以用性，故君子慎己独也。

那何以"独"的结果都不好，往往成为"独夫"（《尚书·泰誓下》）、"一夫"（《孟子·梁惠王下》）？因为"习"得不好，而成为独好、独占、独乐、独尝、独霸、独裁。《孟子》中讲"独"的地方特别多，而独的结果即"独夫，一人也"。如能够慎独，那就不是"独夫""一人"了。

"慎"，真心。"慎独"，真心己独。一个人孤高自赏，天天装圣人，其实最是可怜！要天天受创伤才会生智慧。舜"好问而好察迩言"，是问自己所不知、问自己所疑，考察左近人的言论，因为唯恐自己有独不见、独不知的事。慎己独，即审慎自己所独不见、独不知的事。

懂就发挥一点儿作用，是读书人就必为人类谋和平，为和平而奋斗。君子"群而不党"（《论语·卫灵公》），做谁的"帮凶"？要做"良知"的"帮凶"。

人有智慧不能走入正道，乃"习相远也"。戒慎恐惧，人莫知自己儿子吸毒等的恶行，而外人却是无一不知，故君子必慎己独也。"独"字要深入探讨。

"人心惟危，道心惟微"（《尚书·大禹谟》），"莫见乎隐，莫显乎微"，要用什么对付这些"危、微"？用"诚"与"真"，诚其意，直人即真，直心即道场。《中庸》最重要的一个字即"诚"，"诚者，天之道；诚之者，人之道"。

喜怒哀乐之未发，谓之中；发而皆中节，谓之和。

"谓之"，即"叫作"。"喜怒哀乐之未发，谓之中"，喜怒哀乐是与生俱来的，即性，"成之者，性也"；喜怒哀乐一点也不发，无过与不及，叫作"中"，性之用，大本。

但喜怒哀乐必得发，发了就是情，要发得"中节"，如竹子有节，一节一节，绝不超过，高风亮节。喜怒哀乐必发，情也；"发而皆中节，谓之和"，情发得中节叫作"和"，是情之用，达道，人人必行之道。

恋爱是神圣的事，何以要变得有罪孽感？大大方方恋爱，就是中节。就是蚂蚁亦得发情，自小玩意儿，可体会天道之无穷。

中也者，天下之大本也；和也者，天下之达道也。

西汉纬书《孝经援神契》曰："性者人之质，人所禀于天。情者阴之数，由感而起，通于五脏。故性为本，情为末。"

中，性之未发，为大本，达德；和，情发得中节，达道。中，为性，体；和，为情。

中为大本，"曷谓中？曰：礼义是也"（《荀子·儒效》），"人之所以为人者，礼义也"（《礼记·冠义》），"中国者，礼义之国也"（《春秋公羊传·隐公七年》何休注），中国，性之国，人性之国。

和为达道，人人必行之道，"礼之用，和为贵"（《论语·学而》），"和也者，天下之达道也"，连动物都会发情。"有所不行，知和而和，不以礼节之亦不可行也"（《论语·学而》），"和而不流"，"约之以礼，亦可以弗畔矣夫"（《论语·雍也》）。

致（动词）**中和，天地位**（得其位）**焉，万物育**（皆生育）**焉。**

但最重要的是"致中和"，下"致"的功夫，使"中"与"和"两者不起对立，"中"与"和"得合而为一，性情合一了，此时"性即情，情即性"，性情一体，体用不二，此实学也。懂得性情不二了，行为就不会出轨。

何以"万物育焉"？因为"天地位焉"。天地也得各位其位，万物才能育焉。天地要是失其位，那万物就不能育了，就看"位"的重要，"圣人之大宝曰位"，"不在其位，不谋其政"（《论语·泰伯》）、"思不出其位"（《论语·宪问》《易经·艮卦》），素其位而行。

"天地位焉，万物育焉"，天在天之位，地在地之位，各正其位了，万物才能生生不息。天地位于吾心，万物育于吾行，"万物皆备于我"（《孟子·尽心上》），其乐也融融，何等充实！

水本身无味，可以和五味、调众色；性柔，却能穿石。脑子应灵活得像水，上善若水，智者乐水，其智能随时变化，"不舍昼夜"。智慧没有固定的，故曰"圣之时者"。

"无用之用，是为大用"（《庄子·人间世》云"人皆知有用之用，而莫知无用之用也"），"无为，才能无不为"（《老子·第三十七章》称"道常无为，而无不为"）。至味无味，"中和之质，必平淡无味"（《人物志·九征》），"平淡无偏，群材必御"（《人物志·九征》刘昞注），否则"爱之欲其生，恶之欲其死"（《论语·颜渊》），又如何领导团体？

求风调雨顺，即"天地位焉"。人得学天地，要素其位而行，不务乎其外，"不在其位，不谋其政"。

儒的修为超过一切。天、地、人，三才之道，乃是平行的，人"与天地参矣"。天生之，人役之，天人同矣。天生物，人役物，故天下无废物。《论语·学而》"礼之用，和为贵。先王之道斯为美，小大由之"，自天子以至于庶人，莫不皆由礼而行。

"致中和，天地位焉，万物育焉"。"民胞物与"，唯有中国人有这么高的思想。元胞，万物一体，"民，吾同胞；物，吾与也"（张载《西铭》），蚂蚁不是物，蚂蚁和我们是一样的。"胞与"，尽己之性，尽人之性，尽物之性，然后才可"与天地参矣"，平视，与天齐。

物，有性了，"各正性命"（《易经·乾卦》），万物各正其性命，"民胞物与"。人能尽己、尽人、尽物之性。发明家就是尽物之性，把破铜烂铁凑到一起了，就成电灯了。他不但尽人之性，还尽物之性，什么和什么配在一起，就变成我们想不到的玩意儿。现在你们手里拿那个东西那么方便，那就是尽物之性的人发明的。

"大人者，与天地合其德"，天人境界，天人合德。宇宙是一大天地，人是一小天地，"天之历数在尔躬"（《论语·尧曰》）。《学庸》加上《论语》，乃是应世的动力。

在天曰命，在人曰性，在身曰心，在己曰独。人人皆有独，人每天都在"独"中生活，各有怪癖。性同，独，乃同中求异，"同而异"（《易经·睽卦》）；情不同，和，则是异中求同，"异而同"。

"人莫不饮食也，鲜能知味"，名厨在于知味，懂得调和之道。知味功夫，即在一个"和"字。中国饮食，调和五味，以达温和。

"和"是"独"的敌人。情中节，即和，若合符节，能够相合就不独了。"和"，如调和鼎鼐、和五味，用水调和。"独"，独一不二，独就不能和，独味乃是有所偏也。独好，不同于众好。众乐，即是和的功夫。

入门处好好把持，下面就容易了！求真明白在体悟。公式明白了，中间往里装即成功。

"乐者为同，礼者为异"，"合情饰貌者礼乐之事也"（《礼记·乐记》）。"不学礼，无以立"，约之以礼；乐以和性，听音乐以养性。"乐至则无怨，礼至则不争。揖让而治天下者，礼乐之谓也"，以让化争。"大乐与天地同和，大礼与天地同节""大乐必易，大礼必简"（《礼记·乐记》），真情流露，出于至诚。

"易简而天下之理得矣。天下之理得，而成位乎其中矣"（《易经·系辞上传》）。"易"与"简"，两个相对的。易简是什么？"乾以易知，坤以简能"，天地之道，易简而已矣。易简如不明白，理就没法得。如明白，绝对成功，圣人不会欺我们。成了，"致中和，天地位焉，万物育焉"。易简、中和，层次问题。《易》与《中庸》相表里。

知识分子的责任："爱敬尽于事亲，德教加于百姓"（《孝经·天子》）。教书的应教些什么？文字有很多早已过去，什么是永远合乎时？孔子何以称"圣之时者"？现在教六朝文做什么？生乎今之世，又何必返古？

我本打算与师母出合集，但是经过"文革"，什么都没了。但我现在还会背几首，倒背如流，因为师母有号召力！

韩国国旗用八卦，箕氏朝鲜在清朝时犹到中国考进士，姓仍用中国字，如同日本，因为不用不行。

要用古人的智慧启发我们的智慧，细加研究，中国人的智慧真是高到极点，如行辈（排行和辈分）极为清楚，有固定的称呼。说康德与先儒程度差不多，那是腐儒之见！

华夏社会成功了，即是"大一统"，乃因"一"而统。华夏，是自一个根，即"元"来的。三夏：夏、诸夏、华夏。到华夏，即"远近大小若一，天下一家"。一，是达到元的一个境界，自元来，止于一。元，为体；一，为用。

什么叫作元？始生之机、万有之能，"先天而天弗违，后天而奉天时。天且弗违，而况于人乎？况于鬼神乎？"（《易经·乾卦·文言》）以天作为界说，这是中国几千年前的智慧，今人望尘莫及！

乾元统天，先于天，"大哉乾元，万物资始，乃统天"（《易经·乾卦》），因为是从根上来，所以能够统天。中国的最高神是元始天尊，是造物祖，是上帝。这就是夏教。"蛮夷猾夏"，"夏"就是"中国"，中国的教叫"夏教"，夏教之祖就叫元始天尊，出自"大哉乾元，万物资始，乃统天"。

元，"先天而天弗违"，先时；性，"后天而奉天时"，因时。有生，才有性，"成之者，性也"。人性，虽是看不见的，但是每个人都可以感觉得出。元，为智海，"元者，善之长也"，至善；"继之者，善也"，前有至善，接着的为善。应学怎么培元，要教怎么培元。培元，才能元培；奉元，然后奉元行事。要懂得自己要学什么，从哪儿学？

读书，要正面、反面翻来覆去地读。几个要点打通了，将来有人一点，你就明白了。以此训练自己，日久必有思想系统。

多参考别的思想家，看人家是怎么想的。要用前人的思想来引导自己，才能后来者居上。因时制宜的最高境界，也不过是贤者罢了。

教育如一开始就走错路，还想成才？如"泛爱众"三字，为了稿费，多加两个字——成"博爱之谓仁"。

许多学者为了入圣庙，乃故意曲解，如朱子解"攻乎异端，斯害也已"，即指儒以外的不必研究。朱子解："异端非圣人之道，而别为一端，如杨、墨是也，其率天下，至于无父无君，专治而欲精之，为害甚矣！"即合乎帝王"统一思想"之需要，但是与孔子"有教无类"（《论语·卫灵公》）的精神实相悖。

孔子的伟大，即在于"有教无类"，不仅是人无类，连书也无类。"万物并育而不相害，道并行而不相悖。小德川流，大德敦化"（《中庸》）。我称"夏学"，什么都研究，不"攻乎异端"，因为"斯害也已"。

战国百家思想争鸣，不入于杨则入于墨，证明那时并无入于儒。孟子不如人，就骂人："杨氏为我，是无君也；墨氏兼爱，是无父也。无父无君，是禽兽也。"（《孟子·滕文公下》）

应该深入研究春秋战国时代的思想家，探究其思想之所在。思想必得发挥，宗教则叫人不能疑惑。咒，不讲才神秘。宗教是时代的安非他命。台湾佛教热闹，病态，贪欲特别重。

说我讲错，正中下怀，因为前人根本没有读懂老祖宗的智慧。老祖宗已经讲过了，但是后人并没有真懂，"正统"还说讲错了。所以，注解只能当参考，必要打破几关，才能知其所以然。

如日中天了，接着就昃（《易经·丰卦》称"日中则昃，月盈则食，天地盈虚，与时消息"），太阳不会立正，"保合太和，乃利贞"（《易经·乾卦》），最伟大的是"圣之时者"。发明家与时竞争，但能超时者少，先时太难了，多半是因时者，连治时者都少。活着的目的：圣之时者，君子能时中。

自何处入手？元。元，不得而知，故又称玄。老子说"玄之又玄，众妙之门"（《老子·第一章》），给人多少启示，众妙都从此门出。生生化化，最妙的东西！妙啊！妙不可言！无法解答，难以形容，皆非人力所能，是看不见、摸不到的。从万物看，必承认有造物者，即玄、元，体万物而不可遗也。惟妙惟肖，"妙万物而为言者也"（《易经·说卦传》）。用"妙"字，将你们的思想引入圣界。看小虫子之美，真是造物之妙！蚂蚁虽小，犹知储，其思维妙不妙？

求、学、教些什么？超时的东西，乃是自无尽藏来的。是无尽藏，故取之不尽，用之不竭。现在学生的生活程度之高，一切都是最高消费，但何以无人求无尽藏？有形的东西，再贵都有人吃。因为人都有欲，所以街上的东西特别有吸引力。

培元，如同培土，需要浇水，功夫不是空的。把许多观念修正，因为"时"已经不同了。圣时，没能"圣之时者"，皆非实学。

以前的丝织品、漆器、青铜器，其工艺之能，现在均没法超越，几千年前的中国人就有如此高深的头脑。脑子得如海水，翻来覆去有波澜，才不会一条道走到黑。但是不可以索隐行怪。与前人不同处，一定要引经书。依经解经，不能臆说。

有思想了，开思想的文学，如冰心（1900—1999）《寄小读者》，温馨。

冰心，原名谢婉莹，笔名冰心，取"一片冰心在玉壶"。《寄小读者》是冰心在1923—1926年间写给《晨报》"小读者"的通讯，共二十九篇，其中二十一篇是赴美留学期间写成的，主要记述了海外的风光和奇闻逸事，同时也抒发了她对祖国、对故乡的热爱和思念之情。《寄小读者》可以说是中国近现代较早的儿童文学作品，冰心也因此成为中国儿童文学的奠基者。

鲁迅（1881—1936）、周作人（1885—1967）兄弟，周家是翰林，受政治冲击，有其政治观。

朱自清（1898—1948），小商人家庭出身，作品平稳、温馨，自人性出发，是人性的表露。

文章与其人生活背景有关。没有思想的文章，则不能"文以载道"。"落霞与孤鹜齐飞，秋水共长天一色"（王勃《滕王阁序》），佳句必有长时间深刻的体悟，才能引人入胜。

为文必得有思想，才有生命力，不可以无病呻吟。今天无人敢对时代扎一针，还随波逐流，居然叫"清玄"。

台湾在思想上已经病入膏肓，没有思想可言。因为在教育上没有培养学生怎么去想、去思考，完全是注入式的教育。应是使学生自根上思考，知其所以然。

第
二
章

仲尼曰："君子中庸，小人反中庸。君子之中庸也，君子而（能）时中。小人之反中庸也，小人而无忌惮（为所欲为）也。"

第二章以下为传，解释经。

"君子"，成德之人；"小人"，不是坏人，而是没有成为君子的人。

"中庸"，用中，"中也者，天下之大本也"，"君子中庸"，君子能守中庸；"小人反中庸"，小人不知守中庸之道，做事往往与中庸之道相反。

迷信，自迷，"先迷失道，后顺得常"（《易经·坤卦》）。怎么显现自己的良知？自己太尊贵了，唯我独尊，必要慎独。

"君子而时中"，君子能用中庸，君子能时时在中，无过与不及。要及时努力，"学而时习之"，圣时，成"圣之时者"。一个时，有一个时的中道，"时中"，随时守中道。日常生活、行事、衣着皆应时中，年轻人尤其不要索隐行怪。

但礼上不可时中，一个民族有其特性与文化，礼法不可以乱改。当政者不可以意气用事，因为"上行下效"，"君子之德，风；小人之德，草。草上之风，必偃"（《论语·颜渊》）。要用损益之道，"损益，盛衰之始也"（《易经·杂卦传》），"凡益之道，与时偕行"（《易经·益卦》），"损益盈虚，与时偕行"（《易经·损卦》），即要损其不能合于时者，而益其合于时者，百姓之易治亦在此。

什么是时中？"君子而时中"，即君子能时中，时时都在中道，"与时偕行"。"回之为人也，择乎中庸，得一善则拳拳服膺而弗失之矣"，时时都在中道内，无时不中、无所不中，亦即安中，所以是中行之士。

光中—华中—时中—安中；求仁—得仁—安仁。

"小人之反中庸也，小人而无忌惮也"，小人之所以违反中庸，毛病在于"无忌惮"；不是小人，就得忌惮。一般人想入中庸之门，就得用"忌惮"两字：忌，戒慎；惮，恐惧。《古诗源·尧戒》云："战战栗栗，日谨一日。人莫踬（zhì，绊倒）于山，而踬于垤（dié，小土丘）。"

颜回"得一善则拳拳服膺"，"其心三月不违仁"（《论语·雍也》），时时在中，喜怒哀乐未发的境界；其余弟子，则"日月至焉而已矣"（《论语·雍也》），没有恒的功夫，不能时时在中，偶尔为之而已。

"不得中行而与之，必也狂狷乎。狂者进取，狷者有所不为"（《论语·子路》），即有所忌惮，能戒慎恐惧。曾子"战战兢兢，如临深渊，如履薄冰"（《论语·泰伯》），即忌惮之士，久了，也可以入中庸而有成。

《坛经》，在家和出家一样修行，"存真"即足。同学"母圣人"没找到，现在都成"剩人"了！君子得能时中，失时就完了！人就是人，开始就要学怎么做人。

人的欲极为可怕，当保姆的修养程度绝对不足。两口子为了赚钱，忘了孩子的成长，将孩子完全交给保姆抚养，可怕！小孩必自小练达，天天和妈妈斗智，反应才会灵敏。孩子是活宝，钱是死宝，怎可忽视小孩的成长与学习？我小时候，出门必须请假，还得说出理由。当年，说"桐城谬种、选学妖孽"（桐城文与《昭明文选》）。我去听"胡闹"演讲，太师母称胡适"胡闹"。

人一失足成千古恨，就是跳到黄河也洗不清。做事要多往前看，真理就一个，什么都是空的，唯有在心里留下的痕迹不空，在临终前会含恨。人能够表里如一，无愧于心，是真正的愉快，一个人能守得住不易！

为了保护某某而去杀人，杀人的罪孽永远存在心，良知会和自己算账。不必要的事不必去做，一切都将归于零，化为乌有，"如梦幻泡影，如露亦如电"，牺牲也必须有价值。

人一旦失"中"，就后悔莫及！就是真爱，也得有眼光，可别糊涂！我现在急！不要净意气之争，使台湾百姓受害。

蒋夫人失去一切，却仍活得那么有精神，绝对有修养，但是她含恨的绝对不少。要为大我牺牲，绝不为私情牺牲。

第三章

子曰："中庸其至矣乎！民鲜（少）能久矣！"

"民"，天民，皆有性之善，但是欠修持功夫，往往迷于欲、惑于欲，"先迷失道"，不能率性，"率性之谓道"，所以少能久于中庸。

此解有二：

一、中庸的境界很高，很久没有中庸之道了！此解不好。

二、一般人少能久守中庸之道，因为只是"日月至焉而已矣"，难以持之以恒。

孔子弟子中，只有颜回"其心三月不违仁"，有恒、时中，为中行之士。

第四章

子曰："道之不行（应是'明'）也，我知之矣，知（同'智'）者（自以为智者）过之，愚者不及（达不到中庸之道）也。

宋代陈天祥《四书辨疑》以"行"与"明"二字当互易，因智愚乃就"明"而言，贤与不肖则就"行"而言。

"智者过之"，自以为是智者，自视过高。"愚者不及"，愚者虽坏事少，但是达不到中庸。"行之而不著焉，习矣而不察焉，终身由之而不知其道者，众也。"（《孟子·尽心上》）

"唯上知（智）与下愚，不移。"（《论语·阳货》）但社会中等人多，往往见异就思迁，此"道之不明也"。

中等人，进之可为善，弃之则流于恶。想成为社会领导人，必对这些人下功夫。"上智与下愚，不移"，容受中人，为政之要。受中人之量，化中人之德。

"道之不明（应是'行'）也，我知之矣，贤者（自贤其贤者）过之，不肖者不及也。

苏轼《中庸论》引此文，作"道之不行也，我知之矣，贤者过之，不肖者不及也"。

"贤者过之"，自贤其贤者，并非真正的贤者，什么都过火。自贤其贤者，叫别人高帽给戴得昏头昏脑，什么也没学，就混社团，最宝贵的时间糊混过去。多少社团领袖，至今无一正职，最后拿一顾问。

读书时必要读书，最低限度能吃饭，因社会没有养老院，谁用你，都必叫你发挥作用。认真即"不苟"，真能欺人是"英雄"，但没人会受欺。

"不肖者不及也"，不似者又达不到中庸。都一样有毛病，失中，达不到中庸的境界。一般人都是习焉不察，漫不经心，知其然而不知其所以然，所以道听途说、盲从者居多，此"道之不行也"。

"人莫不饮食也，鲜能知味也。"

"人莫不饮食也"，真知饮之味? 真知食之味? 懂得饮食的正味? "鲜能知味"，少有人懂得饮食之正味。知味，人能品味也不易!

留心时事，要角的一言一行必留心。高处不胜寒，未来的苦是可以预期的，非其时也，真聪明就不应做。没方法，虽应做，也不能做。

第五章

子曰："道其不行矣夫!"

"甚矣!吾衰也!"(《论语·述而》),道衰,因为环境已经变迁得很厉害,孔子叹"天下为公之道"不能实行!

《史记·太史公自序》云:"孔子知言之不用,道之不行也,是非二百四十二年之中,以为天下仪表,贬天子,退诸侯,讨大夫,以达王事而已矣。子曰:'我欲载之空言,不如见之于行事之深切著明也。'"此《春秋》之所以作。孔子志在《春秋》,即行天下为公的大道,《礼记·礼运》称"大道之行也,天下为公"。

第六章

子曰："舜其大知（智）也与！舜好问而好察迩（周遭）言（言论），隐（应是'遏'）恶而扬善，执（把持住）其两端，用其中于民，其斯以为舜乎？"

舜之所以能成其大智，即在于"好问"，问所不知，问所疑；"好察迩言"，考察周遭人的言论、舆论。舜的大智，是不坚持己见，自好问其所不知而来的。不必将舜加以神化，舜无一不取于人。

《孟子·公孙丑上》曰："大舜有大焉，善与人同。舍己从人，乐取于人以为善。自耕、稼、陶、渔以至为帝，无非取于人者。取诸人以为善，是与人为善者也。"

人之所以能成其智，即在于多接受别人，要用古人的智慧启发自己的智慧，无一不取于人。中国古圣先贤留下的智慧很多，因为代出能人高手。孤陋寡闻只有自误，不能误人。

学，要"博学之"，新的、旧的都必须吸收，学并不丢脸，不必不懂而装懂。人如志在必得亦偏激，大家都抢，绝非中庸之道。

善为政者如大舜，以古圣先贤的智慧来应天下事。今之当政者，则以一己之经验来应天下事，殆哉！

说"隐恶扬善"，那舜岂不成为伪君子了？舜流放四凶，遏恶。《易经·大有卦》曰："君子以遏恶扬善，顺天休命。"所以意境上应是"遏恶而扬善"，遏止恶，欲为恶之源，塞之，不让它再发展；扬善，也间接遏恶了。

"遏恶"的上策则是防未然，不必动武，"神武不杀"，用的是"聪明睿智"。尧犹有四凶，舜则流放"四凶"——共工、驩兜、三苗、鲧。

《尚书·舜典》云："流共工于幽洲，放驩兜于崇山，窜三苗于三危，殛鲧于羽山，四罪而天下咸服。"

舜研究有端的，"执其两端"。"事有终始"，无端如环，终而又始，事情是忙不完的。社会就是两端，两端，不是两头，是非、善恶、黑白、阴阳、男女。"执其两端，用其中于民"，弄清楚两端之事，用两造之中在他们的身上，"叩其两端而竭焉"（《论语·子罕》），不坚持己见，无一不取于人，"毋意、毋必、毋固、毋我"（《论语·子罕》）。不主观，如同乡下有解纷争的大善人。

遇事，不要存有我的主观，要"无适也，无莫也，义之与比"（《论语·里仁》）。因为如有所爱恶就有所僻，"爱之欲其生，恶之欲其死"，怎算是智者？人人都能接受？做事不要偏激，"执两用中"为做事之道、处世之方。

《春秋繁露·二端》："《春秋》至意有二端，不本二端之所从起，亦未可与论灾异也，小大、微著之分也。夫览求微细于无端之处，诚知小之将为大也，微之将为著也。吉凶未形，圣人所独立也，虽欲从之，末由也已，此之谓也……亦欲其省天谴而畏天威，内动于心志，外见于事情，修身审己，明善心以反道者也，岂非贵微重始、慎终推效者哉！"

"豫解无穷"（《春秋公羊传·哀公十四年》何休注），防未然，必要有办法。奉元在行，即奉持元，能够实行，还得真实去行，不可以马马虎虎地应付。曾文正为卫教而战，一人定国，一人使湖南人鸡犬升天。

曾国藩为了笼络读书人，阻止知识分子进入太平天国，同时让自己师出有名，在衡州（衡阳）誓师出发这一天，发布《讨粤匪檄》："……自唐虞三代以来，历世圣人扶持名教，敦叙人伦，君臣、父子、上下、尊卑，秩然如冠履之不可倒置。粤匪窃外夷之绪，崇天主之教。自其伪君伪相，下逮兵卒贱役，皆以兄弟称之，谓惟天可称父，此外凡民之父皆兄弟也，凡民之母皆姊妹也。农不能自耕以纳赋，而谓田皆天王之田；商不能自买以取息，而谓货皆天王之货；士不能诵孔子之经，而别有所谓耶稣之说、《新约》之书，举中国数千年礼义人伦诗书典则，一旦扫地荡尽。此岂独我大清之变，乃开辟以来名教之奇变，我孔子、孟子之所痛哭于九原，凡读书识字者，又乌可袖手安坐，不思一为之所也……"打的是文化牌，极力拉拢当时社会的中坚力量文人士大夫，从而动摇了太平天国的根本。

曾氏大智若愚，平定太平天国后，辞爵禄，解散湘军。而李鸿章的淮军，则留下军阀遗孽，造成民国的内乱。历史永远作为借鉴，值得重视。

成事必得以德，"为政以德"。否则，也不过是历史之丑角，在历史中有如过江之鲫。凡事有了痕迹，就没法擦掉，所以演义多。

必要留心时事，最好的教材，可有所借鉴。

北京紫禁城前三大殿之命名：太和殿、中和殿、保和殿，之命名，是内圣、外王的最高功夫，"各正性命，保合太和，乃利贞"（《易经·乾卦》），"致中和，天地位焉，万物育焉"。

多学，日久就懂得应世之道。今天虽然没有在战场，但是每天都打打杀杀的，内心应快快走向和平之道。

西太后辅佐同治，其术为"垂帘听政"。汉高祖有成，吕后亦有其功，但刘邦死后，她弄得不好，而有"十老安刘"。清孝庄文皇后，历经三朝（皇太极、顺治、康熙），但自己绝不临朝，真是绝顶聪明！唐武则天临朝了，但能从谏如流，终将政权归还李氏。宋美龄用美国人的思维方式，白扯一辈子！

胃病都是自吃凉的东西来的，最是难治，但不死人。人的健康操之在己，自己平时要注意保健，病从口入，四十岁以后病状就出现。

知识分子未必会用知识。我一天吃一个半馒头，一定有节制，不饱也不饿。我例行一个月上一次医院做检查。

你们应该要有自己的组织，要为自己谋福利。我要造就十个北大博士管理你们自己的事。做事一定要有步骤，这块土的人就是情之所至，做事完全没有章法。做事一定要有所准备，要打通，必须了解对方的思维方式。

不知道规矩就不能成方圆，规圆矩方，还用什么三角？中国思想"天圆地方"，何不顺着传统的思想，哪有什么新旧？必用本国文化思维才能对付敌人。孝庄太后用蒙古人的思维对付，等敌人一摸清，已经时过境迁了。中国人必要用中国人的思维，人的思维方式特别重要，必要懂得怎么运用思维。

养成精神都能成功，有量，能容，仁。做事，智仁勇、胆量识，缺一不可。

我以前说自己比台湾人还了解台湾人，但是这三五年才真正了解，当局最大的毛病在不懂得深思熟虑，就情之所至。

"仲尼祖述尧舜"，接着前人，集大成。"吾有知乎哉？无知也。有鄙夫问于我，空空如也。我叩其两端而竭焉。"（《论语·子罕》）如果尽用一己的经验、智慧来应天下事，岂不殆哉？

第七章

子曰："人皆曰予知（智），驱而纳诸（之于）罟（gǔ，捕鱼鸟的网）攫（huò，捕兽的机槛）陷阱（捕兽的陷坑）之中，而莫之知辟（避）也；人皆曰予知，择乎中庸而不能期（jī）月（匝月，一个月）守也。"

"贤者以其昭昭，使人昭昭；今以其昏昏，使人昭昭"（《孟子·尽心下》）。一般人皆自以为是智者，在刀尖上跳舞犹不自知，还很高兴，真是发人深省之言！

智者，要避祸于无形，防患于未然。

自智其智者，日月至焉而已矣，乃不能期月守也。

第八章

子曰："回之为人也，择乎中庸，得一善，则拳拳（真挚诚恳）服膺（膺，胸也。服膺，铭记在心）而弗（不）失之。"

颜回，"其心三月不违仁"，"三"，为虚数，喻久，"三月不违仁"，久不违仁。

得一善，"拳拳服膺而弗失之"，奉持，存在心中而不失之，所以终生不违仁。"君子而时中"，颜回能久中，是中行之士。

第
九
章

　　子曰："天下国（诸侯之国）家（大夫之家）可均（平分，分治）
也，爵（有爵为世家）禄可辞也，白刃可蹈（视死如归）也，中
庸不可能也！"

　　天下国家可以分治，爵禄可辞，视死如归，生死都阻挡不了，
但是中庸不可能。可见"致中和"有多难！"致"为功夫所在，《大
学》致知—知至，《易经·困卦》"致命遂志"。

　　离中道，即极端。但能够以中道治事者，可说是很少！

第十章

　　子路问强。子曰："南方之强与（语末词）？北方之强与？抑（转下词，还是）而（汝，你）强与？

　　夫子与学生自由自在地谈天，不必天天板着脸！

　　"宽柔以教，不报（报复）无道，南方之强也，君子居（守）之。

　　孔子时候的南方，与今天所指南方不同，是离山东不太远之处。

　　南方之强，宽能容，用柔顺，不报无道，仁而有量，真阴险！宽柔，是最简单的术。

　　道家专用柔，如屋檐水，久可穿石，甚至成洞。用柔最难，愈柔愈能克刚。

　　"衽（rèn，动词）金革（以金革为褥子），死而不厌（恨），北方

之强也，而强者居之。

北方，代表一方，不代表具象的哪类。

北方风土严寒，马强鹰也强，人性刚烈，有胆，死也不怕。

满族、蒙古族歌，雄壮、自然的节奏，与生活的自然环境有关。

中国历代修长城，就是为了抵御北方之强。但是长城并不能解决问题，唯有修无形长城——以文德以来之，"通智除患，胜残去杀"。交流融合，互利共荣，"智周道济，天下一家"。

"故君子和而不流，强哉（语中助词）**矫**（强）**！中立而不倚，强哉矫！国有道，不变塞**（困窘，未达之时）**焉，强哉矫！国无道**（因正义少）**，至死不变**（守死善道）**，强哉矫！"**

养强还不行，得是"强哉矫"！即养"强中之强"。

"和而不流"，何等修养，才是强中强！要外圆内方，遇事不得罪人。"不可典要，唯变所适"，必以宜应变，不能一成不变，还要变得恰到好处。

"中立而不倚"，"执其两端，用其中于民"，是中流砥柱，众人的标杆，社会的安定力，中庸之强也。

"国有道，不变塞焉"，不改变操守，"富贵不能淫"（《孟子·滕文公下》），为强中之强。国无道，正义少，群趋于所好；"至死不变，强哉矫"，"守死善道"（《论语·泰伯》），殉国，当烈士，"匹夫不可夺志"（《论语·子罕》），是强中之强，文天祥足以当之。

如都学得成伯夷、叔齐，只是"圣之清者"，并不是中国史上之上乘者，应是"和而不流"，才是强中之强！你在社会，社会就是个大染缸，必知怎么活在这个圈里。"中通外直，不枝不蔓"，"出淤泥而不染"，做人之道完全在自己，必要约束自己，不可习以为常。

五伦，皆含群德，承认我以外有人的存在。"和"，即群德，见谁都和，与任何人都处得来，但是不同流合污。和合，绝不是同流合污，不流就无害，和而不流。一般人没和，就流。聪明反被聪明误，乃自作聪明者！

清朝实行"满不点元，汉不封王"制度（自从"三藩之乱"平定后，汉人不封王，已作为祖制传下来），旧社会"祖制不可违"。曾文正小时外号二呆，其实一点也不呆，他有功可封王，却上奏"祖制不可违"，换来个"满床笏"（笏，古代上朝时手持竹版，可用以记事。清用念珠）。

太平天国建都南京，咸丰帝惊惧忧思，曾有"有能克复金陵者，可封郡王"的期许。但曾国荃攻克天京后，却只封曾国藩为一等侯，曾国荃为一等伯。因清廷议功封爵之时，以曾国藩乃文臣出身，若封为王，"似嫌太骤，且旧制所无"，清廷并无汉人封王的祖制旧法。

现在每天都要求智慧。小国要不吃亏，而且要点儿东西来，不该给但是给了。

一个领袖没有真知而胡作非为，多么失策！每天要用时事印证智慧，遇事不能不用思想，看戏也得懂戏文。要随时测验自己，此乃智者的行为。

我何以顽固？自我的胡子，也可知我所受的教育与你们不同，也为你们留个纪念。

到北大去读书，如是个书呆子，就不必去了。要先知道自己为什么要去北京读书，是为了知情达理。解决问题不是感情用事，情必达理，到时怎样就怎样。

事情未来，不必弄得乱七八糟，如王婆叫骂般，没有脑子也没有心胸。事情是做的，并不是说的，如做得好则如日中天。马前课、马后课皆失策。

"小人怀惠"，当然变。一举一动，明白人入眼帘，早知你成才与否。人都有豪情壮语，何不看看自己的长相？刘备长相"两耳垂肩"，还只是"三分天下有其一"。

一国人要知道兄弟之情，到日本就知敌情。人说真话，才能入圣。狄仁杰对武则天说："太庙没有供奉姑母的。"

第十一章

子曰："素（《汉书》当作'索'，盖字之误）隐行怪（违众），后世有述焉，吾弗为之矣（我可不做）。君子遵道（中道）而行，半途而废，吾弗能已（守死善道）矣。

"索隐行怪"，行事怪异，违众，见这也不理，那也不理，只成学究、腐儒，即守其端者，孔子不为也。知"索隐行怪"此四字，就知道要怎么堂堂正正地做人。

"君子遵道而行"，"率性之谓道"，性生万法，皆不假外求，是与生俱来的。

"守死善道"，不半途而废，"有始有卒者，其惟圣人乎"（《论语·子张》）。

"君子依（不离）乎中庸，遁世（隐居）不见知（人不知）而不悔（不愠），唯圣者能之。"

"依乎中庸"，不离中庸，君子能时中。

"遁世不见知而不悔"，于世上隐遁，却绝无内心之不悦，"隐居以求其志"（《论语·季氏》），有万全准备了才能做事。"求仁而得仁，又何怨"（《论语·述而》）？"不易乎世，不成乎名，遁世无闷，不见是而无闷，乐则行之，忧则违之"（《易经·乾卦·文言》），"人不知而不愠"（《论语·学而》）。我自四十岁以后，就能解此一境界。

做事，起码要能不助人为恶。在乱世，要不助人为恶，就必得遁世。"唯圣者能之"，这就是圣人，"确乎其不可拔，潜龙也"（《易经·乾卦·文言》）！

《学庸》必须熟，将此智慧培养好，绝对能用世。

现在有几个知识分子懂得"夫妇以义合"？乡下老太太虽然没有读书，但是能遵守历代相承的道德。我刚来台时，台湾犹有中国风，有睦邻的风气，每家做东西必送邻居尝一尝。

第十二章

君子之道，费（bì，用之广）而隐（无法见）。夫妇之愚，可以与（参与）知焉；及其至（最高境界）也，虽圣人亦有所不知焉。

《说文》云："费，散财用也。"散之广遍也。隐，不见。"费而隐"，无所不用，但没法见。

"君子之道，造端乎夫妇"，夫妇为"人道之始"，用之广，但是没法见。一般男女可以参与，但是到了最高境界，虽是圣人亦有所不知。"大哉乾元，万物资始""至哉坤元，万物资生"，此圣人想的，神妙万物，"妙万物而为言者也"。

夫妇之不肖，可以能行焉；及其至也，虽圣人亦有所不能焉。

"肖"，似也。中国的道德，以父母为最伟大，所以都想象父母，称自己为"不肖子"，即不似父母那么伟大。父母不在了，则自称"不孝子"，从此不再能尽孝道，子欲养而亲不在。

皆是与生俱来的本能，"未有学养子而后嫁者也"，即孟子所谓"良知良能"。一般男女都可以行"君子之道"，但是到了最高境界，虽是圣人亦有所不能焉。

天地之大也，人犹有所憾（不足）。**故君子语**（yù）**大**（往大说，至大无外），**天下莫能载焉；语小**（往小说，至小无内），**天下莫能破焉。**

人的心境不一，想达至高境界不易。天地之大，无所不包，人犹有所憾。"羊羹虽美，众口难调"，所以别人的毁誉又何必动心？你骂人，人亦骂你，一比一，应该的，又何必生气？更何必跳楼！做事，只要认为是对的，就去做。

"小，天下莫能破"，至小无内，体之微；"大，天下莫能载"，至大无外，用之广。宇宙是一大天地，人是一小天地。天覆地载，天生之、地成之。

《诗》（《大雅·旱麓》）**云："鸢飞戾**（lì，至也）**天，鱼跃于渊。"言其上下察**（一、至，贯通；二、著，昭著）**也。君子之道，造端乎夫妇；及其至也，察乎天地。**

《中庸》自十二章以后，时而引《诗》，极似《荀子》《韩诗外传》，亦见其非成于一人一时之手，足见《中庸》全篇绝非皆为子思所作。

君子之道之大，上至于天，下至于地。"致中和，天地位焉，万物育焉"，天地为一大宇宙，人为一小宇宙，天人合一。

《诗经》首《关雎》，讲男女相交，要"乐而不淫，哀而不伤"（《论语·八佾》)，虽是乐了，但在未举行婚礼之前，行为也不能过分；失恋，哀了，但也不能就此而伤生人之性，自杀或杀人。因为重视君子之道，开始即告诉人应如何去选对象。因为对象如选不好，这一生就垮了！

"君子之道，造端乎夫妇"，"贤贤易色"，即教人要看重对方的贤、德，而看轻对方的色、貌。知此，则人人皆重视德，那么谁也不敢失德。因为色（外貌）不能长久，必须看轻其色貌，而重视其贤德。

夫妇以"义"合。《易经》上经首"乾、坤"，以阴阳合德，刚柔有体，生生不息；下经首"咸、恒"，讲夫妇之道在能恒久。恒，即爱情必定于一，要能专一不二。

第十三章

子曰："道不远（yuàn，当动词，远离）人。人之为道（人为的道）而远人，不可以为道（至道）。

"率性之谓道"，每个人都有性，顺着性就是道。要"无为"，顺自然。

"为无为，事无事"（《老子·第六十三章》），"为学日益，为道日损，损之又损，以至于无为，无为而无不为。取天下常以无事，及其有事，不足以取天下"（《老子·第四十八章》），"道常无为而无不为。侯王若能守之，万物将自化。化而欲作，吾将镇之以无名之朴。镇之以无名之朴，夫亦将不欲。不欲以静，天下将自正"（《老子·第三十七章》）。"人法地，地法天，天法道，道法自然"（《老子·第二十五章》）。

在人曰性，在身曰心，心即佛，性即佛，"佛在家中坐，何必远烧香"！直心即道场，如不重视自己之所有，而尽向外求，到处去找，即舍近求远。

"人之为道而远人"，远离人性，不合乎人性，不可以为至道，"性相近也，习相远也"（《论语·阳货》）。所有的宗教皆人之为道，但宗教家有大智慧，都想以智慧度众生。

儒家所讲，是在解决人生问题，不"人之为道"，索隐行怪。

"《诗》（《豳风·伐柯》）**云：'伐柯伐柯，其则**（法则）**不远。'执柯**（斧柄）**以伐柯**（木头），**睨**（斜眼看）**而视之，犹以为远。故君子以人治人，改而**（能）**止。**

儒家解决人生问题。儒，人之需也。"其则不远"，性，人人皆有，与生俱来，性为则，"天命之谓性"，在人曰性，本身即具有，则性，不远离性。

"执柯以伐柯"，即面对人生，解决问题。是人，就可以通人之志；尽性，发挥性的本能，能尽己之性，就能尽人之性，进而尽物之性。

"人情以为田"（《礼记·礼运》），"田"，有立身之义。"以人治人"，人之情一也，必以人的尊严为田，以耕耘之；"改而止"，改能止，何等宽大！故能成功。"民胞物与"，故有情，能行仁也。以人情为田，百世耕之。

"民胞物与"，是人，都是同胞；物与，就是物、蚂蚁，也是我们的同胞。元，始万物、生万物，元胞。我们"夏教"的祖师爷，就是"元始天尊"。

伏羲，中国人之祖，人祖；元始天尊，造物祖，如西方"耶和华"，是元神、上帝。这就是夏教。《尚书·舜典》"蛮夷猾夏"，

"夏"就是"中国"，中国的教叫夏教。

咱们研究《大易》的事，就是"民胞物与"。"民，吾同胞；物，吾与也"，所以，尽己之性，尽人之性，还得尽物之性。蚂蚁，不是物，蚂蚁和我们是一样的，吾与。"胞与"，尽己之性，尽人之性，尽物之性，然后才可"与天地参矣"。"民胞物与"，唯有中国人有这么高的思想。

尽物之性，科学家懂得物的性，就能发明。看科学家的伟大！反问我们自己究竟伟大在哪里？那就更能知道自己的价值了，否则将来我们连个蚂蚁的用处都没有！

"率性之谓道"，故要下"尽人之性"的功夫治人，使其将自己性的本能完全发挥出来，能用性的大能去处理一切事情，即"以人治人"。"改而止"，知敝、改其敝即足，何等宽大！

不要净是用"圣贤"的标准去期待、要求别人，"君子不以其所能者病人，不以人之所不能者愧人"（《礼记·表记》），如此做事，岂不是绰绰有余？

人就是人，要"以人治人，改而止"，"过，则勿惮改"（《论语·学而》），用人之道、人之德、人之行来治人，就能与人打成一片，最后则"仁者无敌"，真成仁者了，哪里还有敌人？根本就没有敌人。"仁"和"元"，有什么区别？元、仁，都是二人，有对方的存在，能尊重别人。

苏老泉解释《孙子》是"一句一义"，而我是"一字一义"。所以，你们要彻底下功夫，但这可是非常人之所能为。

"忠恕违（离）道不远。施（加）诸（之于，语词）己而不愿，

亦勿施于人。

"忠"，中心，尽己；"恕"，如心，推己及人。"忠恕离道不远"，因率性就是道，尽己之性，进而能尽人之性。

"施诸己而不愿，亦勿施于人"，自己不愿意的事，也就不要加在别人身上，"己所不欲，勿施于人"（《论语·卫灵公》）。我家不养雀，不因自己的愉快而造成别人的不快。

人必要"仰不愧""俯不怍"了，才能有自己的主宰。

"三十而立"，是在"十有五而志于学"后，又经十五年，而能立于己之所学，为己之所当为，绝不因为世俗的毁誉而有所动心。即己立立人，己达达人。

"君子之道四，丘未能一（当动词）**焉：所**（有一定之则，故云'所'）**求乎子，以事父未能也；所求乎臣，以事君未能也；所求乎弟，以事兄未能也；所求乎朋友，先施之未能也。**

此为孔子自叹之言，不能以之"一天下"，"治海内之众，若使一人"（《荀子·不苟》），使天下没有不忠、不孝的人！一天下，"安仁者，天下一人"（《礼记·表记》）。

"求"字，是孔子所求，还是指什么？求天下之为子者、求天下之为人臣者、求天下之为人弟者、求天下之作为朋友者。但不能使天下人都做到"事父、事君、事兄、先施之"，全部达到此一境界，此为孔子的遗憾。必"人人都有士君子之行"了，大道才能行于天下，天下为公，天下一家。

做完事绝不求报，即施。"朋友先施之"，对朋友，不占朋友便宜，焉能将利害置于前头？做事既是施舍，又何必求报？要练达，学会做事，做事不求报。

你小器，人家心里不舒服。"不念旧恶"（《论语·公冶长》），也不念旧惠。我为了了解这个地方，天天与台湾人在一起。人必要知道自己的长短。

我不论对的与错的都讲，可以有所参考，你们要善悟。

"庸（常，日常）**德之行，庸言之谨；有所不足，不敢不勉**（自勉）**；有余**（留有余地，积善积德）**不敢尽**（用尽）。**言顾行，行顾言，君子胡不慥**（zào，仓促、急忙）**慥**（慥慥，及时努力）**尔！"**

"庸德之行，庸言之谨"，庸言、庸行是谨，谨言慎行。

要重视自己的庸、凡，是平庸是凡人，平庸并不坏，人懂己之庸才会成功。

德，是自行为见出的，"庸德庸言"是平常行事、平常言语，完全在日常生活中，不必舍近求远，因为"率性之谓道"，顺着人性就是道，"道不远人"，不要净是"人之为道而远人"。

"有所不足，不敢不勉"，自己有缺失，要自勉；"有余不敢尽"，积善积德，留有余地，不敢用尽。做事总留一步，所以大智若愚。人做事，必要留有余地，"不为已甚"（《孟子·离娄下》），不逼人太甚，要积善、积德，日积月累乃成德。

"言顾行，行顾言"，慎行慎言，"言"与"行"必须互相照顾；"胡不慥慥尔"，有所不足，不敢不勉，要及时努力，君子能时中。

如干十多年仍不行，绝对在历史上留下骂名。做大事业，以造就接班人为第一要义。必须造就人才，没有干部怎么做事？有死党，可以共生死。

好耍小聪明者，永远不能打入核心，能够参与决策？如"人无千日好"能做事业？要一边做事，一边拣选干部。

我自登上这块土至今，所作所为天地共鉴，绝对无愧于心。"长白又一村"是重新开始。我到山地办中学，杨传广是第一班学生，那时供吃住。

自"解严"后，我才讲自己的。学不可以躐等。**我每天所讲，都是"又一村"，不但在思想上，而且在行为上成就"又一村"。**

当年慈航法师讲经，在大殿上静坐。那时交通不便。慈航圆寂后，我提议为穷人兴学，乃筹办慈航中学。后来出了问题，问："钱何处去？"说："娘家的养弟借去。"庙修好以后，我再也不上了。

当年为了筹办"华夏学苑"，我拿出带来的三件宝物筹款，却被说是"盗国宝"，东西被没了。

证严固然不错，但是团体人一多就成问题。要求天下人都一样，是不可能的。

钱老师与其学生如何开始谈恋爱？师生"犹父犹子"，情同父子。既情同父子，又如何开口？大儒开风气之先，多少洋和尚率先还俗。还俗、结婚都可以，何以要和学生？其中多少含有骗术。

我回家多次，亲孙子没有拿过我一分钱，但是他的学校修礼堂，我领着他去捐钱。

以前上课的地方，都是租的。我现在的这栋大楼（台北市罗斯福路 3 段巷子，为书院旧址，师尊自 1978 年 12 月 1 日起在此授课至 2008 年 5 月，2011 年 3 月师尊在此坐化）是"东元"建造的职工宿舍，一二楼是办公室。因为同学的父亲是东元员工，我便宜买到的。

据说，东元董事长儿子是黉舍学生，他听闻老师在寻觅教学场所，送来聘书，说是"委屈"老师任顾问，以职工身份购置，作为兴学之用。这是天德黉舍、奉元书院同门年轻时美好的记忆，也是毕生最难以忘怀的天地。

凡事必依礼行事，不合理就不对。在头的领导者如果走错了，那后面就会跟着错。天下事就看合理与否，不谈对不对。一切要存真，不要自欺。

台湾已经畸形了，必自根上改变，否则将来就不堪设想了。乱伦之事屡见不鲜，如再装腔作势，则造成伪君子，坏！"君子居之，何陋之有？"（《论语·子罕》）要好好正天下，"人能弘道，非道弘人"（《论语·卫灵公》），不在乎对方喜欢与否。

"满洲国"一垮，都成俘虏了，我自此"长白又一村"。经审查，非汉奸，放出，不容易吧！

你们别盲目地道是非、好坏、善恶，愈是有名的大和尚愈是"猪公"。如要找女人就应该公开找，不必偷偷摸摸，就正正经经好好恋爱，在神佛面前绝对无愧于心。星云是慈航最小的学生，流亡和尚。

人千万不要自欺，否则心里不舒服。要真，脚踏实地。好面子，必作伪。台湾乱伦如此多，必遭天谴。怎么度此劫？

就一个"名"字，把人害死了！好名者，必作伪。蛇相，代表奸诈、卑鄙，不留半点儿余地，吃亏就转头。而送资政聘书的，居心何在？

你们除了投机以外，就没有别的。你们说出半句话，我都知道你们要说什么，净装腔作势，不过是骗自己罢了。

君子素其位而行，不愿（务）乎其外。

"素"，反义"杂"，"素也者，谓其无所与杂也"(《庄子·刻意》)。素位，平日所处的地位；素守，平素的操守；素抱，平素的志趣、抱负。

"素其位而行"，按己位行事，能做多少就做多少，往前做一步。做什么要像什么。如忽略了时，完全于迷惑中活着，到社会方知"书到用时方恨少"。孔子"四十而不惑"，一般人则至死不悟。于社会得点俗名，就是名？人必要冷静深思。到了最高境界就懂得"知止"了，"知止而后有定"，乃能不惑。

"君子素其位而行，不愿乎其外"，"愿"，一、欲；二、务，专心致志。务外，即虚内务而恃外好。《论语》"不在其位，不谋其政""思不出其位"，《易经·系辞下传》曰"人之大宝曰位"，"守仁曰位"，尽自己的本分，负责任而有所表现。懂得位置的重要不重要？

我们穷读书的，穷读书的"位"太可怕了，我们不单单要为人类谋，更是要为苍生谋。所以那时候，我老母亲把我的号改为"慰苍"，我都没敢用。现在，我常常跟你们提"慰苍"。"苍"，《说文》云："草色也"。苍生，众生。抚慰苍生，民胞物与，无不爱也。

现在全世界为了气温问题，而惊天动地；我说"唯有夏学能降温"，我们是清凉剂，"清凉"两个字也有所本。"清"如水之清，清澈，不污染；"凉"，放一会儿，降温。开水凉一凉，再喝。

《易经》哪一卦"天地位焉"了？哪一卦是"各素其位"？既济卦（䷾），其《彖》曰："利贞，刚柔正而位当也。"一、三、五都是阳爻；二、四、六都是阴爻，是不是各得其位了？这就是《易经》，中国思想最可怕的地方，什么都想到了。

素富贵，行乎富贵（于富贵中行中道）**；素贫贱，行乎贫贱；素夷狄，行乎夷狄；素患难，行乎患难。君子无入而不自得焉。**

素其位而行，不务乎其外，思不出其位，在其位必谋其政。不论在富贵、贫贱中，或是在夷狄、患难中，皆能行道，"富贵不能淫，贫贱不能移，威武不能屈"（《孟子·滕文公下》）。隐居以求己志，"志于道"（《论语·述而》），虽是隐居，仍必行道，不是世事不问。虽不为世用，仍有己志，不忘行道。

"君子无入而不自得"，无论进入什么环境，必得己之所欲得，绝不空入宝山回。孔老夫子说"我战则克，祭则受福"（《礼记·礼器》）。

读完，好好思维，至少像个"人"的样子。如果连个人形都没有，那就不是人了。成功，是有一定的步骤，不要太越分。

我天天忙，总给同学留后手。活下去，总得有个规矩，没有规矩不成方圆。要留智慧，不是留财产。要及时努力，君子能时中，要"无入而不自得"。

事情没来，就乱扯，最笨！将来怎么样，要看环境怎么样，没到何以要造谣，制造很多是非？净逞口舌之快，能够解决问题？

团结就是力量，千万不可以跑单帮。做事如先想到自己，也不会成功，因为存私。我希望你们永远有个"人样"就够了！不要行险侥幸！

不知所为，所以有请必到，混饭吃。谈问题，必要有专门研究，否则为大丑与小丑！应立志，看自己要做什么。圣人不能生时，时至而不失之，乃是真正的读书人！

人就怕惑于欲，能不惑，乃因知是非、曲直。

写书谈何容易，完全没有新意。诸子能写书，但是不能自保。商君死后遭尸解，还值得学？没有多少人超乎常人，就是扯闲。我不告诉他怎么做，怕误其长才。台湾五十年，有一人成功了？

每天要问自己："我要做什么？"知此，就不会到处出席。学必有所用，机不可失！能用智慧，太难！太难！

孔子聪明，给我们留下许多包袱，要我们承述。诸子想问题多么致密，何等聪明！但是没有一人成事。今天读诸子，应先求知什么？我读完书，质疑他们何以多晚景凄凉？读子书，也必要反过来读。

你们必加倍努力，头脑要清楚，不要净是盲人瞎马！大陆人至少比台湾人有头脑。台湾想有前途，必要先有自知之明。卖国绝对不可以原谅，尽做梦，脑中无横竖。要学会用智慧，得时至，不可以强求。

必学一点儿"诚"字，不要尽见利就忘义，见异就思迁。

余英时说他无意于做官，还说绝不回大陆，以台湾为中国文化的正统，根本是气话！大陆学人评其没资格谈讲中国文化。他这一辈子好意思回大陆？

中国人的精神是要化夷（《孟子·滕文公上》称"吾闻用夏变夷者，未闻变于夷者也"）。入外国籍，哪有资格谈中国文化？

在上位，不陵〔欺凌〕下；在下位，不援〔攀缘〕上。正己而不求于人，则无怨。上不怨天，下不尤人。

"上下"，因职位不同，在一团体中，"同功而异位"（《易经·系辞下传》），各有职责，各尽其责，分工合作。

不欺凌下、不攀缘上，"正己而不求于人"，求之不得，"反求诸己"。

《孟子·离娄上》曰："爱人不亲反其仁，治人不治反其智，礼人不答反其敬。行有不得者，皆反求诸己，其身正而天下归之。《诗》云：'永言配命，自求多福。'"

"正己"，"正其衣冠"（《论语·尧曰》），穿着要与自己的身份相称。"人必自侮，然后人侮之"（《孟子·离娄上》）。

"不怨天，不尤人"（《论语·宪问》），天爵自尊吾自贵，此生无怨亦无尤，自尊自贵，自己尊重自己，把自己看得很尊贵。

给人的第一个观感，就是"诚信"，不要到处耍小聪明，要能吃小亏。

故君子居（守）**易**（变易）**以俟**（待）**命，小人行险以徼**（同"侥"，求也）**幸。**

"居易"：一、守住平易的环境，此解与上文不类；二、守住世局之变，"时乘六龙以御天"，"六龙"，六变，随世之变，随时之变。

"俟命"，等待天命。环境有种种的变，但是自己不变，守住世变，以等待天命，"盖有待也"，待时，时至而不失之，"时乘六龙以御天"，随时乘变，最后"无入而不自得"。

什么都有时与势，"时"不到，就等着。势，看风向、表情、面色。求的是胜，必观风；其次，肯定这个时。什么时候下手打兔子？所读的书都用得上，得特别活。等时机，事永完不了，《易》以"未济"终。

"居易以俟命"，故能随遇而安，安己之所止。"行险以侥幸"，就押宝，撞大运，"罔之生也，幸而免"（《论语·雍也》）。

子曰："射（射之道）**有似乎君子**（君子之道）**；失诸**（之乎）**正鹄**（gǔ，箭靶之中），**反求诸其身。"**

"射有似乎君子"，射之道有似君子之道，"君子无所争，必也射乎！揖让而升，下而饮，其争也君子"（《论语·八佾》），君子之争，争之以道。

"失诸正鹄，反求诸其身"，没达目标，射偏了，要多练习几次，检讨看是哪儿出了问题。

连孔子都有人批评，所以遇事要有点耐力，往前奋斗就有希望。即使如我隐居了，也不是没有人骂，"事修而谤兴，德高而毁来"（韩愈《原毁》）。人骂，就好好听怎么骂，阿Q一点，何必生气？做事先看清了，然后有耐力、定力，结果就惊人！

同学中当老师的至少有五千人，可以承上启下。教书的，物以类聚。物伤其类，兔死狐悲，我将退休老师名单送慈济，可以当志愿者。

第十五章

君子之道，辟（譬）如行远，必自迩（近）；辟如登高，必自卑（低）。

"行远自迩，登高自卑"，最重要的是如何迈出第一步，"千里之行，始于足下"（《老子·第六十四章》），必要重视"卑、迩"的功夫，即从本身开始，由低而高、由近及远，按部就班，循序渐进，否则是空想。

真想成事必要有目标，但必马上想到：成就此事的基本东西是什么，即要素所在，才知怎么去做。如想开面包厂，必先到面包店打工两年，有基本的准备。实际经验比学历重要。

《诗》（《小雅·棠棣》）曰："妻子好合（阴阳合德，天性也），如鼓瑟琴。兄弟（一奶同胞）既翕（xī，合），和乐且湛（zhàn，同'耽'，达至境）。宜尔（你）室家（宜室宜家），乐尔妻孥（nú，妻与子）。"

子曰："父母其顺（顺心）矣乎！"

"妻子好合"，夫妇之近，夫妇一体，要合好，就如同鼓琴瑟，要和谐一致。"窈窕淑女，琴瑟友之"（《诗经·关雎》）。鼓瑟鼓琴，琴瑟能和，弦必上得不松不紧，弹奏之前必须先和弦。

"兄弟既翕，和乐且湛"，兄弟能合，相处和睦，一家和乐。

"宜尔室家，乐尔妻孥"，昔日结婚，称"授室"。宜室宜家，宜室，小两口处好；宜家，使老两口亦处好。不论妻子、儿女，其乐也融融！

"父母其顺矣乎"，儿子不忤逆、儿孙满堂，父母能不顺心？孝即顺，用顺以行孝，使父母顺心。教育父母就不对，要顺其心，不与父母顶嘴。从小就应学顺，父母在面前，父母都对，出门则自己做主，久假而不归，焉知其非孝？不顺都不行，何况说是"逆"！

孝顺父母、公婆，尽人的责任，此是良知的事，并没有所谓的新旧。人老了，就知道身体必变，要年轻人照顾才行。不孝父母，只知孝子女，那子女将来也不会孝你。身教重于言教，子女是看着学习长大的。

第十六章

子曰："鬼神之为德，其盛矣乎！视之而弗见，听之而弗闻，体（当动词，体会）物（万物）而不可遗。

中国人不是"神鬼观"，"神鬼"，宗教的，有迷信的成分。中国人是"鬼神观"。人死，才有鬼、神。祖先叫"鬼"，有遗爱在人的则称"神"。

"鬼神之为德，其盛矣乎！"人每天所吃、所用，都是鬼、神的遗德；"视之而弗见，听之而弗闻"，虽看不到、没听见，但"体物而不可遗"，一吃，就体会出来了。

人每天都生活在鬼、神的遗德里，所以不能不承认有鬼、神。今天一切的进步与享受，乃是代代的累积，都是鬼、神所遗留下来的。知此，怎敢遗弃"鬼神之德"？

中国人祭鬼神，是在报恩，不是迷信。文庙、武庙、祖师庙、天齐庙，为国家祭典。祭孔，春、秋的上丁日，非常隆重，午夜开始祭，天一亮就祭毕。祭武，于戊日，亦二次，武圣姜子牙，配祀关公、岳飞。

各行各业都有祖师，祖师庙是报恩之处。发明家入祖师庙。厨师的祖师爷——伊尹。

《吕氏春秋·本味篇》记伊尹以至味说汤："凡味之本，水最为始。五味三材，九沸九变，火为之纪。时疾时徐，灭腥去臊除膻，必以其胜，无失其理。调和之事，必以甘酸苦辛咸，先后多少，其齐甚微，皆有自起……非先为天子，不可得而具。天子不可强为，必先知道。道者止彼在己，己成而天子成，天子成则至味具。故审近所以知远也，成己所以成人也。圣人之道要矣，岂越越多业哉！"后为汤宰相。

中国人的聪明，从中国饮食即可窥见一斑。上馆子，在欣赏厨子的聪明。现在馆子只重样子，味则不行。吃，色、香、味，缺一不可。

现在北京"吃"已无昔日之味，功夫、火候均不足，"熏"（是以松枝、木炭、茶叶等的火烟烧烤食物，使其具有特殊的风味）尤其不行，是要做熟了，再熏，吃其味。脆皮烤鸭，皮必脆、肉多汁。

台湾什么都有，无一够味的。

"使天下之人，齐（同'斋'）**明**（明衣）**盛服**（礼服），**以承**（任）**祭祀。洋洋乎**（形容鬼神的伟大）**如在其上，如在其左右。**

"虽有恶人，齐（斋）戒沐浴，则可以祀上帝"（《孟子·离娄下》）。人人皆可祭天，因人皆天民，对天崇德报恩。帝王时代，只有天子可以祭天。

"齐明盛服，以承祭祀"，昔日进家庙祭祀时，必要穿戴整齐，态度虔诚、心怀敬意，诚惶诚恐，不敢稍有放肆。

祭祀之前，"齐必有明衣"（《论语·乡党》）。明衣，沐浴衣，以布为之，沐浴完更换明衣。身子干后，换上礼服祭祀。"圣人以此齐戒，以神明其德夫"（《易经·系辞上传》）。

《庄子·人间世》："回曰：'敢问心斋？'仲尼曰：'若一志，无听之以耳，而听之以心，无听之以心，而听之以气。听止于耳，心止于符。气也者，虚而待物者也。唯道集虚。虚者，心斋也。'"

祭祀时，"祭神如神在"，"如在其上，如在其左右"，无所不在。"如在"的观念，"吾不与祭，如不祭"（《论语·八佾》），不可以代祭。

"《诗》（《大雅·抑》）曰：'神之格（来）思（语词），不可度（臆度）思，矧（shěn，况且）可射（yì，厌怠不敬）思。'夫微之（动词，到）显，诚（心之诚）之不可掩如此夫！"

"《诗》三百，一言以蔽之，曰'思无邪'。"（《论语·为政》）《诗经》中"思"字，多为语词，无义。"思无邪"，无邪！

"神之格思，不可度思"，神之来，不可臆度；"矧可射思"，又怎敢不敬？

"几者，动之微"（《易经·系辞下传》），"微之显"，由微到显，知微之显，知微之彰。"诚之不可掩"，因为"诚于中，形于外"，"人之视己，如见其肺肝然"，骗不了人。

社会上做事与做人，微处最重要。人在社会做事，最重要的是要周到，不是难事。不是圆滑，周到很重要，要细心。做人周到，谁都高兴。

人贵乎有内在美，要想尽办法造就自己。人的内心如果不够圣洁，那就表现不出"望之俨然"（《论语·子张》）的威仪。

《易》由隐之显，《春秋》由显之微，贵微重始，中华民族是重微的民族，慎始诚终，"慎终如始，则无败事"（《老子·第六十四章》）。

祖师爷无一著作等身的，越深入才能越开辟。从本身做起，慢慢地收效。

我绝对本着良知做事，不是为哪个人做运动员。

第十七章

子曰："舜其大孝也与？德为（至）圣人，尊（位）为天子，富有四海之内。宗庙飨（同'享'，祭名）之，子孙保之。

自从有人类以来，懂得按孝行事者，可说是寥寥无几，只有大舜，所以称"舜为大孝"（《孟子·万章上》云"大孝终身慕父母。五十而慕者，予于大舜见之矣"）。兄弟不争者亦少，所以说"融四岁，能让梨"。

"大孝尊亲"（《礼记·祭义》），"立身行道，扬名于后世，以显父母"（《孝经·开宗明义》），大孝舜，是以揖让得天下，杀一无辜而得天下不为也。大孝，是为国家、民族尽孝。人必了解此生为何而活。

德，乃行现于外，行为的结果，有善德，也有恶德。"德为圣人"，圣人"贵除天下之患"，能解决问题的人，但是最难，所以成圣者少。

"大德必得其位"，"修其天爵，而人爵从之"（《孟子·告子上》），

"尊为天子"，"天子者，爵称也"（《春秋公羊传·成公八年》何休注），继天之志，述天之事，天道尚公，公而无私。"与天地合其德"，"德合天者称帝"，帝舜，帝有主宰义。

"富有四海之内"，"富贵在天"，有无穷的富贵，"四海之内，皆兄弟也"（《论语·颜渊》）。

"宗庙飨之"，庙，《说文》云："尊先祖貌也。"《古今注》云："庙者，貌也。"《释名》云："先祖形貌所在也。""飨"，同"享"，献祭，上供。宗庙祭祖，所以尊祖也。

"子孙保之"，一、"保"同"报"，祭在报德、报恩，子孙报德，永世祭祀。二、"保"，宝也，珍视之。父母用过的东西称"手泽"，昔人保留先人手泽。对祖先有贡献的东西供于家庙，祭祀时展示先人手泽。

父母字画，皆先人手泽，不在乎其价值，留去思。《礼记·玉藻》曰："父没而不能读父之书，手泽存焉尔。"

"故大德（修天德）**必得其位**（天位），**必得其禄**（天禄），**必得其名**（令名），**必得其寿**（天寿）。**

《孝经援神契》曰："禄者，录也。取上所以敬录接下，下所以谨录事上。"

中国人为"天民"观，"天之生此民也，使先知觉后知，使先觉觉后觉也。予，天民之先觉者也"（《孟子·万章上》）。

"大德"，修天德，"大人者，与天地合其德"；"必得其位，必得其禄，必得其名，必得其寿"，得天位，享天禄，得令名，同天寿。

"仁者寿"，仁者与天地同寿。颜回死否？今人仍认识之，故得天寿，能与天地同寿。

"故天之生物，必因其材（材质）**而笃**（栽培之）**焉。故栽**（种）**者培之，倾者覆**（扶）**之。**

"因其材而笃焉"，因其材质，而笃实之、培育之。"天生我材必有用"，不可以把自己浪费了！

"栽者培之"，栽培，培育，怎么栽就怎么培、怎么育。

"倾者覆之"，"覆"字应是"扶"，天有好生之德，倾者应扶之，方为生生之德。济弱扶倾，扶危济倾，仁之至也。

《诗》（《大雅·假乐》）**曰：'嘉**（善）**乐**（乐道）**君子，宪宪**（《诗》作"显显"，兴盛貌）**令德**（美德）。**宜民宜人，受禄于天**（享天禄）。**保佑命之，自天申之。'故大德**（天德）**者，必受命**（天命）。"

人之美德，在宜民宜人，故受天禄，再受天命，得令名。

古书中，"民"与"人"不同。民，百姓，白丁，纯老百姓；人，官，有地位者，为国服务的。

"受禄于天"，享天禄；"保佑命之，自天申之"，"天之历数在尔躬"，"天命之谓性"。天民、天德、天爵、天禄、天寿。

普通人只受一次命。"大德者，必受命"，修天道达天德，则上帝再申命，让他当领袖。

每个人都有人性，而几人"率性"而行了？每天都要显现人性，要好善乐施。

当刽子手，枪毙一人，使其家人亦受苦，自己到老年时必后悔，我就有此一经验。可见忏悔之伟大！做官，为了执法，而令多少人不快！所以判人死刑，还不如做好饺子给人吃。"听讼，吾犹人也。必也，使无讼乎！"（《大学》）慎择职业，要从事于人有福利的职业，"择不处仁，焉得知（智）？"（《论语·里仁》）择业与择居，同一重要。

教育子女，要他们凡事要往后多想几步，将来无论学什么，选择正途很重要。

择业特别重要。我告诉小孙子，什么应做、什么不应做。杀生的买卖绝对不可以干，何以忍心在动物活着正好时杀它？说太明白，他不太明白，告诉他："活着的都很愉快。"尊生，动物死后，都应有一块葬身之地。

如真有来生，我既不要智慧，也不要识字，但愿做乡下老百姓，真是人生一乐也。

第十八章

子曰："无忧者，其惟文王乎！以王季（季历）为父（有好老子），以武王（姬发）为子（有好儿子）；父作之，子述之。

文王，上有好父亲打好基础，下有好儿子打下江山。

"武王缵（继承）大王（太王，古公亶父）、王季、文王之绪（功业），壹（yì，同殪，诛灭）戎（大）衣（或作'殷'）而有天下（灭殷得天下），身不失（得到）天下之显名（显名比不上令名），尊为天子，富有四海之内，宗庙飨之，子孙保之。

武王绪成其先祖之功业，灭殷而得天下。

周自太王，始有翦商之志。王季，一生为商王征战，受商王之赐命与封号，但终为商王文丁处死。文王，为西伯，灭密须，伐耆、崇；克崇，入中原，三分天下有其二，以服事殷。武王，观兵孟津，《尚书·泰誓》乃战前宣言，宣称自己有决战之决心；牧野之战，《牧誓》则指斥纣之罪名；《武成》记战役经过："罔有敌于我师，前徒倒戈，攻于后以北，血流漂杵。"

《孟子·尽心下》曰："尽信《书》，则不如无《书》。吾于《武成》，取二三策而已矣。仁人无敌于天下。以至仁伐至不仁，而何其血之流杵也？"以暴易暴，血流漂杵，缺德，所以孔子评《武》乐"尽美矣，未尽善也"（《论语·八佾》）。

武王得的是"显名"。"显"名不同于"令"名，一字之褒、一字之贬。显名，朱一贵（1690—1722）在台湾史上也有；令名，可不得了，是美善，留芳万古。令德（美德）、令尊、令爱，"令"为敬辞。

孔子志在《春秋》，汉儒说一半真，一半则将当时政治主张加上去。熊十力认为，《中庸》有些经文系后人所加。依熊十力的观念，有些经文不是本文。

熊十力在《原儒·原外王》说：《中庸》一书，本为《易》《春秋》二经之会要，惜乎秦汉间人多所改窜，而精义微言犹复不少。""凡主张君主制度者，皆有其理想中之圣天子，赞其德用无穷。"

我们依经解经，易得到认可。

熊先生自认承接孔子之学，跑第一棒；我们要接力，跑第二棒。讲《礼记·儒行》时，应看《读经示要》谈"儒行"部分。

自《新唯识论》一书，可以看出熊先生思想之致密；《体用论》是其思想的结晶，但不易看。

熊先生对佛学、儒学均"用心深细"。今人边看书边抄书，有时还抄错字。我颇受熊先生"深细"二字的启示。

《说文解字》一天看一二字，认字。《说文通训定声》（清人朱骏声编著，凡十八卷，按上古韵部改编《说文解字》而成）也要看。阮元《经籍纂诂》（凡一百六十卷，依韵归字，每字下详列经籍中训诂，为训诂学书），读省事，但是不易深入。读书，工具书要齐备。

我当年用五两黄金买《大汉和辞典》。

《大汉和辞典》是日本人诸桥辙次编著，凡十三册，收录中国单字语汇，而以日文释义。是以《康熙字典》为基础，旁参《说文解字》《玉篇》《广韵》《集韵》《正字通》《中华大字典》及其他字典，还旁采新闻、公文书、报纸、杂志之类的资料，范围甚广。虽所解释大多为汉语词汇，但其中的解释掺杂日文，若对日文无基础认识，检阅恐有不便。

现在训练小孙子查辞典，看要点。现在他已经可以写三千字文章，其毛笔字之美，可以看出人的潜力，真是无法形容！只要用心深细，人人都办得到的。

《学庸》不要当作文章读，没有人认同我的讲法。我教五十年书了，应该好好整理，不再教了。**但是"奉元"此一思想，不能单叫台湾懂。**台湾的文化太浅，四十年基础怎么读中国书？

现在已经没有人敢打中国了，应该要好好下功夫整理中国文化了。不能走余英时之流的路子讲中国文化，你们要素其位而行，学什么必要好好学，才能占有一席之地。如没能尽责任，那就对不起祖宗了。

我常听电视上的课，不好的也听。

台湾人想要有福，必要做中国人。中国一起来，至少执牛耳五百年，亚洲还得是中国的。

一个人起码要有点儿人性，检讨自己做事有几分人性？修养不足，报在子孙，甚至报在己身。蒋家做梦也没有想到成为一门"杨家女将"，人绝对不可以欺心！

"武王末（老年）受命，周公（姬旦，武王弟）成（绪成）文武之德，追王（wàng，追封）大王、王季，上祀先公（祖先）以天子之礼。斯礼（追封之礼）也，达乎诸侯大夫及士庶人。

此为据乱世，"光宗耀祖"的观念。一子成佛，九祖升天，荣耀之至；有过，则撤追封之礼，辱及先人。

中国封建政治的贡献，周公是第一人，完成文王、武王之德，追封三世，大王、王季也成为天子了。

追封先人制，墓前的碑，依身份换碑，有一定的尺寸。此制度使人激励奋发，人皆愿有好子孙。

"父为大夫，子为士，葬以大夫，祭以士；父为士，子为大夫，葬以士，祭以大夫。

"父为大夫，子为士"，士是基层的公务员，儿子不如父亲，所以父亲死了，以大夫身份葬，但只能以士身份祭祀；反之，如曾文正，其先人几代务农，父为秀才，而曾成就了清朝的中兴之业，有复国之功，乃追封三世。

曾家祖坟，前有御赐碑文，述其功，此即光宗耀祖。

《曾文正公陵墓·神道碑》载："公讳某，字涤生，世为湖南湘乡人。曾祖竞希、祖玉屏、父先县生麟书，三世皆以公贵，封光禄大夫。曾祖妣彭氏、祖妣王氏、妣江氏，皆封一品夫人。夫人衡阳欧阳氏，生男二：纪泽闵生，户部员外郎，锡爵为侯；纪鸿附贡生。孙三人：广钧、广镕、广铨，皆幼。公既薨，纪鸿、广钧皆赐举人，广镕赐员外郎，广铨赐主事。女五人，皆适士族。"

历代衍圣公（历代帝王对于孔子后裔的封号）碑，毁了又立，立了又毁。周公庙（位于山东省曲阜市市区东北），碑也被打碎了。

冷静一想，中国文化太悠久了。真有大志者，必须重新整理中国文化。

"期（周年）之丧，达乎大夫；三年之丧，达乎天子。父母之丧，无贵贱一也。"

"期之丧"，穿一年孝服。大夫服叔伯的孝一年，大夫以上则不服。

《孟子·滕文公上》称："三年之丧，齐疏之服，饘粥之食，自天子达于庶人，三代共之。"对父母服三年之丧，是天下通丧。

承重孙亦服三年丧。

长子若先去世，就由嫡孙代替服丧，称为"承重孙"。承重，即承担重任的意思。也就是说，如果长房长子还健在的话，长房长孙只能被称为"嫡孙"，只有在长子已经先于其父母去世，由嫡孙代替其父，为祖父母服"斩衰"（三年孝）的情况下，这个长房长孙才能被称为"承重孙"。

妻子故去，三年后再娶。

第十九章

子曰："武王、周公，其达（通达）孝（孝理）矣乎？

"达孝"，知之者，但未必行孝，因仍是杀无辜以得天下，家天下为祖宗尽孝，武王继文王"翦商之志"。舜为大孝，为国家民族尽孝。"达孝"与"大孝"，一字之贬严于斧钺，一字之褒荣于华衮。

"夫孝者，善（最会）继人之志，善述（接着）人之事者也。

人的尊严特别重要。《春秋》重人，即重视人权，此乃微言大义之所在。

继志述事，必知父母之志，指好的方面而言，故"三年无改于父之道，可谓孝矣"（《论语·学而》）。

"春秋，修其祖庙，陈其宗器（礼器），设其裳衣（衣冠），

荐其时食。

以前家庙保存先人发迹的东西，此为中国人不忘本的精神，饮水思源，追远。

中国人有成就了，得光宗耀祖，重修祖庙，修祖坟。祖庙、祖宅，是嫡子嫡孙住的。

"盥而后荐"，荐时食，"不时不食"（《论语·乡党》），时鲜果先供再食。此不同于祭祀，而是"事死如事生"，要让祖宗尝新，故先祭再食。中国人祭祖是感恩，保佑观是后来的。

"宗庙之礼，所以序（当动词，次）**昭**（左）**穆**（右）**也；序爵**（陪祭的），**所以辨贵贱**（位之高低）**也；序事**（分配做事），**所以辨贤也；旅**（一个个，一同）**酬**（敬酒，打通关）**下为上，所以逮**（及）**贱**（下）**也；燕**（宴飨）**毛**（毛发），**所以序齿也。**

每年的春、秋二次祭祖。祭时，依左昭右穆的排序，父亲与儿子不在同一边。

序昭穆，"所以别父子、远近、长幼、亲疏之序而无乱也。是故，有事于大庙，则群昭群穆咸在而不失其伦。此之谓亲疏之杀也"（《礼记·祭统》）。

"序爵"，主祭，不序爵，为嫡子嫡孙；陪祭，序爵，"所以辨贵贱"，按官位高低。"宗庙之中，以爵为位，崇德也"（《礼记·文王世子》）。

"序事"，看活人办事；"所以辨贤也"，辨贤能，看办事能力。"宗人授事以官，尊贤也"（《礼记·文王世子》）。

第十九章

73

"旅酬下为上"，打通关，在下位的向长辈敬酒；"所以及下也"，敬酒，一个个敬，不分地位高低，也叫孩子喝。

"燕毛"，宴时，看头发的颜色入座，不可以乱坐。"序齿"，排位看年纪，有伦有序。"杖者出，斯出矣"（《论语·乡党》），虽然麻烦，但是有人情味。

"践（履，登）其（祖宗）位，行其礼，奏其乐，敬其所尊，爱其所亲，事死如事生，事亡如事存，孝之至也。

祭祖，祖宗有过什么位，必用那个礼，儿孙有尊严。家庙前，中举可立竿，当过宰相、出过帝王，可用高规格的礼、乐。"事死如事生，事亡如事存"，有"如在"的观念，亲在养身，亲故养志，"孝之至也"。

同一庙祭祖的，皆祖宗之所亲，同族就不得争吵，吵架必在祖宗面前忏悔。敬天祭祖，是内聚与团结，承先启后。

旧社会，见比父亲大的要称"伯"，比父亲小的称"叔"。遇母亲同辈女人，到姑家称"姑"；到姨家称"姨"，男的称"舅"。中国是礼仪之邦，并不是空的，见人都有称呼（谓）。

亲亲，亦有远、近之分。"丧纪以服之精粗为序，不夺人之亲也"（《春秋公羊传·宣公六年》何休注）。

丧有五服，到第六代除服，仍在一庙祭祖，但过五代也不穿孝，出服。出五代不穿白，穿黑，叫佩素。第五代小孩穿红，称喜丧。

五服，高祖父、曾祖父、祖父、父亲、自身五代。古代以亲疏为差等，五服以内为亲，五服以外为疏，亲者服重，疏者服轻，依次递减。《礼记·丧服小记》所谓"上杀、下杀、旁杀"即此意。服制按服丧期限及丧服粗细的不同，分为斩衰、齐衰、大功、小功、缌麻。

同宗，同源，配白，很亲。

《春秋公羊传·庄公二十四年》何休注："族所以有宗者，为调族理亲疏，令昭穆亲疏各得其序也。故始统世，世继重者为大宗，旁统者为小宗，小宗无子则绝，大宗无子则不绝，重本也。"

《尔雅·释亲》云："族父之子相谓为族晜弟，族晜弟之子相谓为亲同姓。"族兄或族弟的儿子相互间已经没有丧服的关系，只有同宗的关系了。

宗人府，遇事合作，但不穿孝。

宗人府，明清时期管理皇家宗室事务，掌管皇帝九族宗族名册，按时撰写帝王族谱，记录宗室子女嫡庶、名字、封号、世袭爵位、生死时间、婚嫁、谥号安葬诸事。凡是宗室陈述请求，均为之向皇上汇报，并引荐贤才、记录得失、圈禁罪犯及教育宗室子弟。宗令，一人，宗室王公担任，掌皇族属籍，修辑玉牒，奠昭穆，序爵禄，丽派别，申教诫，议赏罚，承陵庙祀事。

帝室分嫡系（嫡系血脉）、帝系。开国功臣，过五代即"贵而疏"；皇帝的亲兄弟，即"亲而卑"。

"郊（郊天）社（祭地）之礼，所以事上帝也；宗庙之礼，所以祀乎其先（祭祀祖先）也。明乎郊社之礼，禘尝之义（祭义），治国其如示诸（之于）掌乎？"

郊天祭地，是王的礼。郊，天坛祭天；社，地坛祭地。

中国的上帝就是"无"，有生于无。宗庙，祭祖。"作乐崇德，殷荐之上帝，以配祖考"（《易经·豫卦》），祭祖配上帝，为追崇生命之"元"。

民间供"天地君亲师"牌位，立于中堂。以孝治天下，是报本。炎黄子孙祭黄陵。

《荀子·礼论》称："礼有三本：天地者，生之本也；先祖者，类之本也；君师者，治之本也。"

禘祭，是五年一次的大禘。古者天子禘祭，祭所自出之帝于始祖之庙。

尝祭，为四时之祭，"春曰祠，夏曰礿，秋曰尝，冬曰烝"（《春秋繁露·四祭》）。秋天行尝祭，秋收时，先请祖宗尝新。

中国是祭政合一，乃示不忘本。平时则"敬鬼神而远之"（《论语·雍也》），"非其鬼而祭之，谄也"（《论语·为政》），除淫祭，不迷信。

了解郊社、禘尝之祭礼、祭义，则治国就如同看手掌心，那么容易，清清楚楚！

第二十章

哀公问政。子曰："文武之政，布（写，记载）在方（木版）策（简策）。

《礼记》是汉儒编写的，《中庸》为其中一篇，部分为汉儒所加。

"文〔武〕之政，布在方策"，"武"应是加上去的，武王是"大盗盗国"第一人。文王，并非指周朝文王。《尚书·舜典》载舜"受终于文祖"，尧为文祖。可见是先有"文王"的观念，周朝才将其祖称为文王。

《春秋公羊传·隐公元年》"王正月"，《传》曰："王者孰谓？谓文王也。"何休注："不言谥者，法其生，不法其死。"文王，是活文王，不指周文王；"与后王共之，人道之始也"，"文王既没，文不在兹乎"（《论语·子罕》），文没在兹，是生生不息的文德之王。《传》又曰："曷为先言王而后言正月？王正月也。何言乎王正月？大一统也。"何休注："明受之于天，不受之于人。自公侯至于庶人，自山川至于草木昆虫，莫不一一系于正月，故云政教之始。"。

"莫不有文〔武〕之道焉"（《论语·子张》），莫不有文王之道，是活文王，不指周文王，因为人人皆可以为文王。"文王既没，文不在兹乎"，**王会死，但文不亡，"以俟后圣"（《春秋公羊传》），代有传人，此为中国人"文"的使命观。**

"其人存，则其政举；其人亡，则其政息。

"人存政举，人亡政息"，此成为政治的大障碍，实不足为法，使中国几千年进步为之缓慢。历朝历代都有几年小安局面，但控制不了就改朝换代，一治一乱，中国史就在治乱循环中，而有《二十五史》。

《春秋》"大居正"，大一统。公羊家说"明修法守正，最计之要"（《春秋公羊传·隐公三年》何休注），**应是以法治，不可以人治，本大法行事，则无论谁都可以接着做。**

中国文化太悠久，但传越久，离源头越来越远。有些地方中毒太深了，毒素并不是三两天就能够去除的，但也不必文过饰非。你们依然有钦定的遗毒。

另起炉灶之时，躬逢胜世，今天应正本清源，**正学，挑出各家的真言，还中国文化本来面目。**《孝经》"开宗明义章"犹存几句真言，加"中于事君"系汉儒所加，为后面造假的伏笔。真《孝经》毁了，成伪经。

"人道敏（动词）政，地道敏树。夫政也者，蒲卢也。

"人道敏政"，人人皆可以成为文王，人人皆可以成为尧舜，人人都可以成为政治家，如尧舜。为政，如好好做，就能生效。

"地道敏树"，地种什么就长什么，地道"厚德载物"，无不持之载之，地德"含弘光大"，万物资生，生生不息。

"蒲卢"，芦苇草，容易生长，但是随着阳光而变化，"夫政也者，蒲卢也"，比喻政治瞬息万变。

《金刚经》云："一切有为法，如梦幻泡影，如露亦如电，应作如是观。"知此，什么都不必留恋，要去私、去伪！

"故为政在人，取人以身，修身以道，修道以仁。

"为政在人"，以"取人以身"作为标准。做事要有几分人性，可以骗尽天下人，但是不可以欺心。

"修身以道"，"率性之谓道"，要尽己之性；"修道之谓教"，教人以道，尽人之性，能率性。

"修道以仁"，以仁道教人，"仁者爱人"，第一个是爱自己的老伴，"仁者，二人偶也"，偶，平等。相偶，比"齐"义深，与人相处时显出仁。

"仁者，人也，亲（动词）亲（名词）为大；义者，宜也，尊贤为大。亲亲之杀（shài），尊贤之等，礼所生也。

"仁者，人也"，仁者爱人，仁者无不爱，"安仁者，天下一人"，看每个人都一样，一视同仁，人人平等，没有阶级之分。

"亲亲为大"，仁者爱人，"立爱自亲始"（《礼记·祭义》），先亲自己的父母。

《论语·学而》曰："孝弟也者，其为仁之本与！"

《孟子·告子下》曰："亲亲，仁也。"又《孟子·离娄上》曰："仁之实，事亲是也。"

"大"之用，特别重要，自此始。人人亲其亲而天下平，一部《大学》之要旨在此。

"义者，宜也"，宜人、宜事、宜物。宜于人，尽人之性，也必宜于事、物，尽事之性、尽物之性。不宜于事，岂能通事？因为道理弄不通。相宜，恰到好处，"夫妇以义合"即相宜，但是真正相宜的又有几人？

台湾的乱，其来有自，对事情的道理根本没有通，所以整天乱哄哄的。今天戴念珠已经成为装饰品，除了要钱外，就是迷信。搞政治，根本就是弄民，为达目的不择手段，达到目的就完了！何以今天正经事净是走偏锋，大家不能冷静坐下来谈一谈？

"尊贤为大"，礼贤下士，大之用！"举直错诸枉"，"举皋陶，不仁者远矣"（《论语·颜渊》），"见贤思齐"（《论语·里仁》），使不仁之人能远离不仁之事。

"亲亲之杀"，"杀"，等差，亲亲有远近、亲疏之分，由近及远，由父母及于兄弟，是一奶同胞。"老吾老，以及人之老"（《孟子·梁惠王上》），推己及人，己立立人，此乃儒家之高贵处。

"等"，称量轻重。戥子，用以衡量金、珠、药物等贵重物品的衡器。秤砣，即权，在秤杆上移动，可以衡量物的轻重。

"尊贤之等"，"等"，等级，必知贤者的级位，有士、君子、贤人、圣人、大人。人往高处爬，希圣希贤，才能"见贤思齐"。

"礼所生也"，"礼者所以定亲疏，决嫌疑，别同异，明是非也"（《礼记·曲礼上》），"不知礼，无以立"（《论语·尧曰》），以礼立世。

〔"在下位不获乎上，民不可得而治矣。"〕

据朱注引郑玄说法，以此为衍文。

"故君子不可以不修身；思修身，不可以不事亲；思事亲，不可以不知人；思知人，不可以不知天。

修身，尽己。尽己之性，尽人之性，尽物之性，其性一也。

"事亲"，事人，要知人，"不知言，无以知人"（《论语·尧曰》），言为心声，志乃心之所主，要知父母之志，"无忝所生"，光宗耀祖，此为人伦之道。知此，就不作践自己。

"知人者智"（《老子·第三十三章》），知人为第一要义，大小事一也。知性，知人，就不易堕落。注意："益者三友，损者三友"（《论语·季氏》）。

从"天"到"性"，经过几个步骤？说任何一句话，都得有层次。该说三个，只说两个都不行。"知天"与"知性"，两者有何不同？**"在天曰命，在人曰性"，"天命之谓性"，天命就是性**，不等于"性就是天命"，所以说"知天"，不说"知性"。

"知"的功夫是什么？尽也。"知天"，可是麻烦事，包含可广了。**"唯天为大"，大就是天，"至大无外"，无所不包，学大，知天。**在人曰性，尽人之性，知人；尽物之性，知物；尽事之性，知事。

"各正性命，保合太和，乃利贞"，与生俱来的，但每个不同，下功夫培养，保合以养性，太和以养命，如此，都能尽其性，才利于正固。

"大哉乾元，万物资始，乃统天"，天那么大，但为元所统，乾元统天。"统天"与"御天"，中间有多大的区别？元，始万物，统天；人则天，"时乘六龙以御天"。中国人学御天之术。

学《大易》之道，全世界无如《大易》之御天之术，即学御天之术。根据什么？"大明终始，六位时成，时乘六龙以御天"，**"六龙"喻六变，按时乘这六个变，以控制、驾驭、领导天下事**。斗智，时时有之，在《易》海中汲取智慧之水，看谁出的招高。

"天下之达道五，所以行之者三：曰君臣也，父子也，夫妇也，昆弟（兄弟）也，朋友之交也，五者天下之达道也。

"达道"，达，通也，由天子以至于庶人，皆不能出于五伦。

"和也者，天下之达道也"，"礼之用，和为贵"，喜怒哀乐"发而皆中节，谓之和"，情中节，有伦有序，伦常。人不同于畜生，在乎伦与理。

"君臣"，是秦汉以后的思想，君在前面。《礼记》是秦汉以后成书的。先秦以前，"父子"是在"君臣"之前。《易经·序卦传》云："有夫妇，然后有父子，有父子，然后有君臣。"专制时代强调君臣，乃将君臣置于首位。孔子的观念"君使臣以礼，臣事君以忠"（《论语·八佾》），君臣关系是相对的。今天虽已无君臣，但仍有"主从"。

"昆弟"，昆，《说文》云："同也，从日比。"表示二人在日光下并肩行走。本义：一起，共同。昆，兄也；昆，贯也，恩情转远，以礼贯连之。"四海之内皆兄弟也"。

《尔雅·释言》云："昆，后也。"《尚书·商书·仲虺之诰》曰："建中于民，以义制事，以礼制心，垂裕后昆。"垂优良之道示后世。

"知、仁、勇三者，天下之达德也，所以行之者一（应为'三'）**也。**

"所以行之者三"——智、仁、勇为三达德，乃人人必行之德。智、仁、勇即识、量、胆，缺一不可。在乎行，不能行没有用。

"智"，即识，有识才能看得远，知道要怎么做事，必要有做事的实际智慧。如不能用智，没有多大前途。"智者不惑"，不惑于欲，包括名、利、色等。

"仁"，量，有容乃大，有多大的容就成就多大的事业。"仁者不忧"，不忧己私，先天下之忧而忧。

"勇"，胆，胆小不得将军做。"勇者不惧"，不惧人势，见义必为。养勇，无胆亦不能成事。"知耻近乎勇"，不知耻就不进步，"无耻之耻，无耻矣"（《孟子·尽心上》）。

"或生而知之（自师己性）**，或学而知之**（学则不固陋）**，或困而知之**（常人）**，及其知之一也。**

三等知：生知，"生而知之"，上智之士；其次，学知，"学而知之"；第三，困知，"困而知之"。"困而不学，斯为下矣"（《论语·季氏》），是最下的，乃愚人也。

"生而知之"者少。求知，"学而知之"亦不易，要"困而知之"。《易》有困卦，为忧患九卦之一，"困，德之辨也""困，穷而通""困以寡怨"（《易经·系辞下传》）。处困时，"君子以致命遂志"（《易经·困卦》），拼着命努力干，也要达成自己的志。

"或安而行之（安仁者），**或利而行之**（利仁者），**或勉强而行之**（勉仁者），**及其成功一也**。

"安而行之"，安行，"仁者安仁"，"其心三月不违仁"，无论什么环境，自己的思想都必得实行，要"无所不用其极"，则"无入而不自得"。

我，安仁居士，绝不改变，足以当之，到哪儿都讲这一套。后面没有背景，一生绝没有投降。

"利而行之"，利行，"智者利仁"，"日月至焉而已矣"，但至少做事皆于仁有利。有智慧的准备，要先观察，最后再决定。

"勉强而行之"，昔做事很努力，称"勉强"，就是天上掉下钱来，也必哈着腰去捡。勉行，知耻近乎勇，要困知勉行，努力以达到。

生知、学知、困知，安行、利行、勉行。

社会就是需要而有用，人家需要什么，而你正具备这个条件，当然有用了。

"不可为典要，唯变所适"，昨天要做的事，今天环境变了，方法也得变。要以智应事，怎可一成不变，那岂不是呆？权权，圣时，以宜应变，不能一成不变，还要变得恰到好处。

事关己身，因不知人，所以被骗了！"君子者乎？色庄者乎？"（《论语·先进》）遇事、遇人要能思辨，明辨之。有独立的人格，才能有独立的表达。

真要为人类谋幸福，必得用中国思想，都有一整套的东西，串在一起了，前后绝不相抵触。现在不再抄书，"集注"的时代也已经过去了。中国思想绝对是一贯的，要贯串在一起，不能有所抵触。孔子曰："吾道一以贯之。"（《论语·里仁》），要依经解经，但不容易，必要下功夫，经书要熟。

"子曰：'好学近乎知（智），力行近乎仁，知耻近乎勇。知斯三者，则知所以修身；知所以修身，则知所以治人；知所以治人，则知所以治天下国家矣。'

我特别欣赏此章。我为学的方向：不浪费，绝对认真，绝不比附任何人。我一生虽没有成就，但是绝对不自欺，不对不起父母。

你们的脑子太笨，为你们讲多少宝贵的东西，你们都浪费了！我做事有恒。人第一个要修不自欺，要时常检讨。

"好学近乎知"，好学并不就是智者，是近乎智，仍未达到智者的境界。

谁写一东西能够达意了？谁学过作文了？"春眠不觉晓"，既是不觉晓又如何"处处闻啼鸟"？"夜来风雨声，花落知多少？"已经到晚上，都熟睡了，听闻风雨声合理吗？

韩愈《原道》是最坏的文章，愈看愈乱，只有"足乎己无待于外曰德"一句可以。学文，可自《续古文辞类纂》（有王先谦、黎庶昌辑本）入手，收近代清儒的文章，可以看得明白。能熟读五十篇到百篇，则文章绝对通顺。

我一生有两件憾事：一、不会写白话文；二、不会说英语。英语必精，说、写要如同外国学者般流利。中国人必要学日文，因其成事不足，败事有余。

"力行近乎仁"，"力行"，强恕而行仁，恕，如心，如己心，推己及人。想在社会上站住，活得热闹，必懂得关心别人，别人才能关心你，许多事皆相对的。不懂得人之所需，又怎能关心别人？懂人的心理，才能应之。为人必细心，才能成事，恰到好处很重要。"近乎仁"，并不就是仁。"仁者，人也"，仁者爱人，仁者无不爱，凡所生都能得其所生。《春秋公羊传·隐公元年》"元年，春，王正月"，何休注："明王者当继天奉元，养成万物。"王，天下所归往，人主动归往，仁者爱人，而无不爱，要发心！

"知耻近乎勇"，知耻的人绝对勇于己之所为。如知耻，为什么要做假？就因为不知耻！人要懂得知耻，慢慢就没有耻了，"无耻之耻，无耻矣"。

人的欲极为可怕，欲多了，往往会使人下贱。嗜欲深者，天机浅，没有智慧可言。要断己之欲，并不容易，最好不要学自己本来没有的毛病，不会因为有了那种毛病，就能显出你的高贵。宁可多存些钱，少存点儿嗜好。否则达不到时，何等痛苦。

我什么都经过，但是绝不留恋，说戒就戒，不要成为欲的俘虏。绝不可以养欲，有什么嗜好都一样。食不求饱美，不要非什么不吃，遇什么就吃什么。求饱美，自作孽，不可活。

好学、力行、知耻，乃是修身之宝。修身治人，内圣外王，王道之始：孝慈义；智仁勇，三达德备，王道之成，成功了。王道是什么？董仲舒曰："古之造文者，三书而连其中，谓之王。三画者，天、地与人也，而连其中者，通其道也。"（《春秋繁露·王道通三》）将天、地、人串在一起的，即中。王者居中也，取天、地与人之中以为贯而参通之，皇极之道也。"皇极"（《尚书·洪范》），极，中道，君之中道。王者，天下所归往，以身作则，以德立民。必知其所以然，贵乎能行。

看一人之好坏，就看其修身的功夫如何。"人要坏，四十开外"，孔子"四十而不惑"（《论语·为政》），不惑于欲。要慎交，如交错一个朋友，那就伤品败德了，可以使人完全堕落。不知，则一失足成千古恨，使双亲为之蒙羞。

人之常情，不一定是常理。年轻则可，做事幼稚则不可。做人很是不容易，见利必须思义。台湾尘埃落定了，见利忘义之辈必会浮上台面。什么都能过去，唯有"业"随身。现形记，真不知从哪儿写起，太热闹了！

"**凡为**（治理）**天下国家有九经**（大纲）**：曰修身**（本）**也，尊贤也，亲亲也，敬大臣**（君使臣以礼）**也，体**（体恤）**群臣也，子**（动词，亲之如子）**庶民也，来**（lài，亦作'倈'，劝勉、安抚）**百工**（一、百官；二、百业）**也，柔**（怀柔）**远人也，怀**（安）**诸侯也。**

此谈"九经"之次第，由近及远。

朱子引吕氏曰："天下国家之本在身，故修身为九经之本。然必亲师取友，然后修身之道进，故尊贤次之。道之所进，莫先其家，故亲亲次之。由家以及朝廷，故敬大臣、体群臣次之。由朝廷以及其国，故子庶民、来百工次之。由其国以及天下，故柔远人、怀诸侯次之。此九经之序也。"

《中庸》讲政术，"九经"即为政术。有了经，就可以用纬，经纬天地即文。

下面谈"九经"之效用。

"修身则道立，尊贤则不惑 (不惑于欲)**，亲亲则诸父** (叔伯)**昆弟** (堂兄弟)**不怨，敬大臣** (之言) **则不眩** (昏眩)**，体群臣** (君使臣以礼) **则士之报礼重** (臣事君以忠)**，子** (爱。王引之：当读 '慈')**庶民则百姓劝** (劝勉)**，来百工则财用足，柔** (安抚) **远人则四方归之，怀** (念思，使归己) **诸侯则天下畏** (敬畏) **之。**

"修身则道立"，立身行道，"孝弟也者，其为仁之本与"，修身以孝为本，永远按此标准行事。

"率性之谓道"，顺着性去做就是道。"觚不觚，觚哉！觚哉"（《论语·雍也》），人不人，人哉！人哉！人要是不懂按人性去做事，能是"人"？做事，没有感到悔恨就足了，因为没有欺心。《坛经》不离自性，"一切般若智，皆从自性而生，不从外入"，一真一切真。信什么，没有改变自己没有用。

读书，第一个是在改变器质，即已经养成的习性、成"器"的模子。自己想成什么器，必要塑成那个器质，如当外交官就要有外交官的威仪、器质。

"尊贤则不惑"，"见贤思齐"。能知敝、知病了，就不会惑于欲。

"亲亲则诸父昆弟不怨"，"亲亲"，亲其亲，同宗族的叔伯、堂兄弟就不怨，宗族和美。

"敬大臣则不眩","眩"与"惑"近，但比"惑"轻。敬大臣之言，头脑就不晕眩，眼睛可以看得清楚。"君使臣以礼，臣事君以忠"，皆敬己敬事，敬事能信，彼此互信，才能成事。

"体群臣则士之报礼重","体"，必对每个臣子皆了解，此功夫最难！"体"字当体悟之，缺什么，送什么，必了解对方之所需，所需价高于金钱价。你体人，人就体你。天下事永远是一比一，只有子女对父母而言永远是负数。昔孝父母，今孝子女，正是"颠倒颠"。

体恤朋友，"朋友先施之"，得施其所需，不求回报。朋友相处不好，问题多半出在钱财上。如知道"施"的观念，那拿出去了就不考虑回报，不送来就算是应该。真正的朋友，人生知己二三人而已矣，同甘苦，共患难。同其所好，同好不一定是朋友。

"子庶民则百姓劝","子庶民"，亲之如子，当成像儿子般爱，为民之父母；"则百姓劝"，会互相劝勉、努力。

"来百工则财用足","来"，安抚，劝勉。"百工"：一、百官；二、街上之形形色色，皆百工之所成。"审曲面势，以饬五材，以辨民器，谓之百工"（《周官·冬官考工记》）。招商引资，振兴百业，各行各业，分工合作，各取所需，安居乐业，则国家财用足，人民生活富足。

《春秋公羊传·成公元年》何休注："古有四民：一曰德能居位曰士，二曰辟土殖谷曰农，三曰巧心劳手以成器物曰工，四曰通财粥货曰商。"

《周官·冬官考工记》："作而行之，谓之士大夫；审曲面势，以饬五材，以辨民器，谓之百工；通四方之珍异以资之，谓之商旅；饬力以长地财，谓之农夫。"

"柔远人则四方归之"，怀柔远人，则近悦远来。"柔远人"，不可以心胸狭窄。"远人不服，则修文德以来之"（《论语·季氏》），**"修德以来远，闭祸以除怨"**（此系师尊用语，袭自《管子·版法》"召远在修近""闭祸在除怨"）。

"怀诸侯则天下畏之"，"怀"，怀抱，怀柔，有安之意；"侯"，"候也，所以守蕃也"（《孝经援神契》），天子之斥候，尽责，敌人入不了。昔五百里为"候服"，"建万国，亲诸侯"（《易经·屯卦》）；"畏"，心服、敬服，敬畏，"畏之"，用"聪明睿智，神武不杀"，得到敬服。

下一步棋要怎么走？必得能随时、应时，如果预设就失败！ 机会不能把握，将来必受苦。这不是谈政治，而是谈切身问题。一个人不能自保，还谈什么其他？

下面谈"九经"之方法。

"齐明（斋必有明衣）**盛服，非礼不动**（克己复礼），**所以修身也。**

"斋明盛服"，斋，心斋；"使民如承大祭"（《论语·颜渊》），敬慎；"斋必有明衣"，斋时，沐浴后着干净的明衣。"盛服"，祭祀时穿礼服，"出门如见大宾"（《论语·颜渊》），从内到外成为新人，"苟日新，日日新，又日新"（《大学》）。

"非礼不动"，非礼勿动，"克己复礼"（《论语·颜渊》），"所以修身也"。"不学礼，无以立"（《论语·季氏》），以**"非礼不动"**修身。

今天之所以乱，因为从小就没有学礼，"不学礼，无以立"。小孩从读书开始，学校就没有教做人的道理。

今天有几个小孩会接电话，懂得应对之道？要用恭敬语，从小要学会尊敬别人，"敬人者，人恒敬之"（《孟子·离娄下》）。不懂自己不懂，所以不知道别人比自己懂，怎么会尊敬别人？人与人之间，要懂得怎么称呼人，此为最起码的教养。

大小事皆必察微，要以小观大，如小事没能注意，处理大事怎么能注意？脚踏实地检讨，否则会变成最野蛮的。没有一个人会说客气话，根本不懂得礼。知识分子应负教育责任，要随时随地教。

"去（除去）谗远（动词，远离）色，贱（动词，看轻）货而贵（动词，看重）德，所以劝贤也。

"去谗远色"，《说文》云："谗，谮也。""谗"，毁善害能，是非者就是是非人。"色"，最为诱人，形形色色，"令色无质"。**不听谗言，远离色诱。**

"贱货而贵德，所以劝贤也"，轻货重德，"贤贤易色"，所以劝勉人为贤。但许多人就"近谗好色，贱德而贵货"。一部《中庸》讲"贵德贱货"，亦即《大学》所谓"德本财末"。应以此劝勉自己。

"尊其位（分层负责），重其禄（应得酬劳），同其（与部属）好恶，所以劝亲亲也。

"尊其位"，处人就是尊重对方，各有其职、各司其职，不可以越权越分。人之所以处不好，乃因为侵占了别人之位。要素其位，不务乎其外，在位谋政，各守本分。

"重其禄"，禄者俸也，乃居官所给之廪，为其生活之资，应重其应得之禄。

"同其好恶，所以劝亲亲也"，"同其好恶"，应面对实际研究问题，最后才能同其好恶。"民之所好好之，民之所恶恶之，此之谓民之父母。"（《大学》）

既是一家人，即"一奶同胞"，所以要劝勉自己"亲亲"，不要互相看不顺眼。"人人亲其亲"，自"亲亲"入手，事亲尽责，就"天下平"。"刑（型）于寡妻""兄弟怡怡"，父母其顺心乎！

"官盛任使，所以劝大臣也。

"官盛任使"，官者，管也，"官先事"（《礼记·学记》），政事，先学做那件事，才能管理那件事，"官盛"，不是人员多，官要够用，不要一人兼许多职。"任使"，按其能力而任之、使之。"道盛德至善，民之不能忘"（《大学》），是"才德"盛，才能"任使"。"所以劝大臣"，劝勉其向上，使各尽所长。各有所任，各有所事，为民服务。

"忠信重禄，所以劝士也。

"忠信，所以进德也"（《易经·乾卦·文言》），尽己之谓忠，言可复曰信。就是官大了也不能骗人，净说些不能兑现的话。

"重禄"，使其生活有所保障，才能养廉；轻禄，就得贪污，生活才够用。有时贪污是被逼的，迫于生计。"士"，是基层的公务员。"所以劝士"，要劝勉公务员勠力从公，必让他们有足够的生活保障。

"时使薄敛，所以劝百姓也。

"时使"，"使民以时"（《论语·学而》），"不违农时"，于农闲时从公，不耽误其谋生计；"薄敛"，轻税，不把税赋压在他们身上。

"小人怀惠"，一般百姓给一点好处，就念念不忘，此所以劝勉百姓也。

"日省（察）月试（考核），既（xì，同'饩'，禾米）廪（lǐn，谷也）称（相称）事，所以劝百工也。

"日省月试"，每日检查、每月考核其工作成效。

"既廪称事"，昔以禾米、谷物代俸禄，所领薪俸与所任事要相称，此所以劝勉百工也。

《考工记》一书，是记载百工的官书。

《考工记》，又名《冬官考工记》，是中国目前所见年代最早的手工业技术文献。西汉时，《周官》中"冬官"篇佚缺，河间献王刘德便取《考工记》补入。刘歆校书编排时改《周官》为《周礼》，故《考工记》又称《周礼·考工记》或《周礼·冬官考工记》。目前多数学者认为，《考工记》是齐国官书，是齐国政府制定，用以指导、监督和考核官府手工业、工匠劳动制度的书，作者为齐稷下学宫学者。

"送往迎来，嘉（嘉勉）善而矜（同情）不能，所以柔远人也。

"送往迎来"，"礼尚往来，往而不来，非礼也；来而不往，亦非礼也"（《礼记·曲礼上》），礼是互相的，谦让可以化争。

"嘉善而矜不能"："亨者，嘉之会也"（《易经·乾卦·文言》），"力恶其不出于身也，不必为己"，大家修德以补这个"不能"，社会就没有废才，使"矜寡孤独废疾者，皆有所养"（《礼记·礼运》）。

"民吾同胞，物吾与也"，天下同体。"怀柔远人"才能"远近大小若一"，天下乐利安生。

"继绝世，举废国，治乱持（扶持）危，朝聘以时，厚往而薄来，所以怀诸侯也。

兴灭继绝，继绝举废，不能灭人祖宗的血食，应使其子孙祭之，无子孙则于同宗中选继承者。此儒家之真思想。

例如琉球王国，与中国向来有关系。

琉球国，是介于中国台湾岛和日本九州岛间的一个古代国家和地区的名称，该地也有琉球皇室，以前琉球国辖域包括琉球群岛及其周边海域。曾经向中国的明、清两代朝贡，1609 年后为日本、中国两属，同时向两国朝贡，而北部的奄美诸岛被日本占领，属今日的鹿儿岛县，余下地区于 1879 年也被日本通过"废藩置县"吞并，改名冲绳县。二战日本战败后，由美国托管。1972 年 5 月 15 日后，日本重新恢复对冲绳县行使行政管理权。

此外，不丹王国亦曾与西藏有宗藩关系。

不丹，是位于中国和印度之间喜马拉雅山脉东段南坡的一个内陆国。西藏与不丹的宗藩关系在 18 世纪颇罗鼐掌政西藏的时期确立。

清廷未将不丹纳入属国，但允许西藏拥有自己的属国。1772 年英国入侵不丹，1865 年强迫其签订《辛楚拉条约》，并迫其割让 2000 平方公里土地。1907 年，乌颜·旺楚克废除德布王，自任国王，建立不丹王国。1910 年 1 月，英国、不丹签订《普那卡条约》，不丹实际上成为受英国保护国。印度独立后，于 1949 年 8 月同不丹签订《永久和平与友好条约》，不丹转成由印度保护，印度有权干涉其外交，并在其国内驻军。（参见周娟、高永久《试论清代中国西藏地方政府与不丹之间的宗藩关系》）

"治乱持危"，"治起于衰乱之中"，要"拨乱反正"，正，王道；"危"，《说文》云："在高而惧也。""危而不持，颠而不扶，则将焉用彼相矣"（《论语·季氏》），要扶颠持危，力挽狂澜。

"朝聘以时"，按时上朝聘问。昔日附庸之国在北京都有会馆，商人亦住在会馆。

明清及民初，同乡或者同行在京城及大城市多建有供居住、办公兼休闲场所的会馆，有客房、会议室等，大的会馆还有戏楼。（可参看何炳棣《中国会馆史论》）

专制时代没有说皇帝是"职"的，只说诸侯向天子"述职"。今文家以"天子一爵""天子一位"，天子是最高的爵位，当然也有其职。天子失位，当贬，故公羊家称"贬天子"。唯"公羊学"称天子有职。

《孟子·万章下》云："北宫锜问曰：'周室班爵禄也，如之何？'孟子曰：'其详不可得闻也。诸侯恶其害己也，而皆去其籍。然而轲也，尝闻其略也。天子一位，公一位，侯一位，伯一位，子、男同一位，凡五等也。'"《白虎通·爵》云："天子者，爵称也。爵所以称天子者何？王者父天母地，为天之子也。故《孝经援神契》曰：'天覆地载谓之天子，上法斗极。'《孝经钩命决》曰：'天子，爵称也。'"

以前朝贡，是将贡品陈列于堂阶前的院子，称"庭实"（陈列于朝堂的贡献物品）。礼单送来，只选几样。贡一赠十，来一次给三年的东西，厚往而薄来。但也不能一次给太多，下次来时再给。

根据台北故宫博物院典藏文献记载，清时台湾地方官员进贡台湾土产，康熙还曾接见有才艺的少数民族；乾隆时台湾少数民族赴京朝觐，乾隆还颁赐赠予前来祝贺他八十大寿的部落头目。

"凡为（治理）天下国家有九经，所以行之者一（诚）也。"

行此"九经"一也，即以"诚"行之。

儒家之学告诉我们大纲大法，而做事是技术，要有专学，具备时代知识，大本必立住。

《学庸》并不是讲大同世，但是大同世必经过此，真明白了绝对能应世。

历史就是通鉴，要以史为鉴，每个人都可以用来照照自己。

努力必要有方向，一个时代就几个代表人物而已。真想有所建树，绝对不可以偶俗。

中国现在是最有为的时代，必要好好努力，以此作为力量，人无力量绝对不能成事。任何事绝不是一人能成就的，要群而不争。聪明过度就是傻子，一举一动净是想捡便宜。一个人如聪明过度，就没人敢相信你。

人之所以能有所成就，往往是跌倒了爬起，爬起了再跌倒，再跌倒了再爬起，天下事绝对没有白捡的。希望同学们在这时代不要空过。

遇事要深省。政客之所以坏，老百姓要负责，就因为民之无知。所以知识分子一定要负起教育百姓的责任，更要好好开浑蛋的玩笑，一句话可以惊醒浑蛋人！

知识分子要负时代的责任，现在是"一切翻版""一切之始"的机会。

凡事豫（事先准备）则立（事能成），不豫则废。言前定则不跲（jiá，踬也，跌倒），事前定则不困，行前定（素定）则不疚（愧），道（为人处世之道）前定（有所定夺，决定）则不穷（应变无穷）。

"禁于未发之谓豫"（《礼记·学记》），"思患而豫防之"（《易经·既济卦》），要防未然，有备才能无患，一切事情在未发之前即将之禁住，防患于未然才是上策。

做事必要有耐力，按部就班，有万全的准备，才能有备无患。但是事情一旦发生了，就不是两三天能够解决的，此时应先养精蓄锐，再求如何解决问题。天下无过不来的山崖，天下本无事，不要看得很严重，就看成是小孩摆家家酒，处事就越能镇定。

"豫则立"，豫是素定，从有智慧开始一直到死，从开始懂事就有决定了。从有知识以来没有彷徨过，一生没有改变，不论在造次、颠沛之际，皆必于是，此素定也。能如此，焉无成就？

素养，经由好学；素定，是"知止"。没有素养，哪有素定？

第二十章

素养而后有素定，要自平素就注意孩子的行动。如想望子成龙，必平素就教他成龙，此即素养。

有机会要教育小孩，随时尽责任，从小就要他知止。 台湾有钱人对小孩知道怎么教育？暴发户根本不会教育孩子。

定，是自"知止"来的，知道有重点。定了，绝不见异思迁。知止，而后有定、静、安、虑、得，得了，得一，得仁，所以能"无入而不自得"。自得，得己之所止。

"前定"，豫。不要临渴掘井。临上轿，才要穿耳眼儿，就会惊慌失措。庙算，下知彼功夫，谋定而后动，就不会乱无章法。

"跲"：一、音 jiá，绊倒，《说文》解为"踬也"；二、俞樾《群经平议》作"佮（gé）"，即老子"将欲歙之"之"歙"，闭塞也。"言前定，则不跲"，慎言，话到舌边留半句，"一言既出，驷马难追"，四匹马都拉不回，"多言数穷，不如守中"（《老子·第五章》）。

"事前定则不困，行前定则不疚"，做事必先计划好，"必也临事而惧，好谋而成"（《论语·述而》）。

"道前定则不穷"，为人处世之道必须有所定夺，平常的道在怎么应付穷。穷则变，变则通，以变应无穷。所以，必须能随机应变、随时而转，绝不守株待兔。**培智，在随机应变。**

怎么培智？必经由好学。 穷则变，变则通，要应变，知道有问题了马上就变化，随机应变以穷、变、通、久。

万般不与政事同，做事不同于为政，孔子分析"政"与"事"："政者，正也"，正天下之不正，以归于正，百姓可得好处；无此标准，只是为事，当事务官而已。智者头脑必清楚、冷静，故能分析得清楚。

有了经验、事功以后，才能讲出道理来，立德、立功而后立言，"有德者必有言"（《论语·宪问》）。闭门造车，就谈治国之道，乃"混吃"也。

想永远成功要从哪儿入手？知敝。人都有毛病，必要知敝。能知敝，就快成功了！"永终知敝"（《易经·归妹卦》），想"永终"必"知敝"。

我在台五十年，在屋中坐五十年，这就是成功，素定也。许多人见异就思迁，见利就忘义。

我有一完整的计划，干到头脑不明白为止，不明白就上极乐世界，不要遭罪。**我骂人总是绕弯，有术，不以骗人为业。**

一个人做事始终如一就是成功。我这一代就"救亡图存"四个字，所以一生天天喊叫，唯恐国亡了！

收复台湾（此指 1945 年光复）不易，绝不可以再丢。"台独"要亡台，真爱的是日本、美国。我骂"台独"，是要惊醒你们。

台大对面的"大史饺子馆"，是一来台大兵开的，他娶了一年轻的台湾太太。可以吃其煮花生、豆腐干及牛肉。我诸葛不亮，但是孔（小）明。

屈万里（1907—1979）结错婚，窝囊过一生，没几年得了胃病。山东人喜吃大蒜、葱。社会事就是如此，人生不如意事十之八九，懂此，就不会不愉快了，要有心理准备，要懂得什么是人生。

"永终知敝"。**知敝，即知道不如意的事。**恋爱不可以盲目，两人生活习惯不同，很难以美满。知敝，躲开了敝，就能永远有幸福。想永终，要自"知敝"入手，齐家、治国皆如此，小则夫妇能幸福。真明白了，要会用。

在下位不获乎上，民不可得而治矣。获乎上有道（一定的方法）：**不信乎朋友，不获乎上矣。**

上下即今主从，办事有主从。上使下以礼，下事上以忠，彼此信任，互相尊重，各尽己责。在下位的如目中无长官、跋扈，也不得长官的信任，上下没互信，离心离德，等于没有幕僚。百姓清楚得很，终究必失败。

主从关系，也是朋友关系。"朋友以信"（《论语·学而》"与朋友交，言而有信"），必要尊重朋友，在朋友面前立信，说了必做。不重朋友之道，说话不加考虑，轻诺寡信，一定少有信用，无信不立，不能互信。

信乎朋友有道：不顺乎亲（不孝之人），**不信乎朋友矣。**

我父亲交代："不与不孝之人为友，不交有钱的朋友。"一个人对自己父母都不孝，何况对其他人？父母是我们一生中最近的，无论如何必孝，以顺为孝，不与父母顶嘴，"父子之间不责善，责善则离，离则不祥莫大焉"（《孟子·离娄上》）。

天下最难的是教子，因感情、关系特殊。一个人真能教子，就成了！因太亲了，就没法教。真能达父子之情的很少。处人之难，连父子之亲，都得求守限度，何况是朋友？真懂得爱，多少必有点牺牲。

顺乎亲有道：反诸（之于）**身**（己身）**不诚，不顺乎亲矣。**

以"诚"反省自己，"反身而诚"（《孟子·尽心上》），尽己之性。"诚者，天之道，诚之者，人之道"，尽己之性，"率性之谓道"。

"你从哪里来？"懂此，怎敢不孝？会无条件顺父母。"凭什么你有今天？"父母就等着你明天对他尽孝。

诚身有道：不明乎善，不诚乎身矣。

明善诚身。性，体；善，用。善，天道之用。不明白天之道，就不懂得人之道，如何修身？

"继之者，善也；成之者，性也"，"成性存存，道义之门"（《易经·系辞上传》），"天命之谓性"，成性了，还要下存而又存的功夫。善，性之用，日行一善，莫因善小而不为，讲用，才发人深省！

"成之者，性也"，"率性之谓道"，顺着人性做事就是道，是与生俱来的。"元者，善之长也"，"继之者，善也"，善，元也，生也，仁也，"君子体仁，足以长人"。**中国人是最会用"性之善"的人。**

性、善、中、独，必分清了，办事才不会出纰漏。

"喜怒哀乐之未发，谓之中；发而皆中节，谓之和"，"致中和，天地位焉，万物育焉"，"中"与"和"合而为一，性、情不二，"与天地参矣"，乃天人合一的境界。

每句话都用得上。必得深入，要多看几遍。

你们要好好努力，责任之所在，要负起时代的责任，如净是投机取巧，怎能进步？中国东西太真实了，必要真行，绝不是滑头鬼能够讲的。

你们能成学？你们是盗智，完全口耳之学，未加以体验。成学，得是自己体验的。

诚者，天之道（行健）也；诚之（法天，则天）者，人之道也。诚者，不勉而中，不思（想）而得，从容中道，圣人也；诚之者，择善（有智）而（能）固执（守）之者也。

《孟子·离娄上》云："诚者，天之道也；思诚者，人之道也。"《中庸》讲一"诚"字。一个"诚"字，用于生活上，即成活学问。

天之道，行健，"四时行焉，百物生焉"（《论语·阳货》），如日月之运、四时之变，皆有条不紊，一点也不虚伪，诚也。

"诚之者，人之道"，人法天，自强不息。"诚者，物之终始，不诚无物"，就不能生生不息，因为三心二意。

"诚者"，圣人，生而知之者，"仁者安仁"。"不勉而中"，顺自然而中于道。"不思而得"，则天、尽性，不勉不思，体性之本善，顺自然做事。"从容中道"，不加勉强即合乎道，"从心所欲而不逾矩"（《论语·为政》）。

"诚之者"，贤人，学而知之者，"智者利仁"。"择善而固执之"，有智慧能择善而固守不失。

博学之，审问之，慎思之，明辨之，笃行之。有弗学，学之弗能弗措（中途而废）也；有弗问，问之弗知弗措也；有弗思，思之弗得弗措也；有弗辨，辨之弗明弗措也；有弗行，行之弗笃弗措也。人一能之，己百之；人十能之，己千之。果能此道矣，虽愚必明（皆自明也），虽柔必强（皆自强也）。

这章很重要，"人一己百，人十己千；虽愚必明，虽柔必强"。

当年，阮芝生说是我们的校训，在我们印的书前面即有此文。

"博学之"，"有弗学，学之弗能弗措也"，无所不学，一事不知，儒者之耻。学，必学到一境界，不能中途而废。但"博学于文"，仍必"约之以礼"（《论语·雍也》），亦即克己复礼，非礼不动。学，是知行合一，不当歌唱，必去实行。

"审问之，慎思之"，"切问而近思"（《论语·子张》），"学而不思，则罔；思而不学，则殆"（《论语·为政》），"思之思之，鬼神通之"。思，心思，耕之耘之，《说文》释"睿也"，睿智，虑深通敏，敏则有功。

"明辨之"，辨析，早辨，"履霜，坚冰至"，从履霜到坚冰，"其所由来者渐矣，由辩之不早辩也"（《易经·坤卦·文言》），故"驯致其道，至坚冰也"（《易经·坤卦》）。

做事要"视其所以，观其所由，察其所安"（《论语·为政》）。广博吸收，但是必须审慎，不粗心大意以求真知。

前面几个即"知"。明辨是非了，然后笃志、力行，笃实去行真知。知行合一之谓学，能知能行，实践之学。

"人一己百，人十己千"，"骥一日而千里，驽马十驾，则亦及之"（《荀子·修身》）。曾文正以此成其伟业，其书房名"求阙斋"。

"虽愚必明"，勤能补拙，不怕自己的智慧不足，一勤天下无难事；"在明明德"，明德为要，学而知之，就怕你自己下的功夫不够。许多成大功、立大业的人都不是最聪明的。

"虽柔必强"，柔能克刚，是真正的强，君子以自强不息。

第二十一章

自（由）诚（天之道）明，谓之性（率性之谓道）；自明（明明德）诚，谓之教（修道之谓教）。诚则明矣，明则诚矣。

"诚"与"明"的关系如何？"诚者，物之终始"，"大明终始"（《易经·乾卦》），明能始终，终而又始，生生不息。《中庸》与《大易》相表里。

"诚者，天之道"，天命，"天命之谓性"，天命就是性，在天曰命，在人曰性。"自诚明"，从诚而明，自天道而明的；"谓之性"，叫作性。性，天命，体，本。从诚而明，从本而明，尽性，出于天性，"生而知之者"，为圣人，圣人自师己性。

"诚者，天之道"，"天行健"，健进不已，天无息；"诚之者，人之道"，人法天，自强不息。"率性之谓道"，即自师己性，是圣人，也是立教者。

"修道之谓教"，教，明白道，"率性之谓道"，率性明道。"自明诚"，从明道才知天道；"谓之教"，叫作教，从教而知率性，"学而知之者"，为贤人，能"见贤思齐"。

"诚之者，人之道"，"修道之谓教"，即接受教育，是"学而知之者"，明白了"道"以后，才能修到"诚"的境界。

"诚则明，明则诚"，"诚"与"明"互为因果，及其成功一也，皆可以"与天地参矣"。

诚而明，"文明以健"（《易经·同人卦》），"生而知之者"，是由诚得明；明而诚，"在明明德"，"学而知之者"，是由明得诚。

"诚者，自成也"，皆自成也，皆自明也，"诚者，非自成己而已也，所以成物也"，成己成物。

《学庸》好好悟，天天琢磨，真体悟了，一生可以取之不尽，用之不竭。

智慧与学力很重要，如只知其然而不知其所以然，就很难做。但求真知可是不易。明理不难，知所以用理为难。权，因利能制权也，可与适道未可与权，权权以穷变通久。

第二十二章

唯天下至诚（生而知之者），为能尽其性；能尽其性，则能尽人之性；能尽人之性，则能尽物之性（物理）；能尽物之性，则可以赞（助）天地之化育（天生物，人能役物）；可以赞天地之化育，则可以与天地参矣。

读书在明理，能够理事。"天命之谓性"，"至诚"，能尽己之性，尽人之性，尽物之性，天生物，人能役物，可以赞助天地之化育，"可以与天地参矣"！

"天地为大矣，不诚则不能化万物；圣人为知矣，不诚则不能化万民"（《荀子·不苟》)，什么叫诚？纯一，不二，尽己之性。尽性，把自己性的本能完全发挥出来，在事业上尽良知，**能用性的大能处理一切事情**。"尽己之性"最为不易，人皆长于原谅自己而骂别人。**能尽己之性，进而影响别人亦能发挥其性的本能，即"尽人之性"**。

发明家能"尽物之性","知周乎万物,而道济天下"(《易经·系辞上传》)。如不懂得"尽物之性",就把物都糟蹋了,是暴殄天物。发明家是要物的,故能"尽物之性"。政治家则是要人的,得"尽人之性"。

"化育","化",为第一步;"育",则是永远保持化之成果的功夫。"育",鸟、鸡伏在蛋上,使卵内的胚胎发育成雏鸟、雏鸡。没有育,则鸡蛋永远不出小鸡。

文化是自"自然"来的,不可以造假,"化育"是慢慢变的,愈变愈加致密,是有步骤的。小孩天天接受文化,刚开始什么也不懂,懂得挑剔了就是文化。文化是有层次的,今天唬,明天未必唬得住,因为"唯上智与下愚,不移"。要以文化世,不是空言,必须行。小事能注意,日久就懂得要怎么树立文化了。

可以赞助天地之化育,则可与天地平视,也就是平等。天能生物,你就能役万物,"天工人代"(《尚书·皋陶谟》云"天工,人其代之")。人为"天民",可以代天工之不足,使天下无弃物。故有《天工开物》一书。

《天工开物》是明朝宋应星整理其调查研究农业和手工业方面技术的著作,是世界上第一部关于农业和手工业生产的综合性著作。

"致中和,天地位焉,万物育焉","与天地参矣","与天地合其德",成"天、地、人"三才之道,有遗爱在民的人,死后就成为"神","与天地参矣",平视,平等。**御天,配天,赞天。**

是天民,就有天权,谁也不能剥夺,因为"万物皆备于我",人人都有使用权,没有所有权,社会不可以有独占的行为。

"积善之家，必有余庆"，有余善留给子孙用。做事要给儿孙留余地，必本良知做事，绝不可以巧取豪夺！动心眼者，无一有好子孙。

与我交往的都是我友，怎么可以批评？想当年他为我效力过。我所骂的都是与我没有关系的人，骂其行为，最后都与草木同朽，何必说人的坏话！

传承很重要，所以要讲学。"学之不讲，德之不修"，是吾忧也。如果不能"为往圣继绝学"，那谁还知中国有真学问？所以，你们业余也得讲学。但是**讲学必得自己真明白，知道怎么一回事，必是真正地体验过了。**

第二十三章

其次致曲（一曲之士），曲能有诚（亦知法天之道），诚（诚于中）则形（形于外），形则著（著明于天下），著则明，明则动（主宰出乎动），动则变（化之渐），变则化（到了化境），唯天下至诚为能化（化民成俗）。

上面讲"至诚"，圣人境界，生而知之。"其次致曲"，讲一曲之士，学而知之。

"曲"，曲求也，探索。"致曲"，"致"是动词，专心致志。"致曲"，一曲之士，一技之长，懂得一点的人，不赅不遍，自一方面之长努力，但无法尽物之性，"致远恐泥"（《论语·子张》）。如以自己是愚拙的，那就要下"尽己之性"的功夫。**真功夫，必经过多少弯才能达成。**

"曲能有诚"，亦知法天之道，学而知之，"诚则形，形则著，著则明，明则动，动则变，变则化"，只要有"至诚"的精神，

就无不化。"古之所谓曲则全者,岂虚言哉!诚全而归之。"(《老子·第二十二章》)

"唯天下至诚为能化","天地感而万物化生"(《易经·咸卦》),"君子所过者化"(《孟子·尽心上》),能够化民成俗,有至高之德才能化民,化民成俗,"居贤德善俗"(《易经·渐卦》)。**化,左右逢源,不会格格不入;俗,是自然而然,不做作。**

但化自己的又有几人?说容易,做特别难!**化自己,也得至诚,即真心地悔改,**"忧悔吝者存乎介,震无咎者存乎悔"(《易经·系辞上传》)。

我在台五十年,又改变几个人了?你们小毛病都去不了,何况是大毛病?人的小毛病不去,积累在一起,就成为社会的大毛病。如自己都化不了,还想化民成俗?首先,要变化自己的器质。

瑚琏与夜壶,都是器,但用不同。大器能容,但最高是"不器","君子不器"(《论语·为政》),无所不容。

治人,"以人治人,改而止",下"尽人之性"的功夫治人,改其敝就够,何等宽大!如此做事,岂不是绰绰有余?**尽性,把性的本能完全发挥出来,能用性的大能处理一切事情。**

想客观,要用什么方式影响时代、政府?从中国历史上去想。中国学问是实际解决问题的学问,是实学,知而能行,是行不是讲。

儒教,是教化、教育,并不是宗教,儒是人需,人人皆需,要"饮食宴乐"(《易经·需卦》)。孔子志在《春秋》,那《春秋》之志是什么?拨乱反正(《史记·太史公自序》称"拨乱世,反之正,莫近于《春秋》")。拨乱反正,是在行,不在讲。

写"公羊学"论文，居然搞"台独"！讲"公羊学"，就不能有"独"的观念，因为《春秋》在达"天下一家"。《春秋》之志的政术，拨乱反正，复正，止于一，止于至善，所以终极目的是天下一家。既是大同，必得泯际界。

《学庸》并不是讲《春秋》之志，但是用事用得上。读完书，如不知书是什么，连自己都化不了，焉能化民成俗？只念文字，不能发挥作用。

每天都有变化，代表人的智慧，我每天都有感觉。我现在讲什么都不悲哀，因为中国绝不会再是亡国的时代。有些人不学无术，尽耍嘴皮，只要达己之私利，则无不为矣！我最恨助人为恶者，故要鸣鼓攻过。

素定，是经过深思熟虑，并不是白得的。熟能生巧，必得下功夫。坐着想，何以我这么说？走路也得想，慢慢读，会背一段可以想一段。

每天做任何一事必要有效，看不惯人家，必得懂怎么对付他，因为要治病。

第二十四章

至诚之道，可以前知（事先了解）。国家将兴，必有祯祥；国家将亡，必有妖孽（凶兆）；见（现）乎蓍（shī）龟（用茎占卜），动乎四体（于行动上表现出）。

此讲盛衰兴亡之理，自环境体验之。

"至诚之道，可以前知"："至诚"，没有比这再诚的，"至"，至高无上；"可以前知"，社会事有一定步骤可循，以此可以前知、预言，都有征兆可循，并非迷信。像地震将临之际，老鼠、蛇先知，有所动作。

人若专一，就能前知，专一，不分心。见形形色色就分心，不能专一。**遇事要留心，察事要细心**。怪时代，人的行动有异样，一举一动都怪异。

"国家将兴"，社会上必无失常之事，尽祯祥之事；"国家将亡"，必有许多凶兆，尽灾异之事。

"龟"，卜；"蓍"，现非用蓍草，但仍用蓍的方法。卜，很神圣，如台湾的跳大神，有仪式，很庄重。"见乎蓍龟，动乎四体"，用以决疑，于行动上表现出。

"国之将兴，求之于人"，拼命找天下贤才之士而用之。"国家将亡，求之于神"，就到处修教堂、修庙，念阿门、阿弥陀佛。

祸福将至，善，必先知之（知其所以）**；不善，必先知之。故至诚如神。**

要知其所以，先天下之忧而忧，如中医之"望闻问切，辨证施治"。

"至诚"，太不容易。诚，就不容易！许多事没法说，隐。"神"，"妙万物而为言者也"，如神来之笔，"圣而不可知之"（《孟子·尽心下》），半点儿迷信也没。宗教家、理学家，如曾文正公知己之死期将至。广钦老和尚圆寂表现最好，视死如归。

每次亡天下，都天下大乱。台湾地区宗教之多，纯粹一群妖孽！外丹功、香功、元极舞……但都一阵子，就过去了！

学什么都有用，就看用在哪儿。我守一不二，就看不起汉奸。民族性永远存在，不能因为没有政治智慧，而把自己变成化外之民。

自古都不重视酒肉朋友。今人你为他生子，都还谈离婚。现在"孝"与"慈"都没了，还讲"义"？中国学问是实际的，在解决问题。用什么方式影响时代？怎么发挥作用？

《学庸》虽非讲《春秋》之志，但这两部小书，于我们做事有莫大关系，做事用得上。**今天想要发挥作用，必得以"至诚"为贵！"真"的问题，必要用真的道解决。**

第二十五章

诚者自成也，而道（法则）自道（导）也。诚者，物之终始；不诚，无物。

"诚者"，天之道，物生生之原动力，终而复始，才能生生不息；"自成"，自己成就自己，没人帮上忙，注意"自"字，自明、自讼、自得、自在。

"道"，法则，率性；"自道"，自导，皆自得也。"观自在"，"自"如不在，还有什么办法？皆不假外求，面对实际，察就"自在"。

"诚者，物之终始"，物跟着天，终而又始，生生不息。"大明终始"，"诚者，物之终始"，大诚终始。明德，即终始之德，终而又始之德，生生不息之德。

"不诚，无物"：不诚，就没有终始之道，不能周而复始，就不能生生不息了，怎会有物？

是故，君子诚之为贵。诚者，非自成己而已也，所以成物也。成己，仁也；成物，知（智）也。性之德也，合外内之道也，故时措（置）之宜也。

此段讲太平世的理想。

"诚者，天之道；诚之者，人之道"，人法天，是故"君子诚之为贵"，成己成物。

"诚者，非自成己而已也，所以成物也"，诚者，天之道，乃成天下之事事物物。"成己，仁也"，求仁得仁，"君子体仁，足以长人"，仁者爱人，仁者无不爱，"力行近乎仁"；"成物，知也"，"好学近乎智"。"致知在格物"（《大学》），发明家绝对是智者，智周万物，能"尽物之性"，"成物"。

"性之德也"，**培智是初步功夫，进而培元**，"大哉乾元，万物资始；至哉坤元，万物资生"，**始生之元**。"天命之谓性"，**性之德**，"合内外之道"，内为己，外为物。己立而立人，己达而达人，成己，仁；成物，智：必仁且智。

必仁且智，"莫近于仁，莫急于智"（《春秋繁露·必仁且智》）。**仁与智，是性之德、性智、本然之善德**，均非自外买来的。用性智，不是情智，一有私心即是情智。**遇事要用性智**，同体大悲。

"通天人，合内外"："通天人"，人与天地参，天人合一。《易》讲时、位，"六位时成，时乘六龙"，六位，六时；六龙，六变。每卦有上下卦：下卦是内卦，上卦是外卦，是体、用，"合内外"，由内卦而外卦。"合内外"，内圣、外王合而为一，由内及外。

《易经》每卦都讲怎么用事。"合内外之道"，为"时中"之用，

"君子而时中"，故"时措之宜"，无论什么时候，皆恰到好处，"随时之义大矣哉"（《易经·随卦》）！故《大易》与《中庸》相表里。

熊十力的《乾坤衍》为衍《易》之书，其实更早的《中庸》即为衍《易》之书，其赞孔子之道曰"合内外"，得于内，形于外。"时措之宜"，恰到好处，"从心所欲不逾矩"。

儒家之道，即内圣外王之道，一以贯之。外王，是德现于外。《易》"首出庶物，万国咸宁"，要达"见群龙无首，吉"，《春秋》则"拨乱反正"，要达"天下一家"的外王理想。

故至诚无息，不息则久，久（恒）则征（征验），征则悠远，悠远则博厚（象地，无不载），博厚则高明（象天，无不覆）。博厚，所以载物（地无私载）也；高明，所以覆物（天无私覆）也；悠久（时间），所以成物也。博厚配地，高明配天，悠久无疆（永无息）。如此者，不见（同"现"）而章（自章明），不动而变，无为而成（顺自然）。

至诚，天之道：高明、悠久、无疆。

"无息"与"不息"之别："无息"，是体，本能没有息，如"天行健"；"不息"，指用，"自强不息"，自己勉强自己不息，人自勉不息。**人法天之无息，自勉不息，则可久。**如此解，马上生出力量。

"至诚无息"，"诚者，天之道"，天行健，本能没有息；"不息则久"，"诚之者，人之道"，人法天之行健，"君子以自强不息"。

"不息则久"，不息，就能持久。"有亲则可久，有功则可大。

可久则贤人之德，可大则贤人之业"，"举而措之天下之民谓之事业"(《易经·系辞上传》)。**"久则征，征则悠远"，始终如一，久也，恒的功夫。**久则征验，征验则久远，日久见芬芳，留于青史，立德、立功、立言，三不朽，与天地同寿。

"悠远则博厚"，"则"字双关词，法也，顺也；博厚，象地，"无不覆载"。"博厚则高明"，地法天，坤"顺承天"(《易经·坤卦》)；"高明"，象天，"刚健笃实辉光，日新其德"(《易经·大畜卦》)，日日新，又日新。

"博厚，所以载物也"，"坤厚载物，德合无疆"(《易经·坤卦》)，厚德载物，完全合乎天之道；"高明，所以覆物也"，天覆物无私，无私就是公，"公则说(悦)"(《论语·尧曰》)。"悠久，所以成物也"，悠久，指时间而言，时间长久，故能"成物"。

"博厚配地，高明配天"，"博厚"，"地无私载"，"厚德载物"；"高明"，"天无私覆"，"日月无私照"(《礼记·孔子闲居》)。"广大配天地"(《易经·系辞上传》)，天覆地载，无边无际，没有际界。"悠久无疆"，"悠久"，长久，天长地久；"无疆"，无穷无尽，"行地无疆"(《易经·坤卦》)。

如此者，"不见而章"，无为，顺自然，"含章可贞"(《易经·坤卦》)，"不成章，不达"(《孟子·尽心上》)，自然章明，顺自然而成功。

"夫子之文章，可得而闻也"(《论语·公冶长》)，文章华国(《唐会要》云"文章华国，诗礼传家")，"大块假我以文章"，文章是指什么？

人法天，"大人者，与天地合其德，与日月合其明，与四时合其序，与鬼神合其吉凶"（《易经·乾卦·文言》），天人合一。

"不动而变"，"天何言哉？四时行焉，百物生焉"（《论语·阳货》），"天不言，以行与事示之"（《孟子·万章上》），"默而成之，不言而信，存乎德行"，"无思也，无为也，寂然不动，感而遂通天下之故"（《易经·系辞上传》），完全顺自然，故能通天下之志，成天下之务。

"无为而成"，如自然之运，顺自然，法天、法自然，是"无为而成"。有为而成，是假的，伪装的，"人之为道而远人"。

天地之道，可一言而尽（完全表露出）**也：其为物不贰**（纯粹、精一），**则其生物不测**（不可测度）。**天地之道：博也，厚也，高也，明也，悠也，久也。**

"可一言而尽"，即"一"与"诚"，"诚者，天之道"可以表露无遗。古人想得多简单，多真实彻底！看看中国人的智慧是多么实际！

"为物"，物，包含人、事、物，造物；"不贰"，"诚者，天之道"，即一，纯一，"惟精惟一"。要下精一的功夫。

"生物"，"妙万物"；"不测"，乃人力所不能测度。"生物不测"，即神妙的境界。诚，有物；不诚，无物。

天文，"为物不贰"，故"生物不测"，就是神，妙万物；人文，自强不息、"以文会友，以友辅仁"（《论语·颜渊》）。发心，好好努力，十年成就不得了。

天地之道，博厚、高明、悠久。了解天地的智慧了，也能够活用自己的智慧。尽物之性包含太多，能尽物之性，才懂得怎么回报，因为人能"与天地参"，平视，齐。

何以什么时候都能稳如泰山？有人的劲来自"剑道"，我亦然，但正不正有别。"武士道"，每样皆视死如归。"忍者术"，对付人都用绝招。

他们对付某人如净用绝招，那某人要如何对付？不答。狗咬你，要若无其事地往前走，此"尽物之性"也。每天犬吠、口水战，你就是不答，他就没劲了！此自尽物之性来的，犬吠之经验。狗咬丑的，人敬有钱的。既是犬吠，那就不理，早有准备；不然，就开个玩笑，恭迎一切，挂个旗子。

自狗吠，悟出某集团之吠。不听狗吠，但得有应世之术。

天津"狗不理包子铺"，包子所以出名，就小伙计"狗子"专心做包子，始终不发一言。

我教你们许多高招，其实自己可不管了。你们要应世，如不是修净土宗的，那事情完了就报复，让他起不来。我上午修净土，下午则修拨乱反正。绝不找个管自己的，可以多活几年！**不听，但得有应世之智。**

读书必须深入，能够认真、至诚了，就与别人不同。

我天天看《大易》与《春秋》。为了录音，我最近预备功课，极细心。**"以夏学奥质，寻拯世真文"，如果不找出真的，那岂不是鱼目混珠了？**

为民谋福利，要知道怎么做，要怎么影响社会。道化，是化育的团体，要以道导天下。道，自导；化，化育。至诚能化。**不希望有战争，必须有办法化掉战争。**

证严的方式是满街撒芝麻，效果微小。我们要从自己周遭认识的人做起。平日就要留心，要做。不是多少，是真力量。中山先生革命之初，就"四大寇"而已。

但是做也必得有智慧、有方法。群力、群策，要借着群的力量。一步一步来，要试探着做。

今夫（fú，用于句中，舒缓语气）**天，斯昭昭**（一个个小亮光）**之多**（应重视此），**及其无穷也，日月星辰系焉，万物覆焉。**

应重视此：自然是一点一点生成的，其本即元，"大哉乾元，万物资始，乃统天"，天亦由元所统。天覆万物，日月星辰系乎天，"悬象著明莫大乎日月"（《易经·系辞上传》）。

今夫地，一撮（cuō）**土之多，及其广厚，载华岳而不重，振河海而不泄**（泄漏），**万物载焉**（地无私载）。

袁枚《与人书》谓："《论》《孟》言山皆举泰山，以其在邹鲁也。《中庸》独曰'载华岳而不重'，子思足迹未尝入秦，疑此是西京人语。"《中庸》虽出自子思，但《礼记》成于汉儒，故《中庸》文中多汉儒语，且全篇文体并不一致，殆非一人一时所撰。

华山，五岳之西岳，位于陕西省渭南华阴市南，处秦、晋、豫黄河三角洲交汇处，南接秦岭，北瞰黄河，扼西北进出中原之门户。

孔子"登泰山"，子思是山东人。此段应为汉儒所写。

地厚载物，地载华山，亦不觉其重；洒着江海，亦不泄漏。**重视"一撮土之多"，终能载万物。**

第二十六章

今夫山（仁者乐山），一卷（拳）石之多，及其广大，草木生之，禽兽居之，宝藏兴焉。

自"一拳石之多"，认识"草木、禽兽、宝藏"等山产。那时即知山产之盛，动植物、矿产为丰富之宝藏。

今夫水（智者乐水），一勺之多，及其不测（深不可测），鼋（yuán）鼍（tuó）、鲛龙、鱼鳖生焉，货财殖（滋生）焉。

自"一勺水之多"，也知水产丰富。海中宝物，可以繁殖资货财利。

《中庸》"传"的文章，虽是汉朝的产物，但是思想仍是有所传承的。

重视"昭昭之多""一撮土之多""一卷石之多""一勺水之多"，能识微、察微，是何等缜密的思想！

"道虽迩，不行不至；事虽小，不为不成"（《荀子·修身》），积沙可以成塔，"积小以高大"（《易经·升卦》）。**不怕小，就怕不日积月累**。积学，即一天一点，日积月累，日久就能成为大学人，不要轻视"积"的功夫。

中国人的智慧要自深处了悟，一切皆自"小"来。"小"的观念特别重要，"勿以善小而不为，勿以恶小而为之"，多么勉励人！**自最细微处开始学，要识微，知几，**"几者，动之微也，事之见也"（《春秋公羊传·昭公三十一年》何休注），《春秋》"贵微重始"（《春秋繁露·二端》）。

中国文化精神之所在，在于懂得识微，能够用小。一个能够识微、用小的民族，绝对是智慧高的民族，将历史整理得清楚、整齐。

现在重视海域，海中的东西无限，但必得环保。台北到新店，昔日沿瑠公圳而行，可见游鱼可数，今天到处充满毒物，劫后余生的鱼岂不是充满了毒？台湾地区癌症高是一定的，病从口入，台湾人服毒太多了。能够相信商人？百姓之悲哀！要自求多福，应自己种菜。

《诗》（《周颂·维天之命》）云："维（发语词）天之命，於（wū）穆（深远貌）不已（止）。"盖曰天之所以为天也。

"天之命，於穆不已"，"大亨以正，天之命也"（《易经·无妄卦》），"天地之道，恒久而不已也"（《易经·恒卦》），天之所以为天，乃深远不息，《易经·乾卦》曰"天行健"，行健不息。

"於乎（呜呼）不（同'丕'，大也）显，文王之德之纯（纯—不杂，不贰）。"盖曰文王之所以为文也，纯亦不已。

"唯天为大"，配天。"文"，经纬天地。什么叫"经纬天地"？要怎么做？"文王"，是文德之王，"法其生，不法其死"，是活文王，不是周朝文王，谁有文德谁就是文王，人人皆可以为文王，"文王既没，文不在兹乎"，有"文没在兹"的精神。

"文王之德之纯"，"纯亦不已"：纯，天之道，无息；不已，人之道，不止、不息。"诚者，天之道"，其"为物不贰、生物不测"；"诚之者，人之道"，法天行健，自强不息。

"远人不服，则修文德以来之。既来之，则安之"（《论语·季氏》），"行有余力，则以学文"（《论语·学而》），学经纬天地之道，即政术，尧则天有成，为"文祖"，政治家的祖师爷。做事业如果三心二意，就不是"文"了，必须要脚踏实地。我主张任何学问都不是落空的。

诚道，是按诚的道理行的人，"君子以自强不息"，"大哉乾乎，**刚健中正，纯粹精也**"（《易经·乾卦·文言》），纯，惟精惟一，纯粹不杂。不已，不止，不息。纯不止，一不止，诚不止，恒也，行健不息。

读书，要点抓住了，一看，都是白话。

我有时琢磨了一夜，因为没有人打搅，可以静静地想。

你们有没有一句一句读？读不通时，有没有停下来想一想？

大哉！圣人之道，洋洋乎！发育万物，峻（高大）极于天！

"洋洋乎"，伟大无边貌！

"发育万物"，生养万物。"发""育"，两个行动。

"发"，矢也，引申为作起，"生"的第一个机，发生了，发芽！

"育"，《说文》云："养子使作善也。"古"育"字，多美！上头即倒转的"子"，小孩生下来头朝下。"月"，肉，是妈妈的作为。懂得"育"字了，那就会懂得"孝"。

"峻极于天"，与天参矣，天生物，人能役物，德与天齐，"君子上达"（《论语·宪问》），上达天德，"与天地合其德"。

优优大哉！礼仪三百，威仪三千，待其人而后行。故曰："苟不至德，至道不凝（凝结，成就）焉。"

"优优大哉"，丰多美盛貌！

"礼仪"，礼之纲；"威仪"，礼之细节。"三百""三千"，形容其条数之多。

《礼记·礼器》曰："礼也者，犹体也。体不备，君子谓之不成人。设之不当，犹不备也。礼有大有小，有显有微。大者不可损，小者不可益，显者不可掩，微者不可大也。故《经礼》三百，《曲礼》三千，其致一也。未有入室而不由户者。"

"待其人而后行"，此给我们很大的盼望，谁有志、有德，谁去做。为政在人，成事亦在人。做事易，任人难，成事在人。许多事都被人败坏了！古圣先贤留下的智慧宝藏，就待贤子孙行其智慧，昏子孙就只是糟蹋祖产。

"苟不至德，至道不凝焉"，凝，凝结形成，"至道"是从"至德"来的，"甘受和，白受采"（《礼记·礼器》），能完全行至道者，必是至德者。行一分道，人对你有一分认识。

"苟非其人，道不虚行"（《易经·系辞下传》），"苟无忠信之人，则礼不虚道，是以得其人之为贵也"（《礼记·礼器》），没有至德的人能够成就至道？马虎、不负责任，是缺德鬼。贵乎能行，不是讲。

道必得其人而行，非每人皆能成事。人要是大本没立，就是读多少书也没有用！有内圣的功夫了，才能成就外王之业。当官，不过是"赵孟贵之，赵孟贱之"，一时门庭若市，一时门可罗雀，如逢历史不幸，就骂名千载。有大修养者才会用善知识。

故君子尊德性而道（由）**问学，致广大而尽精微，极高明**

而道中庸。

"尊德性而道问学","和顺于道德而理于义,穷理尽性以至于命",讲学问。

"致广大而尽精微",由博返约,"博学于文,约之以礼"(《论语·雍也》)。"致广大",无不立;"尽精微",无失之。

"极高明而道中庸",高明之极境,是自庸言庸行开始的,"庸德之行,庸言之谨",就在日常生活中实践,人人皆能行,能知能行。

性学交修,博文约礼,由博反约,相反相成。

温故而知新,敦厚以崇礼。是故居上不骄,为下不倍(悖)。

"温故而知新"(《论语·为政》),温故又能知新,"日知其所亡,月无忘其所能"(《论语·子张》)。有所因,但又不失己之新,因为新是自旧来的,"因不失其亲"(《论语·学而》)。

《春秋》称"新周故宋,以《春秋》当新王"(《春秋公羊传》何休注),此"存三统",**讲相因之道,损益而生新,因而不失其新,有传统又有创新,是有本的创新。**

"敦厚以崇礼","知崇礼卑,崇效天,卑法地"(《易经·系辞上传》),积智谦卑,法天之"行健不息",则地之"厚德载物"。

"居上不骄,为下不倍",居上能不骄,为下能不乱,"本立而后道生"。

国有道,其言足以兴;国无道,其默足以容。《诗》(《大雅·烝民》)**曰:"既明且哲,以保其身。"其此之谓与?**

第二十七章

127

"国无道，其默足以容"，这是秦汉思想统一后，钦定的思想。钦定的能说真话？监（国子监）本还有错字？

所引"既明且哲，以保其身"，绝对是秦汉以后思想，汉儒所加的话。此非孔子之志，夫子是要革命的。这与《论语》"吾岂匏瓜也哉？焉能系而不食"（《论语·阳货》）、"是知其不可而为之者与"（《论语·宪问》）、"天下有道，丘不与易也"（《论语·微子》）的思想都不合。

孔子女婿是政治犯，孔子说公冶长"可妻也。虽在缧绁之中，非其罪也。以其子妻之"（《论语·公冶长》）。孔子选有志节之士做女婿，而今孔家败落至什么程度？

我真不信有鬼。人死后，何以没有找仇人报仇？要用脑想，是思想。母亲的至爱莫过于儿子，但至今我额娘仍未托梦。距离做鬼日近，还怕鬼？我所说的都是真话。

第二十八章

子曰："愚而好自用，贱而好自专（跋扈）。

"愚而好自用"，不自明，犹自以为是天下最聪明者。愈是愚者愈自以为是高人一等，遇事愈不和别人商量，都自以为是"生而知之者"，其实自己学，一点儿根基都没有。

"贱者好自专"，"贱"，出身低贱，"好自专"，从小无权者，愈是跋扈、专断自为。好把权者，多半出身微贱，一旦得权就不放。

必自根上了悟一问题，不自表面看。有时总以为自己说得对，要时时提醒自己"愚者好自用"，说话就能客观一点。到了自用、自专，必成孤家寡人，"贵而无位，高而无民，贤人在下位而无辅，是以动而有悔也"（《易经·乾卦·文言》）。

"生乎今之世，反（返）古之道；如此者，灾及其身者也。"

"生乎今之世，反古之道；如此者，灾及其身者也"，此有二解：一、古注：生在今天，违反了古之道，即尧舜公天下之道；二、生在今天，要回到古之道，违时，"古今异宜，日新其道"。

时，有四时：先时、治时、因时、违时。孔子"学而时习之"，为"圣之时者"。要圣时、权权，不可守得一成不变，成为今之古人。

孔子树立两个图腾：尧、舜。尧传舜，公天下，《尚书》首《帝典》。历代歌颂"尧天舜日"，要"致君尧舜"。孟子"道性善，言必称尧舜"，其实皆泛论。荀子的成就高，但尽谈实际问题，当政者不喜，谈得太切时弊了，如"公羊学"不受当政者所喜。

专制时代的显学，都是值得当政者利用的，为奴的能有思想？庆升平了，水落石出，要做中流砥柱，有力量能撑住时代？

非天子，不议礼，不制度，不考文。

"天子"：一、天民，见《孟子·万章下》"予，天民之先觉者也"；二、指孔子，孔子为素王，有王之德，无王之位。

"礼、制度"，礼、乐皆在内，"立于礼，成于乐"（《论语·泰伯》）故曰德行，"制数度，议德行"（《易经·节卦》）。"议礼"，"功成作乐，治定制礼"。礼者，天理之节文，"大礼与天地同节"（《礼记·乐记》），"因人之情而为之节文"（《礼记·坊记》）。礼者，理也，体，"礼者，天地之序也""序故群物皆别"（《礼记·乐记》）；礼者，履也，"礼以节行"，同中求异，"礼之用，和为贵"。

"礼，时为大"（《礼记·礼器》），"可以义起也"（《礼记·礼运》），随时制宜，制度随时而变，文字亦然，《易》赞"随时之义大矣哉！"

孔子作《春秋》，立新王之制。"王者，往也"，天下所归往。王，指德言，治民以德，"为政以德"。"齐之以礼"，是用礼来齐民，为王者之化。此制度乃是天下所归往的，德化之制。

孔子"志在《春秋》"，即是要"拨乱反正"。拨者，除也；乱，乱制，即世及制。世及，父死传子曰世，兄死传弟曰及，即家天下之制，孔子以为是乱制，因人人皆想夺天下，人人皆想为君，为乱源所在。

《礼记》有"王制篇"，后儒将其不合当时制度的去掉，《孟子》提及"诸侯恶其害己也，而皆去其籍"，历代将不利其政权的书皆去掉，所以"王制"名存实亡。《荀子》中亦有"王制篇"，可见儒家重王制，惜亦变其质。

"考文"：一、改订文字；二、确立是非、善恶的标准。

今天下车同轨，书同文，行同伦。

此乃记全国统一之盛事。许慎《说文解字·序》说："文字异形，秦始皇帝初兼天下，丞相李斯乃奏同之。"此中国"书同文"，自秦始皇开始。《史记·秦始皇本纪》曰："一法度、衡石、丈尺，车同轨，书同文字。"《琅琊刻石》亦曰："器械一量，同书文字。"又曰："将维皇帝，匡饬异俗。"子思为战国人，应无由作此记述，此疑出自汉儒之手，记述秦始皇统一天下后之作为。

"车同轨"，所有马车的两车轮间距都相等。

"书同文"，中国最高明之处，言语不同，但写字都能明白。

"行同伦"，伦理道德同。

中国"车同轨，书同文，行同伦"，自秦始皇开始，影响深远。"蜀山兀，阿房出"，一篇《阿房宫赋》；"六王毕，四海一"六字，道出了秦始皇之功劳，统一天下，华夏衣冠上国。

我坚决反对以汉化化少数民族。但满族是自己汉化得太彻底了，如纳兰性德（1655—1685）乃明珠（1635—1708）之子，有《纳兰词》。

纳兰性德，清初著名大词人，善骑射，好读书，经史百家无所不窥，能诗善赋，尤工词，虽长于钟鸣鼎食之家，且"密迩天子左右，人以为贵近臣无如容若者"，然其词境凄清哀婉，多幽怨之情。著有《侧帽词》《饮水词》，后人增补，合并为《纳兰词》。

谁说什么我不听，真的就是真的，假的就是假的。

在什么时候都有忠、奸。是奸，我都不理，不与之打交道，就是骂我也不理。作奸的有缝就钻，而无不为矣。作奸，自己能不自惭？净做人腿子，哪个又排上班了？

遇事，绝对要造次、颠沛、患难必于是。大丈夫"居天下之广居，立天下之正位，行天下之大道。得志，与民由之；不得志，独行其道。富贵不能淫，贫贱不能移，威武不能屈"（《孟子·滕文公下》)，如每个人都能"独行其道"，人人皆有士君子之行，人人皆可以为尧舜，那天下不就"见群龙无首，吉"了？

"元亨利贞"，"贞者，事之干也"（《易经·乾卦·文言》)，"利永贞"（《易经·坤卦》)，人要不贞，焉能做事？不是难讲，而是难行。**法自然，知天。必知道怎么用智慧。**

毓老师说中庸

132

创业要谋梁子，不可以到处结梁子、树敌。当令必清君侧，非我同类都得除掉，卧榻之侧岂容他人鼾睡？还尽学为奴？

"苟有形质，犹可即而求之"（《人物志·九征》），只要有了形质，就可根据其形质了解对方。"形乃谓之器"（《易经·系辞上传》），一旦成形，人就根据你的形状为你命名，如黑道，狐群狗党无所不用其极发财。真是正人君子，人家一看就知。

团体绝对要清清白白，不要有任何污点。必要培养器质，要有清白的人格，不要有任何污物才能做事。一旦染上颜色，叫别人利用完，价值都没了。有了颜色，就有是非、好坏。

要学怎么用智慧，人有智而无勇也不能成事，胆、量、识，缺一不可。

虽有其位，苟无其德，不敢作礼乐焉；虽有其德，苟无其位，亦不敢作礼乐焉。

此伏笔，"伏"，其辞隐伏，为后面作暗示。此乃批评孔子制礼作乐，要改制。

孔子作《春秋》，志在《春秋》，另立新王之制，孔子为"素王"，有王之德，无王之位。但也证明孔子要改制，改天下以天下为私的乱制，回到"大道之行也，天下为公"的王制。故孔子有"知我、罪我者，其惟《春秋》乎"之叹！

《孟子·滕文公下》曰："《春秋》，天子之事也。是故孔子曰：'知我者，其惟《春秋》乎！罪我者，其惟《春秋》乎！'"

伏笔配真话，孔子删《诗》《书》，订《礼》《乐》，赞《周易》，作《春秋》，确有新王之法。《春秋》为礼义之大宗，立新王之法。

《史记·太史公自序》曰："《春秋》者，礼义之大宗也。夫礼禁未然之前，法施已然之后；法之所为用者易见，而礼之所为禁者难知。"

孔子有王之德，"有德者必有言"，立德、立言。

"制礼作乐"，"功成作乐，治定制礼"，"立于礼，成于乐"，功成作乐，此"乐"含"舞"，但必是有德有位者，才能制礼作乐。

羽翼朝廷，不过做点缀品！要重视自己的能，一美就可以遮百丑。出身高，无业游民还装得很像样，哪个人见我不望而生畏、语无伦次？背后骂我，其实是怕我。不是权势，而是人格。

人想有成就，必得像个人样，绝对不可以缺德。

千万不要染上颜色。做大事业以造就接班人为第一要义。才德兼备，无才不能为文；缺德，不能领导人。好自为之，三年有成。

权势随势走，力量不可以建立在权势上，要建立在团体上。开始路子怎么走太重要。

子曰："吾说（悦）夏礼，杞不足征也；吾学殷礼，有宋（殷后）存焉；吾学周礼，今用之，吾从周（圣之时者）。"

"夏礼，吾能言之，杞不足征也；殷礼，吾能言之，宋不足征也。文献不足故也，足则吾能征之矣。"（《论语·八佾》）

孔子立春秋一朝，存三统。"新周，故宋，以《春秋》当新王"，黜夏，此"存三统"。夏亡国，封在杞；殷亡国，封在宋。孔子为宋人。

存三统，夏、商、周，**三统，"忠、质、文"循环用，有参考、**

有因承，斟酌施之，而后少过。

《春秋公羊传·隐公元年》"元年，春，王正月"，《春秋公羊传注疏》徐彦云："是故三统三王，若循连环，周则又始，穷则反本是也。"

"殷因于夏礼，所损益可知也；周因于殷礼，所损益可知也；其或继周者，虽百世可知也。"（《论语·为政》）**损益之道，损益以合于时，与时偕行。**随时制法，因事制礼。**法令、制度，各适其宜；衣服、器械，各便其用。**

《春秋公羊传·隐公元年》云"大一统"，何休注："统者，始也，总系之辞。"大一统，大一始也。《春秋》首书"元年，春，王正月"，所以重始也，"大哉乾元，万物资始"，"元者，始也，言本正也"（《春秋繁露·王道》）。

"吾学周礼，今用之，吾从周"，这是《论语》孔子"从周"时期之语，《论语·八佾》曰："郁郁乎文哉！吾从周。"土包子时期。

第二十九章

王（wàng）天下有三重焉，其寡（少）过矣乎？

"三重"：一、重，音 zhòng，郑玄注，以为即"三王之礼"，夏、商、周。二、朱子引吕氏言，说即议礼、制度、考文。三、重，音 chóng，康有为《中庸注》以之为"三重"。"三重者，三世之统也，有拨乱世，有升平世，有太平世""每世中又有三世焉，则据乱亦有乱世之升平、太平焉"，以三三为九，"每小三世中又有三世焉，于大三世中又有三世焉，故三世而三重之为九世"。

但是到了太平世，"夷狄进至于爵，天下远近小大若一"（《春秋公羊传何氏解诂》）了，所以康有为此说亦成问题。

"三重"，张三世，据乱世、升平世、太平世。三世，为进化之法，随世运而进化。立新王之法，变通以去其弊，"穷则变，变则通，通则久"（《易经·系辞下传》）。

从小康到大同，并非一蹴而就，以渐而进，所以《春秋》有三世。拨乱之三部曲：贬天子、退诸侯、讨大夫。先讨大夫之世于乱世，"讥世卿，世卿非礼也"（《春秋公羊传·隐公三年》）；退诸侯于升平世；贬天子于太平世。"首出庶物，万国咸宁"，即进入升平世，尧舜为大同，同而异。进至太平世，夷狄进至于爵，远近大小若一，就成为"华夏"，人人皆有士君子之行，人人皆可以为尧舜，《易》"天德不可为首""见群龙无首"，为终极目的。

自据乱世开始拨乱，三世必复，九（久也）世亦必复，复于尧舜公天下之制。"皆防患，为民除患之意也"（《春秋繁露·俞序》），防未然，禁于未发，"夫览求微细于无端之处，诚知小之将为大也，微之将为著也。吉凶未形，圣人所独立也"，乃"贵微重始，慎终推效"，思患而预防之。

上焉者，虽善无征，无征不信，不信民弗从；下焉者，虽善不尊，不尊不信，不信民弗从。

在上位的，"无征不信"，征，证也，征验，"征诸庶民"，实践是检验真理最好的方法，经过印证，做事有成效，得民众信任，"民无信不立"（《论语·颜渊》），不信不能成事。

在下位的，"不尊不信"，尊，尊奉，推崇；"尊而光"（《易经·谦卦》），大家相信，"不信民弗从"，不信就不从。孔子是素王，有王之德，无王之位，在世不得志，四处避壁。

"未信，则以为厉己也"（《论语·子张》），信的力量，"易其心而后语，定其交而后求"（《易经·系辞下传》），"天之所助者，顺也；人之所助者，信也"（《易经·系辞上传》），天助自助，立信才能成事。

故君子之道，本诸（之于）身，征诸庶民，考诸三王而不缪（同"谬"），建诸天地而不悖（违背），质诸鬼神而无疑，百世以俟（等）圣人而不惑。

"君子之道，本诸身"，一部《大学》讲修齐治平，即"本诸身"，修身为本，"由近及远"无征不信。

"天下之本在国，国之本在家，家之本在身"（《孟子·离娄上》），是内圣的功夫，身体力行，非自外求的。"近取诸身"，在天曰命，在人曰性，"天命之谓性，率性之谓道"，率性，合乎人性，谐乎人情，准乎人度，"道也者，不可须臾离也"。

"本诸身"，修身为本，不外求，还要"征诸庶民"，"危以动，则民不与也；惧以语，则民不应也；无交而求，则民不与也"（《易经·系辞下传》）。"天视自我民视，天听自我民听"（《尚书·泰誓中》），自百姓的反映知施政之好坏。

"考诸三王而不谬"，以三王为正统，通三统，敬谨谦让，有所参考而能无误；"建诸天地而不悖"，则天法地，不违天地之道，好生无私。

"质诸鬼神而无疑"，鬼神都不有疑于他，"与鬼神合其吉凶"。

"百世以俟圣人而不惑"，等量百王，"先圣后圣，其揆（度，准则）一也"（《孟子·离娄下》），通三统，因而不失其新，通天下之志，通志故不能惑，令人人可行，成就外王之业。

龚自珍《祀典杂议》云："方今休隆时，正宜差等百王，考镜群籍，召万灵之祐，锡九流之福。"

"下极三王，以通百王之道，而随天之终始"（《春秋繁露·符瑞》)。通三统，有本有源，因而不失其新；与天地合其德，终而复始，生生不息。

三世之法、三统之道各异，但在救时，圣时、权权，以穷变通久。

质诸鬼神而无疑，知天也；百世以俟圣人而不惑，知人也。

"质诸鬼神而无疑"，"与鬼神合其吉凶"。"知天"，不知天，没法正，正，王道也。《春秋》首书"元年，春，王正月"，何休注"春者，天地开辟之端，养生之首""明受之于天，不受之于人""以元之气正天之端，以天之端正王之政"。

"百世以俟圣人而不惑"，《春秋公羊传·哀公十四年》《传》曰："末不亦乐乎尧舜之知君子也。制《春秋》之义，以俟后圣。"何注："乐其贯于百王而不灭，名与日月并行而不息。""知人"，"在人曰性"，"率性之谓道"，尽人之性，"道也者，不可须臾离也"，人同此心，心同此理。

"知天、知人"，"在天曰命"，"五十而知天命"，"不知命，无以为君子"（《论语·尧曰》)。"天命之谓性"，"在人曰性"，尽己之性。尽己之性，尽人之性，尽物之性，才能成其伟业。

"无疑、不惑"，"通天下之志，除天下之患"。**知天知人、无疑不惑，才能通志除患，成其伟业。**

是故君子动（一举一动）**而世为天下道**（遵循之道）**，行而世为天下法，言而世为天下则。**

《诗·大雅·烝民》称："天生烝民，有物有则。"《易经·系辞上传》云："言天下之至赜而不可恶也"，看天下之形形色色，而不可讨厌。能尽己之性，而尽人之性，进而进物之性，使天下无废人、弃物。

"至诚而不动者，未之有也"（《孟子·离娄上》），"君子动而世为天下道"，圣人是立教者，乃本乎公理，体乎至仁，循乎定轨，通乎人情之不能逃、物理之所不能外者，尽性，故"行为世法，言为世则"。

远之则有望（盼望），**近之则不厌。《诗》**（《周颂·振鹭》）**曰："在彼无恶**（wù，厌恶），**在此无射**（讨厌）。**庶几凤夜，以永终誉**（美名）。**"君子未有不如此，而蚤**（早）**有誉于天下者也。**

"远之则有望"，远则给人很大的盼望。

"近之则不厌"，"不厌"：一、不讨厌，喜欢之；二、不足，感己有所不足。

"远之""近之"，要修近悦远来的功夫，才能达"远近大小若一"，大一统。"及远之明难"（《人物志·八观》称"其明益盛者，所见及远，及远之明难"），自"近悦远来"修起。

"在彼无恶"，没有人厌恶；"在此无射"，射，同"妒"，讨厌。"庶几凤夜"，从早到晚奋斗不息；"永终誉"，保持永久的美名。"君子未有不如此，而早有美誉于天下"。

自此看怎么做事，做事时都能用上。

仲尼祖述尧舜，宪章文武；上律天时，下袭水土。

《史记·孔子世家》称："孔子生鲤，字伯鱼。伯鱼年五十，先孔子死。伯鱼生伋，字子思，尝困于宋。子思作《中庸》。"

郑玄说："名曰《中庸》者，以其记中和之为用也。庸，用也。孔子之孙子思作之，以昭明圣祖之德。"

孔子之大德，其孙子子思（孔伋，前483年—前402年）为其作传，只此十六字。今人写传记却洋洋大观，而不能尽。

此十六字，道尽孔子之德与智，乃孔子一生成就的本源。圣人无常师，法天，法自然，以自然为师，自师己性，性生万法。

"祖述尧舜"，以尧、舜为祖宗，示有所本，有本有源；"宪章文武"，宪，法，作为参考，不否定文、武各代的成就，不忽略时代之事实。

《尚书·洪范》是商朝箕子呈给周武王的古之治国大法。以马一浮解释得最好（见《复性书院讲录》），要悟。

"上律天时"，律，法也，法自然，"律"字用得神，用得妙！孔子法天，也是学来的。**上以天时为律，律则，天则，取之不尽，用之不竭。**朝令夕改，非律；律，是用经验印证的，如潮水。汐止，潮水涨到那儿即止。古地名，有意思，纪念先民开拓之功，有其历史意义。

伏羲法自然，《大易》之道，"仰则观象于天，俯则观法于地、观鸟兽之文，与地之宜，近取诸身，远取诸物"，目的在通德类情，"以通神明之德，以类万物之情"（《易经·系辞下传》）。

"下袭水土"，用得通神。"袭"，取也，因袭，袭取。明地理，因水土之宜，土利在厚生，"安土，敦乎仁"，**《春秋》者，礼义之大宗也**，《春秋》之道，尊生，厚生。

郑玄曰："此以《春秋》之义说孔子之德。孔子曰：'吾志在《春秋》，行在《孝经》。'二经固足以明之。"

追述孔子何以要树立"尧、舜"两个图腾？《尚书》首"帝典"，二典为《尧典》《舜典》。**自《论语》看孔子怎么谈尧、舜，就知其塑造"尧、舜"的深意。**

中国人是炎黄子孙，何以孔子不祖述炎黄？孔子没有抛开人事，祖述尧舜，写书自此写。追孔子何以塑造尧舜，才知我何以要塑造"元"。

我们为什么要"奉元"？**奉元，自"元"开始，要脱掉一切包袱，不立偶像。**把人事抛开，因为有人事，就有是非、善恶、好恶、形色。

自天地之始、人道之始，目的在"肇始"。元，为万有之母，"元者，气也，无形以起，有形以分，造起天地，天地之始也"，"法其生，不法其死，与后王共之，人道之始"（《春秋公羊传·隐公元年》何休注）。

"天德不可为首"（《易经·乾卦》），不争首，天德好生，"王者继天奉元，养成万物"，**必达"天德"了，才能"奉元"，**从天德到奉元，**率性就是"奉元行事"。**

《春秋繁露·王道》曰："《春秋》何贵乎元而言之？元者，始也，言本正也。"止于元，境界高，另辟天地。自一张白纸，自己彩绘。染上颜色，就有是非、好坏。有颜色的抛在一边，否则私心之争太多了。白，无染，可以自己彩画，"绘事后素"（《论语·八佾》）。本质好太重要！读任何书，都不要受约束，当作肥料，用以灌溉种子——元，等待他日之收成。

《春秋》所谓"因其国以容天下"，要用我们的文化容所有的文化，先把架子拉好了，然后再去充实。做事亦皆根据思想，要贵精不贵多。

尽修破房子不行，熊十力的《乾坤衍》仍是修破房子。**我要拿材料盖新房子。如撇去旧观念，拿孔子的东西做参考，绝对是进步的。**

不曰"祖元"，能"奉元"？说"奉元"，更为客气！

辟（譬）如天地之无不持载，无不覆帱（chóu，覆盖）；辟如四时之错（交替运行）行（寒来暑往），如日月之代（更迭替代）明。

天覆地载，天无私覆，地无私载，宽裕覆载，大公无私。

覆、帱、帷、幔，都是遮掩，有何不同？覆，覆盖；帱，禅帐，不重；帷，在四周；幔，蔽在上。遮住、包围，如蒙古包，外面看不到里边。

"四时之错行"，四季更替，更迭运行；"日月代明"，日月交替，此起彼落。四时之行、日月之运，**极赞孔子之道，无运不在**。

三世，相承而相反；三统，通变而不穷。一世之中条理万千，乃成治法，如百川之纷流。若其大旨，无论治法之相反相悖，要以"仁民爱物"加厚而进化之。

万物并育而不相害，道并行而不相悖；小德川流，大德敦化。此天地之所以为大也。

"万物并育而不相害"，万物相生，自然界万物生生不息，神农尝百草为人治病。虽是毒草、毒物，以毒攻毒时，亦有其大用。

《论语·为政》："攻乎异端，斯害也已。"朱熹解："攻，专治也，故治木石金玉之工曰攻。异端，非圣人之道，而别为一端，如杨、墨是也。其率天下，至于无父无君，专治而欲精之，为害甚矣。"以《中庸》"道并行而不相悖"证之，应是不互相攻击不同的学说。

"大德敦化，小德川流"，川流终归大海，海纳百川，敦化了，容乃大。就怕自己不是大海水，不能纳百川。

"天地之所以为大"，乃无所不容，容乃大。天下一家，华夏，大同。

不必嫉妒别人，自己本身足够最为重要！嫉妒别人，既于人无损，于己又焉能有益？

第三十一章

唯天下至圣，为能聪明睿知，足以有临（主天下事）也；宽裕温柔，足以有容也；发强刚毅，足以有执（守）也；齐（同"斋"）庄中正，足以有敬（敬事）也；文理密察，足以有别（别是非）也。

"视曰明，听曰聪，思曰睿"，耳聪目明，睿智发于心思，"明作哲，聪作谋，睿作圣"（《尚书·洪范》）。**聪明睿智，乃"知行合一"到了至境。**要用"聪明睿知，神武而不杀"，而不用刀枪剑戟。学《孙子》"不战而屈人之兵"，全人全己。

"临"，临事，临天下，主天下事。能"聪明睿知"，方"足以有临"。临事的第一个警觉，"必也，临事而惧，好谋而成"（《论语·述而》），必要谨慎小心，遇事不可以有捡便宜的心理。临事作秀，骗人！

"食不饱，力不足，才美不外见"，人没有体力，就不足以有临。应严格训练自己，过精神生活，时常锻炼自己。

"宽"，《说文》云："屋宽大也。"舒适。"裕"，优裕，丰衣足食。"温柔"，温和柔顺。"有容"，不器，容乃大。有"宽裕温柔"，才有"足以有容"的功夫。

"发"，发前人所未发；"强"，君子之强；"刚"，无欲；"毅"，弘毅。"执"，持，守。"有执"，执事。有"发强刚毅"之德，才足以有守，有守足以有为。

"斋"，心斋；"庄"，庄重。"中"，喜怒哀乐之未发；"正"，止于一。"不庄以莅之，则民不敬"（《论语·卫灵公》），"君子不重则不威"（《论语·学而》），自尊自重，"望之俨然"。敬己，而后人敬之。"有敬"，方足以敬事。

"文"，典章制度，章法严密；"理"，文之所据，严密的组织与条理。"文理"，在立轨则，据以理事；"密察"，慎其微，思考缜密，周密详究。"有别"，分门别类，别是非、善恶、曲直，不受蒙蔽，使各安其位，各尽其才，一切皆有伦有序。

为政五德：聪明睿智、宽裕温柔、发强刚毅、斋庄中正、文理密察。此为理事之原则，应拳拳服膺。有高的修养，才足以有大作为。

溥博渊泉，而时出之。溥博如天，渊泉如渊。见（同"现"）**而民莫不敬**（敬你的德）**，言而民莫不信，行而民莫不说**（同"悦"）。

"溥"，普；"博"，广，是面；"渊"，深；"泉"，水源。"溥""博""渊"，就是由"泉"来的，有本有源。

《易经·蒙卦》曰："山下出泉。""原泉混混，不舍昼夜，盈科而后进，放乎四海，有本者如是。"（《孟子·离娄下》）

黄河发源，是由五个小泉眼开始的，虽小却变成大黄河，黄河九曲，东流入海。

根据最新发现，黄河源自卡日曲，海拔 4830 米。卡日曲河由五条涓涓细流汇成，始宽 10 米，沿途"不辞细流"而成其大，与约古宗列河会合，形成真正可称"黄河"的河道"玛曲"，东流 16 公里而入无数水泊构成的"星宿海"，东流而下不复回，归宗大海。

"时出之"，俟时而出之，水到渠成。"渊泉"，有深厚的实力，才能以时出之，应时而出，能知时，不失时。

"溥博如天，渊泉如渊"，如天之无私，如渊之深厚；"而时出之"，到时候了，取之不尽，用之不竭。不失时，智必识时，行若时雨，故"见而民莫不敬，言而民莫不信，行而民莫不悦"。

儒家之学，皆实学也，不讲空理。书呆子不能以时出之，往往过与不及，结果一无是处。

是以声名洋溢（广泛传播）**乎中国，施**（同"迤"，旁及）**及蛮貊**（mò，夷狄）**，舟车所至，人力所通，天之所覆，地之所载，日月所照，霜露所队**（同"坠"）**，凡有血气**（身体能量）**者，莫不尊**（尊之）**亲**（亲之）**，故曰配天。**

秦始皇统一中国后，曾多次出巡，丞相李斯刻石颂德。《琅琊刻石》曰"日月所照，舟舆所载，皆终其命，莫不得意"，乃记天下一统的盛况。《中庸》此言，疑当在秦统一六国之后，应是出自汉儒之手。

"夏，中国之人也"，"天下一家，中国一人"，在天下这个大家庭中，中国是"天下"中的一员。

夏，"内其国而外诸夏"，初步；从夏到诸夏，"内诸夏而外夷狄"；从诸夏到华夏，"入中国，则中国之"，不管你是谁，达到"中"的境界了，就是中国人。"夷狄进至于爵，天下远近小大若一"，大一统，大有，大同。

此段即是"中国"。"入中国，则中国之"，所谓"中国"，是"天下一家"的观念，四海之内皆兄弟。"民胞物与，天下一家"。

中国，是一个道德的团体，也是人性的团体。"喜怒哀乐之未发，谓之中"，"天命之谓性"，人人皆有性，人人皆能率性，"率性之谓道"，按人性做事，则成人性之国，所以天下一家。

"民胞物与，天下一家"，这是中国人的伟大抱负，也是责任之所在。此意境是自《春秋》来的。**《春秋》讲"大居正"，《孟子》所谓"居天下之广居"**（《孟子·滕文公下》）。

"日月所照"，太阳底下都是我的，天的分就是我的分，"万物皆备于我"，所以每个人都有使用权，没有所有权，不可以越分、掠夺、独占。人皆有"天职"，即与生俱来的责任与事业。

圣人，则天之法，行天之道，德与天齐，"天之历数在尔躬"，人如一小宇宙。**从天德到奉元，故能"配天"。**美其名曰"配天"，天无私覆，地无私载；究其实则为"大同"，大处同，小处不必同。**大同一统，元统奉元。**

眼界宽了才懂得怎么做事，范围扩大。如何把中国思想归入正途，贡献多大！真有此思想，每天多精神！压根儿就没有产生"大盗式圣人"的环境。

孔子思想有三变。人的思想得有进步，晚年定论。但是受旧思想的传染太深了，要马上去掉可是不易，孔子弟子有传统派，忠君思想，子路、子贡亦如此，常用旧思想质疑老师。新说立得住很难，连弟子都不接受。程度不及，仍死在迷上，愚忠！

现在全世界，每五个人中就有一个中国人，要怎样组织训练以达到"华夏"？**华夏即《春秋公羊传》所谓"著治太平"，此时"夷狄进至于爵，远近小大若一"**，华夏思想绝对办得到。

《学庸》如好好琢磨，气势绝对不凡，足以奉元。虽无到大同世，但绝对是入德之门。

玩索，"玩味、曲求"这两步功夫太可怕了！要为己之所当为，不考虑其他。苟苟且且，于己既无补，于人能有益？不学，无术、无能，做事就像幼儿园。

必要改变人生来的惰性，要明白"自求多福"的道理，能为子孙谋。好好干，绝对来得及。不必要"迎头赶上"，欲速则不达，会出车祸。人要谨慎小心，遇事不要有捡便宜的心理。天天昏昏聩聩，知为什么而活？你们要用《学庸》充实自己，三年绝对可以改掉自己的惰性。

清末因对时代东西了解太少，而处于处处挨打的局面，致国人自信心沦丧。中国以前视科技为雕虫小技，不予重视，一旦重视了，本钱可是不少，有多少前人经千锤百炼的智慧，可使后来者居上。

中国东西必要往深处追求。只要有智慧，不管学什么，都能做学问。中国学问皆实用之学，因有真正的经验。

要懂得怎么用智慧，中国人头脑之致密，如织锦般细致，织工的头脑就是如此致密。"裁成天地之道，辅相万物之宜""智周万物，道济天下"，自根上做起，重造中华。中国人有头脑，有"聪明睿智"足以面对一切的变故。"通志除患，胜残去杀；智周道济，天下一家。"

师尊以此作为书院、学会宗旨之一。《易经·系辞上传》曰："知周乎万物，而道济天下"。《礼记·礼运》云："圣人耐以天下为一家，以中国为一人者。"

真是事修而谤兴，国强而毁来！宁可养子叫人骂，也不可以养子叫人吓。我不做一件坏事，骂我，证明你不在一个"格"。

绝不叫下一代有偶像观、再崇拜图腾，人必要有主宰才能站得住。邓小平提出"中国特色社会主义"，救了中国。以《学庸》建立自信心，也知道自己该做什么。开导老百姓，必说老百姓能懂的，才有作用。

第三十二章

唯天下至诚（体），为能经纶天下之大经，立天下之大本，知（赞）天地之化育。

至诚，至善，至圣，至的境界。"至诚"，则心如明镜，无物不照。

"经纶"，同"经纬"，治丝的两种工具。"经纶"在脑中，是无形的。有脑子，即是经之、纶之，"君子以经纶"（《易经·屯卦》）。

大要从小对付起，自小地方经纶起，一步步至"经纶天下之大经"。昔日县太爷必进士出身，自经纶一县，一步步到经纶天下。有了经纶之大才，就能"立天下之大本，赞天地之化育"，"与天地参矣"。

孔子"志在《春秋》，行在《孝经》"。**《春秋》为继天奉元之书，天下之大经；《孝经》为报本爱类之书，天下之大本。**

汉时纬书《孝经钩命决》，亦言孔子曰："吾志在《春秋》，行在《孝经》。"以《春秋》属商，以《孝经》属参。

夫焉有所倚（依倚）？**肫肫**（zhūn，诚恳、真挚）**其仁，渊渊**（静穆貌）**其渊，浩浩**（广大貌）**其天。苟不固**（坚定，专一）**聪明圣知达天德**（好生）**者，其孰**（谁）**能知之？**

"夫焉有所倚"，自本身性能发挥，不必依倚外力，而到处外求。

"肫肫其仁"，真挚恳切，仁为"天之尊爵，人之安宅"（《孟子·公孙丑上》）。"渊渊其渊"，如水之渊深，源源不竭。"浩浩其天"，广博如天，无边无际。

"聪明圣知"，"视曰明，听曰聪，思曰睿""明作哲，聪作谋，睿作圣"。"达天德"，"天德不可为首"，**不争首，天德好生，天道尚公；人德尊生，民胞物与。**

"其孰知之"，"知我者，其天乎"（《论语·宪问》），所以"人不知而不愠"。一诚天下无难事，"至诚可以前知"。

应求自己本能上有所建树，社会就是需要而有用，不是靠人际关系。"赵孟能贵之，赵孟能贱之"，求人还不如求己，要将搞人际关系的时间猛学习，学到一个境界。净是求人，顶多一个顾问，有时顾了还不问。

"吃人嘴软，拿人手短"。庙上的东西不收钱不可用，我喝茶给五十元，吃饭给饭钱，不只一百元。

做事要实际，家中多少钱，外面有戥子，不必告诉人。使人知，人就估量。见贤思齐，人有美善要扬善，必要有此雅量。

第三十二章

153

我们要"道济"，不是"慈济"，给予种子、树苗，教他种地的技术，送种地的工具。供一饥，不供百饱。道济天下，先自亚洲做起，然后非洲。

自元开始，脱掉一切的包袱。自一张白纸，自己彩绘。必达天德了，才能奉元。

第
三
十
三
章

《诗》曰："衣（yì，穿）锦尚（加）绹（jiǒng，单层罩衫）。"恶
（讨厌）其文之著也。

"衣锦尚绹"，《诗经·卫风·硕人》云："硕人其颀（qí，修长），
衣锦褧（jiǒng）衣。"《诗经·郑风·丰》云："裳锦褧裳，衣锦褧衣。
叔兮伯兮，驾予与归。"《古书疑义举例》"古人引书每有增减例"。

锦，是按方格图案做的，不同颜色织出的花纹。金陵（南京
旧称）产锦，寸锦寸金。织锦（用染好颜色的彩色经纬线，经过提花、
飞纱等织造工艺，织出图案的织物），是中国最高的织造技法。

绣，用彩色线在布帛上刺成花、鸟、图案等，人工的特别贵，
如缂丝，其画面的构成，全赖纬线的变化；织出的图案，正反两
面皆相同。构图之美，极为传神！

锦衣，代表身份。"绹"，单层棉布衣，雅，素色的。"衣锦
尚绹"，锦衣上加罩袍，不喜文采完全显露在外，"故君子之道，

暗然而日章"。

昔日无论什么地位，穿锦衣外面必加布罩衫，"恶其文之著也"，喻有德也不显露，无伐善。**中国文化不尚作秀。**

《中庸》讲"贵德贱货、衣锦尚絅"，将财货看轻了，方足以修德。《论语》则讲"文没在兹"的精神。知此，就有责任感。

故君子之道，暗然而日章；小人之道，的（dì，明白显然）**然**（众目所聚）**而日亡**（消失）**。君子之道，淡而不厌**（足），**简而文**（不失文），**温而理，知远之近，知风**（读为"凡"，通用字）**之自**（"目"），**知微之显**（著），**可与**（yù，许）**入德矣。**

"暗然"，"暗"，不明显，不表现过火。"日章"，"章"，音、十，"音"为音乐、"十"为数之终，合为音乐完成，《说文》云："乐竟为一章。"本义：音乐的一曲。引申义：章法、章程、规章、奏章、章服、文章。成事成文为章。"下学而上达"（《论语·宪问》），"不成章不达"（《孟子·尽心上》）。

"君子之道，暗然而日章"，**外尚简朴，然日久章明、显著；**"小人之道，的然而日亡"，光彩夺目，但日渐暗淡。

"淡而不厌"，**平淡不足，**"君子淡以成"（《礼记·表记》），"中和之质，必平淡无味"（《人物志·九征》），如水无味，能调和五味。

"简而文"，文，经纬天地；简，可以御繁，"易简而天下之理得"。

"温而理"，"色思温"（《论语·季氏》），"即之也温"（《论语·子张》）**温但合于理，不作伪。**

此章字改很多，但意义特别深，层次分明，可知怎么做事，是成方子。但难为浅见寡闻者道也。

"书不尽言，言不尽意"（《易经·系辞上传》），必要好学深思，深通其意者推之，"思之思之，鬼神通之"。

"知风之自"，应是"知凡之目"之误，《春秋繁露·深察名号》："号凡而略，名详而目。目者，遍辨其事也；凡者，独举其事也。"

"知远之近，知凡之目，知微之显"，此为做事的方法。"知远之近"，因一端而博贯之，《春秋繁露·精华》："为《春秋》者，得一端而多连（博达）之，见一空（孔）而博贯之。"一致百虑，殊途同归。

"知凡之目"，凡例纲目，有伦有序，不可以本末倒置。理事有层次，得其大凡，知其细目。理事有层次，一步一步做。大小事一样，一层一层来。

"知微之著"，《春秋繁露·二端》："《春秋》至意有二端，不本二端之所从起，亦未可与论灾异也，小大、微著之分也。夫览求微细于无端之处，**诚知小之将为大也，微之将为著也。**"

"可与入德矣"：一、别人都称许我们入于德了；二、此事可参与德行之内，好坏不用自己说。

己立立人，己达达人；己所不欲，勿施于人。由己往外推，由微之著，由隐之显，则达显现之德，好坏自有公论。

任何事，按其层次，分层负责，不可一次独揽，按步骤行事才滴水不漏。如剥竹笋，一层一层地剥，最后才进入核心。一个接一个，渐次演进，延续下来。

必懂得层次是演进的，演变必细看，放诸四海而皆准。事情是演变的，用公式演，灵活运用。**入手、经过、结果，皆一贯的。**

"天地位焉，万物育焉"，天下事做得百姓满意了，则"与天地参矣"！政治家必将政治从最微至显，都一一研究彻底，必要好好读《学庸》。

中国人解决中国问题，必要用土办法，因中国的地情、民情不同于外国。要念兹在兹，终生研究之，"以夏学奥质，寻拯世真文"。

日本对中国、俄国皆研究得很清楚，对中国各方面都有专门研究，他们不研究透彻，绝不会上我们这儿投资。做事不是空谈，应实事求是，必自实际着手，要知己知彼，知进知退。

事，非讲理论，得行，必要同心协力。没教明白，白扯！就做，不必说，成败由别人说，嘴如守不住，绝对成不了大事。

做事该用哪种人，就用哪种人。台人就欺善怕恶，就我对你们说真话，但仍保留十分之八。

认识自己，在这环境中要怎么做？在台有台的办法，何以不亲祖国？亲日拒美，但日本亦瞧不起你，达到政治勒索目的，就结束了。

"越王勾践破吴归，义士还乡尽锦衣。宫女如花满春殿，只今惟有鹧鸪飞"（*李白《越中览古》*），义士其实已非义士，朝代已经改变了。

今天的台湾人，还懂得四十年前台湾之苦？如懂，就知道修俭德了。看司马光《训俭示康》，自己能享受而不享受，俭；该给人而不给，吝。人可以有俭德，但不可以有吝德。

今天台湾人不懂得有中国风，懂得为人之道？根本连常识都没有。必要有高的修养，懂得责任，对个人、家庭、社会甚至人类负责。

人的品与格，有上、中、下之不同，皆在乎自己。懂得短处了，必要脚踏实地做。对某事可以失望，但对整体事不可以绝望，因为"治起于衰乱之中"。

我不想与世俗争短长，也不想找是非，有守。中国由亡国的边缘到今天没有敌人蹂躏，不易！百余年作为外国文化的实验场，结果无一不失败，**今后怎么走上正轨很重要**。两岸问题是打断骨头仍连着筋。

现在要用什么手段达到世界和平？有人提议裁军，但有此一可能？此因人的知识领域，所见乃不同。应使人人都懂得用良知，即率性。**今天第一要义即恢复人品**，一民族之兴衰系于文化。**应教每个人懂得"率性之谓道"**，此为吾人的责任。**要唤醒人性的良知，此为吾人奋斗的目标。**

"率性"，就是奉"元"行事，要"联（比辅）"与"均（天均）"，均是政术，因为"万物皆备于我"，"不患寡而患不均"必得平均。**联与均是自良知来的，得会"率性"，因为性生万法，能够应付一切。**

要深思熟虑地想问题。如笨，那就多经几个层次，最后归元。多思多虑，回到根源，元生万物，殊途同归。多思多虑，多经几个层次也会得结论。要天天训练自己。聪明者则直探根源，一针见血。

做事应自己主动，看谁的脑子是大哥。搭上门，有事就得谈谈，谁有办法谁是老大。第一步怎么走？

第三十三章

159

没有常识，什么事都与自己无关，读什么书有用？

"螳螂捕蝉，黄雀在后，后面一小孩拿着弹弓"，什么事都要有几层的准备。一问题必经过几个步骤，最后得到什么？最后来的结尾了。几经变换，小孩得了。有志，要时至而不失之。懂得道理了，应知怎么去做。不在乎先走后走，而在于时至而不失之。小孩时至了，带个鸟回去。必有智才能应变，有应变之智。你们记住很多问题，但是不会融会贯通。

做一事，得设几个防，一个防一个步骤。如何名利双收、如何得民心，能够发而皆中节吗？"不可为典要，唯变所适"，事在人为，不在先后，就看你得什么，用什么方法得到"既仁且智"？

做事必有结局，在结局时要捷足先登。做小孩，表现好则既仁且智。

做事必经过几个步骤：螳螂、雀、小孩。结尾：既仁且智，都不赔本，得雀送动物园。

台湾的教育失败，许多人一出手就"小儿科"。"若有用时，自找上门来"，看一件事就可以得很多的启示。我早有步骤，在台五十年受苦，绝不白过，精神上应该有所满足。

检讨是成功之母。《易》为悔吝之书，不检讨怎么能知"无大过"？一个卦就可以解决。好好想，到时得自己应变。好好养头脑，不必急，时至而不失之。

要练达，嗜欲浅，天机才深，此为颠扑不破的真理。天下没有难处，你们什么都知，就是守不住。人的嗜欲能停住，最难！

层次，都没有空话；深思，完全用得上。所讲的故事都有深意，领悟了，就用得上。

学文史哲的要拿做事的成果给人看。任何事无不有结束，开始吃亏，结束要怎么插手？

必要有"乘势"的智慧，情势变了就"随势"。表现愈多，有深度的看不起你。人家肯定，还用你自己说好说坏？

方案先列好，届时用上哪一个，要早做准备。有备不患，用不上岂不更好？会谈恋爱，就会治国。

《学庸》必深玩味，对建设和平社会很有帮助。

《诗》（《小雅·正月》）云："潜（隐）虽伏（不见）矣，亦孔（大）之昭（明）。"故君子内省不疚（愧疚），无恶于志（初志）。君子之所不可及者，其唯人之所不见（慎独，独立）乎？

"潜虽伏矣"，潜虽伏而不见；"亦孔之昭"，但终大明。由微之显，"莫见乎隐，莫显乎微，故君子慎其独也"。

"内省不疚"，无忝所生；"无恶于志"，不丢己之初志。"志"，心之所主，与生俱来的，"士尚志"。初志，即你们刚考上大学时，睡不着觉，怀着对未来的憧憬。但到社会，油条了，就否定当初所立的初志而从人了。

"君子之所不可及者，其唯人之所不见乎"，岂是摆着给人看的？要慎独，由隐之显，由微之著。

《诗》（《大雅·抑》）云："相（看）在尔（你）室，尚不愧于屋漏。"故君子不动而敬（敬事），不言而信（有信德）。

古代室内之神：西北角为漏神，西南角为奥神，东北角为宧

（yí）神，东南角为窔（yǎo）神，中间为中霤（liù）神，位尊。

《论语·八佾》"与其媚于奥，宁媚于灶"，奥神与霤神，是两个看不见的管家，但没有实权。灶神，主掌厨房和饮食的神，位低但是有实权。

每屋都有霤神，神无所不见。"相在尔室，尚不愧于屋漏"，他在居室的行为，面对霤神都没感到惭愧，因为"诚于中，形于外"。连霤神都不讲他的不对，因为他循规蹈矩。

素行良，"不动而敬，不言而信"，不待言动，就看你素行，是否敬事诚信。"天何言哉？四时行焉。"（《论语·阳货》）读书在改变器质，修德，"望之俨然"，有威仪；"即之也温，听其言也厉（励）"（《论语·子张》），说造就人的话。你们要养成说话的习惯，不说话不行，否则无法担当大事。

不懂孝道，天下永不能平，人人亲其亲而天下平。领导人必须笃笃实实，不懈于位，天下才能平，君子笃恭而天下平。

《学庸》必须纯熟，我常用。必得精，惟精惟一。

你们最不会想问题。"人之为道"，都想要面子，愈弄愈僵。傩夫（迎神赛会，戴面具以乐舞驱逐疫鬼）就要面子，拼命为他们做面具就好了。

自己必得能行，光讲不行。二十二岁杀人，唯一死刑，谁来负责？"克己复礼为仁"，克己特别不易，为仁，行仁，实行仁。克制自己的欲，欲壑难填，人欲的深沟最难以填平。

我四十岁时，二战结束，"满洲国"覆灭；来台时，四十二岁。三十六岁开始，即一人过活，要做事，真是苦不堪言！那时"满洲"出产的东西都要给日本。

欲壑难填，所以要下"克"的功夫。欲壑怎么克？"率性之谓道"，顺着人性，即本良知去做事。

遇事要反躬自省，不违背人性。做不合理事时，要以人伦克制自己的欲，引起良知，想想儿女、兄弟……可以马上停止不合道德的行为。遇事，要唤醒良知，用伦常、人伦一常，如火遇水浇。伦常就是礼，发邪念，伦常观马上在良知上降低你的欲念。

用严刑峻法都是错误的，一如裁军并无法换取和平。我们的教育，有让小孩懂得人伦？应尽化育之工，光讲，未必有效。

在一个团体当秘书长，没有发挥力量，完全是助人为恶！讲一套，不能做一套，有什么用？为仁，是行，并不是讲。良知，就是率性。有一东西存在，顺着即率。

克己复礼，礼为性之用，回到礼上，"一日克己复礼，天下归仁"，非礼，勿视、勿听、勿言、勿动。视，如电视、电脑、电影等影响不可忽视；听，如 CD、音乐对青年影响太大。言、动，多半因视、听的影响，而形之于言、动。

现代人牺牲的精神太少了，为人师、为人母的应该注意。

昔日女子虽弱，但是为母则强。母鸡护小鸡，就是慈的表现。今天为人父母的忘了慈，如真有慈的观念，焉敢随意离婚？应使孩子完整。离婚，自己不吃亏，儿女可亏大了！

中国的思想就建树在人性上，"士不可以不弘毅，任重而道远。仁以为己任，不亦重乎？死而后已，不亦远乎？"(《论语·泰伯》) 中国人活时就是为了仁，任仁，一辈子要做好事。

不称"事元"，曰"奉元"，乃表示要奉元之道行事。同学要做书院的"任远董事"，任重而道远，俾予责任。**要练达做事，**

把台湾变成一个化育之岛，指正政客的错误，要有自己的做法。

人可以有信仰，但是不可以迷。台湾宗教真是一劫，浪费多少钱修庙，何不用在正当用途上面？今天和尚什么都不缺，连儿子都有了。

直心就是道场，就是要修庙，也要修没钱人来的庙，绝不欢迎有钱的居士。就是一分钱，也应用在有用之处。既然有钱修庙，何不凑钱修焚化炉？在台北有一足以为人法的行为？最可怜的则是善良的老百姓！在台身受其害者何以还不敢说一句真话？

唯有用人性、良知、人伦，可以克制自己的邪念。 是人，就要有人的行为。上天造物是何等善良！天命就是性，要尽物之性。有人性的存在，应好好改变自己。用物之性唤起人性，因为是"元胞"，故能尽人之性，进而尽物之性。

父始母生，都是自"元"来的。物各有性，"各正性命"，遇事，知属于哪一类，能以类类之，"类万物之情"。

"天命之谓性"，天命就是性，蚂蚁亦能尽其性，表现其慈与爱，觅食时更表现其群德。蚂蚁搬家，就要下大雨了，嘴中叼蛋，蛋为其子孙。今天的人连蚂蚁都比不上，懂得慈、爱、食、天象？

一个人如果没有人性，完全完了！"人之所以异于禽兽者，几希！"（《孟子·离娄下》）今人则连"几希"都没了！人心已死，如何唤醒人性？讲学犹如戏子唱戏，今天有几个家像家？一念之差，一生就毁了！

遇事要追根究底，问何以如此，要追其所以然，**中国人立教以仁，"仁者爱人"，最后"无不爱"。**

慈，是完全没有条件的，就是牺牲。现在小家庭的悲哀！

应自"复性"开始。马一浮抗战时在四川成立复性书院，抗战胜利后其弟子在杭州修复性书院。我做事达到目的就够，不讲究排场。

今天台湾的一切，是自不能"齐家"造成的。要以"行仁"作为自己的责任，"仁以为己任"，任仁，一辈子行善。许多人为满足一己之私欲，而造成多少人人生的缺憾，岂不是完全系于一念之间？

知道"率性之谓道"者为先觉，先觉要觉后觉；"修道之谓教"，是教"率性之谓道"。"道也者，不可须臾离也"，人不可以离开人性，离开乃因为习，"习相远"也。何以要修西门町，使男孩女孩都没有个人样？"始作俑者，其无后乎！"（《孟子·梁惠王上》）

性，都一样；独，不一样。唯我独尊，"性相近，习相远"。宋儒对"独"讲得乱七八糟！自小动物体悟天道，"天之历数在尔躬（身）"。人千万不要违背自然。多看《春秋繁露》谈天人处。

杭辛斋有三个未竟之志，要接着做，不要抢旗夺号，欺师灭祖。

杭辛斋（1869—1924），名慎修，又名凤元，别字一苇，海宁长安镇人。清光绪十五年（1889年）县试第一，补博士弟子员。次年入北京国子监。后考入同文馆，弃科举，习新学。二十三年（1897年）到天津，次年与严复、夏曾佑等创办我国第一张民办报纸《国闻报》，宣传变法维新。曾上书光绪帝，条陈变法自强，两次被密旨召见，并赐"言满天下"象牙章。杭辛斋曾组织《周易》学术研究会，名"研几学社"，在学社曾任《周易》主讲，著有《杭氏易学七种》。《辛斋易学·学易笔谈》谓："吾辈丁兹世运绝续之交，守先待后，责无旁贷，亟宜革故鼎新，除门户之积习，破迁拘之谬见，以世界之眼光观其象，以科学之条理玩其辞，集思广益，彰往察来，庶五千年神秘之钥可得而开，兴神物以前民用，这些绝非孔夫子欺人的话。"

看《辛斋易学》，先自《正辞篇》(《辛斋易学》下《易楔》卷六)看，一个步骤一个步骤看，必须持之以恒地看。

同学要快快努力，台湾文化太低了！我将同学分为四代(指入学年代)：1971年前的，长老；1971年至1980年，为老；1981年至1990年，为壮；奉元开始，为青。以"宁缺毋滥"为原则。

我写"元"，正视元。注意蚂蚁、虫子，它们不作伪，对我的启示太大。要懂得怎么去用心。

如无董仲舒、何休，那"公羊学"要怎么讲？意境之高，作为大纲，要自董学求。"为往圣继绝学"是每一位学人的责任。

《大学》就要学大，"唯天为大"。大学，天学；学天，法天。怎么法？"天行健，君子以自强不息"(《易经·乾卦》)。《大学》与《中庸》互为表里，所以"在明明德"。

不称"元学"，因为元学不如"学元"，但是学元又嫌土气。不是"《易》学"，是"学《易》"，较为恳切，学《易》，"可以无大过"(《论语·述而》称"五十以学《易》，可以无大过矣")。怎么深思？元学，与自己无关，应学元。学元，即事元，但比不上奉元。**《春秋》称"奉元"，奉元行事，是元教的实行者。**自此深入，才知道要如何导民成俗。人的品德比不上蚂蚁，蚂蚁未失其"本然之善"。孔子的东西，每经过一次反对，却是更为深入一层。

杭州西湖的灵隐寺，传说济颠和尚（1133—1209，济公活佛，人称"济公"，或"济癫"或"济癫僧"）在此出家。

灵隐寺，又名云林禅寺，创建于东晋咸和元年，距今已有1690多年历史。地处飞来峰与北高峰之间，山奇峰秀。灵隐寺自创建以来，历经十余次毁坏和重建。

今天修复的古迹，已无往昔的敦厚。"文革"时，仍有肯吃苦的真和尚。

台湾什么都败坏到极点！现正在"正风"的时代，所以批评东、批评西。因为要拨乱反正，并不是喊口号，所以必要懂得什么是"正"。

"明德"是什么？何以"学大"的第一件事是"在明明德"？要经常温习，真明白要深入地悟，"思之思之，鬼神通之"。"定、静、安、虑、得"这几步功夫，比禅宗的"戒、定、慧"，实有过之而无不及。

《坛经》，是中国思想的产物。

《六祖坛经》是禅宗最重要经典，禅宗奠基之作，对唐代以来中国佛教的发展有极为重要的影响。

"万物并育而不相害，道并行而不悖"，中国人的思想与智慧，足以包容外来的思想，"大德敦化"，不但不排斥，还要要吸收外来文化。要好好学英文，作为吸收外来文化的工具。你们何不做现代的玄奘？

第三十三章

玄奘（602—664），于 629 年由长安出发，冒险前往天竺，即今天印度。他在异常险恶困苦的条件下，以坚韧不拔的精神，克服重重艰难险阻，终于抵达天竺。643 年载誉启程回国，将六百五十七部佛经带回中国，并展开翻译佛经事业。

奉元，要还中国文化的本来面目，不要钦定（如《钦定四库全书》）、正义（如《五经正义》，是唐代颁布的官书），要"学校钦定之枉，道正率性之元"。

"得"字有深义，老子特别重视"得"，得一。"求仁得仁"，求什么得什么，因为"万物皆备于我"，都为你准备好了，你能得多少？

"无入而不自得"，无论到什么环境没有不能自得，绝不入宝山而空回，何等境界！得，那也要看是得些什么，你自己有多少"得"的智慧？

人生五十才开始，确实如此。开始做，得代表你自己，人没到五十岁能够成熟？前面是作为准备期。现在活到八十岁已非古来稀！

要按计划读书，必须有系统。每天读两个小时，持之以恒。做事必要用脑子考虑，虑深通敏，敏则有功，不白做功。

王弼（226—249）释《易》，将道家与《易》融在一起。程颐亦以其思想释《易》。朱熹自称"本义"（《周易本义》），否定一切。《乾坤衍》为熊十力的思想。

"王肃（195—256）曰""郑康成（郑玄）曰"的时代，已经过去了。**称"夏学"，亦可与外来思想相互融通。**

"为往圣继绝学"，真继绝学了，二十年亦可成家，做学问必要持之以恒。中国学问应承的学太多了，没有一件不是绝学，连作挽联在内，曾、左的挽联是一绝，开湖南之风气。

填词有词谱，如可以找几百首《菩萨蛮》读熟了，就会填词。

《菩萨蛮》，词牌名。双调四十四字，上下阕各四句，两仄韵、两平韵。上阕后二句与下阕后二句字数、平仄相同。上下阕末句都可改用律句"平平仄仄平"。

李白：平林漠漠烟如织，寒山一带伤心碧。暝色入高楼，有人楼上愁。　玉阶空伫立，宿鸟归飞急。何处是归程？长亭更短亭。

周邦彦：银河宛转三千曲，浴凫飞鹭澄波绿。何处是归舟，夕阳江上楼。　天憎梅浪发，故下封枝雪。深院卷帘看，应怜江上寒。

李清照：归鸿声断残云碧，背窗雪落炉烟直。烛底凤钗明，钗头人胜轻。　角声催晓漏，曙色回牛斗。春意看花难，西风留旧寒。

李煜：铜簧韵脆锵寒竹，新声慢奏移纤玉。眼色暗相钩，秋波横欲流。　雨云深绣户，未便谐衷素。宴罢又成空，魂迷春梦中。

纳兰性德：萧萧几叶风兼雨，离人偏识长更苦。欹枕数秋天，蟾蜍下早弦。　夜寒惊被薄，泪与灯花落。无处不伤心，轻尘在玉琴。

学什么，都有一定的方式。必须立志，发愤，三年绝对小成。

要将生活趣味化，人生才可爱。我散步也想，焚香、煮茗亦想。博固然好，但不如精一。

不读《春秋》，哪知"中国"是什么，怎知"孔子之志"？孔子"志在《春秋》"。

有用，必得在生活用得上，才是实学。要自根上，亦即人性唤起，中国伦常之教的重要在此。

《诗》（《商颂·烈祖》）曰："奏（进）假（gé，至）无言（默化潜移），时（同"是"）靡（无）有争。"是故，君子不赏而民劝（劝勉），不怒而民威（畏）于铁钺（fū yuè，古代兵器，喻有威仪）。

"奏假无言，时靡有争"，进至无言，默化潜移，是无有争。

社会之争、乱，皆起于多言。人无言便是德，无言就不起纷争。

"不怒而民威于铁钺"，"君子不重则不威"，要养威仪，"望之俨然"，百众以畏，万民以服，如七十子之服孔子，"中心悦而诚服"（《孟子·公孙丑上》）。

《诗》（《周颂·烈文》）曰："不（同'丕'，大也）显惟德（大显己德）！百辟（bì，诸侯）其刑（同'型'，见贤思齐）之。"是故，君子笃（敬己）恭（不懈于位）而天下平。

"不显惟德"，大显己德，不必作秀。显德不显言，有善行，"示我显德行"（《春秋繁露·身之养重于义》），"中正以观天下"（《易经·观卦》）。"其身正，不令而行；其身不正，虽令不从。"（《论语·子路》）

"百辟其型之"，"君子怀刑（型）"（《论语·里仁》），君子所怀的是型，大家都以你为"型"了，能不向你学习？文天祥《正气歌》云："哲人日已远，典刑（型）在夙昔。风檐展书读，古道照颜色。"乃千古绝唱。

"士，事也"，最低阶公务员，"士尚志"，"士不及化，可使守事从上而已"（《春秋繁露·深察名号》）；"君子"，有多种意义：成德者、在位者、国君、公务员。

"笃"，厚也，《说文》云："笃，马行顿迟。"行迟，必脚踏实地，引申为敬己以笃，诚笃、笃实，为内圣。"恭"，《说文》云："肃也。"处事以恭，不懈于位，为外王。

"君子笃恭而天下平"，人人皆有士君子之行，都能笃笃实实，不懈于位，不起纷争，就家齐、国治、天下平了。平天下而天下平，太平世了。

"笃恭"二字解释了《中庸》，不论做什么事，在什么位，都得不懈于位，在位谋政，尽己责任。有人光是享受，不能尽责任，能不大乱吗？一切皆在行，而不在言。

《诗》(《大雅·皇矣》)云："予怀明德，不大声(声音)以色(形形色色，指表情)。"

"我怀明德"，所显唯德，不必再装腔作势。自"明德"入手，"不大声以色"，不必自我宣传，装腔作势。管理天下事，不是以声、色。

"明德"是什么？自《易》看明德的意境多美！"大明终始"，其笔法与《春秋》"大一统""大居正"同。《大学》"在明明德，在新民，在止于至善"，三个"在"字，即绝不含糊。看《读经示要》中熊夫子是怎么讲的。明德，是终始之德，自此可见《大学》的重要性。

"在明明德"，即在报恩，所以终始即是生生。万物终而复始，生生不息，宇宙之所以有价值与意义在此。物产，今年吃完，明年又生，生生不息。

学大，大之德第一个在明明德。第一步要懂得感恩，要报恩，有祖师庙供祖师爷，是在报恩。使旧东西变成新玩意儿，生生不息。"明明德"，明天地之间"生生不息之德"于天下，乃为人之第一要义，对今天之种种享受怀抱感恩的心。

教书，必当以明德化普天下人皆明其德，使普天下人皆光明。"在新民"，自觉觉人，作新民。

"在止于至善"，人皆想至善，没有一定的境界。什么人最缺德？就是破坏至善者。人的一举一动没有不想求至善的，不要破坏人家至善的愿望，其动机是圣洁、至善的，破坏即代表缺德，一叶落而知秋，一举一动即告诉人你为人的卑鄙。

慎独，察微，不助人为恶，本身必要"克己复礼"。

今天在台，天天大声以色。声色化民是末，那什么是本？没有实际对症，那读书有什么用？读书必要彻底地想。

《大学》与《中庸》相表里，《中庸》又与《易经》相表里，此与乾、坤二卦有关。

我在台干五十年，在此读过一年书的有六千多人，中学老师有五千多人，但在台有影响力？找不出一有成就者。林清江还不错。

林清江（1940—1999），台湾知名教育学者，著有《教育社会学》等多部著作，终身投入教育工作，是台湾教育改革史上重要人物之一。

张学良过生日，把墓修在夏威夷，落荒了！其家在沈阳（1625年，努尔哈赤迁都沈阳，1634年皇太极封沈阳为"盛京"）小南门边。我家在外边（现沈阳市和平区小河沿）。我与张曾部分受教于同一老师，沈梦九教我们古文。

英国人在此修一医科大学（私立辽宁医学院，前身为盛京医科大学，1882年由英国教会建立，1948年11月并入中国医科大学），孝庄文皇后的娘家亦在此。有一部最好、最完整的《四库全书》，送回龙兴之地（沈阳故宫文溯阁珍藏，1966年10月移交甘肃省图书馆保存）。

皇姑屯事件，张作霖被炸，尸首不见。

1928年6月4日5点30分，张作霖乘坐的专列经过京奉、南满铁路交叉处的皇姑屯车站三孔桥时，火车被预埋的炸药炸毁，张作霖被炸成重伤，送回沈阳后，于当日死去。案发皇姑屯站以东，史称"皇姑屯事件"。

张学良欲为父报仇，"东北易帜"唯一的条件是"打日本"；结果，老蒋说话不算数，张心中不舒服。

"东北易帜"，是指皇姑屯事件之后，张学良继张作霖统，成为东北的奉系军阀将领，他将原来悬挂的北洋政府的五色旗换成国民政府的青天白日满地红旗，并于1928年12月29日通电南京，宣称接受国民政府管辖，中国得以形式统一。两日后，依照先前谈判条件，国民政府命张学良为东北军政领袖。

那时，北方人（齐鲁、豫、冀）为张作霖修一陵，仿清太宗陵（皇太极，1592—1643，昭陵，位于沈阳城北约十华里，也称北陵），具体而微，不敢称陵，乃称"元帅林"（1929年5月动工兴建。位于辽宁省东部抚顺市东北部，地处大伙房水库东北岸）。

张将西安许多雕刻运至"元帅林"，后变成博物馆，并未将张作霖归葬。

元帅林，在抚顺东 35 公里，现为国家森林公园。园内陈设有明清两代的石刻艺术品和影壁浮雕数十件，雕工精巧，造型生动，不远处还留有罕王行宫遗址等古迹，使公园成为自然景观和人文景观兼存的森林旅游胜地。附近的萨尔浒山也是著名的游览地，山上有金代古城遗址、乾隆为纪念萨尔浒山战役而立的石碑等多处文物古迹，与公园的景致相互映衬。

九一八事变时，张小六子（以大排行言）正陪英使听戏。

九一八事变，是指 1931 年 9 月 18 日在中国东北爆发的一次军事冲突和政治事件，又称沈阳事变、奉天事变、盛京事变、满洲事变、柳条湖事变等。冲突双方是中国东北军和日本关东军，日本军队以中国军队炸毁日本修筑的南满铁路作为借口，占领沈阳。事变爆发后，日本与中国之间矛盾激化，而日本军部主战派地位上升，国会和内阁总理大臣权力下降，导致日本全面侵华。几年时间内，东北三省全部被日本关东军占领。

张作霖未及入葬"元帅林"，1932 年 3 月 1 日"满洲国"成立，张乃回不去，退入关内。

老蒋坐镇西安（1936 年 12 月 4 日），想直捣中共中央驻地延安；张学良发动"西安事变"（12 月 12 日，又称双十二事变），周恩来斡旋调停。周恩来是一奇才，有威仪，有口才，在沈阳读小学。张在天津时，两人有来往。

专制帝王时代过去了，研究历史的应研究：近代中国为民谋福的有几人？近百年中何以无一人有成就？如得出结论，始知未来应走的方向。

怎么治民才是本？研究活问题。必有毛病，因为无病不死人，要知道乱源之所在，才能拨乱反正。**先认识中国的乱源，再看看人类的乱源在哪里。**

我年轻时特别好动，几乎每出戏都跑过龙套。现在加强训练，是在使你们的脑子起沫。书必须读得精，而不是多。同样一件事，我的看法和你们绝对不一样。

人因为环境不同，入手处亦不同。要怎么下手？此乃实际的。

明德，终始之德，生生不息。为天地立心，复。"我怀明德"，"我怀终始之道"，终始，终而又始，"六位时成，时乘六龙以御天"。"六龙"，六变，代表所有的变。时乘，是术。没有终始之道，就没有六位。"六位"，六变，时时变，处处变。天、地、人，始、壮、究。

既"时成"了，就得"时乘"。龙，还代表德。"时乘六龙以御天"。有"时"，没能"乘"，只能并行，跟着人家走。唯有"时乘"，才能控制马的快慢左右，完全是用膝盖的功夫，马受过训知道。昭陵六骏（唐太宗心爱的六匹战马）绝对是受过训的骏马。人训马，人得先会变，马才听你的。

必应整体之变，了解全局。"天下（易简）之理得，而成位乎其中矣"（《易经·系辞上传》）。多少用点心机，遇事要多观察。

讲思想，一家之言，可以有百家争鸣。郑康成遍注群经，但王弼一出，即取而代之。可见是在于有人接受与否，不被接受就落伍了。读书，不要盲从，要想。

"时乘六龙以御天"，"时乘"所有的变来御天下事。乘，你在一切变之上。现在时时变，三十分钟都可以决定人的终生。"时乘"，连眼睛都不敢闭。不怕变，且要骑在变上，才能支配这个变。不乘，就不能支配。"御"，驾驭。

为什么我们的东西不能用？"文武之政，布在方策"，但是看不懂，所以半点儿也用不上。

我深入印证，对付敌人，绝不用敌人的思维，教他永远摸不到。

子曰："声色之于以化民（声色化民），**末也。"**

不用声音、气味、表情，装神弄鬼，不神化自己以化民。而是用计、策、谋、韬、略、猷，"精诚所至，金石为开"。

神明之至，民自化之。如没有作用，"化"都没了！要以"文"化世，所以要"学文"，文之重要可见一斑！

无论怎么扯后腿，必要自己想出办法，不能看轻自己。但绝不是具有声有味者所能想出的。祖宗留下了多少宝贵的矿产，要去发掘并加以利用。

《诗》（《大雅·烝民》）**曰："德辅**（yóu，轻也）**如毛。"毛犹有伦**（类）；**"上天之载**（事），**无声无臭**（xiù，气味）"（《诗·大雅·文王》）。**至矣！**

"以德化民"，就像风吹毛一样，轻而易举，不费吹灰之力！但是毛犹有不同的毛。有类、有伦，即着形着相，仍然有问题。

德轻如毛，毛犹有类，有类就有比较，如狗毛、羊毛，还有更细的羊绒、羽绒。然德不分类，行善德，人人皆能行之，"我欲德，斯德至矣"，人人能行。

孔子是至圣，你修成也是至圣，圣人不是固定的。

"上天之事，无声无臭"，色相有形态，无形态是策、略、谋、计、术，是办法。

"天行健，君子以自强不息"，"天何言哉？四时行焉，百物生焉"，无声无臭。无声无臭才能到最高境界，化民不着形迹。"大明终始，六位时成。时乘六龙以御天"，以时乘之术，则无声无臭。

"至矣"，至于天，到最高境了，"与天地参矣"。

"至（⺬）"，《说文》云："至，鸟飞从高下至地也。"无间有际，没有距离，只有际。

"诚者，天之道"，至诚，《中庸》"天"，即"诚"；终于"至"，至于天，天人合一。"大人者，与天地合其德"，乃"精诚所至，金石为开"。

"诚"，为宇宙之体；"诚之"，为人事之用，体能生用，即用显体，故曰"诚者，天之道；诚之者，人之道"。"不诚无物"，"不诚，未有能动者也"（《孟子·离娄上》）。无一欺人之言，贵乎能行，行特别难。不要听人说就相信了，要慎思之，明辨之。

我如当政，富人绝不必想活，净夺人之所有。我到哪儿，没有人喜欢，不在乎！

天下事自有公论，我写《恶僧传》，没骂的三个（印顺、圣严、证严），皆列入《天下》杂志（2000 期）《台湾二百人物》中。

"元者，善之长也"，至，元也。止于至善，止于元，止于一，正，性命。奉元，必止于元。大陆奉元书院掌门的必北大的，学术才有本源。

变一为元，"止于元"的境界更高，与"止于正"不同。元，为一切（万有）之母。"止于元"，另辟天地，以过去的作为堆肥，用以灌溉种子——元。全世界文史必另写，另出发得有种子——元，以肥料培养种子。有丰富的肥料，创世的智慧，通化。

"大明终始，六位时成，时乘六龙以御天"："御天"，御天下事。"六位"，是固定的；"终始"，由第七爻开始，七日来复，一阳生，一元复始。中国特别重视"七"，"七"与"九"，皆极其重要。

"蒙以养正"，正，乃是与生俱来的。正，性命也，"天命之谓性"，绝不把性命丢一点，止于性命。"乾道变化，各正性命，保合太和，乃利贞"（《易经·乾卦》），以"保合太和"养性命，"太和"养命。正，止于一，"止于至善"，达到太平，"万国咸宁"。人必懂得"知止"，知自己要止于什么境界。

现在正是复始之机，改写历史时机。你们脑子何以完全没有反应？摆在你们面前也不会用，天生的没办法。第一要义必要能为人类谋未来。

要下定、静、安、虑、得的功夫。

"定"，不见异，就不思迁。

"静"，谈何容易？昔日以水为鉴，静的水，如静下来，浑的东西亦可以成器。如镜的功用，可以鉴物，迎而不将，不留痕迹，既无主观，亦无偏见。静，则社会事务一看就清楚，不跟人乱跑。静的功夫，宁静以致远。

"安"，不论造次、颠沛、患难，皆必于是，永远不变，素什么环境行什么环境。

"虑"，虑深通敏，"回虽不敏，请事斯语矣"（《论语·颜渊》），得经过"定、静、安"，且"虑"得深了，才能达"敏"。

"得"，得一，得元，无入而不自得，皆自得也。

韩非、商君都没有这五步功夫，可见修为可是不简单的！如自己都彷徨不知，遑论能够领导别人！

戒杀与戒食肉，是两回事。吃素，行为却是男盗女娼，应是心即佛、心即道场。一个"人"还叫人骂？是骂畜生，枉披人衣。"无忝尔所生"（《诗·小雅·小宛》），人活着，就是不能侮辱了自己生身父母。

做学问，不自欺才有得，修什么得什么，求仁得仁，求一得一，"万物皆备于我"，要求自己之自得。必要求真知，绝不可以自欺，要使人从内心里怕你的脑子。

读中国东西，如像读佛经般地细心，可以得更多更高之启示。中国人的思想境界特别高，但自汉朝以后就没有思想家了。应世得有智慧，不招无妄之灾。

要用诸子的智慧启发我们的智慧，子书必要下功夫，因其为用世之捷径，但前提是必守住做人之大本。

《论语》《大学》《中庸》到底讲什么？指"要旨"而言，应二言即可概括。《论语》"任仁"，求仁得仁，是步骤、方法，孔子思想要求人类任仁。《大学》"亲亲"而天下平，孝父母。《中庸》"笃恭"而天下平，恭，敬事，诚笃地素位而行。要点明白，一点就明白。

《学庸》学怎么用事，于你们做事特别有用。《大学》古本，看王阳明的书。应给中国思想另开格局，拟内圣外王的本和用，内圣修己、外王治事，术德兼备。

中国讲自然，即无为，如加上人工就糟。道家，老子有一套功夫。程朱，一个学派，但二人绝对不同。

今天一切都应"之始"，《春秋》重始，元者，"造起天地，天地之始"，要另辟天地，必得下功夫。不要与俗人争短长，把宝贵的东西都浪费了！有"志"，加上"知止"，才能成事。"时"很重要，要能"时至而不失之"。许多事都有一定的步骤。

唯有沟通好两岸文化，此有道亦有术。我用名牌，北大的，此乃术也。遵道而行，但不能没有方法，先天、后天条件都是。就统而言，至少是正统。

静的功夫特别重要，如鉴，迎而不将，谁来照谁，不留痕迹。应世之道（术），重要之术在"迎而不将"。我不老，常吃青菜、豆子、蛋、奶。

别人骂，"事修而谤兴，德高而毁来"（韩愈《原毁》），正因为你影响他了！是"严师出高徒"（《礼记·学记》称"凡学之道，严师为难。师严然后道尊，道尊然后民知敬学"），不是名师出高徒。你们不会用脑，风俗很有关系，耳濡目染，习以为常。

"民胞物与，天下一家"，以爱心协助弱小民族发展。做事不可以净是投机，要脚踏实地，拿出真玩意儿。**我们是道济，不是慈济，是救人的生命、灵魂，不是救肉体。**

不必听是非，就听余音，喊"舅老爷来了！"真明白一句，都能成事。做事不要有一点儿私心，谁能谁做，必"有德者居之"。做事不要一开始目标就错了，一有"私"就坏了！证严的相有慈相。

"为人君止于仁"，中间要经过几个过程？知止，将来能否止于至善？可能还是至凶。想从"知止"往前走，其间之历程如何？如无通盘计划，遇事怎能不乱？搞政治，得有绝顶的智慧。有心，则绝对与一般人不同。

诸葛亮与姜子牙的境界不同，即使是行险傲幸，有魄力亦得有智慧。人要没志，混容易；有志，太危险了！中国的智慧无边，就看你能不能用上。光有贪心，没有修养与步骤能够成功？没有志焉能成事？我冷眼旁观。

"为往圣继绝学"谈何容易！无才智如董仲舒、何休，那要如何继？不过尽责使学统没断罢了！董、何之后有成就者少。

知止而后有定，没有那么简单。多少国君刚登台时都想当尧、舜之君，最后却成为幽、厉。可见其历程太可怕了！"知止"以后，结果未必"止于至善"，其间之历程最为重要！必有通盘计划地做一件事，有步骤，不是一步就能登天。

偶发事件应有应事智慧。知止而没有智慧者，比比皆是，就因为没有知识。都是唱戏，就怎么唱法也要有智慧。要懂得道理，不可以天天抱瞎猫碰死耗子的心理，不学无术根本不懂得怎么一回事。

知止了，得有通盘计划达到那个止。知止，而后定、静、安、虑、得，自得了，才能止于至善。得"了"，一音之轻重，结果判然有别。

人最后承认你孝，中间得承受多少麻烦？成德，得经过百般试探。哪家毁，多半毁在媳妇的身上。

《学庸》并非大同世的书，但是大同世得先"内其国"，必须经过这个阶段。有志，画一个表，一步步按正路走。遇到岔路，要用奇策应突变。

光有妄想，没有"修"的功夫，如何成事？应重视本身事怎么做。如就只是想打倒别人，结果别人没倒，自己却倒了。先检讨错误，再谈其他。明白，才能深思熟虑。**遇突变，得有奇策奇招，**平常得有此修养，要练达。

自古征战几人还？多读李华《吊古战场文》，人当不思战，不想战，不要战。要息争、止战。

解决问题，必坐下来谈，好战斗狠皆血气之勇，头脑简单。什么事都用暴力解决，能够解决问题？要用理智，要善用智慧。

不要尽做书呆子。越是遇到特殊环境，越是要沉着、冷静，沉得住气才能应变。

克林顿主动发动战争，目的何在？军事、外交都在一件事上并用了，一鱼两吃。克在卸任前，还会做一两件突出的事，为什么？从事实了解，才知怎么做事。克想用奇功，遮掩他的绯闻案（美国前总统克林顿连任成功后，发生和白宫实习生莱温斯基的一宗桃色丑闻）；用武力捍卫其国家利益。人做一辈子的坏事，临死之前也想做一件好事，否则死后的碑文岂不都是坏事？

我好、坏事都教你们了！都读一样的书，就看你怎么用了，如不龟（同"皲"，冻裂）手之药方，可用以医病、谋生，亦可用来建功立业、封王拜相，治国平天下。

不在早晚，而在适时，正是时候，不在捷足先登。先去者，"龙门点额回"（郦道元《水经注·河水四》云"鳣鲔也，出巩穴，三月则上渡龙门，得渡为龙矣，否则点额而还"）。大禹治水有"龙门"，黄河鲤鱼中头上有红点的最贵。如没有方，就只有点额回了。

办事与旅游，是两回事。做事之所以会雷声大、雨点小，乃因为没有把握住要点。事得有人去做，牌子并不值钱，做事得把握住要点。今天可是天天要新玩意儿，太旧必然垮。

你们未做事就有成见，焉能"迎而不将"？有不成功的经验，要好好检讨。冷眼旁观，坐山看虎斗，可以吸收前人的经验，**以前十年作为借鉴，再十年就解决问题了。要将前人的失败都改正过来，然后再出发。**

外交是突变的，反应慢怎么解决问题？**每一问题发生，必要实际去想，此为真学问。**

人能恒其德，太难了！不是某一件事没达到就失败了，必要有意志力。

不静，就不能为鉴，因为静，所有的东西都可以沉下去。人将欲降到底，此即是"潜"的功夫，沉淀下来了，由浑水可以成清水，中间即"静"的功夫。缺乏此一功夫，则永不能成德，又如何安？又如何在造次、颠沛之中都能不变？遇事，不要冲动，要下沉潜的功夫。

客观，就能由安而虑，虑深而通敏。儒家"定、静、安、虑、得"这五步功夫，实比佛家的"戒、定、慧"深太多了。宋儒以禅宗解经，实在太糟蹋了！

既是"万物皆备于我"，那就都可以选择，有选择权，是"自得"的，一个"自"字有多大的深意！佛讲"观自在"，人人要能自在，人人就成佛，自在佛。佛，心外无别佛；儒，性外无别道。

浙江海宁出大师：王国维、杭辛斋。做学问必要有真功夫，不可以光靠聪明智慧。

戊戌维新靠"幸进"（康有为急功，得罪诸老臣，遭反弹），整个失败，还牺牲许多人（谭嗣同成仁，康广仁等六君子被杀，光绪帝从此被幽禁在中南海瀛台）。不过历时一百零三天，故称"百日维新"。

读书必要有修养的力量！小，居下风，得"以小事大"，是"畏天者"的境界。好好筹算，在乎有无捷足先登的企划与预算。抓住入口处。晓以大仁大义，要在法理上都站得住，要虑深才能通敏。

我扯一辈子，至少还能回去。我将来的骨头，台湾与大陆各一半。

看尽人世的起伏、悲哀，而存在的是什么？人活着至少要无忝所生。多少人有自惭，有遗憾！

道善人文经典文库
让你能知味的中华经典解读丛书

图书·音视频·讲座
敬请关注

毓老师作品系列

毓老师说论语（修订版）	爱新觉罗·毓鋆讲述
毓老师说中庸	爱新觉罗·毓鋆讲述
毓老师说庄子	爱新觉罗·毓鋆讲述
毓老师说大学	爱新觉罗·毓鋆讲述
毓老师说老子	爱新觉罗·毓鋆讲述
毓老师说易经（全三卷）	爱新觉罗·毓鋆讲述
毓老师说（礼元录）	爱新觉罗·毓鋆讲述
毓老师说吴起太公兵法	爱新觉罗·毓鋆讲述
毓老师说公羊	爱新觉罗·毓鋆讲述
毓老师说春秋繁露（上下册）	爱新觉罗·毓鋆讲述
毓老师说管子	爱新觉罗·毓鋆讲述
毓老师说孙子兵法（修订版）	爱新觉罗·毓鋆讲述
毓老师说易传（修订版）	爱新觉罗·毓鋆讲述
毓老师说人物志（修订版）	爱新觉罗·毓鋆讲述
毓老师说孟子	爱新觉罗·毓鋆讲述
毓老师说诗书礼	爱新觉罗·毓鋆讲述

刘君祖作品系列

易经与现代生活	刘君祖
易经说什么	刘君祖
易经密码全译全解（全9辑）	刘君祖
易断全书（上下）	刘君祖
刘君祖经典讲堂（全十卷）	刘君祖
人物志详解	刘君祖

春秋繁露详解	刘君祖
孙子兵法新解	刘君祖
鬼谷子新解	刘君祖

吴怡作品系列

中国哲学史话	张起钧　吴　怡
禅与老庄	吴　怡
逍遥的庄子	吴　怡
易经应该这样用	吴　怡
易经新说——我在美国讲易经	吴　怡
老子新说——我在美国讲老子	吴　怡
庄子新说——我在美国讲庄子	吴　怡
中国哲学关键词50讲（汉英对照）	吴　怡
哲学与人生	吴　怡
禅与人生	吴　怡
整体生命心理学	吴　怡
碧岩录详解	吴　怡
系辞传详解	吴　怡
坛经详解	吴　怡
写给大家的中国哲学史	吴　怡
周易本义全译全解	吴　怡

高怀民作品系列

易经哲学精讲	高怀民
伟大的孕育：易经哲学精讲续篇	高怀民
智慧之巅：先秦哲学与希腊哲学	高怀民
易学史（三卷）	高怀民

辛意云作品系列

论语辛说	辛意云
老子辛说	辛意云
国学十六讲	辛意云
美学二十讲	辛意云

其他

易经与中医学	黄绍祖
论语故事	（日）下村湖人
汉字细说	林藜
新细说黄帝内经	徐芹庭
易经与管理	陈明德
周易话解	刘思白
汉字从头说起	吴宏一
道德经画说	张爽
史记的读法	阮芝生
论语新读法	崔正山
数位易经（上下）	陈文德
从心读资治通鉴	张元
公羊春秋的伦理思维与特质	林义正
《周易》《春秋》的诠释原理与应用	林义正
易经经传全义全解（上下册）	徐芹庭
周易程传全译全解	黄忠天
牟宗三演讲集（10 册）	牟宗三
易经之钥	陈炳文
唐诗之巅	朱琦

人与经典文库（陆续出版）

左传（已出）	张高评	论语	林义正
史记（已出）	王令樾	墨子	辛意云
大学（已出）	爱新觉罗·毓鋆	近思录	高柏园
中庸（已出）	爱新觉罗·毓鋆	管子	王俊彦
老子（已出）	吴怡	传习录	杨祖汉
庄子（已出）	吴怡	尔雅	卢国屏
易经系辞传（已出）	吴怡	孟子	袁保新
韩非子（已出）	高柏园	荀子	周德良
说文解字（已出）	吴宏一	孝经	庄兵
诗经	王令樾	淮南子	陈德和
六祖坛经	吴怡	唐诗	吕正惠
碧岩录	吴怡	古文观止	王基伦

四库全书	陈仕华	说　苑	殷善培
颜氏家训	周彦文	闲情偶寄	黄培青
聊斋志异	黄丽卿	围炉夜话	霍晋明
汉　书	宋淑萍	元人散曲	林淑贞
红楼梦	叶思芬	戏曲故事	郑柏彦
鬼谷子	刘君祖	楚　辞	吴旻旻
孙子兵法	刘君祖	水浒传	林保淳
人物志	刘君祖	盐铁论	林聪舜
春秋繁露	刘君祖	抱朴子	郑志明
孔子家语	崔锁江	列　子	萧振邦
明儒学案	周志文	吕氏春秋	赵中伟
黄帝内经	林文钦	尚　书	蒋秋华
指月录	黄连忠	礼　记	林素玟
宋词三百首	侯雅文	了凡四训	李懿纯
西游记	李志宏	高僧传	李幸玲
世说新语	尤雅姿	山海经	鹿忆鹿
老残游记	李瑞腾	东坡志林	曹淑娟
文心雕龙	陈秀美	……	

毓老师说四书

毓老师说

大学

爱新觉罗·毓鋆/讲述

陈絅/整理

花山文艺出版社

河北·石家庄

图书在版编目（CIP）数据

毓老师说四书·毓老师说大学／爱新觉罗·毓鋆讲述；陈绹整理.
—石家庄：花山文艺出版社，2022.3
ISBN 978-7-5511-6027-8

Ⅰ.①毓… Ⅱ.①爱… ②陈… Ⅲ.①儒家 ②《大学》—研究
Ⅳ.①B222.15

中国版本图书馆CIP数据核字(2021)第250494号

书　　名：**毓老师说四书**（全四卷）
讲　　述：爱新觉罗·毓鋆
整　　理：陈　绹

策　　划：张采鑫　崔正山
责任编辑：张采鑫　李　鸥
特约编辑：柯琳娟
责任校对：李　鸥
装帧设计：闫冠美
美术编辑：胡彤亮
出版发行：花山文艺出版社（邮政编码：050061）
　　　　　　　（河北省石家庄市友谊北大街330号）
销售热线：0311-88643221
传　　真：0311-88643234
印　　刷：北京天宇万达印刷有限公司
经　　销：新华书店
开　　本：880×1230　　1/32
印　　张：38.5
字　　数：820千字
版　　次：2022年3月第1版
　　　　　2022年3月第1次印刷
书　　号：ISBN 978-7-5511-6027-8
定　　价：398.00元（全四卷）

爱新觉罗·毓鋆（1906—2011），清太祖努尔哈赤次子礼亲王代善裔孙，号安仁居士。

毓鋆先生与溥仪同年出生，六岁开始为末代皇帝溥仪伴读，与溥仪一起师从陈宝琛、罗振玉、叶玉麟等大儒，十三岁读毕十三经并可以背诵四书五经，一生多次研读《四库全书》，通达古代经史子集之学。他素有华夏之志，虽出身皇族，却猛烈批评帝制。壮年曾经叱咤风云，晚年安居斗室讲学。他虽身为满人，而一生最为服膺汉儒文化。他曾由衷地表示："文化谁高，谁就同化谁。"

毓老先生1947年到台湾后，创办天德黉舍、奉元书院，以《易经》为体，据《春秋》为用，纵论四书五经及先秦两汉诸子，立下"以夏学奥质，寻拯世真文"的宏愿，复兴儒家经世致用之学。毓老先生一生传奇，终身信守"龙德而能隐"，读书一百年，成为跨世纪的最后一位通经大儒。

毓老先生讲学，注重因时举譬，倡导经世致用，使古代四书五经、诸子百家学问焕发了新时代的活力。毓老先生世寿一百零六岁，教学六十四年，有教无类，及门学生与授业弟子数万人，遍及海内外与各行业，被誉为两千五百多年孔子儒学的当代集大成者。

摄于 2005 年，毓老师刚好 100 岁，看不到一点儿老人斑。

身后乃毓老师手书条幅"以夏学奥质，寻拯世真文"，在"夏历甲子年幸逢双春双雨水闰十"，甲子年是 1984 年；"腊月念五日"即农历十二月二十五日，清帝逊位日。

中间的图是毓老师带到台湾的《孔子行教图》，吴道子真迹拓本，毓老师于 2011 年赠予清华大学国学院。

毓老师手稿：

奉元

《读经示要》三卷 148 页 12 行
奉元云云，见《繁露·王道》
篇。奉元之举（凌晓楼本《繁
露·王道》篇作"奉元之应"）。
奉，谓敬以承之而勿失也。人
皆自识真元，即能以天地万物
一体为量。本此以立政教，则
群俗趋善而太平之应不爽。

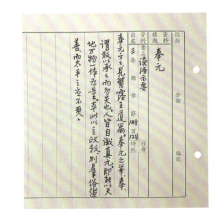

毓老师塑像
学生周义雄于毓老师七十整寿
（1976 年）塑此像。

1970 年夏，毓老师摄于四维路居室前。
照片由李济捷先生提供。

2010 年仲夏，毓老师病后留影，黄德华先生摄。

毓老师教导汉学家魏斐德情状。

魏斐德教授曾两度来台从毓老师学习。

毓老师两张穿斗篷的照片。

大图摄于 1995 年，左下小图为学生周义雄摄于 1974 年新店郊区。毓老师曾说："除了老蒋，陈诚、何应钦都不敢穿斗篷！"因为只有"统帅"才有资格穿。

凡 例

一、《大学》之经文，系采朱熹《章句》之分章，分为经一章、传十章。

二、本书以 1999 年毓老师讲授《大学》为主，并会通其他课程所阐述之相关内容综合整理而成。文中有关各家注解，视需要摘录，俾供参阅，不一一陈列。

三、为助大众深入阅读，文中有关背景及说明者，以仿宋体呈现；参考网络及相关著作者，略交代出处。如有疏漏之处，尚祈指正。

目 录

前 言

　　《大学》原是《礼记》中的一篇，朱子将其抽出，列为"四书"之一。朱子认为文中有错简、脱简，乃将之移补，而成修订本，以为经一章、传十章，并说："经一章，盖孔子之言，而曾子述之；其传十章，则曾子之意，而门人记之也。"

　　但是《大学》的作者是谁，并无定论。王阳明讲古本《大学》，即《礼记》之原本。《礼记》成书于汉代。

　　大学，又称"太学"，古时之大学也，清曰"国子监"。孔子曰"吾十有五而志于学"，即志于大学，此大学非专指太学、国子监，乃学大人之学也。《易经·乾卦·文言》云："夫大人者，与天地合其德，与日月合其明，与四时合其序，与鬼神合其吉凶。"辜鸿铭（1857—1928）所著《辜鸿铭的笔记·督抚学堂》云：

　　学问之道，有大人之学，有小人之学。小人之学，讲艺也；大人之学，明道也。讲艺，则不可无专门学以精其业。至大人之学，则所以求明天下之理，而不拘拘以一技一艺名也。泊（及也）学成理明，以应天下事，乃无适而不可。犹如操刀而使之割，锋刃果利，则无所适而不宜，以之割牛肉也可，以之割羊肉也亦可。不得谓切牛肉者一刀，而切羊肉者又须另制一刀耳。

亦即所谓"一法通，百法通"。孔子"博学而无所成名"（《论语·子罕》），通理以应万事。大学乃为学之最高境界，为学之目的，在求达大人之境界，以立不世之功。

大学者，学大也。"唯天为大，唯尧则之。"（《论语·泰伯》）学大者，学天也，学得好，则可与天合其德，亦即法天。大人之学，自"法天"入手，"天行健，君子以自强不息"（《易经·乾卦》），所学当用于所行，最后则达"大人者，与天地合其德"之境界。

大学，是大人之学。"大人者，与天地合其德"，何谓也？必学天，方能"与天地合其德"。既是学天，那"天"与"大"两者有什么关系？"唯天为大，唯尧则之。"大学即天学，学天才能则天，行为与天一样。真明白，脑子必得转，你们应真正学会用脑。现在多么热闹，就因为人都没有脑子。

什么叫大学？学大也。大，指天之用。大，无所不包，无所不容，有容乃大。"唯天为大"，大学即天学。尧先学天，成"尧则天"，是"公"则天；武则天，是"母"则天，其智绝不亚于尧。

学大，故成"大人"；则天，故成"天人"。但一般人无此毅力。应将自己所学用于生活上，学得好则"大人者，与天地合其德"。由大到天，学大则天。天是体，大是用，体用合一。

既是学大、则天，那何以不称天学？"天"比"大"小，因为有统它的，"大哉乾元，万物资始，乃统天"（《易经·乾卦》），元统天；而日月、星辰、山川，乃天之所统。又有谁看过天命，听过天声？

"与天地合其德"，天地之德，无私、好生，"生而不有，为而不恃"（《老子·第二章》），"天无私覆，地无私载"（《礼记·孔子闲居》）。

"与日月合其明"，"日月无私照"（《礼记·孔子闲居》），"日月有明，容光必照焉"（《孟子·尽心上》），照皇宫，也照茅屋，没有分别心。别人不喜欢你，那是你缺德，应检讨自己。

"与四时合其序"，春夏秋冬，四时之运，多有伦序！伦与常，必不能乱。

"与鬼神合其吉凶"，人死曰鬼，即祖宗，乃传统之所在；神，是有遗德在民者，是道统之所在，居于次位。既有传统（鬼），又有道统（神），也就是古圣先贤。"合其吉凶"，吉凶即好坏，"与鬼神合其吉凶"，即与古圣先贤同其好坏，这就是人奋斗的目标。

与传统、道统都合其好坏、善恶。那道统与传统有何区别？中国人有道德与智慧，自家祖宗称"鬼"，而对有遗德在民者称"祖师"，亦即"神"。祖师庙，祭神是为报恩，非祈福祈寿。宗教盛行，是因为没有文化。

必自根上了解，才能真明白。真明白了，还贵乎能行。试问自己能干什么，天天如同行尸走肉，连"说不"的胆量都没有。要好好认识自己，不必装腔作势！知道多，不能行，没有用。

一个孙中山，将中国史改写了。中国智慧是无尽藏的，就看你能吸收多少。脑子如何判断事？要知道怎么去判断、分析一件事。

何以不开始就学天？恐忽略了"大"的意义，"大人者，与天地合其德"。大，用；天，体。两个单位，一事之本末，体用一样。大学者，学大也，唯天为大，即天学。体用不二，才能合德。

为了不落空，因此要依经解经，不可以己意解经。但如对经书不熟，又如何依经解经？

文化浅，凡事没有通盘的计划，遇什么就扯什么。智慧低，可以慢慢培养，是功夫。培智，绝非一世之功。

每个团体都有界说、宗旨，奉元书院必有自己的思想。时代思想的产生都有背景，如朱子学为"闽学"。

还有，"台湾"名字怎么来的？查一查。一个人没有学问，可不能没有好奇心。

"台湾"一名的前身为"大员""台员""大圆""大湾""大冤"（以上诸名称，以闽南语念，皆谐音）、"台窝湾"等。明万历年间陈第《东番记》已用"大员"地名，可能译自南部平埔族（西拉雅族）对当地的称呼，或从其"台窝湾社"转化而来。"大员"在今台南市安平区，最初为海岸沙洲，后来指称范围扩大，或作为全台湾岛的代称。

人生存的环境会限制一切，懂得审视社会了，才能对付社会。不懂得分析，对一切同样地要求，就是错误。台湾要想安定，就挂着牌，安定几年，其他皆是做梦。要用脑子判断一事，而不是感情用事、固执己见。

没有学问，地位愈高，只是添愁。有时地位高，未必是福。人若是无所学、无所守，当然遇事就六神无主。是中国人，必建设中国，为中华民族而努力，必知道历代政治的得失，才知未来方向之所在。

你们缺少造就的机会，自己又不努力。但是盲目地读书，也没有用。必要如常山之蛇般变化灵活，多么有反应！如没有这样的反应，那就什么也不会成功。

智慧哪有新旧？许多人生在今天，思想却比古人还落伍！我们的思想、知识、智慧又赶上谁了？不懂的，今天懂，即是新。读完一本书，就得一结论，不必光抄"子曰"。盲目地崇拜、跟随，都是错误的。

看别人不对，要改正自己，好好严格造就自己。人要是不能治事，就没有学问。活几十年易混，但也最不好混。我一生不强求。既然你说的话他不听，那又何必说？应说他喜欢听的话，政治也是如此。

要随时用智慧。绝路是自己走的，并不是别人绝。人每天都是政治。孙子一开门，就赞他乖，要从小就培养智慧，随时培养。懂得"得"与"失"，自己培养。如果自己都不是领袖，还能教出领袖？

一切东西，要吸取精华。人的健康，完全在精神生活。我绝对不麻烦别人，生活简单，没有"说不好"的观念，人不是为吃饭而活。懂得怎么活了，才能活世、活民。

学多少，不能活学、活用，就没用，等于没学。应自根上造就自己。自诚意、正心，也就是自根上入手。有知识，没有成就，那还不如没知识，就清清白白活一辈子。快快学，这块土马上就要用上你们的真智慧了！

《学庸》（《大学》《中庸》合称）皆讲治世之道，并非谈文章，应是体悟就能行。中山先生以《学庸》为中国两本最有系统的政治哲学，即谈政之书。一切都是政治，有国政、有家政，《大学》讲

"为政在人"，《中庸》讲"成己成物"。《学庸》乃是夏学之入手处。

"四书"中，《大学》《中庸》与《论语》挑得不错，《孟子》就差些，得力于"道性善，言必称尧舜"（《孟子·滕文公上》）。

孔子称"性相近也，习相远也"（《论语·阳货》）；孟子"道性善，言必称尧舜"；荀子以"人之性恶，其善者伪也"（《荀子·性恶》）；董子（仲舒）言性，可善可恶，《春秋繁露·实性》谓："性比于禾，善比于米；米出禾中，而禾未可全为米也；善出性中，而性未可全为善也。"《春秋繁露》代表汉时中国的传统思想。立说不一，发展乃有别。

《易经》与《春秋》是孔子最重要的两部书，这两部书必要有师承，否则讲不下去。《春秋》在拨乱反正，达天下一家；《易经》始于"进德修业"（《易经·乾卦·文言》"君子进德修业"），终于"智周道济，裁成辅相"〔《易经·系辞上传》"知周乎万物而道济天下"；《易经·泰卦》"财（裁）成天地之道，辅相天地之宜"〕。《春秋》与《大易》相表里；《大易》与《春秋》完全用"元"，故又称"元经"。

《中庸》第一个字是"天"，"天命之谓性"；最后一个字"至"，"上天之载（事），无声无臭，至矣"；《易》"各正性命，保合太和，乃利贞"。《易》为《中庸》之所本，《中庸》为衍《易》之书，《中庸》与《大易》相表里。

一部《大学》，自人心讲到天下平；《春秋》讲拨乱反正，达太平世：《大学》与《春秋》互相表里。《大学》讲"习相远"，《中庸》讲"性相近"，《大学》与《中庸》互相表里。《中庸》与《大易》是体，《大学》与《春秋》是用。奉元之学，自《大学》与《中庸》入手。

《大学》《中庸》前面均为"经",《中庸》第一章为经；后面为"传"，解释经的；"经"明白，后面"传"就明白。《学庸》两"经"并着讲，可以了解得深刻些。要点先明白，每句话要真明白。好好读，尽己责任，于后世亦有用。

大学之道，在明明德（为天地立心，尊生），**在亲**（又当"新"）**民**（为生民立命，卫生），**在止于至善**（为万世开太平，荣生）。

"在明明德，在亲民，在止于至善"，三个"在"字有深义，不只是肯定，而且是不离。"在"，有自在义，如《心经》的"观自在"。要面对实际，实际即"在"，自在，皆自明也，皆与生俱来的，非自外求得之。

"尧舜，性之也"（《孟子·尽心上》），"天命之谓性"，人人皆可以为尧舜，因为人人皆有尧舜之明、尧舜之性。本身就具有，何以没有用上？被乌云遮蔽了！乌云一散，就都露出。都有"自在"的东西，就是没有用上。有，但是糟蹋了，因为"眼耳鼻舌身意"（佛家之六根）、"色声香味触法"（佛家之六尘）、五蕴（色蕴、受蕴、想蕴、行蕴及识蕴），而浪费了我们自身的宝贝。

不必外求，每个人都有"自在菩萨"。"观自在菩萨，行深般若波罗蜜多时，照见五蕴皆空，度一切苦厄"（《心经》），如五蕴没有空，又如何明？皆自明也，就看你用在什么地方。明德，性德，生德，只要没有受外诱之私，懂了，就能用上。

佛经的汉译本不错，《心经》文章至美，意境至深！《心经》无法增减一字，《金刚经》无一重复的话与意思。《金刚经》开经偈："无上甚深微妙法，百千万劫难遭遇。我今见闻得受持，愿解如来真实义。"此四句为武则天所写，不得了，多聪明！

我讲的是"无上甚深微妙法"，非讲字面，要开你们的脑子。讲到生活，故"不可须臾离也"（《中庸》）。若书为书，我为我，乃乱。

不孝，不承认有个"元"，失本。"孝为德本"（《孝经·开宗明义》"夫孝，德之本也"），永不能变。我刚来台时，台湾人安分守己，完全是中国人，每家有家庙、家堂，每天给祖宗上香。

台湾要好，必自恢复孝道开始。极乐世界无不孝之人，"佛在家中坐，何必远烧香"？不自根上来，将来想好也办不到。台湾今天连吃也无真滋味了，什么都有，但什么都不像。

大学之道，学大之道。学大，法天，学天，即天学。学天的方法，首要"在明明德"。"天命之谓性，率性之谓道，修道之谓教"，"在天曰命，在人曰性，在身曰心"，命、性、心，三位一体，乃是与生俱来的，但易受外诱之私的蒙蔽，因为"人心惟危"，心猿意马，所以必加"明"的功夫。

"在明明德"，前"明"字为动词，宣扬，也是功夫所在；后"明"字为名词，"明德"指性（生），即"本然之善"。"在明明德"，性生万法，自根本断除迷信。

"生"的观念源自老子："道生一，一生二，二生三，三生万物。"（《老子·第四十二章》）孔子"改一为元"，元生万物，更为进步。

孔子不言生，也没说谁生，而以"乾元""坤元"为"资始""资生"。资始、资生，"资"，借也。元，有两性，曰"乾元""坤元"。不说生，而说含，坤卦"含弘光大，品物咸亨"。元，含乾、坤两性；乾、坤中皆含元，故曰"乾元""坤元"。"大哉乾元，万物资始""至哉坤元，万物资生"，"资"字最重要，无一东西是单独成事的，"乾元""坤元"相资而"始"、而"生"，为第一代。

第二代生之机即"明"，能终始万物，加"大"为赞词，故曰"大明终始"。"明"，能终始万物，终而复始，"大明终始，六位时成。时乘六龙以御天。"（《易经·乾卦》）

《易经》的构思，其思想之致密，真是不可思议！如学数学，必得还原才行，依经解经即是还原思想。此为几千年前中国人所写的，故称"夏学"，不分今古文，凡是中国人的智慧都吸收。夏，"中国之人也"（《说文解字》，下简称《说文》），有别于夷狄。每个都有界说。《易经》绝非成于一人之手。

万物何以能生生不息？因为有"明"。明，乃"继之者"，继元，"继之者，善也；成之者，性也"（《易经·系辞上传》），故曰"元者，善之长也"（《易经·乾卦·文言》）。元，始万物者；明，第二代，接着元的，终始万物。虽没说"性善"，但也说"善性"了。

"在明明德"，"明德"乃终始之德，"日往则月来，月往则日来，日月相推而明生焉"（《易经·系辞下传》），"悬象著明，莫大乎日月"（《易经·系辞上传》），日落月起，月落日起，终而复始，故能生生不息。"大明终始"，终始万物的是"明"，而始万物的是"知"，"乾知大始"（《易经·系辞上传》）。

"在明明德"，即明"尊生之德"于天下。"在"字，是肯定的。尊生之德，即生生不息，是大本。所以，宣扬"明"之德是每个人的责任。

"在明明德"，要明"明之德"于天下。何以第一步必明"生生之德"于天下？天有好生之德。"生，仁也"，桃仁、杏仁、瞳仁，代表生机、生命。明仁德于天下，既学天，天最大的德即好生，亦即仁，仁心、仁术、仁德、仁人。仁者爱人，仁者无不爱也，所以要"尊生"。"明"之本能即机，能终始。终始为天之道，亦即自然之道。

"大明终始，六位时成"，"乾道变化，各正性命，保合太和，乃利贞"（《易经·乾卦》）。到七了，七日来复，一阳生，地雷复（☷）。一者，用之端、用之首，终而复始，"复其见天地之心乎"（《易经·复卦》）。始，是天地之心，资始；生，是天地之德，资生。一元复始，始其天地之心，生其天地之德，故曰"天地之大德曰生"。始其天地之心，即张载（1020—1077，北宋理学家，也称横渠先生）所谓"为天地立心"（《横渠语录》）。

"复"，为道之机、生之机。以天心为己心，是机。以生机为己心，以率性为己志，此为实行的入手处。读书人必得有天心，以天心为己心，为天地立心，"复其见天地之心"，以性智为己志，

"率性之谓道"。性为智海，性生万法，圣人自师己性。

"在明明德"，首先要报恩，报生生之恩。孝是责任，要报恩，奉元孝至德，何以要"明明德"在此。祖师庙每年祭祀，即在报德，崇德报恩。如大家都真懂"明明德"了，怎能到今天的地步？

一个人不孝、不慈，活着又有什么意义？人的价值就在"孝"与"慈"，孝生我者，慈我生者。"明明德"，就是要报答孝与慈，让老的、小的看你是个宝。今天的人没有明白自己的责任，因此社会问题层出不穷，家庭、青少年问题多，错误在哪里？应追本溯源，自根上解决。好好玩味，真懂、深入，皆功夫。

家贫出孝子，板荡识忠臣。今天的物资丰富，但是人性没了！最要是有德，有学问不足以为贵，有德才能够发挥。我的经验丰富，将来你们自己不饿死，已经不错了。认为自己聪明的，绝对是呆子。

国称"中国"，那要如何用中？乃有《中庸》一书。《学庸》是学大、用中，也就是学天、用中。立德，"信则人任焉"（《论语·阳货》）。《学庸》为立本之道，"本立而道生"（《论语·学而》），可以取之不尽，用之不竭。

其次"在亲民"。朱熹以为即"新民"，王阳明则作"亲民"。亲民与新民，层次不同。亲民为入手处，无亲民，"未信，则以为厉己也"（《论语·子张》），没和他处得亲，想要改变他，他以为是在压迫他。由亲民然后新民，先亲民才能新民，即自觉觉人、先觉觉后觉。使百姓明白生之道，生就是性，就能尽己之性，发挥自己的性能了。

学生，"生"的意义包含很多，小孩开始受教即是学生，要学自己的生，生己，亦即卫己之生，是内圣之道；其次，要学生民之道，即卫众人之生，是外王之道。卫生，不可以侵害别人。"生生之谓易"（《易经·系辞上传》），生民。政治如为生民之政，即仁政，生民之道亦即"为生民立命"。

为生民立命，即"作新民"，叫百姓必得进步，此必经过"苟日新，日日新，又日新"几个阶段，是有生命力的，并不是禅宗的，是不断地赋予新生命，使他认识自己生命的可贵。

"教化流行，德泽大洽，天下之人，人有士君子之行，而少过矣"（《春秋繁露·俞序》），人人皆可以为尧舜的境界，最后，达"见群龙无首，吉"（《易经·乾卦》）的境界。

最终则"在止于至善"。"元者，善之长也"，元，是善的老大，至善，孔子"改一为元"。"至善"，是最善，所以是"善之长"。有老大，必有老二，"继之者，善也"。"在止于至善"，所以"知止"重要，修止观（止，止息一切妄念；观，观察一切真理。止属于定，观属于慧），无此一功夫，则什么也成不了。知止，而后有"定、静、安、虑、得"，"无入而不自得"（《中庸》）。

"定、静、安、虑、得"，与禅的境界一样，打坐必心里头定了才能生效。心定，行亦禅，坐亦禅，不是坐多久，而是定的功夫有多久。决定了，是对事决定。心必能定了，才能学。如每天心游荡，想学东西达一境界不可能。心不放，慢慢就能深入。

没懂得求什么，怎知要得什么？求而未得，即失败。智慧如不进步，又怎么做事？人和禽兽相差，就在那个"几希"！明白了，才知道要怎么做。

破坏容易，建设太难了！我是在审讯你们，并不是讲书。这是我的绝活，是书中找不到的。奉元书院的学生必要有两个条件：有德、有脑。

孔子问礼于老子，老子说："道生一，一生二，二生三，三生万物"；孔子求一，老子说："天得一以清，地得一以宁，神得一以灵，谷得一以盈，万物得一以生，侯王得一以为天下贞。"（《老子·第三十九章》）孔子得一了，对弟子说"吾道一以贯之"（《论语·里仁》），但《论语》中没有告诉弟子要如何得一。孔子得一以后，可能后悔了，最后以"元"取代"一"，以元生万物，思想更为圆融。

孟子虽承受孔子之学，自称"乃所愿，则学孔子"（《孟子·公孙丑上》），但是他的最高境界也只是到"王道"而已。

孔子的"元"，实为董子所继承，董子说"惟圣人能属（zhǔ）万物于一，而系之元也"（《春秋繁露·重政》），属一系元。奉元书院讲"属一系元"，属于一系于元，培元，止于元，奉元。读孔氏之书，要求一，得一，最后奉元。

"元"为善之长，那"一"是小弟。止于一，是《论语》的境界，"吾道一以贯之"；止于元，则为《春秋》的境界，《春秋》变一为元，孔子"志在《春秋》，行在《孝经》"（《孝经钩命诀》。《春秋公羊传》何休序"昔者孔子有云：吾志在《春秋》，行在《孝经》"）。

一部《春秋》讲些什么？拨乱反正。求一，止于一，正也。《易》"蒙以养正，圣功也"（《易经·蒙卦》），养正，"在止于至善"，止于元。培元，元培了，然后奉元行事。

你们如真用功，也必得三年，绝非一日之功。真用功可不易，得累死！笔记要时常玩味，串在一起。真明白了，则一生受用不尽。依经解经，经必得通。

《孙子》（即《孙子兵法》，下同）至少得一段一段研究。《孙子》会背了，一生可以取之不尽，用之不竭。会背才能熟，熟了才能玩味，熟能生巧。

光知不能用，乃废学，不能以时出之，俟时而出。因不知时，不知什么时候用上。应于自己本能上建树自己。如先搞人际关系，一旦野心家失势了，能靠得住？

元为道根，故为"善之长"。我"释一元"，即得自清人汪中（1745—1794）的启示（《述学·内篇一·释三九》）。

中国的道统：尧传舜，"天之历数在尔躬，允执其中"（《论语·尧曰》），"允"字功夫重要，否则抓不住"中"。中国人以中道治事，找平衡点。知缺多少，则加上多少力量，即成平衡点，矫枉必得过正。

立本，本立而道生，"允"，信，诚也，第一步功夫，则有米可做寿司。"中"，中道，油、酒、米、面。功夫天天练，越练越纯熟，就发挥作用了！

舜时，环境复杂，"舜好问而好察迩言"（《中庸》），要遏恶扬善，"执其两端，用其中于民"，把"执中之道"传给了禹。

禹时，环境更为复杂，用十六字："人心惟危，道心惟微；惟精惟一，允执厥中。"（《古文尚书·大禹谟》）"精一"与"允中"。所以，中国学问即"一"与"中"。

《大学》与《中庸》这两部书要好好重视。《中庸》讲中之为用，即如何用中；《大学》讲一，人"得一"了才叫"大"，"大人者，与天地合其德"，最后"与天地参矣"，"天地人，三才之道"，天人合一的境界。

求一，得一，止于一，正也。正，是与生俱来的，并不是外来的，必下养的功夫，孟子所谓"我善养吾浩然之气""直养而无害""是集义所生者"（《孟子·公孙丑上》），直养、率性。试问自己又存多少浩然之气？你们最缺"终日乾乾，夕惕若，厉无咎"（《易经·乾卦》）的功夫了。

自出生，就要尊生，要明白生的可贵。生了，就必得养，还要养正，"蒙以养正"。养正，知止而后有得。止于一，即正，得正即得元。没有学正，又怎么返正？

《春秋》在"拨乱反正"，养正的入手处，要改变器质，自成"器"（《易经·系辞上传》"形乃谓之器"）、成"大器"（《管子·小匡》"管仲者天下之贤人也，大器也"，《老子·第四十一章》"大器晚成"），最后则"君子不器"（《论语·为政》）。

正，止于一。正，是与生俱来的，"蒙以养正"，蒙昧时即要养正，开始就不要有毛病。"不迁怒"（《论语·雍也》），检讨自己更能生智慧，检讨别人则是掩饰自己，此即养正的功夫。有"正"之德了，"子帅以正，孰敢不正？"（《论语·颜渊》）

"养正"了，不要丢失，要"居正"；跑掉了，就要"求其放心"（《孟子·告子上》），要天天下功夫。"求其放心"至此，就可以"拨乱反正"。

到拨乱反正了，即达华夏、大同，完成孔子的《春秋》之志，此即中国人的责任与志，"善教者，使人继其志"（《礼记·学记》）。

"止于至善"，多少注解讲的都用不上，因为不知道要如何做。"至善"，乃是善之至，没有能比得上的，是老大。我此解，因为找到"元者，善之长也"，是有根据的，故"至善为元"，意义深刻！"止于至善"，即"止于元"，因为孔子"变一为元"。一为元，故又为"止于一"，即正也。

经书中的"大哉、至哉""至圣、至善"，均有至高无上义，自"元者，善之长也"可以相印证。

屯，篆文 ，字形如豆芽菜，象草木之初生，难也，《易经·序卦传》曰："屯者，物之始生也。物生必蒙。"生了，什么也不明白，就懂得哭、吃，即"蒙"（《易经》第四卦）。

因为蒙，所以要上学，向第一个启蒙师磕头。"蒙以养正，圣功也"，因生完必蒙，从蒙开始就要养正，要自本身具有的"正"培养之，不使之跑掉；有此功夫，结果成就"圣功"了，这可不是普通的成功，乃是高得不得了的圣功。这个正，并不是教来的，而是养的，因为它不是从外面来的，而是本身与生俱有的。

正是什么？性命也。"各正性命"，把性命变成正，就含有作用，养正即养性命。要如何养？"保合太和，乃利贞"，保合以养性，太和以养命。不能只养一天，故必"居正"，亦即守正，才利于正固。居正，安正，"造次必于是，颠沛必于是"，不论在什么环境皆必于是，守死善道，至死而后已。

故"止于至善"，是"止于性命""止于正"。做事，顺着人性做就是道，"率性之谓道"，此解马上能用上。此正的作用大，故为政必先正名，"必也正名乎！"（《论语·子路》）"子帅以正，孰敢不正？"

养正的目的，是在达圣功，所以《易经》的第一个圣训，即是"蒙以养正，圣功也"。圣功，即是一统、元统、仁统、性统。问：

"天下恶乎定？"曰："定于一。"问："孰能一之？"曰："不嗜杀人者能一之。"问："孰能与之？"曰："天下莫不与也。"（《孟子·梁惠王上》）人人与生俱有，都能率性。

既是养正了，那平日就得居正，此事太重要了，故曰"大居正"（《春秋公羊传·隐公三年》《传》曰："故君子大居正。"何休注"明修法守正，最计之要者"），"大"即赞词，《春秋》一书即"养正圣功"的注解。《大易》讲"养正"，《春秋》讲"大居正"，故《大易》与《春秋》相表里，一为体一为用，体用合一。

止于一了，所以"变一为元"为至高境。自养正，成圣功，到居正、一统。一统，即用"一"统天下，而非统一，故曰："王者孰谓？谓文王也。"（《春秋公羊传·隐公元年》）《春秋》讲"大一统"（《春秋公羊传·隐公元年》《传》曰"何言乎王正月？大一统也"）。

怎么造谣，不能没有元。熊十力找到元了，写《乾坤衍》（熊十力衍乾、坤两《象传》之书），跑第一棒；我们抓住元，奉元，跑第二棒。

不要尽作"文抄公"，要善用头脑。慢慢读，讲学要实用，有所得了，故心中悦，"学而时习之，不亦说乎"；"有朋自远方来"，必有所谈；别人不懂，自己心中还不愠，"人不知而不愠，不亦君子乎！"（《论语·学而》）

孔子"五十以学《易》"（《论语·述而》），"五十而知天命"（《论语·为政》）。"天命之谓性"，命、性、心，一也，"尽其心者，知其性也。知其性，则知天矣"（《孟子·尽心上》），"不知命，无以为君子"（《论语·尧曰》）。知天命了，才能尽性、尽天命，志在《春秋》。止于一，即大一统。宇宙间大一统，即华夏、大同。《大易》

与《春秋》都是"元"的成就，因此要奉元。

知道中国人的思想了，才知道中国人的责任所在，明道任仁。中国人的责任是"舟车所至，人力所通，天之所覆，地之所载，日月所照，霜露所队（坠），凡有血气者，莫不尊（之）亲（之）"（《中庸》），因为我们卫其生，此即华夏、大同了。

知此，懂得责任了，将来可以为弱小民族谋幸福，可以用自己所长，教其耕田、种地、养蚕，有谋生之能。拿他们当兄弟看，共存共荣，不用枪炮打人，此即大志、大事业，"举而措之天下之民谓之事业"（《易经·系辞上传》）。"有始有卒者，其惟圣人乎"（《论语·子张》），能"有始有卒"干到底就是圣人，精神一到，何事不成？

《学庸》在学大、用中，完全不是空话。有此一观念了，再看朱注，朱子将"大学"说成与"小学"相对，将真义讲丢了，讲成学校的阶段。朱子是儒禅，有其时代环境。

我们要依经解经，发掘祖宗的智慧泉源，古人的智慧周正。要懂得读书的技巧，才能得出结论。我所讲的，一切注解都没有。你们要养正，是自己要会想，不是我教你们正，每天以此解决问题。我书摸太久了，每一个问题都有解答。

孔子何以志在《春秋》？社会不应用武力，应用"一统"，即"通志除患，胜残去杀"（此师尊句：《易经·系辞上传》"圣人以通天下之志"，《春秋繁露·盟会要》"圣人者贵除天下之患"），通天下之志，除天下之患。《论语·子路》"善人为邦百年，亦可以胜残去杀矣"，善人自师己性，用性智，故善人相继治国，可以达到没有残暴、没有杀戮的境界。

一即元，元为体，一为用，是终始、生生不息的。资始，经"知""易"（《易经·系辞上传》"乾知大始""乾以易知"）；生生，生了又生叫"明"，所以"大明终始"。始叫易，生叫简，"易则易知，简则易从"（《易经·系辞上传》"乾以易知，坤以简能；易则易知，简则易从"）。

从始到生，几十年即断绝了，必使之终而又始、生生不息，其机即"明"，故曰"大明终始"。

《乾坤衍》 衍得相当好，就熊先生说明白了。看《易经》是什么，何以老祖宗能有如此致密的头脑？后人有讲明白的？我整天猛想，"思之思之，鬼神通之"（《管子·内业》云"思之思之，又重思之。思之而不通，鬼神将通之"），不二法门即"精一不二"，不想入非非。每天想得不精不一，乃没有智慧。

没有比做人再难的！做学问也是做人的一部分。我就佩服王弼有才华。

王弼（226—249），字辅嗣，三国时曹魏山阳郡人，魏晋正始玄学的主要代表人物之一。王弼十多岁时，即"好老氏，通辩能言"，曾与当时许多清谈名士辩论各种问题，以"当其所得，莫能夺也"，深得名士赏识。王弼为人高傲，"颇以所长笑人，故时为士君子所疾"。其哲学思想核心"以无为本"，带有思辨玄学色彩。他认为"万物万形，其归一也。何由致一？由于无也"。其"得意忘象"的思考方法，对中国古代诗歌、绘画、书法等艺术理论也有一定影响。王弼注《易》，虽沿费氏"以传解经"的方法，但尽扫象数之学，从思辨的哲学高度注释《易经》。汉人解《易》重象数，王弼注《易》扫象，以抽象思维和义理分析摈弃象数之学与谶纬迷信，是《易》学研究史上的一次飞跃。正始十年秋天，以疠疾亡，年仅二十四岁，遗下一妻一女。

必要有功夫，精一，心无旁骛。必得自己设计，要用许多方法约束自己，才能心无旁骛。头脑清楚，何不做自己喜欢的事？我一辈子没有说过我喜欢吃什么，得有多大的修养！

中国人这么多，还在乎你生一个？我半夜喜喝茶就喝，不必听训。人生太不容易了，就没真想通；都没想通，因此生完儿女都后悔了。如想通了，岂不万事皆休？麻烦都是自己造的，天下本无事，庸人自扰之。

学术是无止境的，今天不应再做考据、训诂了，因为时代已经不同了。今后研究思想，就看你们的智慧。

每一团体皆有其宗旨，我称"夏学"，不谈今古文，在还原貌，要保存原料。接受中国人的东西，融化在个人的智慧中。中国东西自"元"来，现在要"原元"，将过去的都当作堆肥，用以培元（种子），再开今天所用的花果，即"盘皇另辟天"，亦《春秋》所谓"天地之始也"（《春秋公羊传·隐公元年》何休注"变一为元，元者气也，无形以起，有形以分，造起天地，天地之始也"）。此乃吾人之立场，但不一定每个皆能达到。

你们要接着讲，而不是照着讲。我天天所讲的乃是开门之钥。脑子如没有几个大转弯，完全没有用。我要你们会用脑，不是会背书。今后要重新讲中国学问，是要你们有思想。读书是要明理，明理要改变自己的器质。

想有力量得有团体，组织就是力量。以团体对团体，将来永远有力量，不要跑单帮。但如今的很多人其本能就是争，遇一件好事如狗争骨头。你们要快快塑造自己有用，否则即是废物一个！

要懂得怎么做，这是智慧的问题；要知己知彼，才能百战不殆；还要看你的世故够不够，凡是过去的经验都叫世故。如在"需要有用时"不能有点贡献，那书岂不是白读了？要造时。开始必求真知，自己读，才能够深入。

人都有野望，我苦了一辈子，岂能叫时光空过？那岂不是对不起自己了？人生之不易，特别苦！用什么以补己之苦，否则岂不是白活了？你们的成功就是我的成功，岂有嫉妒之理？你们要好好用功，自苦中得一无穷的富贵，如孔老夫子，富贵在天，富贵即智慧。如不知人生为何而活，那活着岂不就是等死？谁有脑子，谁就成就！

今人没有责任感，为人父母必要尽责，要有一个像样的家庭，如果父母本身不标准，那小孩也绝对不标准。身教重于言教，你的一言一行就是孩子的"准"；有了准是、准则，小孩才可定犹豫、明是非。

做事要细心，绝对不可以掉以轻心。写书时，引书一定要对本文，也许有笔下误。

大学，学大也，"唯天为大，唯尧则之"，尧则天，有生来的圣智；后生者，得学大、学天。学大，有根据，孔子赞美尧则天。大学亦即天学，那何以要称大学？"大"与"天"有何不同？我留问题，要你们自己想。

经一章

15

我一生绝不盲从，但什么书都看，要追根究底。要懂得用自己的智慧，要用古人的智慧启发自己的智慧。要成为思想家，不要做书呆子。你们将来讲学，可先讲朱注，表明博学；再讲我们的，给他们做个参考。文章作得美的，未必中肯。

大学，即大人之学。大与天，有层次。学大人之学的方法，得经几个步骤，怎样学？用什么方法才能成"大人者，与天地合其德"？

善人，不践迹（《论语·先进》"子张问善人之道，子曰：不践迹，亦不入于室"），性善，本着人性之善处理事情。君子，成德者，自"见贤思齐"来的。贤人，己立立人，己达达人（《论语·雍也》）；圣人，贵除天下之患。"致中和，天地位焉，万物育焉""与天地参矣"（《中庸》），学到最后成为"大人"，则"与天地合其德"。必要懂得来龙去脉，学完《大学》了，则成为"大人"，是"与天地合其德"的境界。

学"大"之后，有了成就，必须懂得并宣传天地之德。"云行雨施，品物流形"（《易经·乾卦》），乃是天之德。天地之德外，来个"明"，"大明终始"，因为"明德"了，才能终而复始，生生不息。"在明明德"，必向人类宣传明之德，人类才懂得感恩，而不会随便浪费。

"明明德"，即宣传明的德——"大明终始"，明的本能即是终始之德，如香蕉收成后即砍掉，明年又生出新的香蕉。终始，终而又始，即生生不息。人每天都活在"明"的德里，所以第一件事得感谢明的德，使万物生生不息之德。

"君子终日乾乾"，"天行健，君子以自强不息"（《易经·乾卦》)。三画卦，"始、壮、究"；到第四爻，"乾道乃革"（《易经·乾卦·文言》"九四"称"或跃在渊，乾道乃革"），变了，三画卦成六画卦，终（究）而又始，又一个"始、壮、究"，到六，又终了；到七，一阳生，"复其见天地之心"，又终而复始，再"始、壮、究"，生生不息了。人的智慧是与生俱来的，智海无穷，但是要培养。

《易·坤》："初六。履霜，坚冰至。"《象》曰："履霜坚冰，阴始凝也；驯致其道，至坚冰也。"阴凝、险凝，要解套，必要释凝，解开这个凝的局面，要沟通。

社会之所以弄成今天这样，就是因为什么也不知，不知自教育扎根。以前人教小孩，说："人先造死，后造生，要节省着用，则生命可以延长。上天派人做笔记。"使小孩从小就学会爱物、惜物，此即家教。家庭教育太重要了！今天的母亲有几个懂得教子之道？教育，是要利用人的欲与贪，使小孩逐渐走上轨道。看司马光（1019—1086）《训俭示康》一文：

吾本寒家，世以清白相承。吾性不喜华靡，自为乳儿，长者加以金银华美之服，辄羞赧弃去之。二十忝科名，闻喜宴独不戴花。同年曰："君赐不可违也。"乃簪一花。平生衣取蔽寒，食取充腹，亦不敢服垢弊以矫俗干名，但顺吾性而已。众人皆以奢靡为荣，吾心独以俭素为美。人皆嗤吾固陋，吾不以为病。应之曰："孔子称'与其不逊也，宁固'；又曰'以约失之者，鲜矣'；又曰'士志于道，而耻恶衣恶食者，未足与议也'。古人以俭为美德，今人乃以俭相诟病。嘻，异哉！"

近岁风俗尤为侈靡，走卒类士服，农夫蹑丝履。吾记天圣中，先公为群牧判官，客至未尝不置酒，或三行、五行，多不过七行。酒酤于市，果止于梨、栗、枣、柿之类，肴止于脯醢、菜羹，器用瓷、漆。当时士大夫家皆然，人不相非也。会数而礼勤，物薄而情厚。近日士大夫家，酒非内法，果、肴非远方珍异，食非多品，器皿非满案，不敢会宾友，常数月营聚，然后敢发书。苟或不然，人争非之，以为鄙吝，故不随俗靡者，盖鲜矣。嗟乎！风俗颓敝如是，居位者虽不能禁，忍助之乎？

又闻昔李文靖公为相，治居第于封丘门内，厅事前仅容旋马，或言其太隘。公笑曰："居第当传子孙，此为宰相厅事诚隘，为太祝奉礼厅事已宽矣。"参政鲁公为谏官，真宗遣使急召之，得于酒家。既入，问其所来，以实对。上曰："卿为清望官，奈何饮于酒肆？"对曰："臣家贫，客至无器皿、肴、果，故就酒家觞之。"上以无隐，益重之。张文节为相，自奉养如为河阳掌书记时，所亲或规之曰："公今受俸不少，而自奉若此。公虽自信清约，外人颇有公孙布被之讥。公宜少从众。"公叹曰："吾今日之俸，虽举家锦衣玉食，何患不能？顾人之常情，由俭入奢易，由奢入俭难。吾今日之俸岂能常有？身岂能常存？一旦异于今日，家人习奢已久，不能顿俭，必致失所。岂若吾居位、去位、身存、身亡，常如一日乎？"呜呼！大贤之深谋远虑，岂庸人所及哉？

御孙曰："俭，德之共也；侈，恶之大也。"共，同也；言有德者皆由俭来也。夫俭则寡欲：君子寡欲，则不役于物，可以直道而行；小人寡欲，则能谨身节用，远罪丰家。故曰："俭，德之共也。"侈则多欲：君子多欲，则贪慕富贵，枉道速祸；小人多欲，则多求妄用，败家丧身。是以居官必贿，居乡必盗。故曰："侈，恶之大也。"

昔正考父饘粥以糊口，孟僖子知其后必有达人。季文子相三君，妾不衣帛，马不食粟，君子以为忠。管仲镂簋朱纮、山节藻棁，孔子鄙其小器。公叔文子享卫灵公，史鳅知其及祸；及戌，果以富得罪出亡。何曾日食万钱，至孙以骄溢倾家。石崇以奢靡夸人，卒以此死东市。近世寇莱公豪侈冠一时，然以功业大，人莫之非，子孙习其家风，今多穷困。

其余以俭立名，以侈自败者多矣，不可遍数，聊举数人以训汝。汝非徒身当服行，当以训汝子孙，使知前辈之风俗云。

要知道如何教育小孩。中国人把智慧建立在一切生命上。小时不糊涂，老了焉能糊涂？女的有无上权威，能俘虏男的，老女人也是从小女人来的。没有圣人，百姓如何懂得人的伟大？知其所以然最为重要。

何谓至善？什么是最好的地方？因为不能追根究底，所以社会净盲从。明知一个人坏却帮他，就是助人为恶，可以鸣鼓而攻之。"鸣鼓攻过"（《论语·先进》云"鸣鼓而攻之"）是一个礼法，叫他丢脸。必明白真义：如一个人说的不是人话，你还鼓掌，那就是助人为恶。

秦琼（秦叔宝，唐开国将领，和尉迟敬德日后成为门神）落难之际，穷得要卖马，牙子（买卖中间人）说："这马骨瘦如柴，能卖给谁？"有几个不助人为恶？多少人在无意之中，就助人为恶了！

颜回问仁，孔子说"克己复礼"，其细目是"非礼勿视，非礼勿听，非礼勿言，非礼勿动"（《论语·颜渊》）。如果没有真明白，如何明是非、别善恶，又怎么知道自己出了毛病？很多人每天都活在"似是而非"(《孟子·尽心下》云"恶似而非者：恶莠，恐其乱苗也")中，终造成绝顶的错误。

一根臭骨头，群狗抢。政客助人为恶，善良百姓得饱受蹂躏。掌权者狼狈为奸，老百姓被压迫。任何问题都要追问。汉初何以有"十老安刘"？

十老，指吕后称制时，反对吕雉的刘贾、刘交、蒯彻、陈平、栾布、王陵、周勃、张苍、李左车、田子春十人，设法要铲除诸吕势力。

遇事，必要用脑子想，要深思熟虑，虑深才能通敏。做事，就看自己做得是否完美，不必考虑给儿子，圣人不私其子(《论语·季氏》称"君子之远其子也")，孔子的儿子伯鱼也没能成学。

孟子"言必称尧舜"，历代歌颂"尧天舜日"，那何以尧、舜两人的儿子都不成器？可见即使是亲儿子，也未必能完成你的事业，那何不传贤，还可以使事业有所续。

尧、舜之子丹朱、商均都不成材，所以尧、舜在考虑继承人时，是以贤能作为标准。尧选定舜为继承人后，先是把两个女儿嫁给舜，试探他的德行；让他担任各种职务，锻炼他的才能；甚至将他放到野外森林中，考察他的综合素质，最终证明舜堪当重任了，便把位子让给了他。舜则传给了治水有功、百姓拥护的大禹。可见尧、舜、禹之相承，并不是血缘关系的世袭制，孔子以尧、舜为"公天下"的代表，即《礼记·礼运》所谓"大道之行也，天下为公"的理想。

遇事要虑深，才能通敏，敏就有功。今天摆在眼前的问题很多，必深思了，再决定要如何走法。知识分子是天地良心，不但管后果，连前因也必要好好追。前因追得明白了，后果当然就不会坏。用心深细，虑深通敏，要好好用脑。

你们正年富力强，遇事一定要好好深思，然后好好地安排，有层次地考虑。姑妄听之，可不能姑妄行之。人家突然对你好也要深思，才知其动机。

你们遇事根本没有反应，多么可怕！读《孙子》，要明变局，临事机敏，得有如常山之蛇的反应，首尾相护。

不要因自然环境而造成你们的孤陋寡闻。我是"人之将死，其言也善"（《论语·泰伯》），善世之言。将来的苦，你们是怎么也想不到的。

做事失败了，要研究自己，无病不死人。"在止于至善"，要在自己所长上用功，人皆有所长，要从己之所好，正视己之所长。"止于至善"绝不是空话，必要追根。养成有智慧，随时用上，买东西、做事时自然反应。

"止于至善"，自然之构思。练习长了，自然反应。要用心："为什么今天这么说话？"否则怎么当外交官？外交官在外受命不受辞，只要于国家、民族有利，"专之可也"（《春秋公羊传·庄公十九年》《传》曰"大夫受命不受辞，出竟有可以安社稷、利国家者，则专之可也"。何注"专矫君命而与之盟，除国家之难，全百姓之命，故善而详录之。先书地，后书盟者，明出竟乃得专之也"），必要有行权应变的能力。

至善，至哉！至，篆文⾄，《说文》云："鸟飞，从高下至地也。"头与地中间只有际，没有距离。两个东西之间必有际，"刚柔际"（《易经·坎卦》）、"天地际"（《易经·泰卦》）。有际无间，间隙、间隔。

"际"，《说文》称："壁会也。"段玉裁注："两墙相合之缝也。引申之，凡合皆曰际。际取壁之合，犹间取门之合也。"国际、人际、交际。"间"，《说文》称："隙也。"中间，间距，间谍，《孙子》有《用间篇》。

"元者，善之长也"，是长子、老大。"大哉乾元，至哉坤元"，"至"，跟定你了，你有多大，我就多大。"君子之道，造乎端夫妇"，夫妇多重要，是以义合，无论谁对谁错，有智慧者不会轻易离婚。

"一者，元之用"，孔子"变一为元"。止于元，即止于一，即正也。"止于至善"，"元者，善之长也"，即止于元、止于一、止于正。

奉元，得止于元。我"原元"，你们以此立教，**我们称"奉元宗"。前一村，有界与际；又一村，要以"元"化界与际，天下一家，一统。**《春秋》讲"大一统"，必守住正，故曰"大居正"，但是守住正可不易。养正就能用，第一步得守正。能居正，慢慢就一统，要除"界"与"际"。

"界"，田介，本义边陲、边境。《说文》云："界，境也。"《孟子·公孙丑下》称："域民不以封疆之界。"国界、边界、界约、租界、划界，皆是。

"天地之大德曰生"，父母在一起的作用，即生，屯（《易》第三卦）。生完了，蒙（《易经》第四卦），要启蒙，"蒙以养正，圣功也"。

儒家重视"正"，"政者，正也。子帅以正，孰敢不正？"一部《易经》即养正、圣功。**养正的目的，在成其圣功，以正治天下。**

孔子"志在《春秋》"，《春秋》在拨乱反正。正，止于一。王道，人人归往之道。拨乱反正成功了，王道之成就是成就"圣功"，亦即"一"。"远近大小若一"，一统。因为"一统"太了不起，故曰"大一统"，即天下平，所以要"为万世开太平"。

"为往圣继绝学"，我拼命讲学在此，此即活学问，必要活活泼泼、聪聪明明，不要被卖掉了都不知道。

我解张载四句（《宋元学案·横渠学案上》横渠四句：张载认为读书人要"为天地立心，为生民立命，为往圣继绝学，为万世开太平"），张载听了必定也拍案叫绝。此解非"狗不理"，绝对是"都一处"（独一处），真知味！我好吃，并不是会吃。

"与天地参矣"，即与天地合其德。"参"，平视，往前看之视点。自开始就是平的。人与天地平，因为都是"元"的子孙，人皆"天民"（《孟子·万章上》），"大哉乾元，万物资始，乃统天"，**因天、人是同根，故曰"相参"。**不曰"平"，因为无平，是以前不平。"参"，则是与生俱来同等的。既是同根，元同，同生同荣，自觉觉人、自度度人，所以要"荣生"。

能尊生、卫生、荣生了，即"止于至善"，达天下平，"为万世开太平"，求得人世的幸福，那岂不是"三生有幸"？

"儒，人之需也"，人需，你需、我需、他需，"君子以饮食宴乐"（《易经·需卦》），**以"需之道"饮食宴乐。**儒家是要使人求得现世的幸福，不是死后才上天堂、上极乐世界。"未知生，焉知死？"（《论语·先进》）人死如灯灭，焉知有来世、天堂、极乐世界？

"在明明德，在亲民，在止于至善"，《大学》的三纲领太重要！何以要"明明德"？是报本的思想。"明明德"，就是要每个人都懂得报本，感谢自然界的生生之德。

何以我们能够有吃、有喝，能饮食宴乐？因为"万物皆备于我"（《孟子·尽心上》），人人都有享用权，但是没有所有权，所以不允许有人有独占的行为，侵占了别人的享用权。

《尚书·皋陶谟》谓"天工，人其代之"，人的伟大在于能代天工，因为天工仍有所不足，人可更扩而充之，以弥补天工之不足，使之更为完善。如高山过不去，古时修栈道，现在用飞机、筑桥梁、通隧道以补其不足。将天工显得更为有用，即"天工人代"，此为人的责任。

明德报本，奉元行事。万物皆是人工的调整，以补天工之不足，则可以使人欲更为满足，生活更为舒适便利。**人有"役万物"的智慧，可以代天工之不足，使人的"生"更为充足。**

民族文化特别重要，若不能抓住文化精髓，就无法发挥力量。**民族精神之实践，乃是复兴中国文化之要。**"文没在兹"，此为中国人精神不可消灭处，人人皆可为文王，"活文王"知多少？不能行则无用，贵在表现于实际行为上，"显德行"，就看行为有德与否？

中国人何以五千年没有亡国？因为祖宗留下无数的智慧财，取之不尽，用之不竭，就看你自己会不会用了。

有人骂你，就是有人怕你。许多人枉费心机！**要自知、知耻、过智慧生活，**没有超凡的智慧才有社会苦恼。读完，可是什么都用不上，等于没读、没用！

我讲一个钟头，得想几年。**知识是活的，是宇宙的生命力。**能奉元行事，就成为真正的历史人物。我讲的是活学问，你们不要傻呆呆的，什么都与你们无关。

为文在达意，"辞，达而已矣"（《论语·卫灵公》），贵乎简练、动人，使人明白。《浮生六记》《红楼梦》都是白话。孔子好用对偶文句，如《易经·坤卦·文言》"积善之家，必有余庆；积不善之家，必有余殃"，押韵。

你们最缺乏严格的训练，我小时常被罚跪背书，不会背不能起来。天下绝对没有不劳而获的事。**借着书本，学会用脑，才会有见地。**勤能补拙，一勤天下无难事。我得天独厚，因为会背书，五十年没有职业，就在屋中独坐，没有人管我。结婚永远不会清静的，必得相忍。你们聪明但是用错，路子走岔了！夫妻之间不争是非，要用智慧，多用智慧考虑问题。**你们养成懂得用智慧了，才能应对一切事。**

你们太师母训我，太老师不满要离开；太师母喊："不许走！"太老师叫："泡茶！"听训。我举例，有深意：遇强权，得忍，她是你的娘。必要特别静，特别稳。君子斗智不斗气，遇事必要善用脑。

知止而后有定（不见异），**定而后能静**（心无外欲），**静而后能安**（安汝止），**安而后能虑**（虑深通敏），**虑而后能得**（自得）。

从哪儿入手？"知止"，知所当止，得其所止之宜。**"知止"，定得住**，人没有差多少。"知止"，而后有"定、静、安、虑、得"，皆自得也。得一，"天下之动，贞夫一者也"（《易经·系辞下传》），则"无入而不自得"。

人的智慧真是不得了！中国人谓之"元"。元，含乾元、坤元。"含"之智高于"生"，"含弘光大，品物咸亨"。

天，是元的用，"大哉乾元，万物资始，乃统天"。人统天，能创造一切，天工人代，可以弥补天工的不足，其智慧高得不得了，要好好培养。

有宗教信仰者，其贪欲皆超过一般人，因贪致迷。我讲经，净说真的，和尚劝阻，他们专讲故事。

"道不远人，人之为道而远人，不可以为道"，"率性之谓道"，"天命之谓性"，天命就是性，性禀于天，是与生俱有的，没有神秘，人人皆具有此一本能。

今天的怪现象，愈晚出的宗教，愈强调自己是真的。宗教书真能启发人智，但可不要迷，愈迷愈成为伪人。试问自己：又做过几回好梦了？

"知止"，有了目标，知止于正，就得"闲邪"（《易经·乾卦·文言》称"庸言之信，庸行之谨，闲邪存其诚"），邪，不正。注意！要走正路，不可以走偏了，邪。这就是人生。

"知止"，止于一，止于正；止于元，止于至善。**养正，奉元，**而后有"定、静、安、虑、得"五步功夫。**最难的是"知"，要真知。"知止"是真知，**"行远，必自迩""登高，必自卑"（《中庸》），因为没有一步就能够登天的。

"定"，不见异也，就不思迁，此为一部真功夫。整天跑，没有定静的功夫怎么读书？"还至本处"，"敷座而坐"（《金刚经》）。定心，心能定了，才能学。如每天心游荡，想学东西达一境界，是不可能的。只要心不放失，慢慢就能深入。

必要有自知之明，知道自己应止于什么，跑到底，不见异，"素其位而行，不愿乎其外"（《中庸》）。素患难，行乎患难；素富贵，行乎富贵。**素定，是自"知止"来的。**

"静"，心无外欲，"宁静以致远"（诸葛亮《诫子书》云"非淡泊无以明志，非宁静无以致远"），不知足则有外欲，人生最苦的为求不得之苦，人到无求品自高。镜可以鉴物，为其功用；而其德，则是"迎而不将"（《庄子·应帝王》称"至人之用心若镜，不将不迎，应而不藏"），无所不迎，不留痕迹，走过了无痕。

"安"，女在"宀"（mián，《说文》云"交覆深屋也"）下，喻安定，安稳，安于其位，素其位而行。"安汝止"（《尚书·虞书·益稷》），"钦明文思安安"（《尚书·尧典》），"在安民"（《尚书·皋陶谟》），"安无倾"（《论语·季氏》）。

"虑"，《说文》云："谋思也。"思有所图，计划之纤细必周。要养成虑深的功夫，虑深则出错愈少，愈准确，做事才能通敏。虑深通敏，此所谓"一致而百虑"（《易经·系辞下传》）。

"得"，《说文》云："行有所得也。"凡有求而获，皆曰"得"。"求则得之"（《孟子·尽心上》），各得其所，"得其所哉，得其所哉"（《孟子·万章上》），皆自得也。不妄想，要从自己所长入手。得其所止之宜，则"无入而不自得"。

儒家"定、静、安、虑、得"五步功夫，绝不亚于禅宗的"戒、定、慧"。经过"定、静、安、虑"四个修为了，而后有所"得"，自得。可不能贪得，人到财与情都不要了，才叫真的志。利欲熏心，人一贪图，就完了！

经一章

研究学问必得有脑子，是思想，活的。胆小，怕老婆可以，胆小不得将军做。**志，心之所主，不能强求。**一个人最低限度得了解自己，有自知之明也可以做点事。**真有脑，生活永远愉快，看事绝对不同于一般人。**

不要天天在欲上打转，什么都求第一也是变态，千万不要着相，"不应住色生心"，"应无所住而生其心"（《金刚经·庄严净土分第十》）。《心经》曰："依般若波罗蜜多故，心无挂碍（得失、利害）。无挂碍故，无有恐怖，远离颠倒梦想，究竟涅槃。"一着相就不好，任何事一笑置之，天下本无事，庸人自扰之。

出门，又何必对镜子照个不停？没有利欲的纠缠，才能将智慧升华。"嗜欲深者，天机浅"（《庄子·大宗师》称"其耆欲深者，其天机浅"），天机还不是智慧。天天在俗与欲中打转，那就没法活了。

政客只要不妖就好了，"绘事后素"（《论语·八佾》），没有好的底子怎么会好？狗嘴吐不出象牙来。

我之所以说这些，是要你们用脑，不是在讲故事。有脑了，还要有胆、有量，做事时，"识、胆、量"三者缺一不可。

佛经可以启发人的智慧，人能造佛造仙。证严是印顺的弟子，《法华经》的实行者。和尚是乞士，泰国规定不可以在家烧饭，要乞七家，逼人施舍，要人种福田，因为"施比受更有福"，所以多少有点儿限制，是人为的。

"定"，《易经·说卦传》称："天地定位。"《易经·杂卦传》云："既济，定也。"即不见异。定亲，定约，送定。

选对象，长得棒能当面包吃？要"贤贤易色"（《论语·学而》），不是看外表，色能长久？应重其德，贵德轻色。

问："天下恶乎定？"答："定于一。"又问："孰能一之？"曰："不嗜杀人者能一之。"问："孰能与之？"答："天下莫不与也。"

大一统，元同，性同。中国人的政治责任太重，大居正，"居天下之广居"（《孟子·滕文公下》），华夏思想，所以必要"兴灭国，继绝世"（《论语·尧曰》），继绝存亡。

一定要把中国思想看成是活活泼泼的，自己才能每天活活泼泼地活，有生命力。

"静"，何以能静？因为心无外欲、外务，不惑于欲、无所欲。一般人总想找一安静的环境去修行，但修行贵乎心静，行住坐卧皆禅。

何以天天苦恼？因为外务多，什么好处都想得到。任何事业绝不是一个人能够成就的，有嫉妒心的人绝不能成事。做人小器，就没有人帮你忙，怎么能够成事？

"安"，素其位而行。行仁，"造次必于是，颠沛必于是"，"素富贵行乎富贵，素贫贱行乎贫贱"（《中庸》）。安，没有不高兴，食不求饱美，随遇而安。

"虑"，"思之思之，鬼神通之"。有虑，细心、冷静，有耐力，有万全的准备。

"得"，得一了，"吾道一以贯之"。

人要知己之所止，但今天又有几个人知止？女孩知止否？男女生理不同乃是先天的，女人一犯贞操即可以检验出，男人则不然，所以女孩"知止"更为重要，应懂得人都是自私的，这是常态，不要想做超人。要保持一生的光辉，绝对要"知止"。

"知止"是活学问，每个人的"止"不同，安己之止。"知止

而后有定",都定了,位当,素其位而行,然后有所得。一个"止"字,包含无尽义。每个人都有每个人的"止"。

人就是自我陶醉!何以要如此自苦?五四时期,人物辈出,轰动一时,又留下什么?只留下多少迷思。可见"知止"是多么难!

要学实学,求真知,无真知能守得住?我在屋中坐五十年,现在到哪儿都说自己要说的话,没有包袱,到这年龄了,更是无名利问题。

物有本末,事有终始;知所先后,则近道矣。

"物",包含人、事、物。"物有本末",自此认识物,自基本入手。"事有终始",如环之无端,终而复始,事情没完没了,永远有的,家务事永远忙不完。

"物有本末",先"本"而后"末",**从根本到末梢,其中有多少高深的学问?**我们只在自己知识范围内了悟而已,并不是都了解了!看宇宙的构造,不得不承认有造物者,天文家天天有发现,但天天明白一点儿而已。怎么去追究?天下的猫狗都一样,自此理悟。但人不懂的又有多少?要学会善用智慧。

"事有终始",**终而必始,终始如无弄清,就乱。**利弊、是非、好坏、善恶不必看得太死,是自己体得与认识的,对面则不同于你,你说是利,对他而言却是弊;不旋踵间,你弊他利了。

一般人皆是非、利害萦其心,因此不能海阔天空。遇事应往宽处想。不要将事看得太拘泥,时间能够冲淡一切。

"物有本末,事有终始"。什么东西没有"本末""终始"?

是"元"，也就是"二端之所从起"（《春秋繁露·二端》）。所以，舜遇事，"执其两端，用其中于民"（《中庸》）。

愈研究，愈感到祖先有智慧。天下事没有贸然发生、冲动决定的，必要"知其所以"才可以"得其所以"。必须详细体悟，无真知焉能应世？

"知所先后，则近道矣"，此"知"，是"乾知"，《易》"乾知大始""乾以易知""神以知来"（《易经·系辞上传》），"大哉乾元，万物资始，乃统天"，"先天而天弗违，后天而奉天时"（《易经·乾卦·文言》）。所以，"知所先后"，并不是一般的先后，而是"乾元统天"，先于天，而天弗违；后于天的，必奉天时，则天。

"知所先后"，知所以先、知所以后，一切都要知其所以然，要求其所以然，"先天而天弗违，后天而奉天时"，要懂得先、后的层次。**知所以先、所以后，能顺事之性理之，则理事有层次，才能有条不紊。**

"近道"，并不是得道，也不是成道。"心诚求之，虽不中，亦不远矣"，虽不中道，也近道了！

"不可为典要，唯变所适"（《易经·系辞下传》），要识时、识势、知理，知其所以。不在乎先走、后走，而在"时至而不失之"（《文子·上礼》"夫圣人非能生时，时至而不失也"。《文子》又名《通玄真经》），必要有智才能应变，要随机应变，"时乘六龙以御天"。事在人为，不在先后，就看你得什么，在结局时能否捷足先登。

我讲完课，都再想一遍。我讲学重视实用，但必须有根据，所以强调依经解经。**你们开始奉元，结果必止于元，奉元行事。**

我今天所讲的，就是孔子来听也得交学费。赶上时代，将前人智慧当作肥料，以元为种子，自己当园丁，勤加灌溉、照顾，有朝之日开花结果。

"首出庶物，万国咸宁"（《易经·乾卦》），"利建侯"（《易经·屯卦》），"协和万邦"（《尚书·尧典》），平天下了，而后天下平，"天德不可为首""见群龙无首，吉"，大一统，元统，大同。都有一思想体系。

宋儒偷禅宗，讲"虚灵不昧"。（朱熹注"明德者，人之所得乎天，而虚灵不昧，以具众理而应万事者也"）朱子集理学之大成。王守仁帮当权者除异己，立大功（因平定宸濠之乱等军功而封爵新建伯，隆庆时追赠侯爵），真是为道而战？

清朝中兴，曾、胡、左等平定洪秀全之乱，乃是为道而战，为中国文化而战，因此使清政权得以再延续六十年。

曾国藩《讨粤匪檄》："自唐虞三代以来，历世圣人扶持名教，敦叙人伦，君臣、父子、上下、尊卑，秩然如冠履之不可倒置。粤匪窃外夷之绪，崇天主之教。自其伪君伪相，下逮兵卒贱役，皆以兄弟称之，谓惟天可称父，此外凡民之父皆兄弟也，凡民之母皆姊妹也。农不能自耕以纳赋，而谓田皆天王之田；商不能自贾以取息，而谓货皆天王之货；士不能诵孔子之经，而别有所谓耶稣之说、《新约》之书，举中国数千年礼义人伦诗书典则，一旦扫地荡尽。此岂独我大清之变，乃开辟以来名教之奇变，我孔子孟子之所痛哭于九原，凡读书识字者，又乌可袖手安坐，不思一为之所也。"

孔子一上台就诛少正卯，要除障碍，仁者不是不杀，"唯仁者能好人，能恶人"（《论语·里仁》）。

《荀子·宥坐》载：孔子为鲁摄相，朝七日而诛少正卯。门人进问曰："夫少正卯，鲁之闻人也，夫子为政而始诛之，得无失乎？"孔子曰："居！吾语女其故。人有恶者五，而盗窃不与焉：一曰心达而险，二曰行辟而坚，三曰言伪而辩，四曰记丑而博，五曰顺非而泽。此五者，有一于人，则不得免于君子之诛，而少正卯兼有之；故居处足以聚徒成群，言谈足饰邪营众，强足以反是独立，此小人之桀雄也，不可不诛也。是以汤诛尹谐，文王诛潘止，周公诛管叔，太公诛华仕，管仲诛付里乙，子产诛邓析、史付，此七子者，皆异世同心，不可不诛也。《诗》曰：'忧心悄悄，愠于群小。'小人成群，斯足忧也。"

必要分清楚。正或邪，历史必有最后的审判，邪不能侵正，真理就一个。

必要有深刻的认识，不可以似是而非。今天是非混淆，助人为恶者比比皆是，但无论什么环境，终究必站在真理这方面。我在蒋家时代，净吃眼前亏。

古之欲明明德于天下者，先治其国；欲治其国者，先齐其家；欲齐其家者，先修其身；欲修其身者，先正其心；欲正其心者，先诚其意；欲诚其意者，先致其知。

"古之"，点出主题了。"欲明明德于天下"，要与天下人同明明德，以己之昭昭，使人也昭昭（《孟子·尽心下》云"贤者以其昭昭，使人昭昭"）。

大家皆"明明德"，明生生之德，才能尊生，进而卫生、荣生，止于至善，"见群龙无首，吉"。

中国是礼仪之邦，诸侯之国如齐、鲁，称邦，天子之国，称国和天下。"先治其国"，《大学》里的"其"字，皆当自己讲，先治己国。

"欲治其国者，先齐其家"，欲治己国，先齐己家。"治国以法，齐家以礼"，"齐家"，家中用法，谁听你的？齐家须以礼，不然，第一个反对的就是你老婆，儿子心里也不服。

"妻者，齐也"（《白虎通义·嫁娶》云"妻者，齐也，与夫齐体，自天子下至庶人，其义一也"），与夫齐，二人齐头并进，并驾齐驱。齐家以礼，对太太要相敬如宾，懂得妙境了，才懂得人生。夫妇之密，亦得守礼，要有个型。"刑（型）于寡妻"，做个模范，二人走时，说"夫人请"，示礼让。

"齐"者，平也，恭也。一代一代绝对齐，吃饭时一辈一齐，一辈一起吃饭，其乐也融融，边吃边解决家庭问题，决定家中的大策。以前八十口为普通家庭，至少一百多口。

堂兄弟的生活都一样，发月银，有一定的规矩，一辈一个待遇，显不出谁亲谁不亲。月银用完，只能赊借。我用完，常向几个姐姐借贷，被我额娘得知了，训诫，不许再犯。

"欲齐其家者，先修其身"，欲齐己家，必先修己身。"刑于寡妻，至于兄弟，以御于家邦"（《诗经·大雅·思齐》），做太太的模范，太太心服了，才能治大夫之家、诸侯之国，做政治家。

夫妇至近、至密，但也得守礼，要有个型，太太能服丈夫最难，"身不行道，不行于妻子；使人不以道，不能行于妻子"（《孟子·尽心下》）。先修其身，"其身不正，虽令不从"（《论语·子路》）。

修身，先致己"知"，即《易经·系辞传》的"乾知"，亦即《易经·乾卦》的"乾元"，孟子称"良知"，佛称"性智"，先使"良知"发挥作用，**与生俱有的性智。**

"欲修其身者，先正其心"，修身何以要先"正心"？因为心没正。先除心之患，正心。正心，"志，心之所主"，人真有志了，就不讲利害。"士尚志"（《孟子·尽心上》），以此衡量一个人。心，是体，正心。正心，而后心正。心正，为用。《大学》"正心"之后，此"心"之作用方足以为法。心正了，为用，才是正道。

"欲正其心者，先诚其意"，正心，先诚意。"在天曰命，在人曰性，在身曰心，**在心曰意**"，心猿意马，人太复杂，每天心意不定，所以首先要诚己意，即意念。

"万物动而不形者，意也"（《春秋繁露·天道施》），而心之微一动就不行，起心动念，如意不诚，则心不正，心为意之所从出。**诚意，自"毋自欺"开始**，真心亦即诚。诚意之至，则意即诚，诚即意。

《中庸》与《大易》相表里，《大学》(用)与《中庸》(体)相表里。《中庸》是《易经》的缩本，是小《易经》，是中国思想的发源。

《大学》讲习，《中庸》讲心。因为"习相远"，故必"诚意正心"，否则就跟着欲跑掉了。欲为苦根，身为苦本，故"嗜欲深者，天机浅"。知此，又何必自找苦吃？

现在的小孩，大人自小就为他安欲。欲，永无止境，一如熏的功夫。以前"同庆楼"以熏有名。

"欲诚其意者，先致其知"，八条目：格物、致知、诚意、正心、修身、齐家、治国、平天下。格、致、诚、正、修、齐、治、平，即中国的"八骏图"，八个远大的图谋。昔日有文化家庭，家中多挂有《八骏图》，用以勉励。

致知在格物。

《学庸》有力量，可以应万事万物。**《大学》经文的转折点就在"致知在格物"一句。**熊先生在《读经示要》（卷一，初版刊于1945年12月），对格物之学有相当看法，可以参考。

"致"，当动词，有求取、获得之义，同"致中和"之"致"，乃是功夫所在。《中庸》"致中和"，是人的事，"致中和，天地位焉，万物育焉"，天人合德了，最后"与天地参矣"。

"致知"，是致什么知？王阳明说"致良知"。"良知"一词自《孟子》来，但称"良知"，则有良也有不良。《易经·系辞传》"乾知大始""神以知来"，乾以"知"作为原动力，大始万物，所以，致知的"知"，应是"乾知"。

"大哉乾元，万物资始"，虽看不见，但是可以体得，体万物而不可遗也，此即《中庸》所谓"微之显，诚之不可掩"。

"致知"，是有智慧了，懂得求，要求什么？求一看不见的东西，以达"知"的境界。要知止，止于至善，达至高之境，所以要深究。

"格"，一、穷究；二、正，"格君心之非"（《孟子·离娄上》），匡正。"物"，包含人、事、物。"格物"，探究人，研究事、物之性。能尽己之性，然后能尽人之性，进而尽物之性。"尽"，是一点儿保留也没有，完全发挥出来。

"致知在格物"，**研究物，在正物之性、物之用。**物如用偏了就坏，也不可以随便浪费。"格物"，**研究事物，就达"知"的境界，**

"乾以易知"，"乾知大始"，**正本，不舍本逐末。**

物格而后知至，知至而后意诚，意诚而后心正，心正而后身修，身修而后家齐，家齐而后国治，国治而后天下平。

"物格而后知至"，懂得求了，求真就有所得，求知—得知—知至，"知至至之"，即有了结果。

先"知止"。下什么功夫？"至"。如有一点儿距离，也不是至，大哉至哉。"至"，是功夫，"知至至之"。"知止"，"止于至善"，得天天拼命达到那个善。希圣，下"至"的功夫；"知至至之"，达至圣了。

每个字都得如此下功夫，没有空的。"知至至之"，含"知终终之"（《易经·乾卦·文言》称"知至至之，可与几也；知终终之，可与存义也"），"无成有终"，"永贞，以大终也"（易经·坤卦）。

致知—知至，一"知"双转。《大学》著"知"，"格物致知，物格知至"；《大易》藏"元"，"大哉乾元，至哉坤元""乾知大始，坤作成物"。

"知至"，而后知耻、知言……"知止"，是从格物所得的经验。"知止"，而后有定、静、安、虑、得，皆自得也。人人皆有性，人人皆可以率性；人人皆有道，人人皆可以为尧舜。

道之所以远人，乃因"人之为道而远人"，所以不可以为至道。宇宙是个大天地，人是个小天地，"天之历数在尔躬"，"万物皆备于我"，皆不假外求，是与生俱来的。

《大学》"致知在格物，物格而后知至"，尽性而后知至，是体验万物之后，有了正知正见，知道"知止"，止于至善，"为人君，止于仁；为人父，止于慈"。**"知止"，就是自"格物"有了结果来的。**

"格"，研究，正也；"物"，包含人、事、物。"格物"，正物，类物，研究万事万物所得的经验，《易》讲"类万物之情"。类万物之情、正万物之情，是为了尽物之性。

人为万物之灵，可以类万物之情，正天下之人、事、物，尽己之性，尽人之性，尽物之性。能尽己之性，就能尽人之性；能尽人之性，自觉觉人了，就是"作新民"，己立立人、己达达人。

"知止"，结论就一个：谁能"知止"就不失败。中国人的智慧完全自体验中得来。伏羲仰观俯察，近取诸身，远取诸物，画八卦，"以通神明之德，以类万物之情"（《易经·系辞下传》），即"致知在格物"的功夫。

没有发于"知"，就不真知，完全是假的，故曰"致知在格物"。

真懂了，才叫明白，非听一遍就能明白。重视中国人的思想，看我们多落伍！

昔日笔筒八面皆有格言，当顺口溜、座右铭，但是摆在面前有天天看？写没有用，知道不去实行，就等于没有知。只讲不做，岂不只成糊口的工具而已？证严法师的成功，是在于行，不在于讲。真想有成，要行。

当政者如果本身比土匪还坏，还谈得到治国、平天下？看台湾社会，人心无所主，政客们不知自己天天搞些什么，什么也不懂，就不真知。

无超人的智慧，又如何领导别人？你们**每天看时事，是活课本，智慧之泉源，以之作为印证，就知道自己应该如何奋斗。**

别人没有像我这么想、这么讲的。我至今犹为志奋斗，人有志永不废颓。"善教者，使人继其志"，孔子"志在《春秋》"。《春秋》为用，《大易》为体。我重视《大易》与《春秋》，作为书院主经。

朱子认为《大学》古本有错乱，另修订；王阳明不以朱子为是，照古本讲。

"四书"很重要，如真下功夫了，除《大易》与《春秋》外，中国书都可以自己看。**"四书"是中国传统思想的基础**，但在台湾地区教中国学问的教授，从头至尾读"四书"的没几人！

《尚书》即《书经》，《周官》即《周礼》。研究社会学，应注意《周官》一书，但是费劲。中国书太多，熊十力的《读经示要》最为捷径。

此外，皮锡瑞（1850—1908，宗今文说，被誉为"研精汉儒经训之学，宏通详密，多所发明"）的《经学历史》及《经学通论》亦可参考。在读一经之前，自己先看有关的概论书，必要求真知。

好好用脑，开辟新天地。**中国学术伊始即系统化，中国学问确实是"一以贯之"，有系统，也确实有学统。**但以前用竹片，易于散失，也有错简，丢太多了，《易经》后面丢太多，也有后人掺入的，所以难看出系统。如不丢，不得了！

孔子"读《易》，韦编三绝"，翻来覆去研究，所下功夫之深，"假我数年，若是，我于《易》则彬彬矣"，晚年赞《易》，"序《彖》《系》《象》《说卦》《文言》"（《史记·孔子世家》）。就现有经文悟，必要好好下功夫。中国学问皆实学，悟通了，都是成方子，可以取之不尽、用之不竭。

中国精神乃是"和而不流"（《中庸》云"君子和而不流，强哉矫"），五伦皆含群德，承认"我"以外，有"别人"的存在。"和"，群德，见谁都处得来，可不能同流合污。

"羊羹虽美，众口难调"，人的毁誉能影响你就坏了！毁誉能动心，那一生绝不能成事。要有自己的主宰，俯仰无愧最重要。

我年轻时好旅行，就不以美国值钱，没去美国。八国联军，英、法、德、美、日、意、奥、俄，国家全靠国势排行，并不代表其学术高。

亚洲国家大都受中国影响，尤以韩国为深。昔日越南亦到中国参加科举考试，日本则有许多古中国书。

日本到中国制造五个政权，除"满洲国"的溥仪（1906—1967）、内蒙古的"德王"（1902—1966）外，其余的都被枪毙了。

王揖唐，是顾家（徐乾学之后，也是顾炎武的支裔）门婿，绝对高门。那时，我看到王被枪决，满脸的胡子卧在血泊中，至今犹不能忘怀！

王揖唐（1877—1948），安徽合肥人。近代中国著名政治人物、诗人，曾在"中华民国"北洋政府以及日本成立的多个傀儡政权中任职。有赞美日本天皇裕仁的诗作："八纮一宇浴仁风，旭日荣辉递葳蕤。春殿从容温语慰，外臣感激此心同。"1948年9月10日，他以"为敌宣传战功，叛国亲日，五次举行治安强化运动，供敌粮食、金钱及其他物资，增强敌人实力"等罪名，在北平的监狱被枪决。

都是因为迷而出了问题。**"先迷失道，后顺得常"**（《易经·坤卦》），**这句话多发人深省**！光看名利，而不知名利后面，就是祸害。现在有人觉醒，但已经慢了。

龙、麟，在中国为最重要的两个符号，《春秋》绝笔于获麟，称"麟经"。

《春秋公羊传·哀公十四年》"春，西狩获麟"，《传》曰："何以书？记异也。何异尔？非中国之兽也。然则孰狩之？薪采者也。薪采者则微者也，曷为以狩言之？大之也。曷为大之？为获麟大之也。曷为获麟大之？麟者，仁兽也。有王者则至，无王者则不至。"

《易经》乾卦六爻，象征六龙，由潜龙至亢龙，喻六变，"时乘六龙以御天"，为"龙经"。

要求真知，必经过苦修了，才能"本立而道生"。做人亦必求真知，才不会一步步走错。

真知，要"与时偕行"（《易经·益卦》），何以时一变就改变，哪有真知可言？

我在台湾教书五十年，是过来人，但我永不后悔。可是你们不行，你们没有立场。我有时自嘲，多大的耐力呀！在屋中坐五十年。

"知至而后意诚，意诚而后心正，心正而后身修，身修而后家齐，家齐而后国治，国治而后天下平"，从"致知"到"知至"，此"知"是什么？何以"知至"了，而后"意诚、心正、身修、家齐、国治、天下平"？

何以境界都没有达到？乃因为心没有正。想正天下，必得先把自己变成规、矩，才能正天下的方圆，因为"不以规矩，不能成方员（圆）"（《孟子·离娄上》）。

"格致诚正"，心正则身修，近悦远来，化民成俗，家齐—国治—天下平。"子帅以正，孰敢不正？"必自正而后能正人，即一部《大学》。

天下平，止于至善，拨乱反正，圣功。《易经》从"蒙以养正，圣功也"，到"天德不可为首""见群龙无首，吉"，则达太平世、大同。

要求真知，不真知，天天装神弄鬼，以至于今天社会百病齐发。大学生的脑子有像个大学生？幼稚病、光怪陆离现象层出不穷，就因为都没有脑，都没有学智慧。

台湾捧关公，尊为"关圣帝君""武财神"，关公根本是个莽汉，其历史为一笔糊涂账。历史读清楚了，才能有头脑。

自天子以至于庶人，壹（一切，完全）**是皆以修身为本。其本**（修身）**乱，而末治者否矣。其所**（据其人而言）**厚**（看重）**者薄**（看轻），**而其所薄者厚，未之有也。**

"本""末"，是以层次言，修身为本，其余为末。本乱末治，明确告之，不可能的事。

"厚""薄"，乃是看重与看轻的。"于所厚者薄，无所不薄也"（《孟子·尽心上》），也就是本末倒置。"末之有也"，没有这回事，肯定的语气。

"修身为本"，本立而后道生，"己立立人""己达达人"（《论语·雍也》称"仁者，己欲立而立人，己欲达而达人"），自救而后能救人，不能自救焉能救国救人？

孝为德本，本不立，家就乱，本末倒置！看小孩，即可知其家庭如何，家庭教育极为重要。小孩没有家教，不懂得人的尊严和为人之道。**如从小就教导，知道尊严与责任，就不会作践自己。**

教育应重视修身，**要使小孩修到自己够水平，**而不是去骂人、打架。以修身作为生活教育，好好教育下一代，树立有文化的形象，也是家庭幸福的基石。

结婚，必要选有德的太太，否则一子下错了，满盘皆输。没有家教，下一代也不会好。德，乃是能按部就班，每天尽自己的本分。选对象必选有德的，小孩的好坏，关键即在母亲。

伟人的父亲不必是个伟人，而伟人的母亲必是个伟人，因为小孩从小天天与母亲在一起，耳濡目染，是身教之所在，攸关小孩的终身幸福。

以前女人将孩子看得重要，不把感情摆第一，极有智慧。**一个女人应用学问与智慧装饰自己，有专才才是真美，日久愈加芬芳。**

要聚精会神，小事也清楚，不可以马虎。暗处都注意看，定有成就，因为能专。注意一般人不注意的事，从小事可以看出一个人，自写字，可看出其心定不定。楷书，庄以莅之，必要有毅力，有定力。从小就训练，否则也要在青年时培育好。

严格训练自己守分做事，不犯毛病。享福与受苦，没有标准。原则：可以没有成就，但绝不可丢祖宗的脸，无忝所生。必要叫别人说好，即乡愿，色庄，伪君子。

年轻人无论家庭环境怎么好，日用也不能超出一般人的生活水平，否则养成习惯了，没有就不行，后患无穷。

为人父母的不能没有理智，昏头昏脑，尽教女儿学唱歌、跳舞，而不教之以道，日后以之谋生就糟，净为人作乐子。

小孩要学的东西太多了，不如人的地方也太多，绝不能偶俗、随俗，应知所当务，当务之为急。

要过智慧、理智的生活，习惯成自然。吃应定时定量，不是吃得好。过精神生活，人就怕忧虑，心境很重要。

想身体好，自年轻开始保存，注意摄生之道。**过正常理性的生活，凡事不可以过量、过力。**

年轻人喜助人，但也必懂得行有余力再去助人。不能做力所不能及的事，否则是自苦。事不关己，力量达不到绝不做，不自苦。一个自苦的人还能做什么事？必行有余力了才去做。有人向你借钱，必在自己能力内，则不还你也可不要，才不必最后要跳海。按自己能力借人，不还不找他，否则朋友就断交了；送回，谢谢他。

各人有各人的环境，应按自己的身份、环境行事。**必按自己能力做事，不要靠冒险做事**。处世要有一定的分寸，不能因人因事而异，一旦失了分寸，自己就站不住了。

人与人交往，必要有一定的原则、标准。没有危急能向人借钱？许多人就是被亲友拉垮的。绝不超过自己的分与寸，完全感情用事太危险！**完全靠冒险求生存很可怕！**

做事，必用智慧衡量其高低，不贵乎人知，而贵乎自己心安理得。遇事，要前后左右去想。上品，最上品；智慧，妙智慧。层次不同。

何以要研究孔学？要求什么？孔子说伯夷、叔齐："求仁而得仁，又何怨？"（《论语·述而》）人真有志了，就不讲利害。"士尚志"，以此衡量一个人。

当领导的贵乎有德、能，贤者在位，能者在职，能领导群众。将来哪个同学能领导书院？已经一天比一天近了，必要用智慧解决。

领导贵乎有德、能，没有德，什么也不行。**要学智、修德，智德兼备，必仁且智。**

传第一章　释明明德

《康诰》曰："克（能）明德。"

《尚书·周书·康诰·序》："成王既伐管叔、蔡叔，以殷余民封康叔。"

此为成王任命康叔治理殷商旧地民众的命令。

《大甲》曰："顾諟（shì，是、此）天之明命（在天曰命，明德）。"

《尚书·商书·太甲上·序》："太甲既立，不明，伊尹放诸桐。三年，复归于亳，思庸，伊尹作《太甲》三篇。"

《帝典》曰："克明峻（大）德。"皆自明也。

《尚书·虞书·尧典·序》："昔在帝尧，聪明文思，光宅天下。将逊于位，让于虞舜，作《尧典》。"

古本《大学》与朱子的修订本，所排列不同。朱子一改编，就成问题了，传与经乃有所出入。

《帝典》，是主宰的规范，即如今之大法。以尧、舜为标准模范的人物，故曰帝尧、帝舜。《尚书》以二典（《尧典》《舜典》）作为主宰之大法。

《康诰》《太甲》及《帝典》，三篇皆出自《尚书》。此为三句、三件事、三个境界。

一、"克明德"（《康诰》曰："惟乃丕显考文王，克明德慎罚"）："克"，能；"明德"，即本心。"克明德"，能明德，能明谁的德？明己德。自明，才能用有德者，能慎罚，"举直错诸枉，能使枉者直"（《论语·颜渊》）。

二、"顾谉天之明命"（《太甲上》曰："先王顾谉天之明命，以承上下神祇"）："顾"，常目在之，同"观自在"之自在。"谉"，是，此也。念兹在兹，眼睛在看，不离，如母亲看婴儿，目光不离，唯恐一不小心摔坏了。在天之明命，"在天曰命"，明命，体。必先有以自明。

三、"克明峻德"（《尧典》曰："克明俊德，以亲九族"）："克""明"，皆功夫；"峻"，大也，"峻极于天"。天德，天有好生之德，尊生，仁也。尧则天，"唯天为大，唯尧则之"，"克明峻德"，**能明天德，尽性，发挥性的本能**。去私，则天，法天，天无私覆。

"皆自明也"，必得"自明"，别人是帮不了忙，爱莫能助的。"君子以自昭明德"（《易经·晋卦》），皆非外求的，乃是与生俱来的明。每个人皆富有无尽藏，不必自外求。**成功，皆自强也。**

会讲《易》，但是《易》对自己能否有所助益？赵普（922—992，北宋初年宰相）以"半部《论语》治天下"；我以为半部犹多，只要真行了，一章就足以成功。

一年写八本书，也不过是抄书匠而已，并不代表你的生命。会背书，骗钱的工具够了，但是不能行，也不是真学问。

谁不往自己的脸上贴金？香河老太太就是真的，她不会讲，就是行，内心是绝对圣洁，真是"六祖堂前一菩萨"。

1992年，河北省香河县淑阳镇胡庄村香河老人去世。香河老人原名周凤臣，平日衣着俭朴，长年茹素，口味清淡，不沾烟酒，早睡早起。为人正直，忠厚善良，乐于助人，恪守孝道，对长辈尽心服侍，对平辈平易谦和，对晚辈宽爱严教。日常多行善事，为人治病，兼修炼了自己的功力。去世时88岁，死后尸体不腐，并且保存完好。

自己不能，而别人能了，就不能说天下人没有，广钦（1892—1986）死后得的舍利子多。真知不易，一个人内心没有反省，写什么书都没有用。

会背书就有用？必得行，且行到全身皆舍利（遗体火化后，形成的固体结晶物）的境界。六祖（638—713）距今已经一千多年了，据说他的金身现在敲起来犹有铜声，真是到了化境，不是常理所能明白的。

传第二章 释新民

汤之《盘铭》曰："苟（诚，真的）日新，日日新，又日新。"

"盘"，古代的洗脸盆、洗澡盆。"铭"，刻在器皿上用以警戒的箴言。青铜器宝贵的就是上面的铭文，也就是金文。

"苟日新"，诚日新，真的日新，日新己德，刚健，行健不息。刹刹生新，时时新，从里到外皆新，能不合乎现代所需？

"苟日新"，真的日新；"日日新"，不足，要每日新；"又日新"，还不行，再加一翻，又日新。21 世纪中国必然新，**时代推动的，不能不新，但根可不能变。**

根据一个原理推，思想也必然演进。在开你们的智慧！就为了"作新民"，"振民育德"（《易经·蛊卦》），"以果行育德"（《易经·蒙卦》),以达华夏化成。

人皆望子成龙,振子,但还要始终如一,育德。得好好教子。汤如此用心备着,可是他的后代子孙看了吗?如真看了,又怎么会亡国?可见根本就没看。

萧规曹随,其实是懒惰人掩饰自己不成才的做法,一个懂得创新的人,绝不会只是萧规曹随,因为"不可为典要,唯变所适",所以要日新又日新,"通其变,使民不倦","易穷则变,变则通,通则久"(《易经·系辞下传》),穷、变、通、久,"穷变通久",这也就是《易经》最伟大的地方!

新,是因于旧,"因不失其亲(新)"(《论语·学而》),是有所本的,不知旧的,怎么能够创新?"温故而知新,可以为师矣"(《论语·为政》)。如不懂得"因"就求新,那岂不成空中楼阁了?

今天讲中国思想,为什么要掺杂外国思想?怎么新?孙中山,谱名德明,字载之,号日新。

人的修为特别重要,不要太马虎。今天疯子太多!时代是演进的,物质可以进步,但行为不可以出轨,**品德可是没有新旧**。君子终日新,日日新,"夕惕若,厉无咎","又日新"。

《康诰》曰:"作新民。"

《康诰》曰:"汝惟小子,乃服惟弘王应保殷民,亦惟助王宅天命,作新民。"

人活着,得做个新民。怎么新法没说,就告诉每个人都得"作新民"。就此看古人,没有一个不是好人的,他都备着,但是人人都不看。

"作新民"，**必要去旧染，才能新民**。如人家怎样，我也怎样，即"染"。社会是个大染缸，传染病严重，墨子悲丝之受染，《爱莲说》赞莲"出淤泥而不染"。

取名字要注意，周道济，可见其父为读书人。奉元书院要"道济天下"，传技术可以糊口养家，有一技之长即精一。**"新民"，即是"道济"**。济，渡也，"天道下济而光明"（《易经·谦卦》），奉元"智周万物，道济天下"。

讲"亲民"或是"新民"，都有证据。先亲民，才能新民。**去旧染，时时新，进进不已。新民，道济**。

《诗》（《大雅·文王》）**曰："周虽旧邦**（诸侯之国）**，其命惟新**。"

"周虽旧邦"，邦，诸侯之国；旧邦，国家老了。"其命惟新"，不失其新，日新己德，德仍不停，上天乃不停赐新命给他。新，是根据旧来的，"因不失其新"，"周虽旧邦，其命惟新"，旧国不代表落伍，在能维新与否。

中国自从鸦片战争（1840—1842）以后，最大的乱就是国人失去了自信心，"夏畏于夷"。"新儒"，根本是"夷儒"！

古老的中国要创造维新，养料太多了，虽是旧邦，"其命惟新"，**随时**，每天所行的事绝对时髦，不就是**维新**吗？怎么可以以"夷化"为新？

要用许多作为参考，**以时事为师**，了解"时"与"事"才能鉴，以此为鉴。

是故，君子无所不用其极。

"是故"，说了千言万语，还告诉你，因为这样……所以……

"君子无所不用其极"，"极"，究，穷究。什么都有极，太极，形容极到头了。人极，人的至高境；皇极，治理的准则。"无所不用其极"，"无所"，没有地方；"无所不用其极"，没有地方不用最高的手段，所以要"素其位而行"。目的呢？"无入而不自得"。

"无所不用其极，无入而不自得"，这两句话多可怕！真是比法家还法家。就这一章里面的含义有多少？

"无入而不自得"，"德者，得也"（《礼记·乐记》），有得于心，所知都能行，就有所得。贵乎求德，知行合一了，才是德。"无入而不自得"，到哪儿都能自得，皆自得也。

"新民"，就是"道济"，贵乎行。"新民"，也得用"极"的方法，"无所不用其极"，无论在什么地方，必要用自己最高的手段、谋略，用此一智慧应世，故孔子说"我战则克"（《礼记·礼器》）。

细心，懂得境界了，就会用其极。张大千晚年的泼墨境界高，此即画道之极；香河老太太肉身不腐，则是修道之极。没有达到最高的境界，乃是没有能用其极。读书真明理了，夜里都睡不着。

传第二章　释新民

传第三章 释止于至善

《诗》（《商颂·玄鸟》）云："邦畿（京畿之地）千里，惟（语词）民所止。"

"邦畿千里，惟民所止"，邦，诸侯之国；畿，京畿，是皇帝的所在地。"惟民所止"，即民之所止，含有**"尊民"**的思想。

读书人之卑鄙，说"惟民所止"影射"雍正无头"，乃大兴文字狱。没有比读书人再卑鄙的，没有比老百姓再纯洁的！所以，如果真是有极乐世界的话，那绝对是纯洁老百姓去的。一个有知识的人如无德，则连妓女都不如，还谈什么？

《诗》(《小雅·绵蛮》)云："绵蛮（鸟叫声）黄鸟，止于丘隅（山的一角）。"子曰："于止，知其所止。可以人而不如鸟乎？"

"绵蛮"，鸟叫声；"黄鸟"，鸟中最小的。"止于丘隅"，在山的一角栖息，是人少到的安全之所。

不"知止"，"可以人而不如鸟乎？""知止"，许多事要先立志，孔子"十有五而志于学"（《论语·为政》），止于自己有所保障处，止于自己之所安。同学如能"知止"，不出十年都有成绩，但是必要走正路。

"于止，知其所止"，自己要学什么即己之所止，就应"无所不用其极"，才能"无入而不自得"。

但各人之所止不同。各人所止不同，做什么都有其所止，要下"精一"的功夫，有一技之长了，就不必要饭，如学会做馒头，跑到哪儿也不会饿死。件件通，则件件松。

问自己："外国语学得如何？"时间、空间都有，何以不好好下功夫？有一技之长了，就不必为人做奴，就因为没有吃饭的本钱才会不要脸。**人必要谋一技之长，才能保自己的尊严**，天爵自尊吾自贵，要自尊自贵。

天下最可怜的是知识分子，尤其有德者少，历史又有几个文天祥、史可法、岳飞？国民党败逃之际，又有几个殉身？

我小时本想学医，太师母要我救国，结果自己都没救成。"知止"，真有所止，就有选择的余地。

台湾许多馆子都是大兵传的，独树一帜，军人有人格的太多了。台北"不一样馒头店"，是来台的大兵开的，现在他四个儿子各买一栋楼，因为做事认真，当然就"不一样"了。

我不是在讲故事，你们遇事可有认真过？人精神一到，何事不成？每个人应知道自己之所止，就在自己所止上下功夫，不外求，久必有所成。

今天社会正需要有头脑者来指导。现在不良风气已经蔓延至小学了，连小孩子都要闹自杀，究竟他们从电视、手机、网络有没有得到好处？是否"未蒙其利，先受其害"？

《诗》（《大雅·文王》）云："穆穆（温和宁静）文王（文德之王），於（wū，语词）缉（继续不断）熙（光辉）敬止（敬己所止）。"

经文中的"文王"，系指文德之王，"法其生，不法其死"，是法"生文王"，代代皆有文王，因为人人皆可以为文王，只要修文德，就是活文王，不是指周朝的文王姬昌。何况姬昌称文王，乃是死后的谥号。

古代帝王、诸侯、大臣等具有一定地位的人，死去之后，根据其生平，给一有评判性质的称号，相沿成为制度，此制度称为"谥法"，所给予的称号名为"谥号"。谥"文"，表示具有"经纬天地"的才能，或"道德博厚""勤学好问"的品德。

查一查周厉王的谥号，看是何义。

厉，表示暴慢无亲。周厉王是贪婪之君，国人暴动，他逃到彘（今山西省霍州市东北）并死在那里。谥"厉"，便是对他予以斥责的"恶谥"。

你们要学智、修德。

"穆穆文王"，绝对不是开玩笑、白捡的文王，必要有修养的功夫，其功夫即为"穆穆"，有涵养，此乃成其为"文王"的功夫。

"於缉熙敬止"，文王之所以"穆穆"，学问高深，宁静致远，**乃因在"敬止"上有所光辉，且继续不断发挥他的光辉。**

"敬其所止"，"敬止"，慎择己之所止，止于至善。下"敬止"的功夫，对"止"绝不马虎，"敬事而信，节用而爱人，使民以时"（《论语·学而》）。敬事，敬业乐群，乃敬己之所止，天天不断地做光明磊落的事。

敬这个"止"，"知止"，得慎重地选择这个"止"，一如择业，这一生所要做的事即是自己的"止"，"敬止"即是敬业。读书人如果一无所长，将来就得靠骗人吃饭，那将来就与极乐世界绝缘了，所以要敬止，要敬止啊！

来台军人在台开许多风气，凭其一技之长可以不受气。"谭厨"现在已经是徒子徒孙。

谭府宴，可说是中菜精品，列为中国四大名宴。谭府宴最知名的菜色，包括谭延闿最喜爱的鱼翅、豆腐和鸡汁芽心等。因谭延闿字祖庵，号无畏，人称畏公，这些依他美食品味及指示所做的名菜，也被冠上其名，被称为"祖庵大排翅""畏公豆腐""畏公芽心"等，成为知名的名菜。"谭厨"的曹荩臣，在谭延闿家中掌厨十年，研发出许多菜色，他的弟子之一彭长贵到台后，成为台湾湘菜开山祖，创办"彭园"。彭的得意弟子黄清标，现任新加坡金沙酒店金山楼总主厨，有"新加坡厨界教父"之称。黄又将手艺传给"常聚"的陈铭德。

"天然台"以"连锅羊肉"**一口锅好**，但是现在也不行了。

闻香下马的没几人，多半是闻酒下马。

是说"真"的，都是假的，"真北平"以烤鸭有名。烤鸭，油要烤到肉里，肉又软又嫩，油不可以淌出。真知的没有几个，知味亦无几人！

什么也不能，还装士大夫阶级，还不如小老百姓摆地摊，与城管斗智。社会上就是斗智，战争是不得已而为之。黑金挂钩，一无所长者骗老百姓吃饭，百姓不高兴了，热闹！"天明畏自我民明威。"（《尚书·皋陶谟》）

为人君，止于仁；为人臣，止于敬；为人子，止于孝；为人父，止于慈；与国人交，止于信。

"知止"，含无量义！"知止"，如是领导者，"止于仁"，就是爱民。为人做事的，"止于敬"，就是敬事。此章很能启发人。

"为人君，止于仁"，养人，爱人，无不爱，没有分别心。做君，爱民，无不爱。"为人臣，止于敬"，做臣，"敬事而信，节用而爱人，使民以时"，敬事，是好好办事，并不是磕头。

《学庸》本是《礼记》之篇章，《礼记》成于汉儒。秦汉已经是君权思想了，"君"列为五伦之首，"忠"放在孝之前。**我们今天不讲君权思想，而是要讲传统的"天下"思想。**

将《学庸》两个"经"文相对应看，可看出后面的"传"，其中有些文字是汉儒所加的。自两个经文去体悟，要串在一起看。

想成就事业，修身、齐家为本。"为人子，止于孝；为人父，止于慈"，孝慈，孝生我者，慈我生者，皆责无旁贷。

"不养儿，不知父母恩"，但今之"孝子"，却是孝顺儿子。孝，乃是天生的，还要讲？为人子，孝顺父母应为第一要义。没有父母，哪有今天的你？

"为人子，止于孝"，必做，以顺当孝，孝顺父母。我这一代不敢不孝，否则没有立足之地。今天的人把"孝老婆"看得比"孝老妈"重要，多少人"娶了媳妇，忘了娘"。

我的学生憾事多，有闹离婚的，可不是普通的。其中有一位太太已经发狠要签名了，孩子都已经长大了。台湾人一有饭吃，就换老婆，何不使男人都打光棍？

还有委身事奉岳父母，而置自己父母于不顾的。孩子都已经大学毕业了，各有归宿，老两口一寄住妹妹家，一住"荣民之家"，已经分崩离析了！儿女究竟有无人性？如为人子女的都以利合，置父母于不顾，那人性何在？都知道"止于孝"，那要怎么孝？

一个人如果自己能够生存，那就在旁边好好看他自己生存，不要"热水浇花"，此即"知止"。**我绝对不给子孙一文钱，那他就会自己去想办法生活**。他们能够自己生活了，我就不锦上添花，将来东西都给满人。

"嗜欲深者，天机浅"，我不想做不到的事，无所贪，无所欲，就在屋中坐五十年，所以头脑比一般人澄清，至少无忝所生。

"与国人交，止于信"，"国人"，国都城内外之人；**领导人要与国人互信，才能成就事业**。信，大家都会说，可是行最难。

朋友以信，"与朋友交而不信乎"（《论语·学而》）？朋友更得"止于信"，必懂得处人之道。

你们同在一屋受课，彼此打过招呼的又有几人？没有群的力量又怎能发挥作用？没有群德，哪有群力、群策可言，岂不是苟合？

一个人的成就都是血染的。曾帅的顶子是血染红的，故誉之者曰"圣相"，毁之者曰"元凶"。孔子的成就确实不易！你们应严格训练自己，不要净妄想，要看自己究竟能做什么，然后全力以赴。

"有始有卒者，其惟圣人乎？"（《论语·子张》）能始终如一，有信德。日语毕业称"卒业"，是传统中国话。**我到过日本、德国留学，但无一张毕业证书。**

孔子评子产，"惠人也"（《论语·宪问》）。信人、惠人也都不容易，能做到特别难。一般人做事，都先想："于我有什么好处？"

人到临死还想"我"。必要如此认识自己，才有希望。"是我的"其中含无尽的私啊！要名、要利也是私。台湾至今在教育上完全失败，只知道有"我"，就目中无人。

会背《十三经》，完全不会用，也没用。整天不动笔，焉能有成就？今天有信德的人太少了！无信不立。**如果不知祸福自何处来，又如何能防患于未然？**

许多人净是骗人，就说假不说真，我指出他的缺点，他却说我嫉妒。哼！我二十五岁不到就被称"毓老"。

要自己发展组织，谁组织得多谁就是领袖。**组织看能力，要实事求是，贵精不贵多。**谁有能力经营谁经营，不要有应付的心理，谁有工夫谁参与。若结合不以义，完全以利，彼此利用，哪有道与义可言？

要保住中国的本色。"新儒"根本是杂种，文中掺外国名词就新？稍有头脑也不如此，真是"新血来潮"！说"讲旧学"，为什么不旧？讲中国学问与原子弹是两回事。读书的方向不能错，**要**

"唯变所适"，能用上了即是今学。"古学"与"今学"的区别要弄清。

字，有本义，有引申义。中国学问最难的是引申义。树立"奉元书院夏学文化中心"，**讲书必讲来龙去脉。**现在电视讲书的净说些什么玩意儿？我要做才说，空话没有用。一个人如果不懂得人的责任，就不知道为何而活。

如果连在生死边缘的朋友都无情无义，那还谈什么？了解他们的错误，第一要义即是"拨乱反正"。否则，想"认祖归宗"都来不及了！那些人完全是利禄之徒，得不到便宜就分家，完全争利与名，没有良知，利令智昏，因为有机可乘，但是官位太小，不能令其满足。

我们不争名不争利，要争做人。人到老还不说几句人话，那还是人吗？

岸信介（1896—1987）曾做过我的部下，他是在"满洲国"发迹的。

岸信介，1936年任"满洲国""工业部"部长，1940年任日本商工省次官，1942年出任东条英机内阁商工大臣。是在二战期间与战后，从未离开日本政治权力中枢的政坛人物。日本前首相安倍晋三为其外孙。

黄信介（1928—1999）则是民进党的前辈，他知道民进党的来龙去脉。

我要回家了！这两年我才明白并没有了解台湾人，今后还闹什么笑话，那就不得而知了！

我们要对历史负责，现在真正讲旧学的已经没有几个人了，今天教书的没有读过书。**我们生在什么时候都要实务，**懂此，方不虚度此生。有几个人脚踏实地做实务？皆趋虚名务实利也。同学绝对不可以走此路子。一本书未写完，就先估计能卖多少本，此实利也。

说台湾陋，"君子居之，何陋之有？"（《论语·子罕》）就怕没有君子！知道陋，就应补这个陋。必得先自清，才能清天下；先自正了，才能正天下。天下就吃饭最容易，天老爷不饿死瞎家雀。人就为了吃饭而伤品败德，无所不为？卖国的，害了纯老百姓！

一般人难知是非，说大是大非的人未必懂得大是大非。我希望你们好好读书。**人活着必活得像个人**，此为初步，**然后成为君子、贤人、圣人、大人。**

知人的最高智慧，"论笃是与，君子者乎？色庄者乎？"（《论语·先进》）看人像个人，还要"停、看、听"，此为知人之要素。做人必"停、看、听"，年轻人头脑要清楚，遇事要冷静，"停、看、听"此三字在人生上特别有玄机。

遇事不明白，停一下、看一看、听一听，先来个深呼吸，就能够判断是非。如果没有深呼吸的工夫，完全盲从，感情用事，怎么能不失败？

他们第一步错，我们不能跟着错下去，才有厚望焉。就怕你们去为人扛大旗。都是老谋深算，可没有小谋深算，是你自欺。**凡事留心，再去判断一件事。**

同学干什么的都有，我都当作笑话看，不能说也不要深说。走在三岔路口，能不谨慎小心？

《诗》（《卫风·淇澳》）云："瞻（看）彼淇（qí，淇水）澳（水湾之处），菉（lù，通'绿'）竹猗猗（yī，同'漪'，茂盛）。有斐（fěi，有文采）君子，如切如磋，如琢如磨，瑟兮僩（xiàn，威武貌）兮，赫（hè）兮喧（xuān）兮。有斐君子，终不可谖（xuān，忘）兮。"

诗引得好，是引诗人的智慧。

《诗经》前二句为"比"，兴而比；后二句则讲人的修为。"《诗》无达诂，《易》无达占，《春秋》无达辞"（《春秋繁露·精华》），必心领神会。《春秋》曰"况"，《易》曰"象"。

"有斐君子"，斐然成章，文采美盛貌。"有"，发语词。"斐"，来得可是不易，文质彬彬的君子是自"穆穆"而来，要下切、磋、琢、磨的功夫。

"如切如磋，如琢如磨"，切、磋、琢、磨，是治玉石、骨角的程序，**比喻循序而进，精益求精**。成器，必得经过切、磋、琢、磨的功夫。雕琢完了，还要磨光。

"瑟兮僩兮"，"瑟"，《说文》云："矜庄貌。"严密的样子，"僩"，**《说文》云："武儿**（威武貌）**。"**威武勇猛。瑟兮僩兮，喻弹琴的神态。

"赫兮喧兮"，"赫"，二赤，火红色；引申：盛大、隆盛、显赫、王赫斯怒；"喧"，《玉篇》云："大语也。"声大而嘈杂，喧哗、喧嚣。引申：显赫貌。"赫兮喧兮"，喻有威仪貌。

"瑟兮僩兮，赫兮喧兮"，喻弹琴神态，有威仪貌。

琴瑟，上弦必要不松不紧，松紧恰到好处；均等，有一定的距离，形容夫妇必守住中道。知琴理，懂得琴瑟和鸣，必知夫妇之道应相敬如宾。

琴、瑟音量不同，因为结构不一样。男、女都是人，但是不同，有先天的，有后天的，如乾旦坤生，四大名旦梅兰芳、程砚秋、尚小云、荀慧生，都是七尺男儿化装成女子，用假嗓（又称"小嗓"，古称"细口""小口"）演唱，神态举止比女人还美。

琴、瑟两种乐器的音不同，弦是用生丝做的，上面抹上一层胶漆，因为胶的浓度不同，声音乃不同。属于丝竹乐器，钢丝则刺耳。

琴，弦乐也。《说文》云："禁也。神农所作，洞越、练朱五弦，周时加二弦。"《玉篇》云："琴之言，禁也。君子守以自禁也。"《白虎通义·礼乐》曰："琴者，禁也。所以禁止淫邪，正人心也。"瑟，《康熙字典》曰："《说文》庖牺氏所作弦乐也。《徐曰》（古字典）黄帝使素女鼓五十弦琴，黄帝悲，乃分之为二十五弦。今文作瑟。"《说文解字注》云："瑟之言肃也。"肃，庄重严谨。

如切如磋者，道学也。如琢如磨者，自修（修治功夫）**也。**

"知交之于朋友，亦有切磋琢磨相成之义"（《新论·贵言》）。"切磋"，切磨骨角玉石等程序，喻朋友之间要开刀，互相讨论研究；"道学"，论道讲学，可以讲理论、告诉方法。但是必先研究，学了才能讲学。"琢磨"，琢和磨，制玉石，磨光，精益求精；"自修"，自我修养。

《尔雅》称："骨谓之切，象谓之磋，玉谓之琢，石谓之磨。"切、磋、琢、磨四步功夫，就在切的第一刀。在切之前，必要有完整的设计，得费多少心机。切，如裁衣，裁成的功夫，裁法一样，功夫不同，但大小必合宜适中。

必要有"慎思、明辨"的修养与智慧。经过"切、磋、琢、磨"

功夫了，乃能有德。"切、磋、琢、磨"是要"立成器，以为天下利"（《易经·系辞上传》），利天下。

骆驼，骨头大的可以雕刻。驼峰肉，最好吃。羊，最好吃的部位是羊尾巴，但是台湾羊没有那块肉。熊，好吃是熊掌。

瑟兮僩兮者，恂栗（xún lì）也；赫兮喧兮者，威仪也。有斐君子，终不可谖（忘记）兮者，道盛德至善，民之不能忘也。

琴、瑟的作用在弦上。弦是生丝做的，每根弦的粗细、缓急均不同，音才不同。缓，平音；急，高音。琴弦，上弦时软硬、距离都有一定，要合理、序、法、伦，音乃出。上弦，影响音色，在琴、瑟之间，就显出智慧。"瑟兮僩兮"，引申出严密、武毅的样子。

"瑟兮"，奏乐之前，必须先停几分钟，要调气；"僩兮"，引申为严密，严己身。"恂栗"，不可疏忽、萎靡，一点儿都不敢马虎，谨慎小心。既是严密，又有威仪，一点儿也不萎靡，即"望之俨然，即之也温，听其言也厉"（《论语·子张》），要以此修身。**做人也有一定的分寸，修为是最细的功夫。**

琴弦不单是分粗、细，做时力量有缓有急。生丝搓在一起，搓时用力不同。做乐器的老师傅，一摸就知好坏。幌子（挂在店门外，以招徕顾客的市招），是给人看，不卖的，昔日做行头（演戏用的衣物或道具），是家族企业。

以前，每年由名角、名流义演，将所得用来救济穷人，让他们冬天得以吃窝窝头。窝窝头，是北方一种粗粝的食物，贫人用来充饥的。演"窝窝头戏"，义卖的票价高。我弹月琴，师母的拿手戏是《三娘教子》。

月琴，是由"阮"演变而来的弹拨乐器。音色清脆，常用于独奏、民间器乐合奏、歌舞、戏曲和说唱音乐伴奏。

《三娘教子》唱功繁重，除《二黄》唱段外，前后尚有《西皮》《反西皮》《南梆子》等唱段。因剧种和流派不同，稍有差异，但主题和结构几乎一致，流传也相当广泛。

修身，也应经过这几个步骤，每一个步骤都不能大意。人生真能精通一件事很难。苏州弹词，坐相规矩，文静典雅。**人会说话，不是一个调拉到底，而是有抑扬顿挫，显出家风。**

人生都得"瑟兮僩兮"，一点儿也马虎不得，否则终身痛苦。人生至少要有一个幸福的家庭。一根弦如上错了，那弹出来的就不是那个味了！

音乐之美在于协调、和谐。别人跟着，即和，一个"和"字可不得了！两个人的水准不同，能够和？色不长久，外貌美好，为时太短了，变得特别快，而不变的则是内秀，此即真学问。

人生如果不惊天动地，首要即组一美满的家庭。《浮生六记》，沈三白与其妻陈芸，两人的程度要一样才能够美好。**结婚对象知识水准绝不能差太远，否则不能谈心，两人难以沟通。**

我不大注意骈文，但是外家以"选学"（《昭明文选》之学）传家，我觉得应该学，太师母不愿意教授，乃找舅家补习。**知识也得门当户对，否则怎能谈在一块？就是两人谈天，也必要棋逢对手。**

谭延闿（1880—1930，长于诗法、书法、枪法，与陈三立、谭复生并称"湖湘三公子"）家是名门，蒋夫人（宋美龄）喜谭三小姐谭祥（1906—1989，嫁给陈诚），另一位是谭淑，擅长颜字，在台师大上课。

谭淑自幼庭训，能书擘窠颜楷，年十八而能略知用笔之法，习书数十年，因受父叔辈之耳濡目染，故能得颜鲁公法乳；间习绘画，工画梅花，亦能俊秀挺拔。谭氏曾谓学书之道，其要有三：其一须具天资，其二须勤于学力，其三须多看历来大家真迹。人天资有颖钝，高下不同，殊难强到，学力则人人得而有之，如能勤习不辍，即使天资稍差，则学力固在。又谓晋唐奇迹，世有希观，宋元法书，亦非易见，至于明清两代大家亦不乏人，即近世诸贤亦多可法者，但贵真迹，庶易领略，石刻摩拓往往损缺欠真，徒存形似而已。习书之道，最要莫过于能得昔人作画之法，庶易收临摹之功，否则徒事抚拟仍难臻其神妙之处。至于用笔之法，则非有所受授不可，昔王羲之以笔法授献之称曰："至好良朋勿轻示之。"其所重要如此。

严家淦（1905—1993）老婆刘琪纯，蒋夫人少和她在一起。

"赫兮喧兮者，威仪也"，养威，"君子不重则不威"（《论语·学而》），"礼仪三百，威仪三千"（《中庸》）。相貌太重要了，我看人一眼，即知其人一辈子的前途。

台湾最重要的是接下来的一盘棋，在这个环境下，台湾人永远得输，永远跳不出去。

"有斐君子，终不可諠兮者，道盛德至善，民之不能忘也"，一位有文采的君子，望之而终不可忘兮，是不忘其人之德、俊、才，不是不忘其貌。德日久而弥香，终不可忘兮！才子与俊士有何区别？才子，才德兼备；俊士，才智超群。

经过切、磋、琢、磨四步功夫后，则"道盛德至善，民之不能忘"，使人终生不能忘。君子必须是道盛德至善，所以要好好下功夫，就算是不能成就大业，也绝非废才一个，因为有守有为。

"道盛德至善"，"有朋自远方来"，"德不孤，必有邻"。**德得止于一，奉元以养长万物**，我们是"道济"，不是慈济。岳麓书院的院训"实事求是"，造就了多少湖南人。

"故君子必诚其意"，意得诚，意淫就是淫。是在行，不在讲。和尚吃素鱼、素鸡就犯戒。犯不犯，其实是意念，并不在吃与不吃。六祖就净吃肉边菜，只想菜没见肉，所以才能肉身不坏。

我就是有一石（dàn）米，也不会给子孙，而是给真正能够接班的，但是太难！太难！许多事应该明白，要知人。**现在都来靠拢，绝不是真走我的路线，我岂是不知？**知人特别难，所以要练习知人。

老蒋偏爱余纪忠，余留英，王惕吾则没留学。但人知识愈多愈不可靠，可见知人之难！有学问未必有品德，两肋插刀的都是少读书的。怎么悟？你不能听人家的，人家会听你的？准则，即道。如不合于道，完全感情用事，就办不到！

人的生活愈简单愈健康，最重要的是过精神生活。北方吃火锅，必加臭豆腐。我天天吃青菜豆腐，每月例行到台大体检一次。我绝不在路边吃饭，也绝对不边走边吃。我讲吃，也等于吃了，仍有余味！

《诗》（《周颂·烈文》）云："於戏（呜呼）！前王不忘。"君子贤（当动词，敬重）其贤而亲（当动词，亲爱）其亲，小人乐（当动词，乐在其中）其乐而利其利，此以没（殁）世不忘也。

先王，自家系统的。"前王"，不一定自家系统的王，指古圣先贤。

"贤己贤""亲己亲",因各人所亲、所贤不同,每个人都有其特色。只要是属于正的,没有所谓对与不对,行行出状元。行行出神,哪一行都有"有遗德在民者",有各行的祖师庙、祖师爷。

人活一辈子,吃这么多的东西,何以却无一物留给后人?把自己塑造成什么,就在自己本身。真是"少壮不努力,老大徒伤悲"!

"小人乐其乐而利其利",小人,一般人;"乐己乐""利己利",故曰"小人怀惠"(《论语·里仁》),就明白利,最好对付。明理就能理事。治国平天下的对象是老百姓,不可以理喻。

治世之难!读书不外乎要对付那些不明理的。如没有能将知识、学问用于生活上,只是书呆子,无用!书呆子教书,也只是教出一帮书呆子。能用,一句话就可以终生受用。

"此以没世不忘也",就是死了,后代也不忘你的德。在中国,有遗爱在民的,死后封"神"。神字的结构"示申",一个人身死,但生命仍延续到无穷。如发明家入祖师庙,有国家祀典。

我天天自责,自觉很愚,在台五十年一事无成,但是也用了很多心。我不把失败归罪于任何人。和你在一起,犹有人贪污,证明你没有感化力。**有感化力的人,能化民成俗。**说陋,"君子居之,何陋之有?"是人,必要做点儿人事。

今天所见所闻,无不令人触目惊心!不道德,到处要破坏别人。王婆扯闲,别人有必要为你保密?你可能因此丢掉多少德,多少朋友!

是非者就是是非人,"括囊,无咎无誉"(《易经·坤卦》),"一言偾事"。是古书,可是智慧一点儿也不古,做事得圆融。

传第四章　释本末

　　子曰："听（当动词，治也）讼，吾犹人也。必也，使无讼乎！"无情者，不得尽其辞；大畏（敬畏）民志，此谓知本。

　　"听讼"，听，聆也。凡目所及者曰视，视朝，视事。凡目不能遍而耳所及者曰听，听天下，听事。子路"片言可以折狱"（《论语·颜渊》），此非常人所能。每一个问题，三人看，结论不同，自此可以看出人的程度。

　　《说文》云："讼，争也。"段玉裁注："公言之也。""讼，不亲也"（《易经·杂卦传》）。听讼，审讯讼事。

　　《春秋繁露·精华》云："《春秋》之听狱也，必本其事而原其志。

志邪者，不待成；首恶者，罪特重；本直者，其论轻。"

"无讼"，乃是大本之所在。无讼，必得无纷争，纷争乃自贪欲来的。《易经·序卦传》"需者，饮食之道也。饮食必有讼，故受之以讼。讼必有众起，故受之以师"，**无讼，得无欲、无需，需己之所需**。

现在人天天服毒，喝饮料。人因有欲，乃争。如有两个孙子，只有一件的东西都不可以拿出来。

法官之要件："如得其情，则哀矜而勿喜。"（《论语·子张》）一个国家法官多未必好，最重要在"无讼"，而"无讼"的基础就在无欲、无需，不妄需，需己之所需。"听讼，吾犹人也。必也，使无讼乎"，"无讼"比"听讼"高明。

"无情者"，没有真情实意者，尽说假话。"不得尽其辞"，绝不叫他尽放厥词，"人之视己，如见其肺肝然"。

"大畏民志"，特别地敬畏民志，"贵通天下之志"。志，人心之所主，人皆有志，属于良知的境界，谁也骗不了谁。

"知本"，不知本，能够做事吗？"知本"，才是"知"的最高境界。我看你们的面色，就知道犯什么病，望也。听你们说话的声音，闻。然后问、切。

"大畏民志，此谓知本"，要大大地敬畏民之志，才叫"知本"，圣人贵"通天下之志"，贵"除天下之患"。"知本"，才知道天下患之所在，杀恶人就是做善，除天下之患。

要看书，检讨自己，不是背书。是通才，必修一修；是奇才，表现早就不同了。都是木头，两个人做出两个样。自"四书"打下基础，自己就能看一切的古书，唯《大易》与《春秋》除外，必要有师承。

王阳明使用古本《大学》，也讲得通。《学庸》好好下功夫，确实有用。**要接着古人讲，与时偕行，唯变所适。**

一个人如果守分，就得吃苦；既吃苦，就必要对得起自己所吃的苦。我自懂事以来，中国就任人宰割，所以爱国。你们不知惜福，还净制造事端。

美国卖台的武器，尽是破铜烂铁，且有利于某些人的贪污。何以不揭穿这些政客的丑陋？一刹那间的错误，就整个毁了，能再回复？我是过来人，经验太多了。

每天应致力于己之所当务，至少家庭要过得美满和乐。人要随时表现自己的善念。我希望你们生长智慧，**一个人在没办法中有办法才叫作智慧。绝不可以长傲心**，要学会用脑，环境一变，要随环境立志。

某人来见我，说书销路不错，送两本书。我越老越"阴险"，对他说："既然销路不错，何不送点儿吃的？"是在告诉他，人要随环境而修，此乃"不教之教"（《吕氏春秋·君守》称"不教之教，无言之诏"）。

做事，要随环境而立志，并不是一成不变的。**不只是做事，更要好好学做人。**

美国怕中国强，如在这当头还卖国，一旦尘埃落定了，能不报复你？如果没有汉奸，则敌人不得逞；要是没有内鬼，怎能引来外鬼？绝对不可以卖祖求荣。

人就是迷，看多少名杂志而今安在哉？人如果到不知耻了，还谈什么？如不改变，怎么往前走？一个人要好自为之。**台北有点儿名气的，无不出自我的门下，我在台北如"螃蟹横行"。**

传第五章　释格物致知

此章缺"格物致知"，所以成问题。证明《大学》里有许多阙文。阙文见义，**真的不废，假的立不了。**

此谓知本，此谓知之至也。

格物致知，物格而后知至，"知之至"，知到最高境界，"知至至之，可与几也"，才可以参与最机要的事。事情没有看明白，不要乱动，要守己。**"知至至之"，才可以为今日之所当为，今日当务之急。**没有经过我所受过的苦，与受过的打击，天天尽与贼相斗，能这么讲？

有人没有国家民族的观念，就只知道争利害。是中国人，就要爱国。今天美国要扯中国的后腿，帮美国，岂不是畜生？冷眼旁观，可以学很多事。

想一想台湾那个烧木柴、燃煤球的日子，在那个物资匮乏的年代，大姑娘犹打着赤脚，小孩则穿着面粉袋做的裤子。

今天在台搞"革命"的都是美国人。我怕你们的子和孙受苦，偶一不慎，也许到第四代才能渐渐淡忘!

传第六章 释诚意

所谓诚其意者，毋自欺也。如恶（wù，当动词）恶（è，当形容词）臭（xiù，气味），如好（hào，当动词）好（hǎo，当形容词）色，此之谓自谦（或作"慊"满足）。故君子必慎其独也。

中国文字，皆在环境中立思，不离实际环境。

"在身曰心，在心曰意"，心猿意马，猿的动作，没有定力；马一奔跑，难以控制。唐三藏取经：孙悟空，心猿；白龙马，意马，龙马负图；猪八戒，悟能；沙僧，悟净。

"意"，立曰心，立日心，一时的立心，如意料之中、意料不到。"念"，今心；"思"，田心。心随物转，故意念常随外物而转，而不能正定。佛讲"戒、定、慧"。

修身，首先要"诚其意"，意，心音，意念。心之微，一动就不行，意淫就是淫。要引申至许多地方。"诚者，物之终始。不诚无物"（《中庸》），意不诚，随物而动，则心不正。"诚其意"，即诚己意，控制好起心动念，不做伪君子。人皆自欺，没能欺人，"人之视己，如见其肺肝然"。

"诚其意"，"其"，就是自己。"所谓诚己意者"，自"毋自欺"开始。能骗人，焉能骗己？都是自欺。如真能欺人，那就不得了，是高手！

胡适（1891—1962）小时候并不叫胡适（原名嗣穈，行名洪骍，字希疆），是懂事了才给自己取胡适（字适之），以显出自己的高招，结果搞了一辈子，"胡适乎"，往哪儿去啊？就埋在山头上了。

他老夫子白忙了一辈子，当然历史上留个空名，是好是坏，那还在两可之间，他自己也不知道，反正死了就完了。所以，他名胡适，字适之。他并不糊涂，缺什么？缺实学；有聪明，无实学，那叫什么？就叫自欺。

"诚意"岂是易事？意马，得抓住这匹野马。意若诚不住，谈不上正心、修身。想诚意，首先要不自欺。不真知，对事没经深入探讨，而敢论事（世）者，妄言妄论，自以为聪明，不过自欺罢了。

不真知，盲目下论断，便是自欺，无法达到诚意。人愈老愈想家，愈有想法，故老年人"戒之在得"。

何以"人不厌其言"？因他"时然后言"（《论语·宪问》），"当其可之谓时"（《礼记·学记》）。"夫人不言，言必有中"（《论语·先进》），言而当，言中有物，"不失言"（《论语·卫灵公》）。平日里要谨言，"慎言语，节饮食"（《易经·颐卦》）。

从这里入手，这就能够练达你们的器宇，一个有器宇的人，能有自私吗？我常告诉你们，遇了事，先想到你自己，你就不配为"人"。人活着，现在知道为什么活了吗？

"如恶恶臭"，最臭的味大家都讨厌。"如好好色"，好色，并不是专指女人。我们逛街时，见什么都有所爱，这都叫"好色"。

色，有形之色，"形形色色"，自日本语"色色（いろいろ）"较易了悟。因为审美观不同，所好之色人人不同，有高有低，但都是好色。那其他就不必再多谈了！

宇宙的形形色色自何来？自神来，"神也者，妙万物而为言者也"（《易经·说卦传》），妙万物的是神，此与西方"耶和华"的观念不同。

"如恶恶臭，如好好色"，得如何不自欺，"此之谓自谦"。"谦"有二解：一、谦，音 qiàn，对事不满而心生恨。此解不好。二、慊，音 qiè，满足，自我满足，此处之用法。**自慊，自知自足，唯自己知，别人难以代替。**

"如恶恶臭，如好好色"，闻到不好的气味，人皆避之；看到好的东西，人皆驻足。"此之谓自谦"，这叫作自我满足。

自己做什么自己知道，要慎己所独不知、所独不见，故君子必慎己独也。皆自欺，没能欺人，"人之视己，如见其肺肝然"，所以要"存真"。

人心之坏，真是"人心惟危"，等你知他是坏人，已经是吃了亏！你们的胆绝对比不上我，我净做前锋。

林觉民见"天下人死而死，与不愿离而离者，不可数计"，要去革命，故要"冻情"，他写《与妻诀别书》，如同写祭文：

意映卿卿如晤：

吾今以此书与汝永别矣！吾作此书，泪珠和笔墨齐下，不能竟书而欲搁笔！又恐汝不察吾衷，谓吾忍舍汝而死，谓吾不知汝之不欲吾死也，故遂忍悲为汝言之。

吾至爱汝，即此爱汝一念，使吾勇于就死也。吾自遇汝以来，常愿天下有情人都成眷属；然遍地腥膻，满街狼犬，称心快意，几家能够？语云："仁者老吾老以及人之老，幼吾幼以及人之幼。"吾充吾爱汝之心，助天下人爱其所爱，所以敢先汝而死，不顾汝也。汝体吾此心，于啼泣之余，亦以天下人为念，当亦乐牺牲吾身与汝身之福利，为天下人谋永福也。汝其勿悲！

汝忆否？四五年前某夕，吾尝语曰："与其使我先死也，无宁汝先吾而死。"汝初闻言而怒；后经吾婉解，虽不谓吾言为是，而亦无辞相答。吾之意，盖谓以汝之弱，必不能禁失吾之悲。吾先死，留苦与汝，吾心不忍，故宁请汝先死，吾担悲也。嗟夫！谁知吾卒先汝而死乎！

吾真真不能忘汝也。回忆后街之屋，入门穿廊，过前后厅，又三四折，有小厅，厅旁一室，为吾与汝双栖之所。初婚三四个月，适冬之望日前后，窗外疏梅筛月影，依稀掩映。吾与汝并肩携手，低低切切，何事不语？何情不诉？及今思之，空余泪痕。又回忆六七年前，吾之逃家复归也，汝泣告我："望今后有远行，必以见告，我愿随君行。"吾亦既许汝矣。

前十余日回家，即欲乘便以此行之事语汝；及与汝对，又不能启口。且以汝之有身也，更恐不胜悲，故惟日日呼酒买醉。嗟夫！当时余心之悲，盖不能以寸管形容之。

吾诚愿与汝相守以死。第以今日时势观之，天灾可以死，盗贼可以死，瓜分之日可以死，奸官污吏虐民可以死，吾辈处今日之中国，无时无地不可以死，到那时使吾眼睁睁看汝死，或使汝眼睁睁看我死，吾能之乎？抑汝能之乎？即可不死，而离散不相见，徒使两地眼成穿而骨化石；试问古来几曾见破镜重圆？则较死为尤苦也。将奈之何！今日吾与汝幸双健，天下之人，不当死而死，与不愿离而离者，不可数计；钟情如我辈者，能忍之乎？此吾所以敢率性就死，不顾汝也。

吾今死无余憾，国事成不成，自有同志者在。依新已五岁，转眼成人，汝其善抚之，使之肖我。汝腹中之物，吾疑其女也；女必像汝，吾心甚慰。或又是男，则亦教其以父志为志，则我死后，尚有二意洞在也。甚幸！甚幸！

吾家日后当甚贫；贫无所苦，清静过日而已。吾今与汝无言矣！吾居九泉之下，遥闻汝哭声，当哭相和也。吾平日不信有鬼，今则又望其真有；今人又言心电感应有道，吾亦望其言是实。则吾之死，吾灵尚依依汝旁也，汝不必以无侣悲！

吾爱汝至。汝幸而偶我，又何不幸而生今日之中国！吾幸而得汝，又何不幸而生今日之中国，卒不忍独善其身！嗟夫！纸短情长，所未尽者尚有万千，汝可以模拟得之。吾今不能见汝矣！汝不能舍我，其时时于梦中得我乎！一恸！

辛亥三月二十六夜四鼓　意洞手书

传第六章　释诚意

77

林觉民有学力，而你们只有学历，没有学力。

"故君子必慎其独也"，这"慎独"，绝不是自得谨慎，看看别的大家是怎么"慎独"的。

"故君子必慎其独"，**以己独为尊**，就是告诉我们：你要懂得慎这个"独"，叫这个"独"来当家，上面那些毛病就都没有了。

"在身曰心，在心曰意，在己曰独"，人人皆有独，独一无二。最尊的即己独，佛说："天上天下，唯我独尊。"（《修行本起经·现变品第一》）佛，是独觉者，觉行圆满。说上天下地，我没有比别人有长处，唯有我就知尊我的"独"，能"以独为尊"。

"独"，自尊自贵，独立不倚，《易经·复卦》："中行独复，以从道也。"独行己是，中立不倚，因顺道而行。"独"，独一无二，没有两个。在己曰独，每个人皆有"独"，此"独"乃是最尊贵的，天爵自尊吾自贵。

"独"与"性"的区别何在？"性"，同一类所共有；"独"，自己所独有。"慎独"，不是慎性。慎己之独，独可知也。**性知，表现出为独**，在己曰独，故说"慎独"，不说慎性。

自"中和"引申，再认识"独"。"致中和"，是一功夫。"独"，乃是喜怒哀乐将发未发之际；"慎独"，**即诚己意，慎于意念初起之始，**如有人见人成功了，即起妒意。**"独"，可好、可坏，**独门、独出机杼、独行其道、独步当时；弄不好，即成为独夫、独裁、独学寡闻，故必"慎独"。

"慎独"，慎己所独知与所独不知的事，**好、坏必自知，别人不一定知**，故舜"好问而好察迩言"，无一不取于人。

一个人要是追到老婆了，就能够治国平天下，因为其中必有多少的假样，不知要用上多少的术。但是结婚以后，往往就原形毕露了！两个人可以生孩子，但未必有爱情。

台湾今天乱伦，乃是最大的悲哀！想多少成就一点儿事，必要有立身之道，与人交往必得有信，朋友以信。

举世不重视道德，你能重视就成功了。"成者，自成也；道者，自道也"。人选择对象时，无不重视道德，要求"全"。如果你是"全"，岂不就站得住了？

为人办事，人家送礼，有条件的接受。如人送重礼，那收了岂不就是"黑金挂钩"？因为能收小的，就能收大的。必要分析清楚，情谊与黑金挂钩不同。

凡事要慎思之、明辨之。在没做之前，就要先想失败，不是先想成功。想失败后有无承受的能力。

我来台，在那么苦的环境，能到山地住六年。但是来台五十年，失败了！你们年轻净做美梦，我年轻时亦如是，算命的无一说我会教书。

"志"与"妄想"不同。年轻人做事，要实事求是，不要空想。说"人生不如意事，十常八九"，但孙中山犹推翻了帝制。

蒋家如果有家庭教育，儿孙也不至于此。

人什么都可以缺，就是不可以缺德，善用心机者绝无一好子孙。人有好的子孙，必有立德之处，所以必自基本做起。

我虽老，但是头脑清楚，所谈绝不是老生常谈。

小人闲居（独居）**为不善，无所不至；见君子而后厌然**（遮遮掩掩）**，掩其不善，而著**（显）**其善。人之视己，如见其肺肝然，**

则何益矣！此谓诚于中，形于外。故君子必慎其独也。曾子曰："十目所视，十手所指，其严乎！"

这个聪明人，他认为他欺骗了别人，恶而佯善，"见君子而后厌然，掩其不善，而著其善"，但是"人之视己，如见其肺肝然"，"然"，句末语气词，有"……的样子"之意；"则何益矣"，**人要表里如一，伪装没有用，必要去伪。**

人性相近，但习相远，**所以要慎习，更要慎独**，否则弄不好即成为独裁、独夫、一人。**慎独，就得慎交**，因为"近朱者赤，近墨者黑"（晋·傅玄《太子少傅箴》），"墨子悲丝"。

《墨子·所染》曰："子墨子言见染丝者而叹曰：'染于苍则苍，染于黄则黄。所入者变，其色亦变。五入必而已，则为五色矣。故染不可不慎也。'"

"不识其人，则视其友"，交友能影响一个人，尤其要注意小孩所交的朋友。

《孔子家语·六本》载："孔子曰：'吾死之后，则商也日益，赐也日损。'曾子曰：'何谓也？'子曰：'商也好与贤己者处，赐也好说不若己者。不知其子，视其父；不知其人，视其友；不知其君，视其所使；不知其地，视其草木。故曰：与善人居，如入芝兰之室，久而不闻其香，即与之化矣；与不善人居，如入鲍鱼之肆，久而不闻其臭，亦与之化矣。丹之所藏者赤，漆之所藏者黑。是以君子必慎其所与处者焉。'"

《荀子·性恶》曰："夫人虽有性质美而心辩知，必将求贤师而事之，择良友而友之。得贤师而事之，则所闻者尧舜禹汤之道也；得良友而友之，则所见者忠信敬让之行也。身日进于仁义而不自知也者，靡使然也。今与不善人处，则所闻者欺诬诈伪也，所见者污漫淫邪贪利之行也，身且加于刑戮而不自知者，靡使然也。《传》曰：'不知其子视其友，不知其君视其左右。'靡而已矣！靡而已矣！"

"诚于中，形于外"，"有诸内，必形诸外"（《孟子·告子下》），如一人内心不够圣洁，就表现不出"望之俨然"的威仪来。

一举、一动、一笑都要有一定的修养。今天的女孩到底美在什么地方？以前中国室内，一半铺地板、一半铺砖，人进来时，走路才有响声，可以显出威仪。

"诚于中"，"喜怒哀乐之未发，谓之中；发而皆中节，谓之和"（《中庸》），此时性情合一了，所以**要养性、调性**。平时，要用音乐养性。古琴的音色低沉，是养性的乐器，能够陶冶人的性情。

《琴诀》云："琴为之乐，可以观风教，可以摄心魄，可以辨喜怒，可以悦情思，可以静神虑，可以壮胆勇，可以绝尘俗，可以格鬼神，此琴之善者也。"

"德"，古字"悳"，十目一心，即五个人的组织。君子领导一个五人小组，十目视之，十手指之！"十目所视，十手所指"，一人做事，五人瞧，挑人毛病的多，这是多么严厉的指责！

想成事，要先学做人。"为人君，止于仁"，敬天爱人、畏民爱民；为人师，则畏学生、爱学生、敬学生，不敢自欺、欺人！

传第六章　释诚意

富润屋，德润身；心广体胖（pán），故君子必诚（当动词，审也）其意。

"润"，泽、滋、益。润泽，浸润。

"富润屋"，人之常情，经济能力好，就装修住屋。

"德润身"，有德者精神就不同，以德润身，温润如玉，孟子所谓"其生色也睟（suì，润泽）然，见（现）于面，盎（àng，充盈）于背，施（散布）于四体"（《孟子·尽心上》），则"望之俨然，即之也温，听其言也厉"。

"心广体胖"，"胖"，"盘"的假借字，乐也，安舒貌。"诚于中，形于外"，故心广体胖，体态安舒。不诚意，见可爱就动意念，心猿意马，又如何心广体胖？看人一天的意念，造成多少人的痛苦！

"故君子必诚其意"，"诚"，言成，说出的话是可以兑现的。心猿意马，则无不为矣，故必下"诚"的功夫，君子必诚己意。

传第七章 释正心修身

所谓修身在正其心者：身有所忿懥（zhì，恨恨发怒），则不得其正；有所恐惧，则不得其正；有所好乐（yào，爱好喜欢），则不得其正；有所忧患，则不得其正。心不在焉，视而不见，听而不闻，食而不知其味。此谓修身在正其心。

"修"，如养树，每年必修一次树，否则难以养成栋梁材，会养得乱七八糟。修剪，去掉多而无用部分。昔日学校有"修身课"。

每日做事、思想上，都有一些多而无用的部分，细想自己忙了一天，是否无事忙？今天年轻人易犯此一毛病。修，得常修、永修。如小枝不影响大树干时，就不必修了。

"修身，正心"，"在身曰心"，心不正，就跑了。"学问之道无他，求其放心而已矣。"(《孟子·告子上》)"求放心"，如牧羊人追走失的羊，要把心安在自己的腔子里。

身有所忿懥、有所恐惧、有所忧患，则心不得其正，要"惩忿窒欲"(《易经·损卦》)，"忿思难"(《论语·季氏》)，"不见可欲，使心不乱"(《老子·第三章》)。

因"心不在焉"，心跑了，所以"视而不见，听而不闻，食而不知其味"，你们应有这个经验了。如能正己心，就食而知味了。

此谓修身在正自己的心，自此开始。正心，而后心正。

传第八章 释修身齐家

　　所谓齐其家在修其身者：人之（对于）其所亲爱而辟（同"僻"，偏僻）焉，之其所贱恶（看不起）而辟焉，之其所畏敬而辟焉，之其所哀矜（怜悯）而辟焉，之其所敖（傲慢）惰（不敬）而辟焉。故好而知其恶，恶而知其美者，天下鲜（xiǎn，甚少，很少）矣。

　　"所谓齐其家在修其身者"，齐家以礼，修身以德。缺德，在家失分寸，太太、小孩也不服，家能齐？不齐，天天吵个不休，家能像个家？"威如之吉，反身之谓"（《易经·家人卦》），"反身修德"（《易经·蹇卦》），严己身，修身。

人对自己所亲爱、所看不起或讨厌、所害怕或敬重、所哀怜或同情、所骄傲或怠慢的人，都会有所偏僻，而失中正之道，故身、形与之俱僻，此所谓"溺爱不明，贪得无厌"。要时常警惕自己，是否有上述毛病。

"好而知其恶"，喜爱而知其缺点；"恶而知其美"，厌恶而知其优点；"天下鲜矣"，天下少有。可看出**人性的弱点**，待人处世多少会客观些，不要尽主观，以一己之好恶看天下事。

"不以言举人，不以人废言"（《论语·卫灵公》），不可因一个人高言说论就重用他，还要明辨之，看是否夸夸其谈。也不可因人废言，不能因为不喜欢一个人，就认为他所说的都不对。现在人讨厌一个人，连个招呼也不打。

故谚有之曰："人莫知其子之恶，莫知其苗之硕（大）。"此谓身不修，不可以齐其家。

"才不才，亦各言其子"（《论语·先进》），儿子是自己的好，人都知别人儿子之恶，而不知自己儿子之恶。人人尽知，就是自己独不知、独不闻。

"莫知其苗之硕"，都认为别人的庄稼好，别人的老婆巧。

"身不修，不可以齐其家"，自己天天打牌，告诉儿女不可打牌，儿女会听你的？想要家好，"君子以言有物而行有恒"（《易经·家人卦》），得先修己身，以言行感，身教重于言教，"身修而后家齐"。

最难的是齐家，天天在一起，能保持威仪？ "家人有严君焉，父母之谓也"，"正家而天下定矣"（《易经·家人卦》），不能齐家，焉能治国？必自本身做起，不能净是安慰自己。

　　在家树威最难，不是叫人怕，而是凡事有分寸，威仪自此生，一切由本身做起，不必天天去管别人。"父子之间不责善"，彼此互相尊重，不要天天对小孩啰唆，身教重于言教。

　　在动与不动之间，多么不同！**自思想、行为、意志健康起。**人心理的健全极为重要，必脚踏实地去体悟。修身为本，如多懂一点儿，那做事就少失败！

传第九章 释齐家治国

所谓治国必先齐其家者：其家不可教，而能教人者，无之。故君子不出家而成教于国（有成就了）。

家，篆字"𠖨"，宀下面豕，得有一群小猪，才像个家。犹子犹父，住在一起，但不是家。我至少八十年没有家。

儿孙好不必管，全靠德行感。齐家以礼，"齐，平也"，一辈辈齐。"妻者，齐也，平也"，与夫齐、平，夫妇一体，平等。

人最怕的就是礼，否则清官也难以断家务事。就是夫妻之近、之密，也不能尽说儿戏话，否则无信，无信则不立。夫妻之间出问题，多半出自此，没有互信。

想把家弄好，必得"率先垂范"从本身做起，"刑于寡妻"。君子齐家，大家"见贤思齐"了，故"不出家而成教于国"，不离家而有成就了，有家的成就能教于国。故曰"治国必先齐其家。"

中国人祭天，乃是报恩的观念，天民，天生万物以养民，"万物皆备于我"，饮水思源，崇德报恩。天齐庙，"大人者，与天地合其德"，人与天齐，齐天者大。《西游记》孙悟空自封为"齐天大圣"，悟空了，岂能不大？大圣的境界可高于至圣。

碰到不寻常的事，才能懂不寻常的事。就因为一无所知，所见者少，才会如此乱，最多只看过猪公。**不但不能怕事，还要找事，才能多了解事。**大家都看电视，但就看你心里想知道些什么。

必要前前后后去体悟，才能有所得，不光是记笔记而已。同学当人家的走狗，还自以为有成！

人必要有责任感，我是过来人，年轻时比你们还天真。没事找事，履险如夷。我什么事都干过，但是就没有做过缺德事。

孝者，所以事君也；弟者，所以事长也；慈者，所以使众也。

《礼记》乃是汉儒所编写，已经质变了，有别于《论语》，将"君"置于前，是秦汉以后的思想。

"以孝事君"，汉室以孝治国，提倡"孝悌力田"。《孝经》唯《开宗明义章》为孔子之意，其后各章则为汉儒所写。孔子"志在《春秋》，行在《孝经》"，自《论语》悟孔子如何谈孝。

"入则孝，出则弟"（《论语·学而》），入门行孝道，"孝"范围窄，对父母；出门行弟道，"弟"范围广，凡长于自己的，"十年以长则兄事之"（《礼记·曲礼上》）。

"弟者，所以事长也"，父不在，事兄如事父，亦必养（旧读yàng，供养）之，这才是同胞手足。

"人人亲其亲，长其长，而天下平"（《孟子·离娄上》）。孝，善事其亲；弟，善事其长。必注意此一"善"字，即最会事奉。

"慈者，所以使众也"，《说文》云："慈，爱也。"父母之爱子。"为人父，止于慈"，民之父母，爱民如子，"爱人者人恒爱之"（《孟子·离娄下》），所以可以使众。此乃为政之要。"反慈为忍"（《新书·道术》），不慈，人不会受感动，则积怨在民。

以前人对父母必"晨昏定省，冬温夏凊"，极为苦。孝道，就看从哪个方法看，"至于犬马，皆能有养，不敬，何以别乎？"（《论语·为政》）**皆在一念之转**。有所感慨，"子欲养而亲不待"（《韩诗外传·卷九》），"祭之丰，不如养之薄"（欧阳修《泷冈阡表》："祭而丰，不如养之薄也"），后悔来不及了！

忠臣必出孝子之门，尽己之谓忠，善事亲为孝。如对亲不能孝，那对国家也不会忠。对亲都不马虎，做事能钻尖取巧？来台就几个搞经济的不错，尹仲容（1903—1963）事母至孝。台湾何以成就少？就因为缺孝德。孝为德之本。

儿女回家看父母，老太太说："我没想到需要什么！你们教育好小孩就好，不要孩子回来吵人！"可知现在的教育完全不上轨道，所以小孩难以成形。

找对象，必要懂得彼此怎么建设自己。娶大学生多半败家，能够负起家庭的责任？到一个家，即知道其家庭主妇的教育程度。

这是毓氏定理。

做儿女的对得起父母的太少了，因为都不了解父母的心意。如了解父母，那你的成就不止于大舜，他的母亲还是继母。"五十而慕者，予于大舜见之矣"（《孟子·万章上》），大舜五十犹慕父母，大孝尊亲。

我除了上馆子以外，绝不在路边摊吃，**生活有一定的规律。**

今天小孩什么事也不懂，就只知道要考一百分。人必得先安排好自己，如果连基本的问题都没能解决，那大问题又如何能解决？

"内其国而外诸夏"，是初步，由内而外。卫公子荆善居室："始有，曰：'苟合矣。'少有，曰：'苟完矣。'富有，曰：'苟美矣。'"（《论语·子路》）多会过生活！**居家生活什么都慢慢有，此乃人生三部曲。**

家关系人一生的幸福，过理智生活，能按部就班，所以择偶要慎重。找对象，有伪的绝对不可以要，这个敏感是与生俱来的。**谈恋爱时就要想到未来，**是为自己的未来，别人喜欢与否不重要，我要自己的标准，只要我自己喜欢就好。

小孩学正经事很费劲，**许多事都是自日积月累来的，**小时如没有教好，长大成人定形了，虽有贤者亦莫如之何！所以，自开始即"格致诚正"，要养正，"蒙以养正"；然后帅之以正，"子帅以正，孰敢不正？"

今人未婚生子，将孩子从五楼摔下，这还是人的社会？还是护校生！看人性已经堕落到什么程度了！要了解实际人生。

看看母鸡是如何孵小鸡的？母鸡用翅膀和身体盖住蛋，隔一段时间就要把蛋翻一遍；每天要翻几遍。母鸡孵蛋时，要整天蹲窝，细心，无微不至。连动物都有亲情之爱，何以人却不如动物？

《康诰》曰："如保赤子。"（若保赤子，惟其民康乂）**心诚求之，虽不中，不远矣。未有学养子而后嫁者也。**

"如保赤子"，孩子初生，还没有穿衣服时，就是"赤子"，无私、无欲，但是那个时间很短。懂得"我"了，就失去了赤心。所以要常保"赤子之心"。

"大人者，与天地合其德"，天地无私，尚公。"大人者，不失其赤子之心者也"（《孟子·离娄下》），"不失其赤子之心"，爱民"如保赤子"，此为政之道也。如同对儿女都没有分别心，就能使众。

无论任何东西，不能全部给小孩吃，自己即使不喜欢也得切下一块，要保留吃的资格；否则你全给，小孩习以为常了，还以为你连吃的资格都没有。你如吃一点，他心中便不舒服。此即**"识微"**，以此例可以衡量天下事。

"心诚求之，虽不中，不远矣"，此乃与生俱有的，只要心诚，慢慢试着做，虽不能中的，但离目标也不远了。

"未有学养子而后嫁者也"，没有人先学会养小孩，再出嫁的，不必学，一切都是与生俱来的本能。中国人的智慧，完全是从经验中得来的，要一步一步地累积经验。做不怕错，慢慢修正，"过而能改，善莫大焉"，从做中学，累积经验。

小孩生下来，就会吃奶；妈妈自会把奶头放在小孩的嘴中；小孩吃不到时，用头一撞，乳就出来。没有做过，慢慢来，总给人无限的盼望！本着良知去做，天性，人性。

年轻遇事，必要考虑深远，不要想得太窄！人无千日好，能相处好可不易。感情好，不是一天而已，"晏平仲善与人交，久而敬之"（《论语·公冶长》）。

"不识其人，则视其友"，不孝之人，不与之为友。一个连生身父母都不重视的人，又能够重视谁？

一家仁，一国兴仁；一家让，一国兴让；一人贪戾（lì，贪婪暴戾），**一国作乱。其机如此。此谓一言偾**（fèn，败也）**事，一人定国。**

"上有好者，下必有甚焉者矣"（《孟子·滕文公上》），上好下甚，投其所好。"君子之德，风；小人之德，草。草上之风，必偃（《论语·颜渊》）。"

"一家仁，一国兴仁；一家让，一国兴让"，家：一、大夫之家，二、天子之家。仁，二人相偶，有对方存在，爱人而无不爱；让，就无争，"能以礼让为国乎，何有"（《论语·里仁》）？何难之有？没有难处。

"一人贪戾，一国作乱"，贪，为达目的不择手段，则"上下交征利而国危矣"（《孟子·梁惠王上》）！"戾"，暴戾，凶狠。"其为人也孝弟，而好犯上者，鲜矣；不好犯上，而好作乱者，未之有也"（《论语·学而》）。

"其机如此"，"机"，几微之处，关键之所在。

要常问自己："此何时也？"如不知时，又如何能抓住机？得识时、知机，圣人不能生时，时至而不失之。

传第九章 释齐家治国

"一言偾事"，一言可以败事。"言行，君子之枢机；枢机之发，荣辱之主也"（《易经·系辞上传》）。"一语伤人三寒冬"，人之荣辱，必随时注意。

"一人定国"，一人可以定国。定于一，"不嗜杀人者能一之"（《孟子·梁惠王上》）。

一人能系天下之安危，杀恶人即是做善，有时亦必用杀，政治是讲实事，靠宣传不行。

殷后因不服周的统治，周公乃将其放于墟，称"殷墟"；还不服，乃"东征"平叛，正法武庚、管叔，流放蔡叔，废霍叔为庶人，并将国家势力扩展至东海，而天下不以周公为暴戾。

贵乎立德，不在于立术，"天下有德者居之"，净耍花招无用。

尧舜帅天下以仁，而民从之；桀纣帅天下以暴，而民从之。其所令反其所好，而民不从。是故君子有诸（之于，语词）**己，而后求诸人；无诸己，而后非诸人。所藏**（蓄）**乎身不恕，而能喻**（明白）**诸**（助词）**人者，未之有也。故治国在齐其家。**

以尧舜、桀纣为例，见仁暴之施，上好下甚。

为政以德，齐家以礼，治国以法，有政绩了，便叫"政德"。

"其所令反己所好，而民不从"，为政，必要以身作则，率先垂范，言行一致。"政者，正也"，必先正己，自正而后正人，"子帅以正，孰敢不正？"

"有诸己，而后求诸人；无诸己，而后非诸人"，将心比心，推己及人。"子贡方（谤）人。子曰：'赐也，贤乎哉？夫我则不暇。'"（《论语·宪问》）先把自己修得够标准，不必多管闲事。

"藏乎身"，"君子藏器于身，待时而动"（《易经·系辞下传》）。在身曰心。"恕"，如心，如己心，推己及人。自己有善行了，再要求别人也有。"有诸己，而后求诸人。"

"所藏乎身不恕，而能喻诸人者，未之有也"，如果没有做此事的经验，而管理此事，能叫别人明白吗？己立立人，己达达人，"故治国在齐其家"。

《诗》（《周南·桃夭》）云："桃之夭夭（形容桃花鲜艳），其叶蓁蓁（zhēn，形容桃叶茂盛）。之子（这个女子）于归（出嫁），宜其家人。"宜其家人，而后可以教国人（母仪天下）。

《诗》（《小雅·蓼萧》）云："宜兄宜弟。"宜兄宜弟，而后可以教国人。

《诗》（《曹风·鸤鸠》）云："其仪（做人的法则）不忒（tè，差错），正（匡正）是（此，肯定词）四国（四方之国）。"

三引《诗经》，重以申之，有深意。

在家修得德夭夭（喻盛德）了，家庭教育好就能无忝所生。

"之子于归"，这个女子出嫁；"宜其家人"，由室而家，宜室宜家。

"其仪不忒，正是四国"，"四国"，天下象也，此所谓"治国在齐其家"。

有成就者，家教必定不错，一切有伦有序。

我小时候到日本，看日本人吃饭必有定量，碗小，八分满，一碗即毕。吃饭前不许说话，运气功，使身心把持住，心平气和后再吃饭。民族教育极重要。现在教育，从小即毛毛躁躁，长大、老了仍毛毛躁躁。

其为父子、兄弟足法（式），而后民法之也。
此谓治国在齐其家。

"为父子、兄弟足法"，"父"，家长，家庭的领导人，言父兼言母。"子"，孳，父母生命所孳生，言子兼言女。"兄弟"，兼言姐妹。

宜室宜家，室一家一国。以前一家百余口。治国在齐其家，齐家治国，"刑于寡妻，至于兄弟，以御于家邦"（《诗经·大雅·思齐》）。

家必要树立一制度，树立家风，家中每人相敬如宾，以身作则，不影响感情。

治家以严，严己身，众目所视，对谁也不特殊，树家风，立家规，无戏言以立信，即没有伸缩可言，不可以朝令夕改。家中人一视同仁，家务事有个规矩，一切井然有序，家中每个人能上轨道，家家能如此，此谓"治国在齐其家"。

传第十章 释治国平天下

所谓平天下在治其国者：上老（当动词，孝养）老（名词，老者）而民兴孝，上长（当动词，敬重）长（长长，敬重长上）而民兴弟，上恤（体恤）孤（幼而无父者）而民不倍（通"背"，背弃），是以君子有絜（度量）矩之道。

平天下，霸道，据乱世；天下平，王道，太平世。平天下而天下平，终极目的在"为万世开太平"。

想要平天下，在治己国，即《春秋》所谓"内其国而外诸夏"，先治己国，由内而外，自近及远。平天下，天下平。三夏：夏、诸夏、华夏。三世：据乱世、升平世、太平世。

"上老老"，在上位的"老吾老以及人之老"（《孟子·梁惠王上》）；"民兴孝"，百姓见贤思齐，无不重孝。"长长"，长其长；"民兴弟"，敬长，社会悌道行。"恤孤"，"幼吾幼以及人之幼"（《孟子·梁惠王上》）。

"民不倍"，幼者得到照顾，社会不轻言离弃，上好下甚，风行草偃，**孝、悌、慈，乃蔚为社会风气**，"风俗之厚薄奚自乎？自乎一二人之心之所向而已"（曾国藩《原才》）。教化行，风俗善。

"絜"：一、音 jié，郑玄注："絜，犹结也，挈也；矩，法也。君子有挈法之道，谓当执而行之，动作不失之。"絜己，洁己。二、音 xié，《朱熹集注》："絜，度也。矩，所以为方也……君子必当因其所同，推以度物，使彼我之间，各得分愿，则上下四方，均齐方正，而天下平矣。"三、音 yì，度量也。《庄子·人间世》曰："见栎社树，其大蔽牛，絜之百围。"

"矩"，画方之具，《荀子》所谓"五寸之矩，尽天下之方也"（《荀子·不苟》）。"絜矩"，"圣人者，以己度者也。故以人度人，以情度情，以类度类，以说度功，以道观尽。古今一度也，类不悖，虽久同理。"（《荀子·非相》）

"絜矩之道"：一、子帅以正，孰敢不正？二、己所不欲，勿施于人。三、己欲立而立人，己欲达而达人，故能推己及人。絜矩之道，即推己度人之道。

见贤思齐，"己所不欲，勿施于人"，小孩也懂。向兄长看齐，懂互相礼让。**人性是善，但是也有不善，要长善救失。**

"不以规矩，不能成方员""规矩，方员之至也"（《孟子·离娄上》）。一寸之矩，能度尽天下之方，"子帅以正，孰敢不正"，父母规矩，孩子就规矩。不必教，有样学样，**就在潜移默化中，身教重于言教**，此即"絜矩之道"。懂了，才用得上。

所恶（wù，后皆同）**于上，毋以使下；所恶于下，毋以事上；所恶于前，毋以先**（当动词，前进）**后**（先后，当后而先之）**；所恶于后，毋以从**（当动词，就）**前；所恶于右，毋以交于左；所恶于左，毋以交于右。此之谓絜矩之道。**

此为原则：己所不欲，勿施于人。恕，如心，如己心，推己及人。审度事理，推此及彼。善推，举一反三。

"所恶于右，毋以交于左；所恶于左，毋以交于右"，不要多话，左手办的事，不叫右手知道。我常强调，你做的事绝不叫与此事无关者知道。

不知怎么用，就不知自己错。真领悟一句话，就能成功，贵精不贵多。一部《易经》，初步就讲"进德修业"；进而"智周道济，裁成辅相"。没有纷争，相辅相成，智周道济，天下一家。

张载四句："为天地立心，为生民立命，为往圣继绝学，为万世开太平。"是公产，每个人皆可用，但是各人的领悟与解释不同。有时说者自己也不知其所以。智慧之产物，不是有一定的标准，只要有智慧都可以立说。

我在台北唬不读书的人，台北有几人读书了？不是会说、会写就有真学问。

《诗》（《小雅·南山有台》）云："乐只（是）君子，民之父母。"民之所好好之，民之所恶恶之，此之谓民之父母。

"只"字，很重要的一字，《经典释文》以"只"犹"是"。

"乐只君子"，"乐"，心悦诚服，对这个君子心悦诚服，因其为"民之父母"，视民如子。

"民之所好好之，民之所恶恶之"，"所欲，与之聚之；所恶，勿施尔"（《孟子·离娄上》），顺民而为，即"为无为"（《老子·第六十三章》）、顺自然。为政不在多方，"多方"是你的主见，百姓未必喜欢、未必会听。官之所好，民之所恶，不合乃起冲突，互相对立。以己之所好，要民好之；所好不同，乃结党营私，为达一己目的，但是非即由此来。

"民之父母"，如民之父母般慈祥，爱民如子。好的领导人，好民之所好、恶民之所恶，**要通民心知民情，才能除天下之所患。**

圣人贵通天下之志，贵除天下之患。"为人君，止于仁"，仁就是生，"君子体仁，足以长人"（《易经·乾卦·文言》），**政治是生民之政，此为中国"仁"的思想。**

《诗》（《小雅·节南山》）云："节（高峻貌）彼南山，维石岩岩（岩石峻峋）。赫赫（威严貌）师尹（周太师尹氏），民具尔瞻（瞻仰）。"**有国者不可以不**（不可以不，勉辞）**慎**（慎独），**辟**（僻，偏也）**则为天下僇**（戮）**矣!**

"节彼南山，维石岩岩"，成德了，有威仪貌。《诗》前两句为比，亦即况、象。

"赫赫师尹，民具尔瞻"，观（guàn）民也，"作之君，作之师"（《尚书·周书·泰誓上》），"克配上帝"（《诗经·大雅·文王》），是为配上帝，即配天，与天地合其德，尚公无私。君者，群之首也，领袖群伦；师者，万世师表，"圣人，百世之师也"（《孟子·尽心下》）。作君、作师是配天，岂是容易？

"有国者不可以不慎"，有国者，不可不自勉，要慎独、慎微；"辟则为天下僇矣"，否则行为一偏僻，离开正路，就被天下人所诛灭了。这在历代多所印证，都逃不出这一律则。

所以要懂得道理了，再去领导群众，故曰："因民之所利而利之，斯不亦惠而不费乎？"（《论语·尧曰》）。

今人往往好话说绝，坏事也做绝。读书在改变器质，养成有威仪，修德则"望之俨然，即之也温"。台湾的宗教已成为一劫！"盗德"、伪人，人一有私心就完了！天天"讲道德，说仁义"，净伪装，骗人，行为完全男盗女娼，哪有一个好人？

应脚踏实地力行，会讲没有用，**知识分子应是时代的先锋**。不出家，一样成佛。出家人得有出家人的威仪。

"正其衣冠，尊其瞻视，俨然人望而畏之，斯不亦威而不猛乎"（《论语·尧曰》），"正衣冠"，即穿着要与自己的身份相称，如大学生穿着要像大学生，不能像坐柜台的小妹。

弘一（李叔同，1880—1942）出家后学律宗，最苦，床板不能铺褥子，衣服二件，只吃眼前一盘菜，死时什么都没有。他总写佛经，画佛像，供养。

弘一写的《金刚经》特别美。我找不到他写的《心经》，有一天散步时，在卖破烂的地方用五十元买到。"心诚求之，虽不中，亦不远矣"，真有感应！许多事是你想不到的。

丰子恺（1898—1975）的"护生画"，有趣！

《护生画集》是近代佛教艺术的珍品，全套六集，以戒杀、护生、善行为三大题材。由丰子恺作画，文字部分由弘一法师（第一、二集）、叶恭绰（第三集）、朱幼兰（第四、六集）、虞愚（第五集）书写，前后相继创作的过程长达四十六年。在第六集序言中，广洽法师对"护生画"做了一个总结："盖所谓护生者，即护心也，亦即维护人生之趋向和平安宁之大道，纠正其偏向于恶性之发展及暴力恣意之纵横也……虽曰爝火微光，然亦足以照千年之暗室，呼声绵邈，冀可唤回人类苏醒之觉性。"

今天有德者，皆有"盗德"，不是真有德。我为了解慈济，到慈济医院住院十天，也做笔记；我要出院了，他们才知，认为我很阴险。什么事不要流于形迹，有许多人只是伪爱，在证严面前都装得像个菩萨。人多，当然不能每人都有证严般的修行，但是绝不贪污。

我看完了，都写条陈供参考，因为基于读书人的良知。但佛像不送了！那尊佛像，是我八十岁时师母托人送过来的。但也是那年，师母就走了。

台湾最缺穷人能去的庙。许多事绝不能忘掉"清"字。完全用钱衡量一个人：坐、请坐、请上坐。打禅七，应可以自己带干面包去，不必吃庙里的。

禅七，源于佛陀在菩提树下，七日证道。佛陀在菩提树下自誓：

若不成道，誓不离金刚宝座。实为七日成佛的滥觞。

许多事皆因一个"贪"字而弄垮了！出家人比世俗人还贪，因此我写《恶僧传》。

我遇事，想完了，再查书印证。现在台湾是学事的千载难逢之机，要看《六韬》《孙子》《素书》，才能够深入。

金庸小说是写给疯子看的，什么苦都没吃过，净是看热闹，没有实际。鲁迅的《阿Q正传》《孔乙己》，我没有那个环境体悟。真体验过了，描写才能动容。我常骂人，人骂我又有何奇怪？重要是看动机。我骂人，是公心，为显真理。

中国革命成功，黄兴（1874—1916）有德。在同盟会成立会上，黄兴公推孙中山为总理，他自己的干部多，乃不告而别。孙总理革命失败了，黄马上自国外回来共患难。智慧、人品的高低，不怕不识货，就怕货比货。

如果你们连同窗都不能通德、通志，那还谈什么？太愚了！唯有愚的人才自私。最近事件，我真替你们感到悲哀。同学如有十个、二十个真正好，那就有作用。

我不信台湾无一直人。直心就是道场，直心就是火种，人之生也直。我要发你们的深省，这是你们的责任，你们的子子孙孙皆在此生存。

创"奉元书院兴业基金会"，必要合德，才能成就事业。要求真知，不自欺，求真，非不能也，是不为也！台湾人做事，往往半途而废，哪有结果？

《诗》(《大雅·文王》) 云："殷之未丧师 (众)，克 (能) 配上帝。仪 (一、宜；二、威仪) 监 (鉴) 于殷，峻 (大) 命不易。"道 (言) 得众，则得国；失众，则失国。

"殷之未丧师"，殷还没有失掉民心；《孟子·公孙丑上》称："武丁朝诸侯有天下，犹运之掌也。纣之去武丁未久也，其故家遗俗，流风善政，犹有存者。"

"克配上帝"，"帝"，主宰义，德能与上帝相配，配天。木主 (牌位)："昊天上帝俾作神主，太祖高皇帝配神作主"。

"仪监于殷"，以殷的威仪作为借鉴，"君子上达"(《论语·宪问》)，有修为；"峻命不易"，天命永不变，不常在一家，不德就失位。**法天，则天，天道尚公，天无私覆，"生而不有，为而不恃"**。

"得众，则得国；失众，则失国"，不德，就失众，不得民心，"民可载舟，亦可覆舟"。"虽曰天命，岂非人事哉！"(欧阳修《五代史·伶官传序》) 创业维艰，但守成亦不易。

是故君子 (国家领导人) 先慎乎德 (善行)。有德此有人 (人皆归之)，有人此有土，有土此有财，有财此有用 (国家用度)。德者，本也；财者，末也。

"先慎乎德"，德，善行；有成就了，立德。必修德，以自求多福。不要净是盗德，要真有德。

"有德此有人"，真有善行，人皆归之，近悦远来。

"有人此有土，有土此有财，有财此有用"，土地若是无人开荒，就等于没用；若得到开发，就有财用，财用能生民。

中国人有吃苦的德，可以帮助非洲开发，教他们技术，可以谋生"智周道济，天下一家"。

"德者，本也；财者，末也"，德本财末，要贵德贱货。

台湾苗栗县的三十甲地，七八甲种荔枝，我每年只拿二百斤，分给同学。

外本内末，争民施夺。是故财聚则民散，财散则民聚。

"外本内末"，此"外""内"是动词，将德作外，将财作内，本末倒置；"争民施夺"，与民争利，尽巧取豪夺。轻本轻德，既争又夺。

国家领导人"先慎乎德"，慎己之德，**"为政以德"，是生民之政。**

"财聚则民散"，净养聚敛之臣，则民心离散。"君子不以其所以养人者害人"（《孟子·梁惠王下》），以天下养人，不以养人者害人，天下钱为天下用，不是让你私用的。

善用财，"财散则民聚"，"因民之所利而利之，斯不亦惠而不费乎"？为民谋福利，把国家经费运用得当，上下不贪污，百姓就受惠。**真会做事，能把国家的钱运用得当，用所当用，发挥作用了。**

"善财童子"，**"善"，散的谐音**，散财是"惠而不费"。

善财童子为《华严经·入法界品》之主人公，是修菩萨道行者的光辉榜样，他发起"阿耨多罗三藐三菩提"心后，从文殊菩萨处渐次南行，经参访五十三位善知识，最后修行圆满、证入法界。

是故言悖（逆）而出者，亦悖而入；货（财）悖而入者，亦悖而出。

"言悖而出者，亦悖而入"，你骂人，人亦骂你，一比一，一定的。

"货悖而入者，亦悖而出"，不是好的来，也会不好的去。给子孙钱，就如同拿热水浇花。

《康诰》曰："惟命（天命）不于（在）常。"道（言）善，则得之；不善，则失之矣。

"惟命不于常"，"天命靡常"（《诗经·大雅·文王》），"惟德是辅"（《尚书·周书·蔡仲之命》）。天命不常在一家，此所以有《廿六史》。

善，则得天命；不善，则失天命。

《楚书》（楚国古书）曰："楚国无以为宝，惟善以为宝。"舅犯曰："亡人（出亡在外者）无以为宝，仁亲（以仁亲人）以为宝。"

"惟善以为宝"，什么都不为宝，唯有善为宝，因为"积善之家，必有余庆；积不善之家，必有余殃"。

舅犯，狐偃，字子犯，晋国重臣狐突之子，晋文公重耳的母舅，故又称舅犯。

"亡人无以为宝，仁亲以为宝"，舅犯真是会说话，做外交官必自此入手。

晋文公，春秋五霸之一，开创了晋国长达一个多世纪的中原霸权，为后来的三晋（赵、魏、韩）位列战国七雄奠定了基础。公元前

656 年，重耳之兄申生被骊姬害死，重耳亦遭迫害，十七岁时因乱出奔，在外流亡达十九年。《礼记·檀公下》载：晋献公之丧，秦穆公使人吊公子重耳，且曰："寡人闻之：亡国恒于斯，得国恒于斯。虽吾子俨然在忧服之中，丧亦不可久也，时亦不可失也。孺子其图之。"以告舅犯，舅犯曰："孺子其辞焉；丧人无宝，仁亲以为宝。父死之谓何？又因以为利，而天下其孰能说之？孺子其辞焉。"

"孝弟也者，其为仁之本与""入则孝，出则弟，谨而信，泛爱众，而亲仁"（《论语·学而》）。自己不明白，就要求真明白的，"就有道而正焉"（《论语·学而》）。

不单单是亲仁，还得仁亲。亲仁，仁亲，所以亡人以"仁亲"为宝。"仁亲以为宝"，权势不可靠，唯有以仁德亲人才是宝。

《秦誓》曰："若有一个（《尚书》作介，个为介之别体字）臣，断断（诚实专一貌）兮（词之舒），无他技，其心休休（宽容）焉，其如有容焉。人之有技（技能），若己有之；人之彦（美士有文）圣，其心好之，不啻（chì，不但）若自（从）其口出，实（是）能容之。以能保我子孙黎民（众民），尚（且）亦有利哉！人之有技，媢（mào）疾（嫉妒）以恶之；人之彦圣，而违（离弃）之俾（使）不通；寔（实）不能容。以不能保我子孙黎民，亦曰殆（危殆）哉！"

《秦誓》是《尚书·周书》最后一篇，孔子删《书》有深意。秦穆公伐郑，晋襄公率师败诸崤，晋舍三帅，还归秦，穆公悔过，作《秦誓》。

秦穆公贪郑取败，悔而自誓，曰："邦之杌陧（wù niè），曰由一人；邦之荣怀，亦尚一人之庆。"发人之深省！

周襄王二十四年（前628），郑文公、晋文公相继逝世。秦穆公想远袭郑国，但从秦都到郑都，中间需经过桃林、殽函等险要地区。因此蹇叔谏道："千里以袭人，郑必知之，我军劳而力竭，欲攻敌人之有备，实无成功之望。"秦穆公不听劝阻，以孟明视（名相百里奚之子）、西乞术和白乙丙三人为将，精锐尽出，志在必得。晋国得知秦军出兵袭郑消息，晋襄公决心打击秦国，派遣卿大夫先轸率军秘密赶至殽山，控制殽山北麓险要路段，并联合姜戎埋伏在隘道两侧，布成一个庞大的陷阱，以待秦军。

周襄王二十五年（前627）春，秦军通过殽山隘道，越过晋军南境，抵达滑国（今河南偃师东南），正好与郑国贩牛商人弦高相遇。弦高为人机警，断定秦军此行必定是前往偷袭郑国，于是牵了十二头牛，假托其乃奉郑君之命，特地前来犒师。同时，遣使遽告于郑。秦军将领孟明视以为郑国早有防备，不敢再进，于是灭滑而回。

回程中，秦军再次行经殽山。由于疏于戒备，秦军对晋军的埋伏全然不知，而晋国军队以逸待劳，俟秦兵全部进入伏击地域，立即封锁峡谷，发起猛攻。这段道路崎岖狭窄，秦国大军陷于隘道之中，进退不能，前后不能相应，惊恐大乱之中，全军被歼灭。

"若有一个臣，断断兮无他技"，诚实专一，忠于职守，虽无特殊技能，但"其心休休焉，其如有容焉"，其人乐善，心胸宽大，有容有量；能含容贤者逆耳之言；"人之有技，若己有之"，别人有技能，如己有之；"人之彦圣，其心好之"，人之美圣可以媲美圣人，真心好之；"不啻若自其口出，实能容之"，不止口中赞美，是真能容人；"以能保我子孙黎民，尚亦有利哉"，能保我子孙众民，尚且于国家天下有利。

能养量，培器识，不嫉妒，所交往的都比自己强，能保子孙后世，有利于国家天下；能用这种人，就能为你解劳，当然就可以高枕无忧了。

天下何以如此乱？因为不但不容人，而且只要别人好，就认为是自己的障碍，即合力对付之，甚至除之而后快，如此，岂不危殆哉！还能保子孙，有利于国家？

历代皇帝净叫别人糊涂，但辟雍（古时贵族子弟学习处）则讲帝王之学，要统治别人。**孔子不然，讲学民间，有教无类，全民教育，普及知识。**

圣严"心五四"二十句，老太太怎么记得了，多障。

"四安"提升人品的主张：安心——在于少欲知足；安身——在于勤劳俭朴；安家——在于敬爱互助；安业——在于服务奉献。"四它"解除困境的主张：面对它——正视困境的存在；接受它——接受困境的事实；处理它——以悲智处理困境；放下它——处理后心无牵挂。"四要"安定人心的主张：需要的不多；想要的太多；能要、该要的才要；不能要、不该要的绝对不要。"四感"与人相处的主张：感恩——使我们成长的因缘；感谢——给我们历练的机会；感化——用佛法转变自己；感动——用行为影响他人。"四福"增进福祉的主张：知福——是最大的幸福；惜福——是最好的储蓄；培福——时时都有福；种福——人人都享福。（参见圣严法师《心五四运动的时代意义》）

我用"孝、慈、义"，人都一样，不可离也。口号愈简单，

愈发挥作用。

人没有特殊的，要考虑好再结婚；倒霉了，就信佛，说是因果。

唯仁人，放流之，迸（摒弃）诸（之于）四夷，不与（许）同中国。此谓唯仁人，为能爱人（喜爱好人），能恶人（讨厌恶人）。

"唯仁人，放流之，迸诸四夷"，舜流放四凶，遏恶扬善，并不乡愿。

《尚书·舜典》云："流共工于幽州，放驩兜于崇山，窜三苗于三危，殛鲧于羽山，四罪而天下咸服。"

《孟子·万章上》称："舜流共工于幽州，放驩兜于崇山，杀三苗于三危，殛鲧于羽山，四罪而天下咸服，诛不仁也。"

"此谓唯仁人，为能爱人，能恶人"，"宁可一家哭，不叫一路哭"（范仲淹语："一家哭，何如一路哭耶"），杀恶人，便是行善，不使恶再传播。

所谓"夷狄""中国"，是以文化分，不是以民族分。"中国者，礼义之国也"（《春秋公羊传·隐公七年》何休注），"入中国则中国之"，夷狄有礼义了，成礼义之人，则"中国之"。

夷狄不知礼义，"不与同中国"，"与"，许也，行为没有"礼义"，不许其等同礼义之国，"夷狄之"。《春秋》"不与夷狄之执中国"，何休曰："执者，治文也。君子不使无礼义制治有礼义。"（《春秋公羊传·隐公七年》何休注）以有礼义制治无礼义，正之以礼义，知所节制，合情合理，一切决之以礼义。

《春秋繁露·竹林》云："《春秋》之常辞也，不予夷狄而予中国为礼。"又曰："《春秋》无通辞，从变而移。今晋变而为夷狄，楚变而为君子，故移其辞以从其事。"

《春秋》之号"夷狄"，谓其政俗与其行事，没有入于礼义。《春秋》之义，夷狄进于中国则中国之；中国有夷狄之行，"中国亦新夷狄也"（《春秋公羊传·昭公二十三年》），则夷狄之。是文化观，不是种族观。

太平世，"夷狄进至于爵，天下远近小大若一"，人人皆有士君子之行，行为都合乎礼义，大一统，大同。

大同，第一件事必得处理民族问题。"同人，亲也"（《易经·杂卦传》），相处愉快，"中国，礼义之国"，只要有礼义，达到"中"的境界，即"同中国"，人人皆有士君子之行，远近大小若一，大同。

见贤而不能举（用），**举而不能先**（俞樾注："先"盖"近"字之误），**命**（程子注："命"当作"怠"，字之误）**也；见不善而不能退**（退除），**退而不能远**（yuàn，动词，远离），**过也。**

见贤不能用，用而不能近，怠也。见不善而不能退除，退而不能远离，过也。

培养人才为要，成事在人，用人唯才。成就事业，要以造就接班人为第一要义。

好（hào，后同）**人之所恶**（wù，后同），**恶人之所好，是谓拂**（违背）**人之性，灾必逮**（及）**夫身。**

"拂人之性"，违背人性。"好人之所恶，恶人之所好"，反常的人必有灾难！

《春秋》讲灾异，乃是指违背常情、常规，如乱伦之事。

是故君子有大道：必忠信以得之，骄泰以失之。

"大道"，即天道，天道为体，大道为用。"大道之行也，天下为公"。

君子有行事之大道，其大道自"必"来，必然，必定，"必忠信以得之"。"忠信"，朋友以信，是群己关系之首要。"主忠信"（见《论语·学而/子罕/颜渊》），尽己之谓忠；信，言可复也。忠信，乃进德之基（《易经·乾卦·文言》"君子进德修业。忠信，所以进德也；修辞立其诚，所以居业也"）。

"骄泰以失之"，何以失之？就因为骄、泰。"骄"，壮、恣也，野马不受控制；"吝"，该给人而不给，有司之吝。"如有周公之才之美，使骄且吝，其余不足观也已。"（《论语·泰伯》）"泰"，舒泰，自以为舒适。"否泰，反其类也"（《易经·杂卦传》），物极必反。

骄泰者，人之殃也。一口说出很快，但路子就断了，自己犹不知。大事不易得罪人，小地方才易得罪人。人家的事，又何必说三道四，说人是非？大言不惭说，人亦不信！人问话，爱理不理，骄也！天下事必按理行事。**处朋友要委婉说，不要当面刮人胡子。**

"泰而不骄"（《论语·子路》），"君子无众寡，无小大，无敢慢，斯不亦泰而不骄乎？"（《论语·尧曰》）

生财（理财）**有大道：生之者众，食之者寡，为之者**（做事的人）**疾**（快），**用之者舒**（缓），**则财恒**（常）**足矣。**

"聚人曰财"（《易经·系辞下传》），"生之者众，食之者寡"，"为之者疾，用之者舒，则财恒足矣"，做事的人快快加倍努力，而用钱的人则舒缓用之，则财能常充足。此乃理财的大道。

人为什么苦？一人赚钱，养八口之家，能不苦？贫贱夫妻百事哀。

国之强富，物资重要，尊生，得厚生。"正德、利用、厚生，惟和"（《尚书·大禹谟》。孔安国《传》称"正德以率下，利用以阜财，厚生以养民"）。

正德，"贞固足以干事"，止于至善，德至善；利用，尽物之用；厚生，使人民生活丰足；惟和，发而皆中节，"和无寡"（《论语·季氏》），就不觉得多或少。设教，是为了"厚生"，"为之者疾，用之者舒"，乃是设教之根本。

"嘉会足以合礼，利物足以和义"，**做有益于人群的事，但必先自立**，已立而立人，"能以美利利天下，不言所利，大矣哉"（《易经·乾卦·文言》）。

仁者以财发身，不仁者以身发财。未有上好仁而下不好义者也，未有好义其事不终（没有结果）**者也，未有府库财非其财者也。**

"仁者以财发身"，一个仁者有了钱，会用钱助人，做福利事业。"君子以仁存心""仁者爱人""爱人者，人恒爱之"（《孟子·离娄下》），仁者散财以聚民，可以得人心，王天下。

"不仁者以身发财"，不仁者做官就贪污，净搜括民财，必致身遭祸殃。为人坐台，如妓女之流，"以身发财"。

"未有上好仁而下不好义者也"，"上好下甚"，仁、义是相对的，在上者"以财发身"，在下者"以义终事"。"利者，义之和也"，"能以美利利天下，不言所利，大矣哉！"

"未有好义其事不终者也"，可见，**一个人要能持之以恒是多么难**！人一旦软弱了，就会向魔鬼投降。**始终如一、有始有卒，多么不易**！必真知，才能有终。"有始有卒者，其惟圣人乎"，一般人多半是虎头蛇尾，有始无终。

"未有府库财非其财者也"，没有国库财不是做你"以财发身"用的，因为当政者"惠而不费"，要为民谋福利。

孟献子（鲁国大夫）**曰："畜**（xù，养）**马乘**（shèng，四匹马），**不察**（研究）**于鸡豚；伐**（凿）**冰之家，不畜牛羊；百乘之家**（卿大夫有采邑的），**不畜聚敛**（损义）**之臣。与其有聚敛之臣，宁有盗臣**（损财）**。"此谓国不以利为利，以义为利也。**

古时有制度，公家不可与民争利，要调均，不患寡而患不均。

《春秋繁露·度制》曰："君子不尽利以遗民……天不重与，有角不得有上齿。故已有大者，不得有小者，天数也。夫已有大者又兼小者，天不能足之，况人乎？故明圣者象天所为，为制度，使诸有大奉禄亦皆不得兼小利，与民争利业，乃天理也。"《易经·节卦》云："节以制度，不伤财，不害民。"

"畜马乘，不察于鸡豚"，昔大夫之家始得备车驾四马，有四匹马的士大夫家庭，不可以再研究养鸡豚。"伐冰之家，不畜牛羊"，卿大夫之家，不可再饲养牛羊。要吃就去买，不可与民争畜牧，因那时购买力薄弱，小老百姓饲养的就卖不出去了。

以前中国人也吃冰，那时没有电冰箱，但有冰箱，是用木头做的，外摆铁皮。冰，是河里的。那时卖冰的天天送冰。夏天可以吃冰，是用水果做的香料，真冰很是爽口。

烧煤球的年代，烧一煤球至少要半小时。昔日地窖，冬暖夏凉，存菜又存肉。东北火锅用酸菜，冬天没有青菜，为方便而有饺子、包子。满族文化，吃火锅。

"不畜聚敛之臣，宁有盗臣"，"聚敛之臣"，搜括民财，巧设法律，用尽许多名堂；"盗臣"，窃取公家财物者，犹只是一人行为，可绳之以法。宁用盗臣，不用聚敛之臣，否则"上下交征利而国危矣"！因为"万乘之国弑其君者，必千乘之家；千乘之国弑其君者，必百乘之家。万取千焉，千取百焉，不为不多矣。苟为后义而先利，不夺不餍"（《孟子·梁惠王上》），因"为人臣者怀利以事其君，为人子者怀利以事其父，为人弟者怀利以事其兄。是君臣、父子、兄弟终去仁义，怀利以相接也，然而不亡者，未之有也"。（《孟子·告子下》）

郑玄注："国家利义不利财。盗臣损财耳，聚敛之臣乃损义。"《新唐书·食货志一》："盗臣诚可恶，然一人之害尔。聚敛之臣用，则经常之法坏，而天下不胜其弊矣。"

"国不以利为利，以义为利"，以制度调均。"理财正辞，禁民为非曰义"（《易经·系辞下传》），为国理财要正义、明道，"正其谊（义），不谋其利；明其道，不计其功"。

《春秋繁露·对胶西王越大夫不得为仁》称"正其道不谋其利，修其理不急其功"；《汉书·董仲舒传》称"正其谊不谋其利，明其道不计其功"。

"禁民为非"，有相关规定法令制度，治乱世用重典，但必要恰到好处。**最高则是防未然**，"禁于未发之谓豫"（《礼记·学记》），"君子之求利也略，其远害也早"（《荀子·修身》）。"义者，宜也"，"利者，义之和也"，"能以美利利天下，不言所利，大矣哉"！

我同情穷人，觉得社会最好、最苦的都是老百姓。中国百姓之苦，帝王制度要负莫大的责任，养了太多的废货，看皇宫一天的开销有多少？以前当官的，父母不住到官舍，大太太要在家侍奉。那时一个县长就如此享受，不贪，钱从哪里来？

民国的土匪军阀，是自李鸿章（1823—1901）的"淮军"来的。民国初年的乱，皆淮军之遗孽。张作霖（1875—1928）是土匪出身。蒋介石（1887—1975）是军阀，给美国做一辈子的走狗，什么也不懂，就听"他妈的"。

今后不再有"帝王"了，最多只是伤品败德。

虎毒不食子，有人居然弄死两个亲生的小孩，还有儿子刺死自己父亲。妈祖流泪岂非先见之明？天听自我民听。看岛内的乱伦，真是举世无之，恐怕妈祖确实值得一哭！今天，连近亲都乱伦，悌道更是没了。

物极必反。什么时代一乱伦，大事绝对出来。我是按照传统讲。

在台拨乱，第一件事要先拨乱伦。台湾风气已至此，警察已经是抓不胜抓了。不要认为这些事与自己无关，要先自"正己"起，即自"诚正"开始到"修齐治平"，"毋自欺"最为重要！

每一个时代的变，都是从一些反常现象开始的。如果"上下交征利"，那国无不危矣！

人不要太随波逐流，人生什么药都可以吃，就是后悔的药最难吃。想当年，永远是当朝一品，小老婆多得很！

看近代中国这一百多年来，天天净在战争中，生灵涂炭，受苦的是老百姓。台湾问题如果解决，内战就没有！

现在我的老朋友都"报销"了，我现在苦恼的是，连个聊天的对象都没了！我犹不相信有来生，那我这一生岂不是白搭了？人到老年，会自己审判自己，此"自讼"也。

遇事要冷静，多加考虑，就少后悔！冷静想，想透了，就知道你应该做什么。看我愈活愈有滋味，从被贴讣闻到今天，愈感到我有先见之明。"小人之过也，必文"（《论语·子张》），专会粉饰自己。

当年在大陆，吃一碗面要金圆券一亿多元，一麻袋的金圆券顶多换一斗米，这就是蒋介石！

老蒋来台，把大陆能卖钱的都带来了。那时大陆不但吃的没有，连像样的桥都破坏了，义仓所有的储粮全付之一炬。

人绝不可以缺德，就是败家子，也还有个"子"。有钱没人花，因果也！袁世凯犹有好孙子如袁家骝（1912—2003，*中国物理学家，夫人是物理学家吴健雄*）。

做事绝不可以缺德，违心绝对报在子孙。我看违心之人都没有好结果。不要做违心、欺心的事，"毋自欺也"。我看的报应太多太多了！

我在南京时，天天跑，找古迹。找方孝孺（1357—1402）的墓，找了三天，就位于一山坡下，没有一棵树，有李鸿章立的一块碑。

孙中山埋于钟山（南京紫金山，又名钟山），老蒋想埋在蒋山（在紫金山，汉末秣陵尉蒋子文葬于此，被视为山神，故称蒋山）。不如学孔子墓"携子抱孙"的形制，干脆埋在慈湖，入土为安。

孔子子孙三代葬于孔林内的小院落，三个墓成一品字形，孔子儿子孔鲤墓在孔子左边，孙子孔伋墓在前方，成孔子领着儿子、抱着孙子的"携子抱孙"形制。

人到盖棺论定了，却死无葬身之地。以此证明，人尽量不要自欺、欺心。人一定要重义。李鸿章说台湾"男无情，女无义"，果真如此，岂不糟了？

《学庸》于你们成事、为人有莫大的关系，立身行事，此两部书有莫大的好处。

看一观念之产生，思维之模式、思想之境界。"夏，中国之人也"（《说文》）。三夏：夏、诸夏、华夏。内圣，"夏，中国人"，礼义之人，是修养；外王，由内而外，由近及远，诸夏；远近大小若一，华夏。内圣功夫犹不足，要"作新民"，将"新"光华于天下，成外王之业。

种子，是因缘；水、土、阳光、空气、岁时、人工，是助缘。元，是种子；夏学，中国人之学，作为肥料；人，是园丁。要利用肥料以培养种子——元，园丁则勤于灌溉、照顾。"夏，中国之人也"，知有礼义，是有文化的民族。夏、诸夏、华夏，有三个层次。

中国是古国，今天"其命惟新"，要另辟思想的新天地。既不为争胜，那何不争德？何以不埋藏种子，以待明日之开花结果？要处处以法理作为根据。"夫人不言，言必有中"。许多话要好好学。

你们是一张白纸，千万不要抹黑，否则怎么洗都会有痕迹。

张大千（1899—1983）在敦煌"盗壁"，身带通缉令。李石曾（1881—1973）接收故宫时，盗卖皮袍，也带有通缉令。但是最后都不了了之，只给他们丢个脸。如真有志，绝对要脚踏实地，千万不要巧取豪夺。

我有生以来就不怕死，一个人如活得没有价值，那还活着做什么？我有想法，并不是没有做法，但是环境不允许。

你们缺三达德，缺德，多呆！智者不惑于欲，勇者不惧人势，仁者不忧己私，活着就有目标。要保存自己圣洁的身子，否则人会骂你投机。要保住那个圣洁，人有圣洁最为芬芳，"绘事后素"，质白才可以彩绘。

做人之难，可太难了！要把有用的智慧用于有用之处，不要学那个著作等身的。求学，得求，求仁得仁，求则得之，舍则失之。我不要你们留浮名，要务实，实至名归。你们有成就，表明我在台五十年没有白干。人为何要与草木同朽者相竞？

我经常吃黎东方（1907—1998，曾受业于梁启超，又曾师从法国史学权威马第埃教授，学贯中西）太太包的饺子。黎，河南人，著有《细说清朝》《细说明朝》，其人细心，真正蒋家的"太傅"，是留法的。以前皇帝上学，有太傅、侍讲（为皇帝讲书）、侍读（等于录放音机）。

平天下，御天，要练达智慧。要练习自己做主人，而不是做人家的狗腿。不要和世俗乱扯，一个人必须要有特殊的立场，才能有特殊的成就。"时乘六龙以御天"，要在六变之中，不但头不晕、不跌倒，还要能够支配天地。尧试验舜，"纳于大麓，烈风雷雨弗迷"（《尚书·舜典》），**舜在狂风暴雨中都不迷**。

好的配偶总得想办法看看，但是人家也有方法让你看不到，此即斗昧儿，斗谁糊涂。斗的是昧，谁有智不昧，谁就赢。阴差阳违，斗的就在一点上。

当将军的就不怕战争，有谋就不怕人家谋士如云。虽然没有见到，但心意绝对动了，可能三夜没有睡觉。娃娃戏都唱不完，还谈什么平天下？

长（掌）国家（一国领导）而务财用者，必自（用）小人矣；彼（指小人）为善之（小人善于务财用）。小人之使为（治）国家（国家而唯小人是用），灾害并至，虽有善者，亦无如之何矣。此谓国不以利（财货）为利，以义为利也。

领导国家而"务财用者"必用小人，因为小人善于"务财用"。国家乱了，不怕，就怕大本乱了。

"小人之使为国家"，掌国家而务财用，"鸡鸣而起，孳孳为利"（《孟子·尽心上》），以利为利，则"上下交征利，而国危矣"！"善政，不如善教之得民也。善政，民畏之；善教，民爱之。善政，得民财；善教，得民心"（《孟子·尽心上》），善（能）政要民财，尽与民争利。

"灾害并至，虽有善者，亦无如之何矣"，天灾人祸并至，虽有善于为政者，亦无法挽救了。"此谓国不以利为利，以义为利也"，"利者，义之和也"，"能以美利利天下，不言所利，大矣哉"，**要公而去私，至少要有"生民"之德。**

以前人四岁启蒙，司马迁二十岁时已经学完了，开始周游天下名山大川，开阔胸怀，增广见闻。**年轻人要游学，以开阔自己的视野。**我年轻时在外游学十二年，可说听遍全天下，但没有一张文凭。

人因为环境不同，用情也不同，古人很是含蓄，今天则看似落伍。智慧没有新旧，必用经验印证。

没有接触过高的，又怎么知道用高的方法，没到境界就无法了解那事，人的见识特别重要，不要孤陋寡闻，"读万卷书，行万里路"，经印证了才有用。

以前的学派都有师承、师说，今天不应再有门户之见了，可以多知道几家之言。十六字心传："人心惟危，道心惟微；惟精惟一，允执厥中"，就出自古文经《尚书·大禹谟》。

中国现在环境已经变了，成就事业不必在于自己的子孙。未来社会问题多多，我勉励你们脚踏实地做，人生单打独斗不容易，必要"本立而道生"，不要学那个好高骛远、专耍心机的，是最大的失德。小蒋是"青年导师"，何以没有将自己的儿子导好？要自根本入手，教育好自己。一事无成，升沉之多！经验多，并不就代表成就。

《学庸》虽然不是金科玉律，但是为我们指出一方向：**内圣，修己；外王，做事业。如果什么都不读，就没有方向；缺乏基础，就不知所云。**用上与否，端视个人的脑子，亦即智慧，**最低限度**

指出了做人、做事的方向。

必须自求，皆自求也。不要尽放空枪，每出一次奇招，就垮一次，因为不学无术，所以不能有进步，而且一次比一次糟。

走在三岔路口，究竟要怎么走才对，就看你们的智慧了！遇事，要冷静想一想，免得将来后悔！

我最关心的是台湾的纯老百姓，搞"独"的都是洋狗，入外国籍的，认贼作父，当然无不为矣！有些政客皆自欺，不知道要建设未来，和猪狗一样。人必要过智慧生活，因为人和畜生不同。

做事就视应做与否，不考虑成败，则失败亦成功，如文天祥之求死。成败皆系于己，应做与否则系于国家、天下。**知道如何做才不盲目，此即《春秋》的精神，**所谓"正其谊，不谋其利；明其道，不计其功"。

"大学"，学大也。《大学》讲什么？要真了悟。

识微、察微。我看电视，都做笔记，遇事要留心，察事要细心。

你们年富力强，头脑清楚，跑接力，我想的一段，你们接着就不浪费，述而不盲。我失败、碰壁的地方，你们也可以避免。真爱国家民族，是该有所行动的时候了！

就以你们父母给你们的无价之躯，净为人做招牌，盲从、卑鄙、无知、醒酲！人若无耻至此，真是连畜生都不如。不要天天把自己摆在前头，应做些有利于人的事。

没有文化的人，天真；有文化的人，一举一动都有文化。人一言以为智，一言以为不智。知识分子做事，一言一行必有所本，要日知己所无，月无忘己所能，**每天必要有受益、有进步，活着才有价值。**

知识分子绝不能自侮、自轻，净为人打小旗。身体发肤受之父母，自己没有权利支配，要无忝所生。

我骂人，声音可以惊动天地，因为我有修持，"精、气、神，人之三宝"，尤其是男子。

凡事，近的意义、久远的影响，都必须注意。美国不愿与中国最后步上"绝"字，故中国每出绝招，这暗示什么意义？一件事代表什么，意义何在？必加以玩味。

知道怎么做，必须有学有术，平常就要储备自己，"素具"（《孙子·火攻》）。必深体其意了，遇事才不冲动；**不冲动，就不盲动。**责之以大义，关公少读《春秋》（《左氏春秋》），深明大义，所以备受崇敬。一个人如果离了义，那结果会如何？

孝与慈，都没有选择权，不能讲价，是天律。无论他是什么出身，他生了你；而你生了他，他的好坏你都得管。人生，谁也逃不过孝与慈。人无不望子成龙，望女成凤。儿女是债，永远还不完。

"友爱兄弟"，一奶同胞，手足之情，是同一公司出品。夫妇以义合，义者，宜也，就看二人相宜的地方，情谊所在。所以以义为要，不要天天相互责善。

孝、慈、义，是不可以随便变的。父子、夫妇之间均不责善。要看他的好，不要看不好看的地方，尽量想对方的可取之处，那人生就值得留恋了。**一个人要是失了义，也就失了据。**人不能失据，一定要注意。了解立身之道了，才能有所发展。

政客以欺骗为能。拨乱反正，要正世，不可以胡扯，故君子"夕惕若，厉无咎"。志士，绝不投降，"直道而事人，焉往而不三黜？"(《论语·微子》)最后必得革命。

立志必坚，君子终日乾乾，坚持到底，早晚必成功，但是很不容易！

学：觉，知；效，行。知行合一谓之学。学什么？学大，是入手处；成功了，则写《大学》，即结果。要自根上入手，"行有余力，则以学文"(《论语·学而》)。古人早就告诉我们怎么学了，"四书"中无一句废话。读书虽不能过目成诵，但至少也应过目不忘。

"学大"，学大人之学。如将"大学"说成与"小学"相对，那就将真义讲丢了。《大学》，乃是大人之学，"大人者，与天地合其德"，而"天有好生之德"，"天地之大德曰生""生生之谓易"，所以要学"生"。

"生"的含义多，小孩开始受教即学生，先学生己，此为内圣之道。其次生民，亦即外王之道。政治为生民之政，即仁政。

想学生，第一步即"卫生"，天天卫己之生。此外，还得卫众人之生，亦即卫国。中国人讲"卫天下之生"，达"舟车所至，人力所通，天之所覆，地之所载，日月所照，霜露所坠，凡有血气者，莫不尊亲"，此乃华夏、大同的境界。

学文，因为"文没在兹"(《论语·子罕》云"文王既没，文不在兹乎")，曲阜孔庙大成殿有"斯文在兹"匾。"行有余力，则以学文"，所以要教文，文成为四教之一，孔门四教："文、行、忠、信"(《论语·述而》)，可见"文"之重要！

孔子为"文宣王"，其一生的成就即在宣这个文。此文，不同于"文章"之文，乃是"经纬天地"。

必先安排好自己，如基本问题没有解决，大问题怎能解决？"天地之大德曰生，圣人之大宝曰位。何以守位？曰仁。何以聚人？曰财。"（《易经·系辞下传》）聚人守位，养成群生，奉顺天德，治国安民之本，故"不患寡而患不均"，"均无贫"（《论语·季氏》）。

尧是第一个学天成功的，故曰"唯天为大，唯尧则之"，是尧则天，有生来之圣智；后生者得学大、学天。一个人的思想、行为是无法限量的。

"学大"有根据，孔子称尧为"则天"。则，准也。则天，言尧之德与天准也；法天，"天无私覆，地无私载，日月无私照"，法天的大公无私，不以天下为一己、一家之所有，而以"天下为公"，此尧之所以伟大。

要下功夫，中国学问并不是没有用，否则怎么能传之千古？就因为碰到无用之人，才成为无用之学。有所表现了，则"虽曰未学，吾必谓之学矣"（《论语·学而》）。

学如不能"时习之"，则"生乎今之世，反（返）古之道；如此者，灾及其身者也"（《中庸》），因为古已经是垃圾了，又何必从古？多少老先生崇古，一字都不能动，那岂不是返古？**古，只可做参考，要去其渣滓，留下精华，此即"时习之"。时习之，做事才能合乎时。**

"学而时习之"，那应学些什么？**实学最为重要，解决问题必须要有真学问，不是博得虚名。**中国既富无尽藏，也应懂得如何开发此一无尽藏。

人的智慧固然是天生的，但是培养更为重要，故要下"人一己百，人十己千"的功夫，最后"虽愚必明，虽柔必强"（《中庸》），由此证明后天的培养更是重要。**活智慧，必要用到活的人生中。**

何以同样会做烧饼，但是做出来的烧饼滋味就是不同？要知味，但天下知味者少，一般人不过是填饱肚子罢了！社会上什么都有，但是真知的不多。解决社会问题必得真知。说什么人才济济，可是能够解决问题的没有几人。必要懂得怎么认识问题。

"五经"都读完了，就可以海阔天空，但必须特别透彻。食古不化，不化就没有用，不能串在一起。**真正的印证，将前后连贯，则有来龙去脉。**但是如果不熟，就没有办法了。不可以己意解经，但如经书不熟，又如何依经解经？

"齐之以礼"，**中国的礼就是法。**一般人皆是常人，至少要能维持一家的温饱。看看有哪几个家庭日子过得愉快？**齐家，必得用最高的智慧调整，使家人在家有"如沐春风"的感觉，令人愉悦，有一个安乐窝。**

千万别造成夫妇之间的不快。**人到不能解决问题时，必要以"礼"解决，**"有所不行，知和而和，不以礼节之，亦不可行也"（《论语·学而》）。

家庭能够过得愉快，人的精神、生活正常了，才能"有余力"。用不上，就是不入化，不能化己，等于没学。如无所学、无所守，那遇事当然就六神无主了！

家乃是储电之机器，要美满才能发电。没有高智慧，至少也要有齐家的智慧，使家庭温暖；如果家庭不理想，莫不如自己一人过活。**人的本就是家，**有正常的家庭，才能造就出正常的孩子。

伏羲因为忙，才画出八卦，为了"通神明之德，类万物之情"，下"通""类"两步功夫，宇宙中就"通之""类之"，**形形色色**

都得类之。之所以"不通",就因为缺乏"类"的功夫,对事对人没办法类得好,当然处处有阻碍。

人最大的毛病,在以一己之观感要求天下人,"责己也轻,责人也重"。"古之君子,其责己也重以周,其待人也轻以约。重以周,故不怠;轻以约,故人乐为善。"(韩愈《原毁》)

盲目地崇拜、跟随都是错误的。"三人行,必有我师焉,择其善者而从之,其不善者而改之"(《论语·学而》),"见善则迁,有过则改"(《易经·益卦》),别人有善,足以为法,见贤思齐;看别人不对,引以为戒,自我反省,以改正自己,而不是去改别人。在一团体中,批评团体,既于己无益,亦于人无补,应学会适应团体。

《大学》,学大,与天地合德;《中庸》,用中,按人性办事。《大易》与《春秋》均讲元。元,妙万物者。万物皆自元来,没有元,就没有一切。万物都有其用。

中国所有学问,就"阴阳"两个符号之演变。读书,如要点抓不住,就没有用。读每句,要当思想读,思之思之,鬼神通之。

中医,从伏羲"画八卦"、神农"尝百草"到《黄帝内经》。**要再造"华夏文化"。**做事有一定的方向,研究文化亦如是。

文化不是讲的,必得实行。有人骂余英时没有资格讲中国文化。偶一不慎,被人利用一次,成终身的污点。

人生观、社会观、世界观(天下观)。**中国文化是天下文化,**不要界与际,世界、国际都不行。因为有界、际,就有纷争。寰宇,是中国思想。

华夏文化,"夏,中国之人也";"夏,大也"(《尔雅》),至大无外。

《管子·心术上》云"道在天地之间也，其大无外，其小无内。"

中国文化，"入中国，则中国之"，是中道之国（《中庸》"喜怒哀乐之未发，谓之中"）、人性之国（《中庸》"天命之谓性，率性之谓道"）。

应做什么就做什么，不要有计谋，净用心机，"人之视己，如见其肺肝然"，既知如此，又何必要心机？"空城计"也只能用一次。

我要你们比我能，不是教你们天天用计谋，什么都会过去。要发你们人性的深省，一即一，二即二。

学大，绝不是空的，真学大了，就不小了。大，是无所不容，"君子不器"（《论语·为政》），器就小，不器乃大，能吸收就不卑鄙、不下贱。**要自根上造就自己，自诚意、正心入手。**

写文章，代表一个人的思想，故应慎思。其次，要明辨、翔实。为文，是要给不懂的人看，应使别人一看就懂，所以得详细而且实际。实，乃包括自己身体力行的东西。

要将思想介绍给不懂的人，如果达不到作用，那就起不了传播的目的了。何以写完别人看不懂？因为不够详。慎思、明辨、笃行，皆功夫也。

王弼写的都是好文章，可惜他死得太早，谈不到翔实。朱子毕生精力就在一部《四书章句集注》。

现在写文言文，谁看得懂？作贺表，是要做纪念，所以要用"四六"（骈文体），但是传道则不同。

做思想家必要有头脑，**什么书都能读，懂得运用思维，才能**

成为思想家。

《墨辩》有思想，但难懂。

《墨辩》包括《墨子》书中《经上》《经下》《经说上》《经说下》《大取》《小取》在内的《墨辩》六篇，在《墨子》书中最为难读，是该书逻辑的基本推理程式。《墨辩》系统地总结了辩论的机巧，对中国古代逻辑学的发展有巨大贡献，被后人称为《辩经》。

商鞅（前390—前338）可以强秦，但不能自保；韩非（前280—前233）亦如是。清末龚自珍（1792—1841）、魏源（1794—1857）、廖平（1852—1932）、皮锡瑞（1850—1908）、康南海（康有为，1858—1927）、谭嗣同（1865—1898）都有思想，也有著作，但是对那时的清朝没有影响力。

王国维（1877—1927）、罗振玉（1866—1940），是学人，但是对时代没有贡献。

要下"纯"的功夫，绝不可以有钻尖取巧的心理。一个人不论有什么成就，如果不能自保，那一切免谈。

魏徵（580—643）尽忠了一辈子，几度受侮辱仍可站住。信耳不信目，反反复复，御碑立了又倒，倒了又立，但至少有后人可法之处，站得住。

张良（？—前189）、萧何（？—前193）也都不错，于汉开国有功。千古不变，可是不易！

《原儒》新辟路子，熊十力（1885—1968）有智慧，赶上时代了，有发挥的功夫。"新儒"拉他做祖师爷，但是熊先生自认为是接孔子第一人，自《原儒》可窥见一斑。真有学问，人家就拉你做祖师爷。

学术是跑接力的，熊十力跑第一棒，那第二棒要如何接？有大志者应立准目标。

前面所述几人，是给讲书人充实材料的，但是他们对时代没有贡献，没有影响力可言。

廖平，永远脱不了老生常谈，即俗儒之见，亦即腐儒一个。**一代思想家，得叫人拿过来就能实行。**

怎么想都可以，王充（27—约97）《论衡》宝贵，走反路子，有智慧。都可以有自己的想法，**但视所想是否合乎逻辑，**必要真下功夫。

看书不要当作偶像崇拜，而是要看他们究竟是怎么想的，以他们作为参考。梁启超（1873—1929）聪明取巧，活时热闹，死后寂寞。

现在是"另辟天地"的时代，必自固有的东西找。**应自根上认识中国的"道统"，因为根自源来，**应该根据存在的资料找出来。

要先有远大的目标作为蓝图，再慢慢地充实之，不要净捡鸡毛凑掸子。

你们所整理的夏学，恐非我心中的夏学。**我们应自根上认识中国道统，"中"字很重要，不分析清楚就不能树立思想。**根自源来，根据现存的资料找出来。谈"中"的，有《中庸》《中论》二书。

《中论》，建安七子之一的徐干著，序言："常欲损世之有余、益俗之不足，见辞人美丽之文并时而作，曾无阐弘大义、敷散道教、上求圣人之中、下救流俗之昏者，故废诗、赋、颂、铭、赞之文，著《中论》之书二十二篇。"

何以叫"中国"？找出实例。自原典看此二书的立说，距离有多远，有多少的真实性。看书，有所启发了，再往前走一步。

我为了写白话，看《圣经》，**是要让没读过中国书的一看就懂。**因为《圣经》阿婆都看得懂，才有那么多的信徒。

从立说，可以看出一民族的智慧。中国民族自开始就有智慧。什么是老祖宗？祖、宗，是崇拜生殖器时代的图腾。

祖（祖）与宗（宗）：示（示）是三脚架上摆一块肉，祭拜男的生殖器（且）、女的生殖器（几）。生两性，就有祖与宗了，代表生生不息。

后来的子孙不孝，将"祖"丑化成最肮脏的东西。如说女子有月事是污秽的，那佛也是污秽的产物，因为他也是女人生的。

"枢机之发，荣辱之主也"，何以有的生残障儿，有的却生高智慧儿？荣、辱，就在此。一切"生"，都有荣、辱，就是石头，有低贱的，也有价值万金的。石头虽是贱物，也有摆在皇宫的。**有生，就有荣、辱，"枢机之发，荣辱之主也"，所以对"生"得如何地谨慎！**

中国人对于"生"的谨慎，都有专书。生，要看时、日，人与狗不同在此。现在的"性学"，根本是野狗学。中国人费尽千辛万苦才做出生的书，因为中国人"尊生"，说"人为万物之灵"（《古文尚书·泰誓上》云"惟天地万物父母，惟人万物之灵"）在此。

中国人的尊生，是自根上来的。要以生之术的智慧，将天下调整得更为致密，不要将那些书当作淫书。我们先民何以有那么沉静的智慧？今人却净以俗知、俗见应世。

必要正视中国智慧的思维，**想建树思想，要了解思维的方程式**。"七日来复"（《易经·复卦》），休息，是为了养生机。人在年轻时如不好好修养，到老了一切就兑现。

为学、做事绝对不可以自欺，都必须自根上着手，不要随世俗跑，要"不易乎世，不成乎名，遁世无闷，不见是而无闷。乐则行之，忧则违之，确乎其不可拔，潜龙也"（《易经·乾卦·文言》）。**自"真"入手，脚踏实地，一步一步来，届时才能实至名归。**

就是说话也要谨慎，千万不可以兴之所至，想说什么就说什么，最易失败！一个守口如瓶的人，成功的机会就大。说话要有分寸，要守住分际，更要懂得有明天的观念。要善用头脑，此自慎思、明辨下功夫。

以"群"对付"权威"，要"群而不党"（《论语·卫灵公》）。党，则结党营私，党同伐异。从小就得培养群德，"德、智、体、群、美"为五育。群策、群力、群德、群利、群智，只要群力一抬头，就无人敢表现其权威。要三三五五，用群力，众志成城，"通志除患，胜残去杀"。

做事有一原则：许多人负责时，难免有过，要"赦小过"（《论语·子路》），不要对人"求全责备"（《论语·微子》称"无求备于一人"）。但是大过不能赦，即犯一团体的守则。如大家都做，自己不做，守自己的原则；否则你也做了，即为朋奸。

不能"朋比为奸"（《新唐书·李绛传》称"趋利之人，常为朋比，同其私也"）。应是"言不必信，行不必果，惟义所在"（《孟子·离娄下》），"无适也，无莫也，义之与比"（《论语·里仁》）。

"《春秋》者，礼义之大宗也"（《史记·太史公自序》），**是智慧的表现，智慧用出来，即为礼义**，所谓"载之空言，不如见之于行事之深切著明也"（《史记·太史公自序》）。

一切决之以礼义：礼，法、道、规矩、制度；义，宜也，合宜，合理。**以礼义为准**，不合理的事就不做。**读书，贵乎能用智慧，当成活智慧**，要将自己所了解的智慧行出，对社会的影响是深且著的。

有些人不曾出过国，但何以他"奸"的思想如此地根深蒂固？太可怕了！不但是只"铁公鸡"（无心争斗的鸡，便全身无懈可击，它劲气内敛，一触即发），还是"杠子头"（喻喜欢抬杠，且不管自己的观点对不对，都死拧抬到底，听不进别人意见），此种人之可恶，更甚于贪官污吏！

每一国家民族均有其文化心理的独特性，此乃差异性之所在，有其特殊的思维方式。

《春秋》推见至隐，《易》由隐至显。智慧有层次，所以人培智也必须有层次。如人类从男女、名分开始，就有礼法、制度，此即**智慧的层次**。

知止，而后有定。立志，行健不息。知耻近乎勇，方向要正确。做学问得能讲就能行，实学是让人拿过来就能用。一切尽在不言中，只可以意会，不可以言传。

商鞅、吴起（？—前381）、苏秦（？—前284）、张仪（？—前310）都很聪明，但是何以他们都不得善终？可见聪明有时反成为杀死自己的工具。**做事是为了成功，切记不可以急功**。要会摆棋子，一盘棋，一子摆错了，满盘皆输。

政争，可不能给敌人留下半点儿生存的机会。养虎，不可以用活的动物，因为它在搏杀生物时，会引发其怒气，野性一发就不可收拾了。**应顺其性情而养之**，就能把它养得像猪一样的柔顺。

"反者，道之动"（《老子·第四十章》），相反相成。**真正的敌人是叫你看不到的。不能瞻前顾后，又如何成事?**

无守口之诚，则永远打不入核心。应守口如瓶，有信德，要"三缄其口"。

《说苑·敬慎》云："孔子之周，观于太庙，右阶之前，有金人焉。三缄其口，而铭其背曰：古之慎言人也，戒之哉，戒之哉！无多言，多言多败。"

培理事之智，养舌辩之才。要培养器质，才可以坐上谈判桌，成为舌辩之雄。不能"似是而非"，**先立一个"准是"，然后才"说不"。**话不在多，而在含有多少的意境。

对某些问题，说"必等对方有善的反应"，是何等不合理！应是自己要有所准备，必叫对方有善的回应。你对我一分，我对你一分。

求真理，到必要时要说公道话。你愈是客观，说话才愈有效力。如果有背景就会有立场，**千万要保住人品**。要练习**认识环境，**必得有术。"棋逢对手一般平"，**势均力敌才能做朋友。**夫妻亦然，天长地久的感情是建立在一"怕"字上，因为夫妻想有"永终"，必得"知敝"。

做事必须有计划、有步骤，不可以情之所至，必要有立足之地。做什么都有一定的路子。不违则，不违背民意，此势也。如不知守则，则成为"卖祖求荣"了。

对方刚，你要乘刚、乘时、不违则。如有所求，就奸态毕露。**不违天则，要顺自然。**

读书时，凡遇政、聘（外交）、武（兵）、平（平天下）、定（定于一），要记卡片，将卷、页记下，日后按卡片选材料。不出三年，可以整理出一部书。开文会，练习写、讲、检讨。必要为文，才能研究学问。

《史记》等前四史，系统化地看一遍，依此往下看，**找出其不同点，则可以"博而要"。**

书是愈读愈清楚、仔细，要使人明白。开始时简单，愈是后来愈是系统化，有固定的对象，使人可以用得上，俾明白遵行。**系统化以后，看什么都不难。**自近代史上的倭寇乱华，即可以明白历史上的"五胡乱华"。多，不是难，而是愈来愈仔细。治学有方法，必要懂得怎么治学。

《尚书》是政典。《春秋》"其事则齐桓、晋文"，好坏事皆写出，证明要愈讲愈清楚、仔细，在使人明白。"其义则丘窃取之"（《孟子·离娄下》），"丘窃取之"，乃是孔子自己所取法的《春秋》之义。《春秋》借事明义。其事不同，其术则一也。

《论语》讲"孝"的地方虽多，但是片面零星。因为愈讲要愈清楚，乃有《孝经》，"行在《孝经》"。汉以孝治天下，《孝经》乃系统化了，分为《开宗明义章》《天子章》等，在使人拿过来即知道怎么做。

立说，要懂得有多大用处。系统化，有固定的对象，圣人要度迷茫，所以将之系统化，分为几章，俾便于明白遵行。

《易》刚开始亦简单，然后有《彖传》《文言》《系辞传》《说卦传》《杂传》等十翼。"天之所助者，顺也"，"是以自天佑之，吉无不利也"（《易经·系辞上传》），**是要愈讲愈明白，而不是愈烦琐。**

《尚书》是中国最重要的一部政典，尧是"文祖"，他是政治家的祖师爷，"曰放勋，钦、明、文、思、安安"（《尚书·虞书·尧典》），海晏升平，如天之清明，宽容覆载，尧则天的成就。历代所画《清明上河图》，即寓此意。

马王堆汉墓（位于湖南长沙市五里碑外）出土许多漆器，上面的彩绘图案就几笔，但愈看愈奥妙！今人写字有温文儒雅？看字是享受。我是王字迷。今人真无知，所以看不出。

儒，分为大道（以"奉元"为宗）学派与小康（以"六君子"为首）学派。**读书，必要看原典，以一个为"经"，配上"纬"，才能有新思想。**

指定的书必要读，并且要按时为文；先入门了，日久慢慢就会有好文。在为文之前，必先构思，先考虑要如何写，然后再下笔。写了之后，贴在墙上，休息时念文，再修改。

昔人读书，休息时就在书房转圈走。为文，必要多看几遍后，不断地修改。一如书家，功夫是在"字"外。

博而后约，读有用书，先视自己之所立。想通事理、发现自我，完全在自己。人往往是骑驴找马，走出大门愈远就愈迷失自己。

《易经》是变经，告诉你要"通其变"。但也必得"识变"了，才能"时乘六龙以御天"，此六变，是代表整个宇宙、六合。

脑子必要灵光，要下真功夫，做响叮当的人物，才能做人类的醒钟，惊醒人类。

道善人文经典文库
让你能知味的中华经典解读丛书

图书·音视频·讲座
敬请关注

毓老师作品系列

毓老师说论语（修订版）	爱新觉罗·毓鋆讲述
毓老师说中庸	爱新觉罗·毓鋆讲述
毓老师说庄子	爱新觉罗·毓鋆讲述
毓老师说大学	爱新觉罗·毓鋆讲述
毓老师说老子	爱新觉罗·毓鋆讲述
毓老师说易经（全三卷）	爱新觉罗·毓鋆讲述
毓老师说（礼元录）	爱新觉罗·毓鋆讲述
毓老师说吴起太公兵法	爱新觉罗·毓鋆讲述
毓老师说公羊	爱新觉罗·毓鋆讲述
毓老师说春秋繁露（上下册）	爱新觉罗·毓鋆讲述
毓老师说管子	爱新觉罗·毓鋆讲述
毓老师说孙子兵法（修订版）	爱新觉罗·毓鋆讲述
毓老师说易传（修订版）	爱新觉罗·毓鋆讲述
毓老师说人物志（修订版）	爱新觉罗·毓鋆讲述
毓老师说孟子	爱新觉罗·毓鋆讲述
毓老师说诗书礼	爱新觉罗·毓鋆讲述

刘君祖作品系列

易经与现代生活	刘君祖
易经说什么	刘君祖
易经密码全译全解（全9辑）	刘君祖
易断全书（上下）	刘君祖
刘君祖经典讲堂（全十卷）	刘君祖
人物志详解	刘君祖

春秋繁露详解	刘君祖
孙子兵法新解	刘君祖
鬼谷子新解	刘君祖

吴怡作品系列

中国哲学史话	张起钧	吴　怡
禅与老庄	吴　怡	
逍遥的庄子	吴　怡	
易经应该这样用	吴　怡	
易经新说——我在美国讲易经	吴　怡	
老子新说——我在美国讲老子	吴　怡	
庄子新说——我在美国讲庄子	吴　怡	
中国哲学关键词50讲（汉英对照）	吴　怡	
哲学与人生	吴　怡	
禅与人生	吴　怡	
整体生命心理学	吴　怡	
碧岩录详解	吴　怡	
系辞传详解	吴　怡	
坛经详解	吴　怡	
写给大家的中国哲学史	吴　怡	
周易本义全译全解	吴　怡	

高怀民作品系列

易经哲学精讲	高怀民
伟大的孕育：易经哲学精讲续篇	高怀民
智慧之巅：先秦哲学与希腊哲学	高怀民
易学史（三卷）	高怀民

辛意云作品系列

论语辛说	辛意云
老子辛说	辛意云
国学十六讲	辛意云
美学二十讲	辛意云

其他

易经与中医学	黄绍祖
论语故事	（日）下村湖人
汉字细说	林 藜
新细说黄帝内经	徐芹庭
易经与管理	陈明德
周易话解	刘思白
汉字从头说起	吴宏一
道德经画说	张 爽
史记的读法	阮芝生
论语新读法	崔正山
数位易经（上下）	陈文德
从心读资治通鉴	张 元
公羊春秋的伦理思维与特质	林义正
《周易》《春秋》的诠释原理与应用	林义正
易经经传全义全解（上下册）	徐芹庭
周易程传全译全解	黄忠天
牟宗三演讲集（10 册）	牟宗三
易经之钥	陈炳文
唐诗之巅	朱 琦

人与经典文库（陆续出版）

左传（已出）	张高评	论 语	林义正
史记（已出）	王令樾	墨 子	辛意云
大学（已出）	爱新觉罗·毓鋆	近思录	高柏园
中庸（已出）	爱新觉罗·毓鋆	管 子	王俊彦
老子（已出）	吴 怡	传习录	杨祖汉
庄子（已出）	吴 怡	尔 雅	卢国屏
易经系辞传（已出）	吴 怡	孟 子	袁保新
韩非子（已出）	高柏园	荀 子	周德良
说文解字（已出）	吴宏一	孝 经	庄 兵
诗经	王令樾	淮南子	陈德和
六祖坛经	吴 怡	唐 诗	吕正惠
碧岩录	吴 怡	古文观止	王基伦

四库全书	陈仕华	说　苑	殷善培
颜氏家训	周彦文	闲情偶寄	黄培青
聊斋志异	黄丽卿	围炉夜话	霍晋明
汉　书	宋淑萍	元人散曲	林淑贞
红楼梦	叶思芬	戏曲故事	郑柏彦
鬼谷子	刘君祖	楚　辞	吴旻旻
孙子兵法	刘君祖	水浒传	林保淳
人物志	刘君祖	盐铁论	林聪舜
春秋繁露	刘君祖	抱朴子	郑志明
孔子家语	崔锁江	列　子	萧振邦
明儒学案	周志文	吕氏春秋	赵中伟
黄帝内经	林文钦	尚　书	蒋秋华
指月录	黄连忠	礼　记	林素玟
宋词三百首	侯雅文	了凡四训	李懿纯
西游记	李志宏	高僧传	李幸玲
世说新语	尤雅姿	山海经	鹿忆鹿
老残游记	李瑞腾	东坡志林	曹淑娟
文心雕龙	陈秀美	……	

毓老师说四书

毓老师说

论语

爱新觉罗·毓鋆／讲述

陈绚／整理

花山文艺出版社

河北·石家庄

图书在版编目（CIP）数据

毓老师说四书·毓老师说论语／爱新觉罗·毓鋆讲述；陈绹整理.
—石家庄：花山文艺出版社，2022.3
　ISBN 978-7-5511-6027-8

　Ⅰ.①毓… Ⅱ.①爱… ②陈… Ⅲ.①儒家 ②《论语》—研究
Ⅳ.①B222.15

　中国版本图书馆CIP数据核字(2021)第250501号

书　　　名：**毓老师说四书**（全四卷）
讲　　　述：爱新觉罗·毓鋆
整　　　理：陈　绹

策　　　划：张采鑫　崔正山
责任编辑：张采鑫　李　鸥
特约编辑：柯琳娟
责任校对：李　鸥
装帧设计：闫冠美
美术编辑：胡彤亮
出版发行：花山文艺出版社（邮政编码：050061）
　　　　　　　（河北省石家庄市友谊北大街330号）

销售热线：0311-88643221
传　　真：0311-88643234
印　　刷：北京天宇万达印刷有限公司
经　　销：新华书店
开　　本：880×1230　　1/32
印　　张：38.5
字　　数：820千字
版　　次：2022年3月第1版
　　　　　　2022年3月第1次印刷
书　　号：ISBN 978-7-5511-6027-8
定　　价：398.00元（全四卷）

爱新觉罗·毓鋆（1906—2011），清太祖努尔哈赤次子礼亲王代善裔孙，号安仁居士。

毓鋆先生与溥仪同年出生，六岁开始为末代皇帝溥仪伴读，与溥仪一起师从陈宝琛、罗振玉、叶玉麟等大儒，十三岁读毕十三经并可以背诵四书五经，一生多次研读《四库全书》，通达古代经史子集之学。他素有华夏之志，虽出身皇族，却猛烈批评帝制。壮年曾经叱咤风云，晚年安居斗室讲学。他虽身为满人，而一生最为服膺汉儒文化。他曾由衷地表示："文化谁高，谁就同化谁。"

毓老先生1947年到台湾后，创办天德黉舍、奉元书院，以《易经》为体，据《春秋》为用，纵论四书五经及先秦两汉诸子，立下"以夏学奥质，寻拯世真文"的宏愿，复兴儒家经世致用之学。毓老先生一生传奇，终身信守"龙德而能隐"，读书一百年，成为跨世纪的最后一位通经大儒。

毓老先生讲学，注重因时举譬，倡导经世致用，使古代四书五经、诸子百家学问焕发了新时代的活力。毓老先生世寿一百零六岁，教学六十四年，有教无类，及门学生与授业弟子数万人，遍及海内外与各行业，被誉为两千五百多年孔子儒学的当代集大成者。

摄于 2005 年，毓老师刚好 100 岁，看不到一点儿老人斑。

身后乃毓老师手书条幅"以夏学奥质，寻拯世真文"，在"夏历甲子年幸逢双春双雨水闰十"，甲子年是 1984 年；"腊月念五日"即农历十二月二十五日，清帝逊位日。

中间的图是毓老师带到台湾的《孔子行教图》，吴道子真迹拓本，毓老师于 2011 年赠予清华大学国学院。

毓老师手稿：

奉元

《读经示要》三卷 148 页 12 行
奉元云云，见《繁露·王道》
篇。奉元之举（凌晓楼本《繁
露·王道》篇作"奉元之应"）。
奉，谓敬以承之而勿失也。人
皆自识真元，即能以天地万物
一体为量。本此以立政教，则
群俗趋善而太平之应不爽。

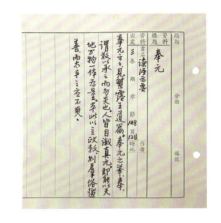

毓老师塑像
学生周义雄于毓老师七十整寿
(1976 年）塑此像。

1970 年夏，毓老师摄于四维路居室前。
照片由李济捷先生提供。

2010 年仲夏，毓老师病后留影，黄德华先生摄。

毓老师教导汉学家魏斐德情状。
魏斐德教授曾两度来台从毓老师学习。

毓老师两张穿斗篷的照片。

大图摄于 1995 年，左下小图为学生周义雄摄于 1974 年新店郊区。毓老师曾说：
"除了老蒋，陈诚、何应钦都不敢穿斗篷！"因为只有"统帅"才有资格穿。

凡例

一、南宋时，朱熹将《论语》与《大学》《中庸》《孟子》合为《四书》。《论语》原有三种：《鲁论》二十篇；《齐论》二十二篇，比《鲁论》多了《问王》《知道》两篇；《古论》早亡。现存《论语》即《鲁论》二十篇，四百九十二章，本书依其分类，不另作编排。

二、本书主要以 1999 年至 2000 年毓老师在奉元书院讲述内容整理而成。文中容有阙漏、讹误者，尚祈方家惠予指正，并俟来日补苴罅漏。

三、所录注解，有刘逢禄《论语述何》、宋翔凤《论语说义》、孔广森《经学卮言》、刘宝楠《论语正义》及蒋伯潜《语译广解四书读本：论语》等，并及先秦两汉经子，以备参考。

四、经文以宋三体呈现，字词解释以括号小字呈现，如"学而时习之，不亦说（悦）乎"；各家注解以仿宋体呈现，如"刘逢禄《论语述何》云"。毓老师讲述以宋一体呈现，引文出处以括号楷体字表示，如"（《易经·乾卦》）"。

　　五、为助大众深入阅读，文中有关背景及说明，亦以仿宋体呈现；参考相关著作者，略交代出处。如有疏漏之处，尚祈指正。

目　录

前 言

　　《论语》是孔子与其弟子论道之语，由弟子与再传弟子写成的。《论语》乃是性之所至之言，不同于今天的命题作文。"论"，"论文"之"论"，当作动词，《论语》是论道之语。今天先命题而后为文，但古人并不如此，而是性之所至写出，是为了醒目才加题。

　　《论语》二十篇，每篇的命名并没有意义。古人非先设限，要自欺或是欺人。不虚伪，何等纯朴、真实，可看出人性之美！昔人作诗，也是随性之所至，心里怎么想就怎么说，与后人作诗要找平仄不同，后者往往会以词害义。

　　性之为道，一切表现皆性之所至。到了后代，愈是人之为道，已不是性之为道了，所以不能面对真理，各家的意见不一。今人自欺欺人，净是欺世盗名。一个人盗名，则无不为矣！社会乱，乃时之乱！

"言"与"语"有别，《说文》(《说文解字》)云："直言曰言，论难曰语。"《论语》中"子所雅言，诗书执（藝，简体字为'艺'）礼""子不语怪力乱神""食不语，寝不言""言之无文，行而不远"及"居，吾语女"等，充分地分出了言与语。言为世法，语无伦次。

　　你们说话都语无伦次，发言可是不容易，言为世法。扬雄作《法言》，骗人的都说自己好。《论语》书名不论是谁取的，但不称"法言"，尽讲真的。

　　书名如果不明白，怎么讲书？你们有无慎思之？遇问题要如此深思。人如头脑不清，就语无伦次，后患可是无穷！

　　《四书章句集注》是朱子一生精华之所在，朱注乃一部禅宗，造谣生事。看看何以有"四书"？

　　蒋伯潜的《语译广解四书读本》，是杂货铺，各家兼收。

　　我讲的不同，是依经解经，都有根据，不以成见解释。

　　我们读古书，不可被某一家注解所束缚，才能自己悟出一番新见解来。

　　一般讲"四书"，都从《论语》开始。我自"学庸"(《大学》《中庸》合称)开始讲，因此二书是"夏学"之入门，大本之所在。

　　其实，《四书》并不容易读，但如将《四书》的基础打好了，则除了《大易》与《春秋》以外，其他的书都可以自己看了。

　　古代东西不容易学，真懂必要有五年八年以上的时间。中国文化不但悠久，自所见的书中，可以看出民族思想之成熟。

　　如说《易经》是中国最早的一部书，可以看出古人头脑之致密！今天将《易经》讲得怪力乱神！

　　《易》的学问就是从"一点"来的，一点分出两个点。一个东西里头含阴、阳两性,多么可怕的想法!距今至少三千年,至今犹跳不出此一原则。

今人头脑何以不致密?三千年后没有人懂得《易经》。环境进步了,何以人的头脑却昏了?简言之,你们要学会用脑。

今人专用情,昔人专用性,人性。《庄子·大宗师》称:"其嗜欲深者,其天机浅。"如嗜欲浅,人性就深。今人非不如古人,但嗜欲多。

我现在没有工夫去接触街上的东西。你们要多用人性的智慧,即性智,不要尽用情智。

不要忽略老祖宗的优越所在,有许多地方真不是其他民族所能想象的。

我年轻时,世局之热闹,当时国家面临瓜分的危机。那时,到外国租界地,看马路上之干净,尤以天津为最。民国十三年(1924)开始,才起了变化,因为受外来的刺激。

民国九年(1920),废除祭孔与读经,但民间犹有读经的家庭。以前真正的读书人,我犹见过。

如教书的本人并不真知,那后生又怎么能真知?我所讲,皆书中东西,就前后而已。我讲人的性与情,以性用事,旧社会皆如此。

中外学问都要留心学习,但必要有分际。讲中国东西,不要掺杂外国东西,两者没有半点关系,不过"人同此心,心同此理",会有相似。必要以中国人的角度看中国东西。

以前二十岁,可以读完中国经书。我十三岁,读完《十三经》。

中国文化到了重振之时了!一个民族的文化,在乎民族的自立、争气。中国人本身聪明有余，只要是肯学，绝不落于人后。你们不要将有用的光阴浪费于情上，要启发自己的智慧，年龄、智慧应与时俱进。

中国人讲"性生万法"。性是体，其用为智，智生万法。这里提示，中国人要特别重视中国文化。中国人至少有三千年有记载的文化。一个有理智的人，不是盲目地接受一切。想发挥中国文化，不可以将中国文化变成杂种文化。

要练习脑子会动。你们认识一千个字了？给你们当头棒喝。坐着好好读书，先了解自己。

先求自知，最低要有自知之明。为子孙计，在你们子孙能幸福与否。要及时努力，为时犹不晚。教你们会用脑，分别、分别。要先认清自己、了解环境，否则难以生存。先测验自己，看遇事是否能够分析。

智分为上、中、下，要练习自己有分析的能力，"博学之，审问之，慎思之，明辨之"，而后"笃行之"。练达智慧，非如演算数学那么单纯。思想，人人不同。

读书，上句不懂，不读下句；上行不懂，不读下行。每一句都必要真知，必下此深功夫。不下功夫，遇事就会语无伦次。

你们现在还来得及，肯加以锻炼，一年可以开窍。开窍才能得最后的，即可用于任何地方。

有人说："还读'四书'？"认为落伍！没有读书，凭什么教书？名嘴，就是嘴会说，功夫完全在嘴皮上。

你们要好好深思熟虑，练习智慧，在读书时学会用脑。凡事要客观，要有智慧，学历并不代表有脑。学，重在知行，要得趣，用于生活上，变成生命之学。

现在进步了，这套东西才更为时髦。如果说"二十一世纪是中国的世纪"，那绝非是出卖祖宗的中国，应该是思想的中国、文化的中国。现在的中国人有几个了解中国文化？

读经，自经文本身入手，才是正途。困难处在断句，断句不同，义理不同。自前后经文对照，以决定断句。

不能以某家为孔子之意。各家大多先有主观见解，各抒己见，借此发表自己的思想，维护自己的见解，不能当作金科玉律。

自经文本身来了解，千万不要标新立异。我依经解经，不臆说。

中国思想有层次，并不是孔子语无伦次，乃因为时不同，思想境界也就不同，孔子为"圣之时者"。

《论语》中孔子的思想就有三个层次：一、"郁郁乎文哉，吾从周。"二、"久矣，吾不复梦见周公矣！"三、"吾其为东周乎？"思想随着年龄、智慧而有所变迁。

《论语》的编排，并不依时间先后，只是记结论。必须整部书读完了，才知其思想层次。

《论语》每章都是活学问，在生活中都能用上，可作为生活的方程式。

读书，应读出疑问了，再加以解决，才是真明白。我读书，净读精华，每天满脑子要解答问题。

学而第一

古人作书，非先拟题。一个整体东西分段，看首章开始两字"学而"，即以之作篇名。距离生活远，则难以接受。真理属性智，性生万法。自《论语》篇名，看古人的心多么真！

《论语》首学"学而时习之"，学什么？"而"，能也，学能时习之。《易》，时之用大矣哉！时大矣哉！时用大矣哉！时，刹刹生新，"当其可之谓时"（《礼记·学记》），"圣人不能生时，时至而不失之"，"时乘六龙以御天"（《易经·乾卦》）。时习，必知时、识时，才能用时。有"时习"的功夫，才能"裁成辅相""智周（研究透彻）万物，道济（助）天下"。

真识时了，就不会下错误的决定。每天应问自己："此何时也？"然后自试，"或跃在渊"（《易经·乾卦》）。

1. 子曰："学而时习之，不亦说（悦）乎？有朋自远方来，不亦乐乎？人不知而不愠（音 yùn），不亦君子乎？"

"子"，男子之美称。"夫子"，在旧书中，非专指老师。《孟子》

中尊有身份、地位者为"夫子"；女子称其夫亦称"夫子"，表示亲切。这就是人生！

自从孔子成为教师的祖师爷以后，"夫子"成为老师的专用名词。

以前先学识字，读《说文解字》，然后读书。

看古人造字的智慧，小篆是怎么写的？仔细深入了，自一举一动可见出古人的智慧，人的智慧是万能的。

"学"，觉，知；效，行。知行合一谓之学。觉，自觉，先觉要觉后觉，后觉则见贤思齐。中国的学，重在知行。

问："弟子孰为好学？"答："有颜回者好学，不迁怒，不贰过。"（《雍也》）"退而省其私，亦足以发。"称颜回能将其所学发挥在生活上。学皆属知行合一，知行合一叫作学，求知不过是学的一半。

《礼记·学记》云："故学然后知不足，教然后知困。知不足，然后能自反也；知困，然后能自强也。故曰'教学相长也'。"《兑命》曰："学，学半。"

孔子说好学是"不迁怒，不贰过"，并未以读哪本书为好学。许多读书人都怕老婆，上课借机发脾气，此乃"迁怒"。什么叫过？"过，则勿惮改"，中间有最严肃的条件——"不贰过"。

我依经解经，都有根据，否则成为臆说了。人都会想，就会越讲越远，以臆说混过真说。

知行合一，既然必行，为使之发挥作用，所以要"时习之"。"时习之"，此时，非时时刻刻，乃时髦，圣时。孔子为"圣之时者"，圣人中最时髦的，摩登圣人，先时，超时的智慧，以领导时。

时，刹刹生新，如流水"逝者如斯夫"，片刻不停留。读古书，是在用古人的智慧启发我们的智慧，所以得"时习之"，在今天可以用上，否则"生乎今之世，反古之道；如此者，灾及其身者也"（《中庸》）。

孔子本身之学为一"时"字，孔学为"时学"，孟子称孔子为"圣之时者"（《孟子·万章下》），《论语》首"学而时习之"。日新，时；又日新，先时，超时。懂此观念了，读任何书都合乎时代。

传统学问则为"仁学"，《大易》中已含有"仁"的观念，"君子体仁，足以长人"（《易经·乾卦·文言》）。

我们文化悠久，什么都有一定的规矩，人的举止行动皆有一定。

"习（習）"，《说文》称："习，鸟数飞也。"鸟习飞，自羽白、尚未丰时就开始，其间不知要练习多少遍，才能够恰到好处，其中包含多少挫折、痛苦、伤痛，最后羽翼已丰，终于鹏程万里。

"习"，不足，还要"时习"之，与时俱进，就不落伍，被时代所淘汰。之所以不成功，乃因为功夫还不到。

中国之学无不谈政，谈政并不是闲聊，而是深行政治，"见之于行事之深切著明"（《史记·太史公自序》）。学多少，如不能关心时事、时政，都是废物，因为时事切身，近影响自己，久则影响子孙。

学因时习之，有所心得了，乃有悦。"悦"，中心喜悦。

要无所不学，但用则必当其可，"当其可之谓时"（《礼记·学记》），学无废学，皆适时之用。"时过然后学，则勤苦难成。"（《礼记·学记》）人读书，得趣了，才能持之以恒，成为生命之学。

"悦"，藏之于心，难知；"乐"，形之于色，人知。自己有所得了，心花怒放则有悦，也不是言语所能表达的。

"学而时习之"，必有新发现，岂能不悦乎？悦，藏之于心，多么传神！必"时习之"，才能有"悦"，悦那个密，不可言传。

学的方式，"学而时习之"。学，岂能一下就合乎时？今天学完了，如何"时习之"？要除掉一切不合理的，非礼勿"视、听、言、动"，至少要对得起自己的良心。走"时所需"的路子，时习之。"致良知"，做好事，心里愉快。行善，不求报，良知之"悦"，乃"时习"的结果。内心的愉快，悦也。

"学而时习之"，最后"得鱼忘筌"，连孔子都是。此即中国学术的真精神、华夏之学的精神。

"有朋自远方来"，"同门曰朋，同志曰友"（《春秋公羊传·定公四年》何注）。师生有朋友之谊，故"朋"可解作门弟子。

> 刘逢禄《论语述何》云："《易》曰：'君子居其室，出其言善，则千里之外应之，况其迩者乎？'《记》曰：'独学而无友，则孤陋寡闻。'友天下之善士，故乐。"

"有朋自远方来"，有其背后的基础，"同声相应，同气相求"（《易经·乾卦·文言》）。"德不孤，必有邻"（《里仁》），有德了，人才来和你学。

"独学而无友，则孤陋寡闻。"（《礼记·学记》）有志同道合者，互相切磋琢磨。门弟子来自远方，即孟子所谓"得天下英才而教之"（《孟子·尽心上》）。

"不亦乐乎"，"乐"，喜之形于外，手舞足蹈。

"人不知而不愠"："人不知"，是人不真知，不是人不知我。跟你学的智慧不一，或闻一知十，或闻一知二，或说千言万语，犹不能真知。"而不愠"，为师者，心中亦不愠。"愠与怒"，同"悦与乐"，一藏之于心，一形之于色。"愠"，不愉快藏于心；"怒"，不愉快形于色。

"学不厌，教不倦"是孔子最伟大的精神，所以，编辑《论语》时，将此章列为首篇第一章。读完此章，必知要如何为学。

不要巧取豪夺，应练习在这个时代站得住。冷静想：有些人何以成功了？你们何以不自己好好努力，向历史负责，而净是偶俗？偶俗，与世俗相配，太浪费了！不要浪费了宝贵的智慧，而天天去偶俗。

要创造自己，如熊十力（1884—1968）在学术上，有特殊的成就。

熊十力，二十世纪中国思想家、学者。原名继智、升恒、定中，后改名十力，字子真，晚年号漆园老人。

必要有超人的智慧。智慧是培养的，如曾文正公小时候外号叫"二呆子"，却是清朝最成功的政治家。

曾国藩（1811—1872），初名子城，谱名传豫，字伯涵，号涤生。与李鸿章、左宗棠、张之洞并称"晚清四大名臣"。官至武英殿大学士、两江总督。同治年间封一等毅勇侯，又授世袭罔替，卒谥"文正"。

看曾文正如何培养自己，必读《曾文正公日记》与《曾文正公家书》。

蔡元培（1868—1940），名字取得好。培元，元培，入手处是"培元"，最后"元培"了！培养自己的元，即"浩然之气"。"养浩然气"，要"直养而无害"（《孟子·公孙丑上》），本身即俱有的，要认真培养自己与生俱来的本能。

人嗜欲深，则元渐耗。培元，第一步即守分。人有人的本分，守住嗜欲浅，天机（智慧）就深。如同栽树，好好照顾，久经时日，定根深叶茂。一切皆操之在己，皆自得也。

《易》"时乘六龙以御天"（《易经·乾卦》），连天都能御（支配），还不能御别的？男人想御天，女人却想御夫。天，代表自然，人能御天，即支配自然。《易》讲时、位，六龙，六个时、位，喻变，按时乘六变以支配自然。

至少也要御己，即培自己的元，培元而后能元培。培元，元培，才能有所成。

好好立志，发愤向学，首先，要知道责任之所在，人生在世一定有责任的。其次，要自知，有自知之明，即认识自己。再问自己："我能干什么？"如此，每天焉能糊里糊涂混日子？知此，则连追女朋友都有目标了，懂得三部曲了，就知道第四部要怎么做。

《诗经·关雎》"关关雎鸠，在河之洲；窈窕淑女，君子好逑。参差荇菜，左右流之；窈窕淑女，寤寐求之。求之不得，寤寐思服；悠哉悠哉，辗转反侧"，此为追求的第一部曲。"参差荇菜，左右采之；窈窕淑女，琴瑟友之"，乃交友的第二部曲。"参差荇菜，左右芼之；

窈窕淑女，钟鼓乐之"，第三部"钟鼓乐章"为结婚进行曲。

接着即第四部曲——《葛覃》："葛之覃兮，施于中谷，维叶萋萋。黄鸟于飞，集于灌木，其鸣喈喈。葛之覃兮，施于中谷，维叶莫莫。是刈是濩，为絺为绤，服之无斁。言告师氏，言告言归，薄污我私，薄澣我衣；害澣害否？归宁父母。"婚后，男女别内外，各安其位，各尽其责，女主持家务，归宁父母。

人生并不是当官就有成就，而是应为己之所当为，做自己能做的事，绝对不能偶俗，随波逐流。

学，要能用上，得加上"时习"的功夫。学的是古学，是在以古人的智慧启发自己的智慧，而不是问于今天有用没用。今天大学生尽学为奴，女的求嫁妆，男的找饭碗，不是求"为己之学"而尽学"为人之学"。为己之学，在先造就好自己，日后有能力可为国家尽责任、为社会谋福利；为人之学，为日后好找职业，就看有没有人用，岂不尽学为奴？

我在台在屋中坐五十年，是无业游民。孙子现在已是中学生了，常说："爷爷落伍！"

在台五十年，徒子徒孙可不少。经三个月的深思熟虑，觉得我对这块土仍要认真点，要为台湾留点种子。你们不可以缺课。

必要用智慧领导一切，不可以净用感情。不是宗教，不能有妄想。自己好好培养，学了，必时习之，才能用得上。

《大学》"家齐而后国治"，能齐家就能治国，讲得实际。齐家多难！"孝乎惟孝，友于兄弟"，兄友弟恭，兄弟感情好，仅次于孝。对父母的孝，是没有条件的；兄弟（含姐妹），一个公司出品。

但是孔家有"兄友弟恭"？辽、金、元，"我，金人也"。金入主中国，宋室南移临安，孔家嫡宗亦到衢州，孔府许多宝物亦随之南迁。元时，孔府有"夺嫡"事件，南方真孔宗告御状，至明一直悬而未决。至清，康熙帝分立南、北二宗。

孔氏分为南、北两宗，是因金兵入侵，宋朝内乱外患，康王赵构一路南逃，孔氏家人一路追随，后来南宋定都临安（今杭州），赐孔家建家庙于衢州。自此孔家分为南宗、北宗。到民国八年（1919），北京政府颁《从圣典例》，改南宗翰林院五经博士为"奉祀官"。1949年后，奉祀官不再册封。

可见讲容易，但行特别难！可以盲目迷信讲什么吗？"讲道德，说仁义"与"男盗女娼"相配。怎么发掘人性？必要有智慧。名门，未必有名育，不可以盲目、偶像似的崇拜。有智，好好实行，没有榜样、偶像，"不可为典要，唯变所适"（《易经·系辞下传》）。

"讲道理"与"行道"，是两回事。名教授有影响力者少。马一浮在抗战时，于四川主持"复性书院"。马先生当年提倡"复性"，但有发挥作用吗？

马一浮（1883—1967），名浮，字太渊，后字一浮，幼名福田，号谌翁、被揭，晚号蠲叟、蠲戏老人，浙江绍兴人。与梁漱溟、熊十力合称为"现代三圣"。

复性书院，是抗战时期国民政府为保存民族文化而开办，由马一浮先生主持，创建于1939年，在四川乐山乌尤寺。书院从1939

年 9 月 15 日开始讲学，到 1941 年 5 月 25 日停止讲学，前后共一年零八个月。马一浮自述："名为复性书院。学术、人心所以纷歧，皆由溺于所习而失之，复其性则然矣……"如何复性，马一浮阐释道："义理之性，有如泉水。当其发于山谷，本自清明，迨后流入田野，则渗入许多泥沙，遂成混浊了。如下一番功夫，将泥沙滤净，则水清明，还是原来的水。学者用力，要在去蔽复初，古人所谓变化气质是也。"

可见，就算是有先见之明了，也未必有实德之行。

"天命之谓性，率性之谓道，修道之谓教"，《中庸》讲用中之道，自形而上讲到形而下。《易》"同人大有谦豫随"，"谦卦六爻皆吉"，人就怕客气，"以人治人，改而止"（《中庸》）。最高的手段是"无所不用其极"（《大学》），才能"无入而不自得"（《中庸》），皆自得也。

今天最缺人性之美，大富之家有德者少。自己能做多少就做多少，现在最需要恢复人性之美。人人都怕死，政权领导人凭什么去发动战争？人人都想享福，为什么要把环境弄得乱七八糟？人人都喜欢享福、长寿，这是人性之美。

"率性之谓道"，顺着人性做事就是道。"修道之谓教"，"道也者，不可须臾离也"（《中庸》）。没有偶像，不要盲目崇拜什么，都是与生俱有的，观自在，一切皆不假外求。

帝王时代有其框框，出此，即称为臆说、伪学。

熊十力倡导熊十力之学，他懂得"学而时习之"，要突破一切的偶像，他认为"五经"都遭窜改了，称"伪经"。

"圣之时者"，"学而时习之"，要打破一切的偶像，更不要再去塑造偶像。但不是臆说，所以要依经解经，有根据。

《学而》首章三段，表现人的心态，岂不是活活泼泼的？

有人说："还读"四书"？"八岁读《论语》，八十岁读《论语》，境界完全不同，看法每次都不同。

2. 有子（有若，字子有。小孔子四十三岁）**曰："其为人**（做人）**也孝弟**（悌）**，而好犯上者，鲜**（少）**矣。不好犯上，而好作乱者，未之有也。君子务本，本立而道生。孝弟也者，其为仁之本与**（语尾词，肯定的）**？"**

孟子谓孔子殁后，子夏、子张、子游以为有若似圣人，欲以所事孔子事之，曾子以为不可。《论语》记孔子弟子皆称字，闵损、冉求各一称子，曾参、有若皆称子；编辑次第，又以有子、曾子为前，盖为二人弟子尊师之故。

孔子"志在《春秋》，行在《孝经》"（《春秋公羊传》何休序）。《孝经·开宗明义章》称："夫孝，德之本，教之所由生也。""身体发肤，受之父母，不敢毁伤，孝之始也；立身行道，扬名于后世，以显父母，孝之终也。夫孝，始于事亲，中于事君，终于立身。"其中"中于事君"一句，是汉儒加的，因为汉室以孝治天下。有"中于事君"，才有后面"天子""诸侯""卿大夫""士""庶人"等章，愈说愈清楚，在使人能行。

儒家特别注重伦常，有其层次。"孝为德本"，德者，得也，得于道之宜。孝弟立，道就生。登高必自卑，行远必自迩。尧舜之行，本乎孝弟。五伦，常道也，即经，永不能改变的。

"天地之性，人为贵""故亲生之膝下""父母生之，续莫大焉"（《孝经·圣治章》）。父子之道，天性也，伦之所在。

善事亲曰孝，善事兄长曰弟。孝，老、考，得尽老与考的责任，才完成孝。父死曰"考"，得好好地安葬他。

"老吾老"，养老，责无旁贷，但伟大处在"以及人之老"（《孟子·梁惠王上》）。善推，推己及人，己立立人，己达达人。

"孝，教之所由生也"（《孝经·圣治章》）。"教"，小击也。

《说文》云："教，上所施下所效也。从攴从孝。""攴"，甲骨文字形是手中拿着小棍、教鞭一类的东西在敲打。"攴，小击也。""教"字，一面是孝，一面是手执东西在敲打。

棍头出孝子，打一棍，爱在其中，"小杖则受，大杖则走"。

《孔子家语·六本》云：曾子耘瓜，误斩其根。曾皙怒建大杖以击其背，曾子仆地而不知人，久之有顷，乃苏，欣然而起，进于曾皙曰："向也参得罪于大人，大人用力教，参得无疾乎？"退而就房，援琴而歌，欲令曾皙而闻之，知其体康也。孔子闻之而怒，告门弟子曰："参来勿内。"曾参自以为无罪，使人请于孔子。子曰："汝不闻乎？昔日瞽瞍有子曰舜，舜之事瞽瞍，欲使之未尝不在于侧，索而杀之，未尝可得，小棰则待过，大杖则逃走，故瞽瞍不犯不父之罪，而舜不失烝烝之孝。今参事父委身以待暴怒，殪而不避，殪死既身死而陷父于不义，其不孝孰大焉？汝非天子之民也，杀天子之民，其罪奚若？"曾参闻之曰："参罪大矣。"遂造孔子而谢过。

一切教育，都自"孝"字引申出来，都是人性的。"孝"生你的，自"老"（孝父母之老，尽之以孝）与"考"（父死曰考，葬之以礼）尽责。

你生了他，必教之，"慈"，所以"（养）子不教，父之过"。我小时常被罚跪，面对祖宗背书，必背好书才能起来。

人生最近的，莫过于父母、子女，孝慈；一奶同胞，兄弟友恭。

夫妇之密，义之本，"夫妇以义合"（《新语·道基》）。夫妇之道不能尽，其他的义皆是假的。

要发大家之深省，"性相近，习相远"，改正习气为第一要义。

"不好犯上，而好作乱者，未之有也"，"上"，即今之主管。

天虽已无"君臣"了，但是"主从"关系永远有。

要学治事之道，并不是经书误了你，而是你误了经书，"苟非其人，道不虚行"（《易经·系辞下传》）。

《论语述何》：本立道生，谓始元终麟，仁道备矣。尧舜之行，本乎孝弟。夫子"志在《春秋》，行在《孝经》"，二经相表里也。

"君子务本"：务，"专心致志"（《孟子·告子上》"不专心致志，则不得也"），"当务之为急""急先务"（《孟子·尽心下》），"物有本末"，君子成德，以本为要。

立本而后本立，"本立而后道生"。

立本，自"元"出发，由此立说，则可以百家争鸣。

不谈人性问题，问小孩："为何要如此做？"也许，他想对了！不谈人性好坏，"喜怒哀乐之未发，谓之中；发而中节，谓之和"（《中庸》），就从"性"与"情"谈，看问题在哪儿，能被接受否。

"孝弟也者，其为仁之本与"："孝弟"是行仁道之本；"仁之本"，你、我，二人相偶，没有高低之分，是群、己的关系。

"率性之谓道"，孝弟立了，道就生。为人之道，必尽到责任：孝、慈。不养儿，不知父母恩。夫妇以义合。"孝、慈、义"弄清楚了，一生才会有幸福。

"天、地、人"，天灾、地震、人祸。最大的人祸，莫过于战争了。要避免此三者，要用中道；贯串天、地、人的即为"中"，《中庸》讲如何用中道。

中国人天天求的是平安，要平平安安。安，想平安，要平平安安，要找一个女的。"安"字，"宀"的下面为"女"，即表示如有一位标准的女人，那这个窝就安了。今天社会问题这么多，就是因为人人不安。

"夫妇以义合"，夫妇之所以能够相安无事，乃是一个"义"字。其实，每个人都差不多，有所长亦有所短，人就是人。"义，宜也"，柔性。恋爱时，一定要好好挑选，"贤贤易色"；婚后则永远不要忘记第一眼——那个"非她不可"的情境。

过家之道——孝、慈、义，内圣；创业，则不能忘记——智、仁、勇，外王。"孝、慈、义、智、仁、勇"此六字，既有幸福，亦有成就。幸福，还得幸幸福福。一个人的幸福，完全系于一个女人的身上。

人生短暂，千万不要自己制造痛苦。人不要在福中不知福，婚后要彼此照顾，也不要时常吵架，这才是人生，才有幸福可言。

人生就一次而已，绝对没有"轮回"。

佛教认为，轮回是一个过程，人死去以后，"识"会离开人体，经过一些过程以后进入另一个刚刚出生的新生命体内，该新生命体可以是人类，也可以是动物、鬼、神。在六道中如车轮一样地旋转，即"六道轮回"。

既是如此，那何不平平安安地过日子？何必天下本无事，而庸人自扰之？如你嫁娶错了，那错到底就是对的，绝对不可以把痛苦、罪孽带给第二代。

必要善用智慧，要好自为之。不要妄想，妄想与志，是两回事。我不喜你们变成"少数民族"，千言万语，你们要懂得用智慧！

你们应会背几篇文章，否则下笔不能成文。至少也要会背五十篇。旧社会每个家，男女皆有家学，刘师培（1884—1919）家，五代传《左传》。

康熙帝真是千古一帝，但不如万古一平儒。孔子真是"历劫弥新"，每遭一次难，就漂亮一次。真理就是一个，邪说永远是邪说，都会过去的。

一个人贵乎能有"正知正见"，此乃"无上正等正觉""阿耨多罗三藐三菩提"（《心经》）。人如能过智慧的生活，就不会庸人自扰了。家里天天冷战，谁也不说话，人会舒服？又有何意义？不过是庸人自扰罢了！做正经事，就可以优游自在。

细思量，宇宙间能动的都是臭货。动物之所以没价值，就一个"臭"，而清香的多是植物。许多人为了满足一己臭皮囊，而坏事做绝了！天下事皆"有德者居之"。要学做人，要知道怎么处理生活，要平平安安、快快乐乐。

必要善用智慧，人生就"愉快"是真的，其他都是假的，"权势"也不代表"幸福"，此为真学问、真知识、真才智！

你们会看书，但会用书吗？无比"正知正见"再高的了！人如果每天都有挫折感，那绝对没有幸福可言。历史给人留下宝贵的什么？

诸葛亮临终之前，还装神弄鬼的，何不顺着人性？顺性之谓道，不违背良知做事，就是道。多少聪明的糊涂人，假话说尽了，丑事做绝了，到底所为何来？有些人造的孽，真是孽，净是指空卖空。

读书，是为了什么？所为何来？求学的目的，应是在学怎么样生存。"知周乎万物，而道济天下"，此为中国人的生活价值观。文史哲是有其价值，但就看怎么用了。中国没有将文史哲分开，分开绝对没法通。

3. 子曰："巧言、令色，鲜矣仁！"

《论语述何》：首记夫子论学，次及论仁。因辨巧言令色之非仁，巧言令色，舜禹所畏、左丘明所耻也。

"巧言"，是一种人。"令色"，装好人的人。

王肃曰："巧言无实，令色无质。""鲜矣仁"，很少有仁心。

"仁者，人也"（《中庸》），你我，二人相偶。"令色"，装饰自己的形色，美其形色，皆装腔作势。只有自己，没有对方，绝不是仁者。

"巧言、令色、足恭，左丘明耻之，丘亦耻之"（《公冶长》）。

自欺者，必欺世；欺世者，必盗名。养心，莫过于不自欺了。不自欺，就不会自愧。要充实精神生活，不要自欺。人身体的好坏，是自年轻就要修。

成就，不在权术，而在乎德。如认"天下人都是聪明人"，而戒惧小心，就成了。中国书，无一句空话，好好悟。

4. 曾子（曾参，字子舆，小孔子四十六岁）曰："吾日三省（以三件事反省）吾身（自己）：为人谋（谋事）而（能）不忠乎？与朋友交而不信乎？传（传承）不习乎？"

《论语述何》：传，六经之微言大义也。习，时习也。

《史记·仲尼弟子列传》："孔子以为能通孝道，故授之业。作《孝经》。死于鲁。"宗圣曾参，为四配之一。

"吾日三省吾身"，此为原则。

如良知说不可，即人人皆不可。遇事，要反躬自问，"率性之谓道"，必用此解决问题。

社会无论怎么进步，人的自私永远不进步。女孩子如偶一不慎，一辈子就得受气。现在离婚率何以那么高？因为你根本就不值得珍惜。人的尊严很重要，男女都一样。

为人师表的，在任何时代，一举一动必得像个人。昔日读书在学做人，做人为第一要义。

读书的目的，在变化器质，先成器。是什么器，必要有那个质。最高为"君子不器"。

"为人谋而不忠乎"，谋，《说文》云："虑难曰谋。"计划事。

"为人谋"，即爱国家、爱民族。尽己之谓忠，尽己所能。如净是为自己谋，那就完了！

"与朋友交而不信乎"，"朋友信之"（《公冶长》），"朋友以信"（《新语·道基》"朋友以义信"），"信，言可复也"。"忠信，所以进德也"（《易经·乾卦·文言》），则远于巧言令色。

"传不习乎"，传了，就要习，演习。传承，接下去，跑接力。

王阳明有《传习录》。

《传习录》分上、中、下三卷。卷上是王守仁讲学的语录，卷中主要是王守仁写的七封信，卷下是部分语录和《朱子晚年定论》。全书由其弟子徐爱、薛侃和钱德洪等编辑而成。

"学习"与"传习"，两者有何不同？传，说"得真传"，不是"得真学"。

我传什么？随时想，随地悟。要体悟，必随机锻炼自己。"薪火相传"是什么？

"传不习乎"，换言之，"传必习也"，肯定的。

5. 子曰："道（导，治理）千乘之国（诸侯之国），敬（钦）事而（能）信，节用（国家用度）而爱人，使民以时。"

此章皆行事之条件，必须身体力行。

"敬事而信"，"敬"，钦，慎始诚终，昔诏书后写"钦此"。"敬事"，敬业乐群，做事不掉以轻心；不敬事，则虎头蛇尾。能信，"信则人任焉"（《阳货》）。

"节用而爱人"，"节"，撙节，节度，节省国家用度，因其拿自百姓，才不致因国用不足而横征暴敛。

"使民以时"，孟子所谓"不违农时"（《孟子·梁惠王上》），百姓闲暇时再为国家做工。

随时，"时乘六龙以御天"。但乘时、识时为难！

6. 子曰："弟子（年轻后辈）入（肯定的，在家）则孝，出（离家门）则弟。谨（敬事）而信，泛爱众，而亲仁。行有余力，则以学文。"

"入则孝"，入，在家必孝，老吾老。"出则弟"，出，出门在外，以及人之老。"孝弟也者，其为仁之本与"，能立大本。

"君子之教以孝也，非家至而日见之也。教以孝，所以敬天下之为人父者也；教以悌，所以敬天下之为人兄者也。"（《孝经·广至德章》）

"谨而信"，谨，谨言、敬事，能立大本；信，言可复，"言而有信"。

"泛爱众"，广泛爱众人，不得挑，仁者爱人，仁者无不爱，博施而济众。

"而亲仁"：一、能亲近仁者；二、就能近仁。"亲仁"，把有仁德的都变为自己的帮手。但如不知"仁者"，又如何"亲仁"？应择交，择而后交。

"行有余力，则以学文"，此"文"，不可以当文章讲，乃是"经纬天地"，亦即御天下，治平。

成德之谓君子。必德行超过"君子"了，才有资格谈治平。"行有余力"，才能以余力从事政治，成为天下所归往者。

"文王"，是活文王，因为"法其生，不法其死"（《春秋公羊传·隐公元年》何休注），"文王既没，文不在兹乎"，孔子一生宣文，孔子为"文宣王"。

"行有余力"，是指上面的"孝弟、忠信、亲仁"都能做到了，乃更进一步，可以学经天纬地之业。有"余力"了，必要懂得关心别人。儒，人之需也，儒家是己立立人，己达达人。经是致用之学，经纬时代要研究清楚，使自己的智慧能有用。不求虚名，必要学有用之学，腹中能有韬略，遇事好谋能成。

外语不好，耻也，多么落伍！二十岁以后学，就很难学到最高的境界，必自小就学，要贵精不贵多。中国人"行有余力"，必要学日文，因其成事不足败事有余必要知彼，"知彼知己，胜乃不殆"（《孙子兵法·地形》）。

此章为儒家箴言。"入则孝，出则弟，谨而信，泛爱众，而亲仁"，做到上面几项，"行有余力"了，进而"学文"，能经纬天地，就到"安仁"的境界了，"仁者安仁"（《里仁》），即一部《大学》的功夫——"格致诚正，修齐治平"都用完了，平天下而天下平。

7. 子夏（卜商，字子夏。小孔子四十四岁。文学科，传《春秋》）**曰："贤贤易色，事父母能竭其力，事君能致其身，与朋友交言而有信。虽曰未学，吾必谓之学矣。"**

六经之道，首夫妇一伦。《中庸》"君子之道，造端乎夫妇"，《诗》首《关雎》，《易》上经基乾、坤，下经首咸、恒。"夫妇以义合"，夫妇之伦用道德约束。

"贤贤易色"：宋翔凤《朴学斋札记》谓"贤贤易色"，即《关雎》之义，是明夫妇之伦。"贤贤"，第一个字为动词，敬重；第二个字为名词，贤德。敬重对方的贤德。"易色"，易，看轻；色，形形色色，"色即空，空即色"（《心经》），色相，轻其色貌。看重对方的贤德，而看轻其色貌。娶妻以德，是选德不是选貌。

"女子三十而色衰，男子五十还寻芳"。女子必要过智慧生活，如对方是为漂亮而找你，那早晚必扔你，因为你不是蜡人。女子必要以知识、智慧装饰自己。

"事父母能竭其力"：父子之伦，包含兄弟之伦。昔父死，事兄如事父。"竭其力"，按自己生活的能力尽心尽力孝顺父母。没有父母，焉有孝慈？

奉元，事元。智、仁、勇，外王之德；必先有内圣功夫，孝、义、忠。不孝者，焉有智、仁、勇可言？义，自夫妇始，"夫妇以义合"，两口子的关系调整不好即不义，出轨不义。忠于国，忠臣必出孝子之门。

婚前必要慎重，婚姻乃人生大事，自己有选择权。孝则无条件，因为没有选择父母的权利，故曰"没有不是的父母"，没有资格说父母的是非。对象则有选择权，故说"选对象"，如选错了，那这一生就失败了！说嫂子不好，而自己为人媳了，又如何？如选择对象不知谨慎，乃造成自己的不义，终以不义收场，不但造成自己人生的失败，更是祸延子女。

首"贤贤易色"，教选对象的标准，要看重对象的贤德，而看轻其色相。昔日皇后多半是丑的，但是要能受气，"忍"字心上一把刀，何等痛苦！

以前必先"合婚"，上等婚不一定是上等脸。满族女子多半瓜子脸。我喜瓜子脸，但娶圆脸。满蒙有姻亲关系。

"事君能致其身"，"君者，群也"，国也。《韩诗外传》："'君者，何也？'曰：'群也。为天下万物而除其害者、谓之君。'"君者，群之首。"致其身"，以身许国。

"与朋友交，言而有信"，立身之道，朋友以信，人言为信，无信不立。

"虽曰未学，吾必谓之学矣"，已经学了人伦大道，尽伦了。知而必行，知行合一谓之"学"。

自此章思考孔门所谓"学"的含义，并可看出"五伦"之次序。

8. 子曰："君子不重（自重，自尊），**则不威**（没威仪），**学，则不固**（固陋，蔽）。**主忠信，无友**（没有朋友）**不如己者。过，则勿惮**（怕，畏难）**改。"**

"君子不重则不威"："重"，自重，自尊自贵，天爵自尊吾自贵。"不威"，就没有威仪。仪，是外显的，由内而外，精神焕发，"礼仪三百，威仪三千"（《中庸》）。要培养自己的威仪，"望之俨然，即之也温"，是威而不猛，不要像"猛张飞"般。

"学，则不固"："学"，所以善其行。"固"，《说文》云："固，四塞也。"本义：给盾甲捆扎或加层，使之牢不可破。引申义：牢固、坚固、固然、固守、固执。"毋固"（《子罕》），"疾固"（《宪问》），学了，就不固陋，不致孤陋寡闻。"独学而无友，则孤陋而寡闻"，必要有同道之友切磋琢磨，才不会孤陋少知。

"主忠信"，以忠信为本，以忠信为做人处世之主，无信不立。

"无友不如己者"，"三人行，必有我师焉"（《述而》），一者为法，作为师法的对象，"见贤思齐"；一者为戒，作为自己的警戒，"见不贤而内自省"（《里仁》）。

"过，则勿惮改"，有过则改，有过不怕改，"知耻近乎勇"（《中庸》），"过而能改，善莫大焉"（《左传·宣公二年》）。

人难免有过，但要"不贰过"，不要一直在"贰过"中。"贰过"，才是过。

9. 曾子曰："慎终、追远，民德归厚（敦厚）矣。"

《论语说义一》：曾子述《孝经》一书，传而习之，生则亲安之，慎终之事也；祭则鬼享之，追远之事也。天下和平，灾害不生，祸乱不作，明王以孝治天下也。如此，民德归厚之事也。

"慎终"，终，是父母临终时最后的那一口气。要"亲视含殓"。古代丧礼，纳珠玉米贝等于死者口中，并易衣衾，然后放入棺中，曰"含殓"。含，以玉为最，穷人则用五六枚大钱。

遵礼成服，一点也不马虎。人死后，子女及其他丧属按照丧礼习俗，在一定时期内为死者戴孝，表示哀悼，谓之服丧，俗称穿孝。

在入殓前，先沐浴，然后穿寿衣。第二日小殓，即正式穿着入棺的寿衣，第七日大殓，放进棺材。讣文：男写"寿终正寝"，置于大厅中堂；女用"寿终内寝"，不可置于厅堂。

古人把死看得重于结婚，故重丧礼，"丧礼，忠之至也"（《礼记·礼器》），尽己之谓忠。孝，是养老送终。"养生者不足以当大事，惟送死可以当大事"（《孟子·离娄下》），但要"毁不灭性，不以死伤生"（《礼记·丧服四制》）。

"追远"，追那个"元"，元生，生生之"源"。祭祖，示不忘本。昔日有家庙、祠堂，追本溯源，饮水思源。

"无忝所生"（无忝，不玷辱，不羞愧。《诗·小雅·小宛》"夙兴夜寐，无忝尔所生"），不辱祖宗。"爱敬尽于事亲，而德教加于百姓"（《孝经·天子章》），丧致其哀，祭则致其敬。

"民德"，社会风气；"归厚"，归于敦厚。敦厚，笃诚，性之所发。

10. **子禽**（一说为陈亢，一说为原亢）**问于子贡**（端木赐，字子贡。小孔子三十一岁）**曰："夫子至于是**（这）**邦也**（起下文），**必闻**（知）**其政**（与闻政事）。**求之**（自己主动的）**与？抑**（连词，或是，还是）**与之**（别人主动地告诉）**与？"**

问："何以夫子到哪一邦，都能与闻其政事？是夫子求来的，还是别人主动告诉他的？"

子贡曰："夫子温（即之也温）、**良**（易直）、**恭**（不懈于位）、**俭**（节制）、**让**（谦逊）**以得之。夫子之求之也，其诸**（语词）**异**（不同，有别）**乎人之求之与？"**

《论语说义一》：夫子温良恭俭让以得之，此以见圣人能究学问之用也。

"温"，"色思温"（《季氏》），"温而厉"（《述而》），"即之也温，听其言也厉"（《子张》）。"良"，《说文》称"善也"，和善也，平易近人。"恭"，"貌曰恭"（《尚书·洪范》），"貌思恭"，"恭则不侮"（《阳货》），"恭而安"，安己位。"俭"，《说文》称"约也"，不侈，对己为俭，俭省、节俭。"让"，礼之实，谦让、谦逊。

夫子"温、良、恭、俭、让以得之"，此"得"即《大学》"定、静、安、虑、得"之"得"，亦即求之以道而得之，此"自得"也，"君子无入而不自得"。

一、夫子修"温、良、恭、俭、让"之德，人望而仰之，主动求教于夫子，此与人的有心求问政有别。

二、夫子所至之国，入境观俗，则知其政教之得失：其民温，《诗》教也；其民良，《乐》教也；其民恭、俭、让，《礼》教也。此夫子与人求闻见乃知有别。

"入其国，其教可知也：温，《诗》教也；良，《乐》教也；恭、俭、让，《礼》教也"（《礼记·经解》），"移风易俗，莫善于乐；安上治民，莫善于礼"（《孝经·广孝道章》），故"兴于诗，立于礼，成于乐"（《泰伯》）。

11. 子曰："父在（在世），观（察）其志（心之所主）；父没（殁），观其行（行为）。三（虚数，喻多）年无改于父之道（道行），可谓孝矣。"

"观"，《说文》云："谛视也。"非常视，"观其所以微见其意者，皆圣贤相与警戒之义"（苏轼《留侯论》）。"观其所由，察其所安，人焉廋哉？人焉廋哉？"（《为政》）观其做事的理由，察其安什么心，此乃一个人品格之所系。

"父在，观其志"："志，心之所主"，"十有五而志于学"，"有父兄在，如之何其闻诸行之"（《先进》）。

"父没，观其行"："行"，《说文》云："人之步趋也。"行事、行为，"言行，君子之枢机；枢机之发，荣辱之主也"（《易经·系辞上传》）。

"父没"，孝子"继志述事"（《中庸》），继父之志，述父之事。父母所留下的事应接着做，指好的而言。

汪中《述学·释三九上》："三者，数之成也，积而至十则复归于一，十不可以为数，故九者数之终也。""因而生人之措辞，凡一二之所不能尽者，则约之三，以见其多；三之所不能尽者，则约之九，以见其极多。此言语之虚数也，实数可稽也，虚数不可执也。"

"三年无改于父之道"："三"，多、数也，"三年"，喻虽终其身可也；"无改于父之道"，不改的是道，此指好的而言。"三年无改于父之道"，可见孝之难！父子都难以同心，何况其他？

好的可以不改，但若其非道，则朝没而夕改可也。《易·蛊》初六"干父之蛊，有子考，无咎，厉终吉"，《象》曰："干父之蛊，意承考也。"《大戴礼记·曾子大孝》云："君子之所谓孝者，先意承志，谕父母于道。"并非以不改为孝。

不改的是道，此指好的而言。"三年"，虽终其身可也。"三年无改于父之道"，可见孝之难！父子都难以同心，何况其他？

以前家庙，祭祀祖宗发迹的东西，是要报本。好汉不怕出身低，虚伪之心不可有。

12. 有子曰："礼之用，和（和合）为贵（重要）。先王之道，斯（此）为美，小（老百姓）大（国君）由之。有所不行，知和而和，不以礼节（节制）之，亦不可行也。"

《论语说义一》：《中庸》之德，极于中和，亦言和之用也……"礼之用，和为贵"，同则相亲也。

"礼"，理也，"天理之节文"，"与天地同节"（《礼记·乐记》），"天地节而四时成"（《易经·节卦》），四时之序，一点都不差；履也，在乎行，行礼，"立于礼"。礼者，分也，由伦常之分行礼。"礼也者，义之实也，协诸义而协"，"义者，宜也"，宜于时、宜于事；礼皆有分际，人事协于分际，实际皆有关系。协在于分际中发挥作用，"协于分艺"（《礼记·礼运》），分工合作，各有专才，才能成事。

"有礼者敬人。爱人者，人恒爱之；敬人者，人恒敬之"（《孟子·离娄下》）。让，为礼之实。"小让如伪，大让如不屑"（《礼记·儒行》"大让如慢，小让如伪"）。禅让，让国有功封"礼"。

"和为贵"，"和"，喜怒哀乐发而皆中节。情发得恰到好处最为可贵，但也最难！

"先王之道，斯为美"，古圣先王之道，以此为美。"小大由之"，自天子以至于庶人，莫不皆由礼而行。

"有所不行，知和而和"，但要"和而不流"（《中庸》），不同流合污，故要"约之以礼"（《雍也》），以礼节制之，"不以礼节之，亦不可行也"。

《礼记·曲礼上》："礼尚往来。往而不来，非礼也；来而不往，亦非礼也。"礼尚往来，绝对是平等的。朋友以礼相与。

13. 有子曰："信近（庶几，接近）于义（宜），言可复（实践）也。恭近于礼，远耻辱也。因（传承）不失其（自己）亲（新；合时，今文家注），亦可宗（宗法）也。"

"信近于义"，"信"，人言，"言可复也"，一点骗人也没有；"义"，宜也。"言可复"，实践诺言，"久要不忘平生之言"（《宪问》），践其言。轻诺寡信，最后无人相信。

近于义的信，才能践诺。但"言不必信，行不必果，惟义所在"（《孟子·离娄下》），不能"尾生之信"。

《庄子·盗跖》: 尾生与女子期于梁下，女子不来，水至不去，抱梁柱而死。

"恭近于礼"，立于礼，恭己而后人恭之；"远耻辱"，乃立身之处成功了。

"因不失其新"，"因"，传承的功夫；"新"，"苟日新，日日新，又日新"（《大学》），时时新，不失己新。适时，不失其时，"当其可之谓时"（《礼记·学记》）。

"损益盈虚，与时偕行"（《易经·损卦》），损益之道，乃是为了新，与时俱进。《易·杂卦传》云："革，去故。"物不可终尽，穷上必返下，第一步要去故。去故，由故而生新，

"因不失其新，亦可宗也"，由因生新，亦可宗尚，取法、归往之。

14. 子曰："君子食无求饱，居无求安。敏于事而慎（真心）于言，就（动词，即）有道而正（动词，正是非）焉。可谓好学（造就自己）也已。"

"食无求饱"，食不求饱美、肥鲜；"居无求安"，居不求安适、豪奢。"无求"，随所遇而安其处，"求"最为可怕！人到无求品自高。

"敏于事"，虑深通敏，敏则有功，"敏于行"；"慎于言"，谨言，"讱于言"（《里仁》）。慎言，"一言以为知（智），一言以为不知"（《子张》），"言行，君子之枢机。枢机之发，荣辱之主也"，故言不可不慎也。

"就有道而正焉"，就有道之人，以正己之是非。但如不知有道，又如何找有道之士？

自此章可知所谓"好学"，并非指读几本书。

董子曰："安处善，乐循礼，然后谓之君子。"（《汉书·董仲舒传》）不学，无术；学，就有术。"幼不学，老何为？"一个人的成就，是自年轻奠基的。

15. 子贡曰："贫而无谄，富而无骄，何如？"子曰："可也（没说好）。未若（不及，比不上）贫而乐（乐天之道），富而好礼者也。"

《论语述何》：董子曰："安处善，乐循礼，然后谓之君子。"颜子居陋巷而乐道……贫富不同，其揆一也。

《论语说义一》：古之得道者，穷亦乐，达亦乐，非穷达也，道得于此，则穷达一也。

"富"，有钱；"贵"，有地位。"贫"，没有钱；穷，没有职业，穷途末路。

"贫而无谄"，穷酸，这也看不惯，那也看不惯，戒之！

《说文》："马高六尺为骄。"野马，不受控制，纵恣。"富而无骄"，乃基本修养。

"贫而乐"，是乐天之道，法天。"唯天为大，唯尧则之"（《泰伯》），尧则天。"天行健，君子以自强不息"（《易经·乾卦》），君子法天的行健，有自强不息的精神，此为医贫的不二法门。

"富而无骄，易"（《宪问》），不过是基本的修养而已；"富而好礼"，进而"立于礼"，因为"不学礼，无以立"（《季氏》）。

子贡曰："《诗》云'如切如磋，如琢如磨'（《诗经·国风·卫风·淇奥》）**，其斯之谓与？"子曰："赐也，始可与言《诗》已矣，告诸往，而知来者。"**

《论语述何》：《诗》止乎礼者也，自修之功，进而无已，故曰"来者"。子贡好学，亚于颜氏矣。

《大学》云："如切如磋者，道学也；如琢如磨者，自修也。"朋友之间应该彼此切磋琢磨，以成宝器。

切、磋、琢、磨，是指把骨头、象牙、玉石、石头等加工成器物，后用以比喻学习和研究问题时互相讨论，取长补短。

"玉不琢，不成器"，因玉硬度高，无法用刀刻，要用硬度较高的玉石锉玉。"他山之石，可以为错"，可以攻错，可以攻玉。磨，用的工具是石，磨光。谏友，有毛病则告之。"士有诤友，则身不离于令名"(《孝经·谏诤章》)。

"赐也，闻一以知二"(《公冶长》)。"告诸往，而知来者"，即"闻一以知二"的功夫。

《春秋繁露·精华》：古之人有言曰："不知来，视诸往。"今《春秋》之为学也，道往而明来者。

求学，必得如子贡，要有"闻一以知二"的智慧，老师才可以跟你说道。

子贡何以能"闻一以知二"？

16. 子曰："不患（担心）人之不己知（知己），患不知人也。"

《论语说义一》：子言以貌取人，失之子羽；以言取人，失之宰予。设科以教，当知其人。《书》言"知人则哲，能官人"。

"不己知"，即"不知己"。古文法，凡是否定词，都用代词作止词，可放在动词之前。不患人不知己，患自己不能，求己，求则得之，"无入而不自得"。

"不患莫己知，求为可知也"(《里仁》)，做可叫人知的事，此乃天性也。

"患不知人"，知人为要。苟不"知人"，道何以寄？就怕你不"知人"，连对象都找错了，别的岂能不错？"知人"太难了！"知人者智，自知者明"。知人难！因为人都有感情，做事净用感情，糟！

"在知人，在安民"，"知人则哲，能官人；安民则惠，黎民怀之"（《尚书·皋陶谟》）。知人器使，知人善任，要以礼节之，做事才能有成。

人皆有所长、有所短，应用其长不用其短，隔行如隔山，用人不可以背感情的包袱。

但孔子犹有"以貌取人，失之子羽"之叹，可见知人之难！

《史记·仲尼弟子列传第七》记鲁国人澹台灭明，字子羽，相貌丑陋，孔子因此不愿收为学生，后勉强收之，方才发现此人乃好学生，遂叹曰："以貌取人，失之子羽。"

为政第二

　　读书人必得谈政。遇事，就看你们有没有长才，必要培养之，非有才智不可。没有秘诀，不学，无术；学，就有术，此为实际学问。皆实学也。

　　必要用中国人的思想讲中国东西，要发掘中国的思想，绝不能用别的思想引中国东西。

　　立说要切实际，才能够发挥作用。如把所有的书当作垃圾，也可有作用，可以作"为戒"；如将旧材料当作崇拜的东西，那就坏了。

　　任何书，均代表个人、时代的思想。自己也可以有一家之言。读书，是要看他们是怎么想的，如看汉儒是怎么解释《易》的，他们距离孔子的时代较近。

　　"人之为道而远人"，人之为学，即是"伪学"，因为"率性之谓道"，不离人性就是道。"博学于文"，什么书都读。不存有崇拜的心理，就会冷静。宗教是不许人疑惑的，而学术是在追求真理。

我强调"夏学"，在还原貌，要保存原料；但要"学而时习之"，否则"生乎今之世，反（返）古之道；如此者，灾及其身者也"。因为古已经是垃圾了，又何必崇古、从古？古只可作为参考，要去其渣滓，而留下精华，此即"时习之"。你们要练习嘴和脑子的反应能力。

孔、老、庄是显学，廿六史非人人能接受。

我以前讲"五经""四书"和"八子"，军事方面则为《孙子》《吴子》《太公六韬》。

1. 子曰："为政以德。譬如北辰（北极星），**居其所而众星共**（拱）**之。"**

"政者，正也"（《颜渊》），"德者，得也"（《礼记·乐记》）。《说文》云："悳（古'德'字，直心为德），外得于人，内得于己也。"德，宜于事之行为，乃是做完事的结果，有善德亦有恶德。此指善德。

"为政以德"，此绝非假话。谈政，在实行。行为必不违背人性，要顺着人性，率性之谓道，道是治事的准则。礼永远是个准则，其方式要"以时为上"（《礼记·礼器》"礼，时为大"）。

做领导人必须有德，要有容人之量。天下事无一人能成功的。

"譬如北辰"，法天，以北极星为例；"居其所而众星拱之"，有德则黎庶拱之。真有德了，百姓不违背其原则。"无为而治者，其舜也与"（《卫灵公》），"垂衣裳而天下治"（《易经·系辞下传》"黄帝、尧、舜，垂衣裳而天下治"）。

测一测自己是否有嫉妒心：见人好，心里是否就不舒服？人绝对不可以欺心，我看得太多了！人什么都可以缺，绝不可以缺德，故曰"为政以德"。要练习能容。

做任何事，都得有德，即术、方法。有经验的老板要伙计尽量吃，吃完一个星期，他再也不吃了，此即量，亦即术。

做事，一出手即可知其人是否有出息，都有一定的方式。人家说不懂，其实正是要看你懂不懂，是在试验你。

要学怎么做事。不论男女，就看你有无处事的智慧。武则天知人，信任狄仁杰。

狄仁杰，武周时名相。任大理寺丞时，一年中判决了大量的积压案件，涉及一万七千人，无冤诉者。先后举荐张柬之、桓彦范、敬晖、窦怀贞及姚崇等数十位干练的官员，皆一时中兴之臣，政风为之一变。

2.子曰："《诗三百》(《诗经》)**，一言**(一句话，总之)**以蔽**(包括)**之，曰'思**(语词，无义)**无邪**(诚，真。修辞立其诚)**'。"**

《史记·孔子世家》："古者《诗》三千馀篇，及至孔子，去其重，取可施于礼义，上采契后稷，中述殷周之盛，至幽厉之缺，始於衽席，故曰'《关雎》之乱以为《风》始，《鹿鸣》为《小雅》始，《文王》为《大雅》始，《清庙》为《颂》始'。三百五篇孔子皆弦歌之，以求合《韶》《武》《雅》《颂》之音。礼乐自此可得而述，以备王道，成六艺。"

孔子作《春秋》之前，删《诗》《书》、订《礼》《乐》。删《诗》，成为三百十一篇。孔子在删《诗》之前，即有一宗旨，即"简约"，以之作为"删"的标准。想传之久远，必是"简约"的东西。删《诗》的目的，使之"从简约，示久远"，简约才能传之久远，因人不易忘，"易简，则天下之理得"（《易经·系乱上传》）。

"从简约，示久远"，愈简约的诗，愈可以传之久远。写白话，在使人接受，但难以传之久远。要言不烦，寥寥数字，心声都出来了。

《诗经》凡三百十一篇，举其大数曰三百，其中《笙诗》六篇有目无辞，凡三百五篇。"《诗三百》"，总而言之。孔子以"思无邪"（《诗经·鲁颂·駉篇》）评全《诗》，发情发性，何等感人！

"思"字，在《诗经》里，多半为语气助词。"思无邪"，即无邪。"人之生也直"（《雍也》），天性是善的，皆发于至性，流于至情，则无邪。性与情，必分清，则知是非、善恶。做事，所表现处理事，皆情之性，非性之情。性与情合而为一，则性即情，情即性，"致中和，天地位焉，万物育焉"，人是一小天地，天地是一大天地。

《诗经》首篇即《关雎》，描写男子追求女子，形容得多入神，完全是人性之流露！"乐而不淫（过分），哀而不伤（伤生人之性）"，无邪，直道行之。

3. 子曰："道（导）之以政（政令），齐（整饬之，使归于一）之以刑（刑罚），民免（免刑）而无耻（无羞耻之心）；道之以德，齐之以礼，有耻且格（正，格其非心）。"

《论语说义一》：先本而后末，则上下皆以心通。先慎乎德，而后辨上下，定民志。

《论语说义一》：格，训正。言导民者，当使归于正。

政与刑，治之末；德与礼，治之本。

导民，使之归于正。治民以法，则民易犯过。

自人的一举一动可见其人之德，"子帅以正，孰敢不正？"（《颜渊》）"贤者在位"，有德者居之，"不恒其德，或承之羞"（《子路》）。

"齐民"，齐民以礼，用一个标准。有《齐民要术》一书。

《齐民要术》为南北朝北魏贾思勰作，为一农学书籍，全书引用古籍将近二百种之多，是研究北朝时期物质生产及社会生活的重要史料。

古人讲"齐家"，齐家以礼，一辈一辈齐，一辈一个标准。

"齐之以礼"，尊重别人就是尊重自己。"敬其父，则子悦；敬其兄，则弟悦；敬其君，则臣悦；敬一人，而千万人悦。所敬者寡，而悦者众，此之谓要道也。"（《孝经·广要道章》）

"有耻且格"，"有耻"，"知耻近乎勇"（《中庸》），见义必为之勇，此勇非"敌一人也"（《孟子·梁惠王下》"匹夫之勇，敌一人者也"）；"且格"，"格"，正也，引申义，进步。一个格一个格，有上、中、下之分。

说一个人很有人格，说"人格"而不说"人正"。人比人，得死。都是人，但相比较之下，分量、格调就不一样。品格，一个品，一个格。古人用字，都有深意。

不要随波逐流，必要保持自己之品、之格，什么品，什么价格。人品为第一要义。一步错，终身误。

民国初年，中国之乱！我经过这个乱的时代。在台坐五十年，今天可以私心自慰，光宗耀祖办不到，但至少无忝所生。我之所以能学点东西，都是我母亲的功劳。

人做什么，都必有守，否则偶一不慎，成为终身之忧！

4. 子曰："吾十有（又）五而（能）志（念兹在兹）于学；三十而立；四十而不惑；五十而知天命（性）；六十而耳顺；七十而从心所欲，不逾矩。"

此章为孔子成德的步骤，也是人生的历程，是孔子七十岁以后，回头看看自己的追述之言。

"十有五而志于学"："志，心之所主"，知所当务、专心致志于己之所学。"学"，大学，大人之学，"大人者，与天地合其德"。"大学之道，在明明德"，识人之本性，亦即必先认识自己。

古人"法天"的思想，以"天道尚公"，天道即人道。学大，即学天。

"三十而立"：到三十岁了，方能立于自己之所学，能独立自主，立于人之道，有自己的标准了，并且"守死善道"（《泰伯》）。

以孔子之智，自"十五志于学"，犹下了十五年的功夫，方到达"三十而立"的境界，立于自己之所学。

反躬自问：自己应怎么做？天下无易事，你们的程度如何？必要问自己能做什么，如有矛盾，要以子之矛攻子之盾，然后才会进步。

古人何以思想致密、文辞优美？你们辞不能达意，连一封信都写不明白，就天天"狂想曲"！将来，你们必须与全世界人竞争。

讲茶道，但无一人会喝盖碗茶。有一件东西拿得出去？

盖碗茶具，具备"盖、碗、托"三件一摞互相统属之茶碗组，造型独特，制作精巧。茶碗上大下小，盖可入碗内，茶船做底承托。喝茶时盖不易滑落，有茶船为托又免烫手之苦。且只需端着茶船就可稳定重心。喝时又不必揭盖，只需半张半合，茶叶既不入口，茶汤又可徐徐沁出，甚是惬意。若要茶汤浓些，可用茶盖在水面轻轻刮一刮，使整碗茶水上下翻转，轻刮则淡，重刮则浓，是其妙也。

盖碗茶具，具备含蓄、淡泊、留白"情境美感"的品饮美学。鲁迅在《野草·喝茶》中说："喝好茶，是要用盖碗的。于是用盖碗。果然，泡了之后，色清而味甘，微香而小苦，确是好茶叶。"

"四十而不惑"：惑于欲，吃、喝、嫖、赌，一生糟蹋了！好名、好利、好色，达不到就作伪，即惑于欲。

孔子"四十而不惑"，"知（智）者不惑"（《子罕》），知道如何造就自己，有了正知、正见，故能不惑于欲，所做的事皆于仁有利，是"知（智）者利仁"（《里仁》）的境界。

"五十而知天命"："天命之谓性"（《中庸》），"知天命"，能尽己之性，做事完全顺着人性，不做违背人性的事，天人合德，是"仁者安仁"（《里仁》）的境界。尽性的中间，可不能有一点私的成分，故曰"五十以学《易》，可以无大过"（《述而》）。

"六十而耳顺"：知是非了，则对事情的反应特别快。"先迷失道，后顺得常"（《易经·坤》），顺常道而行，不必加以考虑了，顺其理、顺其道，明是非，是声入心通、不思而得的境界。

"七十而从心所欲，不逾矩"："矩"，是方的；"格"，是正的。是人，就有人格。"喜怒哀乐之未发，谓之中；发而皆中节，谓之和。致中和，天地位焉，万物育焉"，此时性即情、情即性，性情合一了，从心所欲绝不逾矩，"不勉而中，不思而得，从容中道"（《中庸》），是不加斧凿、尽得天真的境界了。

八十呢，他不知道；九十呢，他也不知道；一百，他更不知道了！什么都能增加，就寿命不能增加。

我一天心无杂念，总是凉凉快快的，因为不想力所不及的事。

我在台湾五十多年，徒子徒孙太多了，对你们的未来特别担心。你们年轻，根本不懂得什么"险中险"。

真知很难，你们要真知，就发愤图强了！

同学皆为小康之家，应集腋成裘，如能养群德，做点买卖就不穷了。如想做官，必将一个"耻"字去掉！

利用自己的环境，必要有智慧。众志成城，"群"的观念很厉害，"群而不党"。

回去要理悟，"思之思之，鬼神通之"，学最重要。求真知，你们有"三更灯火五更鸡"的求学精神？你们自己一无所能，天天夜郎自大能解决问题？你们聪明，但是不懂自己不懂，就等全世界向你们学习？

我十三岁到日本，在国外流浪十二年，在"满洲国"十四年，在台五十多年。

满族本身没有文化，就是汉文化。满、蒙联合在一起，就如虎添翼，力量不可侮。

领导一个民族，必要脚踏实地，而不是天天吹牛。真知，才能有力量，必要求真知。

为政第二

5. 孟懿子（鲁大夫，仲孙何忌）**问孝。子曰："无违**（不违礼）**。"**

"无违"，包含很多，无愧于父母故曰"孝"。孝，包含考、老，《大学》云："上老老（老吾老以及人之老），而民兴孝。"

樊迟（樊须，字子迟。少孔子三十六岁）**御，子告之曰："孟孙问孝于我，我对曰'无违'。"樊迟曰："何谓也？"子曰："生，事之以礼**（冬温夏清，昏定晨省）**；死，葬之以礼，祭之以礼。"**

"生，事之以礼"，以前人必须按照自己的身份、地位侍奉父母。

"死，葬之以礼"，为之棺椁衣衾而举之，卜其宅兆而安厝之。

"祭之以礼"，陈其重篑而哀戚之。春秋祭祀，以时思之；时祭，事死如事生。

6. 孟武伯（孟懿子之子，仲孙彘）**问孝。子曰："父母唯其疾之忧。"**

《淮南子·说林》："忧父之疾者子，治之者医。"

《孝经·孝行章》："孝子之事亲，病则致其忧。"

《论衡·问孔》："武伯善忧父母，故曰，唯其疾之忧。"

三国魏何晏《论语集解》引东汉·马融说："言孝子不妄为非，唯疾病然后使父母忧。"

朱熹《论语集注》："言父母爱子之心，无所不至，惟恐其有疾病，常以为忧也。人子体此，而以父母之心为心，则凡所以守其身者，自不容于不谨矣，岂不可以为孝乎？旧说，人子能使父母不以其陷于不义为忧，而独以其疾为忧，乃可谓孝。"

蒋伯潜《广解四书—论语》："'其'字，指父母之言。谓人子以忧父母之疾为孝。"

此章有三解：

一、子女唯有担心父母生病。

二、父母爱子，唯担心其子女生病。

三、做父母的唯担心其子女的毛病。所以，为人子女当守身如玉，不使父母操心，要无忝所生。

7. 子游（言偃，字子游。小孔子四十五岁）**问孝。子曰："今之孝者，是谓能养**（音 yàng，饮食供奉）**。至于犬马，皆能有养；不敬，何以别乎？"**

儒家讲"原心定罪"，重志。

"养"，读 yàng，以下奉上。养父母，有别于犬马之养（yǎng），故"养"读音不同，示恭敬，以有别于犬马。"不敬，何以别乎？"其分别，即在于有无恭敬之心。

如光知对父母口体之养，而不知恭敬生身父母，怎能算是孝？

《孟子·离娄上》："曾子养曾皙，必有酒肉。将彻，必请所与；问有余，必曰'有'。曾皙死，曾元养曾子，必有酒肉；将彻，不请所与；问有余，曰'亡矣'，将以复进也，此所谓养口体者也。若曾子，则可谓养志也。事亲若曾子者，可也。"

"别"，辨别，明辨之，"文理密察，足以有别也"（《中庸》），所谓"类族辨物"（《易经·同人》）。

父母，为自己之所出。"孝为德本"（《孝经·开宗明义章》"夫孝，德之本也"），重本，"孝弟也者，其为仁之本与！"（《学而》）

8. 子夏问孝。子曰："色难。有事，弟子服其劳（出其劳力）；有酒食（音 sì，拿东西给人吃），先生（父兄）馔（饮食），曾（乃）是以为孝乎？"

"孝、老、考"，"孝"是尽到"老"与"考"的责任，养父母的老，送父母的终。善事其亲曰"孝"，以顺当孝，故曰"孝顺"。

"色难"："色"，承顺父母的颜色。"难"，读音不同，意思有别：一、读 nán。和颜悦色，最为难！《礼记·祭法》云："孝子之有深爱者，必有和气；有和气者，必有愉色；有愉色者，必有婉容。"朱熹注："谓事亲之际，惟色为难也。"二、读"克难"之难（nàn），当动词。以颜色为难父母，颜色难看，精神虐待，最为不敬！三、熊十力解曰："以留心父母的颜色为难。"《礼记·曲礼》云："视于无形，听于无声。"父母在日常生活中，稍有不愉之色，则心体察其疾苦之所在，而立即解决，且不得自惮劳苦，方有以安亲之心。

要想自己真有德，应是独占父母，而不是"独占花魁女"。

"魁星"，一手捧斗，"魁"字中间的"斗"字；另一手执笔，意谓用笔点定中试人的姓名。即所谓"魁星点斗，独占鳌头"。点状元在"魁星阁"（即文昌阁，魁星爷乃文曲星转世），成为魁首。

人皆装腔作势，我因此被管住了，所以年轻时没有去过"八大胡同"，也没和日本女秘书握过手。就因为师母一句话："算了，把她纳了！"我就没有同女秘书握手，多么冰清玉洁！

人必得有高的机术。人就是人，要做性情中人，不要做伪君子。

我一生至少有三恨，除上二者外，至今犹未看过《金瓶梅》。人生总有恨事，是环境造成的。

我最不喜婚外情的人，没有人格，对不起儿女。

一个人必守分，"己所不欲，勿施于人"（《卫灵公》）。性情中人，乃是性与情合一。

一个人若是不孝，其他不必谈。孝友，必须从自身做起。有些人已经到畜牲的世界。真懂得孝，家庭绝对和乐无穷。不孝的祸端，多半在女人。孝，是人性的问题，不是讲道理的。必要兄友弟恭，是无法讨价还价的。

我是在发你们的性智。

9. 子曰："吾与回（颜回，字子渊。小孔子三十岁）言终日（竟日），不违，如愚（有若无，实若虚）。退（退出去以后）而省（考察）其私（私生活），亦足以发（发其所学）。回也不愚（得结论）。"

孔子是侦察员的祖师爷。他观察颜回一人独处时，能发其所学、行其所学，知行合一，懂得中道，去行，得结论："回也不愚。"

"发"，行也，发其所知、所学，与生活结合，知行合一，变成自己的生命之学。能行中，乃体用不二之根本。颜回"其心三月不违仁"（《雍也》），"择乎中庸，得一善，则拳拳服膺，而弗失之矣"（《中庸》），中行之士。"中和"之为用，表见出为"中行"，知行合一，体用合一。

古人学问，重知行合一，皆实学也。

10. 子曰："视其所以（为，用），观其所由（原因），察其所安（心之所安，意之所乐）。人焉（何，安）廋（隐匿）哉？人焉廋哉？"

此章讲处世观人之道。任何事皆有任人之道，任人之道必有观人之道。做事如同下棋，一子下错，满盘皆输。

"视、观、察"，三者同义，但层次不同。

"视"，《说文》云："视，瞻也。"《穀梁传》称："常事曰视，非常曰观。"《释名》云："视，是也，察是非也。"

"观"，《说文》云："谛视也。"朱熹注："观，比视为详矣。"

"察"，《说文解字注》："覆审也。"《尔雅·释诂》称："察，审也。"考察，察访，察举。

"所以、所由、所安"，以此三者考核之。"所以"，"以"，为，据，即"承、乘、应、与"，必要懂得理与势。"所由"，"由"，从，理由，"谁能出不由户？"（《雍也》）"所安"，安什么心，打什么主意，一个人品格之所系。

一般人总是易于原谅自己，所以做事往往不能彻底，马虎行事。如年轻时就养成了凡事马虎的习惯，日久习以为常，一旦遇事就难以应付。

李克（公元前455—公元前395）观人法："居视其所亲，富视其所与，穷视其所不为，贫视其所不取。"（《史记·魏世家》）

11. 子曰："温故而知新，可以为师矣。"

《论语述何》：故，古也。六经皆述古昔、称先王者也。知新，谓通其大义，以斟酌后世之制作。

"温故而知新"，温故能知新，"新"是自"故"来的。"因不失其亲（新），亦可宗也"（《学而》），因传统而生新，"苟（诚，真的）日新，日日新，又日新"（《大学》）。

"故"与"新"，两件事。"温故"，月无忘己所能；"知新"，日知己所无。

《论衡·谢短》："知古不知今，谓之陆沉"；"知今不知古，谓之盲瞽"。"温故知新，可以为师。古今不知，称师如何？"

"为师"：师古人，中法心源，师心源。有经师、有人师，"经师易得，人师难求"。

《礼记·学记》：凡学之道，严师为难。师严然后道尊，道尊然后民知敬学……记问之学，不足以为人师。

《荀子·儒效》：四海之内若一家，通达之属莫不服从，夫是之谓人师。

12. 子曰："君子不器。"

蒋伯潜谓："君子不器"，与《礼记·学记》之"大道不器"正同。下愚之人，不能成器；一材一艺之人，各有所长，亦各有所短，如器之各适其用；至于成德之人，则体无不赅，用无不适，是为不器之君子。

"器"，定型定量，有一定的用与量，满则溢。器量，是能容之量。

"君子不器"，一个君子人不能像个器皿，否则能容的量就有数。

人有量不易。见人好心里不舒服，想尽方法破坏，此乃情发得不中节，并不是性。人的情能"发而皆中节"特别难，故要下"吾日三省吾身"（《学而》）的功夫。

"不器"，无量能容，能容一切，无所不容，容乃大。"海纳百川，有容乃大"，海之所以为海，乃因其能纳百川。社会必有是非，不必把是非看得那么重。说自己"出污泥而不染"（周敦颐《爱莲说》），伪君子！要重视别人的长处，不要净看别人的短处。

"大道不器"（《礼记·学记》），是最高的境界。瑚琏，虽是庙堂重器，然终未达"不器"的境界。做人得不器，能容。《金刚经》说："无欲则刚，有容乃大。"

"君子不器"，一个有器宇的人，能有自私吗？遇事，如先想到自己，你就不配为人。人活着，知道为什么活了吗？

我们讲"则天"，"唯天为大，唯尧则之"（《泰伯》），尧则天的无量，无所不容。法天，学天。学大，亦即学天。中国学问修到最后是"与天地参矣"（《中庸》），即达"大人者，与天地合其德"（《易经·乾卦·文言》）的境界。

我在德国学军事。今天在台就以太师母教的一点混饭吃，一个老婆也养不起，就一个人在台混了五十多年！

一个民族要延续必要赖文化，你们可要好好地学，积财万贯不如薄技在身。年轻人是要忙于开拓，而不是忙于成功。我阿玛曾对我说："你如此守分，可以过五十代。"可是五十年也没有。可见，家有点什么也都是空的。

我刚来台时的南北两大财主：南唐荣（1880—1963，执台湾钢铁业牛耳）、北李建兴（1891—1981，台湾矿业巨子）。然不旋踵间如海市蜃楼，皆烟消云散了！认清时势，必要实事求是。靠什么生活？自己如真有能，就不必出卖自己的人格。

现在人有三个儿子都有汽车，但是每家都不开伙，老头要自个儿烧饭，到底孝在哪里？我未在饭摊吃过饭，没有那个习惯。讲容易，行可难，行必得发自内心才能够持久。

我是教做人，不是教读书，做人处世为第一要义。做人绝对不可以有愧于心，否则，绝无好子孙，欺心绝对报在子孙。

读书就是要明理，明理了就要行。如对读书没有高深的趣味，倒不如学得一技之长，至少可以谋生，但是能够谋国更好。

学文科的如学不好则谋生难，因为没有一技之长。谋生最为重要，没有一技之长只好以骗人为业了，只是骗法各有不同罢了。

说一句假话都是欺心。职业没有贵贱，要饭的最是可怜！

我现在一天就一个半馒头。

13. 子贡问君子。子曰："先行，其言而后从之。"

此章有两种读法：

一、"先行，其言而后从之"："先行"，然后按照自己的行事说出。是做了再说，行在言之先，言行一致。三不朽，立德、立功然后立言。所言皆言而有征。

二、"先行其言，而后从之"：先说再做，大言不惭。

14. 子曰："君子周而不比（音 bì），小人比而不周。"

蒋伯潜谓：王引之《经义述闻》云"周、比皆训为密、为合。以义合者，周也；以利合者，比也"，可见君子、小人之分，周、比之别，全在公私、义利之间。

此章谈君子与小人之分别。

"周"，周遍，"尊贤而容众，嘉善而矜不能"（《子张》），"君子不党"（《述而》），"义之与比"，义之与亲。

"比"，行也，《说文》"二人为从，反从为比"，朋比，偏党，亲狎。党同伐异，溺爱徇私。几个人总在一起，偏比成不了大事。朋比为奸。《韩诗外传》曰："高比，所以广德也。下比，所以挟行也。比于善，自进之阶。比于恶，自退之原。"

谁说谁好，谁骂谁坏，都不必信，一笑置之。谁代表真理？应一视同仁，不专喜欢谁。

明理，不听闲言闲语，就检讨自己。

15. 子曰："学而不思则罔（自欺），思而不学则殆（不妥）。"

此章讲学思并用。"学而不思"，自欺；"思而不学"，则不妥当。

"思"，心田，"心作良田，百世耕之"。"悟"，吾心。思而得通，"思之思之，鬼神通之"。精心寻思，学思并用。

《荀子·劝学》云："小人之学也，入乎耳，出乎口，口耳之间，则四寸耳，曷足以美七尺之躯哉？"口耳之学，乃是"入乎耳，出乎口"，不足为学。

王引之《经义述闻》称："思而不学，则事无征验，疑而不能定也。"《中庸》云："博学之，审问之，慎思之，明辨之，笃行之。"《孟子》云："心之官则思，思则得之，不思则不得也。"学而不思，迷惘无所得。《论语·卫灵公》子曰："吾尝终日不食，终夜不寝，以思无益，不如学也。"徒思之无益。

你们再懒，也要学好一外语。早学，才可以达至精的境界，至少可以谋生，不可以空而无能。

16. 子曰："攻（攻击）**乎异端**（不同的一端），**斯害**（有害）**也已**（语词）**。"**

朱子：范氏（范祖禹）曰"攻，专治也，故治木石金玉之工曰攻。异端，非圣人之道，而别为一端，如杨、墨是也。其率天下至于无父无君，专治而欲精之，为害甚矣"，程子（程颐）曰"佛氏之言，比之杨、墨，尤为近理，所以其害为尤甚。学者当如淫声美色以远之，不尔，则骎骎然入于其中矣"。

孙奕《示儿篇》，训"攻"为"攻人之恶"之"攻"；训"已"为"止"。攻异端，如孟子之距杨墨，能攻之距之，则其害止。

没有真知，就骗人！注解只能当作参考。

马一浮谓：盖"端"必有两，若攻其异之一端，则有害，还需求其同之一端，则诸子百家，皆有同之一端。即《易》所谓"天下一致而百虑，殊涂而同归"，诸子之道术虽不同，而其旨则一。

焦循《论语补疏》所说："攻"训为"治"，为切磨之意；"已"训为"止"。意思即攻乎异端，能相切磨攻错而不执一，则害自止。

"攻"，攻击。"攻乎异端"，攻击不同之事，有害。
"君子不器"，无所不容，"天下同归而殊涂，一致而百虑"（《易经·系辞下传》），"万物并育而不相害，道并行而不相悖。小德川流，大德敦化。此天地之所以为大也"（《中庸》），善体天地之化，自由之极则。

17. 子曰："由（称弟子名）！诲（教导）女（汝）知之乎？知之为知之，不知为不知，是知也。"

此章谈教育之道。为学的态度：虚才能受。

《史记·仲尼弟子列传》：子路性鄙，好勇力，志伉直，冠雄鸡，佩豭豚，陵暴孔子。孔子设礼稍诱子路，子路后儒服委质，因门人请为弟子。

《荀子·子道》记子路初见孔子，孔子告子路："故君子知之曰知之，不知曰不知，言之要也；能之曰能之，不能曰不能，行之至也。"又《儒效》云："知之曰知之，不知曰不知；内不自以为诬，外不自以为欺。"

"是知也"有二解：一、是真知。二、是智者，要事上磨炼。

做任何事，必抱此一学习的态度，则日久自有进益。人只要有良知的存在，就会有愧悔，所以才能够成圣成贤。

"子路有闻，未之能行，唯恐有闻"，闻，是知。子路是"知行合一"的祖师爷。

18. 子张（颛孙师，字子张。小孔子四十八岁）学（问）干（求）禄（禄位）。子曰："多闻阙（同'缺'）疑（存疑），慎言其余，则寡（少）尤。多见阙殆（不妥当），慎行其余，则寡悔。言寡尤（怨，怪罪），行寡悔，禄在其中矣。"

《论语述何》：阙疑者，史阙文也。信以传信，疑以传疑，慎之至也。

"多闻阙疑"："闻"，知；"阙疑"，存疑。多求真知，保留疑惑。

蒋伯潜谓：多所闻，于其疑而未信者，则阙而不言；其余无可疑者，亦谨慎言之。则言论可以少过尤。

"慎言其余"："慎"，真心。小心求证，谨慎地将其余真知讲出。
"则寡尤"："尤"，罪过。则少怨天尤人。
"多见阙殆"："殆"，不妥当。信以传信，疑以传疑，慎之至也。

蒋伯潜谓：多所见，于其疑而未安者，阙之而不行；即其余无可疑者，亦谨慎行之。则行为可以少悔恨。

时常作修正，寻找致误原因，实事求是的精神，不怕错，错了就是交学费。
"言行，君子之枢机；枢机之发，荣辱之主也"，故"言寡尤，行寡悔，禄在其中矣"。

19. 哀公（鲁国君，姓姬，名蒋，死后谥"哀"）问曰："何为则民服？"孔子对（下对上）曰："举（用）直错（教育）诸（之于）枉，则民服；举枉错诸直，则民不服。"

程子曰："举错得义，则人心服。"
朱子曰："错，舍置也。诸，众也。"

蒋伯潜谓："错，废置。举用正直之人，废置邪枉之人，则民服；反之，则民不服。"

如上解，则社会岂不成两种人处于对立：枉者与直者，焉能大同？

应是以前人错误的例子，作为教训。

《论语述何》：举正直之人，措之枉曲之上，贵教化也。

"错诸"，举而加之也，举直者加之枉者之上，是"君子在位，小人在野"。"举直错诸枉"，"错"，教育，同"它山之石，可以攻错"之"错"。

"举直错诸枉，则民服"，用正直的人教育不正直之人，使贤者得以尽其才；"举善而教不能，则劝"，不肖者劝勉，而能有所受治，日久远离不仁之事。社会上就没有对立、冲突，百姓就心服。

"举枉错诸直，则民不服"，如用枉者教育正直者，百姓就不服。

"举直错诸枉，能使枉者直""舜有天下，选于众，举皋陶，不仁者远矣"（《颜渊》），日久使不仁之事远离不仁之人，"仁者居之，何陋之有？"（《子罕》）

20. 季康子（鲁卿，季孙肥。"康"是谥）问："使民敬、忠以（而）劝（互相劝勉），如之何？"子曰："临（居上临下）之以庄（庄重），则敬（敬事）；孝慈，则忠；举善而教不能，则劝。"

季康子，鲁国季孙氏，名肥，季桓子季孙斯之子。鲁哀公三年（公元前 492 年），季桓子去世，季孙肥继位，为鲁国大夫。

王引之《经传释词》：以劝者，而劝也。

"临"，面对天下，君临天下。"庄"，《说文》云："上讳。"引申为庄大盛严。"敬"，敬事能信，敬业乐群。

"孝慈"：孝生我者，慈我生者，均无条件。子女善事父母为"孝"，父母对子女为"慈"。"忠"，尽己之谓。

"老吾老以及人之老，幼吾幼以及人之幼"（《孟子·梁惠王上》），现在大陆提倡孝道，正本。

禽兽知慈而不知孝，人懂得性之全体大用。人必用人性对治，人性即"孝"与"慈"，文化即用此二字维系。

"举善而教不能，则劝"：举善教不能，举直错诸枉；"劝"，《说文》云："勉也。""举直错诸枉，则民服"（《为政》），悦从。

说千言万语，也帮不上你们的忙，皆自得也。

21. 或（设词）谓孔子曰："子奚（何）不为政（从政）？"子曰："《书》云'孝乎惟孝，友于兄弟（兄友弟恭），施（行，加）于有政（《古文尚书·君陈》"惟孝友于兄弟，克施有政"）。'是亦为政，奚其为为政？"

"政者，正也"（《颜渊》）。

搞政治，要从何入手？孝友。"孝乎惟孝，友于兄弟"，孝顺父母，兄友弟恭。孝友，乃齐家之要。

"孝"，无法讲价，人的第一次投胎没有选择权；"友"，同一公司的出产品。"孝弟也者，其为仁之本与"。"孝友家庭"要自本身做起。孔子"志在《春秋》，行在《孝经》"。

"施于有政"，加在现在政治上；"是亦为政"，亦即为政。

齐家、治国、平天下，首为"夫妇之道"，故曰"刑（型，以身作则）于寡妻，御于家邦"（孟子引《诗经》"刑于寡妻，至于兄弟，以御于家邦"）。

传统的思想是行，不是讲的。没做，就等于不知。

22.子曰："人而无信，不知其可也。大车（载重之车）**无輗**（音ní）**，小车**（乘人之车）**无軏**（音yuè）**，其何以行之哉？"**

"信"，言可复也。人无信，不立。

"輗、軏"，是"辕"（车前用来套驾牲畜的直木）与"衡"（车辕端的横木）相接之关键。牛车与牛脖子上衔接的东西，大车为"輗"，小车为"軏"，乃车的关键之所在。

"诚者，天之道；诚之者，人之道"，"诚者，自成也"（《中庸》），不诚无物。

"人而无信，不知其可也"，到社会上失信于一人，就能失信于很多人。嗜耍小聪明者，没有能成大业的，因为社会不能完全用术。

一个男人的私生活，没有能瞒过太太的，真叫太太佩服了，才叫成功。尧将二女下嫁于舜，以试知舜的私生活。通过诸多考验，再将帝位传给舜。

《尚书·舜典》："虞舜侧微，尧闻之聪明，将使嗣位，历试诸难。"《尧典》："帝曰：'我其试哉！女（以二女嫁舜）于时（是），观厥刑（型）

于二女。'厘降二女于妫汭，嫔于虞。"

夫妇间应相敬如宾，"敬"，即严己身，当彼此尊重。

23. 子张问："十世可知也？"子曰："殷因于夏礼，所损（减）益（加）可知也；周因于殷礼，所损益可知也。其或继周者，虽百世可知也。"

《论语述何》：继周者，新周，故宋，以春秋当新王。损周之文，益夏之忠；变周之文，从殷之质。百世以俟圣人而不惑者也，循之则治，不循则乱，故云可知。

"世"，《说文》云："三十年为一世。"即一代。

"十世"，十代，三百年，言其极远也；"可知也"，可以前知。

"因"，袭，仍，根据，承，传，传统。因而不失其新，"苟日新，日日新，又日新"。夏、商、周，通三统，三统相因。

社会即"损益"。"损"，减，裁前代之所已有余者而节去之；"益"，加、增，补前代之所不及防者而加密焉。《易·杂卦传》称："损益，盛衰之始也。"非但顺知既往，兼亦预知将来，"俯察时变……却观未来，豫解无穷"（《春秋公羊传·哀公十四年》何注）。

损益之道，损益不是执一，"损益盈虚，与时偕行"（《易经·损卦》），"礼，时为大"（《礼记·礼器》），不合时者损之，合时者益之。适时、合时，"礼也者，义（宜）之实也"，"可以义起也"（《礼记·礼运》）。

因往推来，虽百世之远，不过如此而已矣，"百世以俟圣王而不惑"（《中庸》）。"见其礼而知其政，闻其乐而知其德，由百世之后等百世之王，莫之能违也"（《孟子·公孙丑上》）。

要"通古今之变"（《史记·太史公自序》）。

24. 子曰："非其鬼而祭之，谄（求媚）也。"

《论语述何》：如隐公"钟巫之祭"（何休注：在钟巫事鬼神，祷解以治病，请福者也）之类。

传统上我们没有宗教观，祭祖是报本、报恩。

《礼记·祭法》称："人死曰鬼。"即祖考，自家祖先。祖庙，天天于家堂供奉祖宗，每餐吃饭必得祭。时祭，祭家鬼。

"非其鬼而祭之，谄也"，祭淫祀，谄也，"淫祀无福"（《礼记·曲礼》"非其所祭而祭之，名曰淫祀。淫祀无福"），有求媚要（音yāo，求也）福之心。千万不能妄求，自私之迷，自误。

推原其病之所自来：一、不当为而为，要福，求免祸。二、当为而不为，畏难，思避祸。

活着等死，和尚领着活人讲鬼话。

"见义不为，无勇也。"

《论语述何》：如孔父"义形于色"、仇牧"不畏强御"，皆勇以成义也。

《释名》云："义，宜也。裁制事物，使各宜也。""见义不为"，畏惧退缩，"无勇也"。真勇，是不为人知的。勇以成义，但很难做到。

谁的话都不听，只有当你说的话碰上他的心眼了才听，就直肠子。什么也不怕，到时开溜。到哪儿，必了解民族性。没有文化，读书，不过是学点技术而已。

咱们都在危险中，谁能无时无刻看住小孩？大环境很重要。自"人"入手，才能达"大人"的境界。

对学问真有趣味，得下真功夫。人必有业，女人当医生、老师好。家有什么，都靠不住，宣统帝是穷死的。宣统帝到紫禁城，"皇上，请买个票吧！"唯有自己能谋生，才可靠。

你们要有久远之计，研究怎么做买卖，要想穷办法。传统讲"天下一家"，我们先"奉元一家"。

传统思想真不得了，讲三界：天、地、人。供天地的牌位："天地三界主，十方万灵神。"是有人的地方，都一界。佛讲法界，但有非法界。

八佾第三

"养浩然气，读有用书"，不要浪费宝贵的时间，读书要选一选。

要精一外国语，贵精不贵多，程度必与当国学人程度相等。学外国语，看名著可以通微，连骂人的窍门都懂得。

有了专学，但常识必知。不能只有专学，而没有常识。

读《论语》，可以其智慧处理一切，可以应世、应事。要好好培养自己，环境冷热、四时变化，必要知，如培养一盆花。严格训练自己。

年轻人绝对不要盲从，否则将来后悔不及。"五四"新文化，《新青年》为大本营。今天台大社团如此多，真是"行有余力"！在校读书时，不要想力所不及的事，应脚踏实地读书，为未来储备自己。

我年轻时好动，叱咤风云，不像你们。

年轻人要好好培养，不必早参加政治运动，不要做力所不及的事。

1. **孔子谓**（评论）**季氏**（鲁大夫季孙氏）：**"八佾**（列）**舞于庭**（庭院堂前），**是**（这种事）**可忍**（可以做出来）**也，孰**（又有什么）**不可忍**（不可以做出来）**也？"**

《论语述何》：此篇类记正名辨分之事。《传》曰："天子八佾、诸公六、诸侯四。"隐公始僭八佾于惠公之庙，又僭六佾于仲子之宫，自是而后群公之宫皆僭八佾矣。乐、舞以象功德也，大夫、士无庙、乐，乡饮、乡射、笙歌、琴瑟而已。三桓设公庙于私家，因僭八佾，不仁之甚也。

《史记·孔子世家第十七》：季氏亦僭于公室，陪臣执国政，是以鲁自大夫以下皆僭离于正道。

乐舞，以象功德，功成作乐。天子八佾、诸侯六佾、大夫四佾、士二佾。

周公对周朝有贡献，乃以天子之礼祭之，用八佾乐舞。

佾舞，与宫廷乐舞相同，有文舞和武舞。文舞，文德之舞，右手执羽，常用雉尾，左手执籥，即短笛形的竹管，分别有立容、立声之意。每个动作皆代表一个字，一节乐曲一组动作。武舞，干戚之舞。

"八佾"，乐舞之行数、人数，纵横皆同，以八人为一行列，共八排、六十四人。

孔子被封为文宣王，祭孔用佾生。王本应用六佾舞，但天子祭孔必磕头，乃改封"至圣先师孔子"之神位，用八佾舞。

祭孔的乐舞，采用六佾规格，始于南朝宋。至清光绪三十二年（1906 年），朝廷升级祭孔为大祀，祭孔的乐舞为八佾。

"八佾舞于庭"，"庭"在宗庙中，"八佾"应用于宗庙。正名辨分。季氏是权臣，能欺君，设公庙于私家。八佾舞于"庭"，一字之贬！圣人骂人。

"是可忍也，孰不可忍也"："忍"，一、《新书·道术篇》云："恻隐怜人谓之慈，反慈为忍。"僭越，越权冒用，像这样僭越无礼之事都可以做出来，还有什么事做不出来？二、解为"容忍"，欠妥。

有心人能不注意今日社会风气？由开始的不合理，大家不以为是，习以为常。作伪，习以为常，人人竞相作秀。个人亦如是，喝酒，开始喝一杯，渐渐失控，《易·未济》"饮酒濡首，亦不知节也"。

父母死，办丧事还请人跳脱衣舞，多荒唐！成立"治丧委员会"，是对国家有功劳，或是死了无亲友。自己父母还用"治丧委员会"？拉一批人当委员，其实无一人与你有关，送的挽联，谁认识死者？伊始即自欺，到一发不可收拾。

家庭更得防微杜渐。小孩一开始有问题，就要加以注意；看的书一定要随时注意，否则偶一不慎，问题就来了，《易·坤·文言》"其所由来者渐矣，由辨之不早辨也"。

2. 三家（三桓）者以《雍》（《雍歌》）彻（祭毕收其俎）。子曰：

"'相（助祭者，傧相）维（语助词）辟（音bì，君也）公（辟公，诸侯），天子（主祭者）穆穆（温恭貌）'，奚（何）取于三家之堂？"

三家，即鲁国三桓，卿大夫季孙氏、叔孙氏、孟孙氏。鲁桓公有四子，嫡长子鲁庄公继承鲁国国君；庶长子庆父（谥共，又称共仲，其后代称孟孙氏，又称仲孙氏、孟氏）、庶次子叔牙（谥僖，其后代称叔孙氏）、嫡次子季友（谥成，其后代称季孙氏、季氏），均被鲁庄公封为卿，后代皆形成了大家族，由于三家皆出自鲁桓公之后，所以称为"鲁三桓"。

"以《雍》彻"，天子行禘祭，祭毕，歌《雍》以彻。《雍》，《诗经·周颂》篇名，其辞："有来雍雍，至止肃肃。相维辟公，天子穆穆。于荐广牡，相予肆祀。假哉皇考，绥予孝子。宣哲维人，文武维后。燕及皇天，克昌厥后。绥我眉寿，介以繁祉。既右烈考，亦右文母。"多祈祷语，述祭祀之隆重，与祭者之肃穆。"相维辟公，天子穆穆"，此为《雍》诗之辞。

"相"，助祭者。"辟公"，诸侯、亲王；"穆穆"，庄严肃穆，温恭貌。古时祭太庙，诸侯、亲王为宾相助祭，在堂歌《雍》以彻。

开国承家，卿大夫称"家"。"三家"，三桓，皆鲁桓公之后，为大夫，权臣。"堂"，在宗庙中。僭越，目无天子、诸侯，三家亦歌《雍》以彻。

何取于三家之"堂"？一字之贬！圣人骂人不忠、不臣、僭越、目无长上。

知"礼之本"，则能通文质之变，以救世运。礼坏乐崩，如习非为是，欲不崩坏而不可得矣！

3. 子曰："人而不仁，如（奈）礼何？人而不仁，如乐何？"

"礼云礼云，玉帛云乎哉？乐云乐云，钟鼓云乎哉？"（《阳货》）"礼者，履也"，"言而履之，礼也；行而乐之，乐也"（《礼记·仲尼燕居》）。

"乐由中出，礼自外作"，"合情饰貌者，礼乐之事也"（《礼记·乐记》）。"礼也者，反其所自生；乐也者，乐其所自成"（《礼记·礼器》），故"观其礼乐，而治乱可知也"（《礼记·礼器》）。

"礼"，同中求异，齐之以礼，立于礼；"乐"，异中求同，成于乐，乐以和性。"礼节者，仁之貌；歌乐者，仁之和也。"（《礼记·儒行》）仁者爱人。"人而不仁"，礼乐的根本精神没了，如何行礼乐？

一个人"不仁"，什么也感化不了他。弑父母、子女如同杀猪，能不令人惊心？

据乱世，一切拨之以礼，即"约之以礼"。家必要树立一制度，树立家风，以身作则，持己功夫必要够，由自己开始树立，身教重于言教。孩子多读书，气质必然不同。不必天天告诉他怎么做。

4. **林放**（一以为孔子七十二弟子之一，一以为季氏世臣）**问礼之本**（大本）。**子曰："大**（赞词）**哉问！礼，与其奢**（过分，超过本位）**也，宁俭**（不足）**；丧**（父母之丧），**与其易**（外表漂亮）**也，宁戚**（哀戚在心）**。"**

《论语述何》：林放，季氏之世臣也，见周之散文而不惭，故问礼之本。

《论语述何》：曰"与其奢也，宁俭"，言救文虽莫如质，亦贵中也。

"礼也者，反本修古，不忘其初者也。"（《礼记·礼器》）

"问礼之本"，可见那个时代已经不懂礼，讲乱了，所以林放才有此问。

"大哉问"，"大哉"，赞词！孔子赞美林放懂得问题之所在。

"与其易也，宁戚"，"过犹不及"（《先进》），"宁俭、宁戚"，此即传统上的谦德。

"质胜文则野，文胜质则史。文质彬彬，然后君子"（《雍也》），"救文虽莫若质，亦贵中也"，但难！"中庸不可能也"（《中庸》）。

5. 子曰："夷狄之有君，不如诸夏之亡（无）也。"

《论语述何》：夷狄之者，《春秋》于中国无礼义则狄之。

"夏"，篆体字为"夏"，从夂从頁从臼。頁，人头；臼，两手；夂，两足也。合起来象人形，《说文》云："中国之人也。"引申为"大"。"夏"，中道之国的人，懂得礼仪。"中国，礼义之国也"（《春秋公羊传》何注）。

三夏：夏、诸夏、华夏。中国，中道之国，以"夏"作为范围；许多人"入中国"，则成"诸夏"，"诸夏"并非最高境界。由"诸夏"到"华夏"，入中国则中国之，"华夏"才是大一统境界，此时"夷狄进至于爵，天下远近小大若一"（《春秋公羊传·隐公元年》何注），"人人皆有士君子之行"（《春秋繁露·俞序》），"人人皆可以为尧舜"（《孟子·告子下》），就没有野蛮人了。大居正，大一统，华夏，日月光华，日月以光华天下。

"《春秋》无通辞，从变而移"(《春秋繁露·竹林》)，"夷狄入中国，则中国之"(《春秋公羊传》)，中国无礼义，则夷狄之。"《春秋》者，礼义之大宗也"(《史记·太史公自序》)，一切决之以礼义。夷夏之别，乃决之以礼义。

《春秋》之号夷狄，谓其政俗与其行事。夷狄入中国则中国之。《春秋》之中国、夷狄，本无定名。有夷狄之行者，虽中国也，而夷狄之；无夷狄之行者，虽夷狄也，中国之。

文化的夷狄观。没有接受夏化的，就还是夷狄。中国由"夏"到"诸夏"，夷狄是以文化分，非以民族分。不论种族，而视入"中道"与否。

"不如"：一、当"不及"讲。夷狄之有国君，也比不上诸夏之无国君也。此乃骄傲的说法。二、先秦文中之"不如"，作句中主句之谓语。"君者，群也"(《春秋繁露·深察名号》)，君者，群之首。"夷狄之有君"，连夷狄皆知有国君，哪像诸夏之不知有国君，僭乱、无上下之分？

华夏，将"夏"华于天下，日月光华。《法华经》是成佛的"法华"，佛法能华于天下，人人皆成佛了。中国对佛教贡献太大，看《心经》译文之真，了解中国文化之深，含妙智慧，直入人心。寥寥数语，道出"般若"之妙智慧。

有闲工夫欣赏古人文章，要有好奇心。看完一篇，又想看一篇。

看古人用字之精练，"六王毕，四海一，蜀山兀，阿房出。覆压三百余里，隔离天日"(杜牧《阿房宫赋》)。

到哪儿都要细看，中国文化历史悠久，要留心看。看北京天坛之美，究竟是谁画样的？将中国的礼书懂得那么彻底，无一处无根据。

天坛，被两重坛墙分隔成内坛和外坛，形似"回"字。两重坛墙的南侧转角皆为直角，北侧转角皆为圆弧形，象征着"天圆地方"，俗称"天地墙"。主要建筑都集中在内坛，南有圜丘坛和皇穹宇，北有祈年殿和皇乾殿，两部分之间有隔墙相隔，并用一座长360米、宽28米、高2.5米的"丹陛桥"（砖砌甬道）连接圜丘坛和祈谷坛，构成了内坛的南北轴线。

看了，说没有什么，证明他脑子一点文化都没有，"一言以为知（智），一言以为不知"。

研究中国文化，不下功夫，完了！

要好好多看书，但必要有计划、有系统地看，谈自己懂的，井井有条，不要读成杂货铺。"知其所以然"最难！

6. 季氏旅（马融：祭名）于泰山（泰山神）。子谓冉有曰："女（汝）弗能救（阻止）与？"对曰："不能。"子曰："呜呼！曾（乃）谓泰山不如林放乎？"

《春秋公羊传·僖公三十一年》《传》曰：天子祭天，诸侯祭土。天子有方望之事，无所不通。诸侯山川有不在其封内者，则不祭也。

《论语述何》：惟天子有三望之祀，无所不通。盖鲁始僭三望，季氏因之，犹八佾也。林放知问礼举以厉，冉有之诡随也。

刘宝楠《论语正义》：据《周礼·春官·大宗伯》，谓旅为天子祭山之名，且非常祭，有大故乃举行，以璧陈列几上，祈而埋之。

"季氏"，三桓之一，大夫专政；"旅于泰山"，要行旅祭，于泰山行旅上帝之礼，有僭窃之罪。

大夫专国政，季氏处处要与鲁君相争，君怎样，我也怎样，欺君到什么程度！

冉求此时仕于季氏，故孔子问责于冉求。

"曾谓泰山不如林放乎"，连林放都知问"礼之本"，难道泰山之神会不如林放懂得礼之有本？如懂得，那季氏岂不就白祭了？因为"神不享非礼"。

7. 子曰："君子无所争，必也射（音 shí，比试）**乎！揖让而升，下而饮**（音 yìn，饮罚酒）。**其争也君子。"**

此章讲争的规矩，游戏规则。

虽争，是有君子风度的争。"射有似乎君子"，射时所争的是君子之道，心正则矢直，中的，"失诸正鹄，反求诸其身"（《中庸》）。

"射者，进退周还必中礼，内志正，外体直，然后持弓矢审固；持弓矢审固，然后可以言中，此可以观德行也。"（《礼记·射义》）

"揖让而升，下而饮"，以让化争，虽争，犹不争矣。"其争也君子"，此君子之争。

古有乡射礼，"射者，仁之道也"，"射求正诸己，己正而后发，发而不中，则不怨胜己者，反求诸己而已矣"，"射者，所以观盛德也"（《礼记·射义》）。

昔日作揖，多卫生，多进步，多简单，省事又文明！现在何以不用？一举一动都是智慧。动物都啃腮帮子。

8.子夏问曰："'巧笑倩（好口辅也）兮，美目盼（目白黑分明）兮，素（白质，白纸）以为绚（采）兮'，何谓也？"子曰："绘事（文彩）后（动词，后于）素（纯白）。"

《论语述何》：素以为绚，近于野容，而非天质矣。礼本乎天，言内心也。子夏怪以为绚为粉饰，故问之。

曰："礼后乎？"子曰："起予（教学相长）者商也，始可与言《诗》已矣。"

《论语述何》：子夏因"后素"之说……故夫子以"起予"嘉之，而删"素以为绚"之句。见子夏明"无邪"之旨，发"止礼"之训，有赞述之功也。

"甘受和，白受采"（《礼记·礼器》），必本质好，才有文采。

"巧笑倩兮，美目盼兮"（《诗经·卫风·硕人》），言其容貌之美。"巧笑、美目"，得有底质，才有此二者。"巧笑"，得"倩兮"，表情、神态美好；"美目"，得"盼兮"，两目清澈明亮、黑白分明，顾盼才能生姿。人有美质，才可加以文饰。

以前女人有古典美，是学习的，因为有那个环境，耳濡目染。一个环境表现得完满，所有的环境都得配合得好。如无"倩"的环境，就怎么装模作样，也无法能有"巧笑"。

京剧四大名旦（梅兰芳、程砚秋、尚小云、荀慧生），是乾旦，但扮相比女人还美，举手投足，仪态万千。但老明星再出山，应唱老旦了，识时务者为俊杰。

"素"，一尘不染谈何容易？没有洁白的纸，绝对画不出文采。

"绘事后素"，本质糟，何能有文采？不圣洁，焉能文采灿烂？说一人知礼，必其人有洁白的人品。

"八大胡同"的礼，是为你的钱而礼的，不行！

"八大胡同"乃北京前门外大栅栏附近青楼妓馆云集的八条胡同，是一总称，而非某条胡同名称，后成"花街柳巷"的代名词。

为趋炎附势而摇头摆尾，人品不足，人会说你拍马逢迎、谄媚！

"礼后乎？"礼必本于人性，"礼云礼云，玉帛云乎哉"？

"起予者商也"，孔子大加赞许子夏，说"始可与言《诗》已矣"，因为子夏"闻一以知二"。

9. 子曰："夏礼，吾能言之；杞（夏之后）不足征（验）也。殷礼，吾能言之；宋（殷之后）不足征也。文献（文，典册；献，贤也，知历史）不足故也。足，则吾能征之矣。"

此章为孔子"郁郁乎文哉！吾从周"的时代。

《史记·孔子世家》：孔子之时，周室微而礼乐废，《诗》《书》缺。追迹三代之礼，序《书传》，上纪唐虞之际，下至秦缪，编次其事。曰："夏礼，吾能言之；杞不足征也。殷礼，吾能言之；宋不足征也。足，则吾能征之矣。"观殷夏所损益，曰："后虽百世可知也，以一文一质。周监二代，郁郁乎文哉！吾从周。"

此通三统，讲"因革损益"之道。

损益之道，损益不是执一，"礼，时为大"，不合时者损之，合时者益之，适时、合时，"礼也者，义之实也"，"可以义起也"。

中国讲存三统、张三世、华三夏，纯文化的。三统：忠、质、文。三世：据乱世、升平世、太平世。三夏：夏、诸夏、华夏。层次、距离、远近不同。

《白虎通·三正》：王者所以存二王之后，何也？所以尊先王，通天下之三统也。明天下非一家之有，谨敬谦让之至也。故封之百里，使得服其正色，用其礼乐，永事先祖。

孔子，"其先宋人也"（《史记·孔子世家》）。

"吾犹及史之阙文也"（《卫灵公》），历史写得多，离得愈远。无征不信，故不禁流连三叹之！于残编断简中，因流穷源，由微知著，才言其概。

"所见异辞，所闻异辞，所传闻异辞"，真是哲学！三个不同时代，恩情不同。所传闻异辞，"夏礼，吾能言之；杞不足征也"。作假，说得比真的还清楚。

国可亡，史不可亡，况一代有一代的典章制度？"述九圣之雄图，宪历代之令典"。

此师尊述书院总纲之一。九圣：伏羲、神农、黄帝、尧、舜、禹、文王、周公、孔子。雄图：首出庶物，万国咸宁。九圣雄图，图天下安仁。"宪华夏之令（美）典"，也不忽略九圣以外之成就，只要是中国人的思想都作为参考。夏学，华夏之令典。对任何东西都不排挤，当作肥料。

要知其所以，才懂得怎么培养。吃素，越淡越清香，既吃出豆腐味，也吃出菜根香。真滋味，自淡中求，唯淡可以长久。君子之交，淡如水。

今人许多宝贵光阴，都让骗子给浪费了。读书，必要懂得怎么选择，否则，书到用时方恨少，恨读得太晚了！有人手不释卷，其实如同抽鸦片，是书呆子，中毒了。"积财万贯，不如薄技在身"，人要有一技之长。

练习自己能读书，必要打好基础。我来台就坐屋中，看书消磨时间。看书，在消愁解闷；久了，就成为习惯。成为习惯，则时间一到，就做什么。每天似睡非睡，就养神，所以活得长。

10. 子曰："禘（音 dì）自既灌（以酒洒地，以迎神）而往者，吾不欲观之矣。"

《论语说义二》：宗庙五年一禘，以审禘昭穆，宗庙之大祭，故亦名禘。鲁之禘祭，既灌以后，皆以天子之礼僭于群庙，故孔子不欲观。

"禘祭"，帝王家五年一大祭，远祖之祭。

开门即迎神，迎神后即灌酒，再行祭礼。古代祭祀不立木主，用尸，以童男童女为之。尸，着死者衣服，置于灵前，大家拜。"孙可以为王父尸"（《礼记·曲礼》）。第一次献酒给尸曰"裸"。"灌"同"裸"。

古时，祭政合一。"祭如在"，祭在诚，"诚之者，人之道"，不可以马虎，"有孚颙若"（《易经·观卦》），为标准的祭祀态度。

"既灌而往者"，供品一摆，就往地上倒酒。灌礼之后，就不合理，太马虎了！"吾不欲观之矣"，不忍心看了！

11. 或问禘之说（道理）。**子曰："不知也。知其说者之于天下也，其如示**（视）**诸斯乎！"指**（示）**其掌**（掌中）。

《论语说义二》：鲁郊谛非礼，以"不欲观""不知其说"，以为国讳。其大者，既奢僭，而不知本，其余祭必皆虚文而无实。

"禘之说"，禘尝之义。

"禘祭"，天子之祭，五年一祭，民间不可以祭；"尝祭"，民间之祭，一年一祭，祭分枝祖宗。

"不知也"，此孔子巧辩之答话方法。《春秋》之笔法，为鲁讳，为尊者讳。

中国祭政合一，"明乎郊社之礼、禘尝之义，治国其如示诸掌乎"（《中庸》），就如同看自己手纹那么清楚，一目了然。若指掌之易明，但是真正了解自己手纹者仍少。

禘祭之道，人人皆知，但知道去实行的特别少。儒家之学贵乎行，越容易的事，大家越是马虎。知容易，行特别难！许多事一体悟，即知"知易行难"。

做事第一个想到"我"，就坏！此即私。天道尚公，"万物皆备于我"（《孟子·尽心上》），是人所需要的，天都预备好了。

看破坏自然界，到无所不至！现在大家都喊"环保"。

如都能顺自然生活，自然之谓美！违背自然，一个"私"字害尽天下苍生，叫子子孙孙永不能享受。帝王之私，个人之私，只要于自己有好处，还管对人类如何？

私与公。天道，是"生而不有，为而不恃"（《老子》第十章）；人事，专重私。"率性之谓道"，"己所不欲，勿施于人"。处世之不易！没有群德，绝不能成事。

12. 祭如在，祭神如神在。子曰："吾不与〔亲自参与〕祭，如不祭。"

"如在"，无论是祭祖或祭神，就如同其在那儿。

"鬼神之为德，其盛矣乎！视之而弗见，听之而弗闻，体物而不可遗。使天下之人，齐〔斋〕明盛服，以承祭祀。洋洋乎如在其上，如在其左右"，"微之显，诚之不可掩，如此夫！"（《中庸》）

祭祀，不可用代祭，必亲自参与。

"不与祭，如不祭"，如不能亲身参与，找别人代理，就如同不祭。"祭如在"，代祭如不祭，谁也不能代祭。

"事死如事生，事亡如事存"（《中庸》），有"如在"的观念，就有"光宗耀祖"之志，人能不像样？

"如在"的观念，是自"忠、敬"来的。忠，尽己之谓；敬，肃也，在心为敬。

家严，能严己身，乃家之所敬也，事父日严〔敬〕，《易·家人》云："家人有严君焉，父母之谓也。"

祭天祀地，是报恩报德，不是迷信。神，是有遗爱在民者。传统讲"水源木本"，祖师庙是供奉发明家。

祭祖，"祖"字的构架有深意，是祖＝示＋且。"示"，篆字"示"如三脚架，上面摆一块肉，拜男性生殖器（且）。中国人伊始就没有宗教的观念，就是敬祖宗，供奉男女生殖器，代表生生不息。

中国文化是自环境得启示，而有了思想。

我们历经了一百多年的软弱，乃为人师的忽略了启发人的智慧。

过去的都得过去，活得长才看得到，当亡国奴之苦，真苦！种瓜得瓜，种豆得豆，好耍小聪明者皆自掘坟墓。唯德是尚，人绝不可以缺德，必须要走得正、行得正，没有德绝不能成事。

我是过来人，八十几岁才懂得应怎么做，但太晚了！生活心里之苦，但不同于蒋家之苦。至死不悟的，活不到年龄就死了。宋美龄而今安在哉？我就阿 Q 心理，死后犹能埋大陆，胜于蒋氏父子。

13. 王孙贾（卫国大夫）**问曰："'与其媚于奥，宁媚于灶**（喻执政）**'，何谓也？"子曰："不然！获罪于天，无所祷**（求福）**也。"**

《论语说义二》：盖在当时，上下神祇至于五祀报告之礼，皆失本源。圣人不言，孰救其弊？"获罪于天"之说，至是乃发者，圣人之心悲乎举世矣。

"奥神"与"灶神"，旧时代家中的两个神。奥神，在室的西南角，地位尊，但不管事；灶神，主管日常饮食，位低但有实权，是一家之主，日常生活所在，掌实权的。

王孙贾暗示孔子，要做官就找我这个权臣，不必找国君。

孔子则是山东人性格，按正规做事，说不管有权无权，"获罪于天，无所祷也"。

走后门，成功者甚少。按理行事，可以少害多少人。

每章要知要旨之所在。每章皆是实事，可以得启示。

14. 子曰："周监（鉴）于二代（夏、商），郁郁乎文哉（文物盛貌）！吾从周。"

此章讲因革损益之道。夏、商、周，存三统，通三统。

"周监于二代"，周以夏、商二代作为鉴，作为一面镜子，因为承接二代，截长补短可以少犯错，所以有"郁郁乎文哉"的成就。

"文"，是经纬天地，治国平天下的大道。"郁郁"，形容文之盛，治天下之文成功了！

周朝确实有一段"郁郁乎文哉"的成就，此时孔子对周文化佩服得五体投地。这是孔子"从周"的时代，还是土包子。

《论语》的编排，并没有前后时间的次序；知此，就容易看。

孔子的思想，在《论语》有三个境界：一、"郁郁乎文哉！吾从周。"此为三十岁前后。二、"吾不复梦见周公矣！"已经有疑惑了，"四十而不惑"。三、"吾其（己）为东周乎""五十知天命""五十以学《易》"，另立公天下的新王之制，否定家天下的旧制。

此亦同人的智慧境界，智慧与年龄并进。

历史是一面镜子，是前人智慧的结晶，可用以启发自己的智慧。

做坏事者无一有好报应。一个人活着不要净是动心眼，唯德是尚。亏心、缺德，上天将你缺的地方显现出来。

礼法制度，乃治国平天下之文。没有文化，才会乱。既是一个民族，就要有一套文化。

我教外国学生，对他们说："得全身没毛了，才懂得中国文化。"钱是小事，必得说真话。

15. 子入太庙，每事问。或曰："孰（谁）谓鄹人之子（孔子父叔梁纥，治鄹，此称孔子）知礼乎？入太庙，每事问。"子闻之，曰："是礼也？"

《论语述何》：每事问者，不斥言其僭，若为勿知而问之，若曰"此事昉（起始）于何时？其义何居耳？"以示天子事，鲁不当有也。或人习而不察，故正言以告之。

《论语说义二》：《春秋》定公十年，鲁始用孔子。孔子先尽事君之礼。礼莫重于祭，入太庙，每事问，宜在此时。

《左传·定公十年》记载，鲁定公与齐景公夹谷盟会，孔子时代理鲁相。齐暗地里嗾使莱人手执兵器，鼓噪喧呼，想要劫持定公。孔子说："裔不谋夏，夷不乱华，俘不干盟，兵不逼好，于神为不祥，于德为愆义，于人为失礼。"

鲁国何以有太庙？周朝之兴，是兴于周公。因周公有功，乃祭周公以天子之礼，故称太庙。鲁之家庙，即太庙，鲁国祀周公之庙。

盖当时周祭祀诸典，已多不合礼，但人皆习焉不察。

许多东西无法讲明白，但一看就明白了。所以，孔子入太庙"每事问"。有人就批评了。

孔子学的都是礼，却不懂太庙所摆的，故问："是礼乎？"一、是礼吗？这句话极为不客气。二、孔子非不知、不懂，而是对方不知礼。"不是我不知礼，而是你们做事千奇百怪，我不知是礼。"

皆家自为俗，"是礼吗？"没有文化，社会上就"或曰"者多。

"拨乱反正"，正，止于一。决之以礼义，《春秋》者，礼义之大宗也"。

台湾今天情形，"是礼也？是教也？是德也？是智也？"能不惊心动魄？了解，试看你们的知识境界如何。

在大陆，家有丧事，丧主得三天不举火，由邻居提供。台湾，丧主与客人一同喝酒吃肉。问："是礼也？"说："我们都这么干。"

读书只知字面，完全用不上。这样的教育是教育？

清入关，将明太庙搬家。想恢复也难，就是不对。看过，知道不对，但后悔来不及了！

有工夫，要好好看《存斋随笔》（熊十力最后一部著作，写成于1963 年），可见熊十力对中国文化的贡献。你们至少要看三遍，最多看懂七成。

你们连一封信都写不明白，教授越教越瘦！

16. 子曰："射（乡射礼）不主皮（中心点，以皮为之），为力不同科（等），古之道也。"

《论语说义二》：盖不仁则尚力，尚力而无礼，礼乐之比已废于战争，孝弟之心不达乎道路。圣人思古之道，伤今之俗，欲一变焉。自二者始，故言宗庙祭祀而遂及之，其亦由无争之意，寻揖让之风与！

"射不主皮"，射，点到为止，目的在"中的"，并不在于穿透。心正矢直，其争也君子之道。

"为力不同科"：一、为国家做劳力事，也不同等。二、力量不同等。

"古之道也"，所争乃古之道。

17. 子贡欲去告（音 gǔ）朔之饩（音 xì）羊。子曰："赐也，尔爱其羊，我爱其礼。"

《论语说义二》：天下有道则不失纪，无道则正朔不行于诸侯。幽厉之后，周室微，陪臣执政，史不记时，君不告朔，故畴人（掌天文历算者）子弟分散，此天子不告朔始也。

这章说什么？为什么说？

"告朔"，古代的一种祭祀仪式。天子在年终时，将来年历书颁给诸侯；诸侯将它藏在祖庙中，每月朔日（初一）以活羊告祭于庙，然后听政。告朔之礼，每月初一请出一个月的朔。

鲁至文公"四不视朔"之后，而告朔朝庙之礼废。饩羊，生牲未杀，有司每月供羊牲，而君不以祭。刘逢禄《论语述何》云："大恶不可言也，故于饩羊发之。"

孔子的时代，中国的历法已经完整了。

《尚书·帝典·尧典》载尧功勋："百姓昭明，协和万邦，黎民於变时雍。"尧修订历法，使百姓懂得用时。《史记·五帝本纪》："乃命羲、和，敬顺昊天，数法日月星辰，敬授民时。"

"尔爱其羊，我爱其礼"，早晚有一天昏君不昏了，就可以再行告朔礼。

《乡党》记孔子"吉月，必朝服而朝"，月朔必服以朝，即"我爱其礼"也。

现在传统的婚礼、丧礼已经难见了。如"礼"都不要，那这民族的文化是什么？一个民族如果没有民族特色了，焉有文化可言？

袁项城（袁世凯，1859—1916）想当皇帝，尚绿，如癞蛤蟆，八十三天就垮了。蛤蟆，代表不会久。"太太死了，满街白；老爷死了，没人抬"，时也，哪家皆如此。

蔡锷反对袁世凯称帝，秘密逃出北京，在云南与唐继尧组护国军，1915年12月25日起兵讨袁。接着，各省接连宣布独立。帝制遭到广泛反对而失败，袁世凯尽失人心，于1916年3月22日宣布取消帝制帝号，称帝仅83天。袁氏陷入众叛亲离的困境中，欲续任大总统亦不可得，5月下旬忧愤成疾；6月6日，因尿毒症不治病死。时年57岁。

说千言万语，就是要保留中国文化，早晚有一天可以兴起来。良知、率性之学，早晚可以恢复。

18．子曰："事君（为国服务）尽礼（按礼行事），人以为谄（谄媚，拍马）也。"

《论语说义二》：尽礼，为事君之道，而当时之人但以礼为谄媚求福之用也。

"尽礼"，完全按礼行事；"人以为谄"，一句话道尽了人之情！自此了解人性之所在。习性，无形中造成许多越分的人！

"事君尽礼，人以为谄也"：记住公式，好好演。一个公式，可推很多事。

做坏事，人皆批评。表现好，按本分行事。一个人的本分是什么？先改变器质，拉出架子，有个人样了，再加以充实，则事半功倍。至少心不迷于欲，也可以清凉些。

昏就迷，不昏能迷？欺世，自以为聪明，不明白"人之视己，如见其肺肝然"，自欺！我跑龙套，看尽天下的名角。

每次一有事情，就说要培养人才，而几年后又如何？就是做泥娃娃，也必须经过几道手续，唱戏也必要有几年的工夫，"台上三分钟，台下十年功"，岂是易事？

没有真心，换不来至宝。人家修养的东西，绝不会白白给你。你们每晚到我这儿做什么？必有初心。人做事时，必"毋忘初心"。但此不同于立志，"十有五而志于学"是志。

我非讲文学，而是讲境界。

有目的，有好坏。如追女朋友，是伟大的事，但问题在于手段。最大的错误，在教育对"两性"问题不敢开口。

19. 定公（鲁定公）问："君使臣，臣事君，如之何？"孔子对曰："君使臣以礼，臣事君以忠。"

当时太阿倒持，故鲁定公有此一问。

君臣，指主管与部下的关系。今无"君臣"，但"主从"永不变，永远有主事者。

君臣关系，是相对的，并不是绝对的。"君使臣以礼"则"臣事君以忠"，"君之视臣如手足，则臣视君如腹心；君之视臣如犬马，则臣视君如国人；君之视臣如土芥，则臣视君如寇雠"（《孟子·离娄下》）。

君臣以义合，"和顺于道德而理于义"（《易经·说卦传》），"将顺其美，匡救其恶，故上下能相亲也"（《史记·管晏列传》）。

先秦以后，拿孔子东西"挂羊头卖狗肉"，并不真讲孔子思想。

"臣事君以忠"，"忠"，尽己能力行事，如力能担五十斤，拿五十斤，即忠；拿十斤，即不忠。无求媚于上，尽己之谓忠。要做官，必有操守为国服务。

"君使臣以礼"，不以礼，如何忠？仆，代表身份，非卑贱。今以古人语为封建，因没深思。

知你有偏好，少有不逢君之恶者。

我提，是针对时弊。今之乱，在忽略礼。"尽礼"，要使人观感舒服。

20. 子曰："《关雎》，乐而不淫（过分），哀而不伤（伤生人之性）。"

《关雎》是《诗经》第一篇，谈恋爱事，告诉人如何用情，道尽生人之性、生人之情。人的第一个志、人生第一课，即恋爱学。

"君子之道，造端乎夫妇"，夫妇正则父子亲。人生最重要的事，即两性之事。《易》基乾坤，乾、坤是小两口的卦，即"关雎卦"。"关关"，说话声，谈恋爱能不说话？所有东西皆有两性。《易·序卦传》："有男女，然后有夫妇。"要是没有男女，哪会有君子之道？

古人讲伦常，伦常中间即分，处朋友，守分寸。"乐而不淫"，乐节之以礼，相与和乐而恭敬。恋爱时总有高兴，乐也；"淫"，过分，如淫雨、淫用。男女之间虽很乐，但高兴了也不能过分，恐乐极生悲。男女朋友，即男女朋友，尚未举行婚礼，行为超过了，即淫。

"哀而不伤"，哀节之以礼，哀而不伤，不以死伤生。人生不如意事，十之八九，两人吵架、起纷争了，也不要认真跳楼、自杀，吵架是自然的，可不要伤"生人之性"，事情总会有转圜的余地。

"《关雎》，乐而不淫，哀而不伤"，描写人性，何等逼真！认识人生的价值，择偶为第一要义。"窈窕淑女，君子好逑"，"窈窕"，是幽娴贞静的淑女，不是指身材苗条。因有德，才能成为淑女，是有德君子的好匹配。"逑"，是匹配。

此无形中告诉我们择偶的条件——"贤贤易色"，要重德轻色，人长得俊不俊不重要。男孩长大后找女朋友，自己要先修成君子，要用《关雎》的办法。男女都要修德，要重德轻色。婚，礼之本，"刑（型）于寡妻，以御于家邦"，配偶关系你的终身，怎可不慎择？

我这些年来，看同学结婚真正美满的少，多半未真正情投意合。如真懂得类情，那情就能投了！其动机，是"类"的功夫；经此步骤，才能情投。

变成利刃了，才不会任人宰割。对事必要理智，不能净是感情用事。理智从哪儿来？理智，是自性智来的，"穷理尽性以至于命"（《易经·说卦传》），要复性。

办事的方法——"和顺于道德而理于义"，义者，宜也，恰到好处。将人性的智慧还原了，即复性。

要用脑子，将我的话都整理在一起，在启发你们。

政治家不分男女。现代以来，女人较有成就的是宋庆龄
（1893–1981）。

好的幕僚很重要，要慎思、明辨、笃行。曾文正成于其幕僚，
学人特别多，是秀才造反成功者。

没有道交的朋友，没用。"以道事君，不可则止"（《先进》），
朋友必得道交，君子之交淡如水。你们有几个好朋友？有没有一
个交往三年以上的朋友？如再不能深入，你们实太浅了！你们会
用环境？懂得交之道？出去一趟，结几个果？

不论什么环境，你们也不会用。没有机会，要制造机会，有
机会还不会用？就是做特务，也得有几个路子。懂得乘势？会用？

可以到外国去，但不要入外国籍。

学过的智慧，得用上，否则就不是智慧。"无入而不自得"，
做贼的到哪儿，都不能空手回。你骂我老猢，那我就到处演老猢，
此即乘势。话少说，说多了，为人开路。

21. 哀公（鲁哀公）**问社**（社主，今农业试验所）**于宰我。宰我
对曰："夏后氏以松，殷人以柏。周人以栗，曰'使民战栗**（敬
谨）**'。"子闻之，曰："成事**（事之已熟）**不说**（音shuì），**遂事**（事
之已行）**不谏**（改正），**既往不咎**（加上罪过）**。"**

《史记·仲尼弟子列传》：宰予，字子我。言语科，利口辩辞。

《论语说义二》：文公失丧礼三年之意，欲为久丧……自是鲁之
丧法遂阙，沿至哀公之世。疑而问主于宰我，宰我陈用栗之义，曰"使

民战栗"。《尧戒》曰"战战栗栗,日慎一日"。战栗者,敬谨之谓也。

社主:因土地之宜,种一种树木于社,以明这个土地之性质、宜种何种树木。

皇天后土。"社",五土之神,能生万物者。

五土:东方青土,南方红土,西方白土,北方黑土,中央黄土。五色土覆于坛面,象征国土。古代把祭土地的地方、日子和礼都叫社。

人说话,得有分寸。多说话,坏了!无一人因为多言而成功的。

《论语说义二》:公患三桓之侈,三桓亦患公之妄,皆无"战栗"之意。昭公哀公,其祸一辙。孔子烛之于微,知谏无益,故曰"遂事不谏"……然皆始于文公无君无天,以致政在大夫,陪臣执国命,其咎皆在于"既往"。

"成事不说,遂事不谏",不要重视人家的过去,已经成的事,再啰唆有用?以之作为借鉴,不必重视已经过去的。"来者可追",要重视未来。

"既往不咎",已经过去的,就不要再加上罪咎了。

22. 子曰:"管仲之器(治器)小哉!"

器小易盈,管仲有一统天下的机会,却不去做。讥管仲是伪君子。

《春秋繁露·精华》:齐桓挟贤相之能,用大国之资,即位五年,不能致一诸侯,于柯之盟,见其大信,一年,而近国之君毕至,鄅幽之会是也。其后二十年之间，亦久矣，尚未能大合诸侯也，至于救邢卫之事，见存亡继绝之义。而明年，远国之君毕至，贯泽、阳谷之会是也。故曰："亲近者不以言，召远者不以使。"此其效也。其后矜功，振而自足，而不修德，故楚人灭弦而志弗忧，江黄伐陈而不往救，损人之国而执其大夫，不救陈之患，而责陈不纳，不复安郑，而必欲迫之以兵，功未良成，而志已满矣。故曰："管仲之器小哉！"此之谓也。自是日衰，九国叛矣。

既是器，也必要培养器质，有器识、器量。如见人好，不舒服，就是器量太小，嫉妒。嫉妒者，最是卑鄙！

看自己有德否，如见人好不舒服，就代表你缺德。人家不好，你说什么？一说，你与他都不是人，是非者就是是非人。没有比自己再知自己的。你在我面前说人，我就知你是坏人。道德，非自己说好坏。第一看"德"，第二看"量"，对人即知一二。

做领袖，必先守"分"与"寸"，再培养器识、器量。为人，要懂得"分"与"寸"。德最重要，先自"守分"入手，有守才有为。无守，官大胆大，一判罪，就无期徒刑。

读书，在改变器质。扩大器识、器量，都是用培养的，《中庸》"博学之，审问之，慎思之，明辨之，笃行之"。"君子不器"，器有定量，不器才能"与天地合其德"。器识、器量完全是学养。学得去行，即学养。

领袖怎么养自己？如种花不易，养人品更是不易。不是有地位就伟大，有人因官大才坐牢。学了，得养，要用各种成分培养。想成才，必学而后养。现在人人皆不学，只要你肯学，必定成功。

世纪要变了，应到改头换面之时了。要奉元，二十一世纪绝不是出卖祖宗了。人必得有梦，才能往下奋斗。

中国是大国，二十一世纪人类文化之先，要以何方式走入二十一世纪？物资早晚必缺，不足以耀世。

不能解决问题的，就不是真学问。欺世盗名能成就事业？每天尽作秀，无一件真事。早晨起来，就是欺。

我教书时，学生不读书，是他祖上无德、儿孙不争气，只要卷上有字给六十分，不看。当所长则不然，要尽责，论文必看，所请教授必慎重。

我在日本时代，不做汉奸；蒋家天下，不当走狗。

或曰："管仲俭乎？"曰："管氏有三归，官事不摄（摄，一人兼二职），焉得俭？"

"俭"，不侈，不同于"吝"，是自己该有而不有。"俭者，不夺人"（《孟子·离娄上》），故俭能养廉。

"三归"，三个家，三归台。

"三归"释义：一、三处家庭。俞樾《群经平议·论语一》云："所谓三归者，即从管仲言，谓管仲自朝而归，其家有三处也。"二、地名。指管仲之采邑。《晏子春秋·内杂下二八》称："昔先君桓公，有管仲恤劳齐国，身老，赏之以三归，泽及子孙。"三、台名。汉刘向《说苑·善说》："管仲故筑三归之台，以自伤于民。"宋王应麟《困学纪闻·论语》云："《说苑》：管仲筑三归之台，以自伤于民。"朱熹《集注》取之。四、指按常例缴纳给公家的市租。清郭嵩焘《释三归》称：

"此盖《管子》九府轻重之法，当就《管子》书求之。《山至数篇》曰：'则民之三有归于上矣。'三归之名，实本于此。是所谓三归者，市租之常例之归之公者也。"

"官事不摄"，没有兼差的，用许多官。

有功的人，没有不骄的。

"然则管仲知礼乎？"曰："邦君（国君）树塞门（木屏风或土墙），管氏亦树塞门。邦君为两君之好（外交关系），有反坫（音diàn，返爵用，如今茶几），管氏亦有反坫。管氏而知礼，孰（谁）不知礼？"

"树塞门"，用屏风挡住门。"反坫"，为两君之好敬酒，有放置酒杯的设备。

管仲功高震主，国君用什么礼法，他就用什么礼法。

人守分太难！此即"淫"，越分，无守。

23. 子语（告）鲁大师乐（乐官），曰："乐其可知也。始作，翕（合乐）如（形容语尾词）也；从（纵，乐音扬开后）之，纯（音调和谐）如也，皦（音jiǎo，音节分明）如也，绎（相续不断，一气呵成）如也；以成（奏完一个组曲）。"

《论语说义二》：《孔子世家》于鲁哀公十一年，孔子反鲁后，记孔子语鲁太师乐其可知也……即"乐正、雅颂得所"之事。

音乐之道，乐、政均有律。音乐的道理，与做事的道理同。"声音之道与政通"，闻其声，知其政。《春秋公羊传·宣公十五年》

曰："什一者，天下之中正也。什一行，而《颂》声作。"民以食为本，此帝王之高致也。

"乐其可知也"，奏乐都有一定的步骤。一拍即合，太危险！

以前的人都会一点音乐，聪慧者懂得愈多。

"始作"，开始奏乐。"翕如"，要合乐器，先和弦，看是否同调，许多不同乐器合奏，成乐律。

调众，是个功夫，万民同心，如和弦，必要费很多工夫。

"从之"，纵之，如乐音扩展开后。"纯如也"，其声纯一，和而不杂；"皦如也"，宫、商、角、徵、羽皆清清楚楚、明明白白，节奏分明；"绎如也"，相续不断绝，一气呵成。

"以成"，奏完一个组曲。乐一终为一成，《尚书·益稷》"箫韶九成"。以前奏乐，一成、一段、一乱。乐之卒章曰乱，"关雎之乱"。乱，结论，结尾之引文。

做事，均几个曲成一组；都做完，才叫"成"。做事必合，合最难。各重己私，还能合？五育——德、智、体、群、美。群德，培养合，"群而不党"（《卫灵公》），一结党，就偏私。"百忍堂中有太和"，开会决议了，就得合作。

亲兄弟上法院，就为争利，人性何在？到底留东西否？台湾要好好树立德风。"晏平仲善与人交，久而敬之"（《公冶长》）。台湾的选举文化，把人性都弄没了，口不择言。

我不主张人从事杀生的行业，宁可卖豆腐，也不要卖鸡鸭鱼肉。它活，何以叫它不活？心里舒服？也绝不可以做官，要选择有利于仁的职业。做官，十个有九个有害于仁，不做官也不会弄到家破人亡。如真有宗教观，台湾将来必遭劫，专吃生猛海鲜。

以前吃完饭含槟榔，在消齿缝渣，中药店有。不可以常轻视人家文化！文化可以比较，不可以轻视，但有主观。

人生最要紧的是择偶与择业。娶妻以德，人的伟大在能尽人的责任。

如尽求美满，到不美满，就很痛苦。没有全，经验完，慢慢就明白。不求全，但基本的德不可少。

生小孩，照顾不好，莫不如不生。既然成年了，就要过人的生活，不要索隐行怪。

人就是人，是人，就会犯人的错误。责备一个人的伪，不能伪，此为自欺。欺人不易，自欺的人永不悔改，将自己限制住必作假。我不喜欢说假话的人。欺人谈何容易？人之视己，如见其肺肝然。

知自己责任之所在，大家好好学，别被客观环境所转。我生在亡国奴的时代，不做汉奸。

我是清室"宗社党"硕果仅存者。

宗社党，正式名称"君主立宪维持会"，由满族贵族组成。

"人之生也直"，直人即真，失真，即失直，"罔之生也，幸而免"。要有正知正见。你们没有自持之力。"持"，住持、操持、持斋。

你们生于盛世，不要做梦。你们也会过去，认清时，好好努力，不要妄想。

《易》，元之体；《春秋》，元之用。今后奉元，世界大同，二十一世纪必是人性化的文化。

每一堂课好好听，都能做事。

我以前的纳税者，有台湾五倍大，我都不在意，号"安仁居士"，患难、富贵、夷狄，皆一也。

必要走得正、行得正。有所畏惧，就有所屈，到哪儿也走不通，人一有屈，就站不住。不能说出口的事，千万不要做，权势一过，就要坐牢。

24. 仪封人（封疆之官）请见，曰："君子之至于斯也，吾未尝不得见也。"从者（弟子从孔子者）见之。出曰："二三子（诸位）何患（担心）于丧（道没了）乎？天下之无道也久矣，天将以夫子为木铎（传道人）。"

"仪封人"，边防小官。自其说话的口气，可知为一仁者，有道德、有学问，但为谋生，当一小吏。

不必担心天下无道，天下无道已经很久了。但现在开始，天将以你们的夫子作为传道人。

25. 子谓（评论）《韶》（舜乐）："尽美矣，又尽善也。"谓《武》："尽美矣，未尽善也。"

《春秋繁露·楚庄王》："凡乐者，作之于终，而名之以始，重本之义也……舜时，民乐其昭尧之业也，故《韶》。'韶'者，昭也……文王之时，民乐其兴师征伐也，故《武》。'武'者，伐也。"

"尽美"，指乐音；"尽善"，指乐德。尧舜以揖让得天下，故《韶》乐尽美又尽善。

《武》乐，有杀伐之音，因以武力得天下，缺德。

"声与政通"，闻其声，知其政。

《礼记·乐记》：凡音者，生人心者也。情动于中，故形于声。声成文，谓之音。是故治世之音，安以乐，其政和；乱世之音，怨以怒，其政乖；亡国之音，哀以思，其民困。声音之道，与政通矣。

26. 子曰："居上（在上位者）不宽（容人之量），为礼不敬，临丧不哀，吾何以观之哉（还值得看）？"

此章讲观人、任人之道。

宽，才能容，"宽裕温柔，足以有容"（《中庸》），能得众。要培养器识。

《尚书·舜典》"敬敷五教，在宽"。"处大官者，不欲小察，不欲小智"（《吕氏春秋·贵公》），"古者圣主冕而前旒，所以蔽明也；纮綖（音 hóng dǎn，古代垂于冠冕两旁悬填的带）充耳，所以掩聪也。水至清即无鱼，人至察则无徒"（《孔子家语·入官》）。明有所不见，听有所不闻，"无求备于一人"（《微子》）。

"为礼不敬"，礼主于敬，"毋不敬"（《礼记·曲礼》），"礼云礼云，玉帛云乎哉"！

"临丧不哀"，丧时，食旨不甘、闻乐不乐、不歌，哀戚在心。

孔子活着时，穷得要死；死后，走运，吃了几千年的生猪肉。

孔子以外之学，在历代被视为异端。元、明、清三代讲朱学，因为朱子值得利用。

天天学传统东西，那传统的学问是什么？孔学，一家之言。

显学，老子、庄子、墨子。今天不是讲一家之言的时候，讲夏学，不论时代、不论书的真伪，非尽讲仁义。

中国思想有八家必看：孔子、韩非、荀子、墨子、商君、孙子、老子、庄子。

称"夏历"，没学问才叫农历。中国自开始就称"夏"，《尚书·舜典》称"蛮夷猾（音gǔ，乱也）夏"。唐尧，美国有唐人街，即中国人的街。日本学唐朝文化，是武则天时代。天照大神，实是"天朝大臣"的音转，即徐福。

"天命之谓性，率性之谓道，修道之谓教"（《中庸》)，生就是性，"人之生也直"，"生生之谓易"。

我以前出门要请假，唯一方便的是听演讲，但叮咛："不可以听胡闹的。"此太师母称胡适，因为胡适骂孔老夫子最厉害。

你们要好好读书，你们一无所知，连一点也不知道，太贫乏了！就只懂与生俱来的智慧。连五十岁的人都少有会写信封的。传统学问是什么？过去的中国人被愚民太久了，只会高喊"皇帝万岁，万岁万万岁"，必要洗洗脑。

你不喜欢听我的，就像我不喜欢听你的一样。有儿子还饿死，没有儿子可以到养老院。

我养成早晨必散步的习惯。刚来台时，草山（阳明山）连面线也没有。那时人穷，但有人性，卖东西先送块品尝。

必得自己认识自己，要好自为之。生于斯、长于斯，何以还天天做白日梦？

今天，表面光有钱，但没有文化基础，成什么社会了？不是有钱，就代表这社会好。每天有事，奸、盗无日无之，人家怎么评价？没有深厚的文化不行。教育为第一要义，但也非一日之功。

文化是从想法来的，即思想。有思想了，就有文化。

传统文化是什么？传统思想是什么？

里仁第四

民族依赖文化，你们又了解多少中华文化？北大对办事者皆称"老师"，不叫"先生"。台湾基础没那么深厚。港、澳、台，是中华文化最浅的地方。

南方文化，不是《梁祝》，就是《三笑》，净风花雪月。中国那么大，南北就差那么多。

现在学校的风气坏，教授开课专为讨好学生。

你们要好自为之。有些做官的无一人会做事，将公帑用于争名夺利。官有人做，但是什么问题都解决不了，就因为"不学无术"！一个人的一举一动，代表其家庭环境、教育程度、"教养"与"学养"。

清朝刚逊位时，民初思想界百家争鸣，极为热闹，结果一事无成。

汉奸之误国，尤其以引狼入室的汉奸最为可恶。

国家，任谁也毁不了，人必要有远见。

大玉儿（*孝庄文皇后*）等于当政三朝，其家在今天的内蒙古，与蒙古国相接。

1. 子曰："里仁为美。择不处仁，焉得知（*智*）？"

朱熹注："里有仁厚之俗为美，择里而不居于是焉，则失其是非之本心，而不得为知矣。"朱子此解有所疏失。立说必要小心，不可以随兴之所至。

古有八股，今亦有。所有的注解，都有其时代背景。讲书要仔细，不可以信口开河，所以要依经解经。

"里仁为美"，为择居；"择不处仁，焉得知"，为择业。不是都谈择居。《论语》文字简练，应不致重复。

依《孟子》"矢人与函人"之说，亦可证之。《孟子·公孙丑上》："矢人岂不仁于函人哉？矢人（*造箭的*）惟恐不伤人，函人（*造甲的*）惟恐伤人；巫匠亦然。故术不可不慎也。孔子曰：'里仁为美；择不处仁，焉得智？'夫仁，天之尊爵也，人之安宅也；莫之御而不仁，是不智也。不仁不智，无礼无义，人役也。人役而耻为役，由弓人而耻为弓，矢人而耻为矢也。如耻之，莫如为仁。仁者如射：射者正己而后发；发而不中，不怨胜己者，反求诸己而已矣！"所以"术不可不慎也"，因为人的职业不同，心地亦不同。

不处于仁者之业，为求职业上发展而有所失德，所以择业必须注意。虽不是做矢人，而做的是同于矢人的事，则人必对你加以小心。如果没有智慧做一事，可能成为终身之忧，"故术不可不慎也"。

"择不处仁"，可见是以"仁"作为择业的标准，因为"仁"乃"天之尊爵，人之安宅"。"焉得智"，不懂得择处于仁的职业，怎能称得上是智者？可见择业是何等重要！

出生，是人的第一次投胎，没有选择权。职业，是人的第二次投胎，应慎于取舍，前途好坏完全在自己。人生的两件大事：择偶与择业。如两件事都择错，那这一生也就完了！一件择错了，就半身不遂。

择偶的原则："贤贤易色"，重视对象的德，而轻其色貌。一个人遇事，必要深思。旧社会是"娶妻以德、纳妾以色"，所以有智慧，必得用在知人上。

人生，必要像个人生，要有个好的家庭与职业。择业，业如择不好，还可以更换；择偶，老婆没有择好，可不能随便换，所以更是要"慎择"。人生不美满，绝不是一般人能过得去的。人都是迷，知人特别难！

知识最为重要，但仍要有修养，否则知识用偏了，就坏！满族女人好的如孝庄太后、慈安太后，坏的如慈禧太后。慈禧是秀女入宫，比慈安大两岁，荣禄曾与她定过亲。皇后是以德为尚，咸丰帝敬其后慈安。

2. 子曰："不仁者，不可以久处约（困穷）**，不可以长处乐**（快乐环境）**。仁者安仁，知**（智）**者利仁。"**

生生之德为仁，皆禀于天性。

"不仁者"，失去大本者，久贫则为盗，久贱则为谄，到快乐环境也变。所以要"复性"，"复其见天地之心乎"。

仁者爱人，仁者无不爱也。"君子体仁，足以长人"（《易经·乾卦·文言》），昔有"体仁阁大学士"。

"仁者安仁"："其心三月不违仁"，"造次必于是，颠沛必于是"，"素富贵行乎富贵，素贫贱行乎贫贱，素患难行乎患难，素夷狄行乎夷狄"（《中庸》），到任何环境皆行其仁，安而行之，"安仁者，天下一人"（《礼记·表记》）。

"智者利仁"：智者有慧眼，不迷，所做的事皆于仁有利，但仍未到"安仁"的境界。不糊涂，知道"利而行之"，但只到"利仁"的境界；如能由之再往前，则达于"安仁"的境界。

3. 子曰："唯仁者能好（音hào，当动词，喜好）人，能恶（音wù，当动词，讨厌）人。"

"仁者"，有正知正见，"遏恶扬善"（《易经·大有》），故能喜好好人，能讨厌恶人。知识分子要培养正知正见，做时代的中流砥柱。

常人则是"非我族类，其心必异"（《左传·成公四年》），认为只要是臭味相投，就是好的。

"乡原（愿），德之贼也"（《阳货》），乡愿不得罪人。但是遇事，往往没有是非标准可言，乡愿乱德，《孟子·尽心下》曰："恶似而非者：恶莠，恐其乱苗也；恶佞，恐其乱义也；恶利口，恐其乱信也；恶郑声，恐其乱乐也；恶紫，恐其乱朱也；恶乡原，恐其乱德也。"

4. 子曰："苟（诚，真的）志于仁矣，无恶（音è）也。"

"志"，心之所主，念兹在兹。如真有志于仁，那就不会做恶事了。

人因所志不同，而结果有别，"观过，斯知仁矣"。

发现自己一有坏心眼，应快快律己。人要坏，四十开外，因为有了经济基础，正是坏的开始，至死方收心。戒之！至死方休！

5. 子曰："富（有钱）与贵（有地位），是人之所欲也，不以其道得之（太丢脸），不处也。贫与贱，是人之所恶也，不以其道得（应是'去'）之，不去也。君子去仁，恶（音wū）乎成名？君子无终食（音sì，一饭之间）之间违（离）仁，造次（急遽之时，'仓卒'之转音）必于是（仁），颠沛（流离之际，'颠仆'之转音）必于是。"

欲，有欲乃有惑，而惑于欲。"四十而不惑"，是能不惑于欲。"嗜欲深者，天机浅"，智者能不惑于欲。

"贫与贱，是人之恶也，不以其道得之，不去也"，"得"字应是"去"字误。但是中国的旧规矩，经书有错也不能改。

贫与贱，是人之所不喜的，但是要去贫、去贱，亦得有道。"天行健，君子以自强不息"（《易经·乾卦》），行健不息是"去贫、去贱"的不二法门。

"君子去仁"，此处"君子"，指有地位者。

"君子务本，本立而道生。孝弟也者，其为仁之本与"（《学而》），"仁者，人也"，即为人之道。

"仁者安仁"，不论在仓促之间、流离之际，无一会儿之间离开仁，"素富贵行乎富贵，素贫贱行乎贫贱"，实至名归，名实相副。"道也者，不可须臾离也；可离，非道也"（《中庸》）。人要无德，绝不能成事。

人在患难环境中，必要有所守；偶一不慎，任何人都会打死你。耍手段、费尽心机而致祸者，极为危险。乱世中杀一个人，比杀一只鸡容易。人在生命攸关之际，想法就多；在逃难时，极为难守，而无不为矣！

6. 子曰："我未见好仁者、恶（音 wù，讨厌）不仁者。好仁者，无以尚之（高尚无比）。恶不仁者，其为（行）仁矣，不使不仁者加乎其（己）身。有能一日用其力于仁（行仁）矣乎？我未见力不足者。盖（疑词）有之矣，我未之见也。"

《论语说义二》：此其好恶皆秉于性分之中，而不为智诱于外，岂易见其人哉？

《论语说义二》：伤一世之心术日离于仁，重言"我未之见"，视未见好仁之语，其意益深切矣。

"好仁者"，是仁者安仁，故"无以尚之"，是一等。

"恶不仁者"，是智者利仁，不使不仁者加乎己身，是一等。

"用其力于仁"，即勉力以行仁，强仁，"强恕而行"（《孟子·尽心上》），又是一等。

"盖有之矣"，有上三等人，但"未之见也"。

"为仁由己"（《颜渊》），不由人，自在，皆自得也。

"为长者折枝"，乃是举手之劳，"非不能也，是不为也"（《孟子·梁惠王上》）。日行一善，勿以善小而不为。你们要困知勉行，"困而不学，斯为下矣"（《季氏》）！

《论语说义二》：伤一世之心术日离于仁，重言"我未之见"，视未见好仁之语，其意益深切矣。

三个"未见"，在层次、德行上有何不同？不明白，即无法学怎么做。悟不明白，就没有读中国书的程度。

读古书，有那么简单？以你们的程度，必须读四五十年。

经书，是讲行的方法，都得做。《大学》，从修身开始到天下平，即大同世，亦即华夏世界。民族精神，是要用行为表现出来，不是用言语讲的。

我在铜锣有三十几甲地。苗栗县最为安分，但一年就有两个杀夫的，而且一杀十一刀，直至对方不动为止。没有法律常识，否则离婚即可。社会至此，谁来负责？法官一年办两个杀夫案，慨叹！

7. 子曰："人之过也，各于其党（类）。观过，斯知仁矣。"

一、看一个人所犯的过，就可知其仁不仁。哪一种人犯哪一种过。

"不识其人，则视其友"，物以类聚。孤高自赏，因没类也。

《孔子家语·六本》："不知其子，视其父；不知其人，视其友；不知其君，视其所使；不知其地，视其草木。故曰：与善人居，如入芝兰之室，久而不闻其香，即与之化矣；与不善人居，如入鲍鱼之肆，久而不闻其臭，亦与之化矣。丹之所藏者赤，漆之所藏者黑。是以君子必慎其所与处者焉。"

二、有时为行仁而得过。有过，才显出他是仁，有时会因过得福。

只要纯仁为之，就不会有可耻。

小的过，如子路为其姐舍不得除服。

《礼记·檀弓上》：子路有姊之丧，可以除之矣，而弗除也，孔子曰："何弗除也？"子路曰："吾寡兄弟而弗忍也。"孔子曰："先王制礼，行道之人皆弗忍也。"子路闻之，遂除之。

"观过，斯知仁矣"，因人有过，才显出他是仁。人做事，都会有人批评。

证严，有人批评她下面的人有骗她的。但她不但不恨，还为他祷告，证明证严之仁！

人真的懂是非？愈做好事，愈是有人抹黑。

哪类人，犯哪类过错。什么社会？何以出手必置人于死地？仁心与仁术完全没有。蝼蚁尚且偷生，遇危机，仍会乱窜。

真想有成就，必要有精神力量，才能"造次必于是，颠沛必于是"，懂得仁义、是非、黑白。

今天读书人明白的少。中国人就有中国人的道德水平，所行必得符合标准，做错事掩饰都不行。

过，咎悔，或于衣食住行，或于声色货利上，人的良知，自许多不值钱的东西表现出。良知之美，连一个小东西都爱，何况于人乎？

有害于自己的，为小过；有害于人的，为大过。"小人之过也，必文；君子之过也，如日月之食焉。过也，人皆见之；更也，人皆仰之"（《子张》），"求仁而得仁，又何怨？"（《述而》）

颜回"不迁怒，不贰过"，贰过，才是过。孔子"五十以学《易》，可以无大过"，仍小过不断，但不害其成圣。

我在台坐五十年，如稍一马虎，在台北就可能儿女成群。

8. 子曰："朝闻道，夕死可矣！"

形容闻道的重要！知而必行。

必好好认识中国文化，知道中国人为什么而活。

"人能弘道"（《卫灵公》），人活着，就是要行道，立身行道，本良知、天性做事。行道，"力恶其不出于身也，不必为己"（《礼记·礼运》）。

天吏，是替天行道之吏。

《尚书·胤征》："天吏逸德，列（烈）于猛火。"《孟子·公孙丑上》："无敌于天下者，天吏也。"赵岐注："天吏者，天使之也。为政当为天所使，诛伐无道，故谓之天吏也。"唐皮日休《手箴》："身高道端，毫直国吏。敬之戒之，俟为天吏。"宋陈师道《理究》："贤而在下，谓之天民；贤而在上，谓之天吏。"

"朝闻道，夕死可矣"，知道是多么重要！知道要能行。"道"，不是空的，"率性之谓道"，能"尽性"，按本性做事，尽己之性→尽人之性→尽物之性，最后"与天地参矣"！

孔子"五十而知天命"（《为政》），绝对本人性做事，即尽性。"五十以学《易》，可以无大过"，即知道，本着人性做事，尽性。

尽性，是从学《易》来的；学好了，必给学生讲；学生听不懂，故曰"夫子之言性与天道，不可得而闻也"（《公冶长》）。

什么叫文章？即内圣外王之道，大块文章。你们写的文章，比丝还乱，谈何容易！

"不易乎世"（《易经·乾卦》），不要被世俗改变。作秀，丑态毕露，哀莫大于不知耻！尽性的人，就知耻。人活着，就是要尽性，本良知、天性做事，就是一天，也就够了。有一天能本着天性做事，就是晚上死，也就够了。证明人一天难以本着良知做事。

读书，是为了改变器质，要行得好。知行合一，叫作学；知行不能合一，不叫作学。

9. 子曰："士志于道，而耻恶（音è，粗劣的）衣恶食者，未足与议（议道）也。"

《论语说义二》：正人心者，始于端士习；端士习者，始于识廉耻也。

"士"，抱十合一，是读书开始做事时。知道→志于道→行道。

衣、食，乃最起码的行为，人每天都需要。但读书人"耻恶衣恶食"，以吃、穿不好为耻者；"未足与议也"，不足以与之议道。

子路不以穿破袍子为耻。重口体之欲者最没出息，是最自私的，就怕因此而无不为矣，不足以与之议道。"风俗之厚薄，系乎一二人心之所向"（曾国藩《原才》）。

教什么？学什么？"率性之谓道，修道之谓教"（《中庸》），性生万法。

看一个人的行为，就知其人如何。到外面必接触人，有个标准。

一个眼科医师嫁给演员，真是奇迹！所为何来？绝没学好，医亦有医道。如深于医道，也不会看脸嫁丈夫。

10. 子曰："君子之于（对于）天下也，无适（音dí，专主观念）也，无莫也，义之与比（音bì，亲比）。"

做事以"义"作为标准，凭良心做事。

"无适"，无主观见解；"无莫"，无绝对不做。

"义之与比"，就看合乎"义"否，再决定做与不做，唯义是从。

"不义而富且贵，于我如浮云"（《述而》）。"见义不为，无勇也"（《为政》）。

以仁治人，以义治我。治人者，必始于治己。

《春秋繁露·仁义法》：仁之法在爱人，不在爱我；义之法在正我，不在正人。我不自正，虽能正人，弗与为义；人不被其爱，虽厚自爱，不予为仁。

我们是天下观，没有际、界。国际有际、世界有界，要"泯（除，去掉）际界"，天下一家，人类大同。

自根上来，有步骤、有章法，一步一步来，把宇宙事调理得有条不紊。

孔子何以为"圣之时者"？"可以仕则仕，可以止则止，可以久则久，可以速则速"（《孟子·公孙丑上》），"无可、无不可"（《微子》）。

每句话都"我"不要，焉能有希望？谈话净是主观。什么书都读过，但什么都没懂。应是"不因人废言"（《卫灵公》），但一般人都因人废言。

六祖的东西，并不深奥，但是出自良知，从人性出发。如他认字，应是自《中庸》来的，但他不认字，是自性来的，性生万法。

要琢磨：何以不合理？有根据，依经解经。

11. 子曰："君子怀德，小人怀土。君子怀刑（型），小人怀惠（贪利）。"

"德"，善行的结果，道之舍（止），是有利于别人的行为。

"德"与"贪"相对，戒贪。昔日衙门的影壁，画"贪"。

照壁，又称影壁或屏风墙。衙门的照壁，不但有风水上的含义，上面的画还有着警示官员的作用。照壁的背面，通常会画有一只怪兽，名字叫"贪"，四蹄似牛，头上长角，身上有鳞，尾巴翘得很高，嘴巴张得很大，两眼突出，身上挂满了宝贝还不满足，恨不得把太阳吞下去。足见其欲望和野心有多大！主要是警戒官员要克己奉公，清正廉洁，不要贪赃枉法，否则会自取灭亡。

修德，有得于心，心得。"怀德"，对社会有什么贡献。"君子怀德"，君子应怀对社会有什么贡献。

"小人怀土"，"安土敦乎仁，故能爱"（《易经·系辞上传》），"衣食足，然后知荣辱"（《管子·牧民》）。一般人"分地利以养父母"（《孝经·庶人章》），古人拿"父母"代表整个家。

"怀德"，自"怀刑"来的。"怀刑"，"刑于寡妻"，"刑"，型也，"见贤思齐"。见温文儒雅者，想与之学习，向他看齐。孔子为儒者之型。

但"怀型"，则囿于"型"。乱世，大家都想做诸葛亮。

"怀刑"，成德之谓君子，君子还怕犯法？是"怀型"。古"刑"

同"型"，"刑于寡妻"，即"型于寡妻"，做妻子的模范。

有宗教信仰者要"怀型"，必须行为赶上他所怀型的对象。

"怀惠"，老百姓就想五亩地怎么种，可以比别人的十亩地生得多，所以怀惠。"惠"，《说文》云："仁也。""安民则惠"(《尚书·皋陶谟》)，"其养民也惠"(《公冶长》)，"惠而不费"(《尧曰》)，老百姓认真工作，得了惠，也不费什么。

如果每个人都守分、安分，那天下怎么会乱？老子说"生而不有，为而不恃"，孟子说"万物皆备于我"，应是多么知足，何以要拼命糟蹋？老子、孟子此二思想完全不同。要领悟思想的层次。

太慢了，整理不完。人真明白，不易。熊十力有很多书要写，却没有完成，上帝不帮忙。

熊十力的智慧高。后天培养固然重要，但生而知之更为重要。

12. 子曰："放（音 fǎng，依也）于利而行，多怨。"

人皆好利，好处想一人得，独占，得不到的，绝对怨之。

凡事依例而行，多惹人怨！不要有独占的心理，太自私！现在人多半不知道有别人的存在。

昔日限制为官者与民争利，《大学》云："畜马乘不察于鸡豚，伐冰之家不畜牛羊，百乘之家不畜聚敛之臣。与其有聚敛之臣，宁有盗臣。此谓国不以利为利，以义为利也。""何必曰利？上下交征利，而国危矣！"(《孟子·梁惠王上》)

《易》称"利者，义之和也"，"能以美利利天下，不言所利，大矣哉"(《易经·乾卦·文言》)，谋的是天下人之大利；董子说"正其谊不谋其利，明其道不计其功"（《汉书·董仲舒传》），知识分子在正义明道，何必净谋利、计功？孟子说："上下交相利，而国危矣！"（《孟子·梁惠王上》）

想有成就，要先立身。有好的行为表现，即为德，是利他的行为。儒者，人之所需，是利他的。

13. 子曰："能以（用）礼让为（治）国乎，何有？不能以礼让为国，如（奈）礼何！"

《论语说义二》：不以礼让，则诸侯僭天子，大夫僭诸侯，其祸相因，亦由己而推。

能以礼让治国，何难之有？即没有难处。

"礼"，是让之文；"让"，是礼之实。不行礼让，那礼有何用？

《尚书》首让，尧、舜行禅让之制。"泰伯，其可谓至圣也已矣，三以天下让，民无得而称焉"（《泰伯》）。

14. 子曰："不患（担心）无位（职位），患所以立（立于此位）。不患莫己知（莫知己，没人知我），求为可知也。"

《论语说义二》："不学礼，无以立"，是所以立者礼也。

"位"，有天爵、有人爵，学术之位、德位，"圣人之大宝曰位"（《易经·系辞下传》）。

"不患无位"，不必担心你自己没有位；"患所以立"，应担心的是：你用什么来立自己的位？"何以守位曰仁"（《易经·系辞下传》）。

《白虎通·三纲六纪》："君者，群也，下之所归心。"君，群之首，一位也。"贤者在位"（《孟子·公孙丑上》），要"素其位而行"，"不素餐兮"（《孟子·尽心上》），不能尸位素餐。

"不患人之不己知，患其不能也"（《宪问》），做可叫人知的事，不叫人知都不行，故曰"人不知而不愠，不亦君子乎"，何等坦荡荡！

积财万贯，不如薄技在身，不要总是想攀关系，就看你自己能干与否。只要你真能了，马上就起来，因为社会就是需要而有用，"要有用时，自找上门来"。

不必求人，而是要求己，因为无论好坏，皆操之在己。"求，则得之；舍，则失之。"（《孟子·尽心上》）万物，皆自得也。

印老（印顺法师）有证严一队仔，就够了！书读多少，知道怎么做事，不易！

15. 子曰："参（曾参）乎，吾道一以贯之。"曾子曰："唯（是，敬词）。"子出，门人问曰："何谓也？"曾子曰："夫子之道，忠恕而已矣。"

伏羲"一画开天地"→演一。

老子"道生一，一生二，二生三，三生万物"（《老子》第四十二章），"昔之得一者，天得一以清，地得一以宁，神得一以灵，谷得一以盈，万物得一以生，侯王得一以为天下贞"（《老子》第三十九章）。

孔子问道于老子，"得一"了，对弟子说"吾道一以贯之"。此应是孔子"得一"时所说的。但孔子也没有谈及他是如何"得一"的，只对学生说"吾道一以贯之"。证明此时孔子"得一"了，但仍崇拜传统道家之学，以此唬弟子。

"唯"，答应声，是恭敬词。"诺"，是普通词。看层次。

你和我老打什么谜语？曾子又将一变为二，说是"忠恕"，"忠恕，违道不远矣"（《中庸》）。曾子所答与孔子所说，层次不同。

孔子"得一"。孟子亦"得一"，问："天下恶乎定？"答："定于一。"问："孰能一之？"答："不嗜杀人者能一之。"（《孟子·梁惠王上》）

孔子最后觉得"一"不够圆融，乃"变一为元"，《春秋繁露·玉英》称："惟圣人能属（音 zhǔ）万物于一而系之元也，终不及本所从来而承之，不能遂其功，是以《春秋》变一谓之元。元，犹原也，其义以随天地终始也。"

"属一系元"，由一变元，孔子自此走到老子的前头，思想更进一步，思想境界更高。《易经·乾卦·文言》曰："元者，善之长也。"《易经·乾卦》曰："大哉乾元，万物资始，乃统天。"自元入手，要脱掉一切环境的束缚。

"元"动以后，就六点，我（·）、你（··）、他（∴）。孔子之学讲"元"，《大易》与《春秋》皆讲元，故称"元经"。

讲书，不可以没有根据。孔子说"吾道一以贯之"，要将《四书》《五经》都串在一起，依经解经。

你有脑子，天下异说多得很，要自己下功夫，必要求真知，虚心学。看书越多的，胆子越小。不读书的，眼睛一瞪，谁都要听他的。

中国今后绝对是强国，必要在文化上树立强国，不要随着西方起舞，要真下功夫。

注，是一家之言，可以有百样。要看古人是怎么想的，不能用今天的思想解释古人的思想。

了解古人的思想有源，那支流要怎么流都可以，"万物并育而不相害，道并行而不相悖。大德敦化，小德川流"（《中庸》）。

16. 子曰："君子喻（明白，晓然于心）于义（宜），小人喻于利（惠）。"

《论语述何》：董子曰："皇皇求仁义，常恐不能化民者，卿大夫之意也；皇皇求财利，常恐匮乏者，庶人之事也。"故君子不可货取，而小人常因其所利而利之。

"义"，"见得思义"（《季氏》），一介不取。"利"，"小人怀惠"，分地之利。此君子与小人之别。

君子、小人，即义利之辨。"孳孳为利者，跖之徒也。"（《孟子·尽心上》）

《庄子·盗跖》：孔子与柳下季为友，柳下季之弟，名曰盗跖。盗跖从卒九千人，横行天下，侵暴诸侯。穴室抠户，驱人牛马，取人妇女。贪得忘亲，不顾父母兄弟，不祭先祖。所过之邑，大国守城，小国入保，万民苦之。孔子谓柳下季曰："夫为人父者，必能诏其子；为人兄者，必能教其弟。若父不能诏其子，兄不能教其弟，则无贵父子兄弟之亲矣。今先生，世之才士也，弟为盗跖，为天下害，而弗能教也，丘窃为先生羞之。"

君子、贤人、圣人、大人，天爵也。按你的德行，给你官做：三公，与天地合其德，得无私，天地尚公；诸侯，天子的斥候，是看家犬；王者，天下所归往，大家都拥护你，你就成为王。但后来变成"胜者王侯，败者贼寇"。

"君子儒"与"小人儒"之别："君子儒"，喻于义，"古之学者为己"，为自己学；"小人儒"，喻于利，"今之学者为人"。今天学计算机，为好找事；以前学使皇帝得什么好处，可以升官发财。兵家、法家之所以被看低，在此。

未听说有"新儒、旧儒"，怎可如此分？熊十力自以为是孔子后第一人，什么"新儒祖师"？

17. 子曰："见贤思齐（等）焉，见不贤而内自省（察）也。"

"齐"，与之平等，"妻者，齐也"（《白虎通德论·嫁娶》），齐家，是一辈辈齐。

见贤者，"思齐"，想与他平等，怀型。见不贤者，"内自省"，"三人行，必有我师焉，择其善者而从之，其不善者而改之"（《述而》），可以"为法"与"为戒"，故曰"无友不如己者"（《学而》）。

不可以专门重视别人的毛病，而忘了反省自己。应不管别人的闲事。

18. 子曰："事父母，几（音 jī，微也）谏。见志不从，又敬（恭敬）不违（违背），劳而不怨。"

《大戴礼记·曾子本孝篇》曰："微谏不倦。"委婉地劝。又《曾子大孝篇》曰："谏而不逆。"《曾子事父母篇》曰："孝子之谏，达善而不敢争辩。"

"几谏"：一、微谏，慢慢地谏。二、见机而谏，因为不谏，乃是陷父母于不义。父母也不是没有毛病，有过错，要看时机，相机而谏。

"见志不从"，这个志，父母不从；"又敬不违"，还得恭敬，不能违背。

"劳而不怨"：一、屡次的几谏，父母不听，自己劳亦不怨。二、劳父母的责打，自己也没有怨言。

"人之异于禽兽者，几希"（《孟子·离娄》），"为礼以教人，使人以有礼，知自别于禽兽"（《礼记·曲礼上》），故"子为父隐，父为子隐，直在其中矣"（《子路》），"人之生也直"（《雍也》），直人就是"真"。

19. 子曰："父母在，不远游；游（不得已游）**，必有方**（方所）**。"**

父母没有不担心儿女的。古时，父母在，不能远游；不得已，游必有方所，不使父母挂心。

昔人出门，按时必有一定的家书。有急事，必叫父母知道你在何方。《礼记·曲礼上》称："为人子者，出必告，反必面，所游必有常。"

现在联络更方便，出门要让父母知你的所在，不要让他们操心。

20. 子曰："三年无改于父之道（善道）**，可谓孝矣。"**

《论语正义》：《论语》中重出者数章，自缘圣人屡言及此，故记者随文记之。《春秋繁露·祭义》："孔子曰:书之重,辞之复。呜呼! 不可不察也,其中必有美者焉。"

此与《学而》"父在观其志"章重出。"父在,观其志;父没, 观其行。三年无改于父之道,可谓孝矣"(《学而》)。

"三",虚数。"三年",即多年。"孟庄子之孝也,其他可能也, 其不改父之臣,与父之政,是难能也"(《子张》)。

孝者,继志述事。此指好的方面而言。不好的方面,则"干 父之蛊,意承考也"(《易经·蛊卦》)。

21. 子曰:"父母之年(年龄)**,不可不知也;一则以喜,一 则以惧**(惧与主日近)**。"**

"一则以喜",喜父母高寿;"一则以惧",惧父母将衰亡。

"喜"与"惧"之间,事情就多了,不是空的,要给父母进补、 定期检查身体。

"父兮生我,母兮鞠我。拊我畜我,长我育我。顾我复我, 出入腹我。欲报之德,昊天罔极。"(《诗经·小雅·蓼莪》)父天母地, 旧社会对父母,绝无道理可讲,是天经地义的。儿子必亲尝汤药, 晨昏定省。父母上厕所时,夜具由儿子、媳妇亲手拿。

22. 子曰:"古者言之不出,耻躬(身)**之不逮**(及)**也**(办不到)**。"**

"先行,其言而后从之。"(《为政》)"有德者,必有言;有言者, 不必有德。"(《宪问》)立德、立功、立言,三不朽。

"君子欲讷于言,而敏于行",谨言慎行。

千万不要多言，力行不在多言。

23. 子曰："以约失之者，鲜矣。"

《礼记·曲礼上》：傲不可长，欲不可纵，志不可满，乐不可极。

"博我以文，约我以礼"（《子罕》），"博学而详说之，将以反说约也"（《孟子·离娄下》），由博返约。"博学于文，约之以礼"，以礼约身，"克己复礼"。以礼约身，则失败少。

24. 子曰："君子欲讷（迟钝）于言，而敏（审）于行。"

"讷于言"："讷"，《说文》云："言难也。""为之难，言之得无讱乎"（《颜渊》）。"大巧若拙，大辩若讷"（《老子》第四十五章）。

"君子耻其言而过其行"（《宪问》），慎言，话到舌边留半句。少说，不说。

"敏于行"："敏"，审慎，"虑深通敏"，遇事，能考虑得很深再去做，"敏则有功"（《阳货》）。忙中，必出错。

"言行，君子之枢机。枢机之发，荣辱之主也"（《易经·系辞上传》），要谨言慎行。

25. 子曰："德不孤（子处），必有邻（近，亲也）。"

"德不孤"，"有德者居之"（《中庸》），以德服人，"君子居其室，出其言，善则千里之外应之，况其迩者乎？"（《易经·系辞上传》）不会"独学而无友"。必要有群德。

"必有邻"，"有朋自远方来"，是积善累德之效，因为"同声相应,同气相求"(《易经·乾卦·文言》),臭味相投,物以类聚。"不是一家人,不会一家门"。

养德,"贤贤易色"。德行,为孔门"四科"(德行、言语、政事、文学)之首。孔门四教:文、行、忠、信。"忠信,所以进德也。"(《易经·乾卦·文言》)

26. 子游曰:"事君数(音 shuò,屡次责善),斯辱矣;朋友数,斯疏矣。"

"事君数",天天数其过,面相责难,烦渎,则"言者谆谆,听者藐藐"(《诗经·大雅·抑》)。"斯辱矣",乃自取其辱。要见机而谏,不数也!要识相!惟李世民能容魏徵,成就贞观之治。

"朋友数,斯疏矣",与人相处,要识相;见面,看相再说话。如处不来,就离远些。许多事要学会用脑,至少要懂得自保。

不立信,就没人和你办事。求人最难!求人,必叫人摆弄,自取其辱。净求人,人能不辱你?我在屋中坐,谁也不理。

朋友之道,"忠告而善道(导)之,不可则止,毋自辱焉"(《颜渊》),"再三渎,渎则不告"(《易经·蒙》)。对朋友可以劝,但不可见面就啰唆。

"父子之间不责善,责善则离",所以古人"易子而教"。

《孟子·离娄上》公孙丑曰:"君子之不教子,何也?"孟子曰:"势不行也。教者必以正;以正不行,继之以怒;继之以怒,则反夷矣。'夫子教我以正,夫子未出于正也。'则是父子相夷也。父子相夷,则恶矣。古者易子而教之。父子之间不责善,责善则离,离则不祥莫大焉。"

追女友，得柔顺。看《易·履卦》，履何以能成功？"柔履刚也"，故能"说（悦）而应"。

显得越多，越是招忌。看别人好，心里就不舒服，证明你"缺德"。必得有知识、有修养，才能成为政治家。好好培养，三年有成。不下功夫，那"术"从哪里来？

我回去一个月，急着回台，家人起"惑"心。一个人最要的是情。伏羲画卦，就为了"通德"与"类情"。人要欲不多，头脑才清楚。

要是没有"盛唐"，焉有中国文化灿烂的一段？自宋以后，就没有脑子了，北宋亡于金，南宋亡于元。一个民族到外敌入侵，就软弱了！

清太宗皇太极将"后金"改为"清"。清能入关，就得力于明朝的内奸。防外寇，必然的；而更重要的是，要防汉奸。敌人不易了解，有内奸就坏，所以我不允许有"双重国籍"者。要了解深意之所在。

字，是一个人的脸面，必要下点功夫习字。字如好看，可让人有美感。

公冶长第五

做事，当尽其在我，不必管儿孙，该怎么做就怎么做，不要有"子孙万年"的思想。

历代皇家无不希望"子嗣繁衍，瓜瓞绵绵"，"望子成龙、望女成凤"，出土的青铜器上多刻有铭文，如"子子孙孙万年永宝用""万年眉寿""子子孙孙永宝"，此乃"子孙万年"的思想，为"家天下"的核心，就为成一家之私，一世、二世，自家子孙万年，永享福泽。

有时间，应做人应该做的事，不必有太多的贪图，要开阔自己的心胸。

孔子以后，孔家又出了几个学人？孔颖达的《五经正义》毁了孔学。

"五经"，指五部儒家经典著作，即《诗》《书》《礼》《易》《春秋》。汉武帝时，朝廷正式将这五部书宣布为经典，故称"五经"。

唐太宗时，孔颖达与颜师古、司马才章、王恭、王琰等诸儒受诏撰定"五经"义训，凡一百八十卷，名曰《五经正义》。《五经正义》是唐代颁布的一部官书，流传全国，在各级学校和民间发挥作用，作为科举考试的标准，不仅对唐代文化、思想、哲学、教育、伦理、社会舆论等的发展变化起过一定的作用，也对后世产生重要的影响。

《五经正义》摒弃其余杂说，对前代繁杂的经学解释进行一番统一整理，为经学义疏的结集，是一部典型的"以疏解经"的著作。但在被定为官方统一教材后，变成"经院式教条"，很快失去其价值和生命力。

大家争着上北京，但历代皇帝又有几个是北京人？

一个人的成就，不在地和术，在任何地方都可以有成就，但绝不可以耍术。

1.子谓（评论）公冶长（孔子弟子，字子长）："可妻（音 qì，当动词，以女嫁之）也。虽在缧绁（léi xiè，监狱）之中，非其罪也。"以（主婚）其子（女儿）妻（作为其妻）之。

"观过，斯知仁矣"，"馋当厨子，懒出家"。

公冶长虽然坐牢，但"非其罪也"，并不是他本身的问题。他是有志节之士，"利见大人"（《易经·乾》"九二，见龙在田，利见大人"），有厚望焉。

昔日男女皆称"子"，后来女儿加"女"，称女儿。

"同声相应，同气相求"，所以，孔子将自己女儿嫁给公冶长。冤狱自古有之，孔子不怕女儿守寡。

选女婿，一、选有长才；二、选有革命精神。应选有志节之士。

2. 子谓南容（南宫括，字子容。孔子弟子）：**"邦**（诸侯国）**有道不废**（见用，必请他做官），**邦无道免于刑戮**（可见为人谨慎）。**"以其兄之子妻之。**

孔子为其庶兄孟皮之女选女婿，不同于自己选女婿，次一等的，土博士，太平宰相。

《论语》中谈及孔子家世极少，公冶长与南容这两段必有深意在。但古时留下就不清楚。

此二人以后都没大出息，不过是圣人之徒耳！

孔门两千多年，也没有出一学人，被历代当政者当宠物养，废了，做官失败！

将相本无种，男儿当自强。老子是谁，与你无关。

3. 子谓子贱（宓不齐，字子贱。小孔子三十岁）：**"君子哉，若**（此）**人！鲁无君子者，斯**（指子贱）**焉**（安）**取**（取样，见贤思齐）**斯**（指君子之德）**？"**

《新序·杂事》记子贱治单父，单父大治。《韩诗外传》亦记子贱治单父而民附。

子贱，孔子的弟子。"君子哉，若人"，是君子的典型。

发蒙，要"利用刑（型）人，用脱桎梏"（《易经·蒙卦》）。人容易蒙，故"利用刑人，以正法"（《易经·蒙卦》），利用典型教育小孩，使他能"见贤思齐"。

"蒙以养正，圣功也"（《易经·蒙卦》），不是普通的成就，而是养正，成圣功。

鲁国若是没有君子，那子贱何所取以成其君子之德？孔子的"斯焉取斯"，二"斯"字通神，吹牛！

看两千多年前，文笔之美、思想之致密！

4. 子贡问曰："赐（子贡之名）也何如？"子曰："女（汝）器也。"曰："何器也？"曰："瑚琏也。"

器，有定型定用。孔子称子贡"器"也。

"瑚琏"，是庙堂重器。但最高是"君子不器"，瑚琏并非至高之境。

"女器也，瑚琏也"，夫子术之高，于此可见！

5. 或（设词，有人）曰："雍（冉仲弓）也，仁而不佞（无口才）。"子曰："焉（安，何必）用佞？御人（对付人）以口给（言辞敏捷，舌辩），屡（多）憎于人（被人讨厌）。不知其（仲弓）仁（仁或是不仁），焉用佞？"

孔门四科中，德行：颜渊、闵子骞、冉伯牛、仲弓。

孔子以仲弓为有德行，说："雍也可使南面。"（《雍也》）

有人说："仲弓仁，但没有口才。"说："处事何必用佞？""佞"，巧诨捷给。佞者对付人，完全用嘴上功夫，不靠真本事。

"利口覆邦家"（《阳货》），孔子"恶夫佞者"（《先进》），说"巧言、令色，鲜矣仁"（《学而》）。

"不知其仁"，孔子少以"仁"许人。

"焉用佞？"不是靠嘴片子吃饭。人多说，绝对失格。

6. 子使（令）漆雕开仕（做官）。对曰："吾斯（此，是，指仕此事）之未能（不能有）信（信心）。"子说（悦）。

漆雕开，名启，字子开，蔡国人，小孔子十一岁。为孔子一门生，以德行著称。成年之后，拜师于孔子门下，潜心钻研学问，不愿做官，很得孔子赞扬。曾受膑刑，传习《尚书》。

孔子主张"学而优则仕"（《子张》），故"三年学，不至于穀，不易得也"（《泰伯》）。孔子认为，弟子必学到一个程度，才可以做官。所以，漆雕开不信自己有从政能力。

"吾斯之未能信"；"子说"，悦弟子能够自知。人自知，最难！

7. 子曰："道不行，乘桴（竹筏、木筏）浮（漂浮）于海（渤海，欲居九夷）。从（音 zòng，跟从）我者，其由与？"子路闻之喜。子曰："由也，好勇过我，无所取材。"

孔子叹"道不行"，"甚矣，吾（道）衰也"（《述而》）！

"大道之行也，天下为公"（《礼记·礼运》），天下本是公，但是被一群土匪霸占了，"天下之无道也久矣"！所以仪封人认为"天将以夫子为木铎"（《八佾》），传道人。

"子路闻之喜"，圣人门徒亦如此，像乡下小孩一般，听到老师赞美，就乐不可支。子路，猛张飞般，好勇！

"无所取材"，材、裁（裁度），双关语。一、不是可取之才。二、做桴之材还没有。此解太绕弯。

8. 孟武伯问："子路仁乎？"子曰："不知也。"又问。子曰："由也，千乘之国，可使治其赋（军赋，养兵的用度）也，不知其仁也。""求也何如？"子曰："求也，千室之邑（有一千人家的县），百乘之家（卿大夫之家），可使为之宰（邑宰，家宰）也，不知其仁也。""赤（公西子华）也何如？"子曰："赤也，束带立于朝（当外交官），可使与宾客言（办外交）也，不知其仁也。"

孟武伯，姬姓，名彘，世称仲孙彘，是孟懿子的儿子，曾于孔子处求学。鲁哀公十四年（公元前481年），父亲仲孙何忌去世，袭父爵，为鲁卿大夫。

孟武伯是要问到底。

孔子将弟子分科。孔门四科：德行：颜渊、闵子骞、冉伯牛、仲弓；言语：宰我、子贡；政事：冉有、季路；文学：子游、子夏。

孔子弟子皆各有长才、各有所能。

子路，是政事科，善治军旅，可以办军需之事。

冉求，是政事科，善治赋，为季氏"附益之"，孔子对他"鸣鼓攻过"。

孔子弟子虽仁不足，但是皆各有所能。无所能，则连养身都办不到。

"束带立于朝"，昔日做官，朝服必加带。外交官必整饬衣冠。

士绅，过去有地位者，以前有所谓门第、衣冠、势族（上品无寒门，下品无势族）、世家（世代为官）、巨室。

人贵其德，昔日"德"与"位"必须相称。《白虎通·爵》曰："公之为言，公正无私也；卿之为言，章善明理也；大夫之为言，大扶进人者也。"

9. 子谓子贡曰："女（汝）与回也孰愈（胜）？"对曰："赐（师前称己名）也，何敢望（不敢相比）回？回也，闻一以知十；赐也，闻一以知二。"子曰："弗如也。吾与（许）女，弗如也。"

《论语说义二》：子贡曰："有一言而可以终身行之者乎？"子曰："其恕乎！己所不欲，勿施于人。"由己以及人，赐之所以闻一知二也。克己复礼，忠也，敬也，仁恕也。"一日克己复礼，天下归仁焉"者，始终本末，一以贯之。回之所以闻一知十也。天地之数，始于一，终于十也。

《论语述何》：世视子贡贤于仲尼，子贡自谓不如颜渊。圣人溥博如天，渊泉如渊也。若颜子自视，又将谓不如子贡矣！以能问于不能，以多问于寡，有若无，实若虚，圣贤所以日进不已也。

子贡是"言语科"，颜回为"德行科"（《孟子·公孙丑上》"冉牛、闵子、颜渊，则具体而微"）。

子贡，言语科，辩才无碍，且有干才。曾任鲁、卫两国相，善于经商之道，曾经商于曹、鲁两国之间，富致千金，为孔门弟子中首富。

数，始于一，终于十，孔子曰："推十合一为士。"士，事也。十，《说文》："数之具也。'一'为东西，'丨'为南北，则四方中央具矣。"引申为多、完备、杂，十全十美、十八般武艺、十拿九稳。

颜回用什么功夫能"闻一以知十"？颜回"以能问于不能，以多问于寡。有若无，实若虚"（《泰伯》），孔子"见其进也，未见其止也"（《里仁》），日进不已。

孔子称子贡"告诸往而知来者"（《学而》），子贡自称"闻一以知二"。何以子贡能"闻一以知二"？"告诸往而知来者"的功夫是怎么来的？

"弗如也"，因为颜回"以能问于不能；以多问于寡；有若无，实若虚，犯而不校"（《泰伯》），日进不已。

"吾与女，弗如也"，孔子称许子贡有自知之明。如解为"孔子谓我和你都不如颜回"，依此，则孔子不是过谦，就是欺人！

《论衡·问孔》：使子贡实愈颜渊，孔子问之，犹曰不如；使实不及，亦曰不如。非失之欺师，礼让之言，宜谦卑也。今孔子出言，欲何趣哉？

人都一样，不要自以为高人一等。一般人总怕别人不了解自己。知人太难了，知人才能善任。

你们遇事要深入，不可以轻忽。遇事，不可以说风凉话，应设身处地想，"率性之谓道"，顺着人性做就是道。

10. 宰予（宰我，字子我。利口辩辞）**画寝**。子曰："**朽**（腐）**木不可雕也，粪土**（秽土）**之墙不可杇**（音乌，镘，粉饰）**也。于予**（宰予）**与**（一、钦；二、犹），**何诛**（责备）？"

一、"画寝"，绘画寝室。春秋时代士大夫的风尚，俗尚奢华，宰我也从俗。二、"昼寝"，睡午觉。

画寝，当时风尚所在。许多人皆打肿脸充胖子，没有看看自己的本钱如何。"于予与，何诛？"孔子以为皆一丘之貉，又何必独责备宰我？

经义所在，发人深省。容其貌、容其身，皆失其原貌，文饰必要适中，"自然之谓美"，"天工与清新"。

中流砥柱，是一个标杆，绝不可以偶俗，为俗所流转。

子曰："始（昔日）**吾于人也，听其言而信其行**（音 xìng）**；今**（今后）**吾于人也，听其言而观其行。于予与，改是**（改掉上面的观念）**。"**

《史记·仲尼弟子列传》：宰我为临菑大夫，与田常作乱，以夷其族，孔子耻之。

说了，不做。不懂，就不能改自己的行为。

孔子以前是"听其言而信其行"，从宰我一事以后，乃改掉上面的观念，说今后要"听其言而观其行"。

但是这话说了，不够至圣！

《论衡·问孔》：论人之法，取其行则弃其言，取其言则弃其行。今宰予虽无力行，有言语。用言，令行缺，有一概矣。今孔子起宰予昼寝，听其言，观其行，言行相应，则谓之贤，是孔子备取人也。"毋求备于一人"之义何所施？

听其言即信其行，是冒险的，许多事审察为要。如同下棋，一子下错，满盘皆输。

时代不好，不必伤心，"一方水土养一方人"，没有不能生存的环境。

11. 子曰："吾未见刚者。"或对曰："申枨（申党）。"子曰："枨也欲，焉得刚？"

申枨，字子周，《史记》称申党，字周；《孔子家语》称申绩。精通六艺，生年无考，是孔子弟子。

有欲，"焉得刚"，无欲乃刚。人都有欲，为欲所役，则永远刚不起来。有人因为好名，而倾家荡产。迷信，就因为有欲而愚。

社会上用人，都有个标准；达不到此标准，人亦不用之。

昔日世家小孩必严格训练，不可轻易对人说出自己的嗜好，因此关系自身前途甚大，唯恐有人投你之所好，以达毁你的目的。

好装腔作势，人就投你所好。《金刚经》云："应无所住而生其心。"

改造时代，从自己开始，必要了解时代病源之所在。

12. 子贡曰："我不欲人之加（施）诸（之于）我也，吾亦欲无加诸人。"子曰："赐也，非尔所及也。"

"我不欲人之加诸我也，吾亦欲无加诸人"，出于自然，比"己所不欲，勿施于人"的境界高，此杨朱所谓"拔一毛而利天下，不为也"，其实是"人人为我"，谁也不必帮谁，是大同世的境界，即《易·乾》"见群龙无首，吉"。

"赐也，非尔所及也"，泥菩萨过江，不是你之所能及。

孔子此话极为不客气，如此揭人之短，多酸！

可能是子贡束脩交得太慢。人就是人，有情！

13. 子贡曰："夫子（子贡称孔子）之文章，可得而（能）闻（知）也；夫子之言性与天道，不可得而闻（听不懂）也。"

《论语述何》："文章"，谓《诗》《书》执（艺）《礼》；"性与天道"，微言也，《易》《春秋》备焉，难与中人以下言也。

《论语说义三》：《易》明天道，以通人事，故本隐以之显。《春秋》纪人事，以成天道，故推见至隐。天人之际，通之以性，故曰"性与天道"。

"文章"，纹章。有了结构，就成章。有了纹理，一看就明白。

礼法制度，是文章，但非最高境界。"孔子以《诗》《书》《礼》《乐》教弟子"（《史记·孔子世家》）。孔子为中国文化之"集大成"者，义理之学、知行合一之学。

子贡反应多快，马上拍老师，说听不懂"性与天道"。

圣贤与常人一样，此为人事。

自此，亦显见孔子固尝言"性与天道"，即《大易》与《春秋》。性，指《易》；天道，指《春秋》，奉元。

中国人之行为，处处有一准则，中国所守为"中道"。中，礼义，"《春秋》者，礼义之大宗"（《史记·太史公自序》），一切决之以礼义。"用中于民"，"君子而时中"（《中庸》），实际去做，必恰到好处。《易·说卦传》称"和顺于道德而理于义"，义者，宜也，为一切治事的原则。

《论语》何以无提《春秋》？证明《论语》并不全。可见古书丢太多。《孟子》中提孔子作《春秋》。

《孟子·滕文公下》说："世衰道微，邪说暴行有作，臣弑其君者有之，子弑其父者有之，孔子惧，作《春秋》。《春秋》，天子之事也，是故孔子曰：'知我者，其惟《春秋》乎！罪我者，其惟《春秋》乎！'"又谓："孔子成春秋，而乱臣贼子惧。"又说："昔者禹抑洪水而天下平，周公兼夷狄、驱猛兽而百姓宁，孔子成《春秋》而乱臣贼子惧。"

司马迁《史记·太史公自序》太史公曰：余闻董生曰："周道衰废，孔子为鲁司寇，诸侯害之，大夫壅之，孔子知言之不用，道之不行也，是非二百四十二年之中，以为天下仪表，贬天子，退诸侯，讨大夫，以达王事而已矣。子曰：'我欲载之空言，不如见之于行事之深切著明也。'"

14. 子路有闻（知），未之能行，唯恐有（又）闻。

子路知而必行，是实践者，为"知行合一"的祖师爷。

后来，被王阳明捡去，倡"知行合一"之学。

15. 子贡问曰："孔文子（卫国大夫，名圉）何以谓之文（谥号）也？"子曰："敏而好学，不耻下问，是以谓之文也。"

孔文子，名圉，卫国大夫。公元前480年，孔文子去世。谥号文。子路曾为孔圉宰。

《谥法》称："勤学好问曰文。"孔文子为人踏实。

"敏"，虑深通敏，深深地考虑，审慎。"好学"，勤学。

"不耻下问"，人必有所不知，孔子"吾不如老农"（《子路》），不以下问为耻。俞樾《群经平议》云："非仅以贵下贱之谓，凡以能问于不能，以多问于寡皆是。"

"舜好问，好察迩言。舜无一不取于人"（《中庸》），一般人则自以为官大学问大。

16. 子谓（评论）**子产**（郑大夫子产，公孙侨）**："有君子之道四焉：其行己也恭**（行事恭己）**，其事上也敬**（敬其事）**，其养民也惠**（以惠为之）**，其使民也义**（合宜）**。"**

郑子产，姬姓，公孙氏，名侨，字子产，又字子美，谥成。是郑穆公之孙，公元前 554 年为卿，公元前 543 年执政，先后辅佐郑简公、郑定公，卒于公元前 522 年。

此孔子对郑子产的评论。

"行己也恭"：恭己，非恭人，是不懈于位，不是见人即打躬作揖。恭而好礼，"恭己正南面而已矣"（《卫灵公》）。

"事上也敬"：在上的对你必有所任事，应敬其事，"敬事而信"。"敬事而爱人，使民以时"（《学而》），敬业乐群，使民不违农时。

"养民也惠"："唯以一人治天下，岂为天下奉一人"（清雍正帝在养心殿所写的对联）。"小人怀惠""小人怀土"，政治要实际，以惠为之。

孔子称子产"惠人也"（《宪问》）；子产死，称"古之遗爱也"（《左传·昭公二十年》）。

"使民也义"，合宜，不以私见使民。

17. 子曰："晏平仲（齐大夫，晏婴，字仲，谥平）**善**（最会）**与人交**（懂交友之道），**久而**（能）**敬之。"**

孔子评晏子，说晏平仲最懂得交友之道，与人交久，犹能尊敬对方。

晏婴，字仲，谥平，多称平仲，亦称晏子。齐国莱地夷维人，是齐国上大夫晏弱之子。灵公二十六年，晏弱病死，继任为上大夫。历任灵公、庄公、景公三朝，辅政长达二十二余年。

《晏子春秋·外篇上》孔子称晏子曰："灵公污，晏子事之以整齐；庄公壮，晏子事之以宣武；景公奢，晏子事之以恭俭：君子也！相三君而善不通下，晏子细人也。"《内篇·杂篇·杂上》称："不以己之是，驳人之非，逊辞以避咎，义也夫！"

《史记·管晏列传》太史公曰："方晏子伏庄公尸哭之，成礼然后去，岂所谓'见义不为无勇'者邪？至其谏说，犯君之颜，此所谓'进思尽忠，退思补过'者哉！假令晏子而在，余虽为之执鞭，所忻慕焉。"

要懂得如何交友。交友之道，贵乎能相敬如宾；如交久而轻佻，最后无所守，然后谁也不往来了。许多人相处几年，一句话就绝交，乃缺乏彼此尊敬的功夫。

就是夫妇之间，也应相敬如宾，保持彼此的尊严，如吵闹就坏。人皆咎由自取。

《论语》每章皆能行，必行；否则无修为，难以成大事。

18. 子曰："臧文仲（鲁大夫，臧孙辰）居（养）蔡（大龟），山节（架梁节上刻山）藻（水草）棁（梁上短柱），何如其知（智）也？"

臧文仲，姬姓，名辰，臧孙氏，谥文，历事鲁庄公、闵公、僖公、文公四君。他建造自己的宗庙，房顶呈拱形，柱子上画着水草图案，庙内还养着大龟，就像天子的宗庙一样。

"居蔡"，养大乌龟。龟为灵物，所以卜吉凶。昔日帝王才用龟卜。"山节藻棁"，是天子的庙饰。藏龟必于庙。

臧文仲宝藏大龟，作龟室以居之，是王八才懂得王八的心理。养王八的屋子，都如此花费！失所守，失常。

他那浪费公帑的行为，我们比不上！圣人骂人，连个样子都不露。看多活泼！

臧文仲有僭越行为，孔子骂之。但是孔子很会吃豆腐，吃得很文雅。《春秋》笔法，骂人不露。

19. 子张问曰："令尹（楚国执政之官）子文（姓鬭，名谷，字于菟）三仕为令尹，无喜色；三已（止，罢官）之，无愠色。旧令尹之政，必以告新令尹。何如？"子曰："忠矣。"曰："仁矣乎？"曰："未知，焉（安）得仁？"

《论语述何》：忠，未有不仁者。子文之忠，忠于其职耳。

"旧令尹之政，必以告新令尹"，办移交时，有器度，心里没有不愉快。

尽己之谓忠，忠于其职。

"忠矣。""仁矣乎？""未知，焉得仁？"说话多么传神！

"崔子（崔杼，齐大夫）弑齐君，陈文子（齐大夫，名须无）有马十乘，弃而违（离去）之。至于他邦，则曰'犹吾大夫崔子也'，违之。之（往）一邦，则又曰'犹吾大夫崔子也'，违之。何如？"子曰："清矣。"曰："仁矣乎？"子曰："未知，焉得仁？"

崔杼，齐国大夫。弑齐庄公，立庄公弟公子杵白为君，是为景公。景公即位后，任命崔杼为右相，庆封为左相。晏婴不肯参盟，庆封想杀晏婴，崔杼说晏婴是忠臣，放过他。

陈文子，即田文子，谥文，其祖陈完，陈国内乱，避于齐，齐桓公以之为至正，改姓田。

"有马十乘"，下大夫之禄。陈文子力不能讨崔杼，故"弃而违之"，往他邦，以为君讨贼。但无一应之者，皆如鲁三家。

此章给人许多暗示：此时到哪儿都一样，天下乌鸦一般黑，又何必跑？

水清无大鱼，"圣之清者"，不发挥作用。环境清不清，不怕；自己得清。

20. 季文子（鲁大夫季孙行父。文，谥）三（多也）思而后行。子闻之，曰："再，斯（语词）可矣。"

季文子，姬姓，季孙氏，名行父，是鲁庄公之弟季友之孙，齐仲无佚之子。鲁襄公时，季孙行父执政，执政有二十四年，此时鲁国政局相当稳定，死后谥号为"文"。

"三"，多也。"三思"，多思，则生疑，人皆如此。

许多事，皆因生疑而坏，最后不可收拾。故再思，就可矣。

21.子曰："宁武子（卫大夫宁俞。武，谥），**邦有道，则知**（显其智）**；邦无道，则愚**（装傻）。**其知**（智）**可及**（赶得上）**也，其愚不可及**（赶不上）**也。"**

宁俞，谥"武"，又称宁武子，卫文公、成公时大夫。成公无道为晋所攻，失国奔楚、陈，卒为晋侯所执。宁俞不避艰险，周旋其间，卒保其身，而齐其君。

"邦有道，则知"，得视环境，显己之智慧、大能。

"邦无道，则愚"，佯愚！人存身最难！商君可以强秦，但不能自保，终落个五马分尸的下场。

"其智可及也，其愚不可及也"，写实，大智若愚！孔子因不及，才周游列国。明哲保身、大智若愚，太难了！

人皆想显己是智者，但要视环境显智、显愚。"尺蠖之屈，以求信（伸）也；龙蛇之蛰，以存身也"（《易经·系辞下传》）。

22.子在陈，曰："归与！归与！吾党（故乡）**之小子**（弟子）**狂简，斐然**（有文采貌）**成章，不知所以裁**（裁成）**之。"**

孔子在陈国，见道不行，而思归鲁。

孔子年五十七，适陈。《史记·孔子世家》孔子曰："归乎归乎！吾党之小子狂简，斐然成章，吾不知所以裁之。"子贡知孔子思归，送冉求，因诚曰"即用，以孔子为招云"。至后周游天下，辗转列国，见道义不行，退而居鲁国，设教于杏坛。

"不得中行而与之"，此时颜回已死。"必也狂狷乎！狂者进取，狷者有所不为也"（《子路》），其余弟子就两种：狂者与狷者。"狂者进取"，志大而略于事，经验尚少。进取心甚，应谨慎行事，不应大而化之。要历事锻智。"狷者有所不为"，"简"，马虎，有所不为。

"斐然成章"，有文章，"不成章，不达"（《孟子·尽心上》）。裁成，智者之事，"裁成天地之道，辅相万物之宜"〔《易·泰》《象》曰：天地交，泰。后以财（裁）成天地之道，辅相天地之宜，以左右民"〕。

"不知所以裁之"，因为没有标准，不知"准是"。

回去教弟子，以其"所以"裁度其道。

23. 子曰："伯夷、叔齐不念（识录）旧恶（故憾），怨是用希（少）。"

伯夷、叔齐，殷末孤竹君之二子，父殁，让国于中子，闻文王善养老，而往归焉。武王伐纣，二人隐居首阳山，采薇而食，卒饿死。

求全之毁，最使人受不了！要"以人治人，改而止"（《中庸》），"朝有过，夕改则与之；夕有过，朝改则与之"（《大戴礼记·曾子立事》）。

因"念旧恶"，算旧账，才怨。净用怨，就气绝。"怨是用希"，很少用"怨"字。

能豁达忘怀，故与人怨少。仁者不忧已私。

24. 子曰："孰谓微生高直（持疑）？或（有人）乞醯（音 xī，醋）焉，乞诸（之于）其邻而与之。"

此章讲做人之道，失分寸就违法，有时不以为非的行为，但失去了做人之道。

"孰谓微生高直"，微生高素有直名，孔子却不以为然。以"乞醯"为例，说没有就没有，转手为善则掠人之美。

《庄子》《汉书·古今人表》，"微"皆作"尾"。高，有直名，与女子约会于桥下，女子未至。大雨，水至，高守其信，抱桥柱不去，溺死。时人以为信。

应守住分寸，失分寸就违法。"人之生也直"，直人就是真人。拿野猪还愿（用别人的东西许给人家，自己不掏腰包），不正直。

25. 子曰："巧言、令色、足（音 jù）恭（恭得过火），左丘明耻之，丘（孔子自言）亦耻之。匿（隐藏）怨而友（动词）其人，左丘明耻之，丘亦耻之。"

"巧言、令色"，无实无质；"足恭"，恭敬得过火，不合理。

"匿怨而友其人"，不能表里如一，多卑鄙，不道德。

左丘明，与孔子同时代之人。与《左传》之左丘明，应不是同一人。

"左丘明耻之，丘亦耻之"，因这句话，《左传》借以立。

但自《左传》文字来看，绝非孔子时代的文字。一时代，有一时代的文笔。

26. **颜渊、季路**（子路）**侍。子曰："盍**（何不）**各言尔**（你们）**志？"子路曰："愿车马衣**（音 yì，动词，穿）**轻**（阮元以'轻'为衍字）**裘，与朋友共，敝**（坏）**之而无憾**（恨）**。"颜渊曰："愿无伐**（夸）**善**（有德），**无施**（张大）**劳**（功劳）**。"子路曰："愿闻子**（师尊）**之志。"子曰："老者安之，朋友信之，少者怀**（养教）**之。"**

子路是莽夫，总怕赔本，凡事抢在前头。

"愿车马衣轻裘，与朋友共，敝之而无憾"，车同坐、衣共穿，流氓的行为！

"无伐善"，不伐善；"无施劳"，不夸己功。不伐善、不施劳，即"虚其心"，"谦谦君子，卑以自牧"（《易经·谦卦》）。

颜回"有若无，实若虚"。《易·谦》称"谦谦君子，有吉""劳而不伐"；《易·坤》云"含章可贞""无成有终""知终终之"。

论语》如同公式，许多观念自此引出。

"老者安之"，使老年人安定、安宁；"少者怀之"，对少年人教之、育之。安老怀少，孔子是第一个谈老人及少年问题的人。

熊十力《乾坤衍·辨伪》说："新道德之养成，莫大乎扩充事亲之孝德，以敬天下之老；扩充爱子之慈释，以抚育天下之幼。敬老、慈幼二德双修，人道终始备矣。"即《礼记·礼运大同篇》所谓"不独亲其亲，不独子其子"。

不能光讲，贵乎能行，要能解决问题，而今天老人、少年问题尤其严重，能不正视此一问题？

"老吾老以及人之老，幼吾幼以及人之幼"（《孟子·梁惠王上》）的境界犹不足，"不独亲其亲，不独子其子"（《礼记·礼运大同》）的境界高。"使老有所终，壮有所用，幼有所长，矜寡孤独废疾者，皆有所养"，今天犹做不到。看街上，多少老人流离失所，能不好好加以安置？

今天的儿童，究竟应接受什么教育？《千字文》要读，其余则贵乎使其会想。不要净教授些"三家村"的东西。

今天教学童读经，读《老子》《庄子》有什么用？还要儿童穿着今天连死人都不穿的衣服，一面背诵古书，岂不落伍？

"德"与"艺"，两者缺一不可。小孩子应使其能想，使父母快乐；中学生要教学做人，大学生则教学做事。

为政者必知本，不能舍本逐末；今皆逐末，大本不立。

"朋友信之"，朋友以信，朋友之道就一个"信"字，"主忠信"（《学而》），"知足常乐，能忍自安"。人生必要有几个患难之交，可以托妻寄子的（《泰伯》"可以托六尺之孤，可以寄百里之命"）。

27. 子曰："已矣乎（算了吧）！吾未见能见其（己）过，而内自讼者也。"

"讼"，吵架，争是非。"自讼"，告自己的状，给自己一拳。内心深处良心发现，一念头如有不正，应马上自讼。

"自讼"与"自省"，有何不同？别人不知，自己能不知自己的好坏？做亏心事，永远抹不掉；自愧多，则苦不堪言。

人皆有自讼，而在于能不能改。贵乎能改，"过而能改，善莫大焉"（《左传·宣公二年》）。

28. 子曰："十室之邑（言其地方之小），**必有忠信如丘者焉，不如丘之好学也**。"

"十室之邑，必有忠信之士"，人彼此说真话，多美！

"知人者哲，惟帝其难之"（《尚书·皋陶谟》），"千里马常有，而伯乐不常有"（韩愈《马说》）！

"丘"读某，尊孔，不直称其名，称某。

中国有几千年的文化，人与人之间有一定的称呼，如称人父为"令尊"；对老师、师父尊称"师尊"；称人子女为"令郎、令媛"。问人的表字："请问尊姓、台甫？"

孔子是大智者，又如此好学，何况一般人？孔子自称"好学"，"丘非生而知之者，好古敏以求之者也"（《述而》）；又称"颜回好学"，"退而省其私，亦足以发"（《为政》）。

可贵在有好学之精神，必养成习惯。

真做了，知要有成就很难！要在生活中锻炼智慧，如做事不够水平，人家对你有印象，可以不用你。

做事犯最大的毛病，给他做事，他搞自己的事，不忠！扯闲，不忠。点名，是小事，可是我的大事。

如对老师都不忠，能对谁忠？给你一个团体，你怎么领导？同学都来了，你在台上能讲得出话来？除了自私自利、无耻以外，一点知识也无。你拉谁，我都笑一笑。

必懂得什么叫作智慧，不要净做傻事、愚人。无知，搞什么做大事业？尽扯闲，不知自己是什么玩意儿，不能解决实际问题。

一动笔，我即了解这个人有无成就。是训练你们能做事，不是坐在屋中抄书。继夫子之志，知识分子是要给天下解决问题的。必把知识用到生活上，慢慢才会有成就。不能用到生活上，绝不是学问。智慧会用，很不容易。遇急事，会想到他？小事，也要用智慧，做事一定要有守。

用什么能力来领导？还争领导权？同学在台，当中学教师的至少有五千人，"部长"级的有好几个，一流教授更不知多少，还有许多名律师、名杂志发行人，要用什么领导？

对一人必深刻了解，然后才能用他，因为将来是要成事。要有所用，必有所试。成事不易，必找"同声相应，同气相求"。

聪明，但没一样能表现出，台湾的奇迹！始终不知自己缺什么。太落伍了，白混！这么多年，没接到一封明白的信。

同学包罗万象，要用什么智慧领导？聪明、智慧、修养。一动以为智，一动以为不智，一举一动都可以影响你一生。聪明，大智若愚，不抢、不夺、不露。不抢，非常态、非常人，"民无德而称"。常人，都要抢第一。

"屡以天下让"，则何处不能让？读书明白了，有大智，才"三以天下让"（《泰伯》）。不抢旗、不夺号，每天干自己的事。

许多人就是横行！不强求，人比人得死。都抢，东西必摔坏了。

"不敢为天下先"（《老子》第六十七章），就能为天下长。争，就能得到手？最后送给不抢的人保存。必要有真智慧、真修养。等得越久，得的越完整。听明白了？用上了？

一个人的本质很重要，不是教来的。成大事的不搞鬼，东扯西扯还能成大事？千言万语，你们必要懂得怎么做人。

我不动心，因你非大才，不与你起舞。做事，所学智慧完全用不上。

读书，在改变器质，巧言令色谁不会？好话说绝，坏事也做绝。净拉帮，多可耻！一点亏也不吃。有这个念，绝不能成事。

有成就，必自根上改变。都说梦话，必知得失才能改变。小人之行，无往而不利于君子。

你要是清，水清无大鱼，在社会上半点作用也不能发挥。想为人类谋福利，得在浑水中蹚。不怕环境清不清，自己得清。有守，超过自己范围的绝不做，不多言。

行政官不是讲哲学，有学问未必懂得行政，万般不与政事同。如撑不住，不能搞政治。

"决定不移，戒急用忍"，实是搞政治的不二法门。

"戒急用忍"是康熙帝给雍正帝的座右铭。雍正帝即位后，便敬书于居室之所，制作铜胎吊牌与木作吊屏，悬挂在生活起居厅殿中，日日观瞻自警，具有耳提面命之功效。

我在有条件下讲书，但将来你们绝对不可能。

人贵乎有志，"死生有命"（《颜渊》），不能逆料。

我健康，就因为不胡思乱想，绝不想办不到的事。人生最苦的，即求不得之苦。不苦，要无求，人到无求品自高。

读书，要培养志趣。

饰，有一定的限制。我到气温十三度时穿皮袍，是江南织造署的。

明清时期，江南成为最为重要的丝织业中心。清代在江宁（南京）、苏州和杭州设立三个织造衙门，各从内务府司员中简派监督一员，简称"织造"，合称江南三织造。

狐貉虽讲究，但不暖和。狗皮才暖。

殷尚白、食狗肉，朝鲜亦然。吃驴肉，必配荞面。

我是正红旗，老舍有《正红旗下》一书。

老舍（1899—1966），原名舒庆春，字舍予，笔名老舍。正红旗人，本姓舒穆禄，生于北京。中国现代著名小说家、文学家、戏剧家。《正红旗下》是一部老舍先生倾注了极大心血却没有完成的作品。这是一部以清末北京社会为背景的家传性质的历史小说。

我晚上下课后，至少做四小时工作。混，莫不如自杀，人必得有志，知道为什么活。什么都要打算，活着要有意义。

人生特别苦，就是苦。人有思想，就是当皇帝也苦，不及僧家半日闲。

清顺治帝《慈善寺题壁诗》云："朕为山河大地主，忧国忧民事转繁。百年三万六千日，不及僧家半日闲。来时胡涂去时迷，来去昏迷总不知。不如不来亦不去，亦无欢喜亦无悲。"

活，要活得有滋味，人生的确不容易。孔子把人生当成无穷的希望，每天要蒸蒸日上。

"新京"（长春），平地起，比东京美，离长白山天池近。清分三段祭祖，北京、东陵、西陵。

行有余力，再去做别的。一个人要是一个不真，一生就不真。自小，不要塑造成与人不同，净说假话。

人必得真，不要自欺。会做人，就会做事。

真实行传统思想，则不知有多少人才。愚民政策限制愈严，知识分子愈少。

历史皆钦定，必得另注。我自"元"开始，一切都否定。要"诊钦定，另辟天地"。

看完许多书，知道什么意思？读完《孙子》了，有无好好构想？"君子居之，何陋之有？"（《子罕》）好好修能，让人觉得非你不可。自己要有做人的立场。

做人，绝不能失本，有修养可以合作。

你们必须练习写读书心得。《四书》真想明白，一遍没有办法，日久就完全明白。《论语》每章都是活学问，在生活都能用上。

雍也第六

读书要特别细心，你们什么书也看不懂。你们写的文章，我完全看不懂。要下功夫，练习能动笔，"辞，达而已矣"，要词能达意！

社会谋生不易，人生很不容易，尤其想要活出一点价值。

有清三百年，思想界只出一个魏源。

魏源（1794—1856），原名远达，字默深，一字墨兰，又字汉士，号良图。湖南省隆回县金潭人，晚清思想家，是近代中国"睁眼看世界"的文人之一，著有《海国图志》一百卷、《圣武记》，辑《皇朝经世文编》一百二十卷。《海国图志》阐述"师夷长技以制夷"的思想，主张学习国外先进的科学技术以抵御外国的侵略，使中国走上富强的道路。

熊十力（1885—1968）有思想，讲自己的一套。民国就熊十力一人而已！

熊十力，曾参与孙中山领导的护法运动，后以己非有政治长才，弃政向学。1922 年，在南京从欧阳竟无（1871—1943）学佛教唯识学，后受聘为北京大学特约讲师。1928 年，在国立中央大学（南京大学）讲学，逐渐由佛学转为研究儒学。抗战时，熊十力入川，继续著述讲学。抗战末期出版《新唯识论》语体文本和《读经示要》。1949 年后，续被聘为北大教授，著有《原儒》《体用论》及《明心篇》等。1968 年 5 月 23 日，因反对"文革"绝食，病逝于上海，享年 84 岁。

冯友兰，河南人。

冯友兰（1895—1990），字芝生，河南南阳唐河人，著名哲学家。抗战时，先后出版了《新理学》《新事论》《新世训》《新原人》《新原道》《新知言》六部书，构成了一个完整的"新理学"哲学思想体系，总称为"贞元之际所著书"或"贞元六书"。

他在《新原人》自序中表述："为天地立心，为生民立命，为往圣继绝学，为万世开太平，此哲学家所应自期许者也。况我国家民族，值贞元之会，当绝续之交，通天人之际，达古今之变，明内圣外王之道者，岂可不尽所欲言，以为我国家致太平、我亿兆安身立命之用乎？虽不能至，心向往之。非曰能之，愿学焉。此《新理学》《新事论》《新世训》及此书所由作也。"

梁漱溟，对佛学无熊十力清楚。

梁漱溟（1893—1988），青年时代一度崇信康有为、梁启超的改良主义思想。辛亥革命时，参加同盟会京津支部，曾热衷于社会主义，著《社会主义粹言》，宣传废除私有财产制。二十岁起，潜心于佛学研究，几度自杀未成，经过几年的沉潜反思，重兴追求社会理想的热情，又逐步转向了儒学。

梁受泰州学派的影响，在中国发起过乡村建设运动，并取得可以借鉴的经验。著有《乡村建设理论》《人心与人生》等。他把孔子、孟子、王阳明的儒家思想、佛教哲学和西方博格森的"生命哲学"糅合在一起，把整个宇宙看成是人的生活、意欲不断得到满足的过程，提出以"意欲"为根本，又赋予中国传统哲学中"生生"概念以本体论和近代生物进化论的意义，认为"宇宙实成于生活之上，托乎生活而存者也""生活就是没尽的意欲和那不断的满足与不满足罢了"。

沈刚伯（1896—1977）、方东美（1899—1977）的书，没有什么自己的思想。不要盲目与人跑，否则跟刚伯，却成"铁伯"了。

曾文正用经史百家培养自己，其编《经史百家杂钞》是在培己，以增加智慧，造成他事业上的成功。

《经史百家杂钞》一书，从清末到民国，在社会上流传很广、影响较大，是继姚鼐《古文辞类纂》之后的又一部有名的古文选读本。全书共分论著、辞赋、序跋、诏令、奏议、书牍、哀祭、传志、叙记、典志、杂记十一类。《杂钞》里不仅有"文"，而且有"道"，是"文"与"道"结合的一部书。比诸注重辞章的《类纂》《杂钞》，实用价值无疑是远超其上的，将义理、辞章、考据大体都归宿于经济，并新增了经、史、子三类的文章，约占全书四分之一，从而体现了曾氏注重经济、归宿于经济的治学精神，体现了当时的时代要求。

其所选文章，多为具有代表性的作品，选择精当，内容丰富，范围广泛，体裁兼备，故可作为研读经、史、哲学等方面的基础读物，各种文体的示范读物，还可作为中国文学史的对照资料。

清朝中兴，完全是秀才造反成功的。事业有成者绝对有德；德的要点如达不到，即缺德。

清末有湖南帮、安徽帮，到台湾仅剩下湖南帮了。

想做什么得好好培养。你们什么书也没读，小学生的智慧。就因为混，没有一个家像个家，吃饭如同喂狗般，现在有几个小孩会拿筷子？这种环境怎么培养人才？没有规矩，不能成方圆。

读书得深细，才能读出境界。

廖平，思想有六次变迁，但无出色。

廖平（1852—1932），初名登廷，字旭陵，号四益；继改字季平，改号四译；晚年更号为六译。这些名号的更改，反映了他的思想和经学的变化过程。

康南海，受廖平的影响。

康有为（1858—1927），原名祖诒，字广厦，号长素，又号明夷、更生、西樵山人、游存叟、天游化人。汉族广府人，生于广东省广州府南海县丹灶苏村，人称康南海。主要著作有《康子篇》《新学伪经考》《孔子改制考》《日本变政考》《大同书》和《欧洲十一国游记》等。

"三不朽"，立功、立业必得有德，钻尖取巧绝对办不到。

人太平凡，一举一动就平凡。你们要好自为之，不要自欺，每天必要读书。

我一生尽在江湖中过活，但没有想到死。九十多年，就像昨天。

1. 子曰："雍（仲弓，德行科）也可使南面。"仲弓问子桑伯子（鲁人）。子曰："可也，简。"仲弓曰："居敬而行简，以临其民，不亦可乎？居简而行简，无乃大（太）简乎？"子曰："雍之言然。"

"南面"：一、南面为君。道学家反对此解。其实人人皆可以为尧舜，有何不可为君？二、使于南面，作为君前的重臣。

昔日不论大小主管，都南面而坐。大小衙门的门口，都从南面开。

"简"，厚重简默。《易》"易简之道""易则易知，简则易从""天下（易简）之理得，而成位乎其中矣"（《易经·系辞上传》）。

"居敬"，敬事而信；"行简"，简，言简意赅，要言不烦。愈熟练愈简。"居敬而行简"，平时即守住敬事之道，行事才能简单。

"临"，面对。"临民"，君临天下。

"居简而行简"，平时大而化之；"无乃太简乎"，不行。此为人最大的毛病。

"雍之言然"，"夫人不言，言必有中"（《先进》）。

2. 哀公问："弟子孰（谁）为好学？"孔子对曰："有颜回者好学，不迁怒（移怒），不贰过（复过）。不幸短命死矣。今也则亡（无），未闻好学者也。"

"不迁怒，不贰过"，人最易犯的毛病，即迁怒；贰过，才是过，人不可能没有过，"过，则勿惮改"。

颜回"有不善，未尝不知；知之，未尝复行也"，即深于《易》。

《易·系辞下传》：子曰："颜氏之子，其殆庶几乎！有不善，未尝不知；知之，未尝复行也。《易》曰：'不远复，无祗悔，元吉。'"

故能"择乎中庸，得一善，则拳拳服膺而弗失之矣"（《中庸》），"其心三月不违仁"，"不贰过"。

"短命"，父母在，先父母而死，不管年纪多大。

自此章看什么是"好学"。知行合一谓之学。

3. **子华**（公西赤，字子华。小孔子四十二岁）**使**（出使）**于齐**（时为季氏宰），**冉子为其母请粟。子曰："与之釜**（六斗四升，今容量一斗二升八合）。"**请益**（加）。**曰："与之庾**（十六斗）。"**冉子与之粟五秉**（八十斛）。**子曰："赤**（老师叫学生名字）**之适**（动词，到）**齐也，乘肥马，衣**（音 yì，动词，穿）**轻裘。吾闻之也：'君子周急不继富**（锦上添花）。'"

此章系冉有弟子所记，故称"冉子"。

描写一人的心理，人的一举一动代表其思想。讨价还价后，犹不满足；自己有权，乃多给。

学生不骗老师？此为常情，所以才有礼法。没常情，就反常。

学生的一举一动，皆在自己的掌握中。哪个时代都有情报员，自古皆如此。

圣人境界，就是常人境界。人人皆可以达圣人境界。

"周急不继富"，此为真理，要如此做事。救急，不救贫；继富，乃是锦上添花。

4. **原思**（原宪，字子思）**为之宰**（孔子为鲁司寇，原宪为家宰），**与之粟九百，辞**（不肯受）。**子曰："毋**（不必辞）**！以与尔**（你）**邻里乡党**（邻舍同里）**乎！"**

原思，太食古不化了，呆头呆脑！

《史记·仲尼弟子列传》：孔子卒，原宪遂亡在草泽中。

古时四个地方单位：五家为邻，二十五家为里，一万二千五百家为乡，五百家为党。

证明原宪住在贫民窟。

《庄子·让王》：原宪居鲁，环堵之室，茨以生草；蓬户不完，桑以为枢；而瓮牖二室，褐以为塞；上漏下湿，匡坐而弦歌。子贡乘大马，中绀而表素，轩车不容巷，往见原宪。原宪华冠縰履，杖藜而应门。子贡曰："嘻！先生何病？"原宪应之曰："宪闻之，无财谓之贫，学而不能行谓之病。今宪，贫也，非病也。"子贡逡巡而有愧色。

自己应得的，不害于仁；应不辞谢，而将自己之有余给不足者。

看孔子怎么处理事、对学生之清楚。

经义全在自己去体得，《论语》每章皆有深意。

5. **子谓**（谈）**仲弓，曰："犁牛**（杂色的牛）**之子，骍**（音xīng，纯赤色）**且角**（牛角周正，长短合式），**虽欲勿用，山川**（山川之神，喻公）**其舍诸**（语词）？"

《史记·仲尼弟子列传》"仲弓，父贱人，孔子曰犁牛之子"云云，以耕牛之子，不失为骍牛为喻。《论衡·自纪》云："母犁犊骍，无害牺牲。"《淮南子·说山训》曰："犁牛……生子而牺，尸祝斋戒以沉诸河。河伯岂羞其所从出，辞而不享哉？"

骍牛，毛极整齐，无杂色，合乎标准。

"犁牛之子，骍且角"，好汉不怕出身低，虚伪之心不可有。

孩子本身好，父母不能影响他，给人盼望。相反，也有扶不起的阿斗。

一个人的伟大，绝不在于父母的出身，自己本身最为重要。但是父母不好，小孩也很难好。

尧、舜如真好，何以还有四凶？

"山川"，山神。"虽欲勿用，山川其舍诸"，山神都没有阶级观念，喻"公"。

孔子自谓"吾少也贱，故多能鄙事"（《子罕》）。

历代虽尊孔、祭孔，可不信孔。历代考试必看其三代出身，此限制根本不同于孔子的思想，使人才受到限制。

应自《论语》中体验孔子的思想所在，重新正视儒家思想。中国思想必要另辟天地。

6. 子曰："回也，其心三月不违（离）仁；其余，则日月至焉而已矣。"

此章为孔子给弟子的评语。颜回，中行之士，德行科；其余，皆狂狷之士。公道！

"三月"，言其久。"三"，虚数，多也。吾日"三"省吾身。

"其心三月不违仁"，日求精进不已，持之以恒。以仁存心，"仁者安仁"，恒其德，如"天行健"，好学，"自强不息"。仁道，爱人之道。仁者爱人，难免有所牺牲。

"日月至焉而已矣"，"智者利仁"，但无行健功夫。

7. 季康子问："仲由（子路）可使从政也与？"子曰："由也（语助词，肯定的）果，于从政乎何有（何难之有）？"

子路，政事科。有一技之长即可从政。

"政者，正也。子帅以正，孰敢不正？"（《先进》）能自正了，方能正人。

"果"，有果行。"君子以果行育德"（《易经·蒙·大象》），想有德必育之。"子路无宿诺"（《颜渊》），见义必为。

没有学问，但不能没德。乱伦，是最缺德的事。

曰："赐（子贡）也，可使从政也与？"曰："赐也达，于从政乎何有？"

子贡，言语（外交）科。

《史记·仲尼弟子列传》：子贡一出，存鲁，乱齐，破吴，强晋而霸越。子贡一使，使势相破，十年之中，五国各有变。

"达也者，质直而好义，察言而观色，虑以下人"（《颜渊》）。"不成章，不达"（《孟子·尽心上》）。"诵《诗》三百；授之以政，不达；

使于四方，不能专对；虽多，亦奚以为？"（《子路》）

章，《说文》云："乐竟为一章。从音从十。十，数之终也。"乐曲尽为竟，事之所止。谋篇布局，章法，章程，"含章可贞"（《易经·坤》）。达，《说文》云："行不相遇也。"后训为"通达"，通也。

读书在明理，即达也。

"下学上达"，"君子上达"（《宪问》），修至大人，则"与天地合其德"（《易经·乾卦·文言》）。"不怨天不尤人，下学而上达，知我者其天乎？"（《宪问》）

曰："求也可使从政也与？"曰："求也艺，于从政乎何有？"

"艺"，应包含很多种，非指今天的"才艺""多才多艺"。

礼、乐、射、御、书、数，六艺之用；《诗》《书》《礼》《乐》《易》《春秋》，六经。均为实用之学，是一切做事的技术与手段。

《尚书·舜典》称："归，格于艺祖。"《孔传》："艺"，文也。"艺祖"，文德之祖。《春秋繁露·玉杯》云："君子知在位者不能以恶服人也，是故简六艺以赡养之。《诗》《书》序其志，《礼》《乐》纯其美，《易》《春秋》明其知，六学皆大，而各有所长。《诗》道志，故长于质；《礼》制节，故长于文；《乐》咏德，故长于风；《书》著功，故长于事；《易》本天地，故长于数；《春秋》正是非，故长于治人。能兼得其所长，而不能遍举其详也。"

学到一个程度了，则"无所不用其极"（《大学》）。"所"，地方；"极"，最高的手段。没有哪一地方，不用六艺的最高手段。

"无入而不自得"（《中庸》），皆自得，进入一环境，势必得到自己之得。

孔子"吾不试，故艺"（《子罕》），因没人用，拼命努力，才练出艺。没有当政，冷眼旁观，看尽人生的疾苦，有独门学问，"子所雅言，《诗》《书》执（艺）《礼》"（《述而》）。

孔子的艺，传给了冉求。"求也艺"，达到艺了，"于从政乎何有"，于从政何难之有？因为已经"无入而不自得"了。

8. **季氏**（鲁国执政大夫，季孙氏）**使闵子骞**（闵损，字子骞。小孔子十五岁）**为费**（音 bì，季氏的食邑）**宰。闵子骞曰："善为我辞**（辞谢）**焉。如有复**（再来找）**我者，则吾必在汶上矣。"**

《史记·仲尼弟子列传》谓闵子骞："不仕大夫，不食污君之禄。如有复我者，必在汶上矣。"

闵子骞，德行科。季孙氏不臣，其邑宰数叛，闻闵子骞贤欲用之。闵子骞逃之。

"汶"，汶水，在齐、鲁交会处。"上"，为水之北。

"善为我辞焉"，不愿为季孙氏家宰；"必在汶上"，托辞，必去鲁，往齐。

9. **伯牛**（冉耕，字伯牛）**有疾**（恶疾，传染病），**子问**（慰问）**之。自牖**（窗）**执其手**（把其脉），**曰："亡**（没命了）**之，命矣夫！斯人也而有斯疾也！斯人也而有斯疾也！"**

冉伯牛，德行科。

伯牛命在旦夕，孔子与之永诀。

"斯人也而有斯疾也！斯人也而有斯疾也！"重言之，慨叹之言。叹这种好人，怎么会得不治之症？

10. 子曰："贤哉！回也。一箪食（音 sì，饭），一瓢饮（水），在陋巷（贫寒），人不堪（忍受）其忧；回也不改其乐（乐道之心）。贤哉！回也。"

《韩诗外传卷十》颜渊问于孔子曰："渊愿贫如富，贱如贵，无勇而威，与士交通，终身无患难。亦且可乎？"孔子曰："善哉！回也。夫贫而如富，其知足而无欲也；贱而如贵，其让而有礼也；无勇而威，其恭敬而不失于人也；终身无患难，其择言而出之也。若回者其至乎！虽上古圣人，亦如此而已。"

《潜夫论·遏利》云："因僅于郊野，守志笃固，秉节不亏。宠禄不能固，威势不能移。虽有南面之尊，公侯之位，德义有殆，礼义不班，挠志如芷，负心若芬，固弗为也。"

颜回，德行科，有圣人之道，"具体而微"（《孟子·公孙丑上》）。为七十二贤之首，孔庙四配之一——复圣，能"克己复礼"。

孔子之所以重视颜回，因其有所志、有所乐。常人则往往受不了此种忧而改其志，唯有颜回能"素患难，乐乎患难；素贫贱，乐乎贫贱"，任何环境都不改其所志、所乐，并非傻呆呆也。

孔广森《经学卮言》云："古之得道者，穷亦乐，达亦乐，所乐非穷达也，道得于此，则穷达一也。"

颜回乐什么？乐天之道，天道行健（《易经·乾》"天行健，君子以自强不息"），"诚者，天之道；诚之者，人之道"（《中庸》）。"用之则行，舍之则藏"（《述而》），"隐居以求其志"（《季氏》）。"养其身以有为"（《礼记·儒行》），"君子以饮食宴乐"（《易经·需卦》），饮食宴乐以养之，当隐则隐，"不易乎也，不成乎名"，"隐而未见，行而未成，是以君子弗用也"（《易经·乾卦·文言》），潜龙也。

11. 冉求曰："非不说（悦）子之道，力不足也。"子曰："力不足者，中道而废。今女（汝）画（止也，画地自限）。"

冉求未做先画格，画地自限。"求也退"（《先进》）。

孔子曾对冉求鸣鼓攻过。

"有能一日用其力于仁矣乎？吾未见力不足者。"（《里仁》）社会上即人为。中国重视群德，其表现即仁。

为学有四失：贪多不求甚解，少得就满足，见异思迁，画地自限。

12. 子谓子夏曰："女（汝）为君子儒，无为小人（普通）儒！"

《论语述何》：君子儒，所谓贤者识其大者；小人儒，所谓不贤者识其小者。识大者，方能明道；识小者，易于矜名。子游讥子夏之门人小子是也。孙卿亦以为子夏氏之陋儒矣。

儒，人之需。学而有术，即儒（《法言》"通天地人曰儒"，《说文》"儒，柔也，术士之称"）。儒，无新、旧之分，只有"君子儒"与"小人儒"之分。

"君子儒"与"小人儒",两者有什么区别?君子、小人,即义利之辨。君子儒"以道殉身"(《孟子·尽心上》),"君子喻于义",学为己之学,道就是你,你就是道;小人儒"以道殉人","小人喻于利"(《里仁》),学为人之学,以儒为业。

"古之学者为己,今之学者为人"(《宪问》),君子修天爵、成天德,为己之学,有外柔内刚的应世精神,"和而不流,强哉矫;中立而不倚","合内外之道"(《中庸》)。

自此章,证明子夏就缺此一功夫。

13. 子游为武城(鲁邑名)**宰**(邑宰)。**子曰:"女**(汝)**得人**(培育人才)**焉耳乎?"曰:"有澹**(音 tán)**台**(澹台,复姓)**灭明**(名灭明,字子羽。少孔子三十九岁)**者,行不由径**(小路)。**非公事,未尝至于偃**(子游名)**之室也。"**

成就大事业以造就接班人为第一要义,做事没有人才行吗?

孔子为政,以"举贤才"为要;要弟子留心人才,"举尔所知"(《子路》)。

宰相为天子择百僚,要培育人才,培养接班人。

子游为武城宰,澹台灭明任幕僚,后亦为孔子弟子。《史记·仲尼弟子列传》载:"澹台灭明,武城人,字子羽。状貌甚恶。欲事孔子,孔子以为材薄。既已受业,退而修行。行不由径,非公事不见卿大夫。南游至江,从弟子三百人,设取予去就,名施乎诸侯。孔子闻之,曰:'吾以言取人,失之宰予;以貌取人,失之子羽。'"

明太祖朱元璋曾取消复姓,澹台姓改为"台"。前台大教授台静农，即为澹台之后。

"行不由径"，双关语。走后门，行由径。

"非公事，未尝至于偃之室也"，这是什么行为？

14. 子曰："孟之反（鲁大夫，孟之侧）不伐（夸功）。奔（败逃）而殿（在后拒敌），将入门（国门），策（以马鞭鞭马）其马，曰'非敢后也，马不进也'。"

鲁哀公十一年（公元前484年）春，齐国进犯鲁国。齐鲁交战，先是鲁国右军奔逃，齐国追赶。陈瓘、陈庄徒步渡过泗水，孟之侧在全军之后最后回来，他抽出箭来打他的马，说："我走在最后，是马不肯往前走。"鲁军在冉求的指挥并身先士卒下，作战勇猛，以步兵执长矛的突击战术，终取得胜利。

此必有托文，或是深意。

"孟之反不伐，奔而殿"，败逃在后面拒敌；"将入门，策其马"，将入国门，以马鞭鞭马，曰："非敢后也，马不进也。"

此"不伐之伐"，伪君子，净说违心之言。

15. 子曰："不有祝鲍（卫大夫，字子鱼）之佞（有口才），而（与）有宋朝（宋公子朝）之美，难乎免于今之世矣（非此难免）！"

《经学卮言》：言有祝鲍之佞，或有宋朝之美，乃免于今之世，不然则难矣！

激乱俗，自古认识真材实料者太少！

"祝鲍"，卫国大夫，善言辞，以佞谄受宠于卫灵公，"治宗庙"

（《宪问》）。

"宋朝"，宋公子，仕卫为大夫，以美色见爱于南子。

"祝鮀之佞、宋朝之美"，盖伤时之言！"吾未见好德如好色者也"（《子罕》），要"贤贤易色"（《学而》）。

16. 子曰："谁能出不由户，何莫由斯道也？"

出入由户，喻出入由仁，从此道而行。

经，为常道，如日月经天、江河行地，为人日用所需。

"率性之谓道"，"道不远人，人之为道而远人"，"道也者，不可须臾离也；可离，非道也"（《中庸》）。但"百姓日用而不知"（《易经·系辞上传》），能用，但不知其所以然。

17. 子曰："质（本质）胜文（文饰），则野；文胜质，则史。文质彬彬（相配），然后君子。"

《论语述何》：文质相复，犹寒暑也，殷革夏，救文以质，其敝也野。周革殷，救野以文，其敝也史。殷周之始，皆文质彬彬者也。《春秋》救周之敝，当复反殷之质，而驯致乎君子之道。

"野"，"敬而不中（合）礼，谓之野"（《礼记·孔子燕居》）；"史"，金玉其外。历史，说假的。

"文质彬彬"，乃表里如一；"然后君子"，君子乃言行一致，表里如一。人而不学，虽有美质，不可恃；必学，才能明理。

《春秋繁露·玉杯》云："志为质，物为文，文著于质，质不居文，文安施质？质文两备，然后其礼成"，"《春秋》之序道也，先质而后文，右志而左物，故曰：'礼云礼云，玉帛云乎哉！'"

礼，天理之节文也。当损有余，而补不足。
说易，行可太难！

18. 子曰："人之生（性）也直，罔之生也幸而免（幸存）。"

人性直无伪，直人即真，亦即真人。应"直养而无害"（《孟子·公孙丑上》），直其道，正道。

"诚者，天之道；诚之者，人之道"，"天地之道可一言而尽也，其为物不贰"（《中庸》），存诚，"主忠信"（《学而》）。天地以至诚生物，"不诚无物"（《中庸》）。

"罔"，自欺欺人，"自作孽，不可活"（《尚书·太甲》）。

"罔之生"，离正道修身，不招灾难，是"幸而免"。

19. 子曰："知之者不如好之者，好之者不如乐（贫而乐道）之者。"

学之境界，有深有浅：知之、好之、乐之。

"乐之者"，乃浸淫其中，乐此不疲。不论学什么，不眠不休，才能达一境界。

看书、读书、念书，三种境界不同。

20. 子曰："中人以上，可以语（音 yù，告，教）上（高深的学问）也；中人以下，不可以语上也。"

孔子因材施教。人之材有别，应按其材而教之，方能使其得益。教人而不能尽其材，则事倍功半，是整个人材的浪费。

讲书，谈何容易！人的智慧与了悟，绝对不一样。

"中人以上，可以语上"，智慧中等以上，可以告诉高深的学问，"下学上达"（《宪问》）。

"性相近，习相远"（《学而》）。"中人以下，不可以语上"，"唯上智与下愚，不移"（《阳货》），秀才遇到兵，有理说不清。"语之而不知，虽舍之可也"，即《孟子》"欲其自得之"，《中庸》所谓"皆自得也"。

中等人，易于见异思迁，要"循循善诱"（《子罕》"夫子循循然善诱人"），"学不躐等"（《礼记·学记》"时观而弗语，存其心也；幼者听而弗问，学不躐等也"），学不越次，循序渐进。

21. 樊迟问知（智）。子曰："务（专心致志）民（人）之义（宜），敬鬼神而远（音 yuàn，远离）之，可谓知（智者）矣。"

智者"务民之义"，有目标，当务之为急。

儒家平日"敬鬼神而远之"，不活在宗教世界。

中国为鬼神观。"鬼"，家鬼，自己祖先；"神"，有遗爱在人。有天齐庙、祖师庙、文庙、武庙。祭鬼神，在报恩。

神鬼观，宗教。

问仁。曰："仁者先难（事）而后获（得），可谓仁矣。"

"仁者先难而后获"，做一般人认为难做的事，"先事后得"，先义后利。治身，崇（积）德，先难而后获。

仁者，是为别人活，忘我、无我，先事后食，"不素餐兮"。

《诗经·魏风·伐檀》斥责贵族不劳而获："坎坎伐檀兮，置之河之干兮，河水清且涟猗。不稼不穑，胡取禾三百廛兮？不狩不猎，胡瞻尔庭有县貆兮？彼君子兮，不素餐兮！坎坎伐辐兮，置之河之侧兮，河水清且直猗。不稼不穑，胡取禾三百亿兮？不狩不猎，胡瞻尔庭有县特兮？彼君子兮，不素食兮！坎坎伐轮兮，置之河之漘兮，河水清且沦猗。不稼不穑，胡取禾三百囷兮？不狩不猎，胡瞻尔庭有县鹑兮？彼君子兮，不素飧兮！"

22. 子曰："知（智）者乐（音 yào，喜好）水，仁者乐山。知者动（自强不息），仁者静（无欲）。知者乐（音 lè），仁者寿（与天地同寿）。"

中国学问，是法自然。山水，大自然给人的启示，动静皆自在，"必仁且智"（《春秋繁露·必仁且义》"莫近于仁，莫急于智"）。

"智者利仁"，有似于水，周流不滞，达于事理。"智者动"，流水之为物也，不盈科不行，永远在流动。"智者乐"，无所不达，"盈科而后进"（《孟子·离娄下》），不遗小间隙，淌满了再往前走。

"仁者安仁"，有似于山，厚重不迁。"仁者静"，无欲才能静，"宁静以致远"，定、静、安、虑、得。"仁者寿"，与天地同寿，精神长在，恒也。

23. 子曰："齐一变（进步），至于鲁（以鲁当新王）；鲁一变，至于道（大道之行也，天下为公）。"

张三世，存三统。

《春秋》为况，《大易》为象。《春秋》，是孔子的理想国，以之为况。"以鲁当新王"，乃借事明义。

"齐一变，至于鲁"，齐，霸道；一进步，至于鲁，以鲁当新王，由霸道到王道。

《说文》云："伯，长也。""霸"古多作"伯"。"伯"者本字，"霸"者假借字，后假借字通用。五霸者，诸侯之长也。《白虎通德论·号》称："王者，往也，天下所归往。"《孟子·公孙丑上》云："以力假仁者霸，霸必有大国。以德行仁者王，王不待大。""以力服人者，非心服也，力不赡也；以德服人者，中心悦而诚服也。"

"鲁一变，至于道"，再一进步，由王道达于大道，"大道之行也，天下为公"。

24. 子曰："觚（音 gū）不觚（不像觚形），觚哉！觚哉！"

"觚"，酒器，喇叭形口，细腰，高圈足，腹部和足部各有四条棱角，有一固定的型。

"觚不觚"，觚如果没有棱角，就不像觚的器形，又怎能叫作觚？"觚哉！觚哉"，是觚吗？是觚吗？

命名，"必也正名乎"（《子路》），有个样子，名正言顺，实至名归，名实相副。《春秋》慎辞，谨于名伦等物者也。"（《春秋繁露·精华》）

以此为定理："人不人，人哉！人哉！"人不像人，永远不能成事。

人的格，在"孝、慈、义"，否则是两条腿的畜牲。

25. 宰我问曰:"仁者,虽告之曰'井有仁(人)焉',其从(音 zòng)之(随之入井)也?"子曰:"何为其然(如此)也(犹'邪'、'焉')?君子可逝(往)也(犹'焉'),不可陷(陷身于法网)也;可欺也,不可罔(昧之以理之必然)也。"

宋翔凤《过庭录·卷十三》:宰我本鲁人,简公在鲁,故事之而有宠;及即位,而使为政,为陈成子所惮,有正色立朝之概……然既用于时君,社稷系命,惟在知周仁足,事出万全,否则引身而退……则顾不能,终于身祸君弑,"可逝而不可陷",孔子早已戒之,所谓"耻之者",此也。

"可逝",可前往;"不可陷",不可陷身于法网。

"可欺",因其"欺之以方";"不可罔",不可昧之以理之必然。

"君子可欺以其方,难罔以非其道"(《孟子·万章上》),"可罔",才"可陷"。遇事必冷静,"好仁不好学,其蔽也愚"(《阳货》)。

"博学之,审问之,慎思之,明辨之"(《中庸》)。遇事必明辨之,然后笃行之。懂得明辨是非了,才是知识分子。谣言止于智者。

26. 子曰:"君子博学于文,约之以礼,亦可以弗畔(同'叛')矣夫(犹'乎',叹词)!"

《论语述何》:"文",六艺之文;"礼",贯乎六艺。故董生云:《春秋》者,礼义之大宗也,其事则齐桓晋文,其文则史,可谓博矣。君子约之以礼义,继周以俟百世,非畔也。

"礼",理也,一切行事为人的标准。《春秋》者,礼义之大宗也"（《史记·太史公自序》），一切决之以礼义，"和顺于道德而理于义"（《易经·说卦传》）。

"博学于文"，什么书都看，但得以礼约知（文）。

"约之以礼"，"不学礼，无以立"（《季氏》），以礼约身，则不叛道。

人的本性上皆能做圣贤，一步错就坏，应责备自己，不能骂父母。

27. 子见南子（卫灵公夫人），**子路不说**（悦）。**夫子矢**（一、陈言；二、誓言）**之曰："予所**（誓辞。王引之释为'若'）**否**（抱负不通）**者，天厌**（一、讨厌；二、阻止）**之！天厌之！"**

《史记·孔子世家》：灵公夫人有南子者，使人谓孔子曰："四方之君子，不辱欲与寡君为兄弟者，必见寡小君。寡小君愿见。"孔子辞谢，不得已而见之。夫人在絺帷中。孔子入门，北面稽首。夫人自帷中再拜，环佩玉声璆然。孔子曰："吾乡为弗见，见之礼答焉。"子路不说。孔子矢之曰："予所不者，天厌之！天厌之！"

孔子见南子，弟子疑。

孔子被学生一句话打乱了，"矢之"，忙着发誓，表明没有动心。

以自己抱负之所以不能通者，实乃天阻之，与见不见南子无关。

"和而不流"，才有影响力。

懂得坏事，做了坏事定知道忏悔。人生最重要的是过理智生活。

反经行权，行权必返经，正经的都成功了。

28. 子曰："中庸之为德也，其至（至德）矣乎！民鲜久矣。"

《论语述何》：春为阳中，万物以生；秋为阴中，万物以成。《春秋》贯乎六艺，而主乎用。自东周以后，无用之矣。子思子发挥大义，康成氏能言之。

《中庸》，学用中之道。汉儒郑康成注："名曰《中庸》者，以其记中和之为用也。"

"喜怒哀乐之未发，谓之中；发而皆中节，谓之和。中也者，天下之大本也；和也者，天下之达道也。致中和，天地位焉，万物育焉。"（《中庸》）中者，礼义。中国，用中之国，礼义之邦。

"孝为德本"（《孝经》），"苟不至德，至道不凝焉"，"苟非其人，道不虚行"（《易经·系辞下传》）。

"中庸之为德也，其至矣乎"，《中庸》云："中庸其至矣乎！"中庸的境界很高。"民鲜久矣"：一、一般人不知"用中"之德已久矣；二、一般人少能长久用中道，因难持之以恒，多是"日月至焉而已矣"。

29. 子贡曰："如有博施（不挑选）于民（老百姓），而能济众（恩泽于民），何如？可谓仁乎？"子曰："何事（止）于仁，必也圣乎！尧舜其犹病（苦恼，愁）诸（做不到）！夫仁者，己欲立而立人，己欲达而达人。能近（自左近）取譬，可谓仁（行仁）之方也已。"

《论语述何》：《春秋》录内略外，必先正君，以正内外，所谓取譬不远也。

"博施、济众"，尽己之性→尽人之性→尽物之性。

"恕"，如心，推己及人。己欲立而立人，己欲达而达人。

必自己有能力了，才能救别人，否则到头来，反成为被救济的对象。

"博施、济众"，"必也圣乎"，其唯圣人能之，圣人贵除天下之患。

"尧舜其犹病诸"，尧舜都还愁做不到博施济众。尧，犹有四凶。

仁者，己立立人，己达达人，推己及人。

"克己复礼"，非礼，勿视、听、言、动，去外诱之私，存本然之善，为立身之要道。"为仁由己"（《颜渊》），非由人，不外求。一切行动，皆在立身规范之内；能立身，就能行道。

"能近取譬"，从左近找到明道之事，体悟、实践、笃行之；"可谓仁之方"，是

"一日克己复礼，天下归仁"，"尧舜之道，孝弟而已矣。子服尧之服，诵尧之言，行尧之行，是尧而已矣"（《孟子·告子下》）。道在近，不必求诸深、求诸远。佛在家中坐，何必远烧香？

读书在明理，明辨是非；明辨是非，才能治国、平天下。

人愈是圣洁愈芬芳，此芬芳在灵性里。人就是圣洁，不论男女。不圣洁，则无永固的感情。

人必要有人的价值，"人之异于禽兽者，几希"（《孟子·离娄下》），君子存之，小人去之。人伦，无新旧之分。

仁人、圣人、大人，有何区别？

述而第七

你们读书必脚踏实地，以《四书》作基础。

思想必要创新，要与时俱进。

《墨辩》真是"莫辩"，《离骚》应读其思想。何以古人环境那么单纯，思想却是那么丰富？读《易》，许多人本文不懂，但讲历代贩子的东西。

何以古人有如此致密的构思？以今天的想法想，绝对与古人不合。何不以今天的环境构思，我们为何要读古书？是在以古人的智慧启发我们的智慧。今天的环境充实，思想应更为充实，应超过前人，但必得"因而不失其新"。

我称"夏学"，因为不再碎尸万段，凡是中国人的东西都收，有如矿山，有发掘不完的宝藏。思想是一个系统的，孔子"吾道一以贯之"，"变一为元"。我们奉元，接着可成"扁"的。

我在帝国主义的阴影下长大。美帝、俄帝、日帝，为百年中国之三大老板。美国知道其未来的大敌即中国，日本则微不足道。

今后中国无外来的影响，可以自己好好地发展。

台湾地区犹在美、日的势力笼罩下。被敌人控制，不会拿你当人，绝对不同于"本国人"。我在日本时代不做汉奸，已经是英雄。

我喜欢想，但是想一辈子，也可能"吓死"！你们要放松脑子去想，不要天天在情爱中打转，不要浪费有用的时光与智慧。

一个民族的荣辱，完全系于思想，思想历久而弥新。

1. 子曰："述（祖述）而不作，信而好古（述古），窃（私，我）比（音 bì，窃比，尊之之辞）于我（表亲切）老彭。"

此系孔子"郁郁乎文哉"时的境界。

"盖有不知而作之者，我无是也"，"好古，敏以求之"（《述而》）。

"述"，祖述，父作之，子述之，"数典不忘祖"，此为中国人的民族精神。"述而不作"，接着前人，用前人智慧启发自己的智慧。接着前人，不凭空杜撰。

"信而好古"，信很重要，以人性作标准，看自己心里舒服否？

述古，多么认真！证明仍土，境界最低时。刚开始接触文化，似懂非懂。

"窃比"，尊之之辞。"我老彭"，"我"表示亲切，必是觌面亲授者。"老彭"是谁，不得而知，但绝非凡人。

学问，应是活活泼泼的，如同打一剂强心剂。学问，必与年龄俱进。接着做，"祖述尧舜"，要拨乱反正。

2. 子曰："默而识（音 zhì，了悟在胸）之，学而不厌（足），诲人不倦，何有于我哉？"

此章为一总纲，是功夫，可知道怎么读书。

"默而识之"，"默"，非可以言传，尽在不言之中；"识"，心会神通。大思想家自此过来。没有"学不厌"，又以什么"默而识之"？

"学而不厌"，学，乃知行合一，"学，然后知不足""知不足，然后能自反也"（《礼记·学记》）。"诲人不倦"，尽责任。但如不是人，就不必诲之。"学不厌，诲不倦"，成己成人，学之全功。

"何有于我哉？"上三者，对我而言，何难之有？没有难处。

我喝茶，默念。孙女监督，瞪着眼说："茶凉了！"我有点境界是自"默而识之"来的。熊十力则是"用心深细"。

"默而识之"，懂得千千万万，对你们说一点，已属不易。默，比禅高，心会神通，儒家最高的功夫。

3. 子曰："德之不修（修德），学之不讲（讲学），闻义不能徙（徙义），不善不能改（迁善改过），是吾忧也。"

此章是孔子骂弟子之言。

"修德"，德，是实际行为的表现，有善德、有恶德。"修"，是功夫，切磋琢磨，不好的去之。人不可以缺德，应"约之以礼"。意淫，就是淫。

讲学，切磋琢磨，以成其道。

徙义，知义，还要能徙于义。

迁善改过，"见善则迁，有过则改"（《易经·益》），"过而能改，善莫大焉"（《左传·宣公二年》）。

"是吾忧也"，仁者不忧己私，是忧徒儿。德之必修，学之必讲，闻义必徙，不善必改，是吾徒也。

为人师岂是易事？君、师是有责任的，"配天"。为师者，应长学生之善，而救其失。教书，是引导学生，不是牵着他的鼻子走，开导启发，使学生养成独立思考的能力。教导学生，应循序渐进、有先后缓急，《大学》所谓"知所先后，则近道矣"。如不循序渐进地教，学生即使学了，也一样没能修成。光是讲书本或是讲义，一部讲义可教上三十年。不然，就专讲些术数，谈玄、谈妙，不敢谈真理。越没学问的人越喜讲术数，使人不了悟。教人完全不由"诚"入手，也不尽力教，更不能因材施教。

"师严然后道尊，道尊然后民知敬学"（《礼记·学记》），为师能严己身，为人所敬，道才能尊；师道尊，人才能敬其所学。

"讲学"不如"奖学"，这是我晚年的慨叹！

有人对你说不良之言，应马上告诉他不能做。叫你偷偷了解谁，必要骂他。"仲尼之徒，无道桓、文之事者"（《孟子·梁惠王上》），奉元书院同学无道什么？

4. 子之燕居，申申（言其敬）**如**（望之俨然）**也，夭夭**（言其和）**如**（即之也温）**也。**

此弟子记孔子之态度，学生看老师怎么活。

朱子引杨氏（杨时）曰："申申，其容舒也；夭夭，其色愉也。"又引程子曰："今人燕居之时，不怠惰放肆，必太严厉。严厉时著此四字不得，怠惰放肆时，亦著此四字不得，惟圣人便自有中和之气。"退朝而处了，还要装腔作势？朱子并非不懂，但是在那个环境，必得那么讲，否则其书如何流传？

"望之俨然，即之也温"，即"申申如也，夭夭如也"。

《礼记》中有《仲尼燕居》与《孔子闲居》二篇。"燕居"，不同于"闲居"。昔日闲居犹见客，燕居则已退至内房，不再见客了，因已穿睡衣了。

人活着必有美感，要维持礼。今人不懂何为礼。

学什么，必脱胎换骨，才算是自己的。

5. 子曰："甚矣，吾（道）衰也！久矣，吾不复梦见周公！"

《论语说义四》：《史记·孔子世家》言定公五年，阳虎囚季桓子，季氏亦僭于公室，陪臣执国政，是以鲁自大夫以下皆僭离于正道。故孔子不仕，退而修《诗》《书《礼》《乐》，弟子弥众，至自远方，莫不受业焉。此孔子不仕，谓"不可求"，修《诗《《书》《礼》《乐》为从吾所好。孔子自述出处之际，故以两"吾"字明之。

思想随年龄、学识而有所改变。此时孔子已经有自己的主张。自《论语》可见孔子思想有三次变迁。孔子一辈子栖栖遑遑，即要行自己的道，做自己的梦。

"吾衰"，吾道衰也，天下为公之道衰。道衰，乃因不能行，因为环境已经变迁得厉害！

"不复梦见周公"，此时孔子不"从周"了，已有自己的主张！智者无梦，因其能了解如何去处世为人，绝无做白日梦之事。

我不知死后，大家能给我写多少真话。

大丈夫不可一日无权，但国民党就不给权。我教书，首次上

"政大"，一见"果夫楼"，骂两个小时，仍然叫座，挤得水泄不通。我强调"有守"。就因为无守，利害一冲突了，尽做不义的事，一见利，就忘义了。

6. 子曰："志（主）于道（大道），据（守）于德，依（有所依）于仁（生），游（游心）于艺。"

为什么活？志在行道，"大道之行也，天下为公"（《礼记·礼运》），祖述尧舜之"公天下"，"老者安之，朋友信之，少者怀之"（《公冶长》）。

"志于道"，"志"，心之所主。"道"，率性之谓。道还能外求？非能从外买。绝不违背良知做事，心之所主在于良知。

我依经解经。有传道之责必特别注意，今天复兴华夏文化为第一要义。处处违背天意，必得灭亡。今后谁也不敢碰中国，中国永不亡。

"据于德"，"据"，守也。失据，今天好，明天不好。

毛病都去掉，智慧才走上正路。守住善行，天天忙正事。本人性做事，有德不能变，"不贰过"（《雍也》）。

"依于仁"，"休"的本义，人依木息止，有所依也。"仁"，生也，生生之谓仁。依靠仁，"依于仁"的境界。

闲暇无事曰"游"，"游于艺"，游心于六艺：礼、乐、射、御、书、数。

熊十力以"凡智慧、知能之学，皆可名为艺"。《礼记·学记》云："不兴其艺，不能乐学。""游于艺"，才能乐学。游学，以文会友。

昔以唱诗词、歌赋为游乐，既可增加知识又好玩。清唱，纯唱诗词。喝酒，也不可喝闷酒，要行酒令、诵词、行令、押韵、传花。

昔日天天读书（文）、射箭（武），以写字、磨墨、画画作休息。文人画，墨戏，功夫在画外。

孔子"不试，故艺"（《子罕》），"求也艺"（《雍也》），孔子的艺为冉求得去。得深入研究艺。孔子"博学而无所成名"（《子罕》），不以一技一艺名，通理而应万事，一法通，百法通。

把式，即师傅，做什么有一定的师傅，有车把式、马把式，北京有天桥把式。"师父领进门，修行在个人"。

7. 子曰："自行束脩（挚，物之薄者）以上（动词，上束脩），吾未尝无诲焉。"

此章讲孔子有教无类，诲人不倦。

"自行"，行礼，主动的，"只闻来学，未闻往教"（《礼记·曲礼》"礼闻来学，不闻往教"）。

"束脩"，不是一块，是馈问之物，即今天学费。

"以上"，上束脩、上供、上寿，皆敬辞。

"自行束脩以上"，证明教书是看钱，传道是假的！

"吾未尝无诲"，诲人不倦，有教无类。

古代学在官，孔子设教于杏坛，开私人讲学之风，以"藏道于民、有教无类"两个术打倒家天下。

8. 子曰："不愤不启，不悱不发。举一隅，不以三隅反，则不复（再告）也。"

《论语述何》：圣人之言，皆举一隅而俟人之以三隅反，故文约而旨无穷。

《春秋繁露·精华》：弗能察，寂若无，能察之，无物不在。是故为《春秋》者，得一端而多连之，见一空而博贯之，则天下尽矣。

此为孔子教书的原则：启发式教学，要学生举一反三。

孔子学生，除颜回"闻一知十"外，至少也是"闻一知二"的。

"愤、启、悱、发"四字必研究明白了，才能通神。

"愤"，《说文》称："懑也。"发愤忘食。"启"，《说文》称："教也。"启蒙，启发。"不愤不启"，学有不通，亟欲求通，因而启导之。是启发教育，不是灌输、填鸭。

"悱"，《礼记·学记》云："时观而弗语，存其心也。""力不能问，然后语之。""发"，起，开，兴也，引申义：出发，发凡起例。"不悱不发"，口欲言，而力不能问，因而开导之。

"举一隅，不以三隅反"，举一反三，"反"，告诉我，相印证。举一反三，此乃基本的智慧。

"不复"，"语之而不知，虽舍之可也"（《礼记·学记》），即《孟子》"欲其自得之"，《中庸》所谓"皆自得也"。

"则不复也"，也太无耐力了，无爱心也！我教书，学生不读书，乃是其祖宗无德！

9. 子食于有丧者之侧，未尝饱也。子于是日（这一天）**哭，则不歌。**

此章记孔子吊丧时的态度，做人的原则。

临丧则哀，所以"未尝饱也"。

往吊而哭，余哀未灭，所以"不歌"，否则太无伦序了！

人一天要有常。哭了，就不能歌。

反证，孔子平日爱歌。

10. 子谓（告诉）颜渊曰："用之则行（行道于世），舍（不用）之则藏（藏道于民），唯我与尔（我和你）有是夫（吧）！"

孔子以"藏道于民、有教无类"两个术打倒家天下。

"用之则行"，则行道，"大道之行也，天下为公"（《礼记·礼运》）。颜回深得此意，故回死，孔子叹："天丧予！天丧予！"

"舍之则藏"，不用则"隐居以求其志"（《季氏》），藏道于民。真思想家不在乎自己的成功，成功不必在我。"三世必复，九世必复，虽百世可复也"。

教书，不是法院，是要将坏人变成好人，把不正常的人变成正常的人。但谈何容易？读中国书，贵乎实行。

"精用六九，足以使天下平"，出自《易经》。

《易·乾》云："用九，见群龙无首，吉。"《小象》曰："用九，天德不可为首也。"《易·坤》曰："用六永贞，以大终也。"《易·乾卦·文言》称："乾元用九，天下治也。""用九，乃见天则。"

他们上太空，咱们天下平，得"见群龙无首"，才天下平。"用九，天下治也。""乃见天则"，天则，是有步骤的，"大人者，与天地合其德"（《易经·乾卦·文言》）。

子路曰："子行三军，则谁与（动词）？"子曰："暴虎冯（音

píng）河，死而无悔者，吾不与也。**必也，临**（面对）**事而**（能）**惧，好谋**（好好计划，深谋远虑）**而成者也。"**

子路不服，将了老师一局："子行三军，则谁与？"

"暴虎冯河"，空手打老虎，你不怕，那人亦不怕你！真老油条了，见谁都不轻视。

"死而无悔"，死了，哪有机会后悔？

自此看孔子喜欢什么人。

"临事能惧，好谋能成"，戒慎、冷静。做事要特别慎重，孔子慎战，战则必克。

"临事而惧"，临深履薄，戒惧谨慎，审以出之，"知彼知己，百战不殆"（《孙子兵法·谋攻篇》）。

"好谋而成"，始计，庙算，深谋远虑，好好计划。谋，几个人坐着开会，几个臭皮匠胜过一个诸葛亮。容乃大，非一人能成事。好谋，还要能断；临事不断，必自乱。

或问："有学问，可为王莽师？"我答："现也没有王莽了。"

昔日中国人绝不轻易将国土送人。老蒋将外蒙"假独立之名，给苏联之实"。分裂国土"唯一死刑"。美国说强话，但绝不会为台出兵。

11. 子曰："富（富贵在天）**而可求**（求到）**也，虽执鞭之士，吾亦为之。如不可求，从吾所好。"**

"可求"，"赵孟贵之，赵孟贱之"；"不可求"，富贵在天。

据《周礼》，有两类人可以执鞭：一、天子、诸侯出入时，有二至八人执鞭以开道；二、市场守门人，执鞭以维持秩序。

"从吾所好"，学不厌，乐此不疲，"不如丘之好学也"。

我一生不想（求）自己办不到的事。多少年轻人妄想，妄想不是志。

12. 子之所慎（谨慎）：**齐**（斋，祭也）、**战**（战争）、**疾**（疾疫，流行病）。

古人祭政合一，祭重于政。

"斋"，敬也，诚也，"祭如在"。有天坛、地坛、日坛、月坛、社稷坛、太庙。

"战"，孔子慎战，不打没有把握的仗，"战无不克"（《礼记·礼器》子曰："我战则克，祭则受福，盖得其道"）。

兵法和《大易》相通。皇、帝、王、霸，是《武经》之要。

"登东山而小鲁，登泰山以小天下"（《孟子·尽心上》），"治大国若烹小鲜，友世界以小天下"。《易》旅卦，专讲小。

《易·旅卦》：《彖》曰：旅，小亨，柔得中乎外而顺乎刚，止而丽乎明，是以小亨，旅贞吉也，旅之时义大矣哉！

"疾"，疾疫，传染流行病。

13. 子在齐，闻《韶》，三月不知肉味（学乐之专）。**曰："不图**（不料）**为乐之至于斯也。"**

《论语说义四》：虞时，合乐用《箫韶》，故曰"《箫韶》九成"。齐之《韶》乐，亦以合乐用之，故曰"不图为乐之至于斯"。必合乐，乃得言乐也。

《春秋繁露·楚庄王》：舜时，民乐其昭尧之业也，故《韶》，韶者，昭也。

《韶》乐，舜之乐，尽善又尽美。

《礼记·乐记》：治世之音安以乐，其政和。乱世之音怨以怒，其政乖。亡国之音哀以思，其民困。声音之道，与政通矣。

"乐其可知也"（《八佾》），"闻其声，知其政"。

"三月不知肉味"，音乐的最高境界，能使人忘食：一、乐，音 yuè，音乐可以令人不知肉味；二、闻乐，可以乐道，让人乐此不疲。"率性之谓道"，有人性。

孔子喜音乐且懂音乐，能够欣赏，而陶醉其间。

14. 冉有曰："夫子为（助）卫君（卫出公）乎？"子贡曰："诺（应辞），吾将问之。"入，曰："伯夷、叔齐何人也？"曰："古之贤人也。"曰："怨乎？"曰："求仁而得仁，又何怨？"出，曰："夫子不为也。"

卫灵公的孙子辄，辄的父亲蒯聩是灵公的太子，因罪逃往国外。灵公卒，由辄继为卫君。

晋国赵鞅助聩返卫国戚邑。鲁哀公三年春（公元前492），卫石曼姑等帅师围戚。此后蒯聩一直居在戚邑。至鲁哀公十五年（公元前480）冬，聩与浑良夫等潜入卫家，挟持孔悝，强迫与之结盟，聩遂立为庄公。明年春，辄出奔，因此称为出公辄。二人以父子而争位。

孔子于鲁哀公六年（公元前489）自楚返卫，时在卫君出公辄四年。当时孔子弟子高柴、子路等皆仕于卫。"卫君欲得孔子为政"，应在此时。

此章讲孔子不助人为恶。

伯夷、叔齐以兄弟而让位。孔子称伯夷、叔齐是"古之贤人也"。

伯夷、叔齐让位，逃之；后反对武王"以暴易暴"，采薇而食，饿死首阳，殉自己的政治主张。孔子以为他们是"求仁而得仁，又何怨？"

自孔子对伯夷、叔齐的评价，子贡知夫子不助卫君相争。

自此看孔子所谓"忠"的观念，实不同于召忽的愚忠。我强调思想，中国思想不同于历代的帝王思想。

道，得一，体；儒，得仁，用。孔子得一，后改一为元。儒家天天求仁、得仁。仁，元之用。儒家的爱是从"安土敦乎仁"（《易经·系辞上传》)而来的。

我为孙子取字"存赤"，不失其赤子之心。

《春秋》比《大易》谜还难猜。

时，是孔学之要，《大易》讲时，《春秋》讲如何行时。

没有中心思想，缺德，天天争利，乱。同学能给走狗当走狗？那讲学岂不是白讲了？

读书，在改变器质，则"觉今是而昨非"。

陶潜《归去来兮辞》：归去来兮！田园将芜胡不归？既自以心为形役，奚惆怅而独悲？悟已往之不谏，知来者之可追；实迷途其未远，觉今是而昨非。

人，得有人格；学，得有学格。有学问，在立德、立功、立言，"有德者，必有言；有言者，不必有德"（《宪问》）。

想要名满天下，那就努力"求为可知也"（《里仁》）。

奉元，人人体元，则足以生生，能"无忝所生"。

"蒙以养正"（《易经·蒙》），守正居正，以学成就圣功。"人人皆有士君子之行"（《春秋繁露·俞序》），"无忝所生"。

《易》乾卦"用九。见群龙无首，吉"，坤卦"用六。利永贞"。精用六九，则天下平。

最重要的是"立元神"（《春秋繁露》有《立元神篇》）。上帝，最上的主宰，称"元神"，为一切之本。立本、立直、立真，皆元之用。

每个民族，都有其民族精神。

五十年来，奉元书院的是是非非太多了！

大家不要因一时、一念之差而为人奴。一做，就显出毛病。有知识、学问，可以为敌人所用？

自人的一举一动认识他、评论之。李敖此回必然失多于得，言多必失。李庆华一家人，太聪明了，焉知将来不都落空？

小问题看不清，大问题可不能不看清。今天，如贴上"民进党"标签，将来绝不被原谅。

你们生逢"胜世"，何以不好好努力？中国科技史未逾三十年，今天就有此成就！

15. 子曰："饭（动词，吃）**疏**（同'蔬'）**食**（音 sì，饭），**饮**（音 yìn，喝）**水，曲肱**（臂）**而枕**（动词，枕着）**之，乐亦在其中矣！**

不义而富且贵，于我如浮云。"

《论语述何》：此章因上章而类记之。不义之富贵，不特蒯聩与辄也，即如石曼姑之受命于灵公，皆不义也。际可之仕、公养之仕，诚不如疏水曲肱矣。

《孟子·万章下》："孔子有见行可之仕，有际可之仕，有公养之仕也。于季桓子，见行可之仕也；于卫灵公，际可之仕也；于卫孝公，公养之仕也。"

"饮水"，水，凉的；"汤"，热的，扬汤止沸，探汤。

我刚来台时，北投如日本的小乡村，有许多温泉。

"乐亦在其中"，无愧、无悔、无咎之乐，乐道，乐此不疲。

"不合乎义的富与贵，于我如浮云"，发牢骚！人生真是没法想，一切如浮云，皆过眼烟云。不义之富贵，有如浮云，风轻轻一吹，即过去了。

我阿玛曾对我说："你如此守分，可以过上五十代。"何曾料到，太师母即遭罪了！

读《论语》，得行，立德、立功、立言为三不朽。

许多事，要自"性"上认识：如果是自己，愿意如此做？认识问题，则知止。此即天则。

16. 子曰："加（假）我数年，五十以学《易》，可以无大过矣！"

这句话应是孔子五十岁以前说的。

《史记·孔子世家》：孔子晚而喜《易》，序彖、系、象、说卦、文言。读《易》，韦编三绝。曰："假我数年，若是，我于《易》则彬彬矣。"

"五十而知天命"，因学《易》了，了解人性，知道以性行事，"率性之谓道"，当然没有大过。此即实学，成为生命，一生就不会做不义之事。

大过，有害于人。《易》是悔过之书，学《易》以后，不再有害人的思想、行为。学《易》，心卜，绝不能有害于人。

讲《易》学，何以不会做事？因为没有学《易》。《易》学，不同于学《易》。

无大过，但仍有小过，尚未至"定"的境界。小过，见什么动心眼。小过时时有，一动念、离本位，即小过。

小过，可不许贰过，有限制。"素其位而行，不务乎其外"（《中庸》）为一标准。但人必务乎其外，人总是有毛病，"过，则勿惮改"，要能"不贰过"。

贰过，天天在过之中。一个人心常存过，头脑绝不会清晰，不会有超人的建树。

"嗜欲深者，天机浅"，此为中国人思想的范畴。

修行几十年，仍未定住，小禅师请教老禅师。老禅师临终说真话："你还没有死！"还没死，当然还动心。

闭关，眼不见，不动心。用心卜，一动念，即知问题出在哪儿。

没有做，可以无大过：要如此学《易》。

是学《易》，不是《易》学。学《易》的目的，在"求无大过"；《易》学，则与你无关。学佛，才能成佛；佛学，不能成佛。

要读书，先自脑子革命起，人格才能够升华。

孟子讲尽性，即发挥人的本能；不能尽性，则废事。能尽己之性，才能尽人之性、尽物之性，最后"与天地参矣"，即"与天地合其德"，成为"大人"，天人的境界。

17. 子所雅言，《诗》《书》、执（艺）、《礼》，皆雅言也。

《史记·孔子世家》：孔子以《诗》《书《礼》《乐》教，弟子盖三千焉，身通六艺者七十有二人……颇受业者甚众。

"雅言"：一、常，天天讲的；二、"雅"，与"夏"古音相近，夏为中原地带，为周统治区。雅言，为周时官话，山（山西）陕（陕西）语言。

《诗》《书》、执、《礼》"，"执"，一、作艺。熊十力于《原儒·原学统》谓"晚明方密之（方以智）通《雅》，释此章曰：诗书执礼，四者平列，不可执作执守豐。执与艺，古可通用。此中执字，当作艺读。"《诗》《书》、艺、《礼》"，孔子以此四者天天教弟子。二、作守，守礼。

《诗》可以兴，可以观，可以群，可以怨。《书》，即《尚书》，中国最早的一部政书。政治乃管理众人的事，必有政治伦理，即礼。人之礼，即人伦。人伦上，表现出"君子之道，造端乎夫妇"，后面跟着礼。懂得有男女、名分了，就有礼、法、制度，此即智能之层次，培智必有层次。

"艺"，六艺——礼、乐、射、御、书、数，射、御。"礼"，立于礼；"乐"，成于乐；"射、御"，卫民保国，都得动，故曰"游于艺"；"书"，习字；"数"，算数。

"大道之行也，天下为公"，大公。历史上就因一个"私"字而亡国。不义，就为了私而伤品败德，一个"私"字害尽天下苍生。

老蒋固然不堪，但并没有对不起台湾人，想在台成立基地，再"反攻"回大陆，以成其私。

我身临其境，什么都经过，始知什么都是假的。

读书的目的，在改变器质。

《易经》，中国人几千年前的思想，思想之致密！

好好看熊十力的书，学他求学的方法，接着往前去做。今天真懂得熊先生东西的，没几人。

如怕死，可以研究学问；如怕累，还谈什么？人活，必要活得有价值。

"因毓老是某某之后，必给予地"，多么刺激人！我要在十年内，将"华夏学苑"至少完成一半。

我赶上三次"亡国"——清室、复辟、"满洲国"。刚上台，就落幕了，真非"仓皇"二字所能形容！宣统帝（溥仪）在中山公园卖过票。只有身历其境，才知个中辛酸。我现在又有谁侍候？

千言万语，真话都告诉你们了。如表现得好，必要有自知之明。你们责无旁贷，要好好求学。"工欲善其事，必先利其器"，第一要义外语要学好。培养智慧，不要尽吹牛。

18. 叶（音 shè）公（楚大夫）问孔子（事）于子路，子路不对（答）。子曰："女（汝）奚（何）不曰'其为人也，发愤忘食，乐以忘忧，不知老之将至云尔（如此）'？"

《史记·孔子世家》：孔子自蔡如叶。叶公问政，孔子曰："政在来远附迩。"他日，叶公问孔子于子路，子路不对。孔子闻之，曰："由，尔何不对曰'其为人也，学道不倦，诲人不厌，发愤忘食，乐以忘忧，不知老之将至云尔'？"

有广告机会，为何不做？孔子真会骗人！

"发愤忘食"，不愤不启，自己努力向上。振奋，主动的。你们发愤忘食了？不要懒！一勤天下无难事，就怕有心人。

"乐以忘忧"，一、乐道，忘了忧己私，仁者不忧己私；二、乐在其中，又焉有忧？是"乐此不疲"的境界。"温故而知新"，如何不忘忧？

人皆有所忧，有忧不必怕，找一乐子则可以忘忧，至少也可以冲淡，愁城易破"谁"为兵？

19. 子曰："我非生而知之者，好古（信而好古），敏以求之者也。"

"非生而知之者"，自谦，示有所本。

"好古"，一切皆有所本，数典不忘祖。

"因不失其新"，此所以孔子能"集大成"，集古圣先贤之大成。孔庙有"大成殿"。

"好古"，温故能知新，如何不忘忧？

"敏以求之"，敏，虑深通敏；审慎，才能想到真理。

20. 子不语：怪、力、乱、神。

"言"与"语"，两者有何区别？要点如抓不住，又如何深入？

"怪"，异乎常者；"力"，暴力；"乱"，以下犯上；"神"，有遗爱在人者。

祭神，是在报恩。"人死曰鬼"（《礼记·祭法》），"非其鬼而祭之，谄也"（《为政》）。平日则"敬鬼神而远之"，务人之义，故不语神。

不卜而已矣，不讲卜筮，是讲心卜。

真读《易经》了，焉有今天失败的行为？

21. 子曰："三人（多数人）行，必有我师（师法）焉。择其善者而从之（为法，思齐），其不善者而改之（为戒）。"

"三人行，必有我师焉"，一者为法、一者为戒，有可以作为我所师法的对象，也有可以作为我所警戒的对象。

"择其善者而从之"，"主忠信，无友不如己者"（《学而》），能够"见贤思齐"。

"其不善者而改之"，见人之不善则反思，改自己之短不是改别人的短，"过，则勿惮改"。

不要净是挑别人的毛病，却忘了自己的不是。"二人同心，其利断（音 duǎn）金。同心之言，其臭（音 xiù）如兰"（《易经·系辞上传》）。

同学这些年来真肯认真，成功了，却一事无成！因为都聪明过度，忘了自己该干什么。

做买卖、做福利，办事以台人为主，外省第二代以顾问帮忙，绝不可以争权夺利。

22. 子曰:"天生德（善行）于予,桓魋（音tuí,宋司马）其如予何?"

《史记·孔子世家》:孔子去曹适宋,与弟子习礼大树下。宋司马桓魋欲杀孔子,拔其树。孔子去。弟子曰:"可以速矣。"孔子曰:"天生德于予,桓魋其如予何!"

"天生德于予,桓魋其如予何",此宗教家之言。

天德好生,圣人自师己性,故能尽性,知善而必行,其余则与常人同。

"有为者,亦若是","人同此心,心同此理"。

《孟子·滕文公上》颜渊曰:"舜何?人也;予何?人也。有为者,亦若是!"

小人之行,无往而不利于君子。自己不能成事,还能帮人成事?

23. 子曰:"二三子（诸位）以我为隐（隐瞒）乎?吾无隐乎尔（语末助词）!吾无行而不与二三子者,是丘（孔某人,自称名）也。"

《论语述何》:《易》本隐以之显,《春秋》推见至隐。不足以至隐者,不著也。其事与文,则众著者;其义,则二三子皆身通之。故曰"无行不与"。

孔子与学生生活在一起。

"丘",读某,避讳,此为中国礼法,有中国文化背景。遇父母名讳，读别音。

我四十二岁来台。我的外国大弟子在我六十岁时出一本书，取《无隐录》，高帽戴得多好！那时我还抽烟。上课前面摆五个烟斗，后来得知抽烟会致癌就戒了。老朋友讥："你能戒烟，我就戒饭！"说："真戒了。"又骂："早知你薄情，少提太太。"女人的嘴真是无边！人生最宝贵的是朋友。我真的戒烟，别人都感到不易！

做事绝不可靠其他力量。一个人如不能管好自己，绝对不能成事。

我的这些外国学生不错，但没有一个真懂中国的道。中国文化，不是从字面就能了解的，必须身体力行，不是形而上。必悟了，才明白。

24. 子以四教（音 jiāo）：文、行、忠、信。

此章讲孔子教人之法。

"文"：一、礼法制度；二、属智慧之事，开始为知，有结果为智。

"博学于文"，经纬天地之道，能旋乾转坤。御天，政治学，不是讲的，在行。

尧为"文祖"，是政治家的祖师爷。《尚书·尧典》称尧"钦明文思安安"，"钦"，以前诏书后面用"钦此"，即要按规矩行事，"钦"比"敬"慎重。"明"，明明德。"文"，经纬天地。"思"，心之官则思。经"钦、明、文、思"四步骤了，终致"安安"，即海晏升平。

"行"，知行合一，学而时习之，身体力行，脚踏实地。

"忠、信"，主忠信，"忠"，尽己之谓；"信"，言可复也，一点骗人都没有，所说的话都能兑现。

"行、忠、信"是在完成"文"的力量。

儿女不必管，全靠德行感，言教不如身教。现在问题多，为师的责己不足，你们才尽走糊涂路。

同学无一有成就者，成就不在官的大小。成就，是必须立得住，无论环境怎么变，永远站得住，能有"时乘六龙以御天"的智慧。

25. 子曰："圣人（博施济众），吾不得而见之矣；得见君子（成德）者，斯可矣。"

"圣人，吾不得而见之……"此为孔子的感叹，看不见圣人、君子。

"圣人"，"知进退存亡而不失其正者"（《易经·乾卦·文言》），皆恰到好处。"君子"，成德之人。

任何时代皆有慨叹，但是不能绝望！

子曰："善人，吾不得而见之矣；得见有恒者，斯可矣。亡（无）而为有，虚而为盈，约（困约）而为泰（安泰），难乎有恒矣。"

《春秋繁露·深察名号》孔子曰："善人，吾不得而见之；得见有常者，斯可矣。"使万民之性皆已能善，善人者何为不见也？观孔子言此之意，以为善甚难当。

"善人，吾不得而见矣；得见有恒者，斯可矣"，今天能碰到

"有恒者"，是奇迹。

"亡而为有"是常态；知此，我见什么都无动于衷。

看不见善人、有恒的人，所见尽是"亡而为有，虚而为盈，约而为泰"的人！

人必要有恒，有恒，为入德之门，"不恒其德，或承之羞"（《子路》）。

以什么况"恒"？日月星辰，"譬如北辰，居其所，而众星共之"（《为政》）。《易》讲象，《春秋》讲况，即比方。

每个人都是"明王"，在明明德。读书要深思。不自欺，绝对有成就，但一般人无自欺之才，专有自妄之实。自欺则可悲，难以有恒。

看看始皇陵出土的秦俑，想见种种，而今安在哉？

26. 子钓而不纲，弋（音 yì）**不射**（音 shí）**宿**（趁鸟睡时，欲出其不意）。

此见孔子之"存心"与"待物"。

"纲"，用大绳连接网，绝流捕鱼，想一网打尽。

"弋"，用丝吊在箭上射鸟。

纲、凡、目。"名也者，名其别离分散也。号凡而略，名详而目。目者，遍辨其事也。凡者，独举其大也"（《春秋繁露·深察名号》），纲举目张。

古时男人得备祭品，要祭祖、祭天，此为男人的责任。

"钓、弋"，为充祭祀俎豆之用。子孙必亲自钓弋，不钓、不弋则不敬。

射空中飞鸟，在练眼力。

27. 子曰："盖（发语词）有不知而作之者，我无是也。多闻（知），择其善者而从之；多见而识（音zhì）之，知（智）之次也。"

《论语述何》：不知而作，谓不肯阙疑也。多闻，谓兼采列国史文；择善而从，取其可征者，寓王法也；多见，谓所见世，识其行事，不著其说也。

孔子"述而不作"。"不知而作之"，盲干，是巫婆。
"多闻"，"博学于文"，多方面找参考数据。
"择其善者而从之"，择善固执，"学，则不固"（《学而》），固陋。
"多见而识之，知之次也"，必知智者到什么境界，才知怎么做仅次于智者。智者不惑，智者利仁。

28. 互乡难与言（互乡之人多自以为是），童子见（音xiàn），门人惑。子曰：与（许）其进也，不与其退也；唯（叹词），何甚（何必逼人太甚）！人洁己（自洁）以进，与（许）其洁也，不保其往也。

《论语述何》："《春秋》，列国进乎礼义者，与之；退，则因而贬之。此其义也"，"诸侯、卿大夫所行多过恶，而有一节可以立法，圣人所不遗，亦其义也"。

"言"与"语"有别，言，言为世则，"子所雅言"；语，论难之语，"子不语：怪、力、乱、神"。
"难与言"，不能讲道德、说仁义，可以与之胡扯。
"门人"，不一定真的理路清楚，乃有"惑"。对或不对，不知。

"疑"与"惑",两者不同。惑属欲,疑属智。疑,对事清楚,属慧。

"与其进也","与人为善"(《孟子·公孙丑上》)。既来之,则教之。

"不保其往":一、不保其过去,"不追治前事,孔子曰不教而杀谓之虐"(《春秋公羊传·隐公元年》何注);二、不保其将来,即回去以后如何。

29. 子曰:"仁远乎哉?我欲仁,斯仁至矣(为仁由己)。"

"仁者,人也","在人曰性",性也,生之机,用。

"反身而诚"(《孟子·尽心上》),为仁由己,"在明明德"。

"仁"是什么?仁者爱人,仁者无不爱。"求仁",为了爱而活。仁者不忧己私,忧天下,"先天下之忧而忧"。

"求仁",是服务他人;"而得仁,又何怨"?求,有对象、有目的,是主动的,"求,则得之;舍,则失之","求仁而得仁"。

30. 陈司败(官名)问:"昭公(鲁君)知礼乎?"孔子曰:"知礼。"

《春秋繁露·楚庄王》:季孙专其位,而大国莫之正,出走八年,死乃得归,身亡子危,困之至也。君子不耻其困,而耻其所以穷。昭公虽逢此时,苟不取(娶)同姓,讵至于是;虽取同姓,能用孔子自辅,亦不至如是。时难而治简,行枉而无救,是其所以穷也。

《论语述何》:《春秋》于孟子不书逆女、不书薨葬于卒也。不书吴盈,讳文也。陈司败若问:"昭公取同姓,可为知礼乎?"则夫子不答也。

诡实以避，易名以讳，随其委曲，彰以晦示，此讳文见义。

《春秋繁露·玉英》：《春秋》之书事，时诡其实，以有避也。其书人，时易其名，以有讳也。

于诡辞，不可不察。然则说《春秋》者，"入则诡辞，随其委曲而后得之"。

孔子退（走）。**揖**（拱手行礼）**巫马期**（孔子弟子）**而进之，曰："吾闻**（知）**君子不党**（党，尚黑。代表偏私），**君子亦党乎？君取**（娶）**于吴，为同姓，谓之吴孟子**（讳同姓，骗外人）。**君而知礼，孰不知礼？"**

《春秋公羊传·哀公十有二年》"夏，五月，甲辰，孟子卒"，《传》曰："孟子者何？昭公之夫人也。其称孟子何？讳娶同姓，盖吴女也。"何注："昭公既娶，讳而谓之吴孟子……不称夫人，不言薨，不书葬者，深讳之。"

为尊者讳，孔子非不知礼，并没有错。错在陈司败。

鲁昭公为周公之后，吴则为泰伯之后，故昭公与吴俱为姬姓。依《周礼》，同姓不得通婚。昭公讳娶本家子，乃称"吴孟子"。

所见，为尊者讳，微其辞。所闻，痛其祸。所传闻，杀其恩。

《春秋公羊传·定公元年》《传》曰："定、哀多微辞，主人习其读（经）而问其《传》，则未知己之有罪焉尔。"何注："此孔子畏时君，上以讳尊隆恩，下以避害容身，慎之至也。"

《春秋繁露·楚庄王》：《春秋》分十二世以为三等：有见、有闻、有传闻……于所见微其辞，于所闻痛其祸，于传闻杀其恩，与情俱也。

巫马期以告（告诉孔子）。**子曰："丘也幸**（庆幸），**苟**（真）**有过，人必知之。"**

无过者，太少！稍动偏念，即过；做了，即大过，于人有害。想有成就，绝对要有立身之道。

31. 子与人歌而善，必使反（不等于"复"）**之，而后和**（音hè，唱和）**之。**

孔子喜音乐。孔子之智，过目成诵。

"乐，其可知也"（《八佾》）。"必使反之，而后和之"，与人唱和。

32. 子曰："文莫，吾犹人（没有比不上别人）**也；躬行**（实践）**君子**（君子之道），**则吾未之有得。"**

"文莫"有二解：一、"莫"，疑辞，不也。"文不？"凡言文者，皆不胜于人。二、"文莫"，黾勉，"忞慔"假借字，努力。"行仁义也"，勉强而行。

"君子"，成德之谓。德者，得也，实践的功夫。

"躬行君子"，"由仁义行，非行仁义也"（《孟子·离娄下》），安行，自然而行之。

"有得"：一、德者，得也；二、行道之方式。

孔子不自居于"生知"，说"我非生而知之者"，而以自己为"好学"，说"不如丘之好学也"。

讲容易，做可不容易！行要有层次。但懂得层次，也未必能做。

33. 子曰："若圣与仁，则吾岂敢？抑（转折连词）为（行）之不厌，诲人不倦（倦怠），则可谓云尔已矣。"

"圣与仁"，"尧舜其犹病诸"（《雍也》）。

孔子自谓"学不厌，教不倦"。

《孟子·公孙丑上》："昔者子贡问于孔子曰：'夫子圣矣乎？'孔子曰：'圣则吾不能，我学不厌而教不倦也。'子贡曰：'学不厌，智也；教不倦，仁也。仁且智，夫子既圣矣！'夫圣，孔子不居，是何言也？"

"可谓云尔"：一、有此。二、可以这样说。

公西华曰："正唯弟子不能学也。"

弟子马上投降。

34. 子疾病（病重），子路请祷（祈神保佑）。子曰："有诸（有这回事）？"子路对曰："有之。《诔》（音 lěi，祷篇名）曰：'祷尔（语词）于上下（天地）神祇（音 qí）。'"子曰："丘之祷久矣！"

祷祀用《诔》，累功德以求福。

天神曰"神"，地神曰"祇"。

"丘之祷久矣"，就在日常行为中。

看孔子多有智慧，不迷信！

35. 子曰："奢（过分）**则不孙**（同‘逊’，顺于礼），**俭**（不及，少于标准）**则固**（固陋，不中礼）。**与其不孙也，宁固。"**

《论语述何》：救春秋之乱，宁俭而不中礼。矫枉者无过其正，不得直也。

中国处处表现"中道"，此为中国人的真精神。

过与不及，中国以"不及"为美。

"礼以时为上"，"礼时为大，顺次之"（《礼记·礼器》），合时，可以义起。

36. 子曰："君子坦荡荡，小人长戚戚。"

"君子喻于义，小人喻于利"（《里仁》）。

心境不怀其私，不争。得其所得，则"坦荡荡"。

"长戚戚"，为物所役，患得患失。

37. 子温而（能）**厉**（励），**威**（威仪）**而不猛**（粗暴），**恭**（恭己）**而安**（安己位，守位）。

此章记孔子的仪态。

"温而厉"，"望之俨然，即之也温，听其言也厉"（《子张》），说勉励人的话。《礼记·聘义》云："相厉以礼。""厉"，同"励"。

"威而不猛"，"礼仪三百，威仪三千"（《中庸》），"君子不重则不威"（《学而》）。

"恭而安"，"恭己正南面而已矣"（《卫灵公》），修己之身，正己之责。能恭己，则能安其位。一个人能安于位太难，"素其位而行，不务乎其外"（《中庸》），不想办不到的事。

古人的观念：一日为师，终身弟子。

今后再不复兴中国文化，岂对得起祖宗？八十多年来，中国人有重视中国文化？1920 年，废除祭孔、读经，但民间犹存之，只是一般老百姓不受教。

中国经过新文化运动、五四运动，接受过"无政府主义"，等等。当时中国，虽无瓜分之名，却有瓜分之实。为了强国，而无所不用其极，中国乃成为所有外国思想的实验场，结果人不成人，才痛定思痛。

我绝不离四约：害人之心不可有、防人之心不可无、每天戒备自己、了解时事。

"又一村"要来个"均天下"，"天下一家，中国一人（员）"。"均无贫"，"不患寡而患不均"（《季氏》）。"夏，中国之人也"（《说文》），三夏：夏、诸夏、华夏。

你们师母八十岁走了，之前送来乌玉观音一尊。

熊十力放弃钦定，自元开始，走第一棒。读熊十力书，作为入门。

我们要"学校钦定之枉，道正率性之元"。许多注解皆是钦定的。帝王时代出书不易，政府支持印的书，必须是皇帝满意的。

读书，必要认识真理。

泰伯第八

台湾有今天，教书的老师都得负责，从小学到大学，老师教过做人吗？居然有大学生到酒店当"牛郎""公主"！要怎么救？既不告诉学生怎么做人，也不告诉学生怎么应世，完全不伦不类！

有些人完全不懂自己不懂，多悲哀！连一封信都不会写，称谓都不知。读到大学，英文既不会说，也不会写，多少外国博士不会说写英文。

你们要练练字，字怕习，常写必然不同。先练习"永字八法"，用笔不成问题了，再学字的结构。手勤，字就像样，不是不能。

字，代表一个人，必得端正。你们的字能看？人家看了，岂不是打折扣？

"辞，达而已矣"，笔之于书，就看出程度。你们还天天自我陶醉，夜郎自大！好好检讨自己。在台就混，因为都低能。

早起，念外国语，看小说。没有下功夫，将来用什么来求职？

聪明过度的人，就是呆子。知道自己有所不足，得如何发愤图强！如还不到一个境界，生活也绝达不到一境界。

天下没有养老院，骗不了行家。一无所能，如何与人竞争？

既没有谋生技能，又好吃懒做，就抢了、夺了！人家吃一次亏，下次离你远远的。要在社会混得像个样子，可是不容易！

读书要明理，按理行事。是普通人，就应普普通通做事，不必费尽心机。不取之以道，人家都骂。不了解自己的身份，怎知如何做？

人要活下去，就要平平安安活，不要侵害任何人。

人必有原则，至少要"无忝所生"，不丢祖宗的脸。我在台，绝不去演讲，也不写应酬文，为人歌功颂德。懂得"立场"了，有守，方足以有为。

下乡，喝瓶啤酒，其乐也融融！不叫人侵害，亦不侵害人。失了德，就亏了心，不舒服。何不平平安安、快快乐乐？

喝茶，上一炷香。我喜闻香、上庙，但又天天骂和尚。就一个"真"，赞成和尚娶妻。一个人"存真"，特别难！"人之生也直"（《雍也》），直人，就是真。

好好努力，走上正途。做人是第一要义。有道合的朋友，才谈得来，非牟利。

教书，是育英，至少混饭吃，还斗什么，拉什么帮！

我不上教授休息室，因为是"是非窝"，上完课就走，中间不休息。

打倒人，多卑鄙！既要斗，何以要到教育界斗？一个人不要卑鄙，如卑鄙，就一无可取。看台大教授之斗、校长选举之丑！

我什么坏道都会，看太多了！今天有点东西，是当年在南京家摆样的。东西丢了，反正也不是好来的。我至今未贪过一分钱。

我专吃本土水果，鲜，有养。不要好面子，要求实，平平淡淡，按己身份做事。做人最为重要。

做事要抓住"时"，是时不时，不在早晚，"时至而不失之"（《淮南子·卷六览冥训》"夫圣人者，不能生时，时至而弗失也"），抓住时，下手就成功。现在"正是时候"，刚开始。太早，时未到，饭未做好；太晚，时过了，人家吃光了。

不论什么团体，"信"一旦失掉，就垮了。一个人如连自家都没有弄好，不必骗人。齐家最难，要"齐之以礼"，以修身为本。

1. 子曰："泰伯，其可谓至德也已矣！三（屡次）以天下让，民无得而称焉（称之）。"

周古公亶父（姓姬，名亶，中国上古周族领袖）生有三子：泰伯、仲雍、季历。季历生昌，即周文王。古公见昌与众不同，想把君位传于季历，再传于昌。泰伯知古公意，乃让位于季历。在古公病时，逃至江南，建立日后的吴国。季历接位，再传文王，文王之子武王，遂有了天下。

吴国，是泰伯之后，封于蒋，以国为姓。

蒋复璁，是昆曲大家，自称"南方一个蒋"。社会都是假的，真的出不来。

"至德"，德之最高者，止于至善。"苟不至德，至道不凝焉"。

"三以天下让"，"三"，虚数，喻多次；以让化争、化夺。

"民无得而称焉"，无能以最高名词称之。武则天立"无字碑"。

2. 子曰："恭而无礼（不合乎礼）则劳（劳顿），慎而无礼则葸（音 xǐ，畏怯），勇而无礼则乱（悖乱），直而无礼则绞（急切）。君子（在上位者）笃于亲（事亲无妄），则民兴于仁；故旧（老臣，老朋友）不遗（遗弃），则民不偷（薄于义）。"

一切行动都当以"礼"为范围。

礼者，理也，"天理之节文"；履也，足所履，立于礼。动作不合于礼，都有毛病。无礼，乱于礼，没有修养。

人在社会上必注意到礼貌，应按名分恭维人，否则，"恭而无礼则劳"。"劳"，《说文》云："剧也。"用力过甚，劳累困顿。

"恭、慎、勇、直"是四美德，但不合于礼，就成"劳、葸、乱、绞"四蔽。

孔子自一人之日常生活态度，判一人之吉凶。如一人天天骄傲，不会有好结果，多少人的失败多自骄傲来。要谦恭有礼，"谦尊而光"（《易经·谦卦》）。

"君子笃于亲"，事亲无妄，"孝弟也者，其为人之本与"，"则民兴于仁"。儿女不必管，全靠德行感，上好下甚，上行下效。

"故旧不遗"，"故旧无大故，则不弃也"（《微子》），久能敬之；"则民不偷"，不薄于义。

读书，是活学问，即生活方式。

我在台五十年，除教书外，绝不做任何事。

必得知怎么做事，此是真学问。

人就是人，还有特殊的？成龙说他"犯了男人犯过的毛病"。

3. 曾子有疾，召门弟子（亲弟子）曰："启（省视）予足！启予手！《诗》（《诗经·小雅·小旻》）云：'战战（恐惧战栗貌）兢兢（谨慎小心），如临（居上临下）深渊，如履（践）薄冰。'而今而后（从今以后），吾知免夫（免掉战战兢兢）！小子！"

此章为曾子临终之言。曾参门弟子所记，故称曾子。

《论语》不是出自一人之手，大家的笔记，至少三代。

修《春秋》，"修"，前有一东西，将之调整。修史，前有材料，据此修。

孔子"志在《春秋》，行在《孝经》"。

《孝经·开宗明义章》："仲尼居，曾子侍。子曰：'先王有至德要道，以顺天下，民用和睦，上下无怨，汝知之乎？'曾子避席曰：'参不敏，何足以知之。'子曰：'夫孝，德之本也，教之所由生也。复坐，吾语汝。身体发肤，受之父母，不敢毁伤，孝之始也。立身行道，扬名于后世，以显父母，孝之终也。夫孝，始于事亲，（中于事君），终于立身。'""中于事君"一句，乃汉儒所加，汉室以"孝悌力田"治天下。

孝，继志述事，续莫大焉。

"启予足，启予手"，"启"，省视，看。看看我的脚，没有走不义之路；看看我的手，没有拿过不义之财。一个人可以欺心乎？

"战战兢兢，如临深渊，如履薄冰"，临事能惧，面对任何事都有所戒惧。必也临事能惧、好谋能成，不能"暴虎冯河，死而无悔"。

"参也鲁"（《先进》），曾子严己以礼，是"狷者有所不为"，为"忌惮之士"而有成就的代表。

孔子"不得中行而与之，必也狂狷乎"，"狂者进取，狷者有所不为"，狂者进取，终日乾乾，行健不息；狷者有所不为，有守才足以有为。

4. 曾子有疾，孟敬子（仲孙捷，孟武伯之子）**问**（探问）**之。曾子曰："鸟之将死，其鸣也哀；人之将死，其言也善。君子所贵**（重）**乎道者三：动容貌，斯远**（音yuàn，远离）**暴**（粗暴）**慢**（放肆）**矣。正颜色，斯近信矣。出辞气**（声调），**斯远鄙倍**（鄙俗背理）**矣。笾**（音biān）**豆**（祭祀器皿）**之事，则有司**（专管笾豆的官）**存。"**

此章告诉人修身是最重要的。

"人之将死，其言也善"，悲由心生，临死前不保留，都说真的。此人与禽之分。

善世之言，老不舍心。以我的经验，你们可以跑接力，省掉许多麻烦、痛苦。

"容"，脸；"貌"，人的仪态。"动容貌"，举止行动。要重视仪态，举止行动必要中规中矩，"出门如见大宾"（《颜渊》）；"斯远暴慢"，人对你无礼，皆咎由自取。

"颜"与"面"，有何区别？"颜"，眉间；"面"，颜前，像人面形。"正颜色"，不嬉皮笑脸；"斯近信"，则近于信，"信则人任焉"（《阳货》）。

"出辞气"，出辞要文雅，声调要得宜。说话必得练达，言辞之美、声调有抑扬顿挫，是训练出来的。环境使然也（《孟子·尽心上》"居移气，养移体，大哉居乎"）。"斯远鄙倍"，则没有鄙俗背理之情事。

闻其声，知其德。要修己身，不要天天求神问卜。佛讲去五毒——贪、嗔、痴、慢、疑。

一个人如谈不到修己，也不能承祭祀。中国祭重于政，郊天、祀地、祭祖。

你们绝不可以接近卑鄙的人——缺德、造孽，做事都要牺牲别人，达自己的目的。为人师表，拿学生前途为学校争一时之名，造成自己一点成就，焉有人性可言？

做任何事都要三思，此乃我的良知之言。你在我门口站不住，一生都站不住。我这个家可是千年之秀！人生就"据于德"（《述而》），要"不贰过"（《雍也》），好自为之。

5. 曾子曰："以能问于不能，以多问于寡。有若无，实若虚，犯（侵犯）而不校（计较）。昔者吾友（指颜回）尝从事于斯矣。"

此章是曾子以旁观者立场说颜回。

如自以为如此，则是假惺惺的伪君子。

"以能问于不能，以多问于寡"，为求学的态度。孔子说他"不如老农"，有学问未必会种地，对一事能，并非事事能。不知，必得问，要不耻下问，自两方面了悟。

"有若无，实若虚"，持盈保泰之道，满则溢。人必得有修养，不能骄傲。人失败，多在傲。要天天问自己：自己究竟能做什么？知此，哪有工夫扯闲！做人为第一要义，必要有人品。

"犯而不校"，此为做人的态度，别人侵犯了我，根本没有时间去与人计较。但自己心里明白，要"不贰过"。

自己每天的态度应留心，人的特长就是嫉妒。

不是文章，皆能行。

6. 曾子曰："可以托（托付）六尺（约今 1.38 米，一般指十五岁的人）之孤（孤儿），可以寄（托付）百里（百里侯）之命（政令，民命），临（面临）大节（贞节）而不可夺（夺其死节之志）也。君子人与（欤，疑词）？君子人也（决词，肯定语气）。"

古人讲"托妻寄子"，"临大节而不可夺"，可算是"君子人"，重道德。

懂得"志于道"了，则将小孩都当成自己的儿女。

人各有所长，最重要的是打基础，要为子孙谋。

7. 曾子曰："士（最低阶的公务员）不可以不弘（志气远大）毅（刚强不屈），任重而道远。仁以为己任，不亦重乎？死而后已（止），不亦远乎？"

此章讲任重道远，来日方长。

皆操之在己，统天（乃统天）、御天（时乘六龙以御天），驾驭天下事。

能任事、任仁，才是学问。"任重而道远"，此一"任"字值得研究。

"行以为己任"，以行仁为己任，要"守死善道"。士皆如此，况卿大夫以上乎？

人的思想、行为，与年龄很有关系。读完《论语》，要能任仁。

同学够格的，都是"任远董事"。

8. 子曰："兴（起也，盛也）于诗，立（立德，复性）于礼，成（成性）于乐。"

《过庭录·卷十三》：兴于诗，养其性情也；立于礼，正其身体法度也；成于乐，使其气和平也。

"兴于诗"，《诗》可以兴，可以观，可以群，可以怨"（《阳货》）。"诗言志"（《尚书·舜典》），在心为志，发言为诗，"不学诗，无以言"（《季氏》），读诗可以兴人之志，"志，心之所主"。"诗者，持也，持人情性"（《文心雕龙·明诗》），"持其志，毋暴其气"，把守住，不放失浩然之气，"学问之道无他，求其放心而已矣"（《孟子·告子上》）。

《诗三百》，发之于性，止之于情，故"乐而不淫，哀而不伤"（《八佾》），想得开，不伤生人之性，道出人的真性情，故能传得久。

"立于礼"，礼者，理也，履也；因人之性而制礼，"克己复礼"。立于礼，按礼行事，受严格训练，不做不合理的事。能立于世在学礼，"不学礼，无以立"。

"成于乐"，因人之性而作乐，乐是在陶冶人的性情，听音乐养性，使之"发而皆中节"。发之于性，止之于情，性即情，情即性。"乐由中出"，乐以和性，"平好恶而反人道之正"。"乐行而伦清，耳目聪明，血气和平，移风易俗，天下皆宁"（《礼记·乐记》），中和乐章，安于乐。

"兴于诗，立于礼，成于乐"，诗、礼皆天理之节文，如四时、日出、日落、月圆、月缺。人性之表达，同于天理之节文，故"成于乐"，乐以和性，故能达性理情。

昔人每天必弹琴、唱歌，念诗赋、击磬。以前家庭男女都会一样乐器，名门则精通琴、棋、书、画。

"诗书传家久，礼乐继世长"，道出人的真性情，故能传得久。

今天也不可以离开人的生活。在任何方面都没有修养，看乱到什么程度！

9. 子曰："民可，使由之；不可，使知之。"

《春秋繁露·深察名号》：今万民之性，有其质而未能觉，譬如瞑者待觉，教之然后善……民之为言，固犹瞑也，随其名号，以入其理，则得之矣。

此章历代因标点不同，解释多有出入，意思有别。

一、"民可使由之，不可使知之"。何晏、邢昺、杨伯峻多采此解，以"圣人之道远，人不易知"，既不易知，使其知极麻烦，就不用使知了。近人以此为孔子的愚民政策，并以此批孔。熊十力认为，此为孔子刺古帝王之辞，因当时学在官，民间无学术。

二、"民可使，由之；不可使，知之"。"使"字解为"被支使"或"被使用"。即百姓若可任使，就让他们听命；若不任使，就让他们明理。

三、"民可，使由之；不可，使知之"。此标点较好，因为孔子要"有教无类"，将学术思想普及于民间，所以藏道于民，讲学于野。

10. 子曰："好勇疾（讨厌）贫，乱也。人而不仁（此人性也），疾（压迫）之已甚（厉害），乱也。"

"好勇疾贫，乱也"，老百姓明知造反会被枪毙，而去造反，必详究之。

"人而不仁，疾之已甚，乱也"。为政必记住：宁可得罪十个君子，也不得罪一个小人。

11. 子曰："如（真）有周公之才之美，使（假使）骄且吝，其余不足观也已。"

韩愈《马说》：食不饱，力不足，才美不外见。
朱熹《论语集注》：骄者，吝之枝叶；吝者，骄之本根。

"吝"，应予不予，有损于人。"出纳之吝，谓之有司"，自己可以俭，但不可以对人吝。

《易》为悔吝之书，"悔吝者，忧虞之象也"（《易经·系辞上传》）。

"使骄且吝，其余不足观也已"，骄又吝，不必再去研究了！

12. 子曰："三年学，不至于穀（禄，做官），不易得（不易有所得）也。"

一、三年为学问而学问，不求做官，像这种人实在难能可贵！
二、三年学，不至于有能力做官。不易有所得，有点危险！
孔子说"先进于礼乐"，"吾从先进"（《先进》），主张"学而优则仕"(《子张》)。

"万般不与政事同",学必学到一个程度,有实力才能做官,否则为"贼夫人之子"(《先进》)!

13. 子曰:"笃信(比信加强)好学,守死善道。危邦不入(入其朝),乱邦不居(不当官)。天下有道则见(现),无道则隐(藏道于民)。邦有道,贫(没钱)且贱(没地位)焉,耻也;邦无道,富且贵(不义之富贵)焉,耻也。"

"笃信好学",信道之坚,学道之勤。"守死善道",守善道至死,不改变操守。孔子逃亡,犹领着学生讲学。

"天下有道则见","见龙在田,利见大人"(《易经·乾卦》),"见龙在田,天下文明"(《易经·乾卦·文言》),见身行道。

"无道则隐",藏道于民,"潜龙勿用,阳气潜藏"(《易经·乾卦·文言》)。不为他们任事,不助人为恶。

"邦有道",应显己之才能,用世,"见龙在田,德施普也"(《易经·乾卦》);"邦无道","不义而富且贵,于我如浮云"(《述而》)。"得志,与民由之;不得志,独行其道"(《孟子·滕文公下》)。

如既得之又失之,乃无智也。"既得之,患失之。苟患失之,无所不至矣"(《阳货》)。

14. 子曰:"不在其位,不谋其政。"

"位","贤者在位",有位就有政。"政",包含很多,有国政、家政。"政者,正也"(《先进》),必使之有条不紊。

"不在其位，不谋其政"，不在其位专谋其政，乃管闲事。管好自己，不多管闲事，"孔子尝为委吏矣，曰'会计当而已矣'。尝为乘田矣，曰'牛羊茁壮，长而已矣'"（《孟子·万章下》）。

反之，在其位，必谋其政，如学生之位，乃读书也，必把书读好。

人要"知其所止"（《大学》），"时止则止，时行则行，动静不失其时，其道光明。艮其止，止其所也。"（《易经·艮卦》）知止，而后有"定、静、安、虑、得"，才能"无所不用其极"（《大学》），而"无入而不自得"（《中庸》）。

15. 子曰："师挚（鲁太师）**之始**（乐之始，升歌），**《关雎》之乱**（乐之终，合乐），**洋洋乎**（美盛貌）**盈耳哉。"**

《经学卮言》：始者，师挚在官之时，《雅》《颂》尚未失所。自初秦以迄，终乱合乐，《关雎》洋洋尽美。今自师挚适齐，此音不可得闻矣，故追而叹之！

凌曙《礼经释例·杂例》：凡乐皆四节：初谓之升歌，次谓之笙奏，三谓之间歌，四谓之合乐。

古代乐曲，第一节曰"升歌"，最后一节曰"乱"。

"《关雎》之乱，以为《风》始"（《史记·孔子世家》）。鲁太师挚识《关雎》之声。鲁国乱，礼坏乐崩，乐师流落四方，"大师挚适齐"（《微子》）。

孔子知音律，追述太师挚在鲁之盛事："师挚之始，《关雎》之乱，洋洋乎盈耳"，形容乐曲入耳之盛！

16. 子曰：“狂而不直，侗（音 tóng）而不愿，悾悾（音 kōng）而不信，吾不知之矣。”

“狂者进取”（《子路》），狂者必正直，直爽。“狂而不直”，今之狂者，却不直！

“侗”，无知貌；“愿”，谨厚。以前无知者都谨厚，今天无知的都骗人。，“侗而不愿”。

“悾悾”，无才能貌。“悾悾而信”，无才能的多信实，尚有一端可取。“悾悾而不信，吾不知之矣”，我怎知他能立世？

此章慨叹世风日下！

17. 子曰：“学如不及，犹恐失之。”

此章讲如何为学。

“学”，求学，求己之所无，要曲求之，“学而时习之”。

为学之要：“日知其所亡，月无忘其所能。”（《子张》）“少年易老学难成”（朱熹《偶成》），真发愿学的人就像来不及了，学完后又怕丢掉。

18. 子曰：“巍巍（高大貌）乎！舜、禹之有天下也，而不与（音 yù）焉。”

伟大在德而不在位，“仁者寿”（《中庸》）。孔子无位而德盛，成为“至圣”。

地位之高，不在其“巍巍乎”，而贵乎其有德，“恭己正南面而已矣”（《卫灵公》）。

19. 子曰："大哉（赞词），尧之为君也。巍巍乎（形容事之词），唯天为大，唯尧则（效法）之。荡荡（宽大无边）乎，民无能名（以名赞之）焉。巍巍（高大壮观）乎，其有成功也；焕（明）乎，其有文章。荡荡（宽大无边）乎，民无能名（以名赞之）焉。"

"大哉！"赞尧是好人君。

"唯天为大，唯尧则之"，尧则天，即学天之行健，有恒。

则天，前有一个准是——天则。"则"：名词，法则、天则；动词，效法，则天。

"唯天为大，唯尧则之"，尧则天，天道尚公、"天无私覆"（《礼记·孔子闲居》）。尧能则天，其德乃同于天。

"巍巍乎，其有成功也；焕乎，其有文章"，形容尧的功业成就。"文"，经纬天地；"章"，章于天下。"文章"，即经天纬地的成果，《尚书·尧典》序称："昔在帝尧，聪明文思，光宅天下。将逊于位，让于虞舜"。尧为"文祖"，政治祖师爷。

不要天天争名、争利，应"素其位而行，不务乎其外"（《中庸》）。

"荡荡乎，民无能名焉"，无能得一好名赞之，"博学而无所成名"（《子罕》）。

20. **舜有臣五人而天下治（太平）。武王曰："予有乱臣（乱，治，反训。治臣）十人。"**

"舜有臣五人"：禹、稷、契、皋陶、伯益。"而天下治"，能用人才，则"垂衣裳而天下治"。

"乱"，《说文》称："治之也。"《尔雅·释诂》云："乱，治也。

相反为训。"

　　"武王有乱臣十人"：周公旦、召公奭、太公望、太颠、毕公、荣公、闳夭、散宜生、南宫适、邑姜。邑姜，为太公女，武王后。《尚书·泰誓中》称："予有乱臣十人，同心同德。"可见此时百姓已难治，有知识。

　　孔子曰："才难！不其然乎（岂不然乎）？唐虞（唐尧、虞舜）之际，于斯（人才）为盛，有妇人焉，九人而已。三分天下有其二，以服事殷；周之德，其（指物词）可谓至德也已矣。"

　　"才难"，干才难得！

　　"唐虞"，唐尧虞舜。尧，为陶唐氏首领，称唐尧。"唐"，大也。唐人，中国人。海外有唐人街。

　　《尚书·尧典》云："蛮夷猾夏。""夏，中国之人也。"

　　周文王，"三分天下有其二，以服事殷"，不简单；周武王，小老虎，革命成功。

　　21. 子曰："禹，吾无间（音jiàn，非也）然矣。菲（音fěi，薄也）饮食，而致孝乎鬼神；恶（音è）衣服（穿粗衣），而致美乎黻冕（礼服礼冠）；卑宫室，而尽力乎沟洫（田间水道）。禹，吾无间然矣。"

　　禹"菲饮食"，"禹恶（不喜好）旨（美）酒而好善言"（《孟子·离娄下》），禹拜昌言。"恶衣服，卑宫室"，禹自奉甚俭，勤政爱民。

　　"致孝乎鬼神，致美乎黻冕"，中国重祭祀，祭政合一。祭祖祭神，乃在报恩，不数典忘祖。

　　"尽力乎沟洫"，"禹疏九河，瀹济漯，而注诸海；决汝汉，排淮泗，而注之江，然后中国可得而食也"（《孟子·滕文公上》）。"当是时也，禹八年于外，三过其门而不入"（《孟子·滕文公上》），"禹思天下有溺者，由己溺之也"（《孟子·离娄下》）。

"禹，吾无间然矣"，重言之，孔子称禹有俭德、勤政爱民，对其个人品德无所批评。

但是禹这么好，何以还有人评其"至于禹而德衰"？因为他"不传于贤，而传于子"（《孟子·万章上》），为"家天下"乱制之始。"家天下"与"公天下"相对，尧舜为公天下，传贤不传子。

中国文化特别宽宏，中国是礼义之邦。中国难生，特别看重"中"，即礼义。中国，礼义之国。"入中国，则中国之"，"来者勿拒，去者勿追"（《春秋公羊传·隐公二年》何注），视其行为合乎礼义与否。

"中国"，非指国境，是文化、思想、道德之内。如每天以机心用事，焉有道德可言？合乎"中道"，就是"中国人"，不论种族。

华夏，天下，中国人常讲"天下平"，《中庸》"舟车所至，人力所通……日月所照，霜露所坠"，都是"中国"，远近大小若一，此《孟子》所谓"居天下之广居"，即人所广居之地，凡是天下有人住的地方，就应是我们所守的地方。

"中国"是有包容的，不喜有界，主张无界。称寰宇、天下，不说世界。"中国"是以"天下"为标准，"天下一家"，不讲界与际。没有界、际，才谈得上寰宇、天下。

观念必要弄清。树叶无论是怎么密，仍是有间，阳光自树叶间隙穿透。无界、无际，证明是一体的，"民吾同胞物吾与也"，同元共生。

"统一"，并不是中国的传统说法；"一统"，才是中国的观念，因一了，才统；非因统，而一了。"一统"，是王道。大家都一样，统了，是自然、人性的。

要很慎重地了解中国人的思想。有些人净说人话，但做尽缺德事。

在"同"下求得福利，共同的福利。欧元，自异中求同，为未来的福利，有智慧！

知识分子绝不可以被标准流氓支配。我一生绝不接受任何人，完全按已做事。坐牢，就是换个地方吃饭。明天谁先死，犹未知！我靠死多少人！知识分子就因为有知识，和一般人不同，社会就有盼望。

看古人的思想，孔子"不患寡而患不均"（《季氏》）。想求天下均富得自哪儿入手？孟子说"万物皆备于我"，谁也不可多得一分，否则侵害了别人。

均，不是布施、恩德，乃是自己本来应享的权利。天民、天爵（大人、圣人、贤人、君子）、天禄、天权（此我所加），都是自己与生俱来的权利。

我称"奉元"，是要自根上了解中国人的思想。"天贼"时代，已经过去了。既是"天民"，就不可以做缺德事，要自尊自贵，天爵自尊吾自贵。

中国人必要了解中国思想，历代帝王扭曲了人性，是"天盗、天贼"。天贼横行，犹维护之，乃是助纣为虐。"天下无道，富且贵焉，耻也"，是最好的注解。

要有正知正觉，"无上正等正觉"（《金刚经》）。读书，要自根上了解思想。为人师表如讲不清楚，那小孩焉能懂得做人？老师净为盗，亦教学生为盗，敢正视自己？办学校者知耻乎？完全不堪入目！为人师的要负莫大的责任。

敢冷静看自己？要自觉，何以几年即至此？要先自我革命，革自己的脑子。第一步要革己之脑，换个脑子。

均，"万物皆备于我"，本是自己应得的。不是"慈济"，否则接受者岂不痛苦？是慈济，或是贼头、祸首？巧取豪夺，却以剩余还污辱我们，说是自己做功德。

"天均"（《庄子·齐物论》），"万物皆备于我"，必得均。

我乐观，所以活得有劲！因为脑子清，才这么苦，清苦。

理论好，也得实行，要自哪儿入手？自"联"。不联在一起，怎能"均"？联合国，好的开始。养军队，出兵，是征不服也。其他国家则不可以养兵。人都有劣根性，任何时代都有败类，脑子不清楚。

未来有希望，要懂得"联"。中国人能办得到，而且有办法，有文化的本钱、人的本钱，中国有全世界五分之一的人口。由限武，谈到各国不养兵。有"联"了，未来必有"均"。此思想与办法，就在《周官》。看《周官》，可以先看《原儒》。看老祖宗的智慧，留待后人实行；不是要后人作注，而是实行的方略、大纲。

到什么时候喝什么茶，是一定的。我早上喝浓茶，晚上喝清茶。晚上上课，是我的消遣，还有人给钱。如活一辈子，临老还要找消遣，根本就不懂得乐。

走错路，犹不知，还一代传一代。写那么多书，输了！我藏拙，没写过书。千古文章，一大抄也。非搜集数据，而是脑子要放射资料。不要抄书，写自己脑子放射出的东西才有用。

"读有用书"，有界说，看与所学有关的书，树立自己的专学。了解古书难，因为环境不同。可以讲书，但不一定真懂书。

《易·系辞上传》说"圣人以此洗心，退藏于密"，"洗心"二字，我犹不懂。古人说了，焉知不是错误的？一个人少说真话。

屈原的《离骚》，今天亦无一人真懂，是思想。没有接受的智慧，因没有生在那个时代，他们没有懂，我怎会懂！《离骚》满心愤，真精神！

我讲五十年《论语》，犹有不懂之处。可能是那个时代的普通话，今人没那么讲。

《红楼梦》是满族文化，徐高阮（1914—1969，字芸书，浙江杭州人。清华大学毕业，受业于陈寅恪。1949年赴台，任职于"中央研究院"）研究此。

黄朝琴（1897—1972）有我的书信，三十年前写的。其子为我最早的学生。

八行，旧信纸只八行，每行七字，在八行内写完。昔信封、信纸，都有一定。

什么都可以研究，承哪个学都可以。人活着，必要从吾所好，才能有所成就。

教主，人之为道，伪人。

"闻其声，不食其肉，故君子远庖厨"（《孟子·梁惠王上》），伪仁，此孟子之所以成为"亚圣"。人真正表里如一、化性化情，太难！

人必要有基本的智慧，搞政治必须有智慧。康熙帝、雍正帝是明君，乾隆帝不然，在位太久。

海南岛，有苏轼（1037—1101）的"东坡书院"。

东坡书院位于中国海南省儋州市中和镇东郊，为苏轼故居遗址。明清时期改建。书院包括载酒亭、载酒堂、耳房、廊舍和奥堂龛等。

台湾，延平郡王郑成功。

郑成功（1624—1662），国姓爷郑成功之父郑芝龙，曾为海盗，后为南明水师将领，出生于明朝福建省泉州府南安县安平港；母田川氏，出生于日本肥前国平户岛。郑成功出生于母亲的故乡平户。六岁时，为父亲接往福建老家，及长被送往金陵求学。

后继承发展父业，曾垄断福建和东洋的贸易，凡福建商船出海均需向郑氏纳税，若不交税必遭倭寇袭击。又组织福建移民屯田台湾，因此与荷兰人的远东利益冲突。在明朝尚存时，尚与荷兰人殖民的台湾和睦共处，向荷兰的台湾殖民当局交税。

在明朝政权陷落后，郑成功失去大陆基地，为夺得台湾为落脚点，其令福建商船不与荷兰人管理的台湾贸易，断其殖民利益大半，最终成功驱逐荷兰人的台湾殖民政府，以台湾为基地建立南明政权。

1645年，清军攻入江南，不久芝龙降清、田川氏在乱军中自尽；郑乃率领父亲旧部在中国东南沿海抗清，成为南明后期主要军事力量之一，一度由海路突袭、包围清江宁府（原明朝南京），但终遭清军击退，只能凭借海战优势固守海岛厦门、金门。

1661年，率军横渡台湾海峡。翌年，击败荷兰东印度公司在台湾大员（今台湾台南市境内）的驻军，开启郑氏在台湾的统治。但不久即病死。

陈永华，郑经的岳父，道德、学问都好。

陈永华（1634—1680），1656年（永历十年），得兵部侍郎王忠孝推荐，与郑成功论政，分析未来，深得郑赏识，被誉为"今之卧龙"，授予"咨议参军"职，委为其子郑经（1642—1681）之师，日后成为郑家的麾下谋将。

"嘉庆君（1760—1820）游台湾"，是神话。李勇，是武官，雾峰林家也是武官。

板桥林家，有官衔无权，但有钱，后与清几个大官结亲。林熊祥（1896—1973，台湾首富板桥林本源记第六代）母陈芷芳，陈太傅（宝琛）妹。

辜振甫（1917—2005，字公亮，辜显荣儿子）在"二·二八事件"后坐牢，因为表现宁静，天天读英文，林熊祥乃将外甥女"妻之"，即严复（1854—1921）孙女严倬云。

台岛民迷信太厉害，非好事。我六七年前犹教卜筮，用五十根筮草。卜与迷信，两件事。台的邪风，已经吹得大家晕头转向。

"旗鼓倒置"，出奸臣。此非迷信，是自经验得来的一套想法，不易改变。

政治家必要有远见，你们不要读死书，必要懂得怎么活用。你们每天要善用智慧读书，要懂得辨忠奸、善恶、是非。

读书，是在以古人智慧启发自己的智慧，再创新思想。

今天要百家争鸣，不能再钦定了，就看谁能被接受。孔子、老子与今天何干系？

读《四书》，其中思想新者甚多。《四书》必下功夫，如真读懂了，除《大易》《春秋》以外的书，都可以自己看。

弘三夏——夏、诸夏、华夏。由"夏"到"诸夏"到"华夏"，"内其国而外诸夏，内诸夏而外夷狄"。

"入中国，则中国之"，不管什么民族，只要入中国文化、礼法，就承认你是"中国人"，"中国"是"诸夏"。但仍有未入者，乃未得"中道"。

"人人皆有士君子之行""夷狄进至于爵，远近小大若一""天下一家，中国一人"，此一境界即"华夏"的境界。此为今文家（公羊学家）的解释。

我现在所言，皆百分之百的真，"人之将死，其言也善"，和任何人没有利害关系。真差不多了，把东西都拍卖，将所得的钱给基金会，百事非财莫举，在安你们的心，这百余年饱受外人、汉奸的蹂躏。

只要肯脚踏实地下功夫，必能有成。现在学十年的英文，既不会说也不会写，真是奇迹！二十一世纪外文不行能做事？每天应有一二小时读外国语。如不知当务之急，那读书有何用？

今天的选举令人讨厌，台湾风气之败坏，与选举有直接的影响，许多人心之坠落、风气之败坏，皆与之息息相关。

知识分子应拨乱反正，要怎么拨？知识分子是天地的良心，如不能拨乱，岂不是行尸走肉？你可以胡搞，但最后必自愧，历史到最后必有公断。如是与草木同朽者，那又何必在乎别人骂？

林则徐（1785—1850）被流放到新疆，但他既不怨天也不尤人，犹致力于建设新疆，挖"坎儿井"。新疆百姓至今犹感念之。

坎儿井，即"井穴"，维吾尔语称为"坎儿孜"。坎儿井是荒漠地区一特殊灌溉系统，普遍于中国新疆吐鲁番地区。坎儿井与万里长城、京杭大运河并称为中国古代三大工程。吐鲁番的坎儿井总数达 1100 多条，全长约 5000 公里。

1. 子罕（少）言利，与（一、或；二、赞许）命与仁。

"罕言"，非不言。"夫子言性与天道，不可得而闻也。"（《公冶长》）"天何言哉？四时行焉，百物生焉，天何言哉？"（《阳货》）

"利"，"君子喻于义，小人喻于利"（《里仁》），"利者，义之和也"，"利物足以和义"，兼利万物，与众共之，如办义田、义学，"能以美利利天下，不言所利，大矣哉！"（《易经·乾卦·文言》）

"与命与仁"："与"，一、或；二、赞许。

"命"："天命之谓性，率性之谓道"（《中庸》），"各正性命，保合太和，乃利贞"（《易经·乾卦·文言》），"不知命，无以为君子"（《尧曰》）。

"仁"："君子体仁，足以长人"，仁者爱人，而无不爱。孔子少以仁许人。

2. 达巷（党名，如今某坊、某村）**党**（五百家曰党）**人曰："大哉**（赞词）**孔子！博学而无所成名。"子闻**（知）**之，谓门弟子曰："吾何执**（专务）？**执御**（驾车）**乎？执射**（射击）**乎？吾执御矣。"**

《论语说义五》：达巷党人先知受命，独发此言，一人而已……受命之故，存乎微言。

《论语说义五》：恐门弟子性质未明，骤听此理，转滋疑惑。不使躐等，故就其身体之事，择乎六艺之中射、御二者，御尤切身，举而示之，以合"礼乐斯须不去"。此文章之教，日用而不知者也……别举门弟子者，不使同乎达巷党人也。此圣人设教之权衡也。

《论语》每章皆无连贯性。此章要好好想一想。

"博学而无所成名""君子不器"（《为政》），所学都够分量，学到一境界，而不在一事一艺上成名。

"射"，可卫国。"御"，必公平，如赶车，必按目标而行，双手必平，手不能乱斜。

"吾执御矣"，双关语。御天下，"时乘六龙以御天"（《易经·乾卦》）是最高的境界。卫天下，不如御天下。

3.子曰："**麻冕**（缁布冠，细密难织），**礼也；今也**（者）**纯**（丝），**俭**（丝易成，故俭）。**吾从众。拜下**（拜于堂下），**礼也；今拜乎上**（拜于堂上），**泰**（骄）**也。虽违众**（与众不同），**吾从下。**"

《论语说义五》：立一王之法，成一代之礼，必以所损益者顺乎人情，即以所不变革者维乎世运。

自此章看孔子在什么地方从众（俗）、什么地方不从众。

"麻冕，礼也；今也纯，俭。吾从众"，日常生活可以从众，变而从时，随时制宜。

"拜下，礼也；今拜乎上，泰也。虽违众，吾从下"，大礼上不可以从众。

"子入太庙，每事问。""是礼也？"就因为不是礼，才要问。"礼上不可时中"（《礼记·乐记》"礼也者，理之不可易也"），日常生活可以从众，但是大礼上不可以从众。

4.**子绝**（去之尽）**四：毋**（禁止之词）**意**（亿，臆度），**毋必**（有成见），**毋固**（固陋），**毋我**（自我）。

《论语》每章皆活学问。

"毋"，禁止之词，如莫、勿、不要。"毋意"，意者，亿也，臆度，未做之前揣度。

对任何人不先推测，不相信他或他不相信我。今天年轻人最大的毛病，刚开始就有自卑感，而净怀鬼胎。

"毋必"，不有成见，"唯义与比"。

"毋固"，不固陋。"学则不固"，学就不孤陋寡闻。"三人行，必有我师焉"。

"毋我"，人地位愈低愈好自专，"贱者好自专，愚者好自用"。凡事都把自己置于前头，则成"剩人"。

要冷静，要深思，"毋意，毋必，毋固，毋我"，有主观能判断事？人一有主观，就完了。

清康熙帝有学有术，朱子出名同关公，是他捧出来的。

记住：一失足成千古恨。尔今尔后，会看到多少同学狼狈不堪。

做事千万不可以盲从。我表示立场，为好人说的。

5. 子畏（受危难）于匡（地名，本郑邑）。曰："文王既没（殁），文不在兹（此）乎？天之将丧斯文也，后死者不得与（参与）于斯文也。天之未丧斯文也，匡人其如予（我）何？"

此章孔子在匡地，遭遇危难。

《史记·孔子世家》：将适陈，过匡，颜刻为仆，以其策指之曰："昔吾入此，由彼缺也。"匡人闻之，以为鲁之阳虎。阳虎尝暴匡人，匡人于是遂止孔子。孔子状类阳虎，拘焉五日……匡人拘孔子益急，弟子惧。孔子曰："文王既没，文不在兹乎？天之将丧斯文也，后死者不得与于斯文也。天之未丧斯文也，匡人其如予何！"孔子使从者为宁武子臣于卫，然后得去。

"文"，性之用。性生万法，即"性生万文"。"文王"，文德之王，《春秋》讲"素王"，有王之德，无王之位。"法其生，不法其死"，谁有文德，谁就王天下。"文〔武〕之道未坠于地，在人"（《子张》），人人皆可以为尧舜，人人皆可以为文王。文，并不会因文王的死而牺牲了，文化才能够生生不息。孔子一辈子宣文，死后成为"文宣王"。曲阜孔庙大成殿有"斯文在兹"匾。

"天之将丧斯文也，后死者不得与于斯文也；天之未丧斯文也，匡人其如予何？"可见传承的重要，要为往圣继绝学。

一部《论语》讲"文没在兹"，此即为华夏精神，儒家的真精神所在。"文没在兹，有为若是"，这是读书人的责任；知此，就不必羡慕别人，也不必作践自己，要知道自己责任之所在。

"匡人其如予何"，吹口哨壮胆！如宗教家之言。

6. 大宰问于子贡曰："夫子圣者与？何其多能也？"子贡曰："固天纵（肆，言不为限量也）之将圣（大圣），又多能也。"子闻之，曰："大宰知我乎？吾少也贱（无地位），故多能鄙事。君子多乎哉？不多也。"

孔子"博学而无所成名"，君子不器。

"天纵之将圣"，乃是生而知之者。

"吾少也贱"，"贱"与"贵"相对，"贱"指没有地位。好汉不怕出身低。"故多能鄙事"，一般有地位人家不做的鄙事，孔子都能做，如执鞭之士。

《史记·孔子世家》：孔子贫且贱。及长，尝为季氏史，料量平；

尝为司职吏，而畜蕃息。

身体力践，事情的经验很重要，历事煅智，孔子的多能、多艺、博学自此来。

"君子多乎哉？不多也"，此"君子"，指有地位者，与"贱"相对。做官的能有"多鄙事"的经验吗？不多也。

7.**牢**（孔子弟子，琴开，名牢）**曰："子云'吾不试，故艺'。"**

孔子"我宋人也"，宋，是殷皇族之后。

"不试"：一、不为世用；二、保留，再推敲如何解。

"艺"，为孔门一科，"游于艺"。"求也艺，于从政乎何有？"何难之有？没有什么难，因为学到一相当境界。将有关谈艺者聚在一起，加以印证。

8.**子曰："吾有知乎哉？无知也。有鄙**（昔五百家为鄙，边邑）**夫**（老百姓）**问于我，空空如也**（虚心听其说），**我叩**（音 kǒu，反问，不马上答）**其两端而竭焉。"**

孔子的时代喜用"两端"的观念。

事情皆有两端，如善恶、美丑、黑白、好坏等。"攻乎异端，斯害也矣"（《为政》），"万物并育而不相害，道并行而不相悖"。舜"执其两端，用其中于民"（《中庸》）。

《春秋繁露》有《二端篇》，以为二端有形，要自无形之处入手，因为"有生于无"，所以要"览求微细于无端之处"，由本源找到无端之处，因为"诚知小之将为大也，微之将为著也"。

《春秋繁露·二端》：《春秋》至意有二端，不本二端之所从起，亦未可与论灾异也，小大微着之分也。夫览求微细于无端之处，诚知小之将为大也，微之将为著也。

处理事情有步骤，要看对象，自己不存主观的见解，"空空如也"，诚诚实实，一心不二。

"叩其两端"，先虚心地听对方说，对双方详细研究；"而竭焉"，不轻诺寡信，竭尽自己的智慧，研究如何解决，再给他答复。

"执两用中"，为他解决问题。舜做事，执其两端，用中于民。

9. 子曰："凤鸟不至，河不出图，吾已（止）矣夫！"

《史记·孔子世家》：鲁哀公十四年春，狩大野。叔孙氏车子锄商获兽，以为不祥。仲尼视之，曰："麟也。"取之。曰："河不出图，雒不出书，吾已矣夫！"

此为孔子叹时之言，以"素王"自况，有王之名，无王之位。

孔子为"素王"，感己德不足，叹凤鸟不至！

龙、凤、麟、龟为四灵，在中国为吉祥物。龙凤呈祥。

"凤鸟至"，"有凤来仪"，指有德者。相传舜为天子时，凤鸟曾飞来；文王时，又鸣于岐山。

"河出图"，伏羲时，黄河中有"龙马负图"。伏羲自河出图得启示，画八卦。"洛出书"，《尚书》记载为政之道，是一部政治学。

孔子虽生在乱世，但"仁以为己任，死而后已"（《泰伯》），仍要守死善道，故不能止，乃修《诗》《书》、订《礼》《乐》，藏道于民。

10. 子见齐衰（音 zī cuī，粗麻布缘边部分缝整齐，丧服之一）**者，冕**（大夫以上冠）**衣裳**（大夫之礼服）**者与瞽者**（襄祭礼的乐工）**：见之，虽少**（年少），**必作**（兴，变容起立，以示敬）**；过之，必趋**（哈腰，迈小快步）。

"见之，虽少，必作"，"作"：一、兴，示敬；二、作轼为礼，按身份地位。哀有丧者、尊在位者、恤残废者，必变容而起敬。

"过之，必趋"，经过时，必走快些，以示敬。

11. 颜渊喟然（叹声）**叹曰："仰之弥**（越加）**高**（高山仰止），**钻**（钻研）**之弥坚**（钻不进）**；瞻**（看）**之在前，忽焉在后。夫子循循然**（一步步按次序）**善诱**（引导）**人，博我以文，约我以礼。欲罢不能，既竭**（穷尽）**吾才，如有所立，卓尔**（卓然而立）**；虽欲从之**（从道），**末由也已。"**

《论语说义五》：此颜子叹圣人微言，弟子不易知也……颜氏之子或可钻仰知其高坚，而后能言高坚也；存于瞻望，而后有在前在后也。惟习圣既久，斯能及乎恍忽之境，而深其叹美之情。故性与天道不可得闻者，所谓弥高弥坚者也。

"仰之弥高，钻之弥坚"："高山仰止，景行行止，虽不能至，然心向往之！"（《史记·孔子世家》）

"瞻之在前，忽焉在后"，前后左右看不透彻，摸不出是哪个形。不知头尾，不知何时开始，何时完了。

"循循然"，一步一步，循序渐进，学不躐等。"善诱"，用最好的方法。加一"善"字，活泼地形容孔子之德、之美！

子罕第九

227

《论语说义五》：文章可得而闻者，所谓循循然善诱人者也。《诗》《书》、执、《礼》，皆文章也。

"博我以文"，此"博"字，形容词当动词用，将礼法制度尽量教我们学。广博传授，不拘一途。

《论语说义五》：颜子所传"博文约礼"与众人同，而"欲罢不能"与众人异。从不可形象，以见圣功之全体，知微言之所在。

"约我以礼"，以"礼"约我的"文"。学，得无所不学，什么都可以知，但是得"约之以礼"，可不能什么都做。

"如有所立，卓尔"，在道上有所得了。"虽欲从之，末由也"：一、不知从何入手；二、无法跟从。

《论语说义五》："卓尔"，谓微言之卓绝也，此"闻一知十"之所至也。既见其所立，当有其所由。而云"从之末由"者，为"博文约礼"者言之也。

12. 子疾病，子路使门人为臣（扮作家臣，预备治丧）。**病间**（音 jiàn。孔子病情稍轻些，有力气骂人了），**曰："久矣哉！由之行诈**（有机心）**也，无臣**（现应是无家臣）**而为有臣。吾谁欺？欺天乎？且予与其死于臣之手也，无宁死于二三子**（诸位）**之手乎？且予纵不得大葬**（以大夫之礼葬之），**予死于道路乎？"**

大夫家有家臣，孔子为中大夫。

"吾谁欺？欺天乎？"人不能自欺，认为自己能欺人，但骗人谁也知。虽无揭露者，但人心里笑之。

必将古书读得活活泼泼地，才能用上。

"父为士，子为大夫，葬以士，祭以大夫"（《中庸》），所以昔人无不希望能有好子孙。

13. 子贡曰："有美玉于斯，韫（音 yùn，藏）椟（柜）而藏诸（语词）？求善贾（买家）而沽诸？"子曰："沽之哉！沽之哉！我待贾者也。"

"贾"：一、音 jià，价钱，"求善价"，被动的；二、音 gǔ，人，商贾，"待贾"，主动的。两者的境界大不同。一等价钱，一等好买家，必具有收藏的知识与能力，怕被转手图利了。

邦有道，能行道就卖；邦无道，不能行道就不卖。孔子"待贾而沽"。

择主而事，"待贾者"，不是"求善价"，遇高价就卖。两者的品德差太多。

"良贾深藏若虚"，指对外而言，因为不是储藏室，而是要"待贾而沽"，找主。待价而沽，是要不赔本。清仓，才求速卖。

"怀瑾握瑜"，什么东西怀之，不外露？什么东西握之？了解，即了解机。时机到了，机不可失。不失机，得知机。

诸葛亮"三分天下有其一"，那又何必出来？根本是混饭吃。

不显山、不露水，非无山无水，是不显不露。要一步步培养自己的智慧。

14. 子欲居九夷（朝鲜）。或曰："陋（没有文化），如之何？"子曰："君子居之，何陋之有？"

此有二解：一、成德者，循循然善诱；二、箕子到朝鲜，朝鲜还能没有文化？

那个地方陋不陋不管，到那里必使之不陋。自己无德，不能责备别人。

我的弟子有机心。

15. 子曰："吾自卫反（返）鲁，然后《乐》正（正乐，然后乐正了），《雅》《颂》各得其所（正所）。"

《史记·孔子世家》：孔子之时，周室微而《礼》《乐》废，《诗》《书》缺……"吾自卫反鲁，然后《乐》正，《雅》《颂》各得其所。"古者《诗》三千余篇，及至孔子，去其重，取可施于礼义，上采契后稷，中述殷周之盛，至幽厉之缺，始于衽席，故曰"《关雎》之乱以为《风》始，《鹿鸣》为《小雅》始，《文王》为《大雅》始，《清庙》为《颂》始"。三百五篇孔子皆弦歌之，以求合《韶》《武》《雅》《颂》之音。礼乐自此可得而述，以备王道，成六艺。

"三百五篇孔子皆弦歌之"，证明孔子的音乐修养不得了！"与齐太师语乐，闻《韶》音，学之，三月不知肉味，齐人称之"（《史记·孔子世家》）。

"自卫反鲁"，"孔子之去鲁凡十四岁，而反乎鲁"（《史记·孔子世家》），是隐道于民时。孔子"用之则行，舍之则藏"，藏道于民。晚年"删《诗》《书》，订《礼》《乐》，赞《周易》，作《春秋》"。《五经》《六经》乃自然之形成与表现。严格说，中国就是《六经》，《乐经》没了，但乐的哲学仍有。乐之兴衰，历代皆有。《五经》（《诗》《书》《礼》《易》《春秋》）为大本，其他经为《五经》之传。

"成于乐"，人一高兴必鼓缶而歌，即乐。《乐》正，《雅》《颂》各得其所"，正《乐》，《乐》正了，乐以和性，音乐改变，人心之改变、人心之所趋。"尊人以和，太平之原实在乎是"（熊十力《原儒》）。

学问必下真功夫，学术东西，多活十年，就觉前十年幼稚！熊十力生在今文经盛行时，有接触而吸收之，无人知其为今文大师。

奏乐，必歌诗，载歌载舞。《乐》正"，使《乐》一点也不含糊；《雅》《颂》各得其所"，使之各回到本来面目，何等博学！思想正，使之各得其所。

"兴于诗"，诗是"性"与"情"的表现。孔子删《诗》。《诗经》分《风》《雅》《颂》。《雅》分《小雅》《大雅》。《小雅》七章、七十四篇，其中六篇有目无辞，为燕飨之乐；《大雅》三章、三十一篇，乃会朝之乐，多史诗。

《颂》，为宗庙祭祀乐歌，共四十篇：《周颂》三十一篇、《鲁颂》四篇、《商颂》五篇。"《诗》终之以三《颂》，新周、故宋，以鲁当新王。以《鲁颂》当立新王，而次之周后，复以《商颂》次鲁，而明继夏者殷，非所谓'三王之道若循环'者乎？"（刘逢禄《春秋公羊传何氏释例》）

我，"长白又一村"的村长。

蒋伯潜以此章异说者多，举重要者如下：

一、《史记·孔子世家第十七》载孔子语太师乐云云，以孔子"正《乐》"即"删《诗》"。

二、郑众《周礼》太师注，郑玄《仪礼·乡饮酒礼》注，谓"正乐"即整理《诗》，故曰"《雅》《颂》各得其所"。

三、毛奇龄《四书改错》，以"正乐"即正乐章，正"《雅》《颂》"之入乐部者。

四、包慎言《敏甫文钞》谓"《雅》《颂》"指音律，不指《诗》篇言。"正乐"者，乃正其音律之错乱，非整齐其篇章也。

16. 子曰："出（出仕）则事公卿（为国服务），入（在家）则事父兄（行孝悌），丧事不敢不勉（勉强行礼），不为酒困，何有于我（于我何难）哉？"

此章记孔子自言其日常生活。

"不为酒困"，孔子会喝酒，绝不喝醉。"唯酒无量，不及乱"（《乡党》），有酒品、酒德，喝酒有所节制。

"饮酒濡首，亦不知节也"（《易经·未济》），沉湎于酒，因不知节制，所以"未济"（《易经》最后一卦）。

17. 子在川上（水之北），曰："逝（往）者如斯夫！不舍昼夜。"

马一浮以"子在川上"一章，显示"于迁流中见不迁；于变易中见不易之理"。

程颐曰："天运之不已，日往则月来，寒往则暑来，水流而不息，物生而不穷。"

川流不息，宇宙迁流不已，万物生生不息。

于变化而悟恒常，于用而识体。道即性，亦即命，亦即天。

悟变化之神。

真懂"逝者如斯"，才能博学笃志。

不论为学或是游玩，皆必好好计划，因为来日无多。

18. 子曰："吾未见好（音 hào）德（善行）如好色（形形色色）者也。"

《史记·孔子世家》：居卫月余，灵公与夫人同车，宦者雍渠参乘出，使孔子为次乘，招摇市过之。孔子曰："吾未见好德如好色者也。"于是丑之，去卫，过曹。

"未见"，叹之！

德与色，人皆重色轻德。"未见好德如好色"，故要"贤贤易色"。

19. 子曰："譬如为山（做山），未成一篑（音 kuì，一筐土），止，吾止也；譬如平地，虽覆（倒）一篑，进，吾往也。"

此章孔子劝人勤学。

自"篑"可见"积"的功夫。之所以不成，就差一筐土。

《尚书·旅獒》云："为山九仞，功亏一篑。"《荀子·劝学》称："锲而不舍，金石可镂。"《孟子·尽心上》曰："有为者，譬若掘井；掘井九仞而不及泉，犹为弃井也。"

"进"与"止"，皆操之在己；"成"与"败"，皆在我自己。一个人的成败，全在于自己，别人是爱莫能助的！

懒而原谅自己，最为可怕！

20.子曰："语（音 yù，告也）之而不惰（懈怠）者，其回也与！"

"不惰"，能马上去实行。颜回，"其心三月不违仁"，"不贰过"。

修德、练智，贵乎能行。明理，然后能行出。

懈怠懒惰，虽知道多，但一件也未行！

21. 子谓（评）颜渊，曰："惜乎！吾见其进也，未见其止也。"

此章乃孔子看颜回天天拼命，进而不止的精神。

日新不已，进修之益，自己造就自己。年轻人就是整天忙，也不会觉得累，要天天修德、练智。

必要养成"勤"的习惯，"业精于勤荒于嬉"，"学海无涯苦作舟"。

22. 子曰："苗（小苗）而不秀（开花）者有矣夫！秀而不实（结果）者有矣夫！"

此章孔子痛惜颜回，未能成功就死掉！

"苗"，根苗，秧苗，秀才是宰相的根苗。

有苗，就开花，开花就结果。但也有苗，既不开花，也不结果。

23. 子曰："后生可畏（敬畏），焉知（怎知）来者之不如今也？四十、五十而无闻（德名）焉，斯亦不足畏也已。"

自此章可知儒家是讲进化论。

"生乎今之世，反（返）古之道；如此者，灾及其身者矣"。学究往往以"今不如古"，害多少年轻人没有自信心、无上进心。

"后生可畏"，年轻人应更有上进心。孔子以为后生更精明，青出于蓝而胜于蓝。孔子"制《春秋》之义，以俟后圣"（《春秋公羊传·哀公十四年》），后圣接前圣，一棒接一棒。

我要你们"青出于蓝，更胜于蓝"，不要亦步亦趋，要接着讲，不是照着讲。

后生如不知上进，终无闻也，也不足以敬畏。

24. 子曰："法语之言（正言，标准的话），能无从乎？改之为贵（重要）。巽（顺，谦逊）与之言（委婉的劝导），能无说（悦）乎？绎（寻绎，研究其所以）之为贵。说（悦）而不绎（不寻绎微意所在），从（面从）而不改（不切实改过），吾末如之何也已矣（我对他也没办法了）。"

能从其正言，而改自己的毛病，最为可贵。

对人委婉的劝导，要听出"弦外之音"，方为可贵。

"过而能改，善莫大焉"，人能改过，为难！

25. 子曰："主忠信，毋友不如（比不上）己者。过，则勿惮改。"

"主忠信"，"忠"，尽己之谓；"信"，言可复也。"忠信，所以进德也"（《易经·乾卦·文言》）。

"毋友不如己者"，：《学而》"无友不如己者"，朋友以信，朋友之道贵乎责善，"忠告而善导之"（《颜渊》），互相切磋琢磨。"三人行，必有我师焉"。

"过，则勿惮改"，不怕有过，要"不贰过"。

26. 子曰："三军（军队）可夺帅也，匹夫不可夺志也。"

"志"，乃心之主宰。"三军可夺帅，匹夫不可夺志"，虽处困境中，志仍不可夺，坚刚不可夺志。身可死，志不可夺，亦不因暴利而改其意志。

士尚志，"志于道"，为目标奋斗一辈子，不论是患难、造次、颠沛皆必于是，绝不能改变，"守死善道"，故"富贵不能淫，贫贱不能移"，此之谓"大丈夫"。

27. 子曰："衣（动词，穿着）敝缊袍（用旧絮做的棉袍），与衣狐貉（音 hé，著名的毛皮兽）者立，而不耻者（不认为不好看），其由（子路）也与。'不忮（音 zhì，害，嫉妒）不求（歆羡，非分之求，妄求），何用不臧（善）？'（《诗经·邶风·雄雉》'百尔君子，不知德行。不忮不求，何用不臧'）"子路终身诵之。子曰："是道（不过是个道）也，何足以臧（尽善，不是至道）！"

《论语述何》：耻不若富贵，强者则有忮害之心，弱者则有求慕之心，故不能修身也。

"志于道"，心有所主，而不在衣着上。

子路即使是穿旧袍子，与穿着华服者并立，相形见绌，也不认为不好看。阿 Q 精神！

"不嫉妒、不歆羡，何用不善？"学生总是天真，经常将老师赞美的话挂在嘴边。

老师知道了，说："不忮不求，这是做人的初步境界，并非最高的境界。"

28. 子曰："岁寒，然后知松柏之后雕（凋谢）也。"

志节极值得重视，在危难之际才可以看出。"板荡识忠奸"，"家贫出孝子"。

有变时，才见出"节"；无变时，只能称"贞"。

29. 子曰："知（智）者不惑，仁者不忧，勇者不惧。"

"智者不惑"，一、不惑于欲；二、没有疑惑，追根究底。"智者利仁"，行事皆有利于仁。

"仁者不忧"，不忧己私，先天下之忧而忧。"仁者安仁"，"安仁者，天下一人"。

"勇者不惧"，有操守，威武不屈，不惧人势，见义必为。

30. 子曰："可与共学，未可与适道；可与适道，未可与立；可与立，未可与权（称锤，所以称物而权轻重）。"

《春秋繁露·玉英》：《春秋》有经礼，有变礼。为如安性平心者，经礼也；至有于性虽不安，于心虽不平，于道无以易之，此变礼也……明乎经变之事，然后知轻重之分，可与适权矣。

"适道"，行道，乃是为别人谋福利。

"立"，"三十而立"，立于道，"守死善道"，终身为道奋斗。

"权，知所以用理也"，通权达变。

《辜鸿铭的笔记·权》：权也者，知所以用理之谓也。孔子曰："可与共学，未可与适道；可与适道，未可与立；可与立，未可与权。"所谓可与适道者，明理也；可与立者，明理之全体而有以自信也；可与权者，知所以用理也。盖天下事，非明理之为难，知所以用理之为难。权之为义，大矣哉！

"穷则变，变则通，通则久"，儒家并不顽固。智必识时，行若时雨。

31. "唐棣（花名）之华（花），偏（翩）其反（翻然）而（语助词，形容花朵左右摆动）。岂不尔思（思尔，思念你）？室是远而（住得太远了）。"

此四句为逸诗（《诗经》未收的古代诗歌）。上两句无意义，起下两句。

"唐棣之华，偏其反而"，一般花皆先开后合，唐棣之花，初开反背，终乃合并，是反常的。

"岂不尔思？室是远而"，不是我不想念你，而是你住得太远了！

子曰："未之思也夫（吧。武亿《经读考异》谓有咏叹之趣）！何远之有？"

《论语述何》：夫子以思为未思者，不欲诿咎于室，诚之至也。

《春秋繁露·竹林》：辞不能及，皆在于指，非精心达思者，其孰能知之？《诗》云："棠棣之华，偏其反而。岂不尔思？室是远而。"

孔子曰："未之思夫，何远之有！"由是观之。见其指者，不任其辞。不任其辞，然后可与适道矣。

"未之思也夫"，没有想念吧！"何远之有？"真想念，还在远近？因为多说一句，把前面的都散了。孔子以"思无邪"评《诗》。

《诗》是社会学，可以"兴、观、群、怨"，故曰"不学《诗》，无以言"（《季氏》）。社会上就"兴、观、群、怨"四个动作。

读书有一定的方法，必要懂得用心去玩味。我读《易经》，将每卦看成是活的。卜，非同马路的，而是看我们做的事对不对，印证之，加以修正。学问，必做成活学问。

我的立场，就是求这块土的安宁，在安宁中进步。昔日盛世，喝酒，行酒令、作诗。

不应再有战争，近百年死多少人？但不战争，必要有方法。"养兵千日，用之一时"（《南史·陈暄传》"兵可千日而不用，不可一日而不备"），就看用上与否。

第一次"亡国"时，我还不懂事，但懂他们在过年哭。

溥仪于 1912 年 2 月 12 日（宣统三年阴历十二月二十五日）退位，结束清的统治政权。时溥仪年仅六岁，师尊与他同龄。

清宗室不过年，国殇，男人穿孝服到宗庙举哀。中国规矩，女人不可进庙，在家中哭。

最后"亡国"，我四十岁。

1945 年 8 月 17 日午夜，"满洲国皇帝"溥仪举行退位仪式，宣布"满洲国"政府解散,"满洲国"正式结束。

王作荣写《壮志未酬》,我喷饭!男人都想叫太太听话,太太偏不听。知耻者少,就胡扯。

现在是要选"总统",不是选圣人,"总统"在为民服务。

想当领袖,秘诀在宽。养成宽,宽则得众。

人的心里绝不可以卑鄙。如见谁都想欺负,就你一人跑单帮。多少人皆倒行逆施。

一个政治家,就看他的量是否能容。但并不是不分善恶,要"赦小过"(《颜渊》),大过绝不可赦,大过是有害于人的行为。我骂李,恐其侵害中国,不仅侵害别人而已。

"五十以学《易》,可以无大过",可见不是没有小过。哪个人没有过?小过,"过,则毋惮改"。一般人目不转睛,还说目不斜视。

"食色,性也",但要懂得节制,恐其有害于生命。人要不卑鄙,必得知耻,"知耻近乎勇"。

说闲话,是非者即是非人。问:"老师,她对您好不好?"答:"比你好,你给我烧过开水?"三姑六婆,淫盗之媒。要知怎么答话,做事必拒是非者于千里之外。

孔子一上台,先诛少正卯。自小就要好好培养自己,一个人如无所守,绝对不会成功。虑深通敏,遇事深深地考虑,深虑则有功。

"小人怀惠",惠则足以使人。人如天天吃你的亏,谁还和你在一起?"朋友先施之"(《中庸》),处人之道,必先为对方着想,设身处地。

何以人无千日好？问："您老有何秘诀，让他们和您住在一起？"答："我没有骂他们。"你关心他，倒杯水摆在他面前，他心里多温暖！岂不是"惠而不费"？惠足以使人。孙子说："我们家有爷爷！"我是冒牌的。

我的学生中也有许多子路。一个人小毛病多，必得改。愚忠，不分好坏就尽忠，就因为不学无术。

聪明过度者则有点放浪不拘，名士派。聪明过度，有时和傻子一样，"过犹不及"（《先进》）。一个人学厚道不易，学奸巧太容易了，一点就明。

人不多言，办事反应很快，可造之才。不要嫉妒，自己要修，修德修能。

乡党第十

唐日荣（1940—1998）死了，惊心，反省，以之作为借鉴。从上至下，以唐日荣作为镜子。

唐是台湾早期的大亨，台湾选美协会创办人、首任理事长，有"选美皇帝"之称。出生于重庆，随父唐毅来台。毕业于师大附中、东吴大学英汉语文学系。

早年，当过补习班英文老师，开过成衣工厂。自称于留学英国时，结识伊拉克总统萨达姆。在 20 世纪 80 年代两伊战争时期，承揽伊拉克军火及军品生意而致富，号称"中东王"。

1987 年，他创立选美协会，重新启动在台中断了二十几年的选美活动。自 1988 年至 1995 年间，每年大肆举办"佳乐小姐"与"国际小姐"等选美活动，并亲自主持。

他经常高调接受媒体访问，家有黄金马桶，出入乘坐加长型白色劳斯莱斯大礼车，并有"黄金制"名片。公开露面时，必穿着标榜自己设计、颜色鲜艳、绣有金缕的"唐日荣装"，并自费聘请大批保镖随行。喜欢在豪宅内坐龙椅，脚踏虎皮，与大批仅穿着比基尼泳衣的选美参赛女子合照，宛若古代帝王之选妃。

他与选美比赛出身的模特姜文淑传出感情及财务纠纷，此后是非不断，并多次对簿公堂，互揭疮疤。选美活动也因此停办。

唐晚年落魄，离婚、官司缠身、负债累累，健康也急速恶化。1998 年，因肾衰竭病逝，享年 58 岁。

鉴，是用铜做的，铜镜必常磨。清代才用玻璃镜。现在进步得太快，但丢掉的也太多了。

现在帝国主义打中国主意是怕，以前则是欺。爱国必得辨忠奸，如没有卖国贼，美国焉能打我们的主意？

知识分子能不知耻？一个人必须要有正知正见，但正不易。读书的目的，在改变器质。秦桧（1091—1155）是状元，南京有秦状元巷。用事，必得分忠奸。

识时务者为俊杰。什么叫时务？时之所当务。说我有省籍之分，是小人之心，我是识时务者。贪名、利、势，没用！做事要发挥作用，必须识时务，要讲究实际。真懂得一句话，都可以成就千古事业。

何不将宝贵的光阴，为己之所当为？千万别因一时之贪，而造成千古憾事！人不在智慧高低，为事以德，德不足，绝不能成事。

我虽然没出息，但我额娘仍关心。我曾出生入死，我额娘害怕，我写"长白又一村"表明心迹。

我活得太长了！古时花甲未死，被送上山饿死，比活埋还惨。

《楢山节考》，日本小说，深泽七郎著，1956 年在《中央公论》杂志 11 月号发表，叙述日本古代信浓国（今长野县）寒村的山林内弃老传说。

人生很苦，因人都有欲，活得太长，没有达到，就有遗憾！

人是很巧妙的动物，因为思想不同，构想亦不一。有人忽略了实际行动，永远幻想。人必得生活，生活必得自力，要天天想实际的事，不要巧取豪夺。

每天做事应有企划，即使要饭亦得用脑，不能光靠欺骗。

郑学稼（1906—1987）如今安在哉？

郑作《鲁迅正传》，从书名到内容，对鲁迅均持贬损态度。在台湾有一小批追随者和崇拜者。他在 20 世纪 70 年代前期，在政治大学讲授《社会主义运动史》《第三国际史》等课程。著名大陆文艺研究家周玉山（1950—）在"政大"东亚研究所时，深受郑学稼的影响，以其私淑学生的身份选择了"左联"作为硕士论文的题目。

郑学稼和叶青（1896—1990，本名任卓宣）、胡秋原虽被左翼人士视为一类人，其实这三人的地位及思想、治学方法，并不完全相同。

又何必争世俗之名？我说千言万语，即要你们做事时识时务。识时务，就得有所牺牲。

《乡党篇》谈生活方式，无一用不上。

1.孔子于乡党（乡里，家乡），恂恂（温恭貌）如（形容词语尾）也，似不能（非不能）言者。其（别异之辞）在宗庙、朝廷，便便（辩辩）言，唯谨（敬谨）尔。

此章看孔子如何生活。

孔子"望之俨然"，是慢慢修养而成的。

不要当空话读过，威仪是慢慢培养的，要训练、改变器质。

"百工居肆，以成其业"，如不知自己所处的环境，又如何适应环境？

看环境，再说话。在乡里，"似不能言者"，"似"字，即不显自己有学问，谁要问也不正面作答。不可以在不该显威风处显威风。

"宗庙"，议政之处；"朝廷"，施政之处。孔子当时是鲁国大夫。在宗庙、朝廷，"便便言"，对事认真应对，明辨是非地谈，绝不含糊、马虎；"唯谨尔"，但要敬谨，不可情之所至，乱放厥词。

《古诗源·尧戒》称："战战栗栗，日谨一日，人莫踬于山，而踬于垤。"一个人如不能谨言，永远打不入核心。

2.朝（上朝），与下大夫言，侃侃（侃侃而谈）如也；与上大夫（长官）言，訚訚（音 yín，和悦正直地争辩，中正没有偏倚）如也。君在，踧踖（音 cù jí，恭敬貌）如也，与与（威仪中肯、恭敬而中礼）如也。

此章记孔子在朝廷的态度。

在什么环境，怎么表态，要注意仪态。

3.君召（上支配下）使摈（音bìn，迎接宾客），色勃如（生气勃勃）也，足躩如（脚步迅速）也。揖所与立（与两旁人作揖），左右手（左右拱手）；衣前后（前后摆动），襜（音chān）如（衣服整齐貌）也。趋（快步）进，翼如（两手不动，如鸟舒翼而翔）也。宾退，必复命（回报）曰："宾不顾（宾不反顾）矣。"

此章记孔子迎宾客的仪态。

作揖时，"衣前后，襜如也"，衣服前后襟摆动得极为好看。

依《周礼》，根据双方的地位和关系，作揖有土揖、时揖、天揖、特揖、旅揖、旁三揖之分。"土揖"，是拱手前伸而稍向下；"时揖"，是拱手向前平伸；"天揖"，是拱手前伸而稍上举；"特揖"，是一个一个地作揖；"旅揖"，是按等级分别作揖；"旁三揖"，是对众人一次作揖三下。此外，还有"长揖"，即拱手高举，自上而下向人行礼。

"趋进"，往前走，弯着腰；"翼如也"，手拿东西，自后看，如鸟之双翼。

"宾不顾矣"，宾坐轿，不反顾了，尽到礼。

送客时，宾已三顾，不再顾了才回。

4.入公门（朝廷大门），鞠（敛）躬（身）如（鞠躬貌）也，如不容（如公门低小，不能容己身般）。立不中门，行不履（动词，践）阈（音yù，门限）。过（经过）位（君主座位），色勃如（起劲，生气勃勃）也，足躩（音jué，快走）如也，其言似不足（说话不敢放肆）者。摄（撩）齐（音zī，衣下摆）升堂（由外朝入雉门，升君主日常听政的治朝之堂），鞠躬如也，屏气似不息（不大声呼吸）者。出（退朝，走出朝堂），**降**（下）**一等**（阶），**逞**（舒展）**颜色**（舒气解颜），**怡怡**（怡悦）**如也**。**没**（末）**阶**（阶走完），**趋进**（趋前），**翼如**（如鸟舒翼而翔）**也**。**复其位**（班位），**踧踖如**（恭敬谨慎）**也**。

此章记孔子趋朝的仪容。

"如不容"：一、肃己身走过。二、哈腰低头，如门低，不能容己身般。

"立不中门"，不立门中央，此尊者所立；"行不履阈"，走过门，不踏在门槛上。

"过位"，经过君位，如君在；"色勃如也，足躩如也"，表情显出有礼法；"其言似不足者"，说话声小些。

"摄齐升堂，鞠躬如也，屏气似不息者"，将升堂时，因拾级登堂，故须撩起衣裳下摆，以两手当裳前，提挈裳使起，恐衣长，转足时蹑履之。

"出，降一等，逞颜色，怡怡如也"，退朝，走出朝堂。先时摒气，下阶时，舒气现原形，不受约束。

"没阶，趋进，翼如也"，下完台阶，则疾趋而出。

"复其位，踧踖如也"，回其班位后，则又恭敬谨慎。

5. 执圭（玉，上锐下方。诸侯有命圭），**鞠躬如**（鞠躬貌）**也，如不胜**（力不能胜，敬之至），**上如揖**（作揖，高与眉齐），**下如授**（授物）。

此章记孔子聘问邻国时，授圭、享礼、私觌时的仪容。

聘问邻国，执持君之圭。"鞠躬如也，如不胜执圭"，敬慎之至，似有千斤重，不能站着，慎重其事，不可以嬉皮笑脸。

"上如揖，下如授"，说执圭的高低。郑玄曰："上如揖，授玉宜敬；下如授，不敢忘礼。"聘问邻国，执持君之圭。鞠躬者，敬慎之至。

以前用"圭"，后来用"笏"，至明朝止，作为国书，为验明正身用。

清朝用"朝珠"，左手捏着，不可乱动，上朝时双手捧着。

朝珠，是清朝官服的一种佩挂物，挂在颈项垂于胸前。凡皇帝、后妃、文官五品及武官四品以上，另外侍卫和京官等，均可佩挂朝珠，并且可作为皇帝所赏赐的物品。朝珠两旁共附小珠三串：一边一串，另一边两串，名为"纪念"；另外有一串珠垂于背，称"背云"。朝珠源于佛珠，共 108 颗，每 27 颗间穿入一粒大珠，大珠共四颗，称分珠或佛头，据说象征着四季，而朝珠的质料也不尽相同。

勃如战色（起敬，有战战兢兢之色），**足蹜蹜**（音 sù，小快步），**如有循**（次序，谨慎貌）。**享礼**（聘礼授圭，享礼授璧），**有容**（从容）**色**。

郑玄曰："战色"，敬也。"足蹜蹜如有循"，举前曳踵行之也。"享"，献也。聘礼，既聘而享，用圭璧，有庭实。

《经学卮言》："礼"与"享"，为二事。礼者，谓主人以醴礼宾时也。聘仪既聘乃享，既享乃礼，既礼乃私觌。

行"授圭礼"后，行"享礼"授璧。
"圭"，所以申信；"璧"，所以交欢。

私觌（音 dí，见也），**愉愉**（和悦）**如也**。

郑玄曰："觌"，见也。既"享"，乃以私礼见。"愉愉"，颜色和。

公礼已毕，以私人资格相见，轻松愉悦。

6. **君子**（孔子）**不以**（用）**绀**（音 gàn，深青而扬赤色也）**緅**（音 zōu，赤而微黑）**饰**（领缘，衣边）。**红紫不以为亵**（音 xiè）**服**（贴身服，内衣）。

此章记载孔子穿衣的情形。中国以前有服制。

"不以绀緅饰"，不用杂色作领饰。

"亵服"，挨着肉的，家居所着。"红紫"，女人用的。

当暑（暑热时），**袗**（音 zhěn，单衣）**绨**（音 chī）**绤**（音 xì，葛衣），**必表而出之**（须穿内衣，使身体皮肉不外露）。**缁**（黑色）**衣羔裘**（黑羊皮），**素**（白）**衣麑**（音 ní）**裘**（白色麑皮），**黄衣狐裘**（黄色狐皮）。

夏衫，须着里衣，使皮肉不致外露。

"缁衣羔裘，素衣麑裘，黄衣狐裘"，衣服，内外的颜色要相称。

亵裘（家居穿的皮裘）**长，短右**（手）**袂**（衣袖）。**必有寝衣**（被子），**长一身有**（又）**半。狐貉之厚以居**（坐褥）。

"亵裘长"，居家皮裘长，温暖；"短右袂"，短衣袖，是为做事方便。

"寝衣"，盖的被子；"长一身有半"，长于身子半身。

"狐貉之厚以居"，用厚毡之类作坐褥。

去丧，无所不佩（佩挂玉器）。**非帷裳**（音 cháng），**必杀**（音 shài，削也。两布接在一起，裁剪时必削去两侧以缝之）**之。**

昔人每天佩玉。父母死，才不佩玉。

《礼记·玉藻》云："凡带，必有佩玉，唯丧否。"又云："君子无故，玉不去身，君子于玉比德焉。"所谓"温润如玉"，即之也温，"温良恭俭让"，有雅气。

《管子·水地》：夫玉之所贵者，九德出焉，夫玉温润以泽，仁也。邻以理者，知也。坚而不蹙，义也。廉而不刿，行也。鲜而不垢，洁也。折而不挠，勇也。瑕适皆见，精也。茂华光泽，并通而不相陵，容也。叩之，其音清搏彻远，纯而不杀，辞也。是以人主贵之，藏以为宝，剖以为符瑞，九德出焉。

礼服之裳，谓之帷裳，如今天的百褶裙。用整幅布作，不加以削减，褶叠缝之。

祭祀所穿的礼服，是用大块布做。

羔裘玄（黑色）**冠不以吊**（吊丧）。**吉月**（每月初一，君臣有至太庙视朔之礼），**必朝服**（皮弁服）**而朝**。

中国古代以白色作为素服，黑色为吉服。"羔裘、玄冠"，是吉服，不用以吊丧。

朝服，平日视朝之服，为玄（黑）冠、缁（黑）衣、素裳。

7.齐（斋），**必有明衣**（布作的浴衣），**布。齐必变食，居必迁坐**（改变居处）。

记孔子斋时衣食、居处之事。

凡祭祀必斋，齐其思虑之不齐。斋必沐浴，斋戒沐浴。斋浴更衣，即穿明衣，以待身燥。祭祀有"明器"。"明衣"，是专用词。"斋必有明衣"，祭祀时，必服装整齐。"祭如在"，郑重其事。

"斋必变食"，改常馔。不饮酒，不耽荤。

"居必迁坐"，易座位。在祖宗面前是晚辈，不可再坐主位，按身份坐。

古时女人无参与祭祖，嫡长子太太在家中预备祭祀事宜，不可假手于仆人，有责任感。

8. 食（音 sì）**不厌**（极）**精，脍**（音 kuài，肉切成丝）**不厌细。**

记孔子日常饮食之事。

"食不厌精"，一、不厌弃，喜欢。二、极。

《述而》："孔子饭疏食，饮水，曲肱而枕之，乐亦在其中。"《里仁》："士志于道，而耻恶衣恶食者，未足以议。"所以应是食不求极精。

食饐（音 yì，太烂）**而餲**（音 ài，变了味），**鱼馁**（鱼坏）**而肉败**（肉坏），**不食。色恶**（颜色不好），**不食。臭**（音 xiù，气味）**恶，不食。失饪**（火候不到或太过），**不食。**

饮食要合乎卫生，气味、颜色不好，火候不足，或是煮得过熟烂了，都不吃。

不时，不食。

《礼记·坊记》云："食时，不力珍。"时食、时鲜，有养。
吃要合乎自然，吃当地、当令的蔬果有养。

吃饭，要定时、定量。

割不正（不按肉纹理切），**不食。**

切肉，必按肉的纹理切，即依肉性切。
怎么切、切几分，都有一定。

不得其酱，不食。

酱种类多，有几十种。
不同的菜，配不同的酱，有一定。

肉虽多，不使胜（超过）**食气**（"饩"的古字）。

饭作为主食。肉，所以佐食，应适当。吃肉，不可多于吃饭。
古人讲究五谷为养，五菜为充，五果为助。
"气"，习气，风气，有食气。气代表什么？
我尝新，不多食。吃素觉得清香，现在专吃青菜，吃十多年了。我不吃荤，每餐吃半个馒头，营养不是很足。
我的胃开过刀，医生不信能活十年，至今已十多年了；十多年来没有躺下睡觉，没有床。每个月给宋瑞楼看诊。
人身体的好坏，与所吃的东西有莫大的关系，必要持之以恒。
要懂得怎么养生，可操之在己。人能够调治自己，但必得有恒。人必要把持住，但是不易！

惟酒无量，不及乱。

孔子会饮酒，但是"不及乱"，喝酒不至于失仪态，有所节制。

东汉王充《论衡》中说："文王饮酒千钟，孔子百觚。"晋葛洪《酒诫》中更称"嗜酒无量，仲尼之能"。

孔子"酒不及乱"，给后人定下了"酒德"的基本规范，喝酒不必设量，最重要的是自我控制，不乱为限，心不乱，语不乱，形不乱，行不乱。

沽（市上买）**酒、市脯**（干肉）**，不食。**

市上卖的酒、市上卖的干肉，不随便吃喝，注意饮食卫生及安全。

不撤（去）**姜食，不多食。**

"不撤姜食"，夏天吃姜。

《本草纲目》载："姜辛而不荤，去邪辟恶，生啖熟食，醋酱糟盐，蜜煎调和，无不宜之。可蔬可和，可果可药，其利博矣。凡早行山，宜含一块，不犯雾露清湿之气及山岚不正之气。"

"不多食"，我为此查遍医书。《本草经疏》说姜"久服损阴伤目"，姜多食伤目，知可能是指不多食姜。

现代临床药理学研究发现，姜含有多种营养成分，有加快人体新陈代谢、抗炎镇痛、同时兴奋人体多个系统的功能。例如姜中的挥发油类与血液循环密切相关，能帮助增强血液循环，让人体温上升，并且兴奋肠道，促进消化。姜醇则有抑制血小板凝集的功效，有利于对心血管疾病的预防。老年人经常吃一点姜还可以延缓衰老。

生姜不仅能防止含脂肪的食品氧化变质，而且当生姜的辛辣成分被人体吸收后，还能抑制体内过氧化脂质的产生。此外，姜能调节男性前列腺的机能，可以用于治疗中老年男性前列腺疾病以及引发的性功能障碍。

中、西医都证明姜能够对人体延缓衰老、常葆青春发挥一定作用。

什么都要仔细，不可以看过就完了。

冬天吃萝卜，可以通气，春天可不得传染病。

秋成，什么东西都可以吃。

祭于公（助祭于太庙），**不宿肉**（隔夜的祭肉）。**祭肉，不出三日；出三日，不食之矣。**

祭祀完毕，祭肉切块，分送近亲友。祭肉过了三天，就不能吃。

祭孔，第二天一大早祭毕，凡是参加祭祀的，都能分到祭肉。

9. 食不语，寝不言。

此记孔子食、寝时的仪容。

"言"与"语"之区别如何？《说文》称："直言曰言，论难曰语。"言，讲正经的，言官、言责、言出法随、言之有据，"子所雅言，诗书艺礼"；语，什么都说，相答问辩难，语无伦次，"子不语怪力乱神"。

"食不语"，吃饭前不语，使心平气和了，再进食。"食不言"，吃饭时不讲大道理，恐影响进食情绪，重视饮食情境。

"寝不言"，睡前不言，排除杂念，使思虑平静，有利于睡眠。

"寝不语"，睡眠时不可以谈《聊斋》、《红楼》之类的话题，重视睡眠情境。

10. 虽疏食、菜羹、瓜，祭，必齐（斋）如也。

记孔子祭时的仪容。

昔人每餐必祭，供祖宗，虽薄物，必祭。"祭之丰，不如养之薄"。

大祭时，必斋戒。

11. 席不正，不坐。

记宴客入席礼仪。

主人不正席，不入座。入席，三让之。

三个主客，年长坐首位，主人最后入座。

以帖子"正席"，分主、陪客。

答复写"敬陪末座"，出席；写"敬谢"，不出席。"忝居末座"，背朝门口，面对首席。

送"知单"，请客名单，最为尊贵的。

12. 乡人饮酒，杖者（年长者）出，斯出矣。

记孔子居乡之事。

乡饮酒，每家成年男子都去。

尚齿，必"敬陪末座"，听训。教敬，不能吃完就走，要老者先行，再出。

乡人傩（音 nuó），朝服而立于阼阶（东阶，主人位）。

"傩"，迎神赛会，以乐舞驱逐疫鬼。"冲傩"，必有锣鼓声。近乎台湾的拜拜。此时要陪祖宗，怕锣声惊了祖宗灵。

13. 问人于他邦，再拜（行拜礼）而送（亲送）之。

记孔子遣使遗（读 wèi）问友人，托人行礼。

14. 康子（季康子，鲁卿）馈（赠送）药，拜而受之，曰："丘未达，不敢尝（尝）。"

记孔子受人馈药。
"未达"，不了解药性。拜谢，让人带回。
《曲礼》云："医不三世，不服其药。"庸医杀人，十之八九。

15. 厩（马房）焚。子退朝，曰：伤人乎不？"问马。

记孔子马厩被焚时事。
此有二解：
一、"伤人乎？不问马"，贵人而贱畜。但是此解较为乡愿。宋儒改了原意。
二、"伤人乎不（否）？问马"。《经典释文》云："一读至'不'字绝句"，盖读"不"为否。先问"伤人乎否"，然后问马，先人而后畜。民胞物与，何贵贱之别？

16. 君赐食，必正席（坐正）先尝之；君赐腥，必熟而荐（进献给祖宗）之；君赐生，必畜（养至祭祖日，用以祭祖）之。侍食于君，

君祭，先饭。

记孔子受君赐食及侍食的事。

大臣先尝，看有毒否。

子应为父母亲涤溺器、尝药。

17. 疾，君视（视疾）**之；东首**（睡时头在东），**加朝服，拖绅**（大带子）。

记孔子承君问疾时事。

"东首"，头在东方。东，为生方，万物始生。

"加朝服"，把朝服盖在身上；"拖绅"，绅拖在朝服上。

朝服见君，以尽礼。

18. 君命召（上呼下，召见），**不俟驾**（车驾）**行矣。**

记孔子奉君召时事。

急趋君命，马上穿官服往外走，一会儿也不许耽误。

19. 入太庙，每事问。

记孔子入太庙事。

与《八佾》重出。鲁有太庙，祭周公。

20. 朋友死，无所归（归葬），**曰："于我殡**（办殡殓之事）**。"朋友之馈**（赠送），**虽车马，非祭肉，不拜。**

记孔子的交友。

朋友以义合。朋友死，没有家族来料理，孔子为他办殡殓事。

祭肉，分给关系近者，最多四两，不在多少。

祭肉，是祭拜朋友的祖宗，敬重朋友的祖先，故祭肉必拜而受之。

看古人对祖宗的恭敬。绝不可以数典忘祖。

21. 寝不尸（如尸首），居（家居）不容。

记孔子居家仪容。

《述而》记孔子"曲肱而枕"，可见孔子是侧卧。佛家称"吉祥卧"。

"居不容"，家居时随便些，可穿平常便服。

但女子得天天容，以前女子订婚后就抹胭脂。旧社会有一定的规矩，故有神秘感。

闺门，门前两堆土，有门禁。女子不常见，就是亲兄弟也是。

平常家庭，过了七岁，男女不可以在一床睡觉。三节二寿，吃团圆饭时才见面。

传统的建筑，较能维持人的尊严。客人来时，较有时间整服迎客，人与人见面绝看不到亵服。

22. 见齐衰（音 zī chuī，粗麻布，丧服之一）者，虽狎（亲昵，不拘礼节），必变（不同于平时）。

记孔子特施致敬的人。

"狎"，一日数见。"变"，异于平常，变成恭敬貌。

见冕者与瞽者，虽亵（同"狎"），**必以貌**（礼貌）。

"冕"，非常服，礼服，指在位者；"瞽"，盲人，残疾人。"子见齐衰者，冕衣裳者，与瞽者，见之虽少必作，过之必趋。"（《子罕》）

哀有丧，尊在位，矜残疾，虽是素日相识的，也必要有礼貌。

凶服（穿孝服）**者式**（轼，车上横木。当动词，表敬意）**之。式负**（捧着）**版者。**

"凶服"，孝服。"版"，版图，古时国家图籍，用木版、竹版写，即今天的户籍。

"轼"，车上横木，此用于车走远程时，可以趴着休息。"式"，引申为把身体凭在轼上，以表敬意。

可见古人对服丧者、国土及同胞之重视。

23. 有盛馔（丰盛的酒席），必变色（指陪客）而作（起）。

记孔子宴会中的仪容。

宴客时，主菜由女主人送出，交给老爷送上。郑重其事，大家站起来，往上回敬一杯，长辈不必站起来。

外烩馆子。在家请客，馆子送外烩。

谦称己妻"拙荆"，荆，最笨的看门的，昔日以草做门。称"贱内"，不好听。

自戏剧，可以窥知中国文化：先生是一品官，太太则高一级，为一品夫人。二人要走时，老爷站起来，说"夫人请"。

24. 迅雷、风烈，必变。

记孔子在天变时的仪容。

暴雷、烈风，天变了，敬天，敬慎之。

25. 升车，必正立，执绥（用以上车的绳索）**。车中，不内顾**（往后看）**，不疾言，不亲**（妄）**指**（指东指西）**。**

记孔子乘车时的仪容，可见乘车的规矩。

上车，"必正立，执绥"，不乱动。

在车中，不要回头看后面；说话不要很快，听不清；手不要乱东指西指。

26. 色斯（形容鸟惊飞貌）**举矣，翔而后集**（栖）**。**

记孔子与子路师徒二人郊游。偶见山梁雌雉，去之速，就之迟。

"色然，惊骇貌"（《春秋公羊·哀公六年》何注）。《说文》称："翔，回飞也。""集，本作雧。群鸟在木上也。"

见危即飞，勇于退也；欲栖先翔，审于进也。

曰："山梁（桥）**雌雉，时哉！时哉！"子路共**（同拱，昔日答话必拱手）**之，三嗅**（张两翅）**而作**（飞举）**。**

《论语述何》：孟子曰："可以仕则仕，可以止则止，可以久则久，可以速则速，圣之时者也。"《乡党篇》记夫子言行皆中乎礼，而归之时中，礼以时为大也。

夫子称此鸟之德，因赞之曰"时哉！时哉！"时者，识进退之时义也。

子路闻夫子之言，亦以此鸟足以取法，故拱手以示敬。

"三嗅而作"，而鸟不知，以为危，乃惊，数顾而飞。

见危速退，想进亦必慎察之，知进退之时，知危勇退，慎于进。经义垂教深远！

人也要审己之所栖，如所用非所学，乃不能审己之所栖。

先进第十一

　　头脑要清楚，遇事反应要快，必须训练反应快，要如常山之蛇，"击其首，则尾至；击其尾，则首至；击其中，则首尾俱至"（《孙子兵法·九地》）。你们应事的反应太慢，就是当秘书也不够格。

　　你们除自己的事外，别人的事绝不用心；少主动，必别人催，即使催也不做。这就是殖民地的毛病。

　　《易·蒙》上九"利用御寇，上下顺也"，顺以自保也。如何顺以自保，绝不吃亏？要用什么智慧迎接未来？要认识环境，适应环境，好自为之，实事求是，绝不可以画饼充饥，要自求多福。

　　以前凡不立于"家天下私利"的思想，往往不为历代帝王所喜。今天有志于学问的必好好下功夫，要言中有物。许多人用尽方法就为达利己，如有地狱应都是这些人下的。

　　今天台湾已到"人心惟危，道心惟微"，年轻人游手好闲，甚至逼打父母，如道心不微能弄至此，成脱了"人"的社会？

　　要拨乱反正，改正社会，将之导入正轨。要怎么改正此一环境？"惟精惟一，允执厥中"。"精"，纯一不杂；"一"，不二。能一心不乱，念七声佛，即上极乐世界。要诚诚实实地守住中道。

1. 子曰："先进于礼乐，野人（老百姓）**也；后进于礼乐，君子**（有世爵的士大夫们）**也。如用之，则吾从先进。"**

《论语说义六》：礼乐者，治身、治民之具也……故《论语》言仕之先进、后进，皆以礼乐言。

自此章可见孔子主张选举制，反对世袭制。

"先进"，前辈，先进于礼乐者，必"学而优则仕"，有实学。

"兴于诗，立于礼，成于乐，"子所雅言，《诗》《书》、执、《礼》"，孔子平日以《诗》《书》、艺、《礼》教育弟子。

"野"，都之外曰郊，郊之外曰野；野，远方。"野人"，指一般老百姓，"礼失求诸野"（《汉书·艺文志》），民间犹保存一些古礼。

"先进于礼乐，野人也"，一般老百姓必先学了以后才能做官。"后进于礼乐，君子也"，以前凡是有世爵的士大夫们，不论学不学都是侯，故曰"后进于礼乐"。

"如用之，则吾从先进"，孔子主张选举制，"选贤举能"，"贤者在位，能者在职"。"祖述尧舜"，尧舜"选于众"，公天下。"至于禹而德衰"，"不传于贤，而传于子"（《孟子·万章上》），废选举而世及，开家天下之局。孔子"祖述尧舜"，即主张选举制，反对世袭制，以"世卿非礼也"。

《春秋公羊传·隐公三年》何注："礼，公卿大夫士皆选贤而用之，卿大夫任重职大，不当世，为其秉政久，恩德广大，小人居之，必夺君之威权。"此《春秋》讥世卿之义。

《礼记·郊特牲》云:"天子之元子,士也。天下无生而贵者也。"《易》始于乾卦"见群龙无首,吉",人人皆有士君子之行,人人皆可以为尧舜。

宰我曰:"夫子贤于尧舜远矣!"因为尧舜犹有首,推贤举能,"首出庶物,万国咸宁",王道的境界;孔子则达"见群龙无首",大道的境界,人人皆可以为尧舜。子贡曰:"由百世之后,等百世之王,莫之能违也。自生民以来,未有盛于孔子也。"(《孟子·公孙丑上》)。《易》终于"未济",《春秋》绝笔于"获麟","穷则变,变则通,通则久",豫解无穷,生生不息。

《礼记·礼运·大同篇》,为孔子真正思想所在。

《礼记·礼运》:"大道之行也,天下为公。选贤与能,讲信修睦,故人不独亲其亲,不独子其子;使老有所终,壮有所用,幼有所长,矜寡孤独废疾者皆有所养。男有分,女有归。货恶其弃于地也,不必藏于己;力恶其不出于身也,不必为己。是故谋闭而不兴,盗窃乱贼而不作,故外户而不闭,是谓大同。"

"大同":一、大处求同,小处不必同;二、人人皆有士君子之行,人人皆可以为尧舜,"天下一家,中国一人(员)"。大同,在大处同,不在小处必同,人性同,面包不必同,同而异。

"大同"与"小康"相对。孔子只以六君子为"小康之最",并无说其为圣或贤。

《礼记·礼运》:"今大道既隐,天下为家,各亲其亲,各子其子,货力为己，大人世及以为礼。城郭沟池以为固，礼义以为纪。以正君臣，以笃父子，以睦兄弟，以和夫妇，以设制度，以立田里，以贤勇知，以功为己。故谋用是作，而兵由此起。禹、汤、文、武、成王、周公，由此其选也。此六君子者，未有不谨于礼者也。以著其义，以考其信，著有过，刑仁讲让，示民有常。如有不由此者，在势者去，众以为殃，是谓小康。"

"小康"，小安也。历代皆有小安的局面。"人存政举，人亡政息"（《中庸》），一治一乱，在治乱循环中。

因为看到老是小康，老百姓只是小安，循环报应无已，孔子感到必要到"大同"才行。但从小康到大同，并非一蹴而就，所以《春秋》有三世：据乱（小康）世、升平世、太平世。慢慢地过渡，自据乱世开始拨除乱制，以进大同。

拨乱之三部曲：贬天子、退诸侯、讨大夫。"首出庶物，万国咸宁"，即进入升平世，尧舜为大同，诸夏，"同而异"。

进至太平世，夷狄进至于爵，远近大小若一，就成为"华夏"，人人皆有士君子之行，人人皆可以为尧舜。"君之始年"，群之始年，每人皆是王者，"见群龙无首，吉"。《易》"见群龙无首"，为终极目的。

仲尼尚公，孔子是大道学派。"大道之行也，天下为公"，为群之始年，成"公天下"之意。"公天下"，一切力量、东西皆天下人的，天下乃天下人之天下。

"见群龙无首"，"大道之行也，天下为公"，天下一家，即天下文化，可约言之，以六个字表达出：行礼运之至德。

"行礼运之至德"，"运"，《玉篇》云："转也，动也。"日月运行，行之不息，流转不已。"礼运"，以礼运天下，由小康而大同；大同，不以武力。礼者，天理之节文也，随时运行。礼之待圣人而后运行，"苟非其人，道不虚行"（《中庸》）。

以礼运天下，才能"天下为公"。大同世界何以大同？因元同也，所以要奉元，养成万物。同元，故人性皆可走上正路，而世界大同乃可期。

大同，但小处有际，"性相近，习相远"。进入大同世的第一步？温故，亲故，继往，认祖、奉元。知新，超世纪的知新，开来。

今文经盛行于西汉，主张选举制，以天子不贤应行让位，要选贤举能，"尊贤使能，俊杰在位"，"贤者在位，能者在职"（《孟子·公孙丑上》）。

郑康成毁今古文，自己立说，但仍近古文。以后为帝王利用，不用其他注，郑玄是学术思想的第一个罪人。

历代帝王皆不喜今文经，古文经因维护帝王，故为历代帝王所重。孔子思想在历代皆成"挂羊头卖狗肉"，不易于明白。历代祭孔、尊孔，但帝王不过是利用孔子，以维护其专制政体而已。

2. 子曰："从我于陈、蔡者，皆不及门也。"

孔子曾经受困于陈、蔡。此为周游列国归鲁后追述之言。

据《史记·孔子世家》有颜渊、子贡、子路，《仲尼弟子列传》有子张，《吕氏春秋·慎人》有宰予，此外皆无考。

亲自受教、拜过师的称"及门弟子"。

从汉代始，受业弟子人们习惯称为及门弟子。也就是亲自登门，去老师（师傅）家里或教学地点受教育的学生，叫作及门弟子。

3. 德行：颜渊、闵子骞（闵损，字子骞）、冉伯牛、仲弓。

《论语说义六》：德行，修德行仁，作之君者也。

孔子是至圣，有教无类，但严于分科。依学生的专长，将之分为四科，因为"术业有专攻"。孔门四科：德行、言语、政事、文学。

孔子之学，是知行合一之学，教学做人，所以"德行"列在第一。

颜回为"德行"之首，"其心三月不违仁"，说："舜何？人也。予何？人也。有为者，亦若是。"（《孟子·滕文公上》）深体尧舜之道。仲弓"可以南面"（《雍也》）。闵子骞为费宰有治绩，亦以德行著称。

"冉牛、闵子、颜渊则具体而微"（《孟子·公孙丑上》），皆有圣人之道。

言语：宰我、子贡。

《论语说义六》：传圣人微言，述而语之，以垂百世，作之师者也。

"言语"，犹今天的外交。宰我、子贡善于说辞。

"诵《诗三百》；授之以政，不达；使于四方，不能专对；虽多，亦奚以为？"（《子路》）"赐也，始可与言《诗》已矣！告诸往而知来者。"（《学而》）"赐也达"（《雍也》），有外交长才。

《韩诗外传》载，孔子与子路、子贡、颜渊游于戎山之上，问三弟子兴趣和志向。子贡答曰："得素衣缟冠，使于两国之间，不持尺寸之兵，升斗之粮，使两国相亲如兄弟。"孔子曰："辩士哉！"可见子贡有从事外交的志趣和才能。

"子贡一使，使势相破，十年之中，五国各有变"（《史记·仲尼弟子列传》），"乱齐，破吴，兴晋，强越"（《越绝书·外传本事》）。

政事：冉有、季路。

《论语说义六》：政事，食、宾师之事，任有司者也。

"求也艺""由也果"，于从政何难之有？

冉求，出身于微贱家族，与冉雍、冉伯牛是同族。先为季氏家臣，继之随孔子周游列国。鲁哀公五年（前490）季康子任命他为"季氏宰"，成为季氏家族的总管。鲁哀公十一年（前484）他任左师统帅，以步兵执长矛的突击战术大败齐师，立下战功，可见其军事才能。孔子的艺，冉求得的最多，以"政事"著称，善于理财，帮助季氏进行田赋改革，聚敛财富，受到孔子"鸣鼓攻过"。孔子在外流亡十四年，他说服季康子迎回孔子。孔子晚年归隐鲁国，受到他很多的照顾。

子路，为人果烈刚直，事亲至孝，性格爽直，不但勇武，且信守承诺，忠于职守。他列孔门政事科，曾做过卫国孔悝蒲邑的"蒲大夫"，前后三年，取得不少政绩，深得孔子称许。孔子周游列国时，始终跟随孔子，他乃孔门前一太保，是孔子的保卫者。所以他一死，孔子伤心地说"天祝予"。

文学：子游、子夏。

《论语说义六》：文学，通六艺，备九能，为学士者也。

"文学"，是学术。"子夏、子游、子张皆有圣人之一体"(《孟子·公孙丑上》)，于孔子死后传学。

颜回早死，子游、子夏是孔子后期学生中之佼佼者。

子游，亦称言游，又称叔氏，春秋末吴国人，是孔子七十二弟子中唯一的南方人，孔子去世后，子游南归授徒讲学，其后学在战国时期形成了一个颇有影响的学派，对江南文化的繁荣有很大贡献，被誉为"南方夫子"，尊称言子，唐开元封"吴侯"，宋封"丹阳公"，后又称"吴公"。

子夏，姓卜，名商，字子夏。他在孔子死后，隐居于西河（今陕西省韩城市至华阴市一带），魏文侯尊他为师，李克、吴起、西门豹都是他的学生，开创"西河学派"，培育出大批经国治世的良材，并成为前期法家成长的摇篮。子夏晚年为丧子而痛哭失明。曾参前往吊丧，子夏泣诉，曾子怒而举其三罪。

4. 子曰："回也，非助（益）我者也，于吾言无所不说（悦）。"

学生质疑问难，才有助于师，"起予者商也，始可与言《诗》已矣"（《为政》）。

教学相长，"教者，学半也"。

《礼记·学记》："教学相长也，《兑命》曰：'学，学半。'其此之谓乎！"

5. 子曰："孝哉闵子骞！人不（无）间（异，闲言；离间）于其父母、昆弟（兄弟）之言。"

闵子骞，德行科，排列仅次于颜回。

"孝"，不是说的，而是表现在行为上。

人不能间其父母、兄弟之言。

"人不间其父母、兄弟之言"：一、人对其父母昆弟无闲言；二、不能离间他们。

《艺文类聚》引《说苑》载：闵子骞兄弟二人，母死，其父更娶，复有二子。子骞为其父御车，失辔，父持其手，衣甚单。父则归呼其后母儿，持其手，衣甚厚温，即谓其妇曰："吾所以娶汝，乃为吾子，今汝欺我，去无留。"子骞曰："母在一子单，母去四子寒。"其父默然。后母闻之，卒悔。此即二十四孝之"单衣顺母"。闵子骞以纯真至孝处理与继母、父亲的关系，故被列入"二十四孝"之一。

6. 南容三（多次）复（反复念诵）白圭（白玉）。孔子以其兄之子（侄女）妻（音 qì，动词，以之为妻）之。

《诗经·大雅·抑》："白圭之玷（瑕疵），尚可磨也；斯言之玷，不可为也。"教人慎言。

南容常反复念诵此四句诗，其人能慎言可知，故能"邦有道不废，邦无道免于刑戮"（《公冶长》）。

孔子为侄女儿选婿，选可靠的。对自己的女婿则取才，公冶长有长才，富于革命精神。

孔子死后，葬在泗水边上（《史记·孔子世家》载"孔子葬鲁城北泗上"）。泗水是一条河，可见当时并不很重视他。现在河已经干涸了。但世界各大教派之中，只有孔子的墓是至今保存最为完好的。

复圣颜回、宗圣曾参、述圣孔伋、亚圣孟轲，称"四配"。孔、孟、颜、曾四家排一个字，延续至今，从不间断。

昔日讳名，取字、号。名，只有父母少数长辈叫，袁枚有"漫云海内推前辈，尚有慈亲唤小名"联。

"男子二十，冠而字"（《礼记·曲礼上》），"以字行"，是户名；表字，问人的别名；夫妇间亦叫字。"闻名即知其字，闻字而知其名，盖名与字相比附故"（《白虎通·姓名》）。名与字以外，有别号，境界愈高则号愈多。

7. 季康子问："弟子孰为好学？"孔子对曰："有颜回者好学，不幸短命死矣！今也则亡（无）。"

颜回病逝于鲁哀公十四年（公元前481年），孔子卒于鲁哀公十六年（公元前479年）。

传统学问为"知行合一"，颜回好学，"其心三月不违仁"。

不管年纪多大，死在父母之前皆称为"短命"，停灵于侧房。

"哀公问：'弟子孰为好学？'孔子对曰：'有颜回者好学，不迁怒，不贰过，不幸短命死矣；今也则亡，未闻好学者也。'"（《雍也》）再也未闻好学者，只有颜回日进不已。

8. 颜渊死，颜路（颜回父，亦孔子学生）请子（孔子）之车以为之椁。子曰："才（成材）不才，亦各言其子也。鲤（孔鲤）也（语中助语）死，有棺而无椁。吾不徒行（步行）以为之椁，以（因）吾从大夫之后，不可徒行也。"

"椁"，是外棺，无底，像盒子。

昔天子七椁，诸侯五椁。其实只有一个木头，其余为绸子做的棺材套。

古代送丧事人家礼物，车马曰赗。颜路见孔子最爱颜回，家贫，乃请孔子之车马以为之椁。

"才不才，各言其子"，儿子都是自己的好。

孔子自己的儿子伯鱼死，并没有椁。

《史记·孔子世家》说："孔子生鲤，字伯鱼。伯鱼年五十，先孔子死。"孔鲤死于鲁哀公十四年，在颜回之前。又称："孔子年七十三，以鲁哀公十六年四月己丑卒。"

"从大夫之后"，谦辞。孔子为下大夫，不便徒行。

中国无阶级观，但身份不同则有别。

9. 颜渊死。子曰："噫（叹声）！天丧予！天丧予！"

《春秋公羊传·哀公十四年》：颜渊死，子曰："噫！天丧予。"子路死，子曰："噫！天祝予。"何休注：祝，断也。天生颜渊、子路，为夫子辅佐；皆死者，天将亡夫子之证。

"天丧予！天丧予！"重言之，痛惜之甚！

孔子叹，天丧失我的道，"不得中行而与之"，接班人早死！

10. **颜渊死，子哭之恸**（悲伤过甚）。**从者**（跟从孔子往颜回家去的弟子）**曰："子恸矣。"曰："有恸乎？非夫人**（这个人）**之为恸而谁为？"**

《史记·仲尼弟子列传》：回年二十九，发尽白，蚤（早）死。孔子哭之恸，曰："自吾有回，门人益亲。"

孔子泣颜回。

弟子说："老师悲痛过度了吧！"

孔子说："我悲伤过甚了？我不为这个人悲伤，还为谁如此悲伤？"

11. **颜渊**（大师兄）**死，门人欲厚葬之。子曰："不可。"门人厚葬之。子曰："回也，视予犹父也，予不得视犹子也。非我也，夫二三子也。"**

古时礼制甚严，丧葬都有一定的制度。

孔子认为，以颜回的身份不可以厚葬，厚葬超过其本分。否则名实不相称。"君子疾没世而名不称焉"（《卫灵公》），名不副实。

颜回厚葬为越分，但年轻人感情用事，还是厚葬了颜回。

颜回病逝，由于他家境十分困难，无力按照当时有关礼仪殡葬，他的父亲颜路四处筹措，其弟子及同门好友极力相助完成葬礼。葬于鲁城东防山前。

"回也，视予犹父也"，但孔子"不得视为犹子"，因为颜回有真爸爸在。犹父犹子，是师生关系，比不上真父真子。师生关系，守心丧三年。

我五十年不和女学生单独接见，因为"君子不处嫌疑间"，不可违伦。师生关系"犹子犹父"，绝不可以乱伦。

何以要在伦常内找？既不违良知与良心，有守方足以有为。人和畜牲不同，因为有伦。神父还俗与女学生结婚，宾四乃"始作俑者"。许多事应躲开的，就要躲开。

我怪，有洁癖、孤单、少与人打交道，一生绝无和第二个女人碰过手。不要在有关系内找，一乱，就乱了！我至今能够没有是非，因为和谁都保持一定的距离。人贵乎知心。

台湾讲理学的，唐君毅（1909—1978）不错，徐复观（1904—1978）也不太坏，牟老师（牟宗三，1909—1995）笑话多。

许多事必慎重，否则未来问题多。尽量守分，遇事稍微冷静一点，即过去。人就是人，必要给自己划一范围，用以约束自己，"博我以文，约之以礼"。如一随便，问题就来了。

不要给自己造成一个坏的环境。人常独处不好。人常有终身之恨，许多事自知，遗恨愈深。现在人太放浪于形骸之外。

12. 季路（子路）问事鬼神。子曰："未能事人，焉能事鬼？"曰："敢问死？"曰："未知生，焉知死？"

中国是"鬼神观"，人死曰"鬼"，有遗爱在民曰"神"。"老吾老，以及人之老"。

《中庸》云："事死如事生，事亡如事存。"儒家实事求是，懂得事人之道，就能事死。

生与死，其实无别，只是两个境界、两个地方。

孔子的思想少有宗教观念。宗教是迷，不要人疑惑。不要太迷信。

昔日批命，北京一流的。中国卜筮之书、医书，深奥。《黄帝内经》有些地方仍难以看懂，现在懂多少用多少，但已经震惊全世界了。

古人智慧确实高，因为他们嗜欲浅。今人没工夫想正经事，等于没有思想。前人的东西，我们都想不通。

伏羲是先觉者，他向谁学的？六祖所言皆白话，但有深意。你们看完书，有无深思熟虑？思，虑深通敏。

13.**闵子侍侧，訚訚**（和悦正直貌）**如也；子路，行行**（音hàng，刚强貌）**如也；冉有、子贡，侃侃**（和适自得貌）**如也。子乐。"若**（逆料之辞，不能遽决也）**由也，不得其死然**（助词）**。"**

孙奕《示儿编》，以"子乐"应作"子曰"，声之误也，因下云子路不得其死然，何乐之有？朱子谓"乐得英才而教育之"。

《说文》云："訚，和悦而诤也。""与上大夫言，訚訚如也"（《乡党》）。闵子伺候在孔子身旁，貌和悦正直。

"子路行行"，态度不礼貌。目中无人，有骄气，如何成事？

"与下大夫言，侃侃如也"（《乡党》），侃侃而谈。冉求、子贡，和乐安适貌。

"不得其死然"，恐不得善终，死不得其所。正常人应"寿终

正寝"。孔子忧子路，正是对弟子的深知与关切。"子路死，子曰：'噫！天祝予！'"（《春秋公羊传·哀公十四年》）

《史记·仲尼弟子列传》：子路为卫大夫孔悝之邑宰……方孔悝作乱，子路在外，闻之而驰往。遇子羔出卫城门，谓子路曰："出公去矣，而门已闭，子可还矣，毋空受其祸。"子路曰："食其食者不避其难。"子羔卒去。有使者入城，城门开，子路随而入。造蒉聩，蒉聩与孔悝登台。子路曰："君焉用孔悝？请得而杀之。"蒉聩弗听。于是子路欲燔台，蒉聩惧，乃下石乞、壶黡攻子路，击断子路之缨。子路曰："君子死而冠不免。"遂结缨而死。孔子闻卫乱，曰："嗟乎，由死矣！"已而果死。

自行为之角度看一个人，行动决定一切，所以必要修。
儒家讲修身之道，一个人的行为如不加深修，必遭殃。

14. 鲁人（官府的人）**为**（改造，作）**长府**（库名，藏货财的府库）。**闵子骞曰："仍**（因，根据）**旧贯**（旧事），**如之何？何必改作？"子曰："夫**（音 fú）**人不言**（平常不多言），**言必有中**（中肯）。"

鲁昭公预谋伐季氏，欲居此而先事改作。但季氏擅权，得民已久，非可以力制之，故子家羁曾力阻其谋，宋乐祁亦知鲁君之不得逞。闵子此言正指其事，但辞微而婉耳。故孔子称之。

"仍旧贯"，因旧事，只加以修缮即可。
"何必改作"，好好的为什么要改作？
闵子此人不多言，但言必中理。

为政不在多言。现在人净是作秀，而政绩又如何？

15. 子曰："由之瑟，奚为于丘之门？"门人不敬子路。子曰："由也（者）升堂矣，未入于室也。"

瑟，弦乐器，似琴。长近三米，古有五十根弦，后为二十五根或十六根弦，平放演奏。其声以和为要，而使人优游自得为上。子路好勇，故其鼓瑟有杀伐之音。

子路的性情暴躁，好勇斗狠，态度总是"行行"，鼓瑟似有杀伐之声。

孔子生气了，说："由的这种瑟声怎么鼓到我门来？"

《孔子家语·辩乐解》：子路鼓琴，孔子闻之，谓冉有曰："甚矣，由之不才也！夫先王之制音也，奏中声以为节，入于南，不归于北。夫南者、生育之乡，北者、杀伐之城。故君子之音，温柔居中，以养生育之气。忧愁之感，不加于心也；暴厉之动，不在于体也。夫然者，乃所谓治安之风也。小人之音则不然，亢丽微末，以象杀伐之气；中和之感，不载于心；温和之动，不存于体。夫然者，乃所以为乱之风。昔者，舜弹五弦之琴，造《南风》之诗，其诗曰：'南风之熏兮，可以解吾民之愠兮；南风之时兮，可以阜民之财兮。'唯修此化，故其兴也勃焉。德如泉流，至于今，王公大人述而弗忘。殷纣好为北鄙之声，其废也忽焉，至于今，王公大人举以为诫。夫舜起布衣，积德含和，而终以帝。纣为天子，荒淫暴乱，而终以亡。非各所修之致乎？由，今也匹夫之徒，曾无意于先王之制，而习亡国之声，岂能保其六七尺之体哉？"冉有以告子路。子路惧而自悔，静思不食，以至骨立。夫子曰："过而能改，其进矣乎！"

弟子听了，看不起子路。

亲授业的称弟子。已则谦称门人、门下士、门生。

孔子知道了，说："由也升堂矣，未入于室也。"人各有长短，子路并非一无所长。

讲人修为必经之路，自此章衡量一个人的观念。

"堂"，供祖宗处，神圣的地方。家堂，画木主，写历代祖先的名字。

前堂后室，"升堂入室"，指学问的层次。升堂，虽尚未入室，有厚望焉。"入室弟子"，大弟子，得真传的。

16. 子贡问："**师**（颛孙师，字子张。小孔子四十八岁）**与商**（卜商，字子夏。小孔子四十四岁）**也孰贤？**" 子曰："**师也过，商也不及。**" 曰："**然则师愈**（胜）**与**（欤）？" 子曰："**过犹不及。**"

子张，姓颛孙，名师，字子张。孔子死后，子张独立招收弟子，宣扬儒家学说，是"子张之儒"的创始人。子张之儒列儒家八派之首。《大戴礼记·千乘》即子张之儒的文献。

弟子对师称名，所以尊师也。

"孰贤"，谁好？

过与不及，皆不能"中"，非中行之士。

子贡误以"过"好于"不及"。

"过犹不及"，有一标准，即"中"。抑其过，引其不及，使归于中。

《礼记·仲尼燕居》：子曰："师！尔过而商也不及。"子贡越席而对曰："敢问将何以为此中者也？"子曰："礼乎礼，夫礼所以制中也。"

儒家讲中道、中行，以"中"作为标准。但是中极难把持。

"中"，礼义。"中国"，礼义之国。《春秋》者，礼义之大宗也"（《史记·太史公自序》）。

17. 季氏富于周公（天子之宰），**而求也为之聚**（会）**敛**（收，急赋税）**而附**（加，益）**益之。子曰："非吾徒也。小子**（长辈称年轻的，门人）**鸣鼓**（声其罪以责之）**而攻**（攻错，治也）**之，可也。"**

季氏不过是鲁国一贵族，其财富过于周王室家宰，富可敌国。

冉求为季氏家宰，为其"聚敛"，附益人之恶，是"助人为恶"的祖师爷。《大学》云："百乘之家，不畜聚敛之臣。"聚敛之臣"长国家而务财用"，则"上下交征利而国危矣"（《孟子·梁惠王上》）。

孔子深恶痛绝之，对冉求鸣鼓攻过，说"不是我的门生"，命弟子声罪致讨。

孔子要弟子不可以"助人为恶"。冉求为季氏"聚敛而附益之"，乃是助人为恶，故对他鸣鼓攻过。"鸣鼓攻过"，古时最大的处罚，使人皆知你的过。

《孟子·离娄上》：求也为季氏宰，无能改于其德，而赋粟倍他日。孔子曰"求非我徒也，小子鸣鼓而攻之可也"，由此观之，君不行仁政而富之，皆弃于孔子者也。

一个人的境界，没有力量改正天下为恶者，但是不可以助人为恶。乱鼓掌即是助人为恶。不发自良知的鼓掌，是最低的助人为恶。

虽未达君子、圣人之境界，而最要在不助人为恶。

18. 柴（子羔）**也愚**（智不足，而厚有余），**参**（曾参）**也鲁**（迟钝而不灵敏），**师**（子张）**也辟**（音 bì，便僻，习于容止，少诚实），**由**（子路）**也喭**（音 yàn，强武粗率）。

孔子对学生了解，打了批。
子羔，"愚"，愚直。

《史记·仲尼弟子列传》：高柴，字子羔。少孔子三十岁。子羔长不盈五尺，受业孔子，孔子以为愚。

曾子，"鲁"，性迟钝，为忌惮之士。

《史记·仲尼弟子列传》：曾参，南武城人，字子舆。少孔子四十六岁。孔子以为能通孝道，故授之业。作《孝经》。死于鲁。

子张，"辟"，偏僻，言行不一。
子路，"喭"，"行行"，刚直，涵养有亏，圣人门前一太保。

《史记·仲尼弟子列传》：孔子曰："自吾得由，恶言不闻于耳。"

我自你们的举止、行动，绝对了解你们的性格。你们看看自己在哪一圈里头。

做人为第一要义。"以人治人，改而止"，将人当人，宽厚待人，不可以圣贤标准期待人，躬自厚而薄责于人。

19. 子曰："回也其庶乎（差不多），屡空。赐不受命，而货殖（积，生财）焉，亿（猜测）则屡中（音zhòng）。"

《论语说义六》：此其能与孔子"素王"之德相称，若屡空、糟糠不厌，为"君子固穷"之义。"亿则屡中"者，即计然所谓"知阙则修，备时用则知物。二者形，则万货之情可得而观已"。

颜回"屡空"，腰带空，空于财。

子贡"不受命"：一、跑单帮的，没牌照（执照），第一个逃税的。圣人门前也有这种门徒。二、不肯听天命。真是天命，也很难挽回，"虽曰天命，岂非人事哉"，得"听天命，尽人事"。

"货财殖"，殖，生也，货财广生。"富无经业，则货无常主，能者辐凑，不肖者瓦解"（《史记·货殖列传》）。

必"自试"了，才知是否有"亿则屡中"的机会，显己之才华。做了，才知己之所长。做一分，有一分成就。富贵在人，自己有主张，很可取。

《史记·仲尼弟子列传》："子贡好废举，与时转货赀。喜扬人之美，不能匿人之过。常相鲁卫，家累千金，卒终于齐。"

《史记·货殖列传》记"子贡既学于仲尼，退而仕于卫，废著鬻财于曹、鲁之间，七十子之徒，赐最为饶益"。子贡能言善辩，反应敏捷，能及时掌握行情，"亿则屡中"并"与时转货"。

《论衡·知实》载："子贡善居积，意贵贱之期，数得其时，故货殖多，富比陶朱。"

20. 子张问善人之道。子曰："不践迹，亦不入于室。"

《辜鸿铭的笔记·践迹》：子张问善人之道，子曰："不践迹。"朱子解曰："善人质美而未学。"又引程子言曰："践迹，如言循途守辙。善人虽不必践旧迹，而自不为恶。"窃以为"践迹"一解，盖谓行善事不出诸心，而徒行其外面之形迹，即宋儒所谓客气。如"有事弟子服其劳，有酒食先生馔"，此皆所谓践迹之孝也，故孔子不谓之孝。曾子论子张曰："堂堂乎张也，难与并为仁矣。"朱子谓堂堂容貌之盛，言其务外自高。务外自高，而欲学为圣人之道，其学必不能化，其弊必至于践迹。故子张问善人之道，子曰："不践迹。"此孔子对症下药也。盖学圣人之道而践迹，即欲求为善人而不可得，况圣人乎？

"堂堂乎张也，难以并为仁矣"（《子张》），务外自高，其学必不能化。

"践迹"，一、宋儒所谓"客气"，行善事不出诸心，而徒行外面之形迹。无浩然之气存在，好作伪。二、践古人之迹，效前言往行，以成其德。

"入于室"，入圣人之门。

乡下有些受尊重者，一呼百诺，称某某善人，他并不曾读书，也没有拜谁为师。

善人、君子、贤人、圣人、大人，是道德的层次，为天爵。

善人是哪类人？有何好处、坏处？善人，是自"率性"来的，顺着人性（良知）去做事，是初步。善人质美未学，尚未识人性，非最高境界。

21. 子曰："论（言论）笃（笃实）是与（欤，疑问词）？君子者乎（疑问词）？色庄（伪君子）者乎？"

知人最难！听一人言论笃实，就认为他是好人吗？还要加以分辨之，看究竟是君子，还是伪君子？明辨之，不可似是而非。

要自微小处看一人："君子者乎？色庄者乎？"于日常行事、小事上看一人，看他究竟是君子还是伪君子。知人最难！

22. 子路问："闻（知）斯行诸？"子曰："有父兄在，如之何其闻斯行之？"冉有问："闻斯行诸？"子曰："闻斯行之。"

子路问："听到一句话，就去做吗？"孔子要他先与父兄商量，再去做。事缓则圆，做事必衡量再做，话到舌边留半句。

冉求问同一问题。孔子要冉求听了就去做。

公西华（公西赤，字子华，长于外交）曰："由也问'闻斯行诸'？子曰'有父兄在'。求也问'闻斯行诸'？子曰'闻斯行之'。赤（在师面前称名）也惑（不解），敢问？"子曰："求也退（退缩），故进之；由也兼人（不让人，莽夫），故退之。"

弟子大惑不解！圣人门徒亦与我的学生差不多。

冉求遇事退缩，故要他听了就去做。

《孔子家语·七十二弟子》："冉求，字子有，仲弓之宗族。少孔子二十九岁，有才艺，以政事著名。仕为季氏宰，进则理其官职，退则受教圣师，为性多谦退。故子曰：'求也退，故进之。'"

子路是莽夫，不让人，好强，没想到别人，故施缓兵计，让他头脑冷静下来。

孔子因材施教，本身得有一标准：教做人与做事，不是读书。

23. 子畏于匡（被匡人包围），**颜渊后**（后到）。**子曰："吾以女**（汝）**为死矣。"曰："子**（夫子）**在，回何敢死**（何敢先死）**？"**

《史记·孔子世家》：将适陈，过匡，颜刻为仆，以其策指之曰："昔吾入此，由彼缺也。"匡人闻之，以为鲁之阳虎。阳虎尝暴匡人，匡人于是遂止孔子。孔子状类阳虎，拘焉五日。颜渊后，子曰："吾以汝为死矣。"颜渊曰："子在，回何敢死！"

孔子在匡地被包围，弟子失散。后来弟子渐渐复集，颜回后到。

孔子见颜回，说："我以为你已经死了！"颜回说："夫子还在，回怎敢先死？"

《论语正义》：《曲礼》云："父母在，不许友以死。"颜子事夫子犹父，故云："子在，回何敢死？"

"子在，回何敢死！""非敢后也，马不进也。"人之言语为心声。一个时代，有其时代风气和口头语。

旧社会和现在的风气完全不同，你们今天穿的衣和袜，在我看来完全没有美感可言。

我的乳母是蒙古人，那时她当红娘，想方设法让未婚的师母过府；但是她们更坏，早有准备，要让我就是看不到。她们一来就七八十个人，一过二门，师母就被包围住了。结果我什么也没看到，只看到带来的诗和画。

社会的是非完全在乎自己，但是进步也得有一范畴，人的私心与嫉妒心永远不进步，"玉洁冰清"永远另眼看待。所以，人一定要自尊自贵。

24. 季子然（季氏子弟）**问："仲由、冉求可谓大臣与？"子曰："吾以子**（您）**为异之问**（不同的问题），**曾**（乃）**由与求之问**（在问子路与冉求如何）。**所谓大臣者，以道事君，不可则止**（不做官）。**今由与求也，可谓具臣**（备数之臣）**矣。"**

子路与冉求，为季氏家宰。孔子说："我以为您问的是不同的问题。圣人并不乡愿。

孔子说大臣的定理："以道事君，不可则止。"子路与冉求，不过是具臣罢了。

"具臣"，备数之臣，凑数的，智慧与学问都不足，不能发挥作用，人家说什么就跟从。才与智皆不足，皆具臣也。

好自为之，要学，药方多。尽人的责任，有才方可担负天下事。不在读多少书，而在有才与否。大才，生而知之者。

出身高低，与智慧不一定有关。刘邦，泗水亭长出身，但当皇帝有大度。

曰："然则从之者与？"子曰："弑父与君，亦不从也。"

又问："那他们是否什么都听从？"孔子答："弑父与君是大逆，也不从。"

孔子弟子都是忠孝之人，弑父与君的大逆不从，在大问题上不从。

民国是中国史上最败坏的一代，以前每一时代都有些"人范"。一般人必有许多人范，师范有无尽责？"模"与"范"，是铸器所用。

今天教育之所以失败，因为无师范，就只有麻烦。

25. 子路使子羔（高柴，字子羔）**为费宰。子曰："贼**（害）**夫**（语词）**人之子。"**

《史记·仲尼弟子列传》记孔子以子羔为愚，并不怎么看重他。子路提携他作费宰。后来卫国乱，子路死，高柴逃归。孔子赞他明大义，善于保身。

《韩诗外传》哀公问于子夏曰："必学然后可以安国保民乎？"子夏曰："不学而能安国保民者，未之有也。"

子路那时为季氏家宰，他举子羔作费宰。

孔子说，"害了人家的儿子！"子羔，愚直，忠厚有余而才不足。

不可以乱期许于人，把自己的抱负期待别人实现，那是害了他。

孔子主张"先进于礼乐"，必先学到一个程度，才能从政。

子路曰："有民（百姓）**人**（公务员）**焉，有社稷焉。何必读书，然后为学？"子曰："是故恶**（讨厌）**夫佞**（御人以口给）**者。"**

古时祭政合一，社稷为祭神的地方。"社稷"："社"，为土神；

"稷"，为谷神。"社"，为五土之总神；"稷"，为五谷之神。社稷供奉土与植物，即今天的农业试验所。古时重视社稷，引申为江山、国家。今天中国十三亿人没挨饿，多不易！

人死前祭后土，感谢后土，借块土地埋。

子路强辩，说："何必读书，然后为学？"先管理政事，"后进于礼乐"。

子路好强，不听，而且总是有理由。孔子骂他强词夺理！

不可以偶像式地看一件事、一个人，人就是人。

26. **子路、曾晳、冉有、公西华侍坐。子曰："以**（因）**吾一日长乎尔**（你们），**毋吾以**（不要因此不敢说话）**也。居**（平时）**则曰：'不吾知**（知吾）**也！'如或知尔，则何以哉？"**

孔子问："如真有人了解你，那你用什么叫人了解你？怎么治国平天下？"

子路率尔（不假思索，直率）**而对曰："千乘之国，摄**（夹）**乎大国之间，加之以师旅**（战争），**因**（仍）**之以饥馑**（灾荒），**由也为**（治理）**之，比**（音 bì）**及**（等到）**三年，可使有勇**（见义勇为）**且知方**（处危之方）**也。"夫子哂**（音 shěn，有异于常笑）**之。**

子路总是抢答在前，不落人后。

"由也，千乘之国，可使治其赋（兵赋）也"（《公冶长》），子路长于治军。说自己治理三年，"可使有勇且知方"，百姓能见义必为。

准备到"黄花岗"吧！

1911 年 4 月 27 日，在广州起义中遇害的革命党人，后来葬于广州市东北郊黄花岗七十二烈士墓。

"夫子哂之"，对子路所言，夫子不敢大笑，怕把牙笑掉了！

"求，尔何如？"对曰："方（面积）六七十，如（或）五六十，求也为之，比及三年，可使足民。如其礼乐，以俟（等）君子（老师）。"

"求也，千室之邑，百乘之家，可使为之宰也"，"求也艺，于从政乎何有？"（《雍也》）有政治长才。

冉求性退，自云治小国，可使"足民"而已，衣食足，民以食为天。富而后教，"有关礼乐的事，就等老师来指导吧！"

"赤（公西华），尔何如？"对曰："非曰能之，愿学（试行之）焉。宗庙之事（朝聘），如会（参与）同（办外交），端章甫（祭祀时赞礼之人），愿为小相（佐理）焉。"

"赤也，束带立于朝，可使与宾客言也"，公西华长于外交。

外交官"受命不受辞"，临事要有应变之智，要以权巧应当前之变、未预之变。

"点，尔何如？"鼓（弹）瑟希（不可得闻），铿尔（铿然一声，奏乐最后之声），舍（离）瑟而作（作式为礼）。对曰："异乎（不同于）三子者之撰（具）。"子曰："何伤（何妨）乎？亦各言其（己）志也。"

曾点谦言。

孔子说："各言己志，何妨？"

曰："**莫春**（暮春）**者，春服既成**（衣无絮袷之春服）。**冠者**（二十岁以外）**五六人，童子**（未冠，参祭之侜生）**六七人。浴乎沂**（沂水），**风**（歌。春风'风'人）**乎舞**（乐舞）**雩**（祭台），**咏**（吟诗）**而归**（同'馈'，送祭物）**。**"

孟、仲、暮（季）。"暮春"，季春三月。

"暮春"，衣单袷之时。"春服既成"，春服应冬做，此谈"时"的观念。孟子称孔子为"圣之时者"。

"冠者五六人，童子六七人"，古时，男子二十行冠礼，冠者指二十岁以上；童子，未行冠礼的男孩，指二十岁以下。冠者、童子，因代有才人出，生生不息，才有希望。"焉知来者之不如今也""后生可畏"，儒家总认为一代比一代强。

有以五六为三十，六七为四十二，乃七十二贤。冬烘如此讲。

山东有沂水、泗水。沂水流经曲阜南，注入泗水。泗水今已干涸，代表天不满意。

"浴乎沂，风乎舞雩"，"浴乎沂"，浴在孔子之德，沂水，代表孔子。况，受沂水之教，代表浴乎孔子之德教。"风乎舞雩"，雩坛，求云台，在沂水之上。习礼乐，立于礼，成于乐。

昔日称有德者以地名称之，如曾国藩为湖南湘乡人，称"曾湘乡"。李鸿章为安徽合肥人，称"李合肥"。

"咏而归"，上祭品必咏歌，馈礼必唱诗，咏歌而祭。

整个孔学，包含时、礼、祭。

夫子喟然叹曰："吾与（许，赞同）点也！"三子者出，曾皙后（在后，未离去）。曾皙曰："夫（彼）三子者之言何如？"子曰："亦各言其志也已矣。"

孔子听了，微微叹一口气，说："我倒是赞同你的！"

人不管年纪多大，一当学生就天真！

曰："夫子何哂由也？"曰："为（治）国以（用）礼，其言不让（兼人），是故哂之。"

礼贵让，子路其言不让，故笑之。

"唯求则非邦也与？""安（怎）见方六七十，如五六十而非邦也者？""唯赤则非邦也与？宗庙（内政）会同（外交），非诸侯而何？赤也为之小，孰能为之大？"

皆诸侯之事，怎见"非邦"？只是较子路谦让而已。

赤谦言为小相，安见不能为大相？

此章为孔门师生平日谈话，多么入神！自此了解人生，就知道要怎么做人。

做买卖，必学同仁堂，"修合无人见，存心有天知"，绝不可以欺骗。要使中医承认，是对付行家，而不是对付门外汉。最宝贵的为"真"与"诚"。

现在的人少有人性，就是会说话。三年前说什么也不听，现在听我的。种参，有人参把式。现在房子已修三分之一了。

吃人参：五六片参、枸杞、红枣三粒，电饭锅用一格水煮开，每天喝。如鼻眼干，可以停几天。太年轻吃要小心。也可以用人参泡酒，睡前喝一小杯。但身体不虚时不要喝。

李时珍《本草纲目》记载：人参，味甘、微苦、性平，归脾、肺、心经。在传统药理应用上，人参主要用于虚证，如肢冷脉微、脾虚食少、肺虚喘咳、津伤口渴、内热消渴、久病虚羸、惊悸失眠、阳痿宫冷、心力衰竭、心源性休克等症状，有补充元气、增进体力、促进气血循环、改善脾肺胃、生津解渴、安神益智等作用。

台湾这么小有一百多所大学，根本是开自己玩笑，是学力而非学历，人必要有智慧。

《三国演义》以"蜀汉"为正统，此为罗贯中的偏见。孔明气死周瑜，也想气死司马懿，可是没想到却落得自己气得成心绞痛。司马懿乃是"尺蠖之屈，以求信（仲）也"（《易经·系辞下传》）。

《春秋繁露·灭国上》云："王者，民之所往。君者，不失其群者也。故能使万民往之，而得天下之群者，无敌于天下。"首言"王往、君群"之义，下则谆谆于"用贤"。可见君之得民，唯在任贤以辅政，不在徇众以干誉。贤者，民之标准也。王，民之所归往，百姓都拥护你。群，不失其群者也。君，群之首也。

《春秋繁露·灭国下》云："纪侯之所以灭者，乃九世之仇也。一旦之言，危百世之嗣，故曰大去。""用心如此，岂不霸哉？故以忧天下与之。"灭国，是有原因的，有成方子，犯此病一定亡国。

我是说预言，你们要深深地领悟。最使我难以释怀的为纯百姓，要替政客所惹的祸受苦。一个人要是愚不可及，就没办法了！

奸贼特别敏感，净是投机，净做"你欺我诈"的事，专门刺探情报。人要卑鄙至此，就完了！可用之才太少，太呆了！

偷别人的消息，又能怎么样？我永远屹立不摇。"人上有人，天上有天"，就从你那个种，也成不了大事。愈是到乱世，愈要识忠奸。今天在台，十万元就可以买一条命，许多人被利用了犹不知。

说我不讲学，领着同学做买卖，真是丑陋、无知！一个人不自知的可怜！良贾深藏若虚。"哪里懂事？距离太远了！"一试，只有哭的余地，枉费心机！既不知学，也不知问。我做事，还不以人为对象，可能使他得脑出血。

要以团体对团体，团体能容纳很多，看要往哪方面发展，对方承认你就合法。

何以同学跑十年愈跑愈萧条？要学智慧，人生就是一盘棋，要研究人家是怎么摆棋子的，不可用自己的智慧去评一切。

许多人自以为高明，什么都有，就没有人品。乱世出英雄，要试一试。环境变窄了，再不积极，就跟不上步骤了。

同学会通知，但绝不游说。不要有奶便是娘，接触一人，要了解其一切，谈到问题要警觉。你卧底，牺牲好几人。

你朋友谈到团体的事，你必闭口，否则是出卖组织，对方是在刺探军情。要知道自己的立场。

我永远不召开大会，光有小组，出卖也只出卖几个。

为我做事的，绝不知他以外的事。叫他买鸡，就买鸡，不要他买蛋。组织愈是严密，愈有力量。

孔子有教无类，但不能不分科。不能叫"内奸出卖台"，更不能"引狼入室"。绝不可以私情害了公益。

你们太幼稚了，我没有对任何人谈五分钟话。要了解我，比登天还难！

严格训练自己，有担当得有骨气，板荡识忠奸。幸福，是自百折不挠来的，没有往哪儿站都占便宜的事。

"一旦之言，危百世之嗣，故曰大去"。我骂你，有根据，贻台后患无穷！人千万不要有私心，天下绝对一家。老蒋搞一辈子剩下什么？祸国也。我非说预言，别人早说了。

泯际界，无"际"与"界"，天下一家。但限制严格，才能发挥作用，术业有专攻，不养废才。分得愈是严密，成功的机会愈多。必做，非讲。

无声，天籁。净听有声，成就能多？将有用时间耗于无用之地，想尽方法探人之隐私。听于无声，才知有"哀哀无告者"。不听下贱事，要听天籁。有多少老先生卧倒在街上，年轻人做一件人事了？"天无私覆，地无私载"，天下万国无不尽责。

"群居终日，言不及义"，听于有声，净打别人的主意。就怕别人是真的，你是假的。

无我，才能为别人牺牲。社会就有使用权，没有所有权，万物皆备于我，每人都有一份，多占一份，就是造孽。

我牺牲自己，叫别人都有饭吃。如我不好，那你们为何要在这儿待？想要有成就，"道同不能相先，情同不能相使"，相先相使，乃示有形。

别人批评，说是宗教，此其教也。高级知识分子为盗、为娼、为匪，再不讲人性，就完了！

今后在此复杂环境下，必得·"制势"。形势，瞬息万变，自然环境之势。权势，领导人必有权，下令的只有一个，控制形势、权势。

不怕世乱，养兵千日，用之一时。至少必要"奉元一家"，大家互相辅仁，要拣选、控制。虽有教无类，但严于分科，因为术业有专攻。

没有分别心，"是人"就够了。但是团体绝不可以有"不是人"。

骂，是无能，否则应诛。孔子为政先正名，诛少正卯，将"不是人"的杀掉。

孟子"得天下英才而教之"，有其短。是"人"，就够了！多读书，就会惭愧。

自己要随时造就自己，但非一日之功。"言行，君子之枢机"，自一人的言行，智与不智立判。"枢机之发，荣辱之主也"，要少说话。

传统文化不是中国人就懂，讲中国文化不可以掺杂其他。

活学问，熟能生巧；用不上，没有用。

台湾的风气，小孩完全浪费宝贵的时间与智慧。你们应负点责任，要发挥影响力。

1. **颜渊问仁。子曰："克己复礼为仁。一日克己复礼，天下归**（归向，称）**仁焉。为仁由己，而由人乎哉？"**

"克"，《说文》云："克，肩也。"本义：胜任。引申义：克敌制胜，克勤克俭。"克己"，克制自己的情欲；"复礼"，回到礼；"为仁"，即行仁。

"礼（禮）"，示豊。豊，行礼之器。本义，举行仪礼，祭神。

礼器，古时祭祀用的各种器物，如鼎、簋、瓿、钟等。引申义：一、《说文》称："礼，履也。"礼法，礼节。二、"礼者，理也。"（《礼记·学记》）"理"，玉里，加工雕琢玉石。《说文》称："理，治玉也。"树的纹理，一圈圈之距离相等；引申义，条理，自树木的纹理一二三来，再引申至"礼"。礼者，天理之节文也，"和顺于道德而理于义"（《易经·说卦传》），"义者，宜也"（《释名》）。

人本在理上，却丢掉理，因情欲而离本，故要"复"。"克己复礼为仁"，"克己"，反己，回到理。"礼者，理也"，理为体；行仁，"仁者，人也"（《中庸》），"仁"，桃仁、杏仁，有生之意，生生不息。在人曰性，体；礼，在事为礼，为性之表现在外，乃性之用。"和"，喜怒哀乐，发而皆中节，情能发得恰到好处。"礼之用，和为贵"。性，礼（理），和，体用关系。

"复以自知"（《易经·系辞下传》），"自知者明"，颜回体"复"，故能"不迁怒，不贰过"，"君子以见善则迁，有过则改"（《易经·益卦》）。

"复性归仁"，"归"：一、归向；二、称许。"复性"，返己之性，"复其见天地之心乎"（《易经·复卦》），一元复始，"乾元资始"。颜回，德行科，为复圣。人欲太多，不胜枚举，人每天在欲中活着，因情欲而离本，得克己之欲，才能回到礼上。"复，德之本也"（《易经·系辞下传》），修身为本。

"克"字功夫难，必要能忍，此即"法忍"。菩萨行法忍，得无量智慧，福德智慧具足，事事得如所愿。可见不只遇坏事要忍，即便是做好事、修己亦是要忍。

"天下归仁"，以仁安人，天下归仁。"自天子以至于庶人，壹是皆以修身为本"(《大学》)。"身",《说文》云:"象人之形。"身躯。在我为身,推己及人,己立立人,己达达人。

仁者,生也,果仁,天地之生机,坤元资生,"天地之大德曰生"(《易经·系辞下传》)。"为仁",行仁。仁者,生也,天地之生机。

"为仁由己",求则得之,舍则失之,由己不由人。"仁远乎哉? 我欲仁,斯仁至矣"(《述而》)。必自己下功夫,行仁由己,别人是爱莫能助的,就是你老子也帮不上忙。

传统思想不是讲的,是知而必行。成立"胞与归仁社",人与万物都得环保。

我是依经解经。必熟,熟能生巧,办事马上有主张。读古书即读成方,遇事就能用上。就因事事不经大脑,以至于不可为。

颜渊曰:"请问其目（细目）**。"子曰:"非礼勿**（禁绝词）**视,非礼勿听,非礼勿言,非礼勿动。"颜渊曰:"回虽不敏,请事**（奉行）**斯语矣。"**

《论语说义六》:"非礼勿视、非礼勿听、非礼勿言、非礼勿动",皆以义治我,礼缘义起,而仁义之法相因。

颜回问"行仁"的细目。

四 "勿",戒也,戒慎,约之以礼。以礼戒"视、听、言、动"。"礼者,毋不敬"(《礼记·曲礼》),敬己,以礼修身,约之以礼。

"立于礼","不学礼,无以立"。人都喜看不正经的事,批评,证明你看了。"非礼勿视",谈何容易!

"非礼勿视"，视之法，法即礼，礼法。因为情性不稳，才有礼，"约之以礼"。内治反礼以正身，"以义正我""仁之为言人也，义之为言我也"（《春秋繁露·仁义法》），仁者爱人，义者正己。开始用脑时，一动念就有思想，但必约束之，使之尽量合乎法则。

"非礼勿视"，那要怎样看才合礼？忘了问。知其所以太难了！就说"请奉行此语"。

四"勿"，皆含"不贰过"之意。必经过了，才知道什么是不合礼；改了，就不是过。儒家讲"不贰过"，"过，则勿惮改"。

"回之为人也，择乎中庸，得一善则拳拳服膺而弗失之"（《中庸》），"其心三月不违仁"，故能"不贰过"，为中行之士。

不空讲"克己复礼"，"行仁"要先下"内圣"的功夫，"仁主人，义主我""辨乎内外之分，而着于顺逆之处"（《春秋繁露·仁义法》）。如择偶，对象选不好，能使你不孝、不义，"夫妇以义合"。人生贵乎有一贤德太太，关乎一辈子的幸福，得她爱你才可靠，她会听你的。孔子也没有娶母圣人。婚后不可以任性。社会没好人，怎么换也一样。必相许以德，夫妇之道必须互相切磋琢磨，活一天学一天，此即行仁之道，实学也。

既无常又无德，当然败家。好好悟，多看几个家就明白了。今天"孝"已经没了，"人之本"完了，乱得无以复加，许多人不奉养父母。旧家庭，行为上没有人敢乱，就是假孝也得孝。

今天教育完全失败，台湾的可怜虫多！知识与生活打成一片为难！读书要能用，否则遇事完全和常人没两样，言语、行为表现出嫉妒。嗜好也是欲，超出自己用度外的，皆属欲。必控制好欲，才能成功。

2. 仲弓问仁。子曰："出门如见大宾（重要宾客），使民如承大祭。己所不欲，勿施（加）于人。在邦（诸侯之邦）无怨，在家（士大夫之家）无怨。"仲弓曰："雍虽不敏，请事斯语。"

此章告诉人要怎么做。齐家以礼，治国以法。

出门不要掉以轻心，就如同会见重要的宾客，举止动作必特别慎重，要有个人的样子，没有样子能成功？

出门应整理得干干净净。服饰即人的标志，要给人留下美感，彼此互相尊重。

就是夫妇之间也应相敬如宾，要保持人性的尊严，不可以因处久了，就无所谓，令对方感到不舒服。应始终保持美好形象与尊严的存在。夫妇如同床异梦，能好？

"使民如承大祭"，要慎重，有量，絶不可存轻忽之心。就是仆人，亦有其人格，何不尊之？当下人支配，他最多只是尽本分而已，绝无忠心可言；如尊其人格，则对你既尊敬又爱，能不尽事？

培量，就是开一豆浆店也必有量，用仁德。饱之，叫他吃，有感谢之心，吃多次后不吃了；如不许吃，就偷吃，扔掉的更多。要懂得做人，使对方满足，使仆如承大祭。明白此，想用一人，必相信他，否则不知之深，就不要用。

朋友要择而后交，绝不可以交而后择。朋友"久而敬之"，如净是"人无千日好"，那谁敢与你交往？年轻时，一切都在选择中，必先择而后决定。结死党，则无分离分子。

不要交聪明人。我的用人哲学："如有所用，必有所试；若有所试，必有所悟。"你们做事时必用上。

做事要审慎。推己及人，即仁、恕。"在邦无怨，在家无怨"，没有结怨，当然无怨。自己不怨，人亦不怨我。"求仁而得仁，又何怨？"

以古、以人、以己为鉴，即为活学问。

腐儒说"读书人不谈政"，但中国书皆谈政，读书的目的在管理众人的事，能用上智慧。

做学问，非欺人，必深思，追根溯源，必有透亮的智慧，不是抄书。学会用脑，不可人云亦云。解决问题，得用智慧；强词夺理，亦得有理。头脑要用于正途，不要钻尖取巧。

《四书》下功夫，聪明智慧已经够用。为什么你们读那么多书了，仍不知东南西北？

3. **司马牛**（名耕，字子牛，桓魋之弟）**问仁。子曰："仁者，其言也讱**（忍）**。"曰："其言也讱，斯谓之仁矣乎？"子曰："为**（行）**之难，言之得无讱乎？"**

《史记·仲尼弟子列传》：牛多言而躁。

"讱"，《说文》云："顿也。"《六书故》云："言难出也。"

问仁，答："其言也讱。"话到舌边要留半句，说话要缓。

弟子仍不明白："其言也讱，这就是仁？"

搭："行之难，要讷于言，敏于行。""人无言，便是德"，不能多言多嘴。

真学问，是人人能接受、人人能办到的。听不懂的是宗教。

4.司马牛问君子。子曰:"君子不忧(己私)不惧(人势)。"曰:"不忧不惧,斯谓之君子矣乎? "子曰:"内省(自省)不疚(愧疚),夫(启语词)何忧何惧! "

桓魋,有宠于宋景公,而为害于公,将有身败名裂、覆宗绝世之祸,故忧惧特甚。其弟司马牛有此一问。

问君子,答:"君子不忧不惧。"乐以天下,忧以天下。

"不忧不惧,就是君子? "不明白夫子所言。

"内省不疚,何忧何惧",不做亏心事,半夜不怕鬼敲门,又何必向人表白! 就怕自己做了亏心事!

5. 司马牛忧曰:"人皆有兄弟,我独亡(无)。"子夏曰:"商(对朋友称己名)闻(知)之矣,'死生有命,富贵在天'。君子敬而无失,与人恭而有礼,四海之内皆兄弟也。君子何患(担心)乎无兄弟也? "

《左传·哀公十四年》记载桓魋有宠于宋景公,而为害于公,公将讨之。未发,魋先谋公。公伐桓氏,魋叛,奔卫,又奔齐。司马牛兄弟多人皆党恶。

"天命之谓性","在天曰命"。死生由天命,"虽曰天命,岂非人事哉"?

迷信也是欲,想上极乐世界。"死生有命",何必迷信? 台湾的活佛多。既是转世,那何以还需要读书? 既认得佛书,何以不识前生所读的书? 不迷能信。既是有鬼,何以他不自己破案、报仇？

我什么也不相信、不怕鬼，距离做鬼已近，还真想碰到鬼探探路。

"富贵在天"，"修天德，成其天爵"。死生、富贵皆掌握不了，那怎么活？

我体悟"敬而无失"最难！都知道身体很重要，但是有几人敬身了？深思，才明白；没真知，不能解决问题。切身问题必解决。

君子敬天、敬命，死生、富贵得正，正命，《易·乾》云："各正性命，保合太和，乃利贞。"

修群德，自"恭而有礼"入手，养成群德的本钱，则四海皆拥护。"四海之内皆兄弟"，天下一家。

既是"四海之内皆兄弟"，又何必担心没有兄弟？

6. 子张问明。子曰："浸润（如水浸物）之谮（音zèn，谗言）、肤受（利害切身）之愬（音sù，诉）不行焉，可谓明也已矣。浸润之谮、肤受之愬不行焉，可谓远（远离群小）也已矣。"

"明"，明事理，明是非、善恶，有正知正见。自知者明，知人则哲。

人很少明，好"说是非者"即是"是非人"。人无德，绝不能成事。

"浸润之谮，肤受之愬"，社会上这两种人，常把一糊涂人的感情给挑拨了。东家长西家短，专以挑拨为业，王婆。王婆式的谗言佞语，触人之痛处，败坏一切。"肤受之愬"，道人之短，对方就相信了？

"群居终日，言不及义"，还成一个团体？台之祸福，端视你们的智慧了！民无信，不立。

"浸润之谮、肤受之愬不行焉，可谓远也已矣"，不受离间，远离群小。以文王之德，犹"愠于群小"，知此，又何必太在意是非！

人都有个性，不要触犯人的忌讳。当老板必要有自己的主张，可以大胆做自己应做的事，别人怎么说你也没有关系。

我怪与绝，不随便与人接触，团体中五十年没有风波。如听是非觉得好玩，那团体就乱了！

7. 子贡问政。子曰："足食，足兵（指装备，不指人），民信之矣。"子贡曰："必不得已而去，于斯三者何先？"曰："去兵。"

"足食"，"民以食为天"（《汉书·郦食其传》），"仓廪实而知礼节，衣食足而知荣辱"（《管子·牧民》）。

"足兵"，"兵"，此指装备，不指人。兵器充足，有备无患，就可以消灭战争，以战止战。武，止戈，用武之道。平日足兵，防流氓，使治安良好。

"民信"，"信则人任焉"（《阳货》），"无信不立"。

"食、兵、信，三去其一，以何者为先？""去兵"。

子贡曰："必不得已而去，于斯二者何先？"曰："去食。自古皆有死，民无信不立。"

"食与信，何者可以先去？""去食。"饿死事小，无信事大。自古皆有死，民无信不立。

"无信不立"，为政者无信，百姓不信之。"未信，犹以为厉己也"（《子张》），什么事都做不成。

"民惟邦本"（《尚书·五子之歌》），信为德本，要树立民信。商鞅变法之前，以"徙木立信"的策略，先取得民信。

有人和你说话，绝对不可以说"是吗"，否则他绝对与你断交。可以不答复或说是。如不相信，又何必交你这个朋友？只说一遍，不再接受。

8. **棘子成**（卫国大夫）**曰："君子质**（本质）**而已**（已足）**矣，何以**（用）**文**（文饰）**为**（助词）**？"子贡曰："惜乎！夫子之说君子也，驷**（四匹马）**不及舌**（一言既出，驷马难追。喻慎言）。**文犹质也，质犹文也。虎豹之鞟**（音 kuò，同鞹，去掉毛的皮，皮板子）**，犹犬羊之鞟。"**

《论语述何》：君子救文以质，贵中也，举其偏者以补其弊而已，则三王之道相循环，非废文也。棘子成欲去文，则秦楚灭三代之礼法，贼民兴，丧无日矣。

棘子成欲去文。子贡不以为然。

"文犹质也，质犹文也"，比喻文质不分。"虎豹之鞟，犹犬羊之鞟"，分不出虎豹、犬羊。

"质胜文则野，文胜质则史。文质彬彬，然后君子"（《雍也》），文质两相配，既文雅又朴实。

质、文同一重要，不宜有所偏。一个人质而无文，又怎知他是君子或是小人？

《论语述何》：君子"救文以质，贵中也"，举其偏者以补其弊而已，则三王之道相循环，非废文也。棘子成欲去文，则秦楚灭三代之礼法，贼民兴，丧无日矣。

君子"救文以质，贵中也"，举偏以补弊。三王之道"忠、质、文"相循环，非废文也。

9. 哀公（鲁哀公）问于有若曰："年饥，用（国家用度）不足，如之何？"有若对曰："盍（何不）彻（什一税，十分取一）乎？"曰："二，吾犹不足，如之何其彻也？"对曰："百姓足，君孰（谁）与不足？百姓不足，君孰与足？"

鲁哀公问："年年饥荒，国家用度不足，要如何？"

有若答："何不行十分取一的彻税？"

什一税为井田制的理想，有"什一行而颂声作矣"之说。鲁自宣公十五年（公元前594年）"初税亩"，始履亩而税，田税已十分取二了。

哀公说："现在田税已经是十分取二，仍然不足，如何能再行什一税？"

书呆子！光知理论，既无行政经验也无情报，鲁国自宣公十五年行"初税亩"，而此时税早已超过"彻"了。

《公羊传·哀公十二年》"春，用田赋"，《传》曰："何以书？讥。何讥尔？讥始用田赋也。"何注："哀公外慕强吴，空尽国诸，故复用田赋过什一。""用田赋"，统一以"田"为单位计征，征纳物转变为以粮食为主，实际上与土地税接近。

"百姓不足，君孰与足？"文人谈政，这话能被采用？

"百姓足，君孰与不足"，君的足不足，在于百姓足不足。

"仓廪实则知礼节，衣食足则知荣辱"，足食，百姓温饱实为第一要义。

10. 子张问崇（积）德、辨惑。子曰："主忠信、徙义，崇德也。爱之欲其生，恶之欲其死；既欲其生，又欲其死，是惑也。"

"崇德"，积德。"辨惑"，才能不惑。迷跟着惑，因迷才惑。此惑，非疑惑，乃迷惑。

"主忠信"，以忠信为本；"徙义"，见义，徙于义，搬到义上。"崇德"，积德，日行一善。

人皆有好恶、分别心，"爱之欲其生，恶之欲其死"，应一切没有分别心。

"既欲其生，又欲其死"，乃惑也。要辨惑，不要迷惑，否则将来自误。每个人的惑不同，其惑一也。真要做决定时，得有大智慧。一决定，定终身；荣辱于此分。

"夏，中国之人也"。三夏：夏、诸夏、华夏。

同仁堂能有四五百年的买卖，绝对有一套。

本身如是个错误，那"错在哪里"要知道。

有时你做正经事，不与他同，他就骂你。但纵使全世界都承认你，也不证明你是对的，全世界就权势、势利。

"诚不以富，亦祇（适）以异。"

《诗·小雅·我行其野》："我行其予，言采其葍。不思旧姻，求尔新特。成不以富，亦祇以异。"

此乃衍文二句。

11. 齐景公问政于孔子。孔子对曰："君君，臣臣，父父，子子。"公曰："善哉！信如君不君，臣不臣，父不父，子不子，虽有粟，吾（疑有脱字，如焉、岂、恶）得而食诸？"

齐景公，原名姜杵臼，齐庄公的异母弟，在位时有名相晏婴辅政。《史记·齐世家》记载他"好治官室，聚狗马，奢侈，厚赋重刑"。能纳谏，在位五十八年，国内治安相对稳定，是齐国执政最长的一位国君。但以继嗣不定，启"田氏代齐"之祸。

《论语述何》：时景公宠少子舍，而逐阳生。后阳生因陈乞弑舍而立，大乱数世，国移陈氏。故夫子之对，深切如此。

鲁昭公末年，孔子游历齐国。齐景公问政，当在此时。

"君君，臣臣，父父，子子"，君要像个君，臣要像个臣，父亲要有父亲的样子，身教重于言教。父亲在儿子面前如什么事都说，那儿子就无所不为了。在家说话应要特别小心。

"君不君，臣不臣，父不父，子不子"，君臣、父子，皆是相对的。"天子一位"（《孟子·万章下》），有其职，所以，君君、臣臣、父父、子子、兄兄、弟弟，一也，没有什么不同，"人无生而贵者"。

"善哉"，赞词。"信如君不君，臣不臣，父不父，子不子"，"君臣、父子、兄弟终去仁义，怀利以相接；然而不亡者，未之有也"（《孟子·告子下》），真至此，将危也，就是立储君，也是没有用的。

"虽有粟，吾得而食诸"，天下大乱常有抢米的事，储存粮食也没有用。就是家中有多少米吃，也不会安宁的。

12. 子曰："片言（单辞，片面之词）**可以折狱**（决断官司，判断是非）**者，其由**（子路）**也与！"子路无宿诺。**

《论语说义六》：单辞，为一人独言，未有与对之人。讼者，多直己曲彼，构辞诬人，单辞独为难听，故言之也。

听讼，只听一面之词，片言就可以定是非的，只有子路一人能够吧！

子路是个大老粗，"由也果"，遇事果决，一诺千金，以行直闻于天下，言出人信服，故可以"片言折狱"。普通人不敢以片面之词决定是非。

"无宿诺"：一、宿，留，隔夜。答应人了，马上做，不隔夜。今天做，不得今天成功，成功不必在我。二、宿，前、先。不能做之前不承诺，否则轻信寡诺。信在言前，故见信于人。

13. 子曰："听讼（审案）**，吾犹人**（我也和人一样）**也。必也使无讼乎！"**

人与人之间发生不愉快，即"讼"。"讼"，自"小有言"来（《易经·讼》）。人与人之间天天讼，有口讼，有心讼。人何以出毛病？就是自欺。

"听讼"，《春秋》之听狱也，必本其事而原其志，原心定罪。

《春秋繁露·精华》：《春秋》之听狱也，必本其事而原其志。志邪者，不待成；首恶者，罪特重；本直者，其论轻。

孔子称自己能和人一样审案。但听讼，并不是最高的。

"无讼"，才是大本之所在。"物有本末"，要自本入手。"必也无讼乎"，无讼，比"听讼"重要，使天下人无诉讼。

"作事谋始"（《易经·讼卦》），谋始，防未然。在未讼之时，能以讼谋始，则可以躲开不宁。"必也，使无讼乎"，不是竞相当法官，而在使"无讼"。

《大戴礼记·礼察篇》：礼者，禁将然之前；而法者，禁于已然之后。是故法之用易见，而礼之所为生难知也……然如曰"礼云礼云"，贵绝恶于未萌，而起敬于微眇，使人日徙善远罪，而不自知也。

14. **子张问政。子曰："居**（守己责）**之无倦**（倦勤）**，行之以忠**（尽己）**。"**

《孟子·滕文公下》云："居天下之广居。"大一统。《春秋》"大居正"，养正守正。

"居之无倦"，居官行政，守己责任，始终如一。无倦，勤政爱民，"守位曰仁"（《易经·系辞下传》），不懈于位，不可倦勤。不做时，还得详细研究问题。

"行之以忠"，尽己之谓忠，主忠信。

15. **子曰："博学于文，约之以礼，亦可以弗畔**（叛道）**矣夫。"**

"博我以文，约我以礼"（《子罕》）。"博学于文"，"文"，经纬天地，博学之，无所不学。

"约之以礼"，人之欲望无穷，必用礼法约束，以礼约身。按礼行事，受严格训练，不做不合理的事。

"弗叛"，不叛道而行，"道也者，不可须臾离也"，不违道而行。

学病虫害，可以治病虫害；学医，可以为人治病。为何要学文史哲？学此做什么？台湾文史哲学系有何成就？能解答，即知应找个方向。

做人、做事为第一要义，不懂得做人所以不会做事。天下最难的是教书。台湾坏至此，有人懂得做人？不知道自己要做什么。搞一辈子，不知自己要干什么。必知为何要学文史哲，必达目的才是成功。如得博士犹不知，太可笑了！不知自己的责任与任务。

责任与任务，两者不同。责任，重责大任，"仁以为己任"；负任务，有时不一定是自己的责任。当务之为急，急所当务，急事。

遇事，得明辨之，看是责任还是任务，或是当务？明辨了，还必笃行之。

16. 子曰："君子成（促成）人之美，不成人之恶。小人反是。"

孔广森《论语补注》：彼有过者，方畏人非议，我从而为之辞说，则彼将无意于改，是成人之恶矣。故君子不为也。

小人"不成人之美，成人之恶"，想尽办法破坏人家。
以此衡量一个人，此良知之所在。

17. 季康子问政于孔子。孔子对曰："政者，正也（音近相训）。子帅以正（作为表率），孰敢不正？"

"政者，正也"，"必也正名乎"（《子路》）。

《大戴礼记·主言篇》：上者，民之表也。表正，则何物不正？

"子帅以正"，正人者，必先自正。"孰敢不正？"上好下甚。"其所令反其所好，则民不从"。

《易》"养正圣功"；《春秋》"拨乱反正"。一部《易经》开始讲"蒙以养正，圣功也"，全部《易经》即是要完成圣功。"圣功"是什么？智周万物、道济天下、裁成辅相，就是为了圣功。

"正"从哪里来？"正"与"元"有什么关系？"正"，止于一。"变一为元"，止于元，乾元、坤元。"元者，始也，言本正也"（《春秋繁露·王道》），"大哉乾元，万物资始""至哉坤元，万物资生"。《易》八八六十四卦，乾坤为父母卦；屯，生；蒙，发蒙。"蒙以养正，圣功也"。用什么方法养正？

《易》讲养正、圣功。从养正到圣功（一统），策、谋、略皆在其中。

什么是王道之始？"养生丧死无憾，王道之始也"（《孟子·梁惠王上》）。王道荡荡（《尚书·洪范》"无偏无党，王道荡荡"），成圣功了。

"复正"和"反（返）正"有何区别？"载天下之贤方，表谦义之所在，则见复正焉耳"（《春秋繁露·正贯》），"正其谊不谋其利，明其道不计其功"（《汉书·董仲舒传》），"正义"与"明道"。《春秋》"大居正"，为"拨乱反正"之书。

今天要"正名"的地方太多了。原住民亦有其文化，不可以一知半解。必求真知才能用上。

发掘人性，自己有自制力才能不助人为恶。一个人不可以妄想，一举一动关系全盘民命。既是不能逃过，必要想办法解决，要用智慧解决。

练习真想，明辨、解惑了，才能用上。得天天为子孙谋。寄望"奉元书院永守住正，为台湾百姓谋福利"。福利，绝非天上掉下来的，也不是赐予，而是自求的，皆自求、自得。

18. 季康子患（担忧）盗，问于孔子。孔子对曰："苟（假使）子之不欲（贪欲），虽赏之不窃。"

《说苑·贵德》：天子好利，则诸侯贪；诸侯贪，则大夫鄙；大夫鄙，则庶人盗。上之变下，犹风之靡草也。

《说文》云："盗，私利物也。"以盗为患，盗患。今盗患，有钱人以盗为患。盗，刑轻。

"苟子之不欲"，正欲，欲包含太多。解决问题应自根本入手。

《说文》云："赏，赐有功也。"《集韵》称："盗自中出曰窃。"窃、盗互训。

大盗盗国，上好下甚。上贪，下能不贪？要往上报销。己身不正，焉能正人？

19. 季康子问政于孔子曰："如杀（戮）无道，以就（迁就，成）有道，何如？"孔子对曰："子为政，焉（安）用杀？子欲善，而民善矣。君子之德，风；小人之德，草。草上（加）之风，必偃（卧倒）。"

《盐铁论·疾贪》：百姓不治，有司之罪也。《春秋》刺讥不及庶人，责其率也……君子急于教，缓于刑。

"杀无道，就有道"，以杀止奸，但有道、无道如何分辨？

今天的社会，你使他太过不去，早晚要你的命。现在杀人如杀小鸡。

"焉用杀？"怎可先用杀戮？

《新书·大政下》：君能为善，则吏必能为善矣。吏能为善，则民必能为善矣。

社会上就两种人：直者与枉者。"举直错诸枉，能使枉者直"。
上好下甚。

《说苑·君道》：夫上之化下，犹风靡草，东风则草靡而西，西风则草靡而东。

知识分子的责任在易俗，"风俗之厚薄，系乎一二人心之所向"，应做时代的中流砥柱。但说容易，行可不易。

20. 子张问："士何如斯可谓之达矣？"子曰："何哉，尔（你）**所谓达者？"子张对曰："在邦**（诸侯之国）**必闻**（有声闻），**在家**（大夫之家，昔日大夫有地就养兵车）**必闻。"**

古书中的"士"，不一定指读书人。士，也指大夫阶级，公务员。

你所谓的达是什么？

"子游曰：吾友张也，为难能也，然而未仁。""曾子曰：堂堂乎张也，难与并为仁矣。"不能和他一起行仁，可见子张病在务外自高。

子曰："是闻也，非达也。夫达也者，质直而好义，察言而观色，虑以下人，在邦必达，在家必达。夫闻也者，色取仁（表面上装得像一个仁人）而行违（所行却相违背），居之不疑（自以为是仁者，假仁假义），在邦必闻（虚誉浮名，风云人物），在家必闻。"

弟子说似是而非的话，老师必马上说清楚。"闻"与"达"，两者不同，要明辨之。

《论语正义》：达者，通也。通于处人、处己之道，故行之无所违阻，所谓"忠信笃敬，蛮貊可行"，即达义也。

"质直而好义"，"质直"，所以说人"性相近"，人之生也直；"好义"，"义以为质"（《卫灵公》）。

"察言而观色"：语，开玩笑；言，郑重其事。色，肉身，色相。一言一行，一举一动，面的表情，无不"诚于中，形于外"，所以要"察言观色"。说话目中无人，如入无人之境，怎能不失败？自以为是人上人，到最后都没想到自己垮。有办法的人，说话要低声下气。

"虑以下人"，有虑人、虑事、虑物的功夫，做任何事考虑周延，甘为人下，多么阴险，指哪打哪。

要令对方不觉得你是矫揉造作，才能感人。什么都清清楚楚，表现不如你，对方还不以为假。用什么方法能修至此？得心存什么观念？用什么心态才能修到"下人"的地步？

"色取仁而行违"，非发自内的仁，而是"伪仁"，"闻其声，不忍食其肉"（《孟子·梁惠王上》），听不见野猪叫，照吃不误；"居之不疑"，久了，还自以为是仁者。

子张即有此毛病，故夫子因其问，反复以告之。

"闻"，闻人，骂人的话。"国际闻人"，双关语！

一章明白，都能处世、处事。

21. 樊迟从游（游览）**于舞雩**（求雨坛）**之下，曰："敢问崇**（积）**德、修**（修，治也）**慝**（音 tè，匿于心之恶）**、辨惑？"**

《论语述何》：此章盖在昭公孙（同逊，遁）齐之年，《春秋》书"上辛，大雩。季辛，又雩"。《传》曰："又雩者，聚众以逐季氏也。"

《春秋公羊传·哀公二十五年》何注："昭公依托上雩，生事聚众，欲以逐季氏。不书逐季氏者，讳不能逐，反起下孙（逊）及为所败，故因雩起其事也。"

《论语述何》：夫子将适齐，而樊迟从游，特志"舞雩之下"。圣贤之伤国事而不正言如此。

"雩"，吁嗟求雨之祭。"舞雩"，求雨坛。

"崇德"，积德，重德。

"修慝"，"修"字太美！不能一下子去之，得一点一点修，直至完整无缺为止。

子曰："善哉问！先事后得，非崇德与？"

《论语述何》：樊迟欲究昭公丧乱之由，而言不迫切，故夫子独善之。先尽君道，而臣道自正。昭之失民失政久矣，骤欲得之，可乎？

"善哉问"，问得好！

"先事后得"，先之，"仁者先难而后获"（《雍也》），先义后利，"正其谊（义）不谋其利，明其道不计其功"，难道不是积德？

"攻其恶，无攻人之恶，非修慝与？"

《论语述何》：子家驹言诸侯僭天子，大夫僭诸侯。公曰："吾何僭？"是知人之恶，而不知己之恶也。至不忍一朝之忿，而身不容于齐晋，辱及宗庙，则惑之甚也。

《春秋公羊传·昭公二十五年》"齐侯唁公于野井"，《传》曰："子家驹曰：'诸侯僭于天子，大夫僭于诸侯久矣。'昭公曰：'吾何僭矣哉？'子家驹曰：'设两观，乘大路，朱干、玉戚，以舞大夏，八佾以舞《大武》，此皆天子之礼也。且夫牛马维娄，委己者也，而柔焉。季氏得民众久矣，君无多辱焉。'"何注："恐民不从君命。因为季氏用，反逐君，故云尔。子家驹上说正法，下引时事以谏者，欲使昭公先自正，乃正季氏。"

"攻己恶，无攻人之恶"，日久焉能不"下人"？

不骄傲，每天存"下人"之德。一个人如每天都能修慝，最后绝对懂得"下人"之德。

必"修慝"，"虑以下人"，多阴险！做事得如何冷静。

"一朝（一旦）之忿（忿怒），忘其身以及其亲，非惑与？"

《史记·孔子世家》云："季平子与郈昭伯以鬬鸡故得罪鲁昭公，昭公率师击平子，平子与孟氏、叔孙氏三家共攻昭公，昭公师败，奔于齐。"昭公二十五年（前517年）逃到齐国，三十二年（前510年）死于齐。《春秋公羊传何氏释例》："无终始者，无正也。无正，安有国哉？人知阳虎、不狃之叛，不知季氏之叛；知季氏之叛，不知定公之叛。"《春秋繁露·楚庄王》曰："出走八年，身亡子危，死乃得归，困之至也。"

任何团体都需领导人，如嘴像王婆能领导人？你们"群居终日，言不及义"，能做事？如同王婆，怎能成事？

做事，得躲开自己的短处，表现自己的长处，来对付敌人的长处。而非互相揭短，愈弄愈低。看鲁昭公的下场如何？

好好下功夫，三年入门，就用得上。要用智慧插上一脚，不是分一杯羹。必要有所得，不是得名利，而是要谋福利。多少人想拿你们的福利，换取他一己的私利。就是你们都死光了，他也不在乎！

一个人如果不怕死，没有不成功的。我九十三岁犹豪气如此，年轻可见一斑！你们全无豪气，一副男不男、女不女的样子。在我眼中有几个是人？只要是不合理的事，我绝对站在第一线。我一辈子都自己保护自己。

你们要自求多福，台湾永远是中国的，慢慢地你们就领悟了。台湾最大的问题在举棋不定，今天事事不能上轨道即在此，耽误了多少建设。大家忙于惑，正事都忘了！

22. 樊迟问仁。子曰："爱人。"

《论语说义六》：樊迟感昭公之祸，因思君人之道而"问仁"，而答之"爱人"。爱人，君人之道也。

仁者爱人。

问知（智）。**子曰："知人**（智者得知人）**。"**

《论语说义六》：问知，而答之知人。《书》曰"知人则哲，能官人"。

《春秋繁露·楚庄王》：虽取同姓，能用孔子自辅，亦不至如是。时难而治简，行枉而无救，是其所以穷也。

智者知人，"在知人，在安民"（《尚书·皋陶谟》），使"贤者在位，能者在职"。

赵普"半部《论语》治天下"，我以为半部太多了，应细细读。

樊迟未达（不明白）。**子曰："举**（用）**直错**（教育）**诸枉，能使枉者直。"**

《论语说义六》：自世卿专国，其君虽知人而不能官人。迟之未达，职此之由。

老师怎么喊，学生就是不明白。

朱熹注：错，舍置也。诸，众也。

朱子此解，那就成直者与枉者对立，如何能使枉者直？

《论语述何》：如鲁昭公能用夫子及子家驹，何忧季氏之僭？

唯仁者，能爱人能知人，能爱人能恶人。爱，不是盲目的，要爱好人、恶恶人，得先有知人之明。

常人利己，非常人则利天下，即利众生。

樊迟退，见子夏曰："乡（音 xiàng，昔）也，吾见于夫子而问知。子曰'举直错诸枉，能使枉者直'，何谓也？"

还是不明白，退而问子夏。

子夏曰："富哉言乎（颇有深意的说法）！舜有天下，选于众，举（用）皋陶，不仁者（不仁之事）远矣。汤有天下，选于众，举伊尹，不仁者远矣。"

《论语说义六》：子夏知孔子之意，必尧舜禹汤为君，而后能尽用人之道，以垂百世之法……富者，备也。必如舜举皋陶、汤举伊尹，而后用人之法备，亦崇德之至也……子夏述舜举皋陶，汤举伊尹，皆不以世（世及）而以贤（用贤），以明大法。

子夏举"舜举用皋陶、汤举用伊尹"为例，说明"举直错诸枉"。用直者教育、攻错枉者，使枉者都变成直者；日久，使不仁之事远离不仁之人。

"不仁者远矣"：一、古注：不仁之事远离；二、不仁之人远离，则永远对立。

23.子贡问友（交友之道）。子曰："忠告（音 gǔ）而善道（同导）之，不可（听）则止，毋（不要）自辱（自取其辱）焉。"

《论语正义》：责善，朋友之道也。然不可则宜止，不复言，所以全交，亦所以养其羞恶之心，使之自悟也。

"忠告而善导之"，"朋友切切偲偲"（《子路》），相互勉励，相互督促，贵乎能切磋琢磨。

"不可则止"，不要见面就啰唆，"朋友数，斯疏矣"，自取其辱。

24. 曾子曰："君子以文会友，以友辅仁。"

"以文会友"，此"文"非指文章，而是经纬天地。以经纬天下之术会友。"朋友切切偲偲"，讲学论道。

"以友辅仁"，彼此帮助而成仁，成功了则成仁政，即"王道成矣"。

文会，第一步；友仁，是结果。称友仁社，不称文会了。发展三三两两，成立"友仁社"。今后一举一动都有因果，不是空的。好好琢磨，慢慢想就深入。一法通，百法通。想得深思熟虑，虑深才能通敏。

人活着很不容易，先认识，好好看得准。成功者绝对是有德者，天下有德者居之，高官未必成功。没先立德再做事，故无一成功者，将欲、妄想当作志。志，永不变，心之所主。

"外蒙"是怎么丢的？"外蒙"公投，列在《中苏友好同盟条约》。

《中苏友好同盟条约》，全称《中华民国苏维埃社会主义共和国联邦友好同盟条约》，是中华民国在 1945 年 8 月 14 日（日本投降前夕）与苏联签订的条约，当时苏联军队在没有条约的情况下，已经发动八月风暴攻势。一个星期以后，从日本手中夺取了中国东北地区（当时"伪满洲国"）与内蒙古。1945年8月14日，中华民国政府代表王世杰只好勉强和苏联政府代表莫洛托夫在莫斯科签订此条约。

此条约最大要点，是关于中国北方边界的问题，尤其是外蒙古的主权问题。换文内容附件有两个主要条文：一、苏军三个月内从东北"撤完"；二、"兹因外蒙古人民一再表示其独立之愿望，中国政府声明于日本战败后，如外蒙古之公民投票证实此项愿望，中国政府当承认外蒙古之独立。"

1945年10月20日，外蒙人民在被苏联操控的外蒙当局的监视和控制下，举行公民投票：结果显示百分之九十七的公民赞成外蒙古独立。1946年1月5日，中华民国正式承认外蒙古独立。

这些浑蛋视国土如同儿戏，根本不懂得中国文化，蒋家是盐商出身的。孔子当官，先诛少正卯。记住：圣人也得杀。

人必要有全智全德，保持一个国家的完整不易。保存国土为忠。

施琅后人至今在台约有六千人，其功劳碑在鹿港妈祖庙前。

施琅（1621—1696），字尊侯，号琢公，福建省泉州府晋江县人，祖籍河南固始。明郑降清将领，封三等靖海侯，谥襄庄，赠太子少傅。

鹿港天后宫，相传康熙二十二年（1683）时，福建水师提督施琅奉命征台，曾由湄州天后宫奉请开基妈祖一尊，作为护军之神。台湾平定后，施琅族侄施世榜恳留神像在台奉祀，成为台湾早期迎自湄州祖庙的"湄州妈"。

妈祖庙原建于鹿港北端临海的船仔头，因香火鼎盛，空间不敷使用，遂于雍正三年（1725）由施世榜献地，迁建于现址。

嘉庆十九年（1814年），鹿港士坤、商人鉴于迁建后的妈祖庙已栋宇腐朽，不堪续用，乃集资重修，工费计银三千五百八十八圆。次年春天完工，立有"重修鹿溪圣母宫碑记"，以资纪念。

福康安，是乾隆帝的外生子，不能封王；为复台元帅，嘉义有其记功碑。

福康安（1753—1796），字瑶林，富察氏，清满洲镶黄旗人。历任云贵、四川、闽浙、两广总督，武英殿大学士兼军机大臣，封贝子。乾隆皇帝破格封福康安为贝子，他是第一个宗室之外，活着被封为如此显爵的人。但乾隆还没来得及封福康安为王，福康安即去世，赠谥文襄，追赠嘉勇郡王，配享太庙。

乾隆五十二年（1787年），台湾爆发林爽文起义，协办大学士、陕甘总督福康安为将军，名将海兰察为副将，率军乘六百艘战船向台湾进发。于十一月初一到达台湾。

福康安到台湾后，对起义军进行分化瓦解，以优势兵力分五路解诸罗（嘉义）之围，又接连攻下斗六门（斗六）、大里杙（大里）、集集埔（集集）等军事要地。将林爽文等人逼入番社。接着在台湾各地进剿，于乾隆五十三年（1788）正月初五生擒林爽文于老衢崎，解往北京，后在北京菜市口就义。林氏诛九族，其中一枝迁至雾峰。

一个月后，庄大田亦被福康安、海兰察俘获，在台湾府城被杀。林爽文起义以失败而告终。福康安的记功碑立在台湾嘉义公园。

孙中山固然失败，有千古荣；蒋则成千古罪人。都失败了，但在失败中仍有荣辱。

不是我们怪，而是社会太怪了，嫉妒，一说话，则成人之恶。

我没有骂过人，他们是"人"吗？我所骂皆是畜牲。

为人子不孝，绝不是人。我说良心话，今天有"孝"？孝者，顺也。大本不立，还求其他？今天社会必得认真了，十年已败坏至此，真是不堪入目！谁非父母所生，能不痛心？是孰之过？

学文史哲的要认清责任，活着才有意义。这个社会犯了什么毛病？要认清自己的责任。天天杀人，都惊醒不了这个时代。从上至下，人性没了！今天乱伦，要反正太难！子弑父，不孝，要拨乱反正。

"孝、义、忠"，加上"智、仁、勇"，要行，不光是讲。每天做事，必要有目标，不要天天存机心，天天动心眼。

想做事成功，必得做人成功，待人接物必保持"诚"与"真"，是人性的表现。你的一举一动，"人之视己，如见其肺肝然"。把恋爱的精神拿出，就会做事。做事，要出自"诚"与"真"，要技巧的一定失败。

今天的年轻人，没有人告诉他活着是为了什么。大丈夫"居天下之广居"，到最后"配天"，"大人者，与天地合其德"。你们要像玩似的传授给年轻人，让他们知道读书人的责任与目的。要脚踏实地做，使他们真明白了，绝不做违背良知的事。

孔子有好孙子——子思，没有好儿子——孔鲤。

到曲阜，几千年的时空可以拉近。

读完"公羊学"了，才知道我何以如此怪！传绝学，必得有德，也必得有胆与识。

奉元即是崇祖。中国供牌位（木主）不供像。太庙的木主有雕的椅子，上面蒙黄绫。家堂供祖宗，祖宗即羲皇、娲皇。做任何事都得从根上来。

二战时期的外国领袖人物，懂得做事的是丘吉尔（1874—1965）与罗斯福（1882—1945）。懂做事者绝对知人，此与道德无关。甘地（1869—1948）以道德取胜，其余皆英雄人物。

这块土完全没有懂得做事的，你们必须要练达做事。要真懂，真明理。想要力挽狂澜，知识分子必负点责任。

今天有几个为人父母的像父母？课子是母亲的职责，要天天督导小孩。

有学问与读古书，是两回事。宗教，是言教不如行教，社会教育影响人更深。

书买了，要看，且要持之以恒，每天要有一定的进度。为什么要读书？读书，是为了明理，明理就要理事，用自己所明之理。读书贵乎实践。

伏案著书，世事不问，历代帝王愚民，临终赏赐"博学鸿词"。现在时代已经不同了，何以仍在帝制的余波？

帝王不叫读书人做事，怕其子孙不能掌权；自家读帝王之学，要民间读书人"窗前草不除"，千古文章一大抄，什么生命力也没有。

治国平天下之道，何等致密！《周官》乃一部行政大法。

现在"奉元"，自根出发，从根做起。伟大的抱负，留待后人实行。

我在台坐五十多年，在此之前天天忙、天天跑。

二战时，分成两大集团：同盟国与轴心国。

第二次世界大战（1939—1945），是迄今为止人类社会所进行的规模最大的全球性战争。战争最高潮时，全球有六十一个国家和地区参战，有十九亿以上的人口被卷入战争。

交战双方是以美国、苏联、中国、英国、法国等国组成的反法西斯同盟，和以德国、日本、意大利等法西斯国家组成的轴心国集团。战火遍及欧洲、亚洲、美洲、非洲及大洋洲五大洲，交战双方同时也在大西洋、太平洋、印度洋及北冰洋四大洋展开战斗。

"萧规曹随"有智慧，自己不成才，又何必乱搞？

萧何临死前，推荐曹参继任。曹参整日饮酒食肉，清静无为。小皇帝不解，命曹窋劝谏，曹参鞭笞了曹窋，并将他赶出门外。惠帝于是亲自责问。曹参说："陛下与先帝相比，谁较为英明？"答："我怎敢与先帝比？"又问："我跟萧何比，谁较贤能？"答："好像不太比得上。"曹参说："那就对了！高祖跟萧何平定天下，法令都健全完备了。那我们坚守岗位、遵守法令而不犯过失，不就是了吗？"

文化，是慢慢累积的。人必要知自己的长短，才知道要努力的方向。如果什么书都看不懂，那智慧从何而来？书，是古人智慧的结晶。明辨之，经过分析了，才更加清晰。

大陆常是一村一家，如张家村、李家村，每一家都有一图书馆，或设在家庙。

我不要你们成为书呆子！管事的不同于处事的。管事是管家的，处事是主事的，可以把环境变成活的。你们能够修书院？这是处事能力，最低得懂得"无中生有"，从自己开始设立。

真是貌如其人，所见者少，知识多半来自《圣经》，常将实际事变成天堂事，如佛教谈极乐世界，净谈些鬼话！修行是讲慑力，在其慑力内的人都平安。

我母极聪明，但信佛极虔诚。我则不信，但喜办慈善事业。来台办慈航中学，打吃佛饭的人，写《恶僧传》，反对女孩子找和尚。

我不是反对宗教，而是反对和尚以此为生。掩藏，就犯戒；贪念重，就迷信。宗教是要救人除苦的。儒讲"道不远人""率性之谓道"。释迦讲那么多的天，何以不将此一智慧用以研究治平之道？

我常说，我死在哪儿，就在哪儿烧掉。我念经，是为父母尽责，自己并不信，必得尽为人子女的责任。我死后勿用僧道，不相信。

子
路
第
十
三

学法、知法而为恶，抢钱、求色，利、色令智昏。一步走错，整个毁了，永远回不来了。台大法律系二年级的与中正初中十几个同学绑架同学，这件事实很严重。这学生的父母，一切希望都没了！求死不得，活着亦痛苦。

我听完这新闻，坐着想自己。有几人不男盗女娼？不必管别人，试问自己如何。自己的品德如连狗都不如，那还讲什么书？你们要好自为之，已一天比一天可怕，恐怕事实有逾于此。我天天胆战心惊，将来如无可用之才，还谈其他？

读书要改变器质。这社会有没有你，并不重要。不像样的，我不理。每天净是盗、欺，根本没有自我，就是盗名盗利、欺世欺人，还不以为耻。为人师的如都如此，还谈其他？站得住的，必要有个人样。人到没有良知了，什么都没有用。良知不易保存，故要"致良知"，要找回丢掉的良知。

今天台湾社会至此，谁要负责？在家表现不够，就影响小孩。

看今天社会变迁，大学生陪酒、百姓彷徨、政治人物乱扯，把台湾败坏了！百姓是不深思、盲从的。

识时务很重要，早也不行，抢先也没有用。千言万语在提醒你们一个"时"字。"圣人不能生时，时至而不失之"，识时务者为俊杰，当务之为急。

我绝不为人卜卦。德不恒，还卜？"不恒其德，或承之羞"。教五十年书，同学的程度又如何？收什么效了？没有德，什么都不能成就。

讲关系，又如何？不要胡扯，应为己之所当为。德、能足，就成了；巧取豪夺，没有用。要脚踏实地造就自己。面对未来，好好努力，要学真的能。人的脑子能无量，计算机有时还中毒。

人活着不靠关系，要靠自己的德与能，此皆不假外求，完全操之在己。将相本无种，男儿当自强。

这个社会怎么对得起年轻人？要用什么方法安慰、拯救年轻人？是谁之过？造就一个人多么难！我这些年没有为自己奋斗，最大的私是为自己的族人。要同学做买卖，用心之苦！因为你们唯有合作，才能够翻身。

必要有目标做一件事，自求自得，皆自得也，谁也帮不了你的忙，都自求自得。万物皆备于我，皆自得也。要求自己能，自己能，才有号召力；到有用时，自找上门来。大家接受孔子一生奋斗的成绩，死后为他装饰。

自小学会捡便宜，而忽略一己之所能，社会风气不良演变至此，此非一日之恶。知识分子最小的责任也得济时，大则安世，孔子成为万世师表。济时，对时要有帮助。一个人如不知自己为何而活，那就完了！

我看得多，胆子小，送上门的都不敢要。我绝对为己之所当为，生死与我没有半点关系，有生以来就独断独行，绝不偶俗。

什么都得过去，三不朽——立德、立功、立言，都得自己立，否则"赵孟贵之，赵孟贱之"。

1. 子路问政。子曰："先之（率先垂范），**劳**（音 lào，慰劳）**之。" 请益。曰："无倦**（实际做到）**。"**

政治是实际的，万般不与政事同。

做官，必率先垂范去做；百姓做得好，得犒劳、劝勉之。

"先之"，"官先事"（《礼记·学记》），先学做那件事，才能管理那件事。"劳之"，事情做成得犒劳之，不可以吝赏，使百姓内心有无尽的快意。

实际做到。精神一到，何事不成？故曰"无倦"。

说读书人不谈政，鬼话。不是会背书，而是要学会做事，先要明辨是非，否则是盲动，"愚者好自用，贱者好自专"，要做"是"不做"非"，此为初步。

想成功，必得知人，因事情是人做出来的。知人，才能任人，知人的条件特别重要。仔细玩味，抓住要点。就连夫妇配不对，也会垮了。

不要浪费时间，一言以为智，一言以为不智。人家放的狗屁，还值得你研究？要将有用的脑子，放在有用之处。就从一人做事，可以看出其人的聪明与才智。

我每天忙不过来，都有一套，绝不浪费在无用处，要识时、看势。有志，正事都忙不过来，哪有工夫扯闲？就是行贿，也要知怎么去行贿。送宋版书有用？不在价高，而在乎有用与否。如送我，还不如送包花生米，吃在口里香。

社会就是需要而有用。这时代不需要文史哲，那学文史哲的就得失业，你们要饭吃，都吃不饱。

识时看势，然后用事。要看这环境，究竟是属于哪一类的环境？就知道要怎么用事。

有人嘴里喊"民主"，心里专喜"不民主"。必深入了解人心理的矛盾，此即政术。

2. 仲弓为季氏宰，问政。子曰："先有司，赦小过（有害于己，无害于人），**举**（起用）**贤才。"**

《论语说义七》：《尧典》"克明俊德"，谓能明俊德之士任用之，《皋陶谟》"知人则哲，能官人"，皆以得人为先务，此先有司也。既知人而官人，则已用者当赦其小过，未用者当举其贤才，而有司之事莫敢后。

仲弓列德行科，"可以南面"。问为政之法。

此讲用人之要，怎么实行。

"先有司"，用才为要，使"能者在职"。先设好管理其事的主管，因事务责主管。有司得人，则事无不举。

"赦小过"，"故旧无大故则不弃，无求备于一人"（《微子》）。什么可赦、什么不可赦，必要弄清。"小过"，见什么动心眼，有亏于己之德，但不损于人，故可赦。

"大过"，有害人的思想、行为，侵害别人，故不可赦。孔子一上台，即诛少正卯。

"举贤才"，人的本质或贤或浑，要使"贤者在位，能者在职"。

曰："焉（安）**知贤才而举之？"曰："举尔**（你）**所知，尔所不知，人其舍**（舍而不举）**诸**（语词）**？"**

《尚书·皋陶谟》：皋陶曰："都！在知人，在安民。"禹曰："吁！咸若时，惟帝其难之。"

做事业必知人，但"惟帝其难之"，故"举你所知"，如舜举皋陶、汤举伊尹；"尔所不知，人其舍诸"，"内举不避亲，外举不避怨"，是人才即举之。

《易经·泰卦》称："拔茅茹，以其汇，征吉。"用一帮志同道合者，结之以德，以成就外王之业。举贤援能，"贤者在位，能者在职"。国家之能有希望，在后继有人，江山代有才人出，所以成就大事业，以造就接班人为第一要义。

必要培养活智慧，否则连当个秘书的资格都没有。先做自己范围内的事，如专做自己办不到的事，那失败的机会就多。

你一开口，人家即知你有无自学术路来，学术有学术的用语。书要活用，讲出就要使人明白，能知就能行，不是与人玩捉迷藏的。

在台教书的罪莫大焉，今天知识分子就乱伦！

你们成立"奉元书院志修纂委员会"，将跟从我以来，把我所遭的罪写出。在台五十年甘苦备尝。校志的第一个文献，即是我被骗去的东西。

3.子路曰：卫君（出公辄）**待**（止，留用）**子而为政，子将奚先**（以何者为先）**？子曰："必也**（肯定的）**正名乎！"**

《史记·孔子世家》："是时，卫君辄父不得立，在外，诸侯数以为让。而孔子弟子多仕于卫，卫君欲得孔子为政。"

学生出题，问将先做什么。

为政，"必也正名"。奉元以此作为标准，以正一切之不正。

《春秋繁露·深察名号》："欲审曲直，莫如引绳；欲审是非，莫如引名；名之审于是非也，犹绳之审于曲直也"，"圣人之谨于正名如此，君子于其言，无所苟而已"，"《春秋》大元，故谨于正名"。

子路曰："有是哉？子（老师）**之迂**（迂腐）**也！奚**（何）**其正？"子曰："野哉**（粗野）**由也！君子于其所不知，盖阙**（保留）**如也。名不正，则言不顺；言不顺，则事不成；事不成，则礼乐不兴；礼乐不兴，则刑罚不中**（音众）**；刑罚不中，则民无所**（地方）**措**（安置）**手足。故君子名之必可言**（名正言顺）**也，言之必可行**（言行一致）**也。君子于其言，无所苟**（苟且）**而已矣。"**

《春秋繁露·玉英》：谓一元者，大始也。知元年志者，大人之所重，小人之所轻。是故治国之端在正名，名之正，兴五世，五传之外，美恶乃形，可谓得其真矣，非子路之所能见。

"有是哉？"不足之词。"子之迂也！"太迂腐了！"奚其正？"

又强辩。

"野哉由也"，申斥子路强辩。

"于其所不知，盖阙如也"，疑则不言，"吾犹及史之阙文也"。

"必也正名"，正名为先，名正言顺。

"事不成，则礼乐不兴"，礼别上下，立于礼；乐以和性，成于乐。

"礼乐不兴，则刑罚不中"，则必滥施刑罚，不能得当；"则民无所措手足"，百姓乃不安，不能平平安安过日子。

做事，先正名。"名之必可言"，名正言顺，理正言直；"言之必可行"，见诸实行，则言行一致。

做事，如有一事苟且，所有事皆会苟且。不可留给人坏印象。

一天自己忙，也得替别人忙，不可以苟且行事。

自欺，骗不了人，只是骗自己。

4. 樊迟请学稼（种五谷），子曰："吾不如（有自知之明）老（有经验的，老手）农。"请学为圃（种蔬菜），曰："吾不如老圃。"樊迟出。子曰："小人哉，樊须也！上好礼，则民莫敢不敬（敬事）；上好义（宜），则民莫敢不服；上好信，则民莫敢不用情（真情表露，言行如一）。夫如是，则四方之民，襁负（背负）其子而至矣，焉用稼？"

孔子自称"不如老农，不如老圃"，因为术业有专攻。

樊迟专学为农为圃，孔子斥为"小人哉"！

《孟子·滕文公上》："有大人之事，有小人之事。且一人之身，而百工之所为备；如必自为而后用之，是率天下而路也。故曰：或劳心，或劳力；劳心者治人，劳力者治于人；治于人者食人，治人者食于人，天下之通义也。"

多少读书人专学圃、学农、学稼，浪费多少时间，不知"素其位而行"，专务乎其外。

"化民成俗，其必由学乎"（《礼记·学记》）。好礼、好义、好信，皆学之所从出。"上无礼，下无学"（《孟子·离娄上》）；上好礼、好义、好信，则民敬、服、用情。

术业有专攻，不能不必玩，当休闲即可，不必浪费时间。每天浪费时间，到用世时就后悔。

《孟子·滕文公上》："尧舜之治天下，岂无所用其心哉？亦不用于耕耳。"

人皆好为人师，但为人师必须是高手，否则应敬谢不敏。教人时，必得真知，不可以半调子。

5. 子曰："诵《诗三百》，授之以政（内政），不达（明达治理）；使（音 shì，出使）于四方（办外交），不能专（擅）对；虽多，亦奚以为？"

《论语正义》：学《诗》有诵、弦、歌、舞之法。此但及诵《诗》者，主于口读，寻绎其义恉也。

"不学《诗》，无以言"，知言，知人，"诗言志"，"诗者，持也"，"持其志，勿暴其气"。"《诗》，可以兴，可以观，可以群，可以怨"，政治不外乎兴、观、群、怨。

"授之以政，不达"，"不成章，不达"。《诗》是社会学，可以兴、观、群、怨，通于政事，故能达。

经，常道也，乃经纬天地之常道。学完经书，既能为政，也能做外交。

外交官受命不受辞，必有"专对"的智慧。孟子善于外交辞令。《公羊传》称："聘礼，大夫受命，不受辞；出竟，有可以安社稷、利国家者，专之可也。"

读书贵乎能用，以启发自己的智慧，贵精不贵多，于书中得实际用处。若读成书呆子，不会做事，出门就没有用。

中国的"女学"都快绝迹了，还不赶快去继绝。

女学，泛指女子教育。清黄遵宪《为同年吴德潇寿其母夫人》诗："吁嗟三代后，女学将毋忘。"郑观应《盛世危言·女教》："中国之人，生齿繁昌，心思灵巧，女范虽肃，女学多疏。"

今天应恢复女学，谁愿意捡破烂？良贾都深藏若虚，何以今天女子净以暴露为美？自由，是不穿衣服？人是进步的，自服饰可以看出。

何不止邪风？"率性之谓道"，应该实事求是。中国人遇事反躬自省，如你不看，还会有人表演脱衣舞？就想占便宜。丢了，早晚必有失；丢失了，必要找回。积怨在人心，最是危险！看人心理的矛盾律。

读完一书，必知其要点，自"真知"入手。

中国思想家多，你们看了吗？你们来日方长，好坏都得在这儿混。

求死不易，那就好好正视生，要怎么活才有价值。要正视自己，绝不能浪费精力。

6. 子曰："其身正，不令而行；其身不正，虽令不从。"

《淮南子·主术训》：有诸己不非诸人，无诸己不求诸人。所立于下者不废于上，所禁于民者不行于身……人主之立法，先自为检式仪表，故令行天下。

《新序·杂事》：唱而不和，动而不随，中必有不全者矣。夫不降席而匡天下者，求之己也。

以身作则，身教重于言教。"政者，正也。子帅以正，孰敢不正？"

君子有絜矩之道。本身修德不足，虽令不从。本身不行，先希望别人做，不易！本身做坏事，叫别人不做，人亦不听。父子、师生重在身教，父子间严肃，言出法必随。

你是人家的看家犬？脑子不可以太分散。做事不必太宣传，出来就有了。我怎么学怎么做。自况，每天应怎么活，必要善用智慧。自己事都忙不过来，还花时间去批评别人，多管闲事多可惜！

你们生逢其时，要好好努力，下功夫正视华夏文化。汉以前的书有思想者多，宋、明儒受《坛经》的影响，儒其表，禅其里。

韩、日根本是中国文化，都读中国书，但是发音不同。

7. 子曰："鲁、卫之政，兄弟也。"

"鲁"，周公的封国。"卫"，康叔的封国。

一、"兄弟"，无贬词，古义。周公、康叔为兄弟，皆姬姓。

二、朱熹云："本兄弟之国，而是时衰乱，政亦相似，故孔子叹之。"此有贬词，说两国政治情形皆衰败。

台湾原住民多可怜，怎能不好好照顾？一个人要真发心，没有分别心、企求心真不易！台湾富，谁富了？

何不发心整理书院？三年也可以有成。新店静园有一千八百坪（一坪相当于 3.3058 平方米），一年税近十三万元，何以不好好利用？台人私心重，非不能，是不为也。

要有智，事在人为，谋解决之道，必要有面对事实的勇气。

局势愈乱，奸人愈多，许多人被利用犹不知。我有神经质，人家对我一笑，必好好研究。

人斗的是智，孔明施空城计，司马懿就是不入；孔明送女装给他，司马懿穿给大家看。人家要演这出戏，你是当导演，还是当演员？"三国终归晋"。记住："尺蠖之屈，以求伸也。"刚，成不了事。

都上牌桌了，必有输赢。早晚必谈，必得试探，不可躲避，要面对。必要有备，才能无患。如只是哗众取宠，净颠倒是非，只是要钱，绝对无耻，会有好结果？

8. 子谓卫公子荆（卫国大夫）：**"善居室**（宜室宜家）。**始有**（富，有财），**曰：'苟**（诚，信也）**合**（聚）**矣。'少**（稍）**有，曰：'苟完**（完满）**矣。'富有，曰：'苟美**（尽饰）**矣。'"**

这是个思想，"世卿（世世代代当卿大夫）非礼（不合理）也"。

孔子反对世卿，黜三贵：贬天子、退诸侯、讨大夫。"人无生而贵者，天子之子曰元士"（《仪礼·士冠礼》"天子之元子，犹士也，天下无生而贵者也"）。

"卫公子荆"，是卫国大夫，名荆，字南楚，是卫献公的儿子。

"公子"，指有爵位者。诸侯、王有许多儿子，第一个为世子，继承人，其余为公子，孙子则为公孙。

少爷，通称，是奴才称的。皇子结婚后，得搬出皇宫，即分府。

昔日大家庭，男孩五至七岁住厢房，女子亦住厢房，称闺房。结婚后，才有自己的屋子，称"授室"。

不做世卿了，必得过平民生活。这小两口很会过生活，一切都慢慢有，合、完、美，循序有节。

人生的三部曲，人都经过"始有、少有、富有"三个阶段。

9. 子适（至）卫，冉有仆（动词，赶车）。子曰："庶（人口众多）矣哉！"冉有曰："既庶矣，又何加焉？"曰："富之（衣食足，知荣辱）。"曰："既富矣，又何加焉？"曰："教之（富而后教）。"

治国之道，以富民为先，"衣食足，然后知荣辱"。政治不可以空想。

民富，国亦富；官富，政商上下其手，则民贫；民贫，国亦贫。

战争能够避免，要尽量避免，因为战争不能解决问题，必要用智慧解决。

富而后教，教育之前，必先得"富之"；否则，百姓为了生活，必花许多时间才能糊口，哪有时间读书？

《管子·治国》：凡治国之道，必先富民。民富则易治也，民贫则难治也。民富则安乡重家；安乡重家，则敬上畏罪；敬上畏罪，则易治也。民贫则危乡轻家；危乡轻家，则敢陵上犯禁；陵上犯禁，则难治也。

10. 子曰："苟（诚，真）有用我（用我治国）者，期月（一年见效）而已可（可有成效）也，三年有成（成功）。"

何以不去做，就等着人家用你？

一年见成效，三年有成。真做了，三年可以有成。

《汉书·食货志》：民三年耕，则余一年之畜。衣食足而知荣辱，廉让生而息争讼。故三载考绩。

但三年以后呢？

贵乎能行，不是讲得好，必得能知能行。

11. 子曰："'善人为（治）邦百年，亦可以胜（音 shēng）残去杀矣。'诚哉是言也！"

"善人为邦百年，亦可以胜残去杀"，没有残暴、没有杀戮，这是"仁政"的境界。但历史上并没有到此一境界。

孔子说得明明白白，就得有这种人。

所以，我们要造就的就是这种人！有善、有真，才可能天下平。但社会最缺的就是真、善。

善人，性生万法，何等逍遥自在！ "善人也，信人也"（《孟子·尽心下》），能够自我发挥，不"践迹"，亦不"入于室"。"践迹"，照葫芦画瓢；"入室"，如入宗教，脑子成"控固力"（混凝土）。

所有的社会行为，都是"践迹""入于室"。脑子的反应打破一切，"元"是无尽藏，自"元"发掘之。发掘人性，面对事实。

12. 子曰："如有王者，必世（一世三十年）而后仁（天下归仁）。"

《说文》曰："王，天下所归往也。董仲舒曰：'古之造文者，三画而连其中谓之王。三者，天、地、人也；而参通之者，王也。'孔子曰：'一贯三为王。'"

"王者"，以德服人，天下归往之。"尧舜，性者也"（《孟子·尽心下》），"率性之谓道"，王道之治，以德治国，"仁政"之标准。

一世，三十年。一生一世，从生到死。

有王者，必三十年而使天下人反己复性，归仁。仁者爱人，仁者无不爱，大同，天下一家。

13. 子曰："苟正其身矣，于从政乎何有（何难之有）？不能正其身，如正人何？"

"政者，正也"，为政，当先正其身，子帅以正，孰敢不正？己身不正，虽令不从。

14. 冉子退朝。子曰："何晏（迟）也？"对曰："有政。"子曰："其事也。如有政，虽不吾以（用），吾其与（音yù）闻之。"

《论语述何》：季康子先召冉子，因冉子而以币反夫子于卫。夫子反鲁，冉子之力也。冉子朝事毕，即至夫子所。一日迟至，故异而问之。

《论语述何》：大曰政，小曰事。政有所改更，事日常行事也。

"政"不同于"事"，"必也正名乎"。政务官、事务官有别。元老致仕（退休），犹得与闻国政。家宰，是管事的。

15. **定公（鲁定公）问："一言而（能）可以兴邦，有诸（之乎）？"孔子对曰："言不可以若是，其几（音jǐ，近也）也。人之言曰'为君难，为臣不易'，如知为君之难也，不几乎一言而兴邦乎？"**

"其几也"，有近于一言可以兴国。

"言"与"语"有别。"言"，讲正经的；"语"，什么都说。胡言乱语。

"为君难"，南面而治，只以治为忧，而未以位为乐，岂不是近于"一言而兴国"？

曰："一言而丧邦，有诸？"孔子对曰："言不可以若是，其几也。人之言曰'予无乐乎为君，唯其言而莫予违（违予）也'，如其善而莫之违也，不亦善乎？如不善而莫之违（背）也，不几乎一言而丧邦乎？"

人君所言为善，无违之者，则善也。所言不善，而无敢违之者，则近于"一言而丧国"。

"一言兴邦、一言丧邦"。"一"，微与著、是与非，成败就在一刹那间，一步错就坏。做人亦如是，偶一不慎，绝对失败。

遇事，反应必要快，要练达如常山之蛇。但做事反应快，并不是要速成。做事，都有一定的步骤，就是少一步，也不会美满。

许多事多悲哀，连个人样都没有，至今无可用之人，培养人才不易。所为一无是处，就从心所欲，乱七八糟，最后受其苦。

他好不了，事小，但最后，子孙要偿债。做事，必要弄得清清楚楚，做不好，不如不做，否则后患无穷。没有一个范畴，绝对站不住。今人不出五年即垮，一出手就错，就止于此了。

"三人行，必有我师焉"，要以史、以事、以人为鉴，否则什么也成不了，天下绝没有捡便宜的事。人心绝不可以坏，否则报在子孙。

一个人必要头脑致密，前后清楚。儿女不必管，全靠德行感。如只要有利于己，什么都干，就是投机。社会即"人与非人"，此指人的行为而言。

你们要练习表达能力，时常训练说话，才能有伦有序。

看报，要看重点，其他作参考。杂志，要固定看，多作参考。如对眼前事都不了解，怎么做事？必要有世界观，不能尽是利己观。今天社会，只要于自己有好处，男盗女娼的事都干；人家伸出魔掌，还以为对自己有好处。

16. 叶（音 shè）公问政。子曰："近者说（悦），远者来。"

《论语述何》:《春秋》大一统，必自近者始。此其义也。

《管子·版法解》：凡众者，爱之则亲，利之则至。

近悦远来，由近及远，乃做领袖之要。

"近者悦"，虽不了解你，也感觉亲切。如连近的人都处不好，就成孤家寡人了。

处朋友，必特别重视最近的人。"不识其人，则视其友"，是考验一个人的最佳方法。

17. 子夏为莒父（音 fǔ，莒父为鲁国一小邑）宰，问政。子曰："无欲速（急也），无见小利。欲速，则不达；见小利，则大事不成。"

搞政治必注意，必要按步骤完成一事，"其进锐者，其退速"（《孟子·尽心上》）。注意：无欲速，无见小利！

读书不易，明理更难，会著书的不见得懂书。

戊戌变法即失败于"欲速不达"，器识太窄了。一个国家还在乎几个老的吃饭？叫"元老"，说"后生可畏"，大家都有饭吃，哈哈大笑，还拥护你。逼得紧，就反得厉害。

有人"见小利"，什么都干，"见小利，则大事不成"，许多事做了，得不偿失，后悔不及，就是跳到黄河都洗不清了，烙上印能洗掉？如有狗德，也就不会分裂国土。遇事，要冷静思考，"无见小利"。

我在屋中坐五十年，大小利皆拒绝。我绝对是人，可以化验。自己是畜牲，还问别人是谁？不做人事，我所骂皆"非人"。我打假和尚，是除恶，连老佛爷都鼓掌。有分野，要认清。

"无见小利"，因为人的失败就在"见小利"。你占了别人的便宜，别人绝对会报复，唯有业随身，发你们之深省。大本如不立，外美也不永久，人生多么悲哀！真想有成就，必要有德，唯德长在。祸国殃民者，而今皆安在哉？罪孽永洗不清。

慈安专"能忍"，因为争不过慈禧。男人不知是否下贱，既知有德，何以不喜？净说圣人话，但眼专看"香炉"。我讨厌说仁义道德者，尽男盗女娼。

今后，临你们面前的小利，不知道会有多少，不知不觉中买通了你。请吃一餐，却要你的命，达到目的以立功。乱世，在夹缝中生存，可是不易，被看成"王八"。

我在台的第一张聘书，是石牌的特务学校"心庐"，专管文教，有胡秋原、王升。"衡庐"，是专侦察军情的。

我所以能活得泰然，就是不见小利。

书院不收"孝、忠、义"内三德不足者，因为未闻不孝者有智慧。不懂，难免有过，但要"过，则毋惮改"。

与别人无深刻的关系，萍水相逢，就不要过度要求。家贫出孝子，不孝，愈老会愈心不安，愈老良知会愈显现。我天良发现了，不是落伍。史上成大功、立大业者，无不是"本立而道生"的。

《论语》每天看一二段，就有无穷的助力，良知显现，成就也就近了。"嗜欲深者，天机浅"，没有智慧，不能成功。心地泰然最为重要。职业没有高低，做苦工，但德绝对高。政客终日净是诈、骗，无有一人性的行为。

你们要为台谋福利，视己才能多少做多少，要教如何种良稻。没有职业，做什么都是职业，职业没有所谓的贵贱。己行，自己去做；行己，做了有成果。

哀，莫大于不知耻，如自己都不是领袖，怎么训练人当领袖？社会上许多人，为了赚钱，而无不为矣！

说"在毓老那里没学几天"，欺师灭祖！今天必督促大家复性，否则奸杀掳掠，无日无之。

医，辨证论治、按病行药。巫，胡扯。今天"放僻邪侈的电台"

最易生存。同流合污，易；利害一冲突了，就争。台湾真实事摆在眼前，如何自救？

怎么做，才不失人生幸福？"正德、利用、厚生，惟和"（《尚书·大禹谟》），和，乃发而皆中节。但做事恰到好处，最难！和尚也没有天天看经，专看不可以看的事。

"不念旧恶"，唯有伯夷、叔齐，故少怨。人何以要自欺？以此衡量自己。一般人心里有片刻的干净？不必色庄。我有看法、做法，自你的成分，看出你不会有高的成就。我不是索隐行怪，而是平平坦坦。

老太婆说："纳了！"我那时就色庄！真明白，晚了！根本中了计，因为她才了解我。人就是人，净说好话的人，背地里往往净做卑鄙的事。

一般人天天谈己智不及之事，妄谈。智都不能及，还能有成就？是非自有公论，天地之道尚公，是无私的。

我始终有"兵临城下"之感，公务员心中早已是栖栖遑遑了。

18. 叶公语（音 yù，告）孔子曰："吾党（乡）有直躬（正直其身）者，其父攘（有因而盗）羊，而子证（告）之。"孔子曰："吾党之直者异于是。父为子隐（不扬其恶），子为父隐，直在其中矣。"

《白虎通·谏诤》：君不为臣隐，父独为子隐何？以为父子一体，荣耻相及。

"人之生也直"（《雍也》），"父为子隐，子为父隐，直在其中矣"，父子，人性；相隐，直也。

性，体；直，用。正直，即是性的表现。

对双亲——生身父母，是没有条件的，人性。

舜为天子，瞽瞍杀人，皋陶执法，《孟子·尽心上》称："舜视弃天下，犹弃敝屣也。窃负而逃，遵海滨而处，终身欣然，乐而忘天下。"《孟子·万章上》云："大孝终身慕父母。五十而慕者，予于大舜见之矣。"

19. 樊迟问仁。子曰："居（平居）处恭（不懈于位），执事敬（敬业），与人忠（尽己，不加保留）。虽之（往）夷狄（更为敏感），不可弃（遗弃）也。"

"恭、敬、忠"不可弃，否则失了"人"位。

"居处恭，执事敬"，平居之时，不懈于位，敬业乐群。

"言忠信，行笃敬，虽蛮貊之邦行矣。言不忠信，行不笃敬，虽州里行乎哉？"

要严以律己，就是平常也不能马虎。不可骗人，因为再笨的人，多想一天也懂。

20. 子贡问曰："何如斯可谓之士矣？"子曰："行己有耻（自己行事知有耻），使（出使）于四方，不辱君命，可谓士矣。"

古时，士是最低阶的公务员。

知耻，"人不可以无耻。无耻之耻，无耻矣"（《孟子·尽心上》）。

士，以行为作标准，"士者，事也"，是能干事的，要能不辱使命。

一个完整的人，必"知而能行""不贰过"。

曰："敢问其次？"曰："宗族称孝焉，乡党（乡里）称弟焉。"

"入则孝，出则弟"，"孝弟也者，其为仁之本与"！

曰："敢问其次？"曰："言必信，行必果（果决，不见异思迁），硁硁（音 kēng，小石之坚确）然（自守貌）小人哉！抑（语助词）亦可以为次矣。"

小人者，"言必信，行必果"，"匹夫匹妇之为谅也"（《宪问》），小诚小信。

"大人者，言不必信，行不必果，惟义所在"（《孟子·离娄下》）。

曰："今之从政者何如？"子曰："噫！斗筲（音 shāo，竹器）之人，何足算（数，计）也。"

一斗，十升。筲量，竹器，容五升，更小于斗，形容器量狭小。
量小非君子，焉能成大事？
今天年轻人，愈是名校学生，愈是小器、嫉妒，不知有群德，此一病态可能是环境造成的。以此种器识，实成不了大事！

21. 子曰："不得中行（音 xìng）而与之，必也狂狷乎！狂者进取，狷者有所不为也。"

《孟子·尽心下》："孔子岂不欲中道哉？不可必得，故思其次也。"

"喜怒哀乐之未发，谓之中"，"中也者，天下之大本也"，懂得"中道"，去行，即"中行"。中行、中道、中德、中心、中国、中庸，"中者，礼义也"。

孔子一辈子才教出一个完全表现出中道的弟子。此时，颜回已经死了，其余弟子多为狂狷之士，孔子老年欲寻接班人，而有所慨叹。

传承很重要，责任、道统、学统。传人，必注意其人品德。

孔子"不得中行而与之"，退而求其次，"必也狂狷乎"。狂狷，第二流的。传道的不是一流的，可惜了！

"狂者进取，狷者有所不为"，得具备此二条件。

"狂者进取"，仍为上行；"狷者有所不为"，而后能有为。人必有所不为，而后能有为。

22. 子曰："南人（不知何指）有言曰'人而无恒（始终如一），不可以作巫医'，善夫！""'不恒其（己）德（善的行为），或承（承受）之羞（羞辱）。'"子曰："不占而已矣。"

"恒"，亘心；；恒，一日心。恒久不已，始终如一。"无恒"，不能有始终如一之德，连做巫医的资格都没有。

《易·恒》曰："不恒其德，或承之羞，贞吝。"以《大易》之道恒己德，所以《易·恒·大象》言"君子以立不易方"。

自己做什么，将得什么结果，自己做事自己知，种瓜得瓜，天下事绝没有白捡的。

做事不能始终如一，当然承其（己）羞，又何必占？孔子去占，不卜。"《易》为君子谋，不为小人谋"（张载《正蒙·大易篇第十四》）。

《易经》是圣人"极深研几"之作，是为通志类情，道济天下。

23. 子曰："君子和而不同，小人（普通人）同而不和。"

此章言做人的功夫。

喜怒哀乐"发而皆中节,谓之和","礼之用,和为贵"(《学而》),是"和而不同",和弦、合乐,以和达合,能和合相处,但不同其污。

"和而不同",大处同,小处不必同,"和而不流"。真正有学问、有道德的人,都能和人处得来。

24. 子贡问曰:"乡人皆好（音hào,喜爱）之,何如?"子曰:"未可也。""乡人皆恶（音wù,讨厌）之,何如?"子曰:"未可也。不如乡人之善者好之,其不善者恶之。"

《论语述何》:言行,必本于乡里。

是好人,坏人一定讨厌你,见你就躲开。
一看就明白,不必注解,应去实行。

25. 子曰:"君子易事（共事）而难说（取悦）也:说（悦）之不以道,不说（悦）也;及其使（支配）人也,器之（因才器使）。小人难事而易说也:说之虽不以道,说也;及其使人也,求备（求全责备）焉。"

此君子与小人之分。
易于共事,因为有德;难以取悦,因不以其道悦之,不悦。可亲近而不可有所挟持,可杀而不可辱。
使人时,应"因才器使",没有成见,使之胜任愉快。不要求全责备于一人。
暴发户,难侍候,易喜悦。使人,则"求全责备",必要是万能博士。

26. 子曰："君子泰（安泰）而不骄，小人骄（显己能）而不泰。"

"君子无众寡，无小大，无敢慢，斯不亦泰而不骄乎？"（《尧曰》）

"谦谦君子，卑以自牧也"（《易经·谦卦》）。我有于右任写的"自牧斋"字。

《心经》称："心无挂碍。无挂碍故，无有恐怖，远离颠倒梦想，究竟涅槃。"

27. 子曰："刚、毅、木、讷，近仁。"

"刚、毅、木、讷"四种德行，近于仁。"刚"，无欲乃刚。"毅"，有毅力，"士不可不弘毅，任重而道远"（《泰伯》）。"木"，质朴，不外务。"讷"，知而不言，不多言，"讷于言而敏于行"（《里仁》），人无言，便是德。

选对象，应重视对方的德，而不是重其貌，要"贤贤易色"，因为关系自己一辈子的幸福，要自求多福，皆自求、自得。

28. 子路问曰："何如斯可谓之士矣？"子曰："切切偲偲（音sī）、怡怡如（心中和乐）也，可谓士矣。朋友切切偲偲，兄弟怡怡。"

《论语正义》：朋友以义合，兄弟以恩合，处之各有宜，此尽伦之事，非凡民不学者所能，故如此，乃可谓士也。

"朋友切切偲偲"，要切磋琢磨，互相攻错，勉励向上。

"兄弟怡怡"，和乐相处，稍微马虎点，没有过不来的。哪有真是非？一奶同胞，也是有缘。

29. 子曰："善人教民七年，亦可以即（就）戎（武事）矣。"

宦懋庸《论语稽》以"善人教之有法，故速也"。蒋伯潜以"可以"加上"亦"，是仅可而犹有所未尽的语气。

"即戎"，从戎，必真正受过严格的军训。

"有文事者必有武备，有武事者必有文备"（《史记·孔子世家》），动员民众，必要加强训练。训卒练兵，以备不虞，"士卒孰练"（《孙子兵法·始计》），养兵以维护国家。

30. 子曰："以不教民战，是谓弃（弃民）之。"

《论语述何》：《礼》比年简徒谓之蒐，三年简车谓之大阅，五年大简车徒谓之大蒐，存不忘亡，安不忘危。

"存不忘亡，安不忘危"（《春秋公羊传·桓公六年》），不忘武备，平日重视教育与训练。

"不教民而用之，谓之殃民。殃民者，不容于尧舜之世。"（《孟子·告子下》）不可以穷兵黩武，要去战止杀。重民，慎战，孔子"战则必克"。

善用兵者，在善附民，争取民心。如外有强敌，内里不合，能有作用？争，有争就得有分，争鬼头（头目）。如没有群德，永远不会发挥效率。合，是群德。

要结死党，"仁以为己任，不亦重乎？死而后已，不亦远乎？"

同学够标准的都"任远董事"。谁有办事能力，谁管事。真正儒家，是死党。

给你们开悟，你们未来自求多福的责任太重了。事在人为，要有智慧。了解环境了，就知道怎么解决。

本身如没有群德，再碰上一些破烂，那就完了！要以古、以今、以人为鉴，知道自己要怎么做事，好自为之。你们天天大而化之，无知一如小孩，就什么也不怕。好好下功夫，要自求多福。志同道合合在一起，遇到问题研究之。千万不可以跑单帮。真有群德，十年总跑出名堂，必要有群德、群力。孔子弟子三千，七十二个有牌子的。我的学生绝对比孔子多，有六七千人，经过的有万人。

群力之外，更重要的是群策。我没有私心，"人之将死，其言也善"，我的话好好悟，没有一句假话。按步骤走，绝对少有所失。

你们上一代不识字，你们这一代又遇上愚民教育，台湾的大学教育完全是中学的延续。你们应自己读书，老师给问题，自己思考。

处世要精，是比熟还熟，精一才能入神，儒家十六字心传："人心惟危，道心惟微；惟精惟一，允执厥中。"教授如同行尸走肉，呆头呆脑的，什么作用也没有。

经学是什么？读经，从"诗、书、礼、乐、易、春秋六经"（《庄子·天运》），到西汉的"五经"（汉时《乐经》已失），到清"十三经"确立，其间有其演变过程。

事实上，《诗》《书》《礼》（三礼）《易》《春秋》（三传）本为"五经"，而《孝经》《论语》《孟子》与《尔雅》不过为为"五经"之羽翼。所以称为"十三经"，其实不过"五经"而已。

愈是眼前的事，得愈清楚，才能够解决问题。人的出身，没法改变，许多观念是从小养成的，稍一冷静，不会不懂人，一比就知。

做事，把"得"置前头，浑蛋才接受。没有文化，无法用你的行为使人赞美你。坐着冷静读，发深省，就有用。

我做事，绝不让任何人知道，得有人不说。必懂得不多口，"为政不在多言"，任何一团体的核心都有秘密。想人信你，你要有长处，需要而有用。台湾人就爱作秀，一个人的浑太可怕！

要自持，"虑之"就清楚。要好好善用智慧。做事，不到时绝不让人知，连老婆在内，女人多半爱说话。娶老婆，你的成败系于此，要找一个爱你的甚于你爱的。

人的成就是靠自己，父子关系都帮不上忙，更何况其他？孔子是至圣，其子仍只是伯鱼。

宪问第十四

解经不易，尤其以今（时事）解更难，必要合理。要学会善用头脑，一切得用头脑解决问题。

台湾的汉医境界不够，女同学读北京中医药大学。"不为良相，便为良医"，我要她做良先锋。先锋，是指路人。

自己要征服环境，尤其女孩。我反对独身，中途再想结婚，错过时机问题就多了。不要标新立异，人就是人，看一人表情即明白。

对一时代，不要有主观的见解，也不要贪功，看时代需要什么做什么，要学时之所需、世之所需。求学问，一定要知道我要干什么，要学时之所需，社会即需要而有用，超此即浪费。学文史哲，没发挥作用，即浪费。

四时：先时、治时、因时、违时。教育要造就先时的龙的传人。做领袖并不难，贵乎有先时的智慧。领袖并不宝贵，并不代表成功，最重要的是有判断的智慧。要有高深的智慧、修养，一言以为智。

做任何一事，必要有开拓性，许多事开拓很不易，要实事求是。做事不必宣传，事成了再说。做事要有企划、计划，才会有结果。

我每月上台大检查一次身体。

西医师刚开始都看不起中医，因为主观见解太重，知之甚少。德国民族优秀，留学中国习中医者多。现在可以用针灸开刀，不用麻醉。

做时之所需的事，则每天都时髦。应有奋斗精神，别人需要，就有精神；愈有作用，才愈有干劲。如自己没有建树，别人也不会重视，怎能不打瞌睡？时之所需，古书是作为启发头脑的东西，用以应世，应世必要有智慧。

争权夺利者，不会用智慧，自己不下功夫，别人有成就就想争。能杀人，最后也被杀了。关公能过五关、斩六将，何以最后也败走麦城、身首分家？

讲旧书，但不接受历代"挂羊头卖狗肉"的思想。熊十力赶上时代，另立新说，《原儒》绝对有先时之见，给我们许多启示。

我们与熊十力非一路。我自"元"开始，重视"元"的文化，不完全接受古人的注解，是依经解经。根据公式解释问题，再还原，即可知对否。思路即公式，是经书的思想。

以前老师上一时辰的课，至少有三道点心。

我出门带小本《四书》《易》或《春秋》，散步休息，看本经。

人必得想，连晚上都没停，唯智者无梦。脑子既不闲着，应使之正走，夜里就无怪梦伤神。

用理约束人的行为，"和顺于道德而理于义"。人必要懂得怎么处理生活，以理约束自己的思想、行为。

1. 宪（原宪）问耻。子曰："邦有道，穀（俸禄）；邦无道，穀，耻也。"

"耻"，哀莫大于不知耻！"无耻之耻，无耻矣！"（《孟子·尽心上》）

"邦有道，穀"：邦有道时，要有发展自己的机会，为人民谋福利；如不能在此时有发展自己的机会，耻也。人活着容易，有成就可不容易。

"邦无道，穀"：邦无道时，富且贵，无论给你多大的官，你都像仆人一样，耻也。邦无道，要不助人为恶。一个人没法改造别人，但是能改造自己，做事要能够不助人为恶。

2. "克、伐、怨、欲不行焉，可以为（行）仁矣？"子曰："可以为难（难能可贵）矣，仁则吾不知也。"

《史记·仲尼弟子列传》：原宪，字子思。子思曰："克、伐、怨、欲不行焉，可以为仁乎？"孔子曰："可以为难矣，仁则吾弗知也。"孔子卒，原宪遂亡在草泽中。

"克"，唯恐人居己之上。"伐"，令人知己之善。
"怨"，恨人之不足己求。"欲"，满足己之所嗜。
"克、伐、怨、欲"四者不行，可说是难能可贵，是内圣、外王的功夫。

"仁则吾不知也"，孔子对于"仁"的界说甚严。

3. 子曰："士而怀居（安室，讲究享受），不足以为士矣。"

《论语正义》：士志仁义，大人之事备，不得但怀居，惟耽乐之是从也。

"士，事也"，有无穷的责任。"士"，最底层的公务员，应为民服务。

"君子怀型"，既不可以求安室，其他更不用谈了。此为最基本的要求。

4. 子曰："邦有道，危（正）言危（正）行；邦无道，危（正）行言孙（逊）。"

孙星衍曰：《广雅》云："危，正也。"释此为长。

邦有道，正言正行；无道，正行言逊。

《春秋繁露·楚庄王》：义不讪上，智不危身，故远者以义讳，近者以智畏。畏与义兼，则世愈近而言逾谨矣。

曾文正云："危行言孙，蠖屈存身。"（《曾国藩文集·家中行事宜谨慎》）一个人无论在什么时代，只要正其行，则不易招惹是非。

5. 子曰："有德（善行）者，必有言（有其言论）；有言者，不必有德。仁者，必有勇；勇者（匹夫之勇，敌一人也），不必有仁。"

《论语正义》：德不以言见，仁不以勇见，而此云"必有"者，就人才性所见推之也。

立德、立功、立言，三不朽以"德"为上。

"有德者"，"诚于中，形于外"，含英咀华，积中不败，"必有言"，必有其言论，是经验、体会之言。信而可征。

仁者爱人→仁者无不爱，牺牲小我，故必有勇。

"见义不为，无勇也"，勇者见义必为，置个人死生于度外。

但如是匹夫之勇，未必出于爱人。

6. 南宫适（音 kuò，鲁大夫）问于孔子曰："羿善射，奡（音 áo）荡舟，俱不得其死（不得好死）然；禹、稷躬稼而有天下。"夫子不答，南宫适出。子曰："君子哉若人（这个人）！尚（崇尚）德哉若人！"

《论语正义》：不义者不得其死，有德者皆有天下，此天道福善祸淫。适两举之，是贱不义而贵有德也。

"善射"，不一定能为民谋福。"荡舟"，以舟船冲锋陷阵。"与左右冲杀，谓之荡"（清顾炎武《日知录·奡荡舟》）。后羿与奡，两人最后都不得好死。

"禹、稷躬稼"，"禹、稷当平世，三过其门不入"（《孟子·离娄下》）；"而有天下"，为民服务而有天下。

羿善射，为其臣寒浞所杀；奡，夏朝力士，曾拒太康而代夏，后为少康所杀。此二人皆不得以寿终。禹，治水，九年过其门而不入；稷，周始祖，舜时为后稷，教民种田。此二人终有天下。

"君子哉若人！尚德哉若人"，这个人是个君子，君子尚德不尚力。

7. 子曰："君子而不仁者有矣夫，未有小人而仁者也。"

"君子而不仁者有矣夫"：一、君子有时亦犯过，也难免有不仁之事，其境界未至圣人，"过，则勿惮改"（《学而》）；二、是君子，能够不仁？

小人未有仁，不只是思想，行为也必如此。

《易·系辞下传》子曰："善不积不足以成名，恶不积不足以灭身。小人以小善为无益而弗为也，以小恶为无伤而弗去也，故恶积而不可掩，罪大而不可解。《易》曰：'何校灭耳，凶。'"是小人必无有仁也。

8. 子曰："爱之，能勿劳（尽其力而劳之）乎？忠（尽己）焉，能勿诲（诲正，不正使之正）乎？"

"爱之，能勿劳乎"，是人，必学人能做的事。

训练小孩做事，诱之以利。"爱之，适足以害之"，许多父母宠小孩，使小孩什么也不会。人莫知己子之恶，溺爱不明，则日后改掉毛病甚难。

行动是个经验，要尽其力而为。无论在什么环境下，不可以忽略"勤"字，勤能补拙，一勤天下无难事。

"它山之石，可以攻错"，朋友间彼此是知己，如有不正，就应尽己之能力，指出其错误使之正。

朋友要互相切磋琢磨，彼此动刀，没有避讳。

9. 子曰："为命（辞令），裨谌（音 pí chén，郑大夫）草创（属草稿）之，世叔（郑大夫游吉）讨论（就草稿加以审议，研究后提出意见）之，行人（掌使各国）子羽（郑大夫公孙挥）修饰（增损）之，东里子产（郑子产）润色（加以文采）之。"

为文，必要经过"草创、讨论、修饰、润色"这几个阶段。

"敬请斧正"，请人修改其文章。

做一事绝不可以独断独行，何况是国家大事？

10. 或问子产。子曰："惠人（以惠待民）也。"

此章记孔子与人论春秋时各国之贤大夫。

郑子产惠人，有遗爱在民（《左传·昭公一十年》记孔子论子产，以为古之遗爱）。

问子西（郑大夫，或以为楚令尹子西）。曰："彼哉！彼哉！"

他呀！他呀！无足道者。

问管仲。曰："人也。夺伯氏（齐大夫）骈邑（伯氏之采邑）三百（三百户），饭疏食（喻伯氏日后之贫），没齿（一、终身。二、到老）无怨言（夺当其罪）。"

"管仲，人也"，有二解：

一、管仲，"人也"，勉强像个人！中国骂人"不是人"，自"三字经"可以看出一个民族的文化。旧社会太残酷，一个人要是个"人"很不容易！是人，只要做人事就够了！

二、《释名》云："人，仁也，仁生物也。""如其仁，如其仁"（《宪问》）。

管仲功高，故桓公夺伯氏之邑，以封管仲，伯氏终身无怨言。

但终身无怨言，难！不可以轻易得罪人，或是常得罪人，因其成事不足，败事有余。

11. 子曰："贫而无怨，难；富而无骄，易。"

《论语正义》：言此者，明在位者当知小人之依。先其难者，后其易者，富之而后教之也。

"贫"，没有钱。贫者必有怨，"疾之已甚，乱也"（《泰伯》）。
富而没有骄气，容易做到。
我们地大、物少、人众，贫而多怨。

12. 子曰："孟公绰（鲁大夫）为赵、魏老（大夫的老管家）则优（优游有余），不可以为滕、薛大夫。"

孟公绰，姬姓，三桓孟氏族人，鲁大夫，"公绰之不欲"，其人廉而寡欲，但短于才。

家臣，乃重命行事；大夫，得为国执言。
孟公绰只能处理家事，不能对外。大夫必有担当，不论国之大小。
万般不与政事同，是专门学问，不是会做事就能搞政治。
此章给人多大的启示，并不是每个人都能搞政治。

13. 子路问成人（成德之人）。子曰："若（像）臧武仲（鲁大夫）之知（智），公绰（孟公绰）之不欲（无欲乃刚），卞庄子（鲁大夫，是一勇士）之勇，冉求之艺（求也艺），文（音 wèn，当动词）之以礼乐，亦可以为成人矣！"

《论语正义》：是备礼乐乃可以为成人。

"欲"，包括太多，想做圣人也是欲。无欲乃刚。

四才：智、不欲、勇、艺。"立于礼，成于乐"，四才加上"礼、乐"，可以为成德之人。

"求也艺"，将"艺"解成多才多艺，我不太赞成，因为件件通件件松。孔子说"吾不试（用），故艺"，"吾少也贱（没地位），故多能鄙事"（《子罕》），"子所雅（常）言，诗书执（艺）礼"（《述而》）。艺，为孔门一科。园艺，亦为专长。专长为艺，孔子会为圃，但说自己"不如老圃"（《子路》）。

曰："今之成人者，何必然？见利思义（义，宜也。富贵不能淫），见危授命（牺牲生命。威武不能屈），久要（旧约）不忘平生（平时）之言（贫贱不能移），亦可以为成人矣！"

《论语正义》：此皆谓忠信之人也，虽未文以礼乐，亦可次于成人。

可能因为标准太高了，子路闻之面有难色。孔子乃退一步说"见利思义，见危授命，久要不忘平生之言"，亦可为成人。

14. 子问公叔文子（卫大夫）于公明贾（卫人）曰："信乎（真的吗）？夫子（古时对男子之尊称，后成为老师的专用词）不言、不笑、不取乎？"公明贾对曰："以（此、因）告者过（过火）也。夫子时然后言，人不厌（讨厌）其言；乐然后笑，人不厌其笑；义然后取，人不厌其取。"子曰："其然？岂其然乎（否定语气）？"

"时，然后言"，说话有分寸。出辞气，要尔雅温和。

"乐，然后笑"，内心真乐了，人不厌其笑。一般人皆假笑，皮笑肉不笑。

"义，然后取"，要取所当取。

真是如此吗？人都有嫉妒心！

看人如何会说话。但是对人所说的话，也得好好加以印证。

15. 子曰："臧武仲以防（鲁地）求为后（请立己后）于鲁，虽曰不要（音 yāo，要挟）君，吾不信也。"

臧武仲，姬姓，臧氏，名纥，谥武，因祭鲁孝公之祀，故尊称其"臧孙纥"，史称臧武仲，臧宣叔之子，臧文仲之孙。足智多谋，能言善辩。曾多次代表鲁国出使，常能急中生智，化解矛盾，以其智存鲁。鲁襄公二十三年，臧武仲为孟孙所谮，出奔邾。如防，使来告曰："纥非能害也，知不足也，非敢私请，苟守先祀，无废二勋，敢不辟邑。"鲁许之，立臧为，武仲乃至防而奔齐，此所谓"要君"。

"要君"，威胁国君，有所挟而求。

人之为事，见出许多是非。

16. 子曰："晋文公（重耳）谲而不正，齐桓公（小白）正而不谲。"

《春秋繁露·玉英》："权之端焉，不可不察也。夫权虽反经，亦必在可以然之域，不在可以然之域，故虽死亡，终弗为也""权，谲也，尚归之以奉巨经耳"。

《春秋公羊传·桓公十一年》《传》曰：权者何？权者反于经，然后有善者也。权之所设，舍死亡无所设。行权有道，自贬损以行权，不害人以行权。杀人以自生，亡人以自存，君子不为也。

"正"为"经"，"谲"为"权"。权，因利而（能）制权也。

"守经行权"，文德之王，不同于霸道之主。

晋文公能行权，而不能守经；齐桓公能守经，而不能行权。齐桓、晋文，霸道之主。此二人各有所长，各有所短，皆成其霸业。

17. 子路曰："桓公（齐内乱，鲍叔牙奉公子小白奔莒）**杀公子纠**（召忽、管仲奉公子纠奔鲁），**召忽死之**（死公子纠），**管仲不死**（囚而至，相桓公）。"曰："**未仁乎**（太不德）？"子曰："**桓公九合诸侯，不以兵车**（衣裳之会十有一，即不假威力），**管仲之力也。如其仁！如其仁！"**

《论语述何》：桓公之信著于天下，自柯之盟始。故《春秋》于桓之盟不日，其会不致。会盟凡十有六。九当作纠，声之误。

召忽死公子纠是愚忠，此孔子之前传统思想所谓的"忠"。

子路即接着传统思想，以管仲不死公子纠为"不仁"，故有此问。

桓公九合诸侯（《管子·小匡》"兵车之会六，乘车之会三"），完全是管仲的力量，使天下没有战争，此乃管仲之仁，能救民于水火。

"如其仁"，《经传释词》称："如，犹乃也。""桓公九合诸侯，不以兵车，管仲之力也"，言管仲功业如此，"如其仁，如其仁"，乃其仁也，乃其仁也。

自此看孔子思想是什么？以什么观点评价一个人？

孔子以能救民者为"仁"，即所谓"博施济众"。认为可以殉百姓，不必殉一家或一人。可见孔子思想是重忠于民，而非忠于国君。

儒家本来的思想，不同于帝王思想。

18. 子贡曰："管仲非仁者与？桓公杀公子纠，不能死，又相（辅）之。"子曰："管仲相桓公，霸（伯，长）诸侯，一（全）匡（正）天下，民到于今受其赐（恩赐，有遗爱在民）。微（一、无；二、有微词）管仲，吾其被（披）发左衽（夷狄之俗）矣。"

子贡亦用传统"忠"的思想问孔子。

《管子·大匡》管仲曰："夷吾之为君臣也，将承君命，奉社稷，以持宗庙，岂死一纠哉？夷吾之所死者，社稷破，宗庙灭，祭祀绝，则夷吾死之，非此三者，则夷吾生。夷吾生，则齐国利；夷吾死，则齐国不利。"

"以德行仁者王，以力假仁者霸"（《孟子·公孙丑上》），"久假而不归，恶（音wū，怎）知其非有也？"（《孟子·尽心上》）

"披发左衽"，夷狄习俗，"用夷变夏"（《孟子·滕文公上》"吾闻用夏变夷者，未闻变于夷者也"）。夷狄，"入中国则中国之"，则成为礼义之邦，乃"用夏变夷"。

自此明白孔子思想，看孔子所谓"忠"的观念，是忠于民而非忠于家天下。以君臣关系是相对的，"君使臣以礼，臣事君以忠"（《八佾》）。

孔子晚年作《春秋》，即要"拨乱反正"（《春秋公羊传·哀公十四年》"拨乱世，反诸正，莫近诸《春秋》"），而"《春秋》重人"（《春秋繁露·俞序》），与传统思想实有别，故孔子有"知我、罪我，其惟《春秋》"之叹！

《孟子·滕文公下》：《春秋》，天子之事也。是故孔子曰："知我者，其惟《春秋》乎！罪我者，其惟《春秋》乎！"

孟子明《春秋》之义，故以"民为贵，君为轻"（《孟子·尽心下》）。

"天下为一家，中国为一人"，一人即一员，为家族中之一成员。达安仁的境界，"安仁者，天下一人"，没有分别心。真有此思想，每天多精神！压根儿就没有产生"大盗式圣人"的环境。

但是，受旧思想的传染太深了，要马上去掉可是不易，连孔门的子路、子贡亦如此，常用旧思想质疑老师。

"岂若匹夫匹妇（老百姓）**之为谅**（小诚小信）**也，自经**（自缢）**于沟渎，而莫之知也？"**

《管子·大匡》召忽曰："子为生臣，忽为死臣，忽也知得万乘之政而死，公子纠可谓有死臣矣。子生而霸诸侯，公子纠可谓有生臣矣。死者成行，生者成名；名不两立，行不虚至，子其勉之，死生有分矣。"乃行入齐境，自刭而死。

"沟渎"：一、《尔雅·释水》云："水……注谷曰沟……注浍曰渎。"为田间水道。二、地名，即生窦、笙渎、句渎，与沟渎是一地，公子纠被杀处。

匹夫匹妇之信，"言必行，行必果，硁硁然小人哉！"（《子路》）"大人者，言不必信，行不必果，惟义所在。"（《孟子·离娄下》）

19. 公叔文子之臣（家臣）大夫僎（音 zhuàn），与文子同升诸公（同登于公朝）。子闻之曰："可以为文矣。"

"大夫僎"，本是文子家臣，文子荐之，使与自己并为大夫，同升于公朝。

此人的器势大，一般人则妒才。用人，必用人才。

"公叔文子"，谥"文"，名副其实。

《周书·谥法》文有六等：即"经纬天地、道德博厚、勤学好问、慈爱惠民、愍民惠礼、锡民爵位"。《礼记·檀弓》：公叔文子卒，其子戍请谥于君曰："日月有时，将葬矣。请所以易其名者。"君曰："昔者卫国凶饥，夫子为粥与国之饿者，是不亦惠乎？昔者卫国有难，夫子以其死卫寡人，不亦贞乎？夫子听卫国之政，修其班制，以与四邻交，卫国之社稷不辱，不亦文乎？故谓夫子'贞惠文子'。"

20. 子言卫灵公之无道也。康子（季康子，三桓季孙氏后代）曰："夫如是，奚（何）而不丧（亡国）？"

《论语述何》：孔子尝事卫灵，当为之讳。不讳者，所以发康子之问也。

鲁自鲁僖公以后，三桓世为鲁卿，执掌国政，其中以季孙氏在三桓中实力最强。

孔子曰："仲叔圉（孔文子）**治宾客**（办外交），**祝鮀治宗庙**（办内政），**王孙贾治军旅**（掌国防）。**夫如是，奚其丧？"**

《论语述何》：举卫三臣以厉（励）康子也。三臣不足称道，其事灵公，犹愈于鲁三家也。昭、哀之出奔，夫子归罪于季氏焉。

孔子举三臣之事卫灵公。做糊涂事，但本身不真糊涂，会用人做看家狗。

用人必用人才，知人善任，即使本身失德，也能成事。

自己本身无道，但有知人之明，就不会亡国。如尽用奴才，自己不累死也得亡国。

21. **子曰："其言之不怍**（大言不惭），**则为之也难**（不能兑现）。"**

话说过火，做就难做。遇事，必要冷静。

过了年，距上帝日近。尼姑如欲上极乐世界，那生病又何必看医生？拿假话当真话说，大言不惭！

22. **陈成子**（田常，齐大夫）**弑简公**（齐君）。**孔子沐浴而朝**（沐浴后穿朝服面君，此礼法也），**告于哀公曰："陈恒**（直称其名，贬）**弑其君，请讨之**（讨叛逆）。"**

齐田常弑其君，在鲁哀公十四年（公元前481年）。

孔子要"讨大夫"，顺水推舟，师出有名，郑重其事地请讨陈恒。

《史记·太史公自序》余闻董生曰："周道衰废，孔子为鲁司寇，诸侯害之，大夫壅之。孔子知言之不用，道之不行也，是非二百四十二年之中，以为天下仪表，贬天子，退诸侯，讨大夫，以达王事而已矣。子曰：'我欲载之空言，不如见之于行事之深切著明也。'"

公曰："告夫三子！"孔子曰："以吾从大夫之后，不敢不告也。君曰'告夫三子'者，之（往）三子告，不可。"

鲁哀公多软弱！说："老子不管，告诉三个管事的。"

此时，鲁国政权，在季孙、孟孙、叔孙三家手中。

孔子由君命，礼当告君。"之三子告，不可"，不可径告三桓。

孔子曰："以吾从大夫之后，不敢不告也。"

君使孔子告三子。"孔子辞，退而告人曰，吾以从大夫之后也，故不敢不言"（《左传·哀公十四年》）。

孔子心中不以为然，但为下大夫，不得不告三桓。《易·艮》云："艮其腓，不拯，其随，其心不快。"只能随，不能拯，心中不快！

一、因孔子自从做大夫后，不敢不告。是尽大夫的责任，"在其位，必谋其政"。二、孔子为下大夫，没有决定权。只能跟从上大夫之后。

23. 子路问事君。子曰："勿欺（欺瞒）也，而犯（犯颜相谏）之。"

每章当行事读，人做事必有规范。

此时孔子已是"君使臣以礼，臣事君以忠"的思想，君臣关系是相对，不是绝对的。

君有过，做事不合理，必要犯颜相谏。《韩非·说难》说龙的喉部下有"逆鳞"，不小心触摸此，必定会被激怒的龙所杀。

24. 子曰："君子上达（怀型），小人下达（怀惠）。"

"君子""小人"系相对而言。

"君子怀型"，见贤思齐，贵德贱货，修天德以得天爵，而人爵随之，故"下学而上达"，上达天德，而不困于欲。"小人怀土"，"分地之利，以养父母"（《孝经·庶人章》），故"下达"，日趋下流。

要自根上学，下学能上达，修天德上达天德，"与天地合其德"，天德无私，天道尚公，"生而不有，为而不恃"，"天无私覆，地无私载"。

上达天德。天地之间，我们要什么给什么，"万物皆备于我"。人多半有私心，得用"公"克制"私"，克己复礼。尸子称"仲尼尚公"，"大道之行也，天下为公"。

人的智慧要跟着时代走，做事都有轨道可循。要看自己有无在行家内，没有就要加紧努力。人生不容易，往上更是不易，不是指做官，而是"君子上达"。上下之间，何等的困难，"'或跃在渊，无咎'，何谓也？子曰：'上下无常，非为邪也；进退无恒，非离群也。君子进德修业，欲及时也'"（《易经·乾卦·文言》）。读书的目的，是在改变气质，是活学问。

要学会怎么重视问题。如不懂得自己不懂，头脑就不清楚。

25. 子曰："古之学者为己，今之学者为人。"

"为己"，修己，造就自己成为顶天立地的人才，自己有内圣工夫，心有所主了，才能成就伟大的事业。"为人"，练习为奴，就看有没有人用，在学校专选好找职业的科系。

求学，是为己，有内圣的功夫，将来才可以成就外王之业。读书，并不是学为奴，而是要学如何为众人谋福利。

"成己，仁也；成物，知也。性之德也，合外内之道也，故时措之宜也"（《中庸》），要修自己有绝对的才与能，才能"成己成物"，有内圣之功以成就外王之业，要先天下之忧而忧，为众人谋福利。

26. 蘧（音qú）伯玉（卫国贤大夫）使（派）人于孔子。孔子与（授）之坐而问焉（问其主人），曰："夫子何为？"对曰："夫子欲寡其过而未能也。"使者出。子曰："使乎！使乎！"

蘧伯玉，名瑗，卫国大夫。吴季札去卫国观光时，赞许他为"君子"。孔子过卫时亦曾寄住他家。

《论语正义》：孔子于卫，主蘧伯玉。此时孔子去卫，伯玉使人来。使虽微者，必与之坐，为宾主礼也。

《淮南子·原道训》称："蘧伯玉年五十，而知四十九年非。"

可见他平日所下的修养功夫。

蘧伯玉使者答："夫子欲寡其过而未能也。"多么投机的话，虽是空话，但是使人高兴得不得了！孔子称赞蘧伯玉的使者会说话，真是标准的使者！

什么都要练达，要懂得说话的艺术。年轻人应练达、学会说话，"出辞气，斯远鄙倍矣"（《泰伯》）。

27. 子曰："不在其位，不谋其政。"曾子曰："君子思不出其位。"

"不在己位，不谋其政"，反之，在己位必谋其政，尽自己的责任，把自己分内事做好。

素己位而行，"彼君子兮，不素餐兮"（《诗经·伐檀》），不能尸位素餐，每天浑水摸鱼过日子。

曾子引《易·艮·大象》"君子以思不出其位"。"何以守位曰仁"（《易经·系辞下传》），"居之无倦，行之以忠"（《颜渊》），"素其位而行，不务乎其外"（《中庸》）。应养成有责任感，思不超自己责任以外。

曾子——"其人不言，言必有中"。

28. 子曰："君子耻其言而（同'之'）过其行。"

言过于行，不合乎义。

做了再说，有成果摆着，说一句别人就明白。

"言顾行，行顾言"，"庸德之行，庸言之谨"（《中庸》），要言行一致，实事求是。

29. 子曰："君子道（君子之道）者三，我无能焉：仁者不忧（己私），知（智）者不惑（于欲），勇者不惧（人势）。"子贡曰："夫子自道（说自己）也。"

此系孔子之慨叹，无能使天下人都达"君子之道"的境界。

"仁者不忧"，仁者不忧己私，先天下之忧而忧。

惑，分很多种。一个人固执己见，也是欲。许多人有理讲不通，是惑于欲。有惑，还自作解释，其实愈是惑。

"智者不惑"，智者有疑惑，但能"博学之、审问之、慎思之、明辨之"，故能辨惑。智者不惑于欲，因能辨惑，但是难！无欲，才能刚。

西医难看出病，要靠仪器检查。中医用"望、闻、问、切"四诊的功夫。李敖的声音不对，他不看中医，对中医自惑。

"勇者不惧"，勇者不惧人势，绝不畏惧不合理的势。见义必为，是要将不合理的事变成合理。

"夫子自道也"，子贡说得多好听，他自以为已经"升堂入室"了！

"夫子自道"：一、夫子自己之道；二、夫子自己说，我们皆受益匪浅。

30. 子贡方（同谤，声近通借）人。子曰："赐也贤乎哉？夫我则不暇（闲）。"

孔子多会开玩笑！说："我哪有工夫扯闲，自讼、自试都来不及！"

31. 子曰："不患（担心）人之不己知（知己），患其（己）不能（无能）也。"

"患己不能"，担心自己没有叫人可知的能事。

"不患莫己知，求为可知也"（《里仁》），不担心没人知道自己，求自己有可叫人知的能。自己真能了就兑现，还担心人家不知你？

32. 子曰："不逆（迎）诈（逆料有诈，不相信人），不亿不信（不臆度人不信我，有自信）。抑（转语词）亦先觉者，是贤乎！"

《大戴礼记·曾子立事篇》：君子不先人以恶，不疑人以不信。

《荀子·非相》：圣人者，以己度者也。故以人度人，以情度情，以类度类，以说度功，以道观尽，古今一度也。

人家不信我，我亦不信人，乃因双方互信不足。

要"毋亿"，"闲邪存其诚"（《易经·乾卦·文言》），不在善察，而在存己诚，"诚则明，明则诚"（《中庸》）。

得好好修炼成贤人。自觉了，才能觉人，先觉觉后觉。

33. 微生亩（鲁国隐士）谓（评）孔子曰："丘（读某，避讳。盖其为孔子前辈，故直呼其名）何为是栖栖（席不暇暖）者与？无乃为佞（显己是说客，有口才）乎？"孔子曰："非敢为佞也，疾（讨厌）固也。"

微生亩疑孔子栖栖遑遑，但以口才游说时君。

"固"：一、固陋，要开其茅塞。二、固守不变通，要"毋固"（《子罕》）。

孔子说，他之所以到处跑，是因为讨厌为政固陋，不进步、不了解时。当政者固陋，政治必多病。

34. 子曰："骥（良马，千里马）不称（称赞）其力，称其德（行千里之德）也。"

不是看事功，而是看动机之德。

势力、实力，一旦过去就没了。德为要，以德立人。社会事亦如是。

岳飞《良马对》：帝问岳飞曰："卿得良马否？"对曰："臣有二马，日啖刍豆数斗，饮泉一斛，然非精洁即不受；介而驰，初不甚急，比行百里，始奋迅，自午至酉，犹可两百里，褫鞍甲而不息不汗，若无事然。此其受大而不苟取，力裕而不求逞，致远之材也。不幸相继以死。今所乘者，日不过数升，而秣不择粟，饮不择泉，揽辔未安，踊跃疾驱，甫百里，力竭汗喘，殆欲毙然。此其寡取易盈，好逞易穷，驽钝之材也。"帝称善。

35. 或曰："以德报（复，答）怨，何如？"子曰："何以报德？以直报怨，以德报德。"

"人之生也直"（《雍也》），"直在其中矣"（《述而》），"长善，救其失"（《礼记·学记》），要自根上来，"以善服人者，未有能服人者也；以善养人，然后能服天下。"（《孟子·离娄下》）。

"举善而教不能，则劝（劝勉向善）"，"举直错（教育）诸枉，能使枉者直"，遏恶扬善，得有多大的德行，才能使枉者直。

"以直报怨"，不记仇，还把你教好，能使怨者直，则天下就无怨。用教育感化，化解怨，使之无怨，然后能服天下。

36. 子曰："莫（没有人）我知（知我）也夫（音 fú）。"子贡曰："何为其莫知子也（邪）？"子曰："不怨天，不尤人，下学而上达。知我者，其天乎！"

《论语说义七》：此孔子自言修《春秋》之志也。《春秋》笔则笔，削则削，子夏之徒不能赞一辞。

《论语说义七》：能知天，斯不怨天；能知人，斯不尤人。

夫子故意自惑，说"没有人知我"。

"知我者，其惟《春秋》乎！罪我者，其惟《春秋》乎！"（《孟子·滕文公下》）

子贡怪而问之。

每个人都有"怨天尤人"这种毛病。"正己而不求于人，则无怨。上不怨天，下不尤人"，"失诸正鹄，反求诸其身"（《中庸》）。

"下学"，自一二三开始学，自根、元学，自善人（率性）往上；"上达"，最后上达天德，"大人者，与天地合其德"。

"知我者，其天乎"，与天地合德了，故天能了解。

《论语说义七》：能知天知人，乃能明天人之际。际者，上下之间也。《春秋》二百四十二年之中，人事浃，王道备，治太平，以上应天命，斯为下学人事，上知天命也。

37. 公伯寮（鲁人）愬（诉，讲坏话）子路于季孙。子服景伯（传

闲话的祖师）**以告，曰："夫子**（季孙）**固有惑志**（信谗）**于公伯寮，吾力犹能肆诸市朝**（杀他，陈其尸于市）**。"**

此时子路为季孙家臣。公伯寮对季孙说子路将不利于季氏。

子服景伯传闲话，说季孙信公伯寮之谗言，自己能使季孙不听他的话，而且能杀了他。

子曰："道（大道）**之将行也与，命**（天命）**也；道之将废也与，命也。公伯寮其如命何？"**

道之将行、将废，命也。听天命，尽人事。一事之成败，非人力能完全为之。

"公伯寮其如命何""桓魋其如予何""匡人如予何"，多相似！

"知我者，其天乎"，"在天曰命"，"不知命，无以为君子也"（《尧曰》）。为己之所当为，别人肯定与否，不必在乎。

38. 子曰："贤者（自贤其贤者）**辟**（避）**世**（隐居不仕），**其次辟地**（避乱国），**其次辟色**（礼貌渐衰则去），**其次辟言**（顾左右而言他则去）**。"**

此为"自贤其贤"者，是闲着没事干。

孔子"知其不可为而为之"（《宪问》），不可能如此。

39. 子曰："作者七人矣。"

一、是另一章，不知所指。

二、说前面这种人，已有七人（如"竹林七贤"之类）。

40. **子路宿于石门。晨门**（掌管城门开闭者）**曰："奚自？"子路曰："自孔氏。"曰："是知其不可而为之者与？"**

"石门"，鲁城外门。

管城门的问："从哪儿来的？"

子路答："从孔家来的。"

"是知其不可而为之与"可见时人莫不知孔子不得志于世。

"知其不可而为之"，此为儒家的真精神，乃是人生的责任。知此，就不会失望，才是人生。

41. **子击磬于卫。有荷**（动词，负）**蒉**（草器）**而过**（经过）**孔氏之门者，曰："有心哉**（有心事啊），**击磬乎！"既而**（一会儿）**曰："鄙哉**（多事），**硁硁**（石声，形容人如石般顽固）**乎！莫己知也，斯已**（止）**而已矣。'深则厉**（以衣涉水），**浅则揭**（音qì，揭衣而过）**。'**（《诗·邶风·匏有苦叶》'匏有苦叶，济有深涉。深则厉，浅则揭'）**"子曰："果哉**（真是那样吗）**！末**（无）**之难矣。"**

《说文》称："磬，乐石也。"磬，用玉石做的声音愈好。

孔颖达说："泗滨，泗水之滨。石在水旁，似石水上浮然。此石可以为磬，故谓之泗滨浮磬也。"

1978年，山东滕州的战国墓，出土了一套13枚的编磬，有11枚完好无损，敲击时发出美妙的声音。山东音乐教授杨浚滋对编磬的制作石料，查找了大量的古籍文献，发现徐州贡品之一为泗滨浮磬。杨先生走遍泗水流域，寻觅泗水浮石，并修复已损坏的两枚编磬，恢复古编磬的完整性。

昔日读书人案上，除文房四宝之外，有磬，吟诗时击磬。此不同于佛教的磬。

　　诗，有平仄。古文，有一定的调。唱诗歌，击磬，以之作为消遣。

　　昔作诗，对对子，"游于艺"。今人忙，但无一事使人舒畅，就没有人气。小孩读书，没有感受到人的尊严；不懂得有尊严，当然就无不为矣！

　　古人懂琴音，知音如伯牙与钟子期，知音一死，不复鼓琴。要知音，心得多静，得下过多少的功夫。人都似是而非，真知不易，是修为。我不懂琴，喜听京戏。自己不能，不能说别人都不能。

　　"有心哉，击磬乎"，有心人才懂有心人呀！

　　"莫己知也"，根本不了解自己；"斯已而已矣"，那就算了！

　　"深则厉，浅则揭"，涉水，当视水之深浅不同，方法有别。

　　荷蒉者要孔子看环境做事。滑头！如同今天拿绿卡的，净说风凉话！

　　孔子说："真有那么简单吗？那有什么难，人人皆能！"

　　孔子"守死善道"，"知其不可为而为之"，是何等的精神！

42. 子张曰："《书》（《尚书》）**云：'高宗**（商王武丁）**谅**（信也）**阴**（默也），**三年不言。'何谓也？"子曰："何必高宗，古之人**（古之为君者）**皆然。君**（王）**薨**（诸侯死），**百官总己**（总理己事）**以听**（听令）**于冢宰**（宰相），**三年。"**

　　"谅阴"（音"梁暗"），取义于信默。"爱敬尽于事亲，而德教加于百姓"（《孝经·天子章》），王者守孝，三年不言政事。

昔日国君守孝时，由宰相代行职务，大小事听其调度；丧毕，然后自己听政。

43. 子曰："上好礼，则民（百姓）易使（客气，易支使，为国家服务）也。"

上好下甚。"君使臣以礼，臣事君以忠。"

44. 子路问君子。子曰："修己以敬。"

"修己以敬"，"主敬立人极"，恭己，有慎独功夫；敬业，重己责任。欲为人上人，必敬以修己，敬事能信。

人一天能不说一句假话，就差不多了：以此衡量自己。

曰："如斯而已乎？"曰："修己以安人（官吏）。修己以安百姓，尧舜其犹病（难）诸（'之乎'之合音）！"

"修己以安人"，近乎仁者。

曰："如斯而已乎？"曰："修己以安百姓。"

"修己以安百姓"，博施济众，使百姓都安居乐业了。

"如有博施于民而能济众，何如？可谓仁乎？""何事于仁，必也圣乎！尧舜其犹病诸。"（《雍也》）

《尚书·皋陶谟》："在知人，在安民。"尧舜犹未能做到这个境界。

45. 原壤（鲁人，孔子故友）夷（箕踞）俟（等待）。子曰："幼

而不孙弟（逊悌），长而无述（称道）焉，老而不死是为贼（害，不会有好的影响）！"以杖叩（敲）其胫（脚胫）。

《礼记·檀弓下》：孔子之故人曰原壤，其母死，夫子助之沐椁。原壤登木曰："久矣！予之不托于音也。"歌曰："狸首之斑然，执女手之卷然。"夫子为弗闻（装没听见）也者而过（走开）之，从者曰："子未可以已乎？"夫子曰："丘闻之：亲者毋失其为亲也，故者（老相识）毋失其为故也。"

孔子的老朋友原壤蹲着等待孔子。

此章记孔子对老朋友开骂"三字经"。

原壤母死，不哭而歌。孔子骂他"幼而不逊弟"；"长而无述焉"，年纪大，无可述；而"老不死是为贼"，老不死，败常害俗！

还用手杖敲老朋友的小腿，何等轻佻！

《礼记·王制》：五十杖于家，六十杖于乡，七十杖于国，八十杖于朝。

可见圣人是和常人一样地活泼，不要自迷！"何以异于人哉？尧舜与人同耳"（《孟子·离娄下》）。

46. 阙党（党名，如今某里）**童子将命**（跑腿。可观少长之序，习揖让之容）**。或问之曰："益**（进步）**者与？"子曰："吾见其居于位**（长者座位）**也，见其与先生并行也；非求益者也，欲速成者也。"**

此为乡里之学。

《荀子·儒效》：仲尼居于阙党。阙党之子弟罔不分，有亲者取多，孝弟以化之也。

将此章与孔子所谓"犁牛之子骍且角"，对互乡童子"与其进，不与其退"，互相印证，即可见孔子"有教无类"的深意。

今天应提出孔子真正思想之所在，而不是索隐行怪。

阙党童子跑腿。有人就问了，说："这小子有进步吗？"

说："见他坐着长者之位，未居于学之位；出与先生并行，成平辈了。他很快就是小老头了！"玩笑开得好。

仍和阙党童子一般，显见这小孩并没有多大的进步。

以前与长辈同行时，必错一肩。必要有修为，如居于位、并行，欲速成，最后一无所成。

人之所以会自用、自专，乃因为接触少。你们自以为聪明，其实什么也没有想到。不要自用、自专，要集思广益。

《四书》是处世、为人的思维，永远用得上。领导后辈是你们的责任。每天的想和做必得有所为，讲过的就得用上，如"书为书，尔为尔"，焉能有用？读书在改变自己的器质，要将所学能用在生活上。

我天天喊，但也没有喊出你们的智慧。你们要自求多福，自己的问题，要自己解决，绝对不可以假手他人，否则，你们何时被出卖了，都不知。

做事业，必要有创业之智，这不是可以教出的。要主动做事，才能创业。我不告诉人怎么做，而是看他怎么做。什么都为你们预备好了，但无一人有脑子可以做。你说正经事，他却扯闲，什么事也不懂。就是过桥，也必得有过桥的智慧。有学历，没学力，没有用。

我在台五十年，对台湾总是有感情，却是一事无成！留个种子，替同学发挥作用。书院仍应继续讲学，两下照应。

大德之人公而无私，哪来的欲？天，"生而不有，为而不恃"。有善人、君子、贤人、圣人、大人，而今人却以糟蹋别人为乐。台湾人易冲动，做事往往感情用事，没有智慧可言。人不冷静能够成事？

知识分子要怎么安民、自求多福？正是到门前的一脚，卖国贼的梦是不会实现的。老渔夫架小舟，顺着海浪，不沉不翻。一叶扁舟，不但不翻舟，还要保小鱼。

组织就是力量，团体就有影响力。有力量，人家就重视，怎么可以束手无策？"处变不惊，戒急用忍"，现在可以用上。要面对问题，不可以逃避。自我陶醉，夜里走路打口哨，不过壮胆罢了！

学习面对问题，自己也可以有问题，要斗智，最后达"双贵"："贵通天下之志"，"贵除天下之患"。不是双赢。说"什么都不怕"，就怕你不知道怕。

我讲《孙子》，为不战而胜；讲《人物志》，在求知人。

说容易，不一定经过大脑。有实际的东西可以谈，也可以喊口号，斗斗嘴。要知敌，要多看外国杂志，必要有情报来源，才可以判断事情。

我花九年的时间，得了三个北大博士：一学法、一学文、一学经济；另有一女，在北京中医药大学学医。预备人才，要有横的关系，是学长、学弟。今年同学去考试的多，考上就达到目的了。

天下哪有容易的事？必得闯关，要做事业要先预备人才。做事必要有计划，百事非才、财莫举，以前者为难。没有人才，能够做事？才难！所以，要先预备人才，再做事。我要好心强，必要北大的。

做事要有企划，不是喊口号。要有步骤，连当小偷都要先预备好工具、找路线，有多麻烦，何况是治国平天下？大家必要合作，要有群德。如果书院都不能一家，还讲什么天下一家？

自基本着手，真明白《大学》了，就能够治天下，是一个原则。领导人在掌握原则，下面有许多专家。就怕什么也不懂，却又专权，又玩又管事。

明成祖假借"清君侧"之名，篡位、迁都。清顺治帝如无出家，何以太皇太后要上五台山，某年之后就不上五台山了？可能已经圆寂了。其中有一庙的设备，如同皇宫。许多事要按常理推。都是人，就按人性推。顺着人性去做事，就是道。

一个初中生生小孩，是偶发事件，就要在课堂上教学生如何使用保险套。一件偶发事件，却要所有学生学使用保险套；夫子惑，应找专家问一问，此一做法到底对不对。如是不对，应要有反映。

我没做的事绝不说，做了再说。做事要有胆，为民先锋，探路子。我读书当作方法论，用现在话说出。读完书，要学会用脑，活用之。做事要能左右逢源，必要有横、有纵的关系。做事有层次，本立而道生，人才是本。

人必要有远见，我要造就有先时的"龙的传人"，不是领袖。领袖不一定对人类有贡献，有先时智慧者，绝对会为人类谋幸福。

我有平民秘方，做药要真能治病。做人参，完全是培植的，没有农药。祖宗的智慧宝贵，必要脚踏实地做，不可以自欺欺人。

人并不是万能的，但是可以发挥万能的作用。不明白的地方要找人，不但要有关系，而且牌子要正。从高处看远，有资格找高手，学术亦然！

学法，可以不吃亏；财经，投资；文科，书院。都不是外行能做的，都有一定的步骤。学法、财经、文科三合一，每方面都有代表人。

人只要心专，天下无不成的事。自己要努力，要脚踏实地，实事求是，一步一脚印，才能捷足先登。没有打不开的关口，求之于己，不要靠人际关系。

人往高处爬，要求真好。为了发挥作用，必要往第一流挤。都有一定的步骤，心诚求之，虽不中，亦不远矣！我"要人"有方。

记住：来日方长。不要看现在，什么都得变，但自己的"能"永不变，要求不变的。

为了未来的前途，永远不要和大陆分开，你们要好好开路，往前走，把路放宽。大陆用人才的地方多，发展的机会大。牌子正，做事容易；有行家，可以指导。

年轻人可以闯，要往前跑，千万不要画地自限。小孙女平均一百分，很聪明，证明台人智慧并不低，是可以走出去的。

强国必得先强民，强民得有医药，中医药值得发扬，我又有秘方。我心地好，能不活得长？一步步来，我即使现在倒下了，同学也有路子可以走。做事不是盲目的，要做完了再说。年轻人总要海阔天空！财不难，而是才难。我培养人，使人有信心。取信于人，并不是搞嘴说的。

我找不错的同学，相信他会替别人服务。如果造就一个自私鬼，那就完了！

医药是给有生命的使用，没有界线。人必要有所为，要懂得合作，彼此建立互信。团体清一色，是为发挥作用。如一开始有戒心，又如何谈事？

做一事很麻烦，成就少，乃因为各为其利，没有人愿意牺牲。学什么不难，而是下真功夫难，熟才能生巧。做事，说千道万，不如实际东西一一摆着。说多了，超出自己的行为，没有用。

2000 年后，同学到大陆读书的会更多。有良知，慢慢一点一点培养。

名称、宗旨都三个阶段：王道之始、王道正直、王道荡荡。据乱世、升平世、太平世。

做事，得了解动机之德。什么动机，自己知。下学而上达，善人往上，最后与天地合其德。

中国人管中国事，必要用中国方法。中国管好了，世界就有望，将来中国是一条猛龙。

得往"公"的路子走，则愈走愈合民心。历史上各朝代，最后都因为私心加重、德能日低，而覆亡了。智日弱、德日衰，愈无能的愈把持。

学科技到西方，但政术必得是中国。

政客不但没有贡献，绝对是败事的根苗。必须拒政客于团体之外，一粒老鼠屎坏了一锅粥，好事都归他们、坏事都推给别人。我拒绝一切有背景的人。

什么事都不可以感情用事，都得过去！

水到渠成，强求都不行，瓜熟蒂自落。要善用智慧解决问题，每个人都有责任。世事一盘棋，就看如何落子。怎么布局、摆棋子？空局不必谈。

好好培智，还要善用智慧。智慧失中，就是有些地方太过，而有些地方又不及，冷热不均。事情发生了，愈要冷静，要养精蓄锐，作长期的抗战，一步都不错，才能反败为胜。没有发生，得防备之。作战，先抢滩头堡。第一次给价，得不能低，是一流的。下棋，先摆棋眼。你们差得远，光有野望。

现代人浪费时间的地方太多，读书虽多，但"学而不思则罔"。

做事业，要将环境弄清楚才能做。时局弄清楚后，才决定自己要做什么。想读经，有那个定力？我至少在屋中坐五十年。了解时代，才知道要如何做，一般人皆随波逐流，毫无目标，故一百五十年来未出学人。虽成事，但离成功很远。在乱世中如无定力，能有真实东西？

现在社会上稍有野心者，皆如老鼠想找个洞钻出去。人到临死之际，会有许多遗憾，感到自己一事无成。

不可以盲人瞎马，非常人得处非常事。许多事，要冷静思考再去做，真有成就了，便是非常人。有远见，就能安。大家乱时，你能静下来读书。等乱世安定了，他们才想读书，已经来不及了。安定下来才想做事，岂不是晚了一步？"识时"二字诚非虚语。思想先时者，等到时至，他便有成就了。熊十力便是这一百五十年中"先时"的人物，前几年一安定，他便成为祖师爷了。

有先时之智者，早知结局如何，早做准备了。外面风浪再大，若你有禅定的功夫，一样看得清清楚楚。

坏人绝不做错事，坏人皆有超人之智。大家皆知司马懿坏，但最后三国都被他吃光了，诸葛亮最后也得亡国。坏人都当了皇帝，好人便得扫马路。所以有想法容易，但有做法却很难。想出门，得先"知路"。不是世事难，而是你想通难。

时风与世风不同，人生做人最难。官场犹如走马灯，主政者心乱如麻，就是花如此地挪动，也挪死了，何况是人？有无限的野望，却只剩有限的时光，所以心就乱了，怎能不心乱如麻？

在风不平、浪不静时，得有定力，对事如了解深，便旁观者清，自己干自己的。如等风平浪静了，才想干事业，那就已经来不及了。领袖，不是上课造就的，乃是天生的。

常规，即"经"；应变，即"权"。外面乱不乱，不重要，就看你自己乱不乱。今人如老鼠到处打洞，证明其彷徨无主。君子"素其位而行，不务乎其外"，按本分做事，不管别人的乱七八糟。

治天下得用智慧，《论语》真读明白了，一章便可以治天下。

人要每天训练自己，我每天读《坛经》。"有始有卒"就有结果，有结果便是成功。人的精力有限，要知道重点在哪里，才知自己要如何做。

有抱负固然了不得，但程度不足，结果输了。一件事做完，必得看有多少人接受、肯定。不投机，才是永恒的。投机，时过便没有了。

不要看外面乱，心中跟着不定。动荡不安之际，才需要知识分子作为社会的安定力。现在台之乱，乃知识分子不能尽其责。"纷纷纭纭，斗乱而不可乱"（《孙子兵法·势篇》），世愈乱，自己得愈不乱。

做任何事，不可以有功利心，否则必作伪。想台湾安定很简单，这要到时做才有用。同一件事，不同人做，运用的皆不同。世路人情皆学问，虽在书中找不到，但其道理、精神，皆可在书中找到。故要读活书，做活学问。

基础没有打好，才有浮萍式的世风。人第一个学，即吃奶，自最基础的开始。不是生来怎样，皆脚踏实地下"卑、迩"的功夫，不要轻忽刚开始的学。

卫灵公第十五

文章清新之美，莫过于"新民体"——《饮冰室全集》，梁启超（1873—1929）亦立言，而今安在哉？

想传下，得如孔子，谁也打不住。都是人，要好好下功夫。有山东夫子、山西夫子，你们何不做瀛洲夫子（清时，福建漳州、泉州人士对台湾惯称"瀛洲"）？

我有六千弟子，你们何不好好努力？何以不知自求自得？万物皆备于我，但也必须自求才能自得。喜研究思想的，看历代思想家有多少，必得求。如一本书也没看，当然得不到了。

有无尽的宝藏，入宝山绝不可空手回。一无所得，于生活半点关系也没有，结果发生了惊动社会的事件。要怎么办？教书的如再不自愧，真是哀莫大于心死。

牧师都离婚了，那牧谁？感化谁？受戒的和尚，开了荤。掌教者皆不知耻，哀莫大于不知耻，真不知明年又变成什么样了。

好好学外国语，吸收世界知识。今天已经不是关门做皇帝的时代了！

1. 卫灵公问陈（阵，战事）**于孔子。孔子对曰："俎豆**（礼器，指祭祀）**之事，则尝闻**（知）**之矣。军旅**（一军，一万二千五百人；一旅，五百人）**之事，未之学也。"明日遂行。**

"俎豆之事"，指祭祀之事。古时祭政合一。

"军旅之事"，指战争；"未之学也"，耻伐国之事。

孔子反对战争，主张以礼治国，故答："战争的事，没有学过。"

《资治通鉴》有多少一流学人参与其事，其中以政与军为要。柏某是书呆子，既不懂政也不懂军，能够翻译？外行人没法做内行事。

此孔子为人之道。他看我不是好人，才问我战争的事。于是离卫。

《史记·孔子世家》：灵公问兵陈。孔子曰："俎豆之事则尝闻之，军旅之事未之学也。"明日，与孔子语，见飞雁，仰视之，色不在孔子。孔子遂行，复如陈。

2. 在陈绝粮（粮食断绝）**。从者**（跟从孔子的弟子）**病，莫能兴**（站起）**。**

《论语述何》：孟子曰："君子之厄于陈蔡之间，无上下之交也。"去卫已久，故绝粮。

孔子虽有抱负，但也到处碰壁。

学生饿得疲惫不堪，站都站不起来。

子路愠见（音xiàn）**曰："君子亦有穷**（穷途末路）**乎？"子曰："君子固穷，小人穷斯滥**（溢出做人的范围）**矣。"**

学生饿得爬去见老师，有愠色，问："君子也有穷困吗？"讪上，吃长辈的豆腐，小家伙饿肚子，就不义了。

答："君子固穷，小人穷斯滥矣！"圣人骂人不见血！

"君子固穷"，"困而不失其所亨"（《易经·困卦·象传》曰："困而不失其所亨，其惟君子乎"）。"小人穷斯滥矣"，"小人贫斯约，富斯骄；约斯盗，骄斯乱"（《礼记·坊记》）。

孔子挨饿依然挺，不同在此。子路只好再爬回去，等着挨饿了。

人和人都差不多，成就在其修养。人到没有成德时，就是常人。情与性合了，才能有成就。

《史记·孔子世家》：孔子知弟子有愠心，乃召子路而问曰："《诗》云'匪兕匪虎，率彼旷野'。吾道非邪？吾何为于此？"子路曰："意者吾未仁邪？人之不我信也。意者吾未知邪？人之不我行也。"孔子曰："有是乎！由，譬使仁者而必信，安有伯夷、叔齐？使知者而必行，安有王子比干？"

子路出，子贡入见。孔子曰："赐，《诗》云'匪兕匪虎，率彼旷野'。吾道非邪？吾何为于此？"子贡曰："夫子之道至大也，故天下莫能容夫子。夫子盖少贬焉？"孔子曰："赐，良农能稼而不能为穑，良工能巧而不能为顺。君子能修其道，纲而纪之，统而理之，而不能为容。今尔不修尔道而求为容。赐，而志不远矣！”

子贡出，颜回入见。孔子曰：“回，《诗》云‘匪兕匪虎，率彼旷野’。吾道非邪？吾何为于此？”颜回曰：“夫子之道至大，故天下莫能容。虽然，夫子推而行之，不容何病，不容然后见君子！夫道之不修也，是吾丑也。夫道既已大修而不用，是有国者之丑也。不容何病，不容然后见君子！”孔子欣然而笑曰：“有是哉颜氏之子！使尔多财，吾为尔宰。”

3. 子曰："赐（子贡名）**也，女**（汝，你）**以予**（我）**为多学而识**（音 zhì，心会神通，了悟在心）**之者与？" 对曰："然**（是）**，非与**（不对吗）**？" 曰："非也，予一以贯之。"**

《史记·孔子世家》：子贡色作。孔子曰："赐，尔以予为多学而识之者与？"曰："然。非与？"孔子曰："非也。予一以贯之。"

《经学卮言》：子贡正专事于识者，故始而然之。但见夫子发问之意，似为不然，故有"非与"之请。

极为传神，白话！

"一以贯之"有二解：

一、以一贯之。一者，元也，"元者，善之长也"，"君子体仁，足以长人"。

二、传统以一为仁，行以贯之。仁者爱人，仁者无不爱。

4. 子曰："由（子路名）**！知德**（成德）**者鲜矣。"**

"德"，行为的结晶，行之得于心者，行为与良知相合。

"知德者鲜矣"，骂人的话！一般人说一，做另一。

5. 子曰："无为而治者，其舜也与？夫何为哉？恭己正南面而已矣。"

无为而治者太少了，故只举舜为例。

无所为而为，顺自然也。大舜成功，完全在顺自然而治天下。"道不远人，人之为道而远人"，格格不入。

《大戴礼记·主言篇》：昔者舜左禹而右皋陶，不下席而天下治。

《新序·杂事四》：故王者劳于求人，佚于得贤。舜举众贤在位，垂衣裳恭己无为而天下治。

"恭己"，"恭"，不懈于位，在己位必谋其政，绝不懈怠。《中庸》"君子笃恭而天下平"。

现在的母亲多半是"闲妻凉母"。

"正南面"，昔日南面而治，尽到为君之责。尽己本分做事，尽责。

今天乱，乃是有为而乱，天天动心眼。看一人之卑鄙！连小孩做事都有为，他朝你一笑便有所为（求），表现出媚态。这到底是人性，还是人情？但有所为，也未必是坏事。无为、顺自然，太难了！有为，人性和人情，就看你如何诠释、如何用了。

有为而治，未必能达到目的。偷鸡不着蚀把米，有为而治者，成功了吗？他们做任何事，都有目的。

自人的一举一动，即可见其有无智慧。不能光有想法，而没有做法。知识分子既能知，又能识时、势、机，便可以投入。

这几年台湾得癌症的增加两倍，每四人中就有一人得，此与喝饮料很有关系，矿泉水也不干净。

一失足则成千古恨，要"思不出其位"，"不务乎其外"。

6. 子张问行。子曰："言忠信，行笃（诚实）敬（敬事），虽蛮貊（音 mò，喻未开化地）之邦行矣！言不忠信，行不笃敬，虽州（二千五百家为州）里（五家为邻，五邻为里）行乎哉（言不可行）？立则见其参（平视）于前（眼前）也，在舆则见其倚于衡（轼）也，夫然后行。"子张书（写）诸（之于）绅（衣带）。

得"言忠信，行笃敬"。今天成功者少，因皆竞骗。

种瓜得瓜，种豆得豆。世事没神话，有一定的公式，不会有多少奇迹出现。

不论是处于造次或是在颠沛之中，皆见到"言忠信，行笃敬"。

"夫然后行"，要这样，然后行得通。

不可以净用自己的利益衡量利害，这叫作"忠信"。

子张听了之后，写在衣带上，便于随时看到。

仕绅，当官的退休，不再穿官服，但佩绅，即大带。自"绅"，可看出其人之身份地位，此制度值得保留。日本犹有此风，守中国礼，朝鲜也是。

7. 子曰："直（正直）哉史鱼！邦有道，如矢（直）；邦无道如矢。"

《韩诗外传》：卫大夫史鱼病且死，谓其子曰："我数言蘧伯玉之贤而不能进，弥子瑕不肖而不能退。为人臣，生不能进贤而退不肖，死不当治丧正堂，殡我于室，足矣。"卫君问其故，子以父言闻，君造然召蘧伯玉而贵之，而退弥子瑕，从殡于正堂，成礼而后去。生以身谏，死以尸谏，可谓直矣。

"直哉史鱼"，"人之生也直"，不论邦有道或是无道，皆直道行事。

"君子（有德）**哉蘧伯玉！邦有道，则仕；邦无道，则可卷而怀之**（如画卷可卷而怀藏，喻滑头）**。"**

"君子哉蘧伯玉"，识时务者为俊杰，知所进退。

与其投机，不如设机，叫人来投机，此便是真知、识时。

行家也受骗。如张之洞好古玩，有人送汉瓦，他留下。请同好鉴赏，做假的也在受邀之内。大家都说是真的，此人拿过弄成两半，证明是假的，是他伪造的，目的在骗过行家，证明自己是高手。

雕玉石，有高深的技术。雕砖，很高的功夫，因其质松不易雕。

8. **子曰："可与言**（讲道，启示）**而不与之言，失人**（失人才。但还不直接受害）**；不可与言而与之言**（说深刻的话）**，失言**（马上受害）**。知**（智）**者不失人，亦不失言。"**

"不失人，亦不失言"，见该说的人就说，不应说的人就不说。

"礼恭，而后可与言道之方；辞顺，而后可与言道之理；色从，而后可与言道之致。"（《荀子·劝学》）"惟君子然后能贵其言，贵

其色，小人能乎哉？"（《中论·贵言》）

9. 子曰："志士仁人，无求生以害仁，有杀身以成仁（仁者爱人，关心别人）**。"**

"志士不忘在沟壑"（《孟子·滕文公下》），无求生而忘本，有舍生取义。

10. 子贡问为（行）**仁。子曰："工欲善其事，必先利**（同厉）**其器**（工具）**。居是邦也，事**（师事）**其大夫之贤者，友**（结交）**其士之仁**（以友辅仁）**者。"**

《论语正义》：所事所友，皆己德行之助，可资以砥砺，故宜慎选之也。

行仁的含义甚广，尚（上）友古人。

"工欲善其事，必先利其器"，工以利器为用，人以贤友为助。自己能了，才能吃最高的饭，不必求人。

"见贤思齐"，切磋琢磨，"以友辅仁"。

人要过智慧生活，则痛苦少。因为人都自私，自己要得到的，必要合乎标准。重理智，则错误少。一失足成千古恨，身当其事者，才知其痛苦。

11. 颜渊问为（治）**邦。子曰："行夏之时**（夏历）**，乘殷之辂**（音lù，车）**，服周之冕**（礼冠）**，乐则《韶舞》**（虞舜之乐）**。"**

此为"通三统"，因而不失其新。"质文再而复，正朔三而改"

（《白虎通·三正》），故《春秋》损文而用忠，变文而从质。忠、质、文，"三王之道若循环，终则复始"（《史记·二祖本纪》），穷则反本。

"行夏之时"，"夏，中国人也"。夏时，夏历，乃中国的历法，自尧开始，尧之历，与自然环境之运很相合。

"乐则《韶舞》"，舜的乐，"《箫韶》九成，凤皇来仪，百兽率舞，百官信谐"（《史记·夏本纪》）。

孔子并不守旧，"夏历、殷车、周冕、韶乐"，为邦什么合适、合时，便是什么。过时的不要，没用的也不要。"损益盈虚，与时偕行"。

《吕氏春秋·察今》：故治国无法则乱，守法而弗变则悖。悖乱不可以持国，世易时移，变法宜矣。譬之若良医，病万变，药亦万变，病变而药弗变，向之寿民，今为殇子矣。

放（禁绝）**郑声，远**（音 yuàn）**佞人。郑声淫**（过分），**佞人殆**（不能成德）。

"郑"，在今河南，是殷商故地。"郑声"，乃殷亡国后之旧调，称"声"不称"乐"。

"郑声淫"，并不是说郑声淫乱，而是郑声乃亡国之雅乐；"放郑声"，"恶郑声之乱雅乐"，惧其乱今之雅乐也。

"远佞人"，因"佞人殆"，佞人绝不能成德，"人无言，便是德"。"仁者，其言也讱"，"为之难，言之得无讱乎"，"恶利口之覆邦家"。有些人知识高、口才好，你便用他？人的劣根性，皆喜人在你面前戴高帽。

12. 子曰："人无远（久远）虑，必有近忧（眼前会出事）。"

人无远虑，难以成事；见近利，则大事不成。

事情有一利就有一弊，利弊之中，如何处理得合适很重要。

《荀子·仲尼》：知者之举事也，满则虑嗛，平则虑险，安则虑危，曲重其豫，犹恐及其祸，是以百举而不陷也。

《易·既济》称："君子以思患而豫防之。"《孟子·离娄下》云："君子有终身之忧，无一朝之患也。"

13. 子曰："已（止）矣乎！吾未见好（音hào，喜爱）德如好色者也。"

"未见"，感慨之！

常人皆见色未见德，所以圣人要人"贤贤易色"（《学而》）。

和尚出家，天天读诗，想做诗僧，也是好色。

14. 子曰："臧文仲（鲁大夫）其窃位（私据其位）者与？知柳下惠（鲁贤人，展禽）之贤，而不与立也。"

臧文仲，姬姓，臧氏，名辰，谥文。曾祖父臧僖伯，其父伯氏瓶。在鲁庄公、鲁僖公、鲁文公时代鲁著名的贤大夫，废除关卡，以利通商。

《论语述何》：在鲁言鲁，前乎夫子，而圣与仁柳下惠一人而已。文仲忌而不举，罪与三家者同。

知贤者而不能用贤，乃光知其一不知其二。尸位素餐，妨贤病国，莫此为甚。

有地位者，最重要的是荐贤给朝廷。

15. 子曰："躬自厚（本身责之重）而薄责于人（对人责之轻），则远（音 yuàn，远离）怨矣。"

《论语述何》：《春秋》详内小恶，略外小恶之义。

"身"与"躬"有何不同？"身"，象人之身，人的躯干。身体、长一身有半。"躬"，弓身者，曲之会意也。躬身、躬行、直躬。《易·艮》："艮其身，止诸躬也。"

对人，不要求全责备，要"以人治人，改而止"（《中庸》）。

《春秋繁露·仁义法》：以仁治人，义治我，"躬自厚而薄责于外"，此之谓也……故自称其恶谓之情，称人之恶谓之贼；求诸己谓之厚，求诸人谓之薄；自责以备谓之明，责人以备谓之惑。

其实，对别人也没有必要责备。

16. 子曰："不曰'如之何如之何'者，吾末（莫）如之何也已矣。"

懂得"如之何如之何"了，才知道用脑子想。遇事，不要大而化之，不去想。

《春秋繁露·执贽》：子曰"人而不曰'如之何如之何'者，吾末如之何也矣"，故匿病者不得良医，羞问者圣人去之，以为远功而近有灾。

人都有软弱处，应用智慧去弥补，铜墙铁壁也是锻炼出来的。

17. 子曰："群居（共居）终日，言不及义（宜），好（音 hào，喜欢）行小慧（小聪明），难矣（难以成人）哉！"

《论语正义》：夫子言人群居，当以善道相切磋，不可以非义、小慧相诱引也。

专耍小聪明的，难以成人！

18. 子曰："君子义（宜）以为质（本），礼以行之，孙（逊，谦逊）以出（说出）之，信以成（处理）之。君子哉！"

以义为本，以礼行之，谦逊说出，人无信不立。
"君子"，成德之人！
一般人光知学，而不知行。今人之短，即博学不行。

19. 子曰："君子病（担心）无能焉，不病人之不己知（知己）也。"

担心自己无能，"求为可知也"，此指好的说。
"不患人之不己知，患其（己）不能也。"（《宪问》）

20. 子曰："君子疾（怕）没（殁）世而名不称（音 chèng，名实不相副）焉。"

此为孔子作《春秋》时语。

《史记·孔子世家》：子曰："弗乎弗乎，君子病没世而名不称焉。吾道不行矣，吾何以自见于后世哉？"乃因史记作《春秋》，上至隐公，下讫哀公十四年，十二公。据鲁，亲（新）周，故殷，运之三代。

名实不相称。颜回父亲将颜回厚葬，孔子反对即同此意。

朱子引范氏曰："君子学以为己，不求人知；然没世而名不称焉，则无为善之实可知矣。"这句话不知害死多少人，许多读书人乃成"千古文章，千古贼"。

21. 子曰："君子求诸（之于）己，小人求诸人。"

"君子素其（己）位而行，不愿（务）乎其外"（《中庸》），"君子有诸己而后求诸人"（《大学》）。

"古之学者为己"，君子求自己的毛病，小人则专看别人的毛病。

22. 子曰："君子矜（庄以持己）而不争，群（和以处众）而不党（党同伐异）。"

《论语正义》：矜易于争，群易于党，故君子绝之。

"君子而矜不争"，不争，要争最大的，好狗不露齿，方能为"群之首"。君，群之首。

"群而不党"，"鸟兽不可与同群"（《微子》）。吃饭集团，美其名曰党，"君子不党"（《卫灵公》），不党同伐异。国家是每个人的，不是党的。党是个人的，党就有偏私。

23. 子曰："君子不以（因）言（说得好听）举（扬，用）人，不以人废（不用）言。"

《管子·明法解》：明主之择贤人也，言勇者试之以军，言智者试之以官。试于军而有功者则举之，试于官而事治者则用之。

"有德者，必有言；有言者，不必有德"（《宪问》）。"舜无一不取于人"，不因人废言，乃是智者。

"不因言举人，不因人废言"，守住此话，则做事必成。

24. 子贡问曰："有一言（字）而可以终身行之者乎？"子曰："其'恕'乎！己所不欲，勿施（加）于人。"

"恕"，如心，自体悟中原谅别人。

将心比心，心心相印。

25. 子曰："吾之于（对于）人也，谁毁谁誉？如有所誉者，其有所试（试验）矣。斯民（这一类人）也，三代之所以直道而行也。"

《论语述何》：《春秋》不虚美，不隐恶。褒贬予夺，悉本三代之法，无虚加之辞也。董子曰："《春秋》辨是非，是故长于治人。"

"谁毁谁誉"，不能有所偏私；必要"直道而行"，"人之生也直"，直人即真。

我的用人哲学："如有所用，必有所试；若有所试，必有所悟。"

26. 子曰："吾犹及史之阙（空）文也，有马者借人乘之。今亡（无）矣夫（表示感叹）！"

《论语述何》：史阙文，如"纪子伯""夏五"之类。今则多不知而作者矣。

《论语说义八》：夫子时，六艺之学将废，故俗多穿凿，不免自以为是也。

阙文见义，"吾犹及史之阙文也"，有许多深义。

阙文，不写，是不知，还是不敢写？"阙文"，乃微言，微而不显。阙疑，"无闻焉尔"（《春秋公羊传·隐公二年》），"知之为知，不知为不知"，不敢多写。

历史有阙文，才是信史。相信历史，是自欺，"文胜质则史"（《论语·雍也》）。越是后代的人，写史事越是详细。

"有马者借人乘之"，自己有马不能调良，当借人乘而习之。

"今无矣夫"，今天，上面两种人都没了。

27. 子曰："巧言乱德（己之行），**小**（稍）**不忍则乱大谋**（成就不了大事）**。"**

"巧言乱德"，巧言无实，乱己之行。

"小不忍则乱大谋"，事无大小，星星之火可以燎原。

有大智，想有大成就，必要有几分纳气；有气，纳而不发，即要受得住气。"燕雀安知鸿鹄志？"有"阿Q精神"，才能干下去。

自多处体悟道理，以改正自己。

28. 子曰："众恶（音 wù，讨厌）**之，必察焉；众好**（音 hào，喜好）**之，必察焉。"**

《论语正义》："或众阿党比周"，所以众好；"或其人特立不群"，所以众恶。

众人之所好、众人之所恶，必加以研究。社会人事皆如此，要研究才知其所以。

台湾人喜吃槟榔，必须研究到底有什么成分，会使人如此着迷。

以一例，触类旁通，就可以解决很多问题。

29. 子曰："人能弘（动词，弘扬）道，非道弘人。"

"弘道"：一、以行为、作风弘道；二、注意主动与被动。

人的德才能弘道，以行为、作风弘道。道，指好的，至高无上，"志于道"（《述而》）。

"成事在人"，一个人的善与恶，在其本身而不在其地位。

"苟不至德，至道不凝焉"（《中庸》）。

30. 子曰："过而不改，是谓过矣。"

贰过，才是过。颜回"不贰过"。

"过而能改，善莫大焉"。"过，则毋惮改"，但也不能频改。

31. 子曰："吾尝终日（整天）不食，终夜（整夜）不寝（睡），以思，无益，不如学也。"

"吾尝终日而思矣，不如须臾之所学也"（《荀子·劝学》），"学而不思则罔，思而不学则殆"）。感到有问题，必悟一悟，学而不思则罔。

我忙，忙着整理。我要回家了。

32. 子曰："君子谋道（行事之原则）**不谋食。耕也，馁**（餧、馁，古通，食也）**在其中矣；学也，禄在其中矣。君子忧道不忧贫。"**

"谋道不谋食"，"道"，是行事的原则、做事的大本。"谋道"，忧有无谋生之道、之德？董子说"正其谊（乂），不谋其利；明其道，不计其功"，正义，必有其利；明道，必有其功。

我讨厌读书人不明白，绕弯解释，如解"因不失其亲"，越解越不明白。

一、"馁"，饿也。二、"餧"字之讹。餧、馁古通，今相承，以餧为"餧饲"之餧，以"馁"为"饥馁"之"馁"，遂分为二。餧，食也，妈妈餧小孩，包含了多少慈意。慈，比爱重要。

"耕也，馁在其中矣"，又何必"谋食"？难的是要怎么吃这个饭。

"忧道不忧贫"，谋生存，谋济人之技术，不必谋吃饭。学一切的技术、方法，则有生活之道。

"贫"，没有钱；"穷"，没道可走则穷，没有职业。《说文》称："穷，极也，从穴。"穷途末路。

33. 子曰："知（智）**及之，仁**（人的品德）**不能守之**（守业）**；虽得之，必失之。知及之，仁能守之；不庄**（自重）**以莅**（面对）**之，则民不敬。知及之，仁能守之，庄以莅之；动之不以礼，未善**（未达善的境界）**也。"**

莫近于仁，莫急于智，"仁而不智，则爱而不别也；智而不仁，则知而不为也。故仁者所以爱人类也，智者所以除其害也"（《春秋繁露·必仁且智》）。智及之，不能以仁守之，则失民心。

"庄以莅之"，"出门如见大宾，使民如承大祭"。

"动之以礼"，"非礼勿动"，"立于礼"。礼，本为树的纹理，引申为理，天理之节文，贵乎恰到好处。如二十四节气，差一点就完了。

对什么人行什么礼，不恰到好处则成"足恭"，所以要"约之以礼"。

何以想得多办得少、有想法却没有做法？必要"日知己所无，月无忘己所能"，知此，则知道要怎么做事。

不能缺德！人皆自私，成就越大，账记得越清楚。

34. 子曰："君子不可小知（君子不器），而可大受（能容一切）也。小人不可大受，而可小知也。"

《淮南子·主术训》：有大略者，不可责以捷巧；有小智者，不可任以大功。

"大受"，能容一切，有大担当。正知正见，知必正见。

"小知"，器也，以一技一艺见知于人，少见闻，净东家长西家长，无所不知。

35. 子曰："民之于（对于）仁也，甚于水火。水火，吾见蹈（赴）而死者矣，未见蹈仁而死者也。"

《孟子·尽心上》："民非水火不生活。"人如无水火，那就一天也活不了。

既是不怕死，何不死得轰轰烈烈，"蹈仁而死"？

有苦恼，必得去自杀？感到前途无亮了，何以不拼命一搏？遇事，一定要深思熟虑。

"恶使三年，善使一辈子"，父母如替儿女做一切，只是会害死儿女。

36. 子曰："当（担当）仁，不让于师。"

《论语正义》：人于事，值有当行仁者，不复让于师，所谓"闻斯行之"也。

"让"，是一东西多了才让给人。

"天地君亲师"。"仁以为己任，死而后已"，为师者亦有行仁之责，人人当仁，一如"人人为我"，怎可让于师？

但对父母则不同，当仁得让于父母，显名于父母，《孝经·开宗明义》云："立身行道，扬名于后世，以显父母。"

"干祖之蛊"（《易经·蛊卦》"干父之蛊，有子，考无咎，厉终吉"），老祖宗留下一件蛊事，应干祖之蛊，就是当牛马也必负起责任。

儒家讲"老吾老以及人之老"（《孟子·梁惠王上》），唯生父生母永不能变，伦不上的都得出局。学文史哲的，"正伦"是你们的责任。

"杨子为我"，指其学说而言。"拔一毛而利天下，不为也"（《孟子·尽心上》），因为到太平世了，"人人皆有士君子之行"。如人人为我，就都丰衣足食了，又何必别人拔一毛救济你？所以要视环境而定，不可以因为自己的毛多就要给人。如天下人都缺毛，那你拔一毛又何济于事？如"人人为我"时，你送我毛，那岂不是侮辱我？此亦是"今文"与"古文"思想不同之所在。

孟子骂："杨氏为我，是无君也；墨氏兼爱，是无父也。无父无君，是禽兽也。"（《孟子·滕文公下》）自古文人相轻。今骂人格，我骂不爱国。时不同，事不同，观念不同，评价亦不同。

37. 子曰："君子贞（正）而不谅（小信）。"

"贞"，守正固之道，《易·坤》"利永贞""安贞吉"。

仁人君子说话，为"诚"与"信"。有德为"君子"，君子重视"守死善道"。

何为"谅"？"召忽死之"，子曰："岂若匹夫匹妇之为谅也？"（《宪问》）没有修养，胡扯，三分真七分假，为小诚小信，乃匹夫匹妇。孔子许管仲不死其君为"乃其仁"，以管仲能维护民族的存在即为仁者。

君死，有其死之理；臣不死，有后死之责。真读明白《论语》了，就不会效"愚忠"，不同于腐儒、奴儒有"君要臣死，臣不敢不死"的观念。

有身份、有地位者不可以扯东扯西，如王婆说话不负责任。情之所至，渲染太过。学文史哲的责任何在？在正人伦也。今天"代理孕母"，那谁是生母？伦常岂不是毁了，岂不是又要多一伦？无知，不知自己无知！

有一点细心，处处细心，一点也不能放过。读书，每一个字都要追究。旧注改得太多，就千古文章一大抄。

38. 子曰："事君（为国做事），敬（敬慎）其事而后其食（食禄）。"

《论语正义》：先劳，而后禄。

"先难后获，先事后得"，以"事"为第一要义，敬事能信。

39. 子曰："有教无类。"

昔"以吏为师"（《商君书·定分》"圣人必为法令置官也，置吏也，为天下师，所以定名分也"）。孔子革命，有教无类，什么人都收，全民教育。但是一般百姓犹不能接受，并不重视。

孔子最伟大处在"有教无类"，而最阴险亦在此，不动声色，对乱制作"釜底抽薪"的手段。百姓不再糊涂了，都有知识了，那做坏事的人焉能不加以小心？

要向下扎根，根本解决问题。做任何事，必自根上入手。

40. 子曰："道（大前提）不同，不相为谋（不要勉强）。"

大前提不同，不必相为谋算。

两人道不同，不能谈深的。必看对象说话，"和而不流"。非同道、同志，有时还是敌人。

有见地，到什么环境就会去了解。腐儒既酸又臭，最后只剩下自己。做任何事，必要修群德。

要善用头脑，善用智慧。同学非同道、同志，还可能是敌人，不要勉强。

我教五十年，看教出几个"真"学生？你们来日方长，要好好玩味。给人当工具太可怜了，临死还叫人耍。

41. 子曰："辞（文辞），达（达意）而已矣。"

文辞，就是为了达意。

《论语正义》：辞皆言事，而事自有实，不烦文艳以过于实，故但贵辞达则足也。

韵文是艺术，是给人欣赏的，不是大众用的。
昔女子习诗词、歌赋，我的外家以《选学》传家。

42. 师冕（乐师）见（现），及（到）阶，子曰："阶也。"及席，子曰："席也。"皆坐，子告之曰："某（某人）在斯（此），某在斯。"师冕出。子张问曰："与师（乐师）言之道与？"子曰："然。固（特别肯定）相（扶助）师之道也。"

此相师之道，对瞽者扶之、导之。"相"，扶也，辅相。

看别人的毛病，容易；但造就自己，特别难。要用活学问改造自己。我内心藏许多不能说的话，有些人的心理反常，不能以常理推之。

"仲尼尚公"，层次高于"圣之时者"，圣之时者只是不吃亏。

人的知识没办法解开大自然，所以许多科学探索永无止境。

我们是元学派，供奉人祖伏羲与孔子。

你们要脚踏实地，自台湾恢复书院制。昔日书院尚德，德乃是智慧的结晶。不能如和尚天天讲鬼话，却一样也没兑现。许多人光有智没有德。

天德好生。"解严"前，我们称"天德黉舍"，乃是反对战争，主张不杀。善用智慧，绕弯说。古人法天，则天。应尽量使自己的私心接近公心。

我有一尊乌玉观音像，是我母百岁冥寿时，师母从大陆转寄来的。但也是那年，师母就走了。

我本想将观音像送回"兴京"（1616—1621为后金都城。原名赫图阿拉，在今辽宁省新宾满族自治县），今年过年时给同学欣赏，芝生建议留台，说可能与台湾有缘。我是只要谁言之成理，都可以接受。许多事不是自己决定，只要言之成理，都可以接受。

既然人什么都带不去，何以不将私心都变成公心？无论怎么把持，只要一口气断了，还不是都得交给别人。但千万别给儿子，人绝不能缺德，否则断子绝孙。"天道尚公"，所以我也无私了，了解的即天。

我在台五十年，没做点坏事，尽做好事。人要去私心，就公心。私心，是与生俱来的，故必要学，自最基本学。

好茶一沏，必会落底。喝好茶，不可以用瓷杯，要用玻璃杯，一边喝，一边欣赏茶叶泡开时之美。

对一切事，皆要求真知。

"礼由食起"，一切礼法、思想皆从"吃"演变出来的。第一个吃，树立了一切文化。中国饮食礼法多，"食的文化"，一切礼法制度，皆自吃来的。

"食色，性也"（《孟子·告子上》），用尽一切满足私欲，还有许多理论，可谓"事做绝，名堂也绝了"。如皇宫白天分皇后、妃、嫔……但晚上就一个"色"。说"不孝有三，无后为大"，实是合理化自己的行为。自一个"欲"生出那么多，用许多东西在维护其欲。

我在台五十年，并不是有修养，而是没有碰到令我动心的人，因为不是买鞋，不合了还可以退货。等到今天，仍然没看到对眼的；既是如此，那当然就"知止而后有定"了！做学问、做人，都必要懂得知止。不要净以道学规律想问题。就自"食色，性也"想，最后可能都能了解问题。

北京雍和宫，两代潜邸，两条潜龙——雍正帝与乾隆帝，雍正帝的府邸，乾隆帝诞生于雍和宫。清实亡于乾隆帝，他活得长，做了"十全老人"，但东西都不全了！嘉庆帝在位时间短，到道光帝时百病齐发。昔日有地位者穿的衣服不洗。道光帝是有史以来最俭朴的皇帝，龙袍洗三次、打上补丁；其大臣乃新衣加补丁。道光帝的相貌不好，最为苦命。

我是独子。独子往往从小就受宠，没有受约束，所以有出息者少。如知道自己没修，还有希望。今天台湾社会之所以乱，就在大家都想争雄，群雄并起，最后都成为狗熊了。可见"时名"没有用。天下大乱，必有乱的原因。

会背书容易，如背"深则厉，浅则揭"，但是懂得"深浅""厉揭"了？一个人要真能认识环境可是不易！我讲课谈时事，是要你们认识事，但是你们要脚踏实地地读书，将台湾领上书院制度。必要将台湾领上规范，思想必得"另辟天地"。代有才人出，不是绝对办不到。我今"不知老之将至"，没有工夫想那么多。

到曲阜看孔林，倍觉亲切。孔子死时埋在河边，显见当时并不受重视，现在河已经干涸了。孔子墓，旁为伯鱼，前面子思，是"挟子抱孙"的形制。

孔子绝对承过道家之学，故曰"吾道一以贯之"，得一了，求一而得一。但孔子青出于蓝，更胜于蓝，最后"变一为元"。求仁→得仁→安仁，"安仁者，天下一人"（《礼记·礼运》）。求一→得一→安一。

"礼门义路，居仁由义"：礼门义路，"夫义、路也，礼、门也；惟君子能由是路，出入是门也"（《孟子·万章下》）；居仁由义，"杀一无罪，非仁也；非其有而取之，非义也。居恶在？仁是也；路恶在？义是也。居仁由义，大人之事备矣"（《孟子·尽心上》），"造次必于是，颠沛必于是"（《里仁》），"素富贵行乎富贵，素贫贱行乎贫贱，素夷狄行乎夷狄，素患难行乎患难"（《中庸》）。

老子与庄子之学，完全不同。虽是一个学派，未必完全一样。学派，非派系，乃是一脉相承下来的。

有志于学，必好好脚踏实地治学。有志于政，得脚踏实地于行。不能有正知正见，即是乱源，净制造是非。

学中国东西，须从"认字"开始。读经学与《易经》，得先学《说文解字》。

读书，自《说文句读》入手。看正式书，则看《说文通训定声》。最好的一部是《说文解字诂林》。工具书不全，不能读书。

读书必有特殊环境，眼不到就不算读书。溥儒，赵孟俯后第一人，五百年后不再有此人。昔人以写字、画画作消遣。如意馆，为皇帝学画的地方，藏有不少名书画。

以前，先背书后老师才开讲，师生都不必看书，就可以听、讲。在台，没有几个脚踏实地实地读过中国书，教授即如此。

既无能力消除这个乱，那何不沉静地读书，何以必跟着乱？

无论学多少，"学而不思"则犹如没有学。"思之思之，鬼神通之"，必经深思熟虑了，才能达到境界，否则，学多少，也未必能用上。

读书要轻松，如看小说，天天看。气太浮，就看不下，必心平气和，慢慢读。天下无难事，就怕有心人，要读破书才行，"读书破万卷，下笔如有神"！

勤能补拙，中国书太多，生在中国太累，学无止境，死而后已！

季氏第十六

张载（1020—1077，北宋理学家）四句："为天地立心，为生民立命，为往圣继绝学，为万世开太平。"要以什么为天地立心？今天读书人有如和尚念经，能够解决问题？但张载之言只是摸到边，后人有无继续想？"为往圣继绝学"，那什么是绝学？若是不知，又如何继？这四句名言有人深究了？那何以至今犹战争不断？

应懂得怎么正视问题。儒家并非宗教，宗教完全是人之为道，造谣，扯一阵子。遇事，必要加以印证，要正视问题。明白不够，还要有成绩。

你们天天忙，忙着往前跑；我则忙于结束。

问自己是属于哪一类？要如何为子孙谋？

你们不知用脑详细分析。"先迷失道"，求智慧得不迷，按我的方程式分析；"后顺得常"，顺情顺理，就得常道。人少有清楚的头脑，完全盲目、崇拜。天天吵闹，连人的生活都谈不上，还能谈其他？

一个人说话要有脑，不可以那么简单。不是说话行，即成圣，是要加以印证。都是人，人人皆可以为尧舜。前人扔下的东西，如能稍留点意，都可以成。勿忘初心，按照初心，好好奋斗。

孔子的儿子伯鱼也没有成才，可见孔子也帮不上忙。不要盲目，以为跟谁就有成了。有状元徒弟，可没有状元老师。学我，穷一辈子。台北有许多开奔驰的穷人。

要明辨是非，不要开始即学为盗，要将古人的智慧变成自己的智慧。

"先行，其言而后从之"，要说一句话，先问自己办得到否？真有极乐世界？

儒家之学现实，皆实学也。你要学什么？如办不到的话，就不要说。一般人是"言必信，行必果"。

我们的老祖宗头脑特别清楚，说"不像玩意儿"，即已经离"标准"远。对父母不好，说你"不孝"。

谈恋爱，弄至烧死对方，未免太可悲了！至少要过人的生活，哪个家庭想乱哄哄？

1. 季氏将伐颛臾（音 zhuān yú，伏羲之后，鲁附庸，以风为姓）。**冉有、季路见于孔子曰："季氏将有事**（战）**于颛臾。"**

《论语述何》：伐颛臾不书于《春秋》者，封内兵不录，或闻夫子言而止也。

当时冉求与子路当季氏的家臣。

孔子曰："求！无乃尔（你）是（实）过与？夫颛臾，昔者先王以为东蒙主（东蒙山之主祭），且在邦域之中矣，是社稷之臣也。何以伐为？"冉有曰："夫子（指季氏）欲之，吾二臣者皆不欲也。"

《论语述何》：成王锡鲁公以附庸，颛臾是也……颛臾不见于《春秋》，其大小未详。

归罪于季氏，一点担当都没有！

孔子曰："求！周任（古良吏）有言曰'陈（布）力（实力）就列（位），不能者止'。危而不持，颠（倾倒）而不扶，则将焉（安）用彼相（助手）矣？且尔（你）言过（超过范围）矣。虎兕（野牛）出于柙（关虎兕的木栅），龟玉毁于椟（匣子）中，是谁之过与？"

《论语正义》：引马（融）曰：言当陈其才力，度己所任，以就其位，不能则当止也。

施展贡献其才力，就其位；不能陈力，便当去位。此解讲活了，马上可以做事。读书要当智慧求，然后过智慧生活。

清刘宝楠《论语正义》，比朱熹《论语集注》好。

《论语正义》，二十四卷，清刘宝楠撰，成书于清同治四年（1865年）。该书博取众家之长，考释详备，是当时《论语》的最佳注本，也是公认的研究《论语》的必读参考书。

《正义》诠释《论语》，不但保留汉魏古注，而且多种方法交互使用，不拘一格。除语词注释采用声训、形训、义训和观境为训等方法外，主要有以本经注本经，通贯群书，广罗参证，以丰富的史实或事例作注，以心相接的心理解释法等方法。

朱熹《论语集注》，是朱子毕生精力之作，他借注《四书》阐发其理学思想；元朝以后成为官学，是科举考试的标准用书。

"相"，"瞽者之相"，助、导、扶持。《易·泰》称："辅相天地之宜。"

冉求答以"夫子欲之"，想卸责。孔子直斥其不尽谏责。说："虎兕出柙伤人，龟玉在椟中毁了，难道管理者无过？"

冉有曰："今夫颛臾，固（城郭坚固、兵甲利）而近（接近）于费（音 bì，季氏的食邑）。今不取，后世必为子孙忧。"

此时鲁哀公欲去三桓。《论语正义》引方观旭《论语偶记》："季氏以颛臾世为鲁臣，与鲁犄角以逼己。忧在内者攻强，乃师齐田常伐吴之故智，欲取颛臾。"

《史记·仲尼弟子列传》：田常（陈恒）欲作乱于齐，惮高、国、鲍、晏，故移其兵欲以伐鲁。孔子闻之，谓门弟子曰："夫鲁，坟墓所处，父母之国，国危如此，二三子何为莫出？"子路请出，孔子止之。子张、子石请行，孔子弗许。子贡请行，孔子许之。遂行，至齐，说田常曰："君之伐鲁过矣。夫鲁，难伐之国，其城薄以卑，其地狭以泄，其君愚而不仁，大臣伪而无用，其士民又恶甲兵之事，此不可与战。君不如伐吴。夫吴，城高以厚，地广以深，甲坚以新，士选以饱，重器精兵尽在其中，又使明大夫守之，此易伐也。"田常忿然作色曰："子之所难，人之所易；子之所易，人之所难：而以教常，何也？"子贡曰："臣闻之，忧在内者攻强，忧在外者攻弱。今君忧在内。吾闻君三封而三不成者，大臣有不听者也。今君破鲁以广齐，战胜以骄主，破国以尊臣，而君之功不与焉，则交日疏于主。是君上骄主心，下恣群臣，求以成大事，难矣。夫上骄则恣，臣骄则争，是君上与主有却，下与大臣交争也。如此，则君之立于齐危矣。故曰不如伐吴。伐吴不胜，民人外死，大臣内空，是君上无强臣之敌，下无民人之过，孤主制齐者唯君也。"田常曰："善。"……子贡一出，存鲁，乱齐，破吴，强晋而霸越。子贡一使，使势相破，十年之中，五国各有变。

此冉求所谓"季氏恐颛臾为子孙忧，而欲伐取之"。

"为子孙忧"，多少父母为儿女留下许多财产，乃怕其挨饿。

为子孙留田千万，不如留子一经；留多经，还不如他懂得多少道理。

孔子曰："求！君子疾（讨厌）夫舍曰欲之，而必为之辞。丘也闻有国（诸侯之国）有家（大夫之家）者，不患（担忧）寡（少）而患不均（贫富悬殊），不患贫而患不安（安于贫）。盖（缓其辞）均无贫，和无寡，安无倾。夫如是，故远人不服，则修文德以来（音 lài）之。既来之，则安（使之各遂其生）之。"

"求！"直呼其名，斥之！

说："讨厌口是心非，强词夺理，净找理由辩解。人人有饭吃最重要，不患寡而患不均。"

"不患寡而患不均，不患贫而患不安"，此为治事之道。

《春秋繁露·度制》：孔子曰："不患贫而患不均。"故有所积重，则有所空虚。大富则骄，大贫则忧；忧则为盗，骄则为暴，此众人之情也。圣者则于众人之情，见乱之所从生。故其制人道而差上下也，使富者足以示贵而不至于骄，贫者足以养生而不至于忧：以此为度而调均之，是以财不匮而上下相安，故易治也。

"均无贫，和无寡，安无倾"："均平，就无贫；和谐，就无少；安宁，就无危"，大家如在精神上有同一的满足，不看到多，也不看到少，就无怨言，社会焉有危？贫而怨，，"好勇疾贫，乱也"。

"远人不服，则修文德以来之"，用礼乐教化之，不动用刀枪强迫其接受。"既来之则安之"，使大家都能安生。

今由与求也，相夫子（为季氏相），**远人不服而不能来**（来之）**也，邦分崩离析**（众叛亲离）**而不能守也，而谋动干戈**（发动战争）**于邦内。吾恐季孙之忧，不在颛臾，而在萧墙**（塞门）**之内也。**

"谋动干戈于邦内"，此为下策，应用智慧解决。

近代史给吾人之教训：战争，不能解决问题。

"萧墙"，唯国君有之，宫内之小墙。"季孙之忧，不在颛臾，而在萧墙之内"，指鲁哀公。间接告季孙氏：鲁哀公不会坐视他的专横跋扈。

每个人都有自己的责任，不是为自己，而是为民族，于团体有利。

争，看要争什么，视人之志，人各有志。

《周官》讲"均与联"，想求均，必联，团结即力量。必要有群德，你们要练习群德。"民无信，不立"，要过智慧生活。有知识，如不能过智慧生活，那么知识有何用？

有一个真朋友，有用；都是朋友，没有用。同学非同道、同志，还可能是敌人。谋事全在己，不能靠人。"道不同，不相为谋"，不强求，"人生知己，二三人而已矣"。我想看究竟有几个"真"学生。

快快努力，昔人二十多岁即中进士。你们要快快努力，人必照顾自己，为子孙忧。这个地方的人不够冷静，净说骗人的话，天天说疯话能解决问题？人都有梦，要天下一家。如奉元都不能一家，那"天下一家"的梦岂不是骗人的？

学会读书方法最重要，天下事没有容易办的，但是也没有解决不了的，贵乎能运用智慧。谋事全在人。

2.孔子曰："天下有道，则礼乐征伐自天子出；天下无道，则礼乐征伐自诸侯出（地方割据）**。自诸侯出，盖**（大略）**十世**（代）**希**（少）**不失**（亡国）**矣。"**

《孟子·尽心下》："征者，上伐下也。敌国不相征也。"

"征者，上伐下也"，"征之为言正也"（《孟子·尽心下》），"王用出征，以正邦也"（《易经·离卦》），兴甲兵以讨不义，"礼乐征伐自天子出"。

"天下无道，则礼乐、征伐自诸侯出"，齐桓、晋文等霸主。

周自平王东迁，王室衰微。诸侯自作礼乐，专行征伐，始于隐公。至昭公，伐季氏，不克。十世失政，死于乾侯。

"自大夫出，五世希不失矣。"

鲁国的家臣之乱，先是东门氏，紧接着是三桓。季文子初得政，至桓子五世，为家臣阳虎所囚。

大夫专政，礼乐征伐自大夫出。如田氏代齐、三家分晋和鲁三桓专权。

"陪（重）臣（家臣）执（执掌）国命，三世希不失矣。"

三桓的家臣又纷纷起来，效法主子犯上作乱。阳虎原本为孟孙氏庶支，后为季孙氏家臣，季平子时很受重用。季平子死，季孙斯（桓子）立，阳虎已是季氏三世"元老"，三世而出奔齐。

"陪臣"，重臣，大夫之家臣。陪臣专政，如阳虎。

诸侯十世、大夫五世、陪臣三世，其政权能耐多久？

鲁国经"三桓专权""陪臣执国命"后，不仅使公室衰败，士大夫之家也大都衰落。人绝对不可以自欺。

天下有道，则政不在大夫。天下有道，则庶人不议。

《论语述何》：疾其末，故正其本。拨乱之旨也。

《春秋公羊传·隐公二年》《传》曰："讥世卿，世卿非礼也。"何注："礼，公卿大夫皆选贤而用之。卿大夫任重职大，不当世，为其秉政久，恩德广大，小人居之，必夺君之威权。"《春秋》"贬天子，退诸侯，讨大夫"，拨乱反正，"大道之行也，天下为公"。

天下有道，则政不在大夫，在庶民。所以，"首出庶物，万国咸宁"（《易经·乾卦》）。

"天下有道，则庶人不议"：

一、康有为以"不"为衍文;"庶人议",为议会。

二、我以"不"同"丕",大也。丕议,大议。

三、不议,众人不会议论政府的得失,一切行政百姓都喜欢。无道才议,有道就不议。

要善用头脑、用智慧。团结就是力量,必要有群德,练习有群德,"民无信,不立"。

《离骚》文辞之美,但后人无法了解其意。

必要过智慧生活。给人做工具,太可怜!等死,还叫人耍,登记要住养老院。

以前三世同堂是最普通的,家族的宗庙有如总统府。寡妇,守寡就富,过年大家必有所表示。孩子读书、做生意,可以向宗庙借钱,慢慢还;发迹了,再还给宗庙。

3.孔子曰:"禄（爵禄）之去公室（不由君出）,五世矣。政逮（及）于大夫（政在大夫）四世矣,故夫三桓之子孙微（衰微不振）矣。"

《春秋繁露·玉杯》:文公不能服丧,不时奉祭,不以三年,又以丧取,取于大夫,以卑宗庙,乱其群祖以逆先公。小善无一,而大恶四五,故诸侯弗予盟,是恶恶之征、不臣之效也。出侮于外,入夺于内,无位之君也。孔子曰:"政逮于大夫四世矣。"盖自文公以来之谓也。

"禄之去公室五世":"禄之去公室",大权旁落,爵禄不自公室出;鲁国自襄仲（公子遂）杀文公之子——子赤,季孙行父如齐,谋立宣公,历宣公、成公、襄公、昭公、定公五世。

"政及大夫四世"：宣公死，鲁国政变，三桓共掌鲁政。三桓，季孙、叔孙、孟孙，均出于鲁桓公。季友立僖公，为"政在三桓"之始。今鲁由季氏执国政，经文子、武子、平子、桓子四世。"自大夫出，五世希不失矣"，其政权能耐多久？此时陪臣执国政，季氏有阳虎，孟氏有公敛处父，叔氏有侯犯。三家微于定、哀之时，自此不复自振。

4.孔子曰："益者三友，损者三友。友（动词，交友）**直**（正直），**友谅**（诚信，不欺），**友多闻**（见闻博），**益矣。友便辟**（不正常的行为），**友善柔**（滑头滑脑），**友便佞**（佞而辩，嘴巴灵光），**损矣。"**

读此章必有所警惕。

年轻的毛病，终身难改之，"不识其人，则视其友"。

"友直，友谅，友多闻"，最初步的，境界很低。

多闻于人生有什么关系？道德、学问，学完一句"不欺人"，必要真的不欺人。

孟子"尚友古人"，有几个步骤？"一乡之善士，斯友一乡之善士；一国之善士，斯友一国之善士；天下之善士，斯友天下之善士。以友天下之善士为未足，又尚论古之人。颂其诗，读其书，不知其人，可乎？是以论其世也。是尚友也。"（《孟子·万章下》）

"友便辟，友善柔，友便佞"："巧言、令色、足恭"（《公冶长》），损友，不正当的朋友。

"天命之谓性"，君子人不敢做违背人性的事。"大人者，与天地合其德"，无私，公。有私，就是小人。

求学是为己，许多人讲"易学史"，有用？读完书，必烂熟在胸。学《易》，自《易》学入手，会讲不一定会做，多半还伤品败德，此焉为学《易》的目的？

5. 孔子曰："益者三乐（音 yào，爱好），损者三乐。乐节礼乐（礼乐必中节），乐道（说）人之善，乐多贤友，益矣。乐骄乐（音 lè，恃尊贵以自恣），乐佚游（无节），乐宴（安）乐（安口腹之欲），损矣。"

"乐节礼乐"：礼乐必中节，"知和而和，不以礼节之，亦不可行也"。打牌，在没有输以前，总以为有赢的希望。

"乐骄乐"："骄"，《说文》称："马高六尺为骄。"壮。引申：骄恣、骄矜、骄傲。一个"骄"字害尽多少人！

"乐佚游，乐宴乐"：《尚书·皋陶谟》称："无若丹朱傲，惟慢游是好。"佚游、饮食宴乐，都是赔钱的买卖。"燕朋逆其师，燕辟废其学"（《礼记·学记》），游宴之朋，定违背师训、荒废学业。"群居终日，言不及义"。

现在人之丑陋，真是无以复加！重演孔子时代乱伦得厉害！

6. 孔子曰："侍于君子有三愆（过失）：言未及之而言，谓之躁（急躁）；言及之而不言，谓之隐（阴险，明知而不说）；未见颜色而言，谓之瞽（瞎眼）。"

"愆"，《说文》云："过也。"有所失。小时候就必要严格训练，不犯下面三种毛病：躁、隐、瞽。

昔日座位有一定，主人必坐首位。说话时，必以坐于主人旁第一位者先答话。以距离主人远近，定发言次序。

"未及之而言谓之躁"："躁"，《说文》云："疾也。""躁人之辞多"（《易经·系辞下传》）。未等到自己发言而言，急躁。

"言及之而不言谓之隐"："隐"，《说文》云："蔽也。"轮到你说，一言不发，阴险，那又何必请你？

"未见颜色而言谓之瞽"："瞽"，盲也。

儿子在客人面前失体统了，必须"当面教子"，以表明"有家法"。但妻子失体统了，必"背地教妻"，于无人之际和气相劝，夫妻之间应相敬如宾，彼此顾体面。

瞽不瞽，得看职业。"不瞽不聋，不能为公"，不随和也不反对。

读书人是天地的良心，能不说正经话？许多事，喜欢是一回事，如戏台想媳妇不一定得到手，所娶的不一定是自己喜欢的，恋爱的对象也不一定是你喜欢的。人生不如意事，本来就十之八九。

人生，就是"成事"了，也未必"成功"。人越有理智，就越懂得怎么忍耐，可能一辈子都没有一件事是满意的。

连孙子关心爷爷，也净是用命令句。人生没有满意的事，不要强求。恋爱结婚，离婚才快，我就不敢离。

人真得到的很少，所以要过理智生活。不能安排自己生活的，愚人也。

读书不明白，也不能教育子孙。世路人情皆学问，会背书半点用也没有。

7. 孔子曰："君子有三戒。少之时，血气未定，戒之在色；及其壮（大，三十曰壮）也，血气方（正）刚，戒之在斗（争，要斗智不斗气）；**及其老也，血气既**（已经）**衰，戒之在得**（不仅止于钱，志在必得）。"

《淮南子·诠言训》：凡人之性，少则猖狂，壮则暴强，老则好利。

"戒"，《说文》称："戒，警也。从廾持戈，以戒不虞。"戒备，戒慎。

"少之时，血气未定，戒之在色"：血气未定，动而好色。"精气神，人之三宝"，想身体好，必自年轻奠基。

"及其壮"，三十曰壮；"血气方刚，戒之在斗"，血气方刚，好勇斗狠。要斗智，不斗气。

养身，一切皆要定时、定量，衣食住行皆不放任，身体才会健康。不是老了再学太极拳。中年以后学东西，到再高的境界，也不一定有补。

"及其老也，血气既衰"，血气已衰；"戒之在得"，贪得，不仅止于钱，志在必得。

同学必要有致密的头脑，读任何一东西，要马上得启示。

现在学外文为第一要义，是地球村，不论学科技或是农业，都需要用外语。外语要精，不要"困而不学"，肯用功，三年绝对有成，要贵精，不贵多。精，即是说、读、写，要与那国的知识分子同一程度。千万不要自欺，以精为要。

8. 孔子曰："君子有三畏（敬畏）**：畏天命**（性），**畏大人，畏圣人之言**（学圣人，非言圣人之学）。"

"天命"："天命之谓性"（《中庸》），人皆有人性、人格，都同一重要。孔子"五十而知天命"。

"大人"："与天地合其德"，公而无私；"与鬼神合其吉凶"，"鬼神之为德，其盛矣乎"（《中庸》），同其好坏；"与日月合其明"，日月代明，明照四方，容光必照；"与四时合其序"，四时错行，行健而有序。

"圣人"：贵通天下之志、贵除天下之患，"知进退存亡而不失其正者"（《易经·乾卦·文言》）。

"小人不知天命而不畏也，狎（慢而不敬）**大人，侮**（轻，戏弄）**圣人之言。"**

"小人"，与"君子"相对，未成德之人，指一般人。

小人不知天命而不敬，无所忌惮，故不敬大人、戏弄圣人之言。

9. 孔子曰："生而知之者，上也；学而知之者，次也；困（有所不通，穷）**而学之，又其次也。困而不学，民**（人）**斯为下矣！"**

三等知：生知、学知、困知。

三等行：安而行之，利而行之，勉强而行之。

"困"，本义阻挡、防患的门槛。引申义：困扰、受困、困厄、贫困、困顿。知之者，知其故。求之不能通其故，为困。"知困"，"困，德之辨也""困穷而通""困以寡怨"（《易经·系辞下传》）。"知困，然后能自强"，"天行健，君子以自强不息"（《易经·乾卦》），"困而不学，斯为下矣"。

你们要困知勉行，"人一己百，人十己千。虽愚必明，虽柔必强"（《中庸》）。

学语文，必要有"困而学之"的精神。"困而不学"，最下。

10. 孔子曰："君子有九思。视思明，听思聪，色（形色）思温（温文典雅，有亲切感），貌（形貌）思恭（恭己），言思忠（尽己），事思敬（敬事），疑思问，忿思难（大难临头），见得（名、利）思义（宜）。"

"九思"，要何等费心经营。

"思"，心作良田百世耕。农人种地，要费多少的麻烦，如何用心地去经营。"心之官则思，思则得之，不思则不得也。"（《孟子·告子上》）

"思"，不同于"想"，如想妈妈，对女友相思。必须深入，注意层次的不同。一个思，就够麻烦了，得多么仔细，有万全的准备，要下多少功夫，天时、地利、人和，缺一不可。

一个人卑鄙，尽看别人，何以不思自己？何以不了解自己的事？

"思之思之，鬼神通之"，读书必下此一功夫。我能有点学问，就是思了五十年，故对经书的看法与别人都不同。

"视思明"："视曰明"（《尚书·洪范》），"非礼勿视"，为何不知重视自己？

"听思聪"："听曰聪"，听，听完了，有无思自己有没有误解？

"色思温"：态度温文儒雅，要让人有亲切感，"望之俨然，即之也温"。

"貌曰恭"：恭己即恭人，"出门如见大宾"。

"言思忠"："言曰从"，言，讲正经的。"听其言也厉"，说造就人的话。

"事思敬"：敬事能信，"在貌为恭，在心为敬"，恭则不侮，信则人任焉。

"疑思问"：质疑问难，问到不能疑为止。

"忿思难"："忿怒思患"（《大戴礼记·曾子立事》）。想发脾气时，必要想到将有大难临头。

"见得思义"："临财毋苟得"（《礼记·曲礼上》），合乎义才得。

人生短短数十寒暑，必须海阔天空，不必专走独木桥，而伤品败德。要守住分寸。

此"得"，即"戒之在得"之"得"，包括名、利、死……文天祥求死，与日月争辉岂是容易？洪承畴（1593—1665）、范文程（1597—1666）死后都入《贰臣传》。

乾隆四十一年（1779）十二月初三日一份诏书中，命国史馆编纂《明季贰臣传》。洪承畴等出于"开创大一统之规模，自不得不加之录用，以靖人心而明顺逆。今事后平情而论，若而人者，皆以胜国臣僚，乃遭际时艰，不能为其主临危授命，辄复畏死刑生，腼颜降附，岂得复谓之完人"之理由被列入《明季贰臣传》中。

国民党要我就"三害"（国、立、监）择其一，我与他们开玩笑，其实是在骂他们，拒绝！

溥二爷糊里糊涂地受了，成为"国大"代表，因此被说成"赵松雪"。

赵孟頫（1254—1322），字子昂，号松雪道人，别号鸥波、水精宫道人等。出身于宋朝宗室，宋亡后，辞官返回故乡吴兴闲居。至元23年（1286年）出仕元朝，于北方游宦十年。至元末到大德初，仕宦江南。累官至翰林学士承旨，荣禄大夫，世称"赵承旨"。提出"书画同源"，开启以"写意"为主的文人画风。善篆、隶、真、行、草书，尤以楷、行书著称于世。其书风遒媚、秀逸，结体严整、笔法圆熟，世称"赵体"，与欧阳询、颜真卿、柳公权并称"楷书四大家"。儿子赵雍、夫人管道升皆能作画，元代画家王蒙是他的外孙。

其实，二爷一张画的价钱，绝对比"国大"薪水多。明白了，不去选"总统"；但当弃权论，因为薪水拿了。

二爷就坏在"墨云"，原是侍妾"雀屏"，汉人，是二爷太太买来的。二爷的太太是名门——升允之女。升允，蒙古人，是最后一任陕甘总督。墨云掌握了二爷的图章，见钱就盖章，而且有男朋友。二爷自嘲"二人走路，如同龟兔竞走"。

11. 孔子曰："'见善如不及（如来不及实行），**见不善如探汤**（热水）'，**吾见其人**（见过这种人）**矣，吾闻其语**（听过这种话）**矣！'隐居以求其志，行义以达其道'，吾闻其语矣，未见其人也。**"

《大戴礼记·曾子立事》：见善恐不得与焉，见不善恐其及己也。

"见善"，见贤思齐，如不及；"见不善"，如探汤，避之唯恐不及。

人最可怕的是：知恶不改，见贤不亲。

有志，于什么环境都得行，素隐居行乎隐居。

"隐居"，不是等死，"乐则行之，忧则违之"（《易经·乾卦·文言》）。

"隐居以求其志"，得行，要达己之志，绝不能因为隐居了，

就没有自己的志。"士穷不失义，达不离道。"（《孟子·尽心上》）

"闻其语，未见其人"，这种人没有，能说未必行能！

我这一代受过"亡国"之苦，痛恨汉奸、卖国贼。

看《公羊》是怎么写乱世的，才知道何以历代帝王不喜欢今文学。中国在两千多年的帝制下，谁敢思想？

现在有多少罪孽，皆假"自由"之名以行民主。

现正赶上时候，必"复元"，讲中国思想。从头认识中国思想：天下为公，止于至善。"致中和，天地位焉，万物育焉"。"贬天子，退诸侯，讨大夫"。"世卿，非礼也"。"天下为公"，没有公就不是中国思想。

"天子，一爵也"，不过是一等爵而已。

《孟子·万章下》北宫锜问"周室班爵禄"，孟子答："其详不可得闻也。诸侯恶其害己也，而皆去其籍。然而轲也，尝闻其略也。天子一位，公一位，侯一位，伯一位，子、男同一位，凡五等也。"西周春秋的爵称，可大致分为王、公、侯、伯、子、男六级，王指周天子。《礼记·王制》则将天子除外，子男分列，即所谓的公、侯、伯、子、男五等爵。先秦以后思想已变，天子不再是爵位，而是绝对权威。今文家犹存"天子一爵"之说，故"贬天子"。

皇帝自称天子，奉天命而来，哪有爵？既是一爵，不好，当然要贬，《公羊》"贬天子"。董仲舒徒孙告诉皇帝，应让贤退位。

你们现在好好看《乾坤衍》，到五六十岁时可以把《易经》好好地修一遍。但必要识时，学究没有用，"圣之时者"，可见思想是多么进步！

子书，每一子均代表其思想，荀子、孟子都是儒家，但一主张性恶、一主张性善。

12.（孔子曰：）"**齐景公有马千驷**（四匹马为驷，千驷即四千匹），**死之日，民无德而称焉**（死了，百姓无一称道他的）。**伯夷、叔齐饿**（饥，困乏）**于首阳**（首阳山）**之下，民到于今称之**（称其德），**其斯之谓与？**"

齐景公晚年贪图享乐，不顾百姓死活，《史记·齐世家》记载：齐景好治宫室，聚狗马，奢侈，厚赋重刑。不仅生活奢侈、贪杯好色、好犬马，《说苑·正谏》记"景公有马，其圉人杀之，公怒，援戈将自击之"。甚至将百姓收入的三分之二供自己享用，致使民不聊生、怨声载道、内忧外患不断；又继嗣不定，终致田氏代齐。"齐景公有马千驷，死之日，民无德而称焉！"就是对景公的评价。

齐景公、卫孝公，皆争国者。

"死之日，民无德而称焉"，百姓无一称道他的。可见人的好坏，在德，不在地位、钱财。

伯夷、叔齐，让国者也，孔子称其"古之贤人"，"求仁而得仁，又何怨"（《述而》）？"民到于今称之"，至今犹称颂其德。

周武王与商纣王大战于牧野，血流漂杵，终于灭商。伯夷、叔齐认为"以暴易暴"，太可耻了，乃"义不食周粟"，不仕周食禄，在首阳山隐居，采食野菜度日。终饿死首阳山，以身殉道。

人一死，什么也带不走，还争什么？

清太祖以祖宗留下的十三副盔甲，打下万里江山。而满人皇族在北京，净干些什么？陈燕燕（1916—1999，满族，和胡蝶、袁美云、陈云裳为民初影坛四大名旦）演电影，就靠色相吃饭。

不要贪，为了贪，终致伤品败德，累及子孙。

我说很多，你们也不知，还以为是废话！坦言之，你们必要好好地锻炼智慧。你们的文化基础太浅了，净说梦话。不读古书，智慧何来？

文人就会骗人，"亡国"时逃亡，说是"仓皇辞庙"。当年我逃至天津，满腹牢骚，恨不得杀尽天下人。"满洲国"亡后，太师母说不可以搭机，要租卡车往北京走；结果，空中的都被劫了。人不分男女，都必得有智慧。

现在太庙变成劳动人民文化宫，我绝不去，就怕伤心。我回去这么多次，就只经过一次天安门，人到伤心处……溥仪晚年常到皇宫静坐，卖票的开玩笑说："皇上，买个票吧！"我相信因果，不迷信。

袁项城，"夫人死满街白，老爷死没人抬"。二蒋至今，死犹无葬身之地。我善良地建议埋于慈湖，可以有个样子。唯德长存，这就是人生。

做好事，心里舒服，不是为别人感谢，也没有那回事。做事有酬，不是真的。感到舒服，是人性的事。

以前的世家"珠履三千"，而今安在哉？世事变化莫测，什么都不可靠，唯有自己可靠。

如两腿不能动了，得每天说多少好话，人家才会侍候你。任何东西过量了，都是糟蹋自己。人心正，上帝总陪着；不正，身体不能好。莫以为有了房产，将来就能享福。乞丐宣统帝晚年靠得住？可靠的是自己，千万不要糟蹋自己，不要有依靠心。

六祖，行亦禅，坐亦禅。芝生说他打坐，我说那是"盘腿"。心，格致诚正。打坐，你心定了？我打坐，只一块板子。他们用垫子。六祖讨厌人打坐。

13. 陈亢（子禽）**问于伯鱼**（孔子儿子，名鲤）**曰："子**（您，尊称对方）**亦有异闻乎？"**

疑孔子私其子，有不同的教法。

对曰："未也（未有异闻）。**尝独立**（孔子站在庭院），**鲤**（父前称己名）**趋而过**（子行父前，哈腰而过，为礼）**庭**（庭院）。**曰：'学《诗》乎？'对曰：'未也。''不学《诗》，无以言。'鲤退而学《诗》。他日又独立，鲤趋而过庭。曰：'学《礼》乎？'对曰：'未也。''不学《礼》，无以立。'鲤退而学《礼》。闻斯二者。"**

《孔子家语·本姓解》：孔子"至十九，娶于宋之亓官氏，一岁而生伯鱼，鱼之生也，鲁昭公以鲤鱼赐孔子，荣君之贶，故因以名曰鲤，而字伯鱼，鱼年五十，先孔子卒"。

"伯鱼"，鱼之老大。"伯"，尊词。伯、仲、叔、季。"孔鲤"，鲤为鱼之正宗。

"过庭"，庭训，"幼承庭训"。康熙帝有《庭训格言》教其子。

闻学《诗》、学《礼》二者。"诗礼传家久"，"立身行道，扬名于后世"。

《诗》可以兴、观、群、怨，了解人性，言社会之现状、利弊，即知言。故"不学《诗》，无以言"。何以读完《诗》就能言？"关关雎鸠"，恋爱就是会说话。

"礼"，理事之本，不学《礼》，即无法以理履（行）之，焉能立世？"不学《礼》，无以立"。

王通《中说·立命》：夫教之以诗，则出辞气，斯远暴慢矣；约之以礼，则动貌，斯立威严矣。

《说苑·建本》：孔子曰："鲤，君子不可以不学礼，见人不可以不饰；不饰则无根，无根则失理；失理则不忠，不忠则失礼，失礼则不立。"

陈亢退而喜曰："问一得三，闻《诗》、闻《礼》，又闻君子之远（音 yuàn）其（己）子也。"

《白虎通·五行》：君子远子近孙。

喜"问一得三"。

"君子之远其子"，圣人不私其子。

尸子说"仲尼尚公"，《说苑·至公》："古有行显公者，帝尧是也，贵为天子，富有天下，得舜而传之，不私其子孙也。"孔子祖述尧舜，尚公，远其子。司马光说："远者，非疏远之谓也。谓其进见有说，接遇有礼，不朝夕嘻嘻相亵狎。"

师尊一生亦不私其子孙，将学生当作子孙，百龄号"仁勾遁叟"，以苍生为念，为苍生而勾（音 gài）。圣人胸怀，一也。

必自根上读书，如不识字，字的深义就不明白。

文化是基础。台湾取名算笔画，无一地方基础打好，原因在于净是好名。做事不要泛，人过去即完，一切皆烟消云散，要做能立得住的事。

老同学讲课，除有钱外，完全一无所立；虽有当"部长"的，但是当官并不代表会做事。

不知道自己不懂，就不能认真学。要认真学，不要盲目地学。喜外交的，要注意策、略、谋。想干什么，就重视什么。人必要有好奇心，才能进步。

14. 邦君（诸侯，国君）之妻，君称之曰"夫人"，夫人自称曰"小童"。邦人称之曰"君夫人"，称诸（之于）异邦（在外国）曰"寡（谦词）小君（小于君）"。异邦人称之，亦曰"君夫人"。

《礼记·曲礼》：夫人自称于天子，曰"老妇"；自称于诸侯，曰"寡小君"；自称于其君，曰"小童"。

《白虎通·嫁娶》：国君之妻，称之曰"夫人"何？明当扶进夫人，谓非妾也。国人尊之，故称"君夫人"也。自称"小童"者，谦也，言己智能寡少，如童蒙也。

《论语正义》："小君"者，比于君为小也……于本国称"小君"，于异邦称"寡小君"。犹称其君：于本国曰"君"，于异邦曰"寡君子"。

此章阙"子曰"或"孔子曰"。

《春秋》正嫡妾之名。

要注意称呼，人的尊严是彼此的，要互尊。

孝即顺，要以顺当孝。

台湾太小，没事干，所以"金学"（金庸武侠小说）热。父亲杀死十七岁的儿子，何以如此？

一身兼二十余职，多笨！掌权还要那么多的职务？有职务才有权，是公务员；真有权者，什么职务都没有。

今人不读书，做事就是要成名。读书，是自己读，应多读史书。

昔人读完"三百千千"——《三字经》《百家姓》《千字文》《千家诗》，接着便要练习尺牍（书信），有《小仓山房尺牍》《秋水轩尺牍》及《雪鸿轩尺牍》。

看《说文解字》《尔雅》，可认识字，并可以引很多的典故。看古典小说如《红楼梦》，其文章清新，可以学习叙述人说话、行动；看《三国演义》，看三国人物如何斗智，知道如何处理复杂的事。

以每一事为一单位，看其如何叙述。既可以懂点事，又可以练习写文章。文章的好，在于有伦有序。必要下功夫。

人生即继志述事，孔子"志在《春秋》，行在《孝经》"。继志，是指行为而言，"载之空言，不如见之于行事之深切著明"。《大易》与《春秋》不是讲的，而是要行的。述事，一东西传得很有价值，大家接着传。

今天真有大志，正是中国思想转变之际。中国学术，自汉以后分为今、古两派。古文后出，出自鲁壁。自此开始分"真假"和"今、古文经"。

今文家着重于思想。清末今文学复兴，造成百日维新，民初遗风仍在，陈柱（1890—1944）著《公羊家哲学》、吕思勉（1884—1957）追随梁卓如，也是今文学派。学术有一定的路子。

中国思想的入门书，可以看蒋庆《公羊学引论》和熊十力《读经示要》等书。《公羊学引论》不是文章美，专讲夫子之志，并非专书，仅是常识，是介绍性的书，书名取得好。

我自"长白又一村"后，即不再搞政治。祖宗曾有过九百年的江山，不再当皇帝了，但是不能白活。祖宗也不过为中国人留下一金饭碗，我要为人类留下金饭碗。

传统以"五经"为五常（仁、义、礼、智、信），《汉书·艺文志》说《易》为五经之原"。以《易》作为天下之准，用以衡量"五经"，重视每一部经的内容。

现在要复元、创始，不再固守旧注，要依经解经。称"夏学"，意指只要是中国人的东西都吸收。

思想流程不是真思想，真思想即"元"。自"元"想，要从根，即自"元"开始，要"下学上达"。

朱子一生的精华在其《四书集注》，但是程朱系的理学并不能概括真理。明、清以朱注作为正统，因为于帝王有利。专制时代的学术皆是钦定的，以前超过钦定的思想，即成为"文字狱"。

一个时代有其代表，但时一过，就不能再代表了。不可以再走回头路。读书要树立一个思想，不是搜集资料。我们反对，不一定成功。但只要是真理、合理的必做，不合理的必反对。

中国近代一百多年的乱，乱在知识分子净是胡扯。

我在台五十多年，我的大弟子已经七十多岁了，但是在台未教出一个明白的学生，无一人识字。你们应从头好好认真读书。

环境还没变，就没有了自我。那环境变了以后呢？

你们必须学会做事。台湾的前途不能离开大陆，世界各国都不会拿黄种人当人看。人必真知，现在不愉快，到时他们必承认"我是中国人"。既已知道方向，中国人必要懂得中国文化。大陆学康熙帝、雍正帝，台湾学德川家康。人必有自我，否则没有人格。

二战前，台湾、"满洲"在日本的笼罩下生存。

想对外能有力量，必须要团结。要以团体对团体，不要以个人对个人。人会死亡，但是团体可以继续。

应学会办事，不要做书呆子。台人不会办事。有组织有团体，还要会运用团体才算会做事。但是人要成功，除了有智慧以外，还贵乎有德。

陈立夫现在台，他斗了一辈子。何应钦、张群亦久经大敌。我跑一辈子龙套。

事（丗）如潮水，一波又一波，便将你训练得有经验了。

阳货第十七

我母信佛，我愈大愈不信佛，但认为佛有智慧。读古书，是在以古人的智慧启发自己的智慧。书有古今，智慧没有古今。

什么都不怕的人是大流氓，最后什么都怕。不昏迷，要清醒。嗜欲深者，天机浅。动念，就犯了罪；做不做，并不重要。

我年轻时时髦，今天台湾年轻人所见者少，只看到女人与钱。我那时的社会所见者广，是环境造成的。今天小孩成天就补习，不是折磨是什么？只知道要争分数，就缺少智慧，否则怎能如此虐待小孩？

我讲书，是在开你们的智慧。读死书焉有用？我在屋中读五十年书，看书当作消遣。要多求，要真知，自己知。不要把妄想当成志，愚人才把妄想当成志。妄想、白日梦能办得到？

《四书》是你们读书之本，要好好读。《战国策》看了没？我非贬你们，而是要扎你们一针。

不看外国杂志，能懂新知？外国语必得精一个。入宝山，犹必千锤百炼才能有所得，你们什么都没有深入，能有所得？必得求，求则得之，方法很重要。每天求什么？睁眼的瞎子，聪明智慧都用到无用之处，空空如也。学什么，是与时间竞争，打好基础很是重要。

"实事求是"是湖南岳麓书院的院训，此四字造成湖南人才辈出。应了解己位，然后实事求是。不要自迷，要好好面对实际。宗教盛行，乃因为民智未开。就出家人不信佛！

智慧能解决一切，要"智周万物，道济天下"。问自己生来有什么用？我五十年忘了自己是人，全脑子都满了。一个人不能没有责任，人为什么而活？就看自己怎么活了。

1. 阳货欲见孔子，孔子不见，归（同馈，赠送）**孔子豚**（小猪）。**孔子时**（同"伺"）**其亡**（不在）**也，而往拜之。**

"阳货"，《史记》作"阳虎"。《论语正义》："货、虎，一声之转，疑货是名，虎是字也。"此时，鲁国权在季氏，阳虎为季氏家臣，以陪臣而执国政。

《孟子·滕文公下》：孟子曰："阳货欲见孔子而恶无礼，大夫有赐于士，不得受于其家，则往拜其门。阳货瞷孔子之亡也，而馈孔子蒸豚；孔子亦瞷其亡也，而往拜之。当是时，阳货先，岂得不见？"

遇诸（之于）**涂**（路），（阳货）**谓孔子曰："来！予与尔**（平辈也不能用，不客气的话）**言。"**（孔子走过去。阳货）**曰："怀其宝**（喻道德、才学。藏身）**而迷其邦，可谓仁乎？"**（孔子答）**曰："不可。"**（阳货曰：）"好（音hào）从事而亟（屡次）失时，可谓知（智）乎？"曰："不可。"（阳货曰：）"日月逝（往）矣，岁不我与（岁月不等待人的）。"孔子曰（孔子答话）："诺，吾将仕矣（应付的话）。"

二"不可"，《经传释词》谓阳货自为问答。盖以怀宝迷邦之不可谓仁，好从事亟失时之不可谓智，二者皆必然之理也。日月如流水，一去不回，人的年华亦将随岁月老去，何不及早出来做官？

应学会说话，要说得中肯。圣人就是活活泼泼的人，是后人将他讲成死人！看任何书，必要活活泼泼。

孔子聪明过度，难处。圣人"必仁且智"，阳货将此一标准丢掉。

人不可无术，孔子是圣人，但他和阳货都用术，两人都说假话。

好说假话，欺世；会说假话，应世，随机应变。办事，十之八九有假话。

做事，不要选圣人，要养鸡鸣狗盗之徒。

2. 子曰："性（本性）相近也，习（习性）相远也。"

"天命之谓性"，乃是与生俱来的，"性相近"。习性，指习气，由于环境不同，"习相远"，人的习气乃不一。人生不容易，什么环境造就出什么人。

不要凡事把"自我"摆在前，否则苦。环境使我吃素。有小孙子以后，我就不养宠物了。想成事，要从处人开始，净用心机不成。

本性相近，性生万法；习性相远，因为习性不同，人的样子乃不同。所以要"慎习"："学而时习之"，"传不习乎"？

3. 子曰："唯上知（智）与下愚，不移。"

性善，"唯上智与下愚，不移"。"上智"，对事看得清楚，对任何事永不变；"下愚"，不懂得变。中等人，易于见异思迁。人智慧的高低，可自此看出。

常，为经久不变的常道。社会无常，乃因中智之士朝三暮四。

成大事必有德，德慧。恒德为要，"久于其道"（《易经·恒卦》），但是难。许多人专顾眼前，而忽略了永久。

我与人相处，对方如何变不管，我一定不变。

4. 子之（往）武城（鲁邑），闻弦歌（诗歌）之声。夫子莞尔（抿着嘴笑）而笑曰："割鸡焉（安）用牛刀（牛刀小试）？"

熊十力：子游以涵养性德，其功莫大乎习乐。乐主和，和也者，生生不息之仁也。

子游为武城宰，复庠序之教，故夫子得闻弦歌之声。

"割鸡焉用牛刀？"至圣也是人，看孔子怎么做人。

子游对曰："昔者偃（师前称名）也闻诸（语词）夫子曰'君子学道（仁道）则爱人，小人学道则易使也'。"子曰："二三子（诸生）！偃之言是也，前言戏之耳。"

"乐以和性"，"率性之谓道"。"立于礼，成于乐"，立乐教，善民心，移风易俗，故爱人、易使。易为国家所用，易对别人有贡献。

人的成就，就在人道范围内，要于平凡中塑造自己。

"割鸡焉用牛刀"，戏言！可见圣人说话有时也欠考虑，就出纰漏。连孔子说话都失言，何况是我们？

必要把书读活了，才是活学问。

5. 公山弗扰（鲁之公族，阳虎之党）**以费**（季氏邑）**畔**（叛），**召，子欲往。子路不说**（悦），**曰："末**（无）**之**（往）**也已，何必公山氏之之**（往）**也？"**

孔子在那时可能是造反的魔王，否则人家造反为何要请他，将他当成同志？

"子欲往"，圣人不能生时，时至而不失之。

公山不狃，鲁人。复姓公山，名不狃（也作弗扰、不扰），字子泄。公山不狃和阳虎，季桓子的家臣。季桓子极器重公山不狃，派他作费邑邑宰。

《史记·孔子世家》：定公八年，公山不狃不得意于季氏，因阳虎为乱，欲废三桓之适，更立其庶孽阳虎素所善者，遂执季桓子。桓子诈之，得脱。定公九年，阳虎不胜，奔于齐。是时孔子年五十。公山不狃以费畔季氏，使人召孔子。孔子循道弥久，温温无所试，莫能己用，曰："盖周文武起丰镐而王，今费虽小，傥庶几乎！"欲往。

子路不高兴，说："不要去吧！又何必去蹚浑水呢？"

可见学生真了解老师也不容易！革命，是要反对当时的不合理。

早晚有一天会把我供起来，说："老师早说了，不听。"

我的学生无处无之，但同学不一定是同志。

子曰："夫（语词）**召我者，而岂徒**（岂是白白找？必有所为）**哉？如有用我者，吾其**（岂）**为**（助）**东周乎**（不助东周了）？"

刘逢禄《春秋公羊传何氏释例》：无终始者，无正也。无正，安有国哉？人知阳虎、不狃之叛，不知季氏之叛；知季氏之叛，不知定公之叛；知定公之叛，不知平王之叛。子曰："如有用我者，吾其为东周乎？"盖伤本之失也。

孔子的思想在《论语》中有三变：

一、"郁郁乎文哉！吾从周。"崇拜。

二、"久矣，吾不复梦见周公矣！"起疑。

三、"吾岂为东周乎"，孔子在东周而不助东周，乃另有所为，为其新王思想。《春秋》"以鲁当新王"，否定当政者。

圣人的思想与智慧同年龄并进，没有所谓金科玉律、永远不变的东西。《易》为智海，"不可为典要，唯变所适"，主要在接受前人的智慧，用以启发自己的智慧，并不是一成不变的，"逝者如斯夫，不舍昼夜"，必有变迁才算进步。

孔子作《春秋》，"贬天子，退诸侯，讨大夫""志在《春秋》"，志新王，"以鲁当新王"，拨乱反正。

6. 子张问仁于孔子。孔子曰："能行五者于天下，为仁矣。"请问之。曰："恭（恭己）、**宽**（宽大为怀）、**信**（有信于人）、**敏**（虑深通敏）、惠（人人怀惠）。恭则不侮，宽则得众，信则人任焉，敏则有功，惠则足以使人。"

问："行哪五种？"答："恭、宽、信、敏、惠。"

"恭则不侮"："恭己"，重视自己的人；"不侮"，无人侮之。"人必自侮，而后人侮之"。

"宽则得众"：宽，"宽以居（守）之"，宽大为怀则得众

"信则人任焉"：人言为信，取信于人，"无信不立"。

"敏则有功"：虑深通敏，考虑得愈是深刻，则愈可以成功。

"惠则足以使人"："惠而不费"，能用天下人。

7. 佛肸（音 bì xī）召，子欲往。子路曰："昔者由也闻诸（之于）夫子曰'亲于其身为不善者，君子不入也'。佛肸以中牟（佛肸时为中牟宰）畔（叛），子之往也，如之何？"子曰："然，有是言也。不曰（两设之辞）坚乎？磨而不磷（薄）。不曰白乎？涅（染）而不缁（黑）。吾岂匏瓜（点缀品）也哉？焉能系（挂着）而不食（不用）？"

佛肸，晋国卿赵鞅（即赵简子）家臣，曾为中牟县宰。《史记·孔子世家》："佛肸为中牟宰。赵简子攻范、中行，伐中牟。佛肸畔，使人召孔子。孔子欲往。"

"不是不入不善之国？为何要去中牟？"子路就是不明白。
"然，有是言也"：是的，以前曾说过那话。
"坚、白"，性。真是坚、真是白，"磨而不磷，涅而不缁"，再怎么磨、怎么染，也是坚、也是白。

"握天枢以立不易之公则，奉至正以御万有不齐之诡变"。

"吾岂匏瓜也哉？焉能系而不食"，我又不是匏瓜，哪能空挂着不用。用事，是要毁掉当时不好的环境，树立好的环境。

《论语说义九》：孔子引匏瓜以自喻，即前章"如有用我"之义。匏瓜系天，徒有虚名，而不可食用。我非徒有虚名，要当有用于世。

但是两次助叛，也没去成。自此，可看出孔子的真精神！

8. 子曰："由也，女（你）闻六言六蔽（毛病）矣乎？"对曰："未也。""居（坐下。昔日坐席）！吾语（音yù）女。好仁不好学，其蔽也愚（愚人）；好知（智）不好学，其蔽也荡（泛滥无所归）；好信（小信）不好学，其蔽也贼（害）；好直不好学，其蔽也绞（急躁）；好勇不好学，其蔽也乱（乱事）；好刚不好学，其蔽也狂（狂者进取，志大才疏）。"

《论语正义》：凡尊长问己，己将答之，皆起席以申敬也。对毕就坐；若未毕，尊长命之坐，则坐。

"居！"子路起对，命之使还坐。

"言"，正经的；"蔽"，毛病。

有六种美德——仁、智、信、直、勇、刚；亦必加以学，方不致有六种缺憾——愚、荡、贼、绞、乱、狂。

《论语正义》：仁者不好学，则不知裁度，或至爱无差等也。

"好仁不好学，其蔽也愚"，光知仁，不知所以裁之，爱无差等则愚。

《论语正义》：知者不好学，多妄自用，不能据德依仁，故无所适守。

"好智不好学，其蔽也荡"，光知智，多妄自用，则放荡无度，泛滥无所归。

"好信不好学，其蔽也贼"，光知信，愚信则害，要"言不必信，行不必果"。

"好直不好学，其蔽也绞"，光知直，直而无隐，则急躁。

"好勇不好学，其蔽也乱"，光知勇猛，一往直前，则乱事。

《论语正义》：刚者性犷直，其言多抵触人也。

"好刚不好学，其蔽也狂"，光知刚，志大才疏，不知看环境，则狂妄倨慢。如项羽，司马迁评："自矜功伐，奋其私智而不师古，谓霸王之业，欲以力征经营天下，五年卒亡其国，身死东城，尚不觉寤而不自责，过矣。乃引'天亡我，非用兵之罪也'，岂不谬哉！"（《史记·项羽本纪》）

《荀子·劝学》称："君子博学而日参省乎己，则知明而行无过矣。"

"学而时习之"，必要识时，"智必识时，行若时雨"。一时代有一时代的产物，违时不足为法。

9.子曰："小子（孔子称诸弟子）！何莫学夫（音fú）《诗》?《诗》可以兴，可以观，可以群，可以怨。"

要弟子学诗，如问伯鱼"学《诗》乎"，说"不学诗，无以言"。

《诗》可以兴人之志、观社会之良窳、使人有群德、知当时之不满。

"兴"：起也，"兴于诗"。士尚志，"诗言志"，诗言人心志之感受，故能兴人之志。"诗者，持也"（《诗纬·含神雾》），"持其志，无暴其气"（《孟子·公孙丑上》），不要将浩然之气暴露，应"直养而无害"。

"观"：《诗》完全言民心之所受，可以看社会的反映，可以观察民情、切磋琢磨。

"群"："群而不党"，可以使人养成群德。

"怨"：心死，《说文》称："恚（音 huì，怨恨）也。"本义：怨恨，仇恨。引申义：哀怨，怨调，怨声。《诗》为百姓之产物，《国风》中有百姓对地方之"怨"，可以知当时之不满，观风俗，知得失。人生不如意事，十之八九，寓谏于怨，间接使人止于至善。

今言论自由，可以自由表达人的心意，人之邪正、是非皆有。以至诚之心改正社会，有谏戒。

《诗》求安，《召南·草虫》云："亦既见止，亦既觏止，我心则降（音 háng）！""降"的心境，比"安"还舒服。求得安，就消了怨，才能兴、观、群。所以"《诗》可以兴，可以观，可以群，可以怨"。他们求的是怨中的安，因为那个怨不是他们愿意的。孔子评《诗》说"思无邪"，完全是人性人情之所在。

"兴、观、群、怨"，不是感情用事，完全是身之所受；喜、怒、哀、乐，皆以身之所受来表达。《诗》，乃人心志之感发，完全言民心之所受，故能兴人之志、察民之情，所以读《诗》后，必有启发人的力量。

汉时，《诗》有三家——《齐诗》《鲁诗》《韩诗》，属今文经，均已亡佚，仅存《韩诗外传》十卷。各家诗，均有其师承，承师说。自修之学，别人一看就知。中国文化太多，什么皆有专门，应精益求精。每一门径，均有其建权。有师承，表明不是闭门造车，不造谣，非崇拜哪一家。

经书绝不能乱讲，讲经必要有根据。入门路子不可走错，读书、讲书皆必有所本。在观念上皆接触过，以后再看，都是老朋友。人到中年，浮气就没了！小常识的书，时常接触些，可以有概念。年轻时要"博"，什么书都可以看；老了，必要"专精"。

将《诗经》当社会学研究。民初对《诗经》有许多时髦的解释，《易经》亦如此，特别新奇！郭沫若，以社会学观点写《易经》。

郑玄家丫环对话都用《诗经》，其风雅如此！《诗经》一天一首，好好研究。做学问，必有方法。为学之道，贵乎持之以恒。喜什么，持之以恒学，久则能有成。

人小时候的教育很重要，小时读书的观念永远不会忘，所以必兴其志，让小孩多看名人传记。

中国人面对问题、解决问题，特别重视安，"既来之，则安之"，"安无倾"。《尚书·尧典》称尧"钦、明、文、思、安安"，安安即晏晏，海晏升平。

今天要求安定，达天下平，要自中国文化中求。就是读历史，也要通古用今。如读《三国演义》也能生智慧，看"巧施连环计"，是谁出的主意？何以能被接受？

"迩（近）之事父，远之事君。多识于鸟兽草木之名。"

多加上两句，劲就没了！此一说，把《诗经》的价值说没了！

"多识于鸟兽草木之名"，如此，则《诗经》成为博物学了，与社会学差多少！

中国经书经后世为维护帝制，已冲淡含真理之处。必分辨真伪。

10. 子谓伯鱼曰："女（汝）为（治，学也）《周南》《召南》矣乎？人而不为《周南》《召南》，其犹正墙面（面对墙壁）而立也与（欤）？"

孔子的儿子伯鱼准备结婚，孔子要他研究婚姻之道。

诗言志，人性相表里。《诗经》前为《国风》，有十五国风，为各诸侯国之音乐、曲调，采自各地，为民间诗歌，以观民情风俗，作为施政的参考。

《周南》《召南》：皆国名，周，为周公之封地；召，为召公之封地；南，即南方之国。《周南》十一篇、《召南》十四篇，为正风，"为《雅》《颂》之基，道成于《麟趾》"（《春秋公羊传何氏释例》），"王者之迹熄而《诗》亡，《诗》亡，然后《春秋》作"（《孟子·离娄下》），《春秋》始元终鳞，著治太平。

何以要研究二"南"？为正风，共二十五篇，《周南》首《关雎》，终《麟之趾》；《召南》首《鹊巢》，终《驺虞》，表现齐家治国之道，表人之情，"类万物之情"。不明人情，就不能做事，"其犹面墙而立"。

熊十力《论六经》谓：面墙者，一物无所见也，一步不能行。人而不为二南，其病若是，故吾人当由二南，以领会人生之意义与价值。

中国读书完全重实用之学，即活学问。要眼观八方，耳听十路，到哪儿都得看一看，必要学以致用，不要净在屋里读书，出门什么也不懂。

人伦之道、做人之道——孝、慈、义。孝、慈，皆自"义"出，人择偶应"贤贤易色"。

"君子之道，造端乎夫妇"，夫妇以义合，夫妻间礼数不足便是不义。如对另一半都不义，此人还有原则可言？如夫妇之道都没有守好，那君子之道自何而来？

"宜室宜家"（《诗经·周南·桃夭》），小两口处得好了，才能够进而齐家。台湾今天之所以乱，皆不宜室也，夫妇都不像话。孩子生了，必负起为人父母的责任。

能够相处几十年，绝对有处人之道，要以德胜人，亦即以分寸胜人。先求自知，一般人都是瞪眼看别人的毛病。人总得做事，都要有分寸。

《易》上经基"乾、坤"，"阴阳合德，刚柔有体"（《易经·系辞下传》），生生不息；下经首"咸、恒"，讲夫妇之道。

《诗》首《关雎》，告诉人如何用情——"乐而不淫，哀而不伤"。人既是有情，有时难免受挫折，天下男女多得很。人生最要莫过于男女之道，不可以之为儿戏。自古即重视"生人之道"。

古时结婚称"授室"（《礼记·郊特牲》"舅姑降自西阶，妇降自阼阶，授之室也"）。《诗经·周南·桃夭》云："之子于归，宜其室家。"由室而家，有其层次。齐家，一辈辈齐。

以前男、女孩六岁以后，不可以与父母同住一房。在未结婚前，男女别居，女子住闺房。每年祭祖，男孩可去吃。未成年的吃饭，没有盘子，用碗。结婚后，才可和大人一同吃，才有屋住。古代大家庭有伦有序。

遇事要慎思，今"人"的行为少，皆如禽兽。今天的婚姻教育，只知教戴保险套、吃威尔刚（伟哥），这是人的社会？台大为教授制订自律规章。

昔日县太爷必是进士出身，具有相当的文化素养，当一县父母官。

11. 子曰："礼云礼云，玉帛云乎哉（反设对词，兼疑词）？乐云乐云，钟鼓云乎哉？"

古时祭政合一。祭时，必用玉、烧帛。摆上玉，烧帛，望燎（看着焚烧帛祝的火花冉冉升天）。所祭不同，用玉有别，哪个朝代的玉均可用。

一般人一提到礼，以为就是叩拜。"礼云礼云，玉帛云乎哉"，玉帛之祭，不过是礼的一部分。但表面的物不重要，内容才重要。有"玉帛"，不代表就是礼。

礼之大者，不仅于祭。"礼者，理也，履也"，理，指体；履，指用，行也。贵乎行，立于礼，行道即是礼，一切行为必须要合理。人必要有德行，人必得做人的事。让，为礼之实；礼，为让之文。《尚书》首让，是中国第一部有系统的政书。

"钟鼓"，乐器，"乐云乐云，钟鼓云乎哉"，乐不在钟鼓，而是在内容，内容是由"天命之性"来的。听音乐以养性，乐以和性，"致中和，天地位焉，万物育焉"，中和之乐，故"成于乐"。

《孝经·广要道章》："移风易俗，莫善于乐。安上治民，莫善于礼。"

"大乐必易，大礼必简"（《礼记·共记》），"易简"，真情流露，出于至诚。

夫妇以义合，义生孝、慈，无义的行为能算是礼？是人？中国夫妇之爱，不是表现在形象上，自中国的情可见民族文化之深厚。中国东西必要往深处追求。只要有智慧，不管学什么，都能做学问。中国学问皆实用之学，因有真正的经验。开导老百姓，必说老百姓能懂的，才有作用。

12. 子曰："色厉（外表庄重）而内荏（音 rěn。内荏，没骨气，柔而不刚），譬诸小人，其犹穿窬（穿墙）之盗也与？"

"色厉内荏"，表里不一，说一套做一套。得分辨之，"色庄者乎？"

《孟子·尽心下》称："士未可以言而言，是以言饴（同'舔'，诱取）之也；可以言而不言，是以不言饴之也，是皆穿窬之类也。"

13. 子曰："乡原（愿），德之贼（害）也。"

"恶乡原，恐其乱德也"，"阉然媚于世也者，是乡原也"，谁也不得罪，"非之无举也，刺之无刺也；同乎流俗，合乎污世；居之似忠信，行之似廉洁；众皆悦之，自以为是，而不可与入尧舜之道，故曰德之贼也。"（《孟子·尽心下》）

"贼仁者，谓之贼"（《孟子·梁惠王下》），"仁者，人也"（《中庸》），"唯仁人，能好人，能恶人"（《里仁》）。

14. 子曰："道听而涂（途）说（量浅之人），德之弃也。"

《论语正义》：此为暗于大道，不知审择者戒也。

道听途说，量浅之人，人云亦云，不知辨别。"文理密察，足以有别"（《中庸》）。

知己知彼，不光是不说错话，还要不道听途说。

说眼睛不好，戒吃辣，那湖南人岂不都是瞎子？道听途说，德之弃也。

15. 子曰："鄙夫（卑鄙之人），可与事君（群）也与哉？其未得之也，患（担心）得之；既得之，患失之。苟（诚）患失之，无所不至矣。"

《论语正义》：鄙夫患不得禄位，则有夤缘干进之术。既得而又患失，则益思固其禄位，而不敢正言直谏，以取媚人主，招权纳贿，以深病民。

人必得有所守，有所不为。一个人如没有守，就不会有成，守成，是"有守有为"，不是"有为有守"，否则岂不是先贪了，再守住？

自己要想，要严格训练自己，必得吃苦。嗜欲浅，当然要吃苦，不为欲所困。想成事，必得吃苦，要限制、管理自己。我的生活绝谈不上享受，所以同学说"老师越来越年轻"。

一般人每天陷于嗜欲中，所以没有成就。台湾小孩并不笨，但是缺方法、没有功夫，把聪明都浪费掉了。人守不住，见异就思迁。今天的小孩有学做人处世之道了？

16. 子曰："古者民有三疾（毛病），今也或是之亡（无）也。古之狂（志大才疏）也肆（不拘小节），今之狂也荡（无所拘束）；古之矜（庄重）也廉（棱角，喻自敛），今之矜也忿戾（执拗，难对付，脾气大）；古之愚也直（直道而行），今之愚也诈而已矣。"

《论语说义九》：言古有疾尚可治，今则因疾而亡，谓人心之已死也。情日变，风俗日漓，圣人所为明礼乐以救之与？

人情日变，风俗日漓，圣人所为明礼乐以救之与？

"狂者进取"（《子路》），"狂也肆"，志趣高，不拘小节。"荡"，无所不拘，无节。

"矜也廉"，持守太严。任何事有一定的范围、界说。"忿"，怒也；"戾"，暴戾。"有所忿懥，则不得其正"（《大学》），戾气生，失常失德。

"愚也直"，昔愚者，直道而行。今天社会是"愚而诈"，半点道义也没有，故做事必诈伪。

《论语说义九》：狂也、矜也、愚也，皆气质之偏，古所谓疾也。有肆以救狂，有廉以救矜，有直以救愚，是不失为古之疾也。荡则失其所谓狂，忿戾则失其所谓矜，诈则失其所谓愚。此古但为人疾，而今遂至于死亡。

17. 子曰："巧言令色，鲜矣仁。"

此章与《学而篇》重出。

"巧"，《说文》称："从工、丂。技也。"工，有精密、灵巧义，本义：技艺高明、精巧。引申义：机巧、巧言、巧黠、巧妇、巧取豪夺。

"巧言"，花言巧语，巧言无实；"令色"，和悦面容，令色无质。只知自己，不知有对方，少有仁心。

18. 子曰："恶（音 wù，讨厌）紫之夺朱也，恶郑声（商乐）之乱（混淆）雅乐（周雅乐）也，恶利口（御人以口给）之覆（倾覆）邦家者。"

"紫"，蓝和红调成的颜色，是间色。"朱"，大红色，古代以为是正色。

"近似"最是难辨！知道分辨"紫"与"朱"者，必不色盲。

"郑声"，代表商的音乐。"郑声淫"，郑声太美了！郑声与周的"雅乐"，有相近之处，故能"乱雅乐"。

"利口"，言伪而辩；"覆邦家"，足以倾覆国家。

《中论·核辨》：利口者，心足以见小数，言足以尽巧辞，给足以应切问，难足以断俗疑……孔子曰："巧言乱德。"恶似而非者也。

19. 子曰："予欲无言。"子贡曰："子如不言，则小子何述焉？"子曰："天何言哉？四时行焉，百物生焉，天何言哉？"

《论语述何》：《春秋》之文，日月详略，不书者胜于书，使人沉思而自省悟，不待事而万事毕俱，无传而明，不言而著。

《论语说义九》：子贡恐学者以无言为不言，故发问以明之。性与天道不可得而闻，即无言之谓，而性与天道之故在《易》、《春秋》。

有天则，所以则天。"天何言哉？四时行焉"，在行不在言，默默中就有力量。《易·乾》"天行健"，自然之运。《中庸》"上天之载，无声无臭，至矣"。

"天何言哉？天何言哉？"重言之，有深意。言不尽意，要体会言外之意。寓教，表明教也。不必说，只要如四时之行、百物之生、日月之运。和，故百物生。

20. 孺悲（鲁人）**欲见**（始来见）**孔子，孔子辞以疾。将命者**（传达言语者）**出户**（室户），**取瑟而歌，使之闻之。**

孔子不见，辞之以疾。

《礼记·杂记下》："恤由之丧，哀公使孺悲之孔子学士丧礼，《士丧礼》于是乎书。"

鲁哀公曾经派孺悲去孔子那儿学士丧礼。《仪礼》谈丧礼中，有《士丧礼篇》。

此盖孺悲初次去拜见孔子时的情景。孔子不见，取瑟鼓之，倚声以歌，使孺悲闻之。意即：你告诉他，我不在。

《孟子·告子下》："教亦多术矣。予不屑之教诲也者，是亦教诲之而已矣。"

令孺悲自思失礼而改之。"君子于其所尊，弗敢质，敬之至也。"（《礼记·聘义》）

21. 宰我问："三年之丧（实际为二十五月），期（音 jī，一周年）已久矣。君子三年不为（行）礼，礼必坏（荒废）；三年不为乐，乐必崩（失去效用）。旧谷既没（尽），新谷既升（登，成）；钻燧（钻木取火）改火，期可已（止）矣。"

昔三年之丧，一说三十六个月，一说实际为二十五个月。三年内不做官、不嫁娶、不赴宴、不应考。

以前，一年生一次新火。

寒食节，源自古代的钻木、求新火之制。古人因季节不同，用不同的树木钻火，有改季改火之俗。每次改火后，就要换取新火。新火未至，禁止生火，是当时的一件大事。苏东坡有《寒食帖》："自我来黄州，已过三寒食。年年欲惜春，春去不容惜。今年又苦雨，两月秋萧瑟……空庖煮寒菜，破灶烧湿苇。哪知是寒食，但见乌衔纸……"

一天天、一步步进步，今天用天然气。

古人有道德，所以没有将智慧用在杀人处，但是科技处高明处太多了。以前的窗子，冬天用纸糊，可以防风御寒；夏天则用纱，有各式各样。以前女子的手脚不能让人看见，清装女子拿大手帕，在遮手，作为装饰品，极为讲究，质地之美！因为除了父母以外，女子的手不能被人看，所以要遮。

时代日新月异，以前用铜镜，得磨镜。今天的玻璃，在清朝时是贵重物品。以前说"找婆家"，今天用"追女友"，用词差多少？

子曰："食（动词）夫稻，衣（音 yì，动词）夫锦（锦衣），于女（汝）安乎？"曰："安。"（孔子说：）"女（你）安则为之！夫君子之居丧（守丧），食旨（美味）不甘（不觉甘美），闻乐不乐（不能听乐），居处不安（不能安适），故不为也。今女安，则为之！"

"稻"，北方以稻为谷之贵者，故居丧不食，"食疏食水饮"。

"锦"，织锦，有文采，寸锦寸金。居丧，素冠素衣，不得衣锦。以前织的纱，技术高，现在不能学。

袍子，在屋中一个颜色，在阳光下袍上"花"中会散光，变成另一颜色。

守丧，口不甘味，不听音乐，居不安适，此哀痛在心也。

以前守丧很严。父母故去守丧，在地上铺草睡，不可以睡床上。

守丧三年中，如生小孩，糟。天子除了父母以外，对其他人皆不守丧。对老师，亦服心丧三年。

乾隆帝做过太上皇，其子与母称其为"皇帝"，其余人皆喊他"皇上"。

我父亲于民国二十七年（1938）故去。

宰我出。子曰："予（宰我之名）**之不仁**（孝为仁之本）**也！子生三年，然后免于父母之怀**（怀抱）**。夫三年之丧，天下之通丧**（由天子以至于庶人一也）**也。予也，有三年之爱于其父母**（报答父母三年怀抱之恩）**乎？"**

仁者，爱人。"不仁"，不爱其父母。

"子生三年，然后免于父母之怀。夫三年之丧，天下之通丧也"

（《阳货》）。《诗经·小雅·蓼莪》云："父兮生我，母兮鞠我。拊我畜我，长我育我；顾我复我，出入腹我。"服三年之丧，在报父母怀抱之恩。

"通丧"，"通"，自天子以至于庶人；父母之丧，一也。

"三年之丧"，"丧不过三年，示民有终也"（《孝经·丧亲章》）。

此章讲丧制。此时丧服未定，有一年或三年主张。理论基础不同，大同处为居丧。

22. 子曰："饱食终日，无所用心，难矣哉！不有博（博局）弈（围棋）者乎？为之，犹贤乎已（止）。"

今天许多人皆"饱食终日，无所用心"。

《孟子·告子上》：耳目之官不思，而蔽于物，物交物，则引之而已矣。心之官则思，思则得之，不思则不得也。

博弈之趣，虫鱼之妍。

不用心，连博弈者都不如。用心啊！用心啊！

23. 子路曰："君子尚（崇尚）勇（见义必为）乎？"子曰："君子义以为上。君子有勇而无义为乱（以下犯上），小人有勇而无义为盗。"

"尚"，与"上"同义。"上友古人"，得了解其时代背景，再看其思想。

尚勇？义以为上，以义勇为上。

问："尚勇乎？"答："义以为上。"以义勇为上。君子把义看得至高无上。"义，宜也"。"好勇不好学，其蔽也乱"。

《礼记·聘义》：勇敢强有力，而不用之于礼义战胜，而用之于争斗，则谓之乱人。

《荀子·荣辱》：轻死而暴，是小人之勇也。义之所在，不倾于权，不顾其利，举国而与之不为改视，重死持义而不桡，是士君子之勇也。

24. 子贡曰：君子亦有恶（音 wù，讨厌）乎？子曰："有恶。恶称人之恶（说人不好）者，恶居下流（下位）而讪（毁谤）上（上位）者，恶勇而无礼者，恶果（果行育德）敢而窒（办事不通）者。"

每天遇事必分析分析，做事要为所当为，不是以世之喜恶做事。

"率性之谓道"，此即所当为。违背人性，便是失道。

"恶称人之恶者"，不可以在别人面前说人坏话，显自己修养不足。要有高尚的行为。

"居下位讪上"，上下即主从，在下位毁谤上位者，吃长辈的豆腐。

"好勇而无礼"，好勇不好学，无礼，故其蔽也乱。

"果敢而窒"，"窒"，阻塞不通，窒碍难行。虽果决能断，但没能力解除包袱。

想做事，必解开包袱，有包袱有累赘，若不纾解，便永远有障碍。如何解，必要用智慧。要对症下药，必知病、知药方。不能纾解，则病难愈。不论用什么办法，总之要把血脉打通。

为政之道，一"通"字而已，故曰"政通人和"，"圣人贵通天下之志"。

以前的《升官图》，自"未入流"一阶一阶升，犯某过降几级。

要求真知，不可以不知为知，知其何以成、何以败，成败乃相邻，一动便成，一动便败。

曰："赐也，亦有恶乎？"（子贡曰：）"恶徼（抄袭，剽窃）以为知（智）者，恶不孙（同逊，谦逊）以为勇者，恶讦（揭发别人隐私）以为直（正直）者。"

"恶徼以为知者"，小智穿凿，伺察人之短，而自以为是智者。

大智慧岂是抄来的？岂是教出来的？我是教你们做真正的智者，不可以做徼者。

《论语》每一章都有深意。真读明白了，则永远不做糊涂事。读任何一句，有无穷之义，都能立德。

25. 子曰："唯女子与小人为难养（待）也。近之则不孙（逊，客气），远之则怨。"

"女子"，可能是错字。有毛病，因其母亦是女子，孔子应不会这么说话。我不懂，也不会讲。

太监，因为生理的影响，心理乃不太正常，极为难养。

北京有太监研究博物馆，是明太监活时修自己的墓，以后被改成庙，即北京碧云寺。

明天启年间，大宦官魏忠贤出资扩建碧云寺，并将墓穴的规模扩大，结果没有用成，就因罪大恶极而自尽，被改为庙。明万历年间司礼监的掌印太监田义，其墓建成于明万历三十三年（1605），距今四百余年，是目前保存最完整、规制最高、石刻最为精美的宦官墓园，也是我国对外开放的首座以宦官文化为主题的"宦官博物馆"。

李莲英虽长得丑，但有聪明智慧，慈禧太后离不开他。

26. 子曰："年四十而见恶（被人讨厌）焉，其终也已。"

"三十而立，四十而不惑"，人之惑，皆惑于欲。

到"不惑之年"还惑，所以还事事被人讨厌，就完了！今人四十，正是"狗抢骨头"之时。

宰相之才，发挥宰相的智慧。孔子为"素王"，有王之德无王之位，不光是宰相之才而已。

韩非多次上书韩王游说，皆不为所用，写《孤愤》，因为没有人找，所以"愤"。深入，始明白。真够分量了，天下没有瞎眼的。同学何以如此无反应？

我骂老蒋，老蒋未杀我，坐牢而已。知己之责任，要做。

改造，必在根深叶茂以后，否则岂不是拆自己的台？

我每天吃一个半馒头，为自己活，也要为满人活。我是太祖的嫡子孙，有责任培育满人后代，所以每天忙。一个人有一个人的责任。

台湾有上万满人跟随施琅来台，彰化福兴乡有顶粘村、厦粘村，是金之后，与我七百年前是一家，一个祖宗。

《易》，一爻一世界，得深深地领悟。要点抓住了，慢慢学会读书。《春秋》，绝对不能自修，不是讲书，而是讲思想。

开始做事，要怎么和弦？出门，先开会报告，即合与谋。做事不按章法，必跑单帮，则成独裁、独夫、一人。

真怕某个人，不要刺激他，而是要放纵他，要懂得欲擒故纵。

我做事，绝不叫人知，我自小即如此训练。做事不叫别人知道，说出者，绝不再用他。要好好培养自己，不要松。

重要事情，不可以假手他人，故外语必得懂。读书，是为了会办事。

老祖宗有智慧，凡事都有一套。中国什么都有系统，要有系统地读。想做什么，即学什么。

同学比牛笨！不是读书了，就会做事。要知道怎么造就自己，不能就得学，先看自己能干什么。将许多要点抓住了，才会做事。要用自己之所长，在自己的顶尖上往前努力，绝不可以做自己不懂的事。

不要官迷，"赵孟能贵之，赵孟能贱之"。要塑造自己成为绝类。雄心与野心不同，有雄心，更要好好下功夫。

物尽其用，莫以为无用。别人看不起的人，可能对你有用。最难的是应世，世路人情皆学问，见一人即要给一人好印象。既是有所为，就必要表现得够水平，第一印象可以共事一辈子。人家来见你，必有所为而来，你满足其所为了，两人才能共事一辈子。

人来见你，并非来就见，得有个托词，要有准备，给他留个好印象才见他。不约而见者，必定是最要好的朋友。如见面之后，给人恶劣的印象，可能一生就不会有交往了。所以第一印象很重要。第二次的价值便没有了，婚姻即如此。

称"奉元"，有深意，了解第一个动作。把别人想过的当肥料（夏学），以培养种子（元），可以生新。肥料的作用可大，所以我将古人的材料称为"肥料"，其本身无主观、无对象，是万能的，用在什么都能长，甚至可以开花结果。如无主观，则肥料的来源多广！什么都不能接受就孤陋寡闻。

小孙子与我所想绝对不同，吃也不同。看问题，不是你决定怎么想，而是要看对方，以他为主，此《学庸》所谓"无所不用其极，无入而不自得"也。

中西医皆自根上讲，其实都一样，只是方法不同而已。

政客没有好人，当年为筹办华夏学菀，骗了我的东西，却说我"盗卖国宝"。

我在台五十年，徒子徒孙不止万户。刚来台在山地住六年，吃甘薯；奉元书院的大弟子是山地人。国民党不许我再到山地，被看到"解严"后；"解严"后，第一件事就是去山地。台湾有四个满人村落，我总是出去，要训练满族年轻人的头脑清新。

你要做什么？你能做什么？两种不同。对事、对人没有成见，但得讲利害。想要做官，但你有做官的智慧？

我指东说西，指桑骂槐，在使你们明白。

成功了，人都知，又何必说？

见一人，要先考虑其背景环境。读古书，即上友古人。读其书，必知其人。

冷静学，事情天天有，得有丰富的经验、知识去参与，"载之空言，不如见之于行事之深切著明"。

中国刚要抬头，西方怕中国强，斗争在后头。你们要用心思，不培养能够进步？深思熟虑即养，熟才能生巧。

一个民族的希望在下一代。日后，只要有才能，用得上的机会多。

对时事冷眼旁观。我总是跑，乃责任之所在。

麦克阿瑟（1880—1964）以美国思维考虑中国问题。中国于朝鲜战争（1950年6月25日—1953年7月27日）取胜，此即中华民族精神。

遇事要深思熟虑，不许有主观。老头子的经验多，一看就知你的修养程度。

一般人何以会失败？只想要人接受其政纲、思想，否则就不接纳别人。要懂得思维，不可以有主观，愈是虚心则接受的愈多。

懂得读书方法了，才能事半功倍。刚学时，要懂得"学"与"养"的方法，此即"学养"。"学"与"养"，赞美一个人"有学养"，"养"即修养。愈是有修养的人愈是谦，是"谦谦君子"（《易经·谦卦》）。

必懂自己能做什么，做自己所能的则事半功倍。要做什么？在危亡之际，如林觉民要革命，与妻诀别，其书信多感人！要革命，就是要送命。

"大哉乾元，万物资始"，资什么？天天读书，找得到结论？必知其所以然。许多注解根本不知所云。

我用白话写《易经》，是为给一般人看。

你们什么享受都懂，就是不懂得责任。历代革命成功者，总是揭竿起义的大老粗，而非知识分子。

老百姓多么善良，一生做过什么坏事？顶多偷两包花生而已，如因此而下地狱，那地狱岂不是都要满了？人生要真明白，要能懂得什么是善、什么是恶。

鸣鼓攻过，孔子骂冉求助人为恶。堂堂大学生还为人摇旗呐喊？你们往往在不知不觉中就助人为恶了。不要随便鼓掌，因为可能就助人为恶了。我看太多了，就怕你们一步走错成千古恨，千万不可以失足，否则走不回来。

如有好儿子，可以"干父之蛊"。"干父之蛊，有子，考无咎"（《易经·蛊卦》），父亲做错事了，有好儿子，可以弥补父亲的错误。

有人看到"一点"，便知其人是如何构思，知其必点此一点。其次，是见到"点"了，才分析之。也有人见了，但仍不知其为何物。

美国打压中国，证明中国必强。无论识时或是投机，绝不可以为敌人所利用。知道有明天，便知道今天应该怎么做。不知今天应该怎么做，便是违时。

"拨乱反正"，反（返）正，是要建立新理论、新世界、新秩序，将过去的"乱"都除了，以培养今日之"正"，即另辟天地。知正，才能培正。

小人怀惠，使民以惠还用言？对人如真有惠，对方绝对明白。

读书，是为了改变器质，此绝非空言。孔子"望之俨然，即之也温，听其言也厉"，如器质未变，又如何令人"高山仰止，景行行止"？

朱子学何以能传七百年？因为对统治者有用。许多学人好话说尽，坏事做绝。

一个学说，可以使一个民族活，也可以使一个民族死。

读经，必自根上入手。天下无难事，必得勤与专。书想真明白，得会背书，就可以随时想，才能融会贯通。

我从小就学政治，即斗争。斗争，得有斗争之术，贵精不贵多，"惟精惟一"，想成功得有所守，要下精一的功夫。

你们对问题的反应太慢了，世情随时有变局，应马上有反应，知道要怎么处理。一个人必要能应事，抢着多做事就是磨炼自己，失败就当作交学费，不必后悔。抢着做事，才会有经验。要小孩做事，但在后面跟着。

我在台讲学五十多年，但一个成功的都没有。你们要会思维，也得能行，完全在于自修。廖学广，矿工之子；张瑞猛，孤儿院长大。此二人办事能力不错，可是没有修为，因为不懂得思维。

廖学广，黌舍学生，台大法律系毕业，美国加州州立大学圣地亚哥分校硕士。民进党创党党员之一，曾任台北县汐止镇镇长等。

在汐止镇长任内，对在汐止盖屋卖屋的建商们课征被称为"镇长税"的"开发补偿费"。1995年8月，廖因征收"镇长税"，被士林地方法院依《贪污治罪条例》"公务员图利他人罪"一审判处有期徒刑十八年并褫夺公权八年。1995年年底，廖以无党籍身份参选台北县选区第3届"立法委员"，以台北县第一高票当选。1996年8月10日，廖因曾形容同选区"立委"罗福助是"黑道立委"，在汐止家中遭绑匪挟持至林口山区监禁，是当时引发岛内大众震惊的"关狗笼事件"。

张瑞猛，黉舍学生，台湾大学经济学硕士，美国哥伦比亚大学经济学博士，经济发展和国际经济学领域专家，历任张荣发基金会国策中心首任执行长、中兴保全总裁、立保保全董事长、台骅物流控股有限公司独立董事等职务。

你们的文化基础太浅，没有一本书看得懂。我如此分析，希望你们能在三四年懂一点事。

素养，非一日之工。不懂自己不懂，做事有骄气、有主见，还以为无一人比得上你们。人不学，就无术，必要脚踏实地学。

每天说话都不在行，不知所云，怎么能担当大任？你们没有方法也没有功夫，不知怎么修养又懒散，就只想不劳而获。"知己知彼，百战不殆"，必要先了解自己，不自欺，自己要深入，自得。自得了，才能支配别人。

1. 微子（纣庶兄）去之，箕子（纣伯叔）为之奴，比干（纣伯叔）谏而死。孔子曰："殷有三仁焉！"

一、仁，"志士仁人，无求生以害仁，有杀身以成仁"（《卫灵公》)，牺牲自己。二、"仁者，人也"。说"殷有三人"，如是，岂不是此外都不是人？

比干被封为"财神爷"，因为他"无心"，乃无私，能把钱给人。

《尚书·微子》载，帝乙在位时间很短，病重期间，曾宣比干、箕子等进宫商议继承王位之事。箕子劝帝乙立长子微子为王位继承人，比干却力荐次子帝辛（后来的纣王）。最后，帝乙采纳比干建议，立帝辛为王位继承人。

帝乙死后，纣王即位，比干全力辅佐纣王治理国家，看到纣王荒于政事，就坦言直谏，并带纣王去太庙祭祀祖宗，给他讲历代先王创业之艰辛。纣王虽表面点头称是，但并不真正改过，且更加荒淫暴虐。比干冒着丧生灭族危险，连续三天进宫向纣王进谏，抨击、指责纣王种种过错，斥责他的暴政。纣王勃然大怒，命人剖开比干肚、取出心肝，并向全国下令说："少师比干妖言惑众，赐死摘其心。"比干被杀害于朝歌摘星台。

民间传说中，比干死后，玉皇大帝认为比干为人刚正不阿，爱国爱民，又无辜被害而剖心，无心则不偏心，因此封他为天官文财尊神，并以金圣孔雀为坐骑。

箕子，劝谏纣王不听，乃率商朝遗民到辽西喀左县一带建立了箕氏侯国，被周朝封朝鲜侯而成为诸侯。《旧唐书》上记载后世的高句丽"颇有箕子之遗风"，"其俗多淫祀，事灵星神、日神、可汗神、箕子神"。

微子，多次谏殷商纣王，但纣王并没有接纳，于是远离纣王逃到了微。武王克殷后，微子持祭器造于武王军门，"肉袒面缚，左牵羊，右把茅，膝行而前以告。于是武王乃释微子，复其位如故"。

周公东征，平定三监之乱后，纣王子武庚被杀，周公代天巡狩，以周成王之命，封微子于宋地，以示不绝殷商之香火，爵位为公爵，准用天子礼乐祭祖。微子遂建了宋国，为周朝二王三恪之一。

2. 柳下惠（展禽，鲁大夫）为士师（法官），三黜（贬）。人曰："子未可以去乎？"曰："直道而事人，焉往而不三黜？枉道而事人，何必去父母之邦。"

柳下惠（前720—前621），姬姓，展氏，名获，表字禽、一字季。"柳下"是食邑，"惠"是谥号，后人称"柳下惠"。鲁国大夫，因直道事人，最后隐遁，成为"逸民"。

"柳下惠，不羞污君，不辞小官。进不隐贤，必以其道。遗佚而不怨，阨穷而不悯。与乡人处，由由然不忍去也。"孟子称柳下惠，"圣之和者也"（《孟子·万章下》）。

"直道事人"，"人之生也直，罔之生也幸而免"（《宪问》），"不以三公易其介"（《孟子·尽心上》），焉往而不三黜？

传统的精神，不去"父母之邦"。就是死后也要做中国鬼，不愿意做华夷。

3. 齐景公待孔子，曰："若季氏则吾不能，以季、孟之间待之。"曰："吾老矣，不能用也。"孔子行。

《史记·孔子世家》：齐大夫欲害孔子，孔子闻之。景公曰："吾老矣，弗能用也。"孔子遂行，反乎鲁。

鲁三卿，季氏为上卿，孟氏为下卿，不用事。齐景公待孔子，以季氏、孟氏之间。

启示：人家许你愿，不必乐得太早。

深意：吃多少苦，不影响你成事。圣人也免不了吃苦。

结论：借口"吾老矣，不能用也"，孔子只好走了。

这就是人生！文丐好可怜，到处碰壁。连圣人都挨饿、吃苦。

孔子活着时多可怜，最后"删《诗》《书》、订《礼》《乐》、赞《周易》、作《春秋》"，以俟后世。

因为孔子值得利用，刘邦第一个到曲阜祭孔，此后孔子吃生猪肉两千余年。孔子死后被帝王利用，但也没有真正了解他。

4. 齐人归（馈）女乐，季桓子受之。三日不朝（鲁君不上朝），孔子行。

《史记·孔子世家》记孔子在鲁，摄相事，诛鲁大夫乱政者少正卯。与闻国政三月，粥羔豚者弗饰贾；男女行者别于涂；涂不拾遗；四方之客至乎邑者，不求有司，皆予之以归。曰："孔子为政必霸，霸则吾地近焉，我之为先并矣。盍致地焉？"黎鉏曰："请先尝沮之；沮之而不可则致地，庸迟乎！"

于是选齐国中女子好者八十人，皆衣文衣而舞康乐，文马三十驷，遗鲁君。陈女乐文马于鲁城南高门外，季桓子微服往观再三，将受，乃语鲁君为周道游，往观终日，怠于政事。

孔子极为热中时事，可是怀才不遇，到处跑。

"圣人贵除天下之患"（《春秋繁露·盟会要》），不助人为恶，"知进退存亡，而不失其正"（《易经·乾卦》），故"无可、无不可"。

求己，做自己的事业。成了，大家都借重你。如曾文正以团练起家，成就清朝的中兴事业。天下以求人为难，"赵孟能贵之，赵孟能贱之"（《孟子·告子上》）。多懂，就有立身之基。

5. 楚狂（楚国狂人）接舆（接近孔子车子），歌而过（走过）孔子，曰："凤兮凤兮（讽刺孔子）！何德之衰？往者不可谏，来者犹可追。已而，已而（算了吧）！今之从政者殆而（不妥当。都这套货）！"孔子下，欲与之言。趋（快走）而辟（避）之，不得与之言。

狂者，志大才疏，大有"舍我其谁"之慨。

"凤兮凤兮！何德之衰！"讽刺孔子。可见孔子救世之热，为时人所误解。

《史记·孔子世家》记昭王将以书社地七百里封孔子。楚令尹子西曰："王之使使诸侯有如子贡者乎？"曰："无有。""王之辅相有如颜回者乎？"曰："无有。""王之将率有如子路者乎？"曰："无有。""王之官尹有如宰予者乎？"曰："无有。""且楚之祖封于周，号为子男五十里。今孔丘述三五之法，明周召之业，王若用之，则楚安得世世堂堂方数千里乎？夫文王在丰，武王在镐，百里之君卒王天下。今孔丘得据土壤，贤弟子为佐，非楚之福也。"昭王乃止。

其秋，楚昭王卒于城父。楚狂接舆歌而过孔子，曰："凤兮凤兮！何德之衰？往者不可谏兮，来者犹可追也，已而已而！今之从政者殆而！"孔子下，欲与之言。趋而去，弗得与之言。

同一时代，大家对一事的看法不同。

"往者不可谏"，前时已矣，没有赶上，无法谏。"来者犹可追"，后来之时，犹可待。

对付一事有层次，往下要追什么？用什么方法追？分多少层次追？其结果即成。要有方向、有追的层次，看出问题。每一问题都要有层次，要分几个层次。

必要重视现在，否则现在不好，将来亦难以追治。

智慧之才可以根据现象去追治，"据往者之迹，以求来者之治"。

"楚狂接舆"，解为"姓接，名舆"。但是孔子"不得与之言"，那怎么知道他名叫"接舆"？可见"接舆"并不是人名，应是接近孔子的车子。

读书仔细，多么传神！

6.长沮（音 jū）、桀溺耦而耕（拿耜耕田）。孔子过（经过）之，使子路问津（过渡处，问路）焉。长沮曰："夫（彼，那个）执舆者为谁？"子路曰："为孔丘。"曰："是鲁孔丘与？"曰："是也。"曰："是知津矣。"

长沮、桀溺，金履祥《集注考证》，谓沮、溺皆从水。子路问津，一时何自识其姓名，应如荷蓧、长门、荷蓧丈人之行，盖二人耦耕于田，其一人长而沮洳，其一人桀然高大而涂足，因以名之。

《史记·孔子世家》叙此事于孔子去叶返蔡之时，则为哀公六年（前489），孔子年六十四。

大弟子天不怕、地不怕。文人用这种人，才可以打江山。

"那个执鞭者是谁？"孔子在车上执鞭。

"是鲁孔丘与？"可见当时"孔丘"非一人。

"是知津矣！"冷嘲热讽，说孔子周游已久，当已知济渡处，又何必来问路！

问于桀溺。桀溺曰："子为谁？"曰："为仲由。"曰："是鲁孔丘之徒与？"对曰："然。"曰："滔滔（大水横流，喻时局不安定）**者，天下皆是也，而谁以易之？且而**（你）**与其从辟**（同'避'）**人之士也，岂若从辟世之士哉？"耰**（音yōu，弄碎土块，平整田地）**而不辍**（停）。

子路碰壁，问另一个。

"是鲁孔丘的徒弟吗？"

说天下之乱，有如洪水横流一般，谁又能参与改变天下之滔滔？"你与其避恶人，与可怜人在一起，还不如跟从我这个避世之人隐居？"继续做他的农事。

子路行以告。夫子怃然（怅然）**曰："鸟兽不可与同群**（人以群分，物以类聚）**，吾非斯人之徒与而谁与？天下有道，丘不与**（参与）**易**（易鼎，革命）**也。"**

《论语正义》：山林是鸟兽所居，人隐居山林，是与鸟兽同群也。人与人同群，故当相人偶也。言辟（避）人避世法皆非也。

社会上哪有好人？都是要饭的！

"鸟兽不可与同群，吾非斯人之徒与而谁与"，人不能遗世独立。

时人讥讽孔子"知其不可而为之"。孔子是殉道者，活一天，干一天。

"天下如有道，那我又何必参与革命之事！"悲天悯人的胸怀。儒家精神是"知其不可为而为之"。

明白了，又何必对一时代失望。不要对时代失望，没有过不去的崖；懂此，就能养气；有抱负，就去应世。自己要走哪一条路，把好、坏都看清楚了，就能甘之如饴。

儒家的真精神，不避世，进而"拨乱反正"。

7. **子路从**（音 zòng，随侍，如侍从）**而后**（落后），**遇丈人，以杖荷**（音 hè，背负）**蓧**（音 diào，芸草器）。

"丈人"，人之德行足以扶植别人者。

子路问曰："子（您）**见夫子乎？"丈人曰："四体不勤，五谷不分。孰为夫子？"植**（立）**其杖而芸**（芸田）。**子路拱而立。**

骂臭老九，坐享其成。
看子路挨饿貌！越来越乖，不像流氓了。

止（留）**子路宿**（过夜），**杀鸡为黍**（做饭）**而食**（音 sì）**之，见**（音 xiàn）**其二子焉。**

这就知子路为什么乖了。
令他两个儿子见子路。

明日，子路行以告子曰："隐者也。"使子路反（返）见之。至，则行矣。

明日，子路回去，将昨日之事告知孔子。
"是隐世之人"，要子路回到原处见丈人。
子路到原处，丈人出门了。

子路曰："不仕无义。长幼（前见其二子）之节（礼节），不可废也；君臣之义，如之何其废之？欲洁其身，而乱大伦（君臣之伦）。君子之仕也，行其义也。道之不行，已知之矣。"

"不仕无义"，唬小孩。
自此看人多善变，见什么人说什么话！
子路打官腔，说贤者都隐居了，出来的都是二鬼子。
人都随着环境转，可见表态的重要，多半可以得到最高待遇。有修为，到哪儿都可以受到恭敬。
四平战役，四次打平。

四平，位于东北的中部平原，处在中长、四洮、四梅三条铁路交叉点上，为军事战略要地。

最后一役，我化妆逃亡，身穿袈裟，到庙借法器，还背佛经，随机应变。
人问："你找谁？"答："看我是谁，就知我找谁。"不可以说要找哪一个，否则会被揭穿。
隔天，我为人卜一卦找马，装得很像。

到西太后的老家开原（辽宁省东北部，辽河中游左岸），还要随遇而安，报说："投降来了！"带了枪。被带到国民党地区，进门后脚就软了，打电话要人接。

遇事，愈稳愈胜利。平时必要练习，到什么环境要怎么表态。遇什么环境，得知道要现什么身说话。这可非一日之工。

遇到高手，更要仔细，让他小心。两方处于不平等态势下，智慧如高不过，焉能慑住对方？

8.逸（自我放逐）民：**伯夷、叔齐、虞仲**（仲雍之曾孙、周章之弟）、**夷逸**（子弓）、**朱张、柳下惠、少连**（东夷人）。

中国东西都有一系统，《论语》一章即一系统。应当世事读，不当文章读。

"逸民"，有许多类，一类一世界。苏东坡、王阳明、王夫之皆在其中。

子曰："不降其志，不辱其身（辱身就不孝），**伯夷、叔齐与**（欤）？"

《史记·伯夷列传》：武王已平殷乱，天下宗周，而伯夷、叔齐耻之，义不食周粟，隐于首阳山，采薇而食之。

谓柳下惠、少连："降志辱身矣！言中（合乎）**伦，行中虑，其斯而已矣。"**

《孟子·公孙丑上》："柳下惠，不羞污君，不卑小官。进不隐贤，必以其道。遗佚而不怨，厄穷而不悯。故曰'尔为尔，我为我，虽袒裼裸裎于我侧，尔焉能浼我哉？'故由由然与之偕而不自失焉，援而止之而止。援而止之而止者，是亦不屑去已。"

"言中伦"，不道听途说，不语无伦次，故言要中伦。

"行中虑"，"虑"，《说文》云："谋思也。"思有所图，虑深通敏。"中虑"，即深思熟虑。人无远虑必有近忧，要处处用心思，深思熟虑。"思之思之，鬼神通之"，未思如何能虑？

可以降志辱身，但必"言中伦，行中虑"，以达自己的目的。

一般人遇苦难时，为了达目的，往往只有不择手段。

谓虞仲、夷逸："隐居放（置）言（放言高论），身中（合乎）清，废中权。"

"废"，人原本完整，但经过变乃废了，如废帝。

"废中权"，虽是废了，但是行事仍得中权。"可与适道，未可与权"，行权不离经，离经则叛道。

"我则异于是，无可、无不可。"

孔子"无可无不可"，"无适也，无莫也，义之与比"（《里仁》）。一切行动合乎权变，"无可、无不可"，自己无主张，做任何事之前，不立下约束。守住其间的东西，合乎己之志，"义之与比"，合乎时宜，故为"圣之时者"，，《孟子·万章下》曰："可以速而速，可以久而久，可以处而处，可以仕而仕，孔子也。"

真有志，有无好好在自己身上下功夫？天下绝对没有白得的事。如有巧取的心理，则成事都办不到。要好自为之。

国家绝不能弱，弱则失掉国威。绝不能因一己之私，而失万民之福。弱国之民不若弱国之狗。

你进屋，屋中人能站起来？不能，就没有办法了。一举一动无惊动人起座，能够办事？要改变器质。

读书的第一件事是要改变器质，器质没变，其他一切免谈。修为，"望之俨然，即之也温，听其言也厉"。同学有几个有风范的？管好自己，不要天天看人家的毛病，要造就好自己，一举一动绝对要有个风范，行住坐卧、言谈举止都要特别注意。自己必要造就自己。

读书人到乱世能否拿出一套？如果净是男盗女娼，那国家还有何希望可言？

我来台读五十年书，翻完《四库全书》，绝对爱中国，还成功不必在我。

9. **大师**（乐官长）**挚**（音 zhì）**适齐**（去鲁往齐），**亚饭**（次饭）**干适楚，三饭缭适蔡，四饭缺适秦。鼓**（击鼓乐官）**方叔入于河**（河内地方），**播**（摇）**鼗**（音 táo，小鼓）**武入于汉**（汉中地区），**少师**（乐官）**阳、击磬**（专司击磬乐官）**襄入于海**（海岛）。

此章记鲁哀公时礼坏乐崩，所有乐师皆流落在外。

古时宴会时奏乐章，所谓"亚饭、三饭、四饭"，是吃饭时所奏的乐章；而分管这些乐章的乐官，亦叫作"亚饭、三饭、四饭"等。

昔日宴客，三饭，则翻三次桌面，器皿均得换。最高五饭，吃的东西不同，音乐也不同。可见古时帝王排场之阔绰，但无今人生活之享受。以前的贵族多么享受，但是百姓苦。中国以前没有"农奴"之名，而百姓实即为农奴。

穷人有饭吃，为第一要义。我同情穷人，乃受甘地（1869—1948）的影响，他不贪污，不拿人的东西。

甘地，在英国统治期间，他的精神思想带领印度迈向独立，脱离英国的殖民统治。其"非暴力"思想，影响全世界的民族主义者，争取以和平变革。

10. 周公（姬旦）**谓**（对）**鲁公**（周公子伯禽）**曰："君子不施其亲，不使大臣怨乎不以**（用）**。故旧**（旧臣）**无大故**（大错），**则不弃**（遗弃）**也。无求备于一人。"**

周公对周朝有功，封于鲁，但留相成王，使儿子伯禽就鲁封地，称为鲁公。

此章记周公训鲁公之言。周公善于教子，讲用人之道，告诉鲁公要"近悦远来"。

"君子不施其亲"：一、施，"弛"的假借，不遗弃其亲。二、施，易也，不以他人之亲易己之亲。三、施，用也，专用自己的亲戚。四、施，音 yí，君子不失亲人的机会，亲有余力则以学文。

"不使大臣怨乎不以"，不使大臣怨你不用他的政治主张。

不使职员"怨乎不用"，感到自己不受到重视。家庭亦然，也不能以家中人为废物，使他觉得在家中没有地位，应使家中每个人都自觉有作用。

我自家中有小孩以后，就不再养宠物，以孙子为宠物。此即做人之道，也就是做人的分寸。

朋友要择而后交，对人认识好了再交朋友。既然结交了，就是不够料也不能断交，选择错误也得忍耐。

"故旧无大故，则不弃"，各家的"大故"不同，做汉奸则不行。用人应用其所长，人皆有一技之长，则天下无弃人。

"无求备于一人"，不可求全责备于一人，大者国、小者家，夫妇之间亦如是。如求全责备，则天下无可用之人。

"能者在职"，各司其职。管首饰的，太太不出门即无事；有事，则用"请、拜托、帮忙"。

夫妇之间亦如是，忍耐不能快乐，同床异梦。人生最快乐的即是彼此同心，要是真的，就是专一。人生必要愉快，否则就算是生了一大堆儿女，两人之间并无感情可言。

我如第一步错了，绝不再错第二步。人生不容易，最难处的即夫妇，处不好即无幸福可言，有真则幸福无穷！

如在对方面前站不住，即要受气，世路人情皆学问。要专一，不要贰。台湾人能专一的少。

11. 周有八士：伯达、伯适（音guā）、仲突、仲忽、叔夜、叔夏、季随、季骎（音guā）。

此章记周的异事，亦记那时人才之盛。

一母生四胎，每胎都是双生。伯、仲、叔、季，兄弟排行次序。

为当时奇闻，乃记之。古人不疑圣人之言，今人则不同。

必要懂得怎么接触问题，有一定的术，要随时教小孩。以中国文化研究幼儿教育。

夏学，只要是中国人的智慧都收。

文化的演进有系统，女教、幼教、社教、厚生（正德、利用、厚生），必要有目标。讲学必得有方向。

返正，以正做事，成功了即正德。

用什么方法达到厚生的目的？惟"和"，"礼之用，和为贵"。大家必和，由一到无数，群。不许有不良企图份子，净是巧取豪夺，完全不懂得道德与人性。

要以史、以今、以人为鉴，择其善者而从之，见贤思齐；其不善者而改之，是改自己，不是改别人。

不可以"群居终日，言不及义"，人必得有所守，才足以有为。没有到境界，愈扯是非愈多。聊天也要看对象，是非者即是非人，"君子不重则不威"。外面说什么，不必听；他是人，就怕别人好。

自己做事，要仰不愧、俯不怍；要别人说公道话，无此事。是不是人，自知。察微、识微，时时警觉、时时用智。认为自己不如人了，才能往前奋斗。

"利贞者，性情也"（《易经·乾卦》），"中和"即性情合一了，能用上就成功。《中庸》云："知远之近，知风（凡）之自（目），知微之显，可与入德矣。"

《大学》称："所恶于右，毋以交于左；所恶于左，毋以交于右。"我常说：左手的事，不叫右手知。

你们如能有成，即是"奉元"教明白了。

要好好培养自己，改变器质，必得知己之短。"望之俨然，即之也温"，内圣；"听其言也厉（励）"，外王。

想用一个人，必对他有深刻的了解。事先约一个人，在地上扔两张白纸，一试便知，要用哪种人可以马上明白。随时都可以测，天下事绝无巧得的。

好耍小智者，就恣睢、巧诈！将来绝对吃大亏。

不懂得做人绝不会做事，官大所造的孽也大。

读书贵乎明理，做任何事必认清情势（包含结果）再去做。

《四书》容易，每个人都读，何以却差之千里？

我这些年，天天想如何对此地能有所帮助。在任何环境，如果自己不求，则永远都不会懂。人能知己特别难，看别人却连骨头都看透了。

孙女说："爷爷这么糊涂，怎么教书？"答："学生比你糊涂！"真知难！

教育必要下功夫，要教子孙读经书，"子孙虽愚，经书不可不读"，经书是智慧的产物。

传统东西有系统，好好读一本即系统化。天天獭祭鱼、打游击，不行。要求真知，上句不懂，就不读下句。

台今天政客，无非弄民也，聪明好作秀，并非真聪明。大智若愚！最难的是知己知彼。

清朝的转折点，龚自珍（1792—1841）惊动一时代，二百年后观之，平平！

在制度方面没有比《周官》一书致密的了，或以为是周公所作，熊十力认为非孔子不能作。

看《易》的《序卦传》，何等严谨！一事有六十四个步骤。一件事，即"变"与"易"。"易"，即日、月，亦即"明"，日、月天天换，日落月起、日升月恒。六十四卦，六十四个大步骤，其中每一卦分为六爻。

我们写的东西能否如此严谨？反思自己：谈一件事是否深虑？《系辞传》分析《易》经文即是虑。

大趋向有六十四，每步又分六步骤。一事有六十四个大阶段，每阶段六步骤。看思想之缜密与深刻。如能如此虑，则何事不成？

《易》为何是智海？"无咎者，善补过也"(《易经·系辞上传》)，吉凶如何平衡之？"善补过也"，用最好的方法把过补过去。如见女人喜欢看，不看就无咎。如懂得"无咎者，善补过也"，又岂会有咎？

读书，有一个用不上，就不是学问。作注解的，自己明白，不能叫别人明白。真明白是悟，不是说出来的。明白"深思熟虑"了，就不会马虎看过。

父亲到酒家被辱，儿子去炸酒家，这就是乱象！岂是人的社会？有知识的人如何对付此社会？如任由这些人如此，那岂不是吓死人了？

"民主民主，多少罪孽假汝之名行之"，假民主之名弄权，何以无人教训之？训之，此乃知识分子的责任。

中国百年来战争不断，而受苦的都是老百姓。战争并不能够解决问题，要用"聪明睿智，神武不杀"。

《易经·系辞上传》：古之聪明睿知神武而不杀者夫。是以明于天之道，而察于民之故，是兴神物以前民用，圣人以此齐戒，以神明其德夫。

知识分子不能放弃责任。知识分子有责任，不尽责即不知己。

"裁成天地之道，辅相万物之宜"，御天也。不说、不写，那天下人又如何知道有道？

读书，不是空的，每天应用自己的智慧，尽自己的责任，"智周万物，道济天下"，为人类服务，做出贡献。

子张第十九

读一章，能深思，可以得多少教训。

你们净是想些什么？读书要自书中得许多启示，否则如同活死人，读什么书！

你们天天懂得用脑？

不要听一人吹牛就相信了，得相信合理、合法之言。

你们不学，就知道吹牛！想要坚持，必要有坚持的理由。如要谈福利，那要谈什么？不知深思熟虑，就"一犬吠虚，百犬吠实"，扯什么淡！就空话一堆。自你们说出的话，就看出无一是经过大脑的。

我坐屋中，但对台湾三百零九个乡镇都清楚得很，就是风闻，也有参考的价值。不是说就是做，要实事求是。

我七十岁就预备好墓碑，全套都做，光利息都够了。要有备无患，想做人上人，必得有人上人的智慧。

想成事，必要用脑。如果没有坚持，那岂不是投降就好了？真做，得用多少人才，没有专家能做事？你们就六神无主，能有什么表现？我冷眼旁观，就看谁有雄心。

人家叫你做，不过是老二。人人都能，就看有无超凡入圣的头脑。如连狗屁都不懂，能有什么意见？

《四书》是基础，都是古时候的白话，但是两千年以后读就不大懂。

要下功夫，随时随地用功，不是拉架子才能读书。年轻人读书没有明白，是人生最大的失败。

小孩不懂什么叫做人，能有希望？台湾有无尽的隐忧，恐将来无可用之人。台湾一切都走到偏锋，看台湾的政客化妆成什么？

开会，记录，储备之，成立智库不是一天存的。你们有何长才走在前头。提示：三三两两，有组织才是力量。但你们是废才，什么也不能做，如同活死人。

开会，什么都得检讨；笔录，做参考。培植自己也成立智库。何以不做？超凡入圣，必要有超人的智慧，才能有超人的成就。

读一章，要懂得怎么发挥。发挥则成公式；据此公式，则可以应任何事。但是不下功夫，则什么也不能用。

活着，就要活得有意义，要了解时，脚踏实地好好建设这块土。

人必得活得有方向、有努力的目标。为学、当老师的最难，如同半个死人，能为人师表？要赶紧加把劲，一举一动都要有所为。

必得利用，就是废物也得利用，但得真能。模拟长了，就可以应事。

从小处看一人之修为。你们要多学、多读书。要令人恭敬，必须有一套，要好自为之，天下绝没有白捡的事。要悟，"思之思之，鬼神通之"。

从天德到奉元，"见群龙无首，吉"，人人皆可以为尧舜，天德不可为首，所以不争名、不夺利。

熊十力从佛入儒，归宗《大易》。佛，人弗，人之为道，活人说鬼话，骗人！你们读《易》能用上？"自强不息，厚德载物"。有能力有学问，应该对人类有贡献。

看书，要自书中得益。多读书，少用心机，天下没有便宜事。要随时随地求真知，天天问自己：能做什么？快快造就自己，要自救。

人必要有德。曹操虽厉害，但几代就完。曹氏父子尚是"真奸"，其智崇文才，今人所不及。

一个朝代能够传数百年，必要有"治大国若烹小鲜"的功夫。老子何以能悟出"治大国若烹小鲜"？研究《老子》，如对"烹"之道不明白，又如何得治之道？老子的时代，烹饪的工具不完备，"烹"是何等的难！烹小鲜，要经过多少步骤？不只是谨慎小心而已。

读任何书，得用那时代的想法。上友古人，读其书，知其人、论其世，才能了解书，才能将古人的智慧用于今日。

朱子学今天失势了，因为朱熹的东西不纯。孔子又红了，真金不怕火炼。

1. 子张曰："士（有卫国之责）见危致命（牺牲生命），见得（有所名、所利）思义（宜），祭（祭祖）思敬（敬己之所出），丧（丧事）思哀（哀不毁立），其可已矣。"

都是做人的简单原则。

应该说话时，就是杀身也得说，即"见危致命"。

"见得思义"，"得"包含名、利，要不要就看合乎义与否。

见便宜就捡，最是失败。

2. 子张曰："执德（善之行）不弘（弘大），信道不笃，焉能为有？焉能为亡（无）？"

"执德不弘"，放弃责任，即因"信道不笃"。对事，既不关心，也无愧于心。人只要"真"，就存"诚"，有、无没有关系。

要将中国思想读完，活用，知识分子要"为天地立心"，知识分子即是天地之心。"复其见天地之心乎"，此时乃是千载难逢的机会。

3. 子夏之门人问交（交友之道）于子张。子张曰："子夏云何？"对曰："子夏曰'可者与之，其不可者拒之'。"子张曰："异（有别）乎吾所闻'君子尊贤（亲人）而容众，嘉（赞美）善而矜（怜惜）不能'。我之大贤与，于人何所不容？我之不贤与，人将拒我，如之何拒人也？"

蔡邕《正交论》曰：子夏之门人问交于子张，而二子各有闻乎夫子。商也宽，故告之以拒人；师也褊，故训之以容众。各从其行而矫之。

此章谈交友之道。

"可者与之，其不可者拒之"，要择而后交，不能交而后择。

同样是弟子，所讲不同，乃因所得不同。

子张喜欢说漂亮的话，功夫在嘴上。

"尊贤容众"四字，包罗万象，贤者尊之、不贤者容之，"以人治人，改而止"（《中庸》）。

"嘉善"，"人之有技，若己有之"（《大学》）。"矜不能"，助不能者。

是非者即是非人，应与之断绝往来。团体乱，就因有此种人而乱。

没有"义"字，就交不到"忠"的朋友，因为不相信你。

"故旧不遗"，"故旧无大故，则不弃也"（《微子》）。

明朝亡后，清朝强迫明宗室为汉军旗，驻在锦州。

读书了，还要会做事，否则是书呆子。

朱霁青（1882—1955）批孙中山"委之非人"。朱与孙关系早，在党的资格比蒋老。朱老先生与我有关系，他来台不做官，著作多。谷正纲（1902—1993）是朱的秘书，对朱很尽心，老蒋亦如此。

4. 子夏曰："虽小道（道之小者），**必有可观**（研究）**者焉；致远恐泥**（想持之久远，恐行不通），**是以君子不为也**。"

就是小道，也有可观之处，故可以传下。

但想要源远流长，与时相争，恐滞泥不通，故君子不为也。

"道也者，不可须臾离也；可离，非道也"，大道，乃是人人必由之道，即日常行事所必须遵行的。

明白小事，还得能行。一技一艺不一定是小道，"积财万贯，不如一技在身"，可以养活全家。

5. 子夏曰："日知其（己）所亡（无），月无忘其所能，可谓好学也已矣。"

明白此章，可以成为饱学之士。

要温习自己所知，不将自己所能忘掉。

学来的能不是本能，良知良能为本能。"学"，含知与效。"知"，觉也，觉而后求知；"效"，将所知行出。知行合一谓之学，说颜回好学，是"不迁怒，不贰过"，并不是说他读几本书。

自己做事不必叫人知。没那么高，宣传有什么用？要人重用，至少得守口如瓶。读书是培养智慧，要懂得怎么做事。深思熟虑，思虑。必要懂得自求多福。

"愚者好自用，贱者好自专"，绝对如此，要好好玩味。

任何事业绝不是一人做成的，必"交"，六爻即交。一部《易经》就两个符号，阴阳交后，就把宇宙演变得无以复加。

不要把社会看成五花八门、很乱，就你、我，"三人行，则损一人"（《易经·损卦》），得丢掉一个。简化之，就是两个，即公、母，也就是阴阳。

《易经》"天下之动，贞夫一者也"（《易经·系辞下传》），一即元。《春秋》首书"元年，春，王正月"，"明王者当继天奉元，以养成万物"（《春秋公羊传·隐公元年》何休注），从"天德"到"奉元"。

《大易》与《春秋》真学会了，就真会用。如不能做事，就形同死灰。学问，圣之时者，得圣这个时。讲义能当宝？

6. 子夏曰："博学而（能）笃志（见贤思齐），切问而近思，仁在其中矣。"

为学之道：博学能笃志，切问能近思。

任何一章明白，都能成德。

博学能笃志，必有中心思想。博学之功，就在于笃志。了解得愈多，愈是看重自己。有志，要培志，博学能笃志。

看肥料，不看垃圾。要将夏学当作肥料，肥料不分时代，用古人智慧启发自己的智慧。人必要活得光明磊落、大大方方。

"切问"，问也必得切问，答者才不马虎。切问近思者，是身体力行，脚踏实地去实行一遍，所以绝不盲从。

知道我每天读书是怎么分析的？近思，知道了，要用行事加以体认。能作为社会的中流砥柱，岂不是仁在其中？此立意之高，对社会国家有多大的贡献，可以济世。

我在屋中坐五十年，不以为苦，天天高高兴兴，因为天天神交古人。人最大的长处即是见贤思齐，天天与古人为友，能不笃己志？既没想成名，也没想与社会一起跑。博学，就天天见贤，与他拉成一帮。

今人没有读书，就抄书。读书要改变器质。

我特别了解台湾人的心。台湾糟，要自教育入手。你们是未来的希望，责任之所在，好好努力，要知道未来。

有志，还要博学才能笃志。要培养有志的下一代。

我再活十年，绝不成问题。宋美龄长寿，可能得力于宗教，修养也高。一个人从高处跌下，多苦！人不可以有嫉妒心，会毁了自己。

许多书一出，就绝版了，还忙着写书？

肃亲王（肃亲王耆善，川岛芳子之父）诗："幽燕非故国，长啸返辽东。回马看烽火，中原落照红。"享受有时尽，最后男为盗、女为娼。

人不能离开根，我注意满族的年轻人，要他们有坚固的思想。苗，在自己的土上可以生根，不可以借地生财。尽自己的责任，民族的责任。

我喊"长白又一村"，是有"又一村"之志。前一村，给中国人留下金瓯；又一村，要没有界、际。界、际有限，要打破际、界，就没有限。

天德，《大易》；奉元，《春秋》。天德、奉元，定于一。因为奉元，所以第一个要解释元，我写《原元》。元，儒之体。能奉元，成元之用，亦即儒之用。

好好努力，一样可以造就一个学派。我们的学会，称"奉元天德学会"。"天德"，不分人种。"奉元"，有形、无形的都从元来，哪一国的猪都相像。

宇宙不要有杀戮、有战争。"不嗜杀人者能一之"，"定于一"，以仁统天下，"天下莫不与也"。

我无一不有步骤，长白又一村，一步又一步，走了五十多年。

书院讲学称"夏学"，"夏者，中国之人也"，凡中国人之学都接受。"华夏学苑"，因为"万物并育而不相害，道并行而不相悖"。

二十一世纪是中国的，应是思想的中国、文化的中国。

要理一理小孩，他们也懂得想事。以前，六七岁就与父母分开住，怕无形中父母的谈话会影响小孩。旧社会的房子，有一定的格局。父母对儿女的爱，是纯的。做事必要有爱心，小孩也懂得应事。对小孩要随时教育、启发。现在教小孩背唐诗？

学了，学必讲，开始要低调，有目标、有方向。不是胡来的，又争什么？真有志、有智慧，要将思想系统化。思想是志，必须念兹在兹。人都有遗憾，但不绝望，必是有志者。

不能吃太饱，我定量。动物油少吃。我以简单为原则，吃素有精神。宋瑞楼是医生，但他不懂得到什么季节吃什么菜。

山东煎饼裹大葱。春天吃葱，冬天吃萝卜。春天不可以吃酸，要吃点甜的。

中国文化讲五行相生相克，有时要看看中医的书。

生，其实很简单、容易，不要求之深、求之难！人的毛病就是道听途说，就没用脑。开始发昏，怎能不离婚？

必要懂得"近思切问，博学笃志"，要好好做活学问。什么事都得天天留心，要跟着时代走。

7. 子夏曰："百工居肆以成其事，君子学以致（极，尽）其道。"

"肆"，当工场，不如做工作场所。

想成就事业，必有成就事业的环境。没有环境，不能成其事。

想成事，环境不合适，必得另立新环境，不能等死。人不能生时，可不能不生一合适自己的环境。人识时太重要，不跟时代走，就闹笑话。"生时"不易，必要有创造环境的智慧。

人人皆有肆，不可以离肆。人一离本，就不能成事，鱼不可离水。一个国民离开自己的国家谈救国，那也是笑话！

"学以致道"，学，乃致道之术，学达到目的的方法。许多事皆有其道，由学而来。

君子将道表现于外，令人觉得合道、合礼、合理。不学，焉能成道？

博学能笃志，笃志得致其道，致其道得临危致命。人的立场不同，危也不同，致命犹胜于致道。

8. 子夏曰："小人之过也，必文（音 wèn，文过饰非）。"

文过即小人，况盗名、盗利？不文过，才能交朋友。人如伪，必无真朋友。

"吾未见能见其过，而内自讼者也"（《公冶长》），自讼，才能成德。

每天做完事，自己打批，有过必自骂，才能进步。别人骂不行，进德才能成业。

9. 子夏曰："君子（暗示孔子）有三变：望（远望）之俨（敬也）然（庄重貌），即（就近）之也温（温恭，穆穆），听其言也厉（励，说造就人的话）。"

君子有三变：望之、即之、听其言，越走越近，指距离而言。

"望之俨然"，"君子正其衣冠，尊其瞻视，俨然人望而畏之，

斯不亦威而不猛乎？"（《尧曰》）

"听其言也厉"，《管子·权修》曰："此厉民之道也。"多说造就人的话，即说勉励人的话。说勉人之语，人必得好处。

我"望之俨然"，但他就没有"即之"，怎知我"即之也温，听其言也厉"？我感觉五十年失败了，因为没有一个像"人"的。

不懂得孝道，完全不是人。"不养儿，不知父母恩"，"夫孝，德之本也，教之所由生也"（《孝经·开宗明义》）。一个"孝"字，即"老、考"，养老，送终（父死曰考）。儿子肩负着"老、考"两个责任。

《论语》讲"孝"有几处？"至于犬马，皆能有养；不敬，何以别乎？"（《为政》）

昔日仆人侍候少爷、姑娘；老的则由儿、媳侍候吃饭、夜具，必得晨昏定省。在家陪父母吃饭，由儿、媳上菜、上饭，此即敬，对父母一切不假仆人之手。

10. 子夏曰："君子信（先立信）**而后劳其民；未信，则以为厉**（害，虐待）**己也。信而后谏；未信，则以为谤己**（借题发挥骂他）**也。"**

人无信，大小事必失败。

家中出事，即失信。社会何以会扰攘不休？皆因未信。

未信而谏，则以为骂他。"朋友数，斯疏矣"（《里仁》）。

11. 子夏曰："大德不逾闲（从心所欲不逾矩）**，小德出入**（于规矩上失了点分寸）**可也。"**

"闲"，范围；"大德不逾闲"，有一定范围不可逾越。

"小德出入可也"，小德在范围内外有些出入，可也。小德之人，一日三变，见欲就有出入；见欲不出入，则进至大德。正在修德时，未达大德的境界，在事情上有所出入，"过，则勿惮改"，则能成大德。

道家，谈嗜欲深浅；儒家，寡欲；佛家，绝欲。佛讲绝欲，事做绝。学说，必自人性出发。人在欲上得不到满足，即觉得受虐待。

聪明过度即傻子。我故意出问题，看其进步否。识时，屋中决定，出门环境有变，即改变方法。得用眉目传情。如看谁都是好人，则无防人之心，智不及李莲英。

昔日看主人如何擦面、如何送面巾，即知是否留客，要上几样菜。要会随机应变，老谋深算。随机应变，得知机。

人对你示好，必须提高警觉，害人之心不可有，防人之心不可无。交浅不可以言深，忽然请吃饭，必有所求，必得机警。

明理不难，知所以用理为难，知怎么用、怎么能恰到好处。如在生活活用不上，就等于未学。不怕事，就怕不能应事，应事要有智慧。

12. 子游曰："子夏之门人小子，当洒扫、应对、进（迎客）退（送客）则可矣，抑（但）末也。本（大本之道）之则无，如之何？"

《大戴礼记·保傅》:《易》曰:"正其本，万物理；失之毫厘，差之千里。"故君子慎始也。《春秋》之元，《诗》之《关雎》，《礼》之冠婚，《易》之乾巛（坤之异体字），皆慎始敬终云尔。

洒扫、应对、进退，昔日的"小学"。

"洒扫"，有一定的规矩，先以水泼地，使尘不扬，而后扫地；由室内西南角开始扫，俯仰曲折，扫前而退，聚于户内，再扫于箕。

"应对"，酬对、对答。"应"，唯、诺，不必有言；"对"，答辞。

进退周旋："进"，请客人进之礼；"退"，客人离开，送客之礼。"周旋"，应对，"动容周旋中礼者，盛德之至也"（《孟子·尽心下》）。

"本之则无"，则什么方法都没有。"本立而道生"，可以重本，但也不可以流于忽视知识，否则与"四体不勤"一样。

子游习于礼乐，为武城宰，以学道为本，弦歌不辍。

《阳货》记孔子之武城，闻弦歌之声。子游为武城宰，教百姓习乐。游以涵养性德，其功莫大乎习乐，乐主和。《庄子·秋水篇》："孔子游于匡，宋人围之数匝，而弦歌不辍。"

子游唯恐子夏的教育法，将使人偏重于历练事务的知识，而缺乏坦荡和乐之趣，无养性之功。

一般百姓必得先学礼乐，"立于礼，成于乐"。礼乐，代表立身成道的功夫，"礼乐继世长"。

子夏闻之（听到批评）**曰："噫**（心不平之声）**！言游过矣！君子之道，孰先传焉？孰后倦**（不传）**焉？譬诸草木，区以别矣。君子之道，焉可诬**（歪曲）**也？有始有卒者，其唯圣人乎！"**

《论语正义》："草木区别"，喻人学有不同……《大学》云"物有本末，事有终始，知所先后，则近道矣"，此《大学》教人之法，虽圣人亦不外此。然圣道体备，学其本而末已赅，学其末而本不废，故能终始如一。如一者，一贯之谓也。

说是非话，必传回。说是非，愚人！

同学不一定是同志，是同志就不应私斗。同学拆台更是厉害，内奸。

帮忙的同学，顶多知道一件事。说出来的名字，均非我所用的人；就是彼想出卖，亦不知如何出卖。人做事，不成功也想成事。

以弟子学有浅深，故教法亦异。子夏不以子游教法为然。

"有始有卒者，其唯圣人乎"，做事有开始、有结果的必是圣人，"慎始诚终"乃圣人之道。

一般人光是有开始，但是少有结果。台湾人做事，一高兴即半途而废，此皆亡国奴之遗风。

13. 子夏曰："仕（做官）而优（优余）则学（学道），学而优则仕。"

"仕而优则学"，孔子反对世卿，以世代承袭做官为不合理，"世卿非礼也"。

《春秋公羊传·隐公三年》：《传》曰："尹氏者何？天子之大夫也。其称尹氏何？贬。曷为贬？讥世卿。世卿，非礼也。"何休注："世卿者，父死子继也。"《春秋繁露·王道》："观乎世卿，知移权之败。"

"学而优则仕"，"行有余力，则以学文"（《学而》）。孔子主张"从先进"，"先进于礼乐，野人也；后进于礼乐，君子也。如用之，则吾从先进"（《先进》）。野人，指一般老百姓，"礼失求诸野"。

昔日进士出身，死后才可谥"文"。

上谥，即表扬类的谥号，"文"表示具有"经纬天地"的才能或"道德博厚""勤学好问"的品德。清代大臣的谥号规定：一品大臣过世，按例请皇帝决定是否授谥。一品以下官员除非特旨，例不授谥。得谥号者只有曾入翰林，或获授大学士者才用"文"字。

而"文"字的两字谥中，又以"文正"最为难得；只能出自特旨，不能由群臣擅议；清朝二百多年只得八人获谥"文正"（如曾国藩）。文正以下的谥号则有：文忠（如李鸿章），清朝只有约十人得此谥号；再之下者有"文襄"（只限文臣而有军功者，如左宗棠）、文恭、文成等。

"文王既没，文不在兹乎"，"法其生，不法其死"，"文武之道未坠于地，在人"。文、武是人，行人之道。圣人无常师，自师己性，性生万法。

读古书，是在以古人的智慧当肥料，以元为种子，自己是园丁，勤于施肥、灌溉，有朝之日定能开花结果，有了收成。

人皆有"文"之性，能够发挥，也能成为诸子之一。思想家是自"思"来的，并不是抄来的。

我在学校教书，事先把真话告诉学生：试卷写一个字即及格，不读书是你祖宗无德。学生的论文不看，没有功夫，都是抄来的。

政治，不是骗人的艺术，是御（用）时的艺术，抓住时，绝不放过，"圣人不能生时，时至而不失之"。

喜欢是一回事，能不能又是一回事。人生不如意事，十之八九，人生是喜欢的，都未达目的，包括结婚的对象，有几人是与意中人结婚的？人生绝没有满意的，天命！不要把不如意列为重要、列为第一要义，否则一定不会成功。

我以时事作为喝茶的点心。学问是表达思想，《论语》即思想。孔子也未能解决问题，现在要重打锣鼓另开张。

14. 子游曰："丧（居丧）致（达）乎哀（悲哀）而止。"

"毁不灭性，不以死伤生"（《礼记·丧服四制》）。

父母没有愿意子女随其殉葬的，所以尽哀就够了，要哀不伤生。

15. 子游曰："吾友张（子张）也为难能（有难为可贵之处）也，然而未仁。"

曾子说："堂堂乎张也，难与并为仁矣。"矜己，"师也辟"，所思与所行两回事，未能行仁。

此章道尽了台之政客，都有一套。但应重视他是否尚有一点人性。

16. 曾子曰："堂堂乎（仪表堂堂）张也，难与并为仁（行仁）矣。"

是有点长处，但不能和他一起行仁，所以不能当同志，不能在一个团体中。

必择而后交。

17. 曾子曰："吾闻诸夫子'人未有自致者（人没能尽性的）也，必也亲丧乎'。"

旧社会，父母故去，三天不举炊，由邻人送粥，但也不得食。哀毁骨立，必饿几天。

"亲丧，固所自尽也"，"及至葬，四方来观之。颜色之戚，哭泣之哀，吊者大悦"（《孟子·滕文公上》）。

18. 曾子曰："吾闻诸夫子'孟庄子（鲁大夫）**之孝也，其他可能也；其不改父之臣**（大臣）**与父之政**（善政），**是难能**（难能可贵）**也'。"**

"三年无改于父之道，可谓孝矣"（《学而》），指好的而言。

今天，父母死后，则无不改弦更张。

19. 孟氏使阳肤（曾子弟子）**为士师**（法官），**问于曾子。曾子曰："上失其道**（上无道揆），**民散**（下失其守）**久矣。如得其情**（犯罪之实情），**则哀矜**（哀其致刑，怜其无知）**而勿喜**（不以己有才识）。"

"上无礼，下无学，贼民兴，丧无日"（《孟子·离娄上》），道义不明，不闻礼教而入罪服刑，乃上失教养之道，故当哀怜之。

"必也使无讼乎"（《颜渊》），大本之所在。做法官的大原则：无讼比听讼重要。

20. 子贡曰："纣（商王帝辛）**之不善，不如是之甚也。是以君子恶**（动词，讨厌）**居下流，天下之恶**（名词，罪恶）**皆归焉。"**

桀、纣，是恶谥，天下之恶皆归之桀、纣。事实上，并没有一般人所传说的那样厉害。

"下流之人，众毁所归"，因为君子讨厌居下流之人，古今皆然。

一人坏，则其前后左右皆坏。

21. 子贡曰："君子之过也，如日月之食焉：过也，人皆见之；更（改）也，人皆仰之。"

君子能改过，"不贰过"。"过，则勿惮改"。

"小德，出入可也"，于规矩上失了点分寸，要"以人治人，改而止"，以人性治人就够了。

22. 卫公孙朝（卫大夫）问于子贡曰："仲尼焉学？"子贡曰："文武之道未坠于地，在人。贤者识（音 zhì）其大者，不贤者识其小者。莫不有文武之道焉。夫子焉不学（无所不学，乃能集大成）？而亦何常师之有（圣人无常师）？"

问：孔子这么伟大，究竟都学些什么？

"文（武）之道未坠于地，在人"，"莫不有文（武）之道"，此"武"乃是后人加上的，武王乃"大盗盗国"第一人。

"贤者识其大者，不贤者识其小者"，贤与不贤，是比较的。

"文之道未坠于地，在人"，"莫不有文之道"，人人皆可以为尧舜，人人皆可以为文王，文没在兹。此文王，并非指周文王，乃是《春秋》的"王正月"，是"文德之王"，"法其生，不法其死"，活文王，讲"大一统"。

可见是先有"文德之王"的观念，周朝才将其先祖称为"文王"。

老师没有说明白，学生盲从，结果一知半解，人云亦云。知识分子的了不起，在于懂得认识真理。

圣人自师己性，故无常师；是"生而知之"者，故能立说。一般人则是"学而知之，困而知之"，要困知勉行。

任何人都没有和一位老师学到老的。以前启蒙师教"孝"。中状元了，必拜师磕头。

23. 叔孙武叔（鲁大夫）语（音yù）大夫于朝，曰："子贡贤于仲尼。"

少见！多说闲话。亦可见当时子贡之声名远播。

子服景伯以告子贡。

多说闲话。

子贡曰："譬之宫墙，赐之墙也及肩，窥见室家之好。夫子之墙数仞（七尺一仞），不得其门而入，不见宗庙之美，百官（宫）之富（夫子何其多能）。得其门者或寡（少之又少）矣。夫子（叔孙武叔）之云，不亦宜乎！"

子贡心中实觉得知人，表面则不欺师灭祖。
"宗庙之美，百官之富"，喻夫子何其多能也！
古时住屋皆叫"宫"。孔庙前有"万仞宫墙"，源自子贡谓"夫子之墙数仞"。万仞宫墙，用以称颂孔子学识渊博高深，一般人无法领悟其中的奥妙。颜回曾道孔子学问"仰之弥高，钻之弥坚。瞻之在前，忽焉在后"。
"得其门者或寡矣。夫子之云，不亦宜乎"，不得其门，浅见！《孟子·公孙丑上》说"宰我、子贡，善为说辞"。子贡，商人的祖师爷，口才好，极会骂人。

24. 叔孙武叔毁（毁谤）仲尼。

非毁孔子，以为他人贤于孔子。

子贡曰："无以（此）为也，仲尼不可毁也。他人之贤者，丘陵也，犹可逾也；仲尼，日月（日月经天）也，无得而逾焉。人虽欲自绝（喻自绝于圣人），其何伤于日月乎？多见（只见）其不知自量也（不自量力）！"

"不要那样做，何伤于日月，仲尼不可毁也。"

子贡"智足以知圣人"，故称"自生民以来，未有孔子也"（《孟子·公孙丑上》）。

启示：人骂，不必太在意，都会过去。

25. 陈子禽（与陈亢同姓名，非孔子弟子）谓子贡曰："子（您，敬词）为恭（恭逊以崇师）也，仲尼岂贤于子乎？"

"仲尼岂贤于子乎？"可见子贡当时能鱼目混珠，极厉害。

"您、子"，敬词。说话，要有敬词。说话野，证明你没有修养。不说敬词，自以为高于别人一辈。

子贡曰："君子一言以为知（智），一言以为不知，言不可不慎也。夫子之不可及也，犹天之不可阶（登阶）而升也。夫子之得邦家者，所谓'立（立民）之斯立，道（导民）之斯行，绥（安抚）之斯来（归往），动（孔子有所主动）之斯和（百姓无不和合）。其生也荣（荣世），其死也哀'。如之何其可及也？"

慎言。多说不如少说，少说不如不说。不说，人还不知你的斤两；一说，人才知你"空空如也"。所以"言不可以不慎"。

孔子"五十而知天命"，"得一"了，故能有成。

"立之、导之、绥之、动之"，指孔子在政治上的四种表情。

"其生也荣，其死也哀"，孔子奋斗一生的写照：活着能荣世，死则社会、宇宙若无明灯。

孔子的成就在死后，有德才能熏香百代，至今中国人仍以孔子为傲，"其生也荣，其死也哀"，真是"万古一平儒"！

中国人好好努力，真能解决人类的问题。

做人如不够，则在什么地方都不够。政客不识货，百姓未必如此。

自一人谈话，看这时代还有真理？知识分子是天平。有一人有公心？领导人就以私心领导，皆各为己私，每个人都想造就自己。

做人为第一要义。光会做事，如做人不够，不足道。以你们的修养，能做大事？小心眼，还能做领袖？做领袖的，遇到好处，应先想到别人。

用才，得因事，非因关系。你们不要妄想，应想什么，以此造就自己。走哪条路？所学皆不同。

做事尽到力量，平凡中的不平凡，忠于自己的职守，就是伟大。没有给人留恋处，垮台了，就爬不起来。

社会的灾难从哪儿来的？一个"私"字害尽天下苍生。想要从公，就得忘私。

我天天喊，还是有点私心用事，教书没教出成才的。

李敖在屋中读书，出来就骂人。

美国南北战争，与解放黑奴，是两回事。当时十几个州想分离，林肯依宪法维护联邦，表示为合不惜一战。

美国南北战争（1861年4月—1865年4月），是美国历史上一场大规模的内战，南方各州声称有权分裂，并组成自己的南方邦联，他们的部队开了第一枪。北方各州在林肯总统的领导下，决心阻止叛乱并保护联邦。1865年4月，在尤利西斯·葛兰特（Ulysses S.Grant）将军的指挥下，庞大的北军将罗伯·李包围在弗吉尼亚，李投降后，美国南北战争随之结束。（参见美国国务院国际信息局出版《美国历史简介》）

台人为别人少吃一餐都不干，我恐怕你们将来被当成化外之民。

中国人的智慧是天生的。这回中国文化抬头，完全因为中医，读中国书的有何贡献？

现在的名流书，以中国人的观念能看懂？其所引皆西洋东西，两者可以相比？余英时自宋明理学入手，与先秦思想差太远。

熊十力终归《大易》;《春秋》为《大易》之用，故讲《春秋》。

练达十年必成才。字是人的门面，必好好下点功夫。字怕习，马怕骑。

自己用自己的智慧，自己有自己的处境。

追女友，是与生俱来的本能，不必学。有女友不奇，没女友才奇！天性的事，养就够了。必知怎么活，你们太慢了！

古人把人性研究得多美！"食色，性也"，中国此类书太多，与医书同时进行的，此真学问也。一般人不懂，又不肯说。

何以无"性学研究班"，却有"饮食研究班"？所以毛病才多，尤其现在已经泛滥成灾了。要告诉怎么防，才不出问题。

子张第十九

"食色，性也"，可是不能在伦常内，有"那个地方"。

古代道家，是医师，也是性治疗师。延续数千年之久的道家"房中术"，不只视性爱为欢愉与亲密感，也是追求养生长寿的秘诀。中国医书中亦多谈及此方面事，中国尊生，故重养生事。

人生最不能治的病即淫症。事毕不可被风吹，最轻肚子疼一辈子，不轻绝对死。也不可以喝冷水，必须预备热水，还要休息。做任何一事都要细心，绝对不可以有应付的心态。

许多事，必须在做之前先防流弊。自此，可见我做事做得多严密。

做事不用刚不行，立的规矩，谁都不可以犯。旁边绝不用亲人，做事用亲人，就失败一半，他做坏事，你没有办法处理。我绝不用三亲六故。许多事，就因裙带关系而弄垮了！

社会乱，就两个搞的，但来源是一个，即"元"，简化至"一"。中国人头脑多可变，所以，我们讲"奉元"。孔子得一了，说"吾道一以贯之"；最后，变一为元。

有头脑要告诉他们：不可再以此欺民，净说些欺民之言。

1945 年 8 月，广岛投下原子弹后，麦克阿瑟叼着烟斗登机去日本。麦克阿瑟还没有登陆，日本就投降了。

1945 年 8 月 12 日，麦克阿瑟被杜鲁门总统任命为驻日盟军总司令，负责对日军事占领和日本的重建工作，被日本人视为太上皇。1945 年 8 月 14 日正午，日本天皇向全国广播接受波茨坦公告、实行无条件投降的诏书。15 日，日本政府正式宣布日本无条件投降。

一人焉能成事？要以组织对组织才有力量，永远不变。

人生有旦夕祸福，我履险如夷，没想到仍活至今。我在外人的威仪下长大。乱世人命贱如蚁。日本对付中国人：用以喂狗！

没有人比我再能律己了，吃东西，绝不多吃一口。长寿之道，就在"守身如玉"。想要身子好，得从年轻开始。如自己都不能操纵自己，还能御天？我每天喝茶，一定三泡。天下无难事，最难的乃是持之以恒。自己必要懂得律己。

我来台后，因为被看才抽烟、喝酒的。在政大教书时，还抽烟斗、喝茶。后来怕死，就把烟戒了。自己都控制不了自己，还谈什么？人生的趣味是自求的，人生之趣味在此，此即自求多福。

事情未来，不必空想。人算都落空，老蒋算到有今天？

人有善，则嘉之；人不能，应助之。

骂我，笑一笑，知道你将来绝对没有出息，没有大人物的德。

胡适"五四"运动时，活得多惊天动地！民初的名人、学者有多少，如今皆安在哉？过去就完了，有无给别人留下的基础？以前骂我的，如今安在哉？

真有智慧，应与时光争，要与时不朽。现在要另辟天地，另造思想。

读完一章，明白就成功。不会用脑、不识时，怎会有表现？一天想通一个问题，都于人有好处。

写自传、回忆录，真是哀莫大于不知耻！有志还"壮志未酬"？以有涯追逐无涯，还不找一地方下功夫，尽扯闲，太愚！太愚！

熊十力对我有莫大的启示。

我看不懂余光中（1928—，擅长新诗、散文，有《乡愁》）的诗、赵无极的画。

赵无极（1926—2013），镇江丹徒大港人，华裔法国画家。将西方抽象绘画方法和中国画写意画法的空灵意象融合在一起，将油画画成写意画的效果，用稀薄的油彩泼墨，以干涩的笔法皴染。

高阳的书，看得懂。

高阳（1926—1992），本名许晏骈，字雁水。著作《高阳说曹雪芹》《高阳说红楼梦》《高阳说诗》及历史小说多部。

张大千的泼墨功夫不错，还可以懂。

张大千（1899—1983），本名张正则，后改名张援、张喧，别署大千居士，斋名大风起兮。他与二哥张善子（1882—1940，画虎大师）昆仲从母学画，创立"大风堂派"，是20世纪中国画坛最具传奇色彩的泼墨画工。

泼墨，用笔蘸墨汁大片地洒在纸上或绢上，画出物体形象，像把墨汁泼上去一样。

自人性说出的话，可以懂，马上可用。

　　《冰鉴》七书，南怀瑾（1918—2012）说是曾国藩作，但就笔法看，不类。曾氏精于《冰鉴》，未闻作《冰鉴》。

　　《冰鉴》，著者不知何许人，以辞藻美丽，行文简洁，故为学院派相家所重，并奉为圭臬。曾国藩以善相闻于朝野，斥一般相者只顾皮相而不及心相及行为相，是为下品之术，极力推许《冰鉴》。

　　曾文正承桐城古文，编有《经史百家杂钞》，应作为浏览之书。

　　李锐《毛泽东早年读书生活》："昔人有言，欲通一经，早通群经。今欲通国学，亦早通其常识耳。首贵择书，其书必能孕群籍而抱万有，干振则枝披，将麾则卒舞。如是之书，曾氏《杂钞》其庶几焉。""国学者，统道与文也……曾书则二者兼之，此所以可贵也。"

　　曾文正六十岁即过世，其子曾纪泽（1893—1890）五十一岁去世。

曾纪泽，字劼刚，号梦瞻，曾国藩次子，袭封一等毅勇侯。清代著名外交家，也是当时秉承"经世致用"新思维的知识分子。在与俄签订《中俄伊犁条约》期间据理力争，加上左宗棠西征军对俄国的有利势态，将中国的损失降到最低程度。

我在十二年前胃切掉一部分，此后从未躺着睡，完全坐禅。

当时，为我操刀的宋瑞楼医师说我恐怕活不过二年。我如与一般人过生活，可能宋就说对了。现再活十年，应不成问题。

没有什么秘诀，守住最难。吃东西，好吃时能少吃一口？一般人顺口就多吃了。讲易，但行难。

人生真是五十才开始，"五十而知天命"。

我平时中午会休息一会儿。我每餐喝一小杯好酒，因为吃素，如旁无推动力量，血液循环就不好。我晚上最多喝一小杯 200CC 牛奶。

眼与肾水有关。《素问·逆调论》云："肾者水脏，主津液。"《上古天真论》称："肾者主水，受五脏六腑之精而藏之。"

修得不好，半点用处也没。什么理论会了，不证明你得了，必要能行。昔日大儒活至八十几岁的，多是修身不错的。

人每天生活如果本末倒置，怎么会有好的身体？有健康的身体，才谈得上抱负。台湾同学完全不懂得下功夫，无一够标准的。

我对"四书五经"绝对烂熟，天天看《大易》与《春秋》，此为孔子思想的精华。《易》为五经之原；《春秋》为用，《易》为体。

1.尧曰："咨（启语词）！尔（你）舜，天之历数（天时之命）在尔（长辈对晚辈用词）躬（临你身）。允（诚诚恳恳）执（守住）其中（中道）。四海困穷，天禄永终。"

此章恐怕不完整。

尧、舜、禹，今文家以之为"三统"。通三统，三统之道要相通，则有所损益。有所因，就有所损益，损益以适时，要穷、变、通、久、圣时。

三统所传的为"道统"，"大道之行也，天下为公"。然"至于禹而德衰"，传子不传贤，开启家天下之局。子思称其祖"祖述尧舜，宪章文武"，祖述的是尧舜选贤的"公天下"，而以文武作为参考。

"历数"，是岁、月、日、星辰运行之法。《洪范》"五纪"：岁、月、日、星辰、历数。

《中论·历数篇》：夫历数者，先王以宪杀生之期，而诏作事之节也，使万国之民不失其业者也，此历数之义也。

"天之历数在尔躬"，宇宙是一大天地，人是一小天地，结构一样，故曰"大人者，与天地合其德"。

董子以人配天，《春秋繁露》后面几章皆讲此。

中医养生学认为人身为一小天地，宇宙则为一大天地，人与天地、万物都是一气所化生。尽管现象不同，但存在着共通的规律。因此人类养生的关键，必须与自然宇宙联系在一起，不仅要调谐"小宇宙"的运行，还要调谐"小宇宙"与"大宇宙"之间的关系，此即天人合一的思想。

《春秋繁露》第七十八"循天之道"、第七十九"天地之行"、第八十"威德所生"、第八十一"天地阴阳"、第八十二"天道施"，皆谈天人之道。

当皇帝，膺天历。"予，天民之先觉者"，唯中国人生来即"天民"，没有所谓"原罪"，也没有阶级。"天生烝民"，简称"天民"，与父母（天）同体，故曰"天之历数在尔躬"。

要懂得思想的层次，要做思想家。

天民、天德、天爵、天禄，此四天也，我加上天权。

人人皆可以为尧舜，得人人皆有士君子之行。不是尧舜才有天禄，人人皆可以有，因为"万物皆备于我"，多深的含义！之所以有所欠缺，是你自己智慧不足。

"天之历数在尔躬"，就在你本身；成功了，则人与天齐。"文武之道未坠于地，在人"，人人皆可以为尧舜，所以才能"首出庶物"（《易经·乾卦》）。

"允执其中"最难，守中最难。"过与不及"，太聪明即过，反应慢即不及，过与不及皆非中庸之道。

"允执其中"，是用谁的中？要点不明白，就用不上；明白了，才能修德。

"喜怒哀乐之未发，谓之中""中也者，天下之大本也"，中国，用中之国，人性之国。人类想太平，得用中道思想。

你们不说话，就是满腹经纶也说不出去。头脑不清楚，则语无伦次；行动迟钝，像个小老头。

"人心惟危，道心惟微"，要用什么度过危、微？"惟精惟一，允执厥中"，即用精一，也就是不二。必要有"精一"功夫。

"天禄永终"，天禄，万物皆备于我，天道尚公，就看你会不会用了。"永终"，《易·归妹·象》曰："君子以永终知蔽。"有结果而能知蔽，必是智者，则"永终"二字，原非恶词。"知终终之，可与存义也"（《易经·乾卦》），事情都有结果，必达到；义，完全表现在我们的行为。

"修其天爵，而人爵从之"（《孟子·告子上》），修的是性善，得的是天禄，即君子、贤人、圣人尊爵所得的尊崇。

"天德好生"，"四海困穷，天禄永终"，如战争、天灾、人祸不断，则"天禄永终"。做事如没有能尽职，上帝给的天禄就收回。

什么皆可操之在己，就看你能否控制得了自己。一个人必能控制许多事，包括生命在内。吃素修嘴，却忘了修己心。多少人修嘴不能修心，修心最为重要，能控制心，问题就没了。

把持"喜怒哀乐之未发"，执中。"中"与"性"有何不同？"天民"，天为父母，与父母同体，故曰"天命之谓性"。一生下来就会吃，本能，"食色，性也"。喜怒哀乐含在性中，"喜怒哀乐之未发，谓之中"，守住中，人性未发的力量即中。性，随时发作，一生下即发，哭。孺子"未知牝牡之合而数作"（《老子·第五十五章》），小家伙老出毛病，因为不懂得"执中"。吃，也要懂得执中。

称"中国"，不称"性国"，乃守住"喜怒哀乐之未发"的情境。说中，不说性，看中国人多有修养！性，食色，是与生俱来的，随时都发。练功，执（守），节制。有了修为，即中，不发。

"食色，性也"，经验，之所以为"中"，乃是"执"的功夫。

要发，控制，使之不发。性，如小孩尿尿。苍蝇、猪公懂得性，但不懂中。"执"，如执教鞭，拿着、控制。是"执中"，非执性。

孔子写出其经验，把你的人生都描绘出，并不伪装，此即为思想。

"故君子不处嫌疑间"，一般人会说人话，绝不做人事。明知错，也收不回。

止住性，因为"性相近"，但是"习相远"。习，故要"环保"。说一人"习气坏"，几个走邪路的收得住？

道貌岸然，教书追学生方便。师生间都有几分慑力，焉有道德可言？

外边邪说横行，而人永远是自私的，发现你不完整了，心里有数，日后必加以报复，说是破烂货！如真，则永远受尊敬，此攸关一生的幸福。千万不要赌，而赔上自己终身的幸福。

你有高尚的品德，则对方永远慑服你，"天爵自尊吾自贵"，尊贵皆自得的，人要自尊自贵。

舜亦以命禹。

此为道统。舜亦把"执中之道"传给禹。

但"至禹而德衰"，传子不传贤，开启私天下。"三世必复"，要复尧舜"公天下之制"，"选于众"，传贤不传子。

"尧、舜、禹"，三圣相传，尧传舜"天之历数在尔躬"，是天人合一的境界。

舜时，环境复杂了，"舜好问，好察迩言"，"执其两端，用中于民"，要"遏恶扬善"，舜"执两用中"。

禹时，环境更加复杂了，用"人心惟危，道心惟微；惟精惟一，允执厥中"十六字心传。情智的时代，人心越来越可怕，"人心惟危"，"小人道长，君子道消"（《易经·否卦》），故"道心惟微"。天下没有一成不变的，所以要下"惟精惟一"的功夫，"精一不二"再加上"允"的功夫，《说文》云："允，信也。""允执厥中"。中没有变，但是执的功夫变了，"精一以守道"。

要随着环境变，"不可为典要，唯变所适"，"可与适道，未可与权"，行权的境界，遇任何环境都有办法，必要有行权的智慧，以应当前之变、未预之变。穷、变、通、久，生生不已，儒家思想没有所谓的"末世观"。

我不谈今古文，称"夏学"，凡是中国人所想的学问都收。儒家十六字心传就在《古文尚书·大禹谟》："人心惟危，道心惟微。惟精惟一，允执厥中。"有了"精一"的功夫了，就能够"允执厥中"。"精"，无掺杂；"一"，纯一，纯而不杂。杂就多，如人之意念多。"惟精惟一，允执厥中"，完全操之在己。

经过"刚、健、中、正、纯、粹"以后，得到了"精"。"刚"，无欲；"健"，行健，持之以恒。不到此境界，如何能"执中"？所以，成就者少，都变成伪君子了。

曰："予小子履（商王汤名），**敢用**（客气词）**玄牡**（玄，黑色；牡，雄。黑色牺牲，夏尚玄），**敢昭**（明）**告于皇**（大）**皇后帝**（天帝）：**有罪不敢赦**（说假的），**帝臣不蔽**（蒙蔽），**简**（阅）**在帝心。朕**（我）**躬**（己身）**有罪，无以万方；万方有罪，罪在朕躬。"**

此为汤告天之辞，极富宗教风味，一切为民赎罪，以己身为牺牲。

君、帝、后、皇，皆为领袖。天子，"天覆地载，谓之天子"（《孝经援神契》），必替天行道。

"至禹而德衰"，倡家天下，往下为禹、汤、文、武、成王、周公，《礼记·礼运》称其为"六君子"，可谓公道之语。

商代夏而有天下。殷尚白，箕氏朝鲜也尚白，国旗是八卦。

大祭，清时用红黄色的牛。

"周有大赍（音 lài，赐也），善人是富（实，备。一、善人很多。二、善人因此而富）。""虽有周（至）亲，不如仁人。百姓有过，在予一人。"

周之祷辞：我的罪孽，教导无方，百姓才有过。

"秉大至之要道，行礼运之至德。胜残去杀，天下归仁"，要动之以情，千万不要有内战，专管人性的事。

善人、君子、贤人、圣人、大人。善人，"率性之谓道"，人人皆可胜残去杀，没有残暴、没有杀戮，并不是读书人的专利。

讲文字，不是生命。讲书，要讲中国人的思想。所有经皆融会贯通了，就注未通经。

一个人有钱、环境好，能守身，太难了！

清朝皇后的父亲一定封公。曾文正封一等毅勇侯，以一个王换得了"满床笏"，一门将相。笏，古时礼制，君臣朝见时，臣子拿的用以指画或记事的板子。

书呆子成不了大事，应学会善用头脑。

同学许多表现令我失望，直、枉不分，谈何其他？多少人自己不奋斗，就等人施与。对别人成就的东西，想尽办法巧取。

台人一见利，就忘了明辨之。《孟子》一书即讲"辨义利"，此台人绝办不到。强求不得，希望下一代能好些。太笨！太笨！

一部《易经》，即"自强不息，厚德载物"。如对别人有好处，却半点也不做，岂不是废物一个？儒家精神必要明白。

写文章没有用，贵乎能行。真想达境界，必得怎样知怎样行。

我专讲注解不明白的地方。

读书，是一辈子的事。

一个人"始终如一"，则人皆赞美，此"沈园"之所以传为佳话。

宋陆游与唐琬离婚后，于沈园不期而遇，一首饱含泪水与情思的《钗头凤》一挥而就："红酥手，黄藤酒，满城春色宫墙柳。东风恶，欢情薄，一杯愁绪，几年离索。错！错！错！　春如旧，人空瘦，泪痕红悒鲛绡透。桃花落，闲池阁，山盟虽在，锦书难托。莫！莫！莫！"

四十余年后，陆游旧地重游，感怀往事，写下《沈园》两首悼亡诗，其一："城上斜阳画角哀，沈园非复旧池台。伤心桥下春波绿，曾是惊鸿照影来。"其二："梦断香消四十年，沈园柳老不吹绵。此身行作稽山土，犹吊遗踪一泫然。"

"耻不从枉"，一个人如直、枉不分，更谈不上"辨义利"了。孔子要人从"直枉"入手，因为"人之生也直"，所以要"举直错诸枉"。

"大人者，与天地合其德"，"圣人，知进退存亡而不失其正"（《易经·乾卦·文言》），"天地之大德曰生"（《易经·系辞下传》），所以"学生"，是"与天地合德"的第一步。中国思想最了不起的，即"尊生"。因为尊生，所以要"学生"。

"周虽旧邦，其命维新"（《诗经·大雅·文王》），新，是为了适时、适生，天命维生，应写"维生论""维生学"。"生生之谓易"，《易经》即生经、仁经。

尊生，自维生入手，得学生。学这个"生"，即"大明终始"，明"明德"，乃终始之德，即生生不息。懂此了，才懂得尊万物。

山地同胞打猎，绝不逾其用度，认为"只有使用权，没有所有权"。可见什么民族都有其文化。

学生，尊生，资始、资生，得研究维生。终始，生生不息，即变变不息。"不可为典要，唯变所适"，一成不变并不是中国思想。《易》，变经；《春秋》，元经。《大易》与《春秋》没有弄通，绝不懂中国思想。

许多事应认真想，不可以盲目。中国人智高，就靠"想"，"思之思之，鬼神通之"。

伏羲仰观俯察，为通德类情，而画八卦。他生在天水（伏羲生于成纪，今甘肃秦安），葬在河南（伏羲后来奠都于陈，今河南淮阳，卒葬于此）。

此回振兴中国文化的，完全是中医。

《资治通鉴》经十九年始成书，其间经过多少专家，内容极为丰富。先明白表面了，再求深入，要时常玩味。

一部不平凡的书，岂是一人可以译明白的？嘴能够说出的，绝不是精义，必得心心相印，要修到那个境界，才明白。读书，有读书的方法，必得深入。

魏晋时期，道风抬头，当时天下不安宁，而有"竹林七贤"。

竹林七贤，乃晋代阮籍、嵇康、山涛、向秀、刘伶、王戎、阮咸七人。事见《晋书》本传及《世说新语·任诞篇》。

七子作品亦有流传于世者，如阮籍之《达庄》《咏怀诗》，嵇康之《养生论》《幽愤诗》，向秀之《庄子注》等。

其实，我也很想悠游于林下，但是没有那个环境，只能靠喝茶自我陶醉了！人生很不容易，就是想"放浪形骸之外"，也没有那个环境与心性。做人太苦，愈是放浪形骸之外，愈是苦。

王羲之《兰亭集序》："夫人之相与，俯仰一世，或取诸怀抱，悟言一室之内；或因寄所托，放浪形骸之外。虽趣（取／趋）舍万殊，静躁不同，当其欣于所遇，暂得于己，快然自足，不知老之将至；及其所之既倦，情随事迁，感慨系之矣。向之所欣，俯仰之间，已为陈迹，犹不能不以之兴怀；况修短随化，终期于尽。古人云：死生亦大矣。岂不痛哉！"

人应活得健健康康，而不在于活得长。

一个时代，有一个时代的影响。人生就是趣味，传不传无所谓。即使有心、肯干，但别人是看多方面的，重视人品，亦即做人。天下人都以"圣人"眼光要求别人。不知别人怎么想，就自己怎么想，一旦跌倒，就爬不起来了。

社会何以会乱？人只要一乱，就如同水坝一开，绝对守不住。什么都容易，就是控制性欲（食色）太难了！年纪大了，书才能深讲。

我以前看我阿玛喝酒，每天只喝二两，我母规定的。但每当我母面有悦色时，我阿玛就喊"给我温酒！"温酒是代号，实际是加点酒，因为喝酒受限制。

我不知你们将来怎么接着讲学？台湾同学必要努力，仍要承续中国文化。求真知，得下功夫。文化差距的可怕！大学毕业生一无所知，老蒋造的孽。应问自己：到底了解了多少？

要用文化的方式，而不是用战争，要大同、一统。想使非洲人过人的生活，唯有中国人能办得到。非洲地广人稀，可以用文化开拓。白种人在非洲净是剥夺。中国人有人性，必须用文化的力量帮助非洲。

今天大陆实行"一胎化"，意在降低人口。要用文化、智慧领导，知识分子是"天地的良心"。如果没有雄心，至少也要用爱心教育本土。将来都得饱和，必要有"先天下之忧而忧，后天下之乐而乐"的胸怀。

如自年轻就学会卑鄙，焉能成事？都"顺我者昌，逆我者亡"！知识分子必要有抱负，要立命，"为生民立命"。

拼命接受新知犹不及，还为人守寡？朱子"攻异端"。

蒙古接受《易经》，称元朝。

以下讲为政之道，是历久不变的。

谨（谨守）**权量，审**（审察）**法度**（度长短），**修废官，四方之政行焉。兴灭国，继绝世，举**（用）**逸民，天下之民归心焉。**

"权"，秤也；"量"，斗斛也。权轻重，量多少。

"谨权量，审法度"："权，然后知轻重；度，然后知长短"（《孟子·梁惠王上》），"量势立权，因事制义""各因其生小大，而量其多少"（《春秋繁露·考功名》）。人的智慧，知道轻重、长短、多少。实际东西，亦由人智发明出的。

在什么环境下才要"修废官"？乃是时代又改变了。没有官，焉能办行政？

兴灭继绝。国之危亡，有几个原因，朝代断了；断子绝孙，即绝世。

仁政之国，要为绝世者找一子孙，但必要同一血缘的，找其同宗，一个庙祭祖的，且辈分一定。

韩国就有我家族的一支，是在征韩时留下做官的。

万历朝鲜之役是 1592 至 1598 年（大明万历二十年至二十六年；日本文禄元年至庆长三年）日本丰臣政权与明朝、朝鲜之间爆发的战争。1592 年（壬辰年），日本太阁（卸任关白）丰臣秀吉派兵入侵朝鲜。朝鲜节节溃败，并向宗主国明朝求救。明朝随即派兵支援朝鲜。

这场战争波及朝鲜全境，其间曾于 1593 年议和并休战，但于1597 年（丁酉年）战事再度爆发。最后由于丰臣秀吉病逝，日本军队于 1598 年全部从朝鲜撤退。日本占领朝鲜并以之为跳板进攻明朝的行动最终失败。

昔日琉球国，亦向中国进贡。朝鲜独立了，何以不使琉球也独立？

蔡璋，我曾帮他忙，希望美国允许琉球独立，却被变成日本的"冲绳县"。

1941 年，居住在台湾的琉球人组织"琉球青年同志会"；1948年，易名为"琉球革命同志会"。根据该会编著的《琉球与中国之关系》，该会宗旨"在鼓吹革命解放琉球，归属中国，并启发琉球之民族思想"。

1958 年，蔡璋等结合琉球本土力量，与原社会党党魁大宜味朝德成立"琉球国民党"，考虑到各方因素，该党在政治上主张"琉球自主独立"，并强调"在美国的支持下，建设新琉球"。不过，该党因未能获得广泛支持，随后销声匿迹。

中国有"兴灭国"的责任。讲思想、讲责任，民族思想贵乎实行。

旧时同姓不婚，但台湾是否同姓，难说。最不合理的即买儿子。中国讲"不孝有三，无后为大"。义子，并不改姓，不入家庙，不入祖坟。

中国文化太有基础了，孔家世系两千多年，极为清楚。

孔、孟、曾、颜，作一首诗，排一个辈。

希言公彦承，宏闻贞尚衍，兴毓传纪广，昭宪庆繁祥，令德维垂佑，钦绍念显扬，建道敦安定，懋修肇彝常，裕文焕景瑞，永锡世绪昌。

清室，自康熙以降排辈。

康熙帝先择"胤、弘"二字作辈分，乾隆皇帝选择"颙、旻、奕、载"四字，道光帝又续"溥、毓、恒、启"四字，咸丰帝又续"焘、闿、增、祺"四字。

从雍正皇帝开始，宗室辈分排序为：胤、弘、颙、旻、奕、载、溥、毓、恒、启、焘、闿、增、祺。康德（伪满）年间，溥仪又在原有的十二字之后追定"敬、志、开、端、锡、英、源、盛、正、懋、祥"十二字。

基辛格肯定中国文化之悠久。

认贼作父者不孝，盲从外国文化者亦然。中国人的责任，是要"以夏变夷，未闻以夷变夏"（《孟子·滕文公上》"吾闻用夏变夷者，未闻变于夷者"），"不使无礼义制治有礼义"（《春秋公羊传·隐公七年》"不与夷狄之执中国也"）。

你们不看书，永远不会进步，脑子什么也不会有。

有些人绝不懂自己不懂，什么也看不懂，就与生俱来的"食色"那两套绝对懂。

"逸民"，有品，绝不做汉奸，不卖国。"居士"，未必不做官；逸士、处士，不做官。溥儒曾隐居于西山，自号"西山逸士"。

贤君，必要重视有德之逸士，不仕不义。逸民，不找就不来，必得三顾。天下无逸民，则无弃才，天下人归心焉，归心，归仁。

"贤者在位，能者在职"，选、举，应是两件事，选贤与举能。如县长，是在位者；当政的，必用道德律限制之。

读书，必要懂得会用智慧、思想。你们遇事，必得深思。一个有智慧的人，什么都得怕，人必要懂得真的理智。

我在台五十年，总觉得对这块土负有道义上的责任。这两年，真正了解台湾人了！小学、幼儿园教育，也得改变。

恕，推己及人，己所不欲，勿施于人，"夫子之道，忠恕而已矣"。

在这块土上，就必须为这块土治病。治病，必须从自己开始。先教孩子懂得孝道，尽做人的责任。

所重：民、食、丧、祭。

此四事，为治天下所宜重视者。

子夏说"《春秋》重人（民）"（《春秋繁露·俞序》子夏言：《春秋》重人，诸讥皆本此），既是重民，则食、丧、祭都得重。

民以食为天。"食、丧、祭"，乃是人生不可离，"可离，非道也"。

中国是祭政合一。《易》的观卦，即以祭为譬。

《易·观》："观，盥而不荐，有孚颙若。"盥与荐，为祭的两个仪式。

宽则得众，信则民任焉，敏则有功，公则说（悦）。

"宽则得众"，苛则失众。一点号召力都没有，怎么做事？

张元，很有守，虽不是我的学生，但喊我为老师。

"信则人任焉"，你有信德，别人就会给你责任。

不知立信，光知抢夺，天下有此等事？

中国书无一不谈政，还避谈政治？

"敏则有功"：想成功，必要审慎，要虑深通敏；虑深通敏，敏则有功。"凡事豫则立"（《中庸》），"豫解无穷"（《春秋公羊传·哀公十四年》何注），要有备无患。哪有马虎能成事的？

想做事，必须分层负责，要懂得企划。创造法度，立章程。

立章程，然后慢慢修，逐渐地完备。

修史，不能以恩怨说。成立"准社"，准社必立标准。修史，得有修史的规矩。

"吾犹及史之阙文也"，信史，"知之为知之，不知为不知，是知也"。写历史，绝不同于写小说。

尸子曰"仲尼尚公"，此为孔子思想之所在。"背私为公"。私，是非就多。

《韩非子·五蠹》："古者仓颉之作书也，自环者谓之私，背私谓之公。"《说文》："公，平分也。从八，从厶。八犹背也。"与私相背、相反，即公。

公即均，"不患寡而患不均"。均，《说文》称："平也。"均匀，公平。有无不均，均和，均沾，"均无贫"。

《庄子·寓言》云："万物皆种也。以不同形相禅，始卒循环，莫得其伦，是谓天均。"

《礼·乐记》云："乐所以立均。"

我母曾问我："如何使一个苹果令全村人都吃到？"我答："打碎，放到井里。因为任何人来都可以饮此水。"不是多少，而是"公则悦"，此即大道学派，"大道之行也，天下为公"。

天民，"万物皆备于我"。台湾只要枪毙几个大盗，台人就都有饭吃了，因为他们巧言，抢了别人之所有。

《四书》必须重新整理，每一段都活泼得不得了，要触类旁通。

人必有所长，必要精，要下精一功夫。曾文正，清朝唯一懂得实用之学者。人生到底是什么？实在没法得结论。台湾完全不学无术。

《学庸》会背了，做事就有主宰、胸中有墨。《四书》真记住了，终生取之不尽，用之不竭。

2. 子张问于孔子曰："何如斯可以从政矣？"子曰："尊五美，屏（摒）四恶，斯可以从政矣。"

《论语说义十》：《公羊传》"西狩获麟"，孔子曰"吾道衰矣！"何休曰"加姓者，重终也"。《论语》自微子至尧曰，称孔子并加姓，示重终之义也。

甘地奋斗一辈子，今天印度有其德风？"以德化天下"没有成功的，释迦有成功？必如孔子，一有权即诛少正卯，此除障也。必懂得政治之要道。我常问"有无杀人胆量"在此。有志、有抱负，首要即扫落叶，要除障碍。

成立什么党不重要，就看有无党徒。哪个和尚听释迦的？哪个和尚没有犯戒？

治国平天下，非用中国思想不可。能使天下大同的，唯有中国人。

有志于什么，必明白什么。必要有宗教家的毅力，前仆后继。不可披宗教家的伪装。

要做学人，不可以做书呆子。要将生命传给学生。

子张曰："何谓五美？"子曰："君子惠而不费，劳而不怨，欲而不贪，泰而不骄，威而不猛。"

"惠而不费"，得有多大的智慧！"小人怀惠"，施政第一个即是施惠，但不可浪费国家的钱财。要使百姓受实惠，但又不浪费公帑。

要把当省的，用到需要的地方。如山地物资缺乏，要"以有余补不足"，此即"惠而不费"。

"欲而不贪"，有欲，但不可贪，"可欲之谓善"，当其可之欲，就是善。就因享尽天下之富贵，而有今天之流浪。有过荣华者，皆无一有好子孙。

忘了你们上一代吃什么？今天还暴殄天物？我天天喊，即在警告你们，苦口婆心。许多政客想骑着你们，去换取他的荣华富贵。净吃生猛海鲜，因果，必得报应。我看到不合理的，一定加以纠正。

贪，过量。有绝欲吗？办得到吗？吃东西，也要恰到好处，食不求饱美。一贪即超出，所以应"当其可"，才能恰到好处。

社会何以愈来愈不正常？为政，如把"情"字置于前头，则永远失败。

子张曰："何谓惠而不费？"子曰："因民之所利而利之，斯不亦惠而不费乎？择可劳而劳之，又谁怨？欲仁而得仁，又焉贪？君子无众寡，无小大，无敢慢（轻忽）**，斯不亦泰而不骄乎？君子正其衣冠，尊其瞻视**（外观）**，俨然**（庄重貌）**人望而畏之，斯不亦威而不猛乎？"**

《论语正义》："择可劳而劳之"以下，皆因子张问而答之。不言子张者，统于首句"何谓惠而不费"，凡诸问辞皆从略也。

"因"，根据民之所利利他，"民之所好好之，民之所恶恶之"，因民所利而利之，不必另起炉灶。

卖面条者，根据卖面条之术，使之改进、上轨道。使之得实惠，也不费事。不必大家一窝蜂，做同一件事。

"择其可劳而劳之"，《荀子，富国》云："计利而畜民，度人力而授事，使民必胜事，事必出利，利足以生民，皆使衣食百用出入相掩，必时臧余，谓之称数。"因其才美而利之，根据个人之特长而发展之。对小孩，要自小即注意他有什么特殊之处。

什么都学，却是不才！必先懂其才，然后因其才而畜之。识才，特别重要。

人都有欲，能够不贪，是什么境界？欲而不贪，可欲也，当其可之欲，可欲之谓善。公文批"可"。喝酒可，但得不及乱。许多贪污者并非缺钱。

一个人的一举一动，三岁知老。成才不易！才与不才，就在利他与否。

"欲仁而得仁"，"求仁而得仁，又何怨"？仁者，爱人→仁者，无不爱，即没有分别心了。中国人必这么活。

"无众寡，无小大，无敢慢"，一视同仁，"泰而不骄"，安泰，一点骄傲都没有。一个人不能冷静，绝对成不了大事。

一个成功的人，必了解自己有短处，能够自责。"无忝所生"，没有丢父母的脸，才能有无尽的成就。

二战时，日本在中国扶植五个政权，只有宣统帝与蒙古德王没有被枪毙而已。做汉奸，多丢祖宗的脸！一个人必须有守，要"无忝所生"。

我在屋中坐五十年，"隐居以求其志"，没有闲过一天。必立志，人生要有点成就，否则白活了。有成就，并不是做大官。

遇事，必要深思，有老婆、孩子了，能拿自己的生命冒险？有人为国如此地卖命，我们出几个钱，难道不应该？要怎么表现自己爱国？齐心协力，胜于个人力量。

唤醒一个人的良知，不要自欺，应尽责任。

"正衣冠"，守本分。衣冠，代表人的身份地位。正己衣冠，指全体而言，穿着要合乎身份。

"出门如见大宾"，不论到哪儿，穿着要得体，要合乎自己的身份，令人望之俨然，有气势！

陈文茜有胆量，她显出女人之美，叫男人看了不讨厌。穿着与自己要相称。嫉妒的说她是"北港香炉"。陈有女人风范，对别人批评不以为是，做事颇有分寸，她退出政坛，是要为自己活。

许多人外表道貌岸然，行为却是妓女都不如。不论男女，必须活出滋味，但不一定合乎众人的口味。知味者，赞美之；嫉妒者，说不要脸！

你的穿着代表你的身份，要注意！以前的闺女，穿戴都有一定。地位高的，穿得愈是不美，而在丫环身上显富。

学生的穿着，要让人看起来是个学生，至少要有雅气，不是稚气。

"尊瞻视"，是指整体而言，什么身份就保持那个样子，否则不成体统。"尊其瞻视"，尊重自己，就是尊重别人；尊重别人，就是尊重自己。

"俨然人望而畏之"，"君子不重则不威"，要有威仪；"威而不猛", "即之也温" 也。

子张曰："何谓四恶？" 子曰："不教而杀，谓之虐；不戒视成（成功），谓之暴；慢令致期，谓之贼（害，贼民）；犹之与人（应给人的）也，出纳之吝，谓之有司（专管一事）。"

"不教而杀，谓之虐"，没经训练，即叫他担当事，必有事情发生。"以不教民战，是谓弃之。"

"戒视成"，有道德。"不戒视成"，则为暴。

"王者受命，不追治前事"（《春秋公羊传·隐公元年》何注），"既往不咎"，从今天开始。

"慢令致期，谓之贼"，一个工程有一定的工期，自己忽慢其命令，却要人限期完成，乃贼害人。

"犹之与人"，应给人的；"出纳之吝"，小出纳的器识，应给人而不给，拖拖拉拉的，器宇太窄。"有司"，小公务员把持权命，有权柄就折磨人，不是好人。

3. 子曰："不知命，无以为君子也。不知礼，无以立也。不知言，无以知人也。"

"不知命，无以为君子也"："在天曰命"，"天命之谓性"，性，大本元，人是承天命而来的。"在人曰性"，"率性之谓道，修道之谓教"，知己性之所在，知天命，成德了，就能成为"君子"。

何谓知命？"天命之谓性"，"思知人，不可以不知天"，"率性之谓道"，不知"性"，则无以行"君子"之道。

能尽己之性，则能尽人之性；能尽人之性，则能尽物之性，最后"与天地参矣",平视。

尽己之性,做事将自己的良知良能完全发挥出来,一点保留也没有。性善,将性本有之善完全发挥出来。能己立立人、己达达人,以自己作为模范,必要知而能行。

尽"天、地、人"三才之道,最后使人人皆能发挥其性之本能,人人皆有士君子之行,人人皆可以为尧舜,则"见群龙无首,吉",达大同世的境界。

人能尽性,何以自己不能尽物之性?如一辈子连五个朋友都没有,那传染力也未免太小了。"在新民","牵复,吉"(《易经·小畜》"牵复在中,亦不自失也"),尽人之性,大家都尽性了,"人人皆有士君子之行",才能大同。

发明家,能尽物之性,了解物性。尽,一点保留都没有,可不得了。一个人能尽己之用、尽人之用、尽物之用了,才是个"君子"。

我十多岁皈依班禅前身,一戒指、一红绳。我母亲拜《法华经》,我父亲则喜《金刚经》。证严修《法华经》。

宣统帝信佛,但活着时苦得不得了。人就是迷,冷静一分析,根本是愚!

"不知命,无以为君子"。都做好,自己即一个小天地,可与天地平视,"与天地参矣",天人合一,宇宙是个大天地,人是个小天地。性的表现,即良知良能。见利忘义,只要我喜欢,有何不可?最后,别人不喜欢你。

大同,智"无众寡,无小大,无敢慢",行为最后与天地平等。"天工,人其代之",上帝能造万物,人能支配万物。

"不知礼，无以立也"：礼，理也，履也。"立于礼"，要将事治理得有伦有序，大而天下，小而自身，皆秩序井然，一切按部就班，有条不紊。做事，必要有层次。

经世，有条不紊了，才算是"立于礼"。经世之学，为真学问，是实际的学问。经世的目的，在使天下平。但经世者有之，能"致其用"者，少之又少。经世，得达其用，经世致用。

"不学礼，无以立"，乱了礼，焉能立世？不乱伦，乃因为知礼，"克己复礼"，约之以礼。入外国籍，岂不是乱伦？要宣誓。

动物无伦，不知礼；人不乱伦，知礼。孝友家庭，从本身做起。"至于犬马，皆能有养。不敬，何以别乎？"必自根上、从良知上知孝。"祭之丰，不如养之薄也"，子欲养而亲不在，到时后悔，都来不及了！

兄不兄、弟不弟，乱伦。孝顺父母，第一步得爱其所亲，照顾好一奶同胞，"父母其顺心乎"！

三代同堂，维持三十年。必维之以道，而不是念咒。要用"礼"维持一个团体。齐家以礼，夫妇之近，才容易露尾巴，所以越是要守之以礼。

中国学问皆是形而下，每句话都是可以实行的。

宗教何以有人信？就因为人的贪。因为这个世界极为不乐，所以"极乐世界"才那么吸引人。

"不知言，无以知人也"："知言"，知古圣先贤之言。"诗言志"，志即是心之所主，人为宇宙的主宰。知其言，则知其人。一个人的言语，足以代表其心境，"人之视己，如见其肺肝然"。

诗言志，乃是人心志之感发，故能兴人之志。《诗》可以"兴、观、群、怨"，并不是感情用事，乃完全是身之所受，喜怒哀乐皆以身之所受来表达。所以，读《诗》之后，必有启发人的力量，可以察民之情，完全言民心之所受。

自"知言"而"知人"，"听其言，观其行"，知言知人。政治不外乎"兴、观、群、怨"，"吉凶与民同患"（《易经·系辞上传》），"通志除患"，故曰"不学《诗》，无以言"，言民之疾苦。

《论语说义十》：礼，今文家所传具在，惟知礼而后可以作《春秋》，以为后世有天下者之则，故圣人所以为百世之师也。终之曰"不知言，无以知人也"，可以见《论语》一书皆圣人微言之所存。

子贡以夫子之文章与夫子言性与天道为二；又曰"子罕言利，与命与仁"，又曰：子曰"予欲无言"，子贡曰"子如不言，则小子何所述焉"，子曰"天何言哉？四时行焉，百物生焉，天何言哉"，此孔子自明微言之所在也。

人之所以异于禽兽者几希，知人者非易也。子思明圣祖之意，为《中庸》一篇，而曰"仲尼祖述尧舜，宪章文武"，于《易》成既济，《春秋》受命致太平之道，昭揭无遗，日而月之，而终言"上天之载，无声无臭，至矣"，即"天何言哉"之义，此发挥微言，以著大义也。

中国学问在立本，《四书》乃是大本之书。做人如达不到标准，则做任何事皆不成。

现在人不大说客气话，敢问、敢用……借光、领教、受教。以前问人，都有一定的用词。礼法之严密，乃是有几千年的文化基础。

"温故知新，继往开来"，"继往"，必先弄清往，即"温故"；

"开来"，跟上时代，圣时。有超时的智慧，才能领导社会。

善用智慧，必知其所以。知道怎么发财，环境怎么变，怎么去理财。必用智能求之，包含知识、常识，一切事皆有道。

知识分子的责任是什么？"知新"，就能累死你。不通外国语，又如何知新？学语文，不能自欺，要学得精。

一个民族能够往前走，必须有一套。"知新"，凡人类的东西都必须知。外国语是工具，不是学问，"工欲善其事，必先利其器"。

中国现在已经到"进大同"的时代了，你们很幸运，生在中国强的时候。

圣人"四十而不惑"，常人终身都惑。"智必识时，行若时雨"，有智慧，才能解决问题。你们头脑昏沉，自误！性相近，习相远。

"吾道一以贯之"，即"贞于一"，思想之所终。儒家"贞于一"的思想，故在事上讲"定于一"，在政治上则是"大同"。

《论语》为无尽藏，乃一部谈政之书，讲修身之道，系为政之本。修身为本，"本立而道生"，"立身行道"，有条不紊，使大家皆受其福。

《论语》完全讲中道，"率性之谓道"，所以人人都能接受。

处世得活学问，不通世事，讲古、博古非实学。

私欲，可以迷人的心智。人心智一迷，则短视。一眼决定一事，多半会失败；利害，必经过客观分析，而不是主观。

人不清楚时，易迷；真明白，完了！就迷与悟。迷与悟，就在一点之转，"先迷失道，后顺得常"。

体悟，用到生活上，即活学问。迷时师度，悟时自度。